U0492651

经世济世
继往开来

贺教育部

社科司项目

启动之际

李晓林
丙申末冬

教育部哲学社会科学研究重大课题攻关项目

"十三五"国家重点出版物出版规划项目

生态环境公益诉讼机制研究

ON THE MECHANISM OF ECO-ENVIRONMENTAL
PUBLIC INTEREST LITIGATION

颜运秋 等著

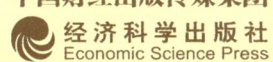

中国财经出版传媒集团
经济科学出版社
Economic Science Press

图书在版编目（CIP）数据

生态环境公益诉讼机制研究/颜运秋等著. —北京：经济科学出版社，2019.8

教育部哲学社会科学研究重大课题攻关项目 "十三五"国家重点出版物出版规划项目

ISBN 978-7-5218-0721-9

Ⅰ.①生… Ⅱ.①颜… Ⅲ.①环境保护法-行政诉讼-研究-中国 Ⅳ.①D925.304

中国版本图书馆 CIP 数据核字（2019）第 149655 号

责任编辑：孙丽丽 纪小小
责任校对：杨 海
责任印制：李 鹏

生态环境公益诉讼机制研究

颜运秋 等著

经济科学出版社出版、发行 新华书店经销
社址：北京市海淀区阜成路甲 28 号 邮编：100142
总编部电话：010-88191217 发行部电话：010-88191522
网址：www.esp.com.cn
电子邮件：esp@esp.com.cn
天猫网店：经济科学出版社旗舰店
网址：http://jjkxcbs.tmall.com
北京季蜂印刷有限公司印装
787×1092 16 开 28.75 印张 550000 字
2019 年 8 月第 1 版 2019 年 8 月第 1 次印刷
ISBN 978-7-5218-0721-9 定价：100.00 元
(图书出现印装问题，本社负责调换。电话：010-88191510)
(版权所有 侵权必究 打击盗版 举报热线：010-88191661
QQ：2242791300 营销中心电话：010-88191537
电子邮箱：dbts@esp.com.cn)

课题组主要成员

余　彦　　颜诚毅　　段泽孝　　阮丽娟　　周训芳
杨　兴　　蒋伟龙　　黄金梓　　周晓明　　张金波
张　宝　　李明耀

编审委员会成员

主　任　吕　萍
委　员　李洪波　柳　敏　陈迈利　刘来喜
　　　　樊曙华　孙怡虹　孙丽丽

总　序

哲学社会科学是人们认识世界、改造世界的重要工具，是推动历史发展和社会进步的重要力量，其发展水平反映了一个民族的思维能力、精神品格、文明素质，体现了一个国家的综合国力和国际竞争力。一个国家的发展水平，既取决于自然科学发展水平，也取决于哲学社会科学发展水平。

党和国家高度重视哲学社会科学。党的十八大提出要建设哲学社会科学创新体系，推进马克思主义中国化、时代化、大众化，坚持不懈用中国特色社会主义理论体系武装全党、教育人民。2016年5月17日，习近平总书记亲自主持召开哲学社会科学工作座谈会并发表重要讲话。讲话从坚持和发展中国特色社会主义事业全局的高度，深刻阐释了哲学社会科学的战略地位，全面分析了哲学社会科学面临的新形势，明确了加快构建中国特色哲学社会科学的新目标，对哲学社会科学工作者提出了新期待，体现了我们党对哲学社会科学发展规律的认识达到了一个新高度，是一篇新形势下繁荣发展我国哲学社会科学事业的纲领性文献，为哲学社会科学事业提供了强大精神动力，指明了前进方向。

高校是我国哲学社会科学事业的主力军。贯彻落实习近平总书记哲学社会科学座谈会重要讲话精神，加快构建中国特色哲学社会科学，高校应发挥重要作用：要坚持和巩固马克思主义的指导地位，用中国化的马克思主义指导哲学社会科学；要实施以育人育才为中心的哲学社会科学整体发展战略，构筑学生、学术、学科一体的综合发展体系；要以人为本，从人抓起，积极实施人才工程，构建种类齐全、梯队衔接的高校哲学社会科学人才体系；要深化科研管理体制改革，发挥高校人才、智力和学科优势，提升学术原创能力，激发创新创造活力，建设中国特色新型高校智库；要加强组织领导、做好统筹规划、营造良好学术生态，形成统筹推进高校哲学社会科学发展新格局。

哲学社会科学研究重大课题攻关项目计划是教育部贯彻落实党中央决策部署的一项重大举措，是实施"高校哲学社会科学繁荣计划"的重要内容。重大攻关项目采取招投标的组织方式，按照"公平竞争，择优立项，严格管理，铸造精品"的要求进行，每年评审立项约40个项目。项目研究实行首席专家负责制，鼓励跨学科、跨学校、跨地区的联合研究，协同创新。重大攻关项目以解决国家现代化建设过程中重大理论和实际问题为主攻方向，以提升为党和政府咨询决策服务能力和推动哲学社会科学发展为战略目标，集合优秀研究团队和顶尖人才联合攻关。自2003年以来，项目开展取得了丰硕成果，形成了特色品牌。一大批标志性成果纷纷涌现，一大批科研名家脱颖而出，高校哲学社会科学整体实力和社会影响力快速提升。国务院副总理刘延东同志做出重要批示，指出重大攻关项目有效调动各方面的积极性，产生了一批重要成果，影响广泛，成效显著；要总结经验，再接再厉，紧密服务国家需求，更好地优化资源，突出重点，多出精品，多出人才，为经济社会发展做出新的贡献。

作为教育部社科研究项目中的拳头产品，我们始终秉持以管理创新服务学术创新的理念，坚持科学管理、民主管理、依法管理，切实增强服务意识，不断创新管理模式，健全管理制度，加强对重大攻关项目的选题遴选、评审立项、组织开题、中期检查到最终成果鉴定的全过程管理，逐渐探索并形成一套成熟有效、符合学术研究规律的管理办法，努力将重大攻关项目打造成学术精品工程。我们将项目最终成果汇编成"教育部哲学社会科学研究重大课题攻关项目成果文库"统一组织出版。经济科学出版社倾全社之力，精心组织编辑力量，努力铸造出版精品。国学大师季羡林先生为本文库题词："经时济世　继往开来——贺教育部重大攻关项目成果出版"；欧阳中石先生题写了"教育部哲学社会科学研究重大课题攻关项目"的书名，充分体现了他们对繁荣发展高校哲学社会科学的深切勉励和由衷期望。

伟大的时代呼唤伟大的理论，伟大的理论推动伟大的实践。高校哲学社会科学将不忘初心，继续前进。深入贯彻落实习近平总书记系列重要讲话精神，坚持道路自信、理论自信、制度自信、文化自信，立足中国、借鉴国外、挖掘历史、把握当代、关怀人类、面向未来，立时代之潮头、发思想之先声，为加快构建中国特色哲学社会科学，实现中华民族伟大复兴的中国梦做出新的更大贡献！

教育部社会科学司

前 言

人类改造生态环境的能力，如果明智地加以使用的话，就可以给人民带来开发的利益和提高生活质量的机会；反之，如果使用不当或轻率使用的话，就会给人类及其环境造成无法估量的损害。[①] 长期以来，我们一直将环境资源视为无主财产，一如最为饥饿的路人有权随意摘取野果那样。我们一直将这些环境资源定价为零成本，也正在以一种过分浪费和毫无节制的方式使用这些环境资源并且承受由此导致的各种不可避免的不利后果。[②] 其实，我们必须与其他生物共同分享我们的地球，为了解决这个问题，我们发明了许多新的、富于想象力和创造性的方法。"控制自然"这个词是一个妄自尊大的想象，是当生物学和哲学还处于低级幼稚阶段时的产物。这在很大程度上应归咎于科学上的蒙昧。这样一门如此原始的科学却已经用最现代化、最可怕的化学武器武装起来了；这些武器在被用来对付昆虫之余，已转过来威胁着我们整个的大地了，这真是我们的巨大不幸。[③] 而且，这些巨大不幸的预兆早已经降临到地球的很多地方，到处是死亡的阴影，医生越来越为他们病人中出现的新的疾病感到困惑。在人对生态环境的所有袭击中，最令人震惊的是空气、土地、河流和海洋受到了危险甚至致命物质的污染。这种污染在很大程度上是难以恢复的，它不仅进入

[①] 《斯德哥尔摩人类环境宣言》。
[②] ［美］约瑟夫·L.萨克斯：《保卫环境——公民诉讼战略》，王小刚译，中国政法大学出版社2011年版，第137页。
[③] ［英］蕾切尔·卡森：《寂静的春天》，吕瑞兰、李长生译，上海译文出版社2016年重印版，第295页。

了生命赖以生存的世界,而且进入了生物组织内部。这一邪恶的环链在很大程度上是无法逆转的。① 所以,保护和改善人类生态环境是关系到人类的幸福和经济发展的重要问题,也是各国人民的迫切希望和各国政府不可推卸的责任。

20世纪90年代初,加拿大生态学教授里斯(William Rees)提出"生态足迹"(Ecological Footprint)概念,一种用于衡量人类对自然资源的利用程度以及自然界为人类提供的生命支持服务功能的方法,已为世界自然基金会、联合国环境规划署联合发布的《2004年地球生态报告》采用。该报告认为,2001年全球生态足迹为人均2.2全球公顷(global hectare),而地球可以提供给全球人口(63亿人)的生物生产性土地和海洋面积却只有人均1.8全球公顷,人均生态赤字达0.4全球公顷或21%。英国新经济基金会通过计算发现,2006年10月9日人类已用尽了该年度地球能提供的资源份额,开始"透支"地球资源了。② 现代人在享受巨大物质繁荣的同时频频遭遇环境污染、资源匮乏、能源短缺、生物多样性丧失、全球变暖等"自然的报复",生存发展遭受严重威胁,几乎抵消了物质财富增长带来的好处,以至于越来越多的人对现代文明的"进步性"发出质疑。环境资源日益成为各群体、各阶层、各地区、各国家竞相争夺的焦点,优美的环境、丰富的资源正在变得越来越稀缺、昂贵、遥不可及。③ 全球生物多样性仍在丧失,鱼类继续耗竭,荒漠化吞噬了更多良田;气候变化已产生明显的不利影响;自然灾害更加频繁、毁灭性更大;发展中国家更易受害;空气、饮水和海洋污染继续毁灭了无数人安逸的生活。④ 美国兰德公司在2005年给美国国会的质询报告中就预测说,到2020年中国将是世界上最不适合人类居住的地方。⑤

如何才能有效地防治环境污染和生态破坏?学者提出了各种各样

---

① [美]蕾切尔·卡森:《寂静的春天》,吕瑞兰、李长生译,上海译文出版社2016年重印版,第2~6页。
② 丁山:《今天起我们开始透支地球》,载《北京晚报》2006年10月10日。
③ 巩固:《环境伦理学的法学批判——对中国环境法学研究路径的思考》,法律出版社2015年版,第1~2页。
④ 《约翰内斯堡可持续发展宣言》。
⑤ 威廉·H. 奥佛霍特:《美国兰德公司报告》,何颖译,2005年10月。

的主张。最初,环境污染防治被认为是一个通过技术手段就能够解决的问题。但是,后来人们逐渐发现,它不仅是个技术问题,也是一个观念和制度问题,需要以法律制度的形式才能更好地实现环境保护的目标。1968年哈丁发表了《公地悲剧》[①]之后,如何避免"公地悲剧"造成的环境问题就成为学者研究的热点。为什么人类能够以所有权这种人类社会的约束规则来剥夺其他生物的生活环境?生活着众多生物的森林、草原,被土地所有权这种观念切割得支离破碎,被人类用来满足自身欲望,对这种事情我们应该自觉保持清醒的认识。[②]有学者认为,环境问题的解决取决于三个方面:(1)转变观念,即树立生态文明观;(2)充分有效利用现代环境保护科学技术手段;(3)实行环境法治,用法律规范人们的行为,化解环境纠纷,实现环境正义。[③]

生态文明作为一种后工业文明,是人们在不断克服与改造客观物质世界过程中形成的用以正确处理人与自然的关系,建设有序的生态运行机制和良好的生态环境所取得的物质、精神、制度等成果的总和,是人类社会新的最高的文明形态。生态文明观包括但不限于如下内容:(1)主张人类是地球生态系统中的一个富有智慧和知识的普通成员,是自然界的一部分。从根本上讲,人类每时每刻都离不开自己赖以生存的生态环境,毁坏生态环境,就等于毁灭人类自己。(2)承认自然界能够为人类发展提供的资源是有限的,生态环境的容量是有限的,自然界的发展变化是有客观规律的。因此,人类在改造自然的时候,必须自觉地约束自己,尊重自然规律。(3)认同生态环境和自然资源不只是某些拥有技术、设备和资金的少数人的财富和私人财产,它属于所有生活在这个星球上的每一个人。(4)承认环境与资源不仅仅属于我们当代人,而且更应属于后代人。因此,当代人绝不能一味地、片面地、不公正地甚至是自私地追求当代人的利益,而应当在寻求当代人的利益与发展中保护好生态环境,为后代人的发展留下更加适宜的机会,确保自然资源的永续利用,实现人类可持续发展。(5)人类

---

① Hardin, *The Tragedy of Commons Garrett*, Science 1968, 162:1243 – 1248.
② [日]交告尚史、臼杵知史、前田阳一、黑川哲志:《日本环境法概论》,田林、丁倩雯译,中国法制出版社2014年版,第3~4页。
③ 王树义:《论生态文明建设与环境司法改革》,载《中国法学》2014年第3期。

应当及时、坚决、彻底地纠正以自然界主人自居,将自然界仅仅当做自己的掠夺对象与玩物,把对自然界的破坏性改造当做人类战胜自然的成果与标志的错误观念,毫不犹豫地将渗透在人类几百万年以来精心构造在历史文明之中的那些无视自然的愚昧、野蛮的文化观念及陈规陋习从人类优秀历史文化的遗产中分离出来,真正建立起一种既符合人类可持续发展的主观需要,又符合生态环境自然规律客观要求的、现代化的、人与自然的新型关系——平等、和睦、协调、统一、相互尊重的关系。这种全新的环境观将从人的深层意识上调整人与自然、人与人之间的关系,它要求不断完善社会结构和法律制度。[①] 建设生态文明表现为一整套社会的再造和重塑工程,生态文明的建设呼唤并带动了法治观念的更迭,法治作为系统性保障生态建设的可靠途径,在回应文明转型诉求的同时,其自身也演进到相应的新形态。如果说在既往人类社会发展历程中,法治因其主要调整人与人的关系,而以"人本"作为法治演进的恒久主线,可称之为"人本法治"[②];在生态文明建设中对人与自然关系的重构,以及在此之上对人与人之间关系的反思,则要求法治观念与实践的因应变迁,其基本范畴和特性展示出与"人本法治"不同的特征,其制度建构与实施也提出了更新的要求,一种崭新的法治观念及实践即"生态法治"逐渐展开。[③]

目前,我国生态环境保护形势异常严峻,经济社会发展与环境保护的矛盾日益尖锐。这种矛盾背后的一个重要原因是经济利益与生态利益的关系没有协调好。法律的天然使命是协调利益冲突,生态环境保护的严峻现实说明我国的环境法律、法规没有很好地完成协调经济利益与生态利益的使命。在面对经济发展的强势需求时,环境法律法规的约束显得过于软弱。造成这一问题的直接原因很多,既有立法的不严谨、不合理,也有执法和司法的松散与懈怠。在遇到经济发展与环境保护的冲突与矛盾时,如何通过法律途径摆正二者之间的关系,我们的立法、执法和司法也都还在彷徨之中。当被应用于具体案件而

[①] 《中国环境保护行政二十年》编委会编:《中国环境保护行政二十年》,中国环境科学出版社1994年版,第52~53页。

[②] 刘明皓:《从人本法治观到生态法治观——一种法治观念模式的衍更》,载《黑龙江省政法管理干部学院学报》2007年第3期。

[③] 江必新:《生态法治元论》,载《现代法学》2013年第3期。

解决经济利益与生态利益的矛盾时，经济发展优先、生态环境保护让步就变成了必然的结果。① 其实，环境问题的核心在于公共利益与个人利益、生态利益与经济利益、即期利益与长期利益的三种利益冲突以及这些利益冲突赖以存在的结构性基础在社会行动者的行动和选择过程中所呈现出的紧张、冲突和融合的问题。要解决这一复杂问题，必须建立有效的治理机制。法律机制是从法律的各个方面的联系和从法律的动态上来考察法律对社会关系的调整功能的运行过程。② 诉讼作为解决争议的活动，实际上也就是在当事人之间合理地分配程序性和实体性权利的过程，它本质地要求将公正作为其最高价值。③ "诉讼机制"特征集中体现为诉讼在适用条件、技能以及手段诸方面对解决社会冲突需要的动态适应。④

19世纪以后，团体主义兴起，提倡公共利益重于私人利益，团体重于个人，个人主义所有权思想逐渐衰退，代之而起的是"所有权社会化"。所有权社会化，主张财产权社会责任连带说。财产所有者在行使其权利时，不得自由随便使用、收益或处分，必须同时满足维护"社会公益"之要求，履行一定的社会职责。凡违反社会利益要求者，当受到法律限制。因此，为了社会公共利益，法律可以限制甚至剥夺财产权。这实际上是一种社会连带主义思想。同时，几乎所有类型的集体行动都存在着某种程度的局限性。事实上，我们经常要求政府做那些"不可能的工作"，所以，人们对政府产生失望不满情绪也就不足为奇了。所有的集体行动，不论是公共的还是私人的，在某些方面都可能失败，或者会令人失望。人们失望了，就试图寻求新的方案。如果我们对公司或私人利益（市场失灵）产生失望，我们会转而寻求公共的解决方案。同样，如果我们对公共行为尤其是政府的行为感到失望（非市场失灵），我们会从公司、非营利性组织或志愿组织中寻找解决问题的方案。⑤

---

① 冯嘉：《环境法原则论》，中国政法大学出版社2012年版，第1页。
② 刘超：《问题与逻辑——环境侵权救济机制的实证研究》，法律出版社2012年版，第8~9页。
③ 陈桂明：《诉讼公正与程序保障》，中国法制出版社1996年版，第2页。
④ 顾培东：《社会冲突与诉讼机制》（修订版），法律出版社2004年版，第42页。
⑤ [美]乔治·弗雷德里克森：《公共行政的精神》，张成福等译，中国人民大学出版社2003年版，第7页。

法律的执行有两种基本方式：一种是公共执行（public enforcement），另一种是私人执行（private enforcement）。所谓公共执行，是指由公务人员对违法行为进行调查，并对违法者进行惩罚或提起诉讼。所谓私人执法，则是指由个人或企业调查违法行为，缉拿违法者或提起诉讼。中国在历史上有着全能国家的传统，通常把执法看作公共行政机关的专有职能，甚至连私人利益受到侵犯，也要央求"父母官""为民作主"。然而在事实上，无论在古代中国还是现代中国，私人执法都是一种普遍存在的执法方式，只不过在正式的文献中少有人加以深入研究罢了。至于在西方国家，随着私人执法机制越来越多地被引入反公害法律，例如环境保护法、政府采购法等的执法，对私人执法和公共执法进行比较研究的文献就日渐增多。其中，贝克尔、斯蒂格勒、兰德斯、波斯纳、波林斯基、布坎南等人运用新近发展起来的法律——经济学理论方法对私人执法和公共执法利弊优劣的比较分析，建立了进行这种分析的理论框架。1986年，美国国会重新启用1863年法律中的奎太条款，授权公民个人可以代表国家对欺骗国家的人或机构发起虚假申报诉讼，用以对付当时频繁发生的国防采购项目中供应商的欺诈行为。奎太制度的程序性规则是：首先由奎太告发人秘密提起民事诉讼，并向司法部门（即联邦检察官）提供全套证据材料。然后，司法部对案件进行审查。[①] 法律执行的二元机制，同样为环境法的执行与环境治理的多元化机制提供了新思路。

公益诉讼是一个极具创造性的制度设计，用公益诉讼方式来解决新的社会需求，已成为一种全球现象。公益诉讼不只是一种抽象的理念和信条，更已成为制度层面的具体设计与实践。客观现实要求法院将事关公共问题、内含公共利益形态的"宏大叙事"转化为可"司法性权利形态"的法技术问题。近些年来，生态环境公益诉讼已经成为中国社会的一个"焦点"，生态环境公益诉讼的讨论应该已经度过了"要不要"的阶段，理论界和实务界开始把关注重点放在多提出解决问题的方案，尤其是具有操作性的司法实践方案上。[②] 当然，生态环境公益诉讼并不是万能膏药，其应该退出对传统私益损害的救济领地，

[①] 李波：《公共执法与私人执法的比较经济研究》，北京大学出版社2008年版，吴敬琏序。

[②] 陈晶晶：《吕忠梅代表建议赋予个人提起环境公益诉讼权利》，载《法制日报》2007年3月9日。

从而更牢固地坚守住救济生态环境公益损害的舞台。政府不能缺位，而且行政执法必须优先发挥作用。

我国生态环境公益诉讼理论研究起步较晚，事实上，经济公益诉讼比生态环境公益诉讼研究更早。[①] 王曦在1992年出版的《美国环境法概论》第七章"美国环境法的执行"提及美国公民诉讼制度；汪劲等在2000年出版的《绿色正义——环境的法律保护》提及美国公民诉讼以及印度的环境公益诉讼制度；笔者2002年在中国检察出版社出版的《公益诉讼理念研究》专题论述了生态环境公益诉讼的相关问题。这些应该是我国公益诉讼特别是生态环境公益诉讼的最早研究。有学者统计，从1981年到1990年，生态环境公益诉讼制度建设尚未引起我国学界、政界的重视。其中1982～1989年未见专门讨论或以生态环境公益诉讼为主要内容的论文。[②] 其实，根据从知网、万方等数据库收集到的信息，1999年以前我国学界没有发表过专门讨论公益诉讼的论文，2002年以前我国学界没有发表过专门讨论生态环境公益诉讼的论文。本人在《甘肃政法学院学报》2003年第3期发表的《论环境与资源诉讼中的公益理念》一文，应该是国内较早研究生态环境公益诉讼的学术论文。从此以后我国公益诉讼特别是生态环境公益诉讼的论文和著作如雨后春笋般爆发式增长。

我国生态环境公益诉讼立法与司法起步也较晚，走的是"探索在前，立法在后"的路子。在实践探索方面，主要由检察院、环保部门等有关机关和中华环保联合会等社团组织作为原告提起生态环境公益诉讼。早在2003年5月，山东省乐陵市人民检察院起诉金鑫化工厂严重污染环境行为得到了法院支持。近年来，特别是贵州、江苏、云南等省率先成立环保审判庭（法庭）之后，类似环保案件在全国法院时有受理。[③] 2012年新修订的《民事诉讼法》首次从基本法律层面确立

[①] 1999年韩志红教授等在法律出版社出版了《新型诉讼：经济公益诉讼的理论与实践》一书，2000年以来颜运秋教授陆续发表了公益诉讼的一系列论文，并于2002年在中国检察出版社出版了《公益诉讼理念研究》一书，在这之前，中国法学界包括中国环境法学界还没有专门系统的公益诉讼论文和著作问世。

[②] 徐祥民、宋福敏：《建立中国环境公益诉讼制度的理论准备》，载《中国人口·资源与环境》2016年第7期。

[③] 袁学宏：《环境公益诉讼实证研究——以昆明市中级人民法院的实践为视角》，载《中国环境法治》2011年第1期。

了公益诉讼,但由于对可作为原告提起诉讼的"机关和有关组织"未予明确,一些原来受理生态环保公益诉讼的法院反而更加谨慎,就在新民诉法实施以后,中华环保联合会提起的7起生态环境公益诉讼,法院均以最高人民法院没有出台司法解释,法院方面无法把握为由未受理。① 2015年1月1日施行的2014年修订的《环境保护法》对生态环境公益诉讼的原告主体"社会组织"进一步予以明确,但仍然设置了"市级以上人民政府民政部门登记"并"专门从事环境保护公益活动连续五年以上且无违法记录"等过高门槛。2015年,《最高人民法院关于审理环境民事公益诉讼案件适用法律若干问题的解释》终于千呼万唤始出来。看似环境法治的春天到了,实则不容乐观。由于没有公益文化的积淀和约束,所以在公益的维护方面,社会自身便表现得很脆弱,即使有人愿意为公益去付出,人们也会认为他是故意找碴,做公益诉讼的律师往往被人认为是要出名、炒作。整个社会的道德面临很多问题,阻碍公益诉讼的发展。②

其实,生态环境公益诉讼是加强生态文明建设司法保障,促进生态环境的依法治理,以法治方式维护社会公共利益的重要制度安排。法院应当切实提高认识,把生态环境公益诉讼案件的审理作为环境资源审判的一项重要任务,坚定不移地依法推进。生态环境公益诉讼具有确立和救济公众环境权益、监督制约行政权力、补充强化环境政策的独特价值和功能。依法审理好生态环境公益诉讼案件的意义在于:(1) 引导公众有序参与环境事务,疏导和化解环境资源群体性纠纷,维护稳定大局;(2) 贯彻保护和发展相协调的要求,通过司法审判妥善平衡发展和保护的关系,维护地方整体利益和长远利益;(3) 贯彻损害担责原则,依法追究侵权行为人对生态环境服务功能损失的赔偿责任,补充行政执法的不足;(4) 充分发挥环境司法的评价指引功能,树立法院司法为民、公正司法的良好形象,提升司法权威,要摒弃公益诉讼是给地方工作添乱的错误观点,把依法推进生态环境公益诉讼作为发挥环境资源审判职能作用的重要环节,敢于担当,顺势而

---

① 林子杉:《亮出新姿态,适应环保新常态》,载《人民法院报》2015年1月17日。
② 徐昕:《中国公益诉讼发展的障碍与应对》,引自《民事程序法研究》(第11辑),厦门大学出版社2014年版。

为，扎扎实实做好工作。① 在运用司法手段推进生态文明建设方面，需要法院和广大法官牢固树立生态文明理念，形成运用法治思维和法治方式解决生态环境案件的良好意识，充分发挥审判职能作用，妥善处理各类涉及生态环境案件，确保生态环境案件审判的法律效果和社会效果。法院不仅要依法审理涉及生态环境保护的民事侵权纠纷案件，解决好因环境污染、破坏生态而引发的损害赔偿的私益诉讼，更要积极面对生态环境公益诉讼，妥善处理因公共利益遭受损害而带来的问题，法院还要依法运用行政审判手段，支持和促进行政机关依法履行生态保护和监管职责。对于人民群众将行政机关在处理破坏生态环境事件中不作为或不依法作为的行为诉至法院的，法院要依法受理和审理，如发现行政行为确实存在不合法情形的，要依法裁判由行政机关履行职责或者承担相应责任；对于行政行为相对人不服行政机关作出的处理决定或者处罚决定而诉至法院的，法院经审理后，如果发现行政行为合法有效的，也要依法支持行政机关的行为。②

我国生态环境纠纷投诉数量巨大，但生态环境诉讼数量偏少，其原因主要是地方保护主义不当干预生态环境司法、生态环境诉讼成本过高、生态环境诉讼中举证难度较大、司法机关对群体性诉讼管辖规定的不合理等。我国公益诉讼有很大的空间，但是，很难有进展。③ 我国生态环境公益诉讼任重道远，还面临很多困境，需要找准突破口，对症下药，探索创新，建立完善相关制度机制，积极推进生态环境公益诉讼，尽快健全和完善生态环境司法鉴定制度，为诉讼当事人收集生态环境诉讼证据提供条件，应当降低生态环境诉讼的成本，实行生态环境诉讼费的减、缓、免和环境法律援助制度，扩大生态环境公益诉讼的对象和范围。④ 公益诉讼程序应在受理、证明责任、处分原则限制、法院调查、审理范围、诉讼后果承担、裁判效力、执行等方面做

---

① 杜万华：《当前环境资源审判的重点和难点问题》，载《法律适用》2016年第2期。
② 孙佑海：《推进生态文明建设的法治思维和法治方式研究》，引自《中国环境法治》2012年卷（下），法律出版社2013年版，第36~37页。
③ 徐昕：《中国公益诉讼发展的障碍与应对》，引自《民事程序法研究》（第11辑），厦门大学出版社2014年版。
④ 王灿发、冯嘉：《我国环境诉讼的困境与出路》，载《环境保护》2016年第15期。

出与普通民事诉讼程序相区别的规定。①

在生态环境公益诉讼制度中,如何协同合作颇为关键,因为单凭任何一方的力量都无法最佳地实现既定目标,每一方都有其局限性。只有协同合作才能够弥补各自的不足,最大限度地发挥各种主体的合力,减少摩擦,避免在生态环境公益维护过程中出现各方行动重叠或行动真空两种极端的状况,以更有效地增进生态环境公益。在发达国家,环境保护民间组织已经成为保护环境的中坚力量,产业界中绿色发展方式和绿色产业也正在兴起,公众、产业界和政府三种社会力量三足鼎立的局面逐步形成,三种环境保护社会力量良性互动的局面已经开始出现。我国政府也在不断扩展公众参与环境与发展决策的途径和方式,建立公众参与有关环境保护法律法规、规划和标准制定,参与环境影响评价和各种环境行政许可的法定程序;完善生态环境公益诉讼制度;培育环境保护民间组织,鼓励和支持他们开展各种环境保护社会监督和公益活动,并与政府建立起友好的伙伴关系。②

三十年来,公益诉讼在学术界与实务界遭遇了"冰火两重天"。学者们将其视为环境保护的"救命草"而从美国、德国等先进国家引入,并将其中国化。法治理性告诉我们:司法以及司法解释的功能只能在一定范围内发挥作用,也会受到各种因素的制约与干扰。环境司法大门的打开,并不当然意味着案源滚滚;司法解释的出台,也并不表示生态环境诉讼的所有问题迎刃而解;更何况,司法解释本身也未必尽善尽美,甚至可能给生态环境公益诉讼的顺利推进带来阻碍。司法理性照亮了生态环境诉讼,但道路依然曲折坎坷。生态环境司法刚刚起步,公正司法永远在路上。③ 法律的先天滞后性与生态系统的多变性,决定了很多环境污染问题不可能一揽子解决,审判实践中难免遇到这样或那样的问题。立法机关和司法机关都需要紧跟时代步伐,密切关注环境污染发展态势,根据实际情况不断完善保护生态环境的法律制度,用法治方式为子孙留住青山绿水,从而向美丽中国的美好愿

---

① 颜运秋、马晓锐、周晓明:《公益诉讼法门渐开 理论实务仍须努力——"公益诉讼实施"研讨会纪要》,载《法治研究》2012年第11期。
② 曲格平:《公众参与环境保护》,载《人民日报海外版》2005年7月29日第1版。
③ 吕忠梅:《为环境司法点赞》,引自《环境资源法论丛》第10卷代序。

景不断前进。

  当我们面临生态环境公益的严峻危机时，环境法学人应当挥别学术浮躁的阴霾，真切地用法律思维应有的逻辑理路与价值理性，忧思环境问题揭示的真相分析，论证提出解决环境问题的制度规范，以社会责任感奉献应有的智慧成果。[①] 比如，环境法学界多数学者强调并鼓吹环境司法专门化并积极推进环境司法组织的建设，但是收效甚微。所以，与其强调并鼓吹环境司法专门化还不如提倡司法生态化，将生态文明和环境法治理念指导司法实践。司法生态化，主要体现在司法理念、司法裁判、司法程序和司法执行等司法各环节。在司法理念上，要由过去只注重裁决人与人的矛盾及争议和调整人与人的关系转变为同时注重解决人与自然的矛盾，协调人与自然的关系；在司法裁判方面，由过去只注重制裁违法行为，保护当事人的合法权益转变为同时注重解决案件所涉及的相应环境问题；在司法程序与司法执行上，由过去只注重对当事人的公正转变为同时注重对其周围的人，乃至对后代人的公正，即注重司法及其执行对环境和生态的影响。[②] 是言确哉。

[①] 杜健勋：《环境利益分配法理研究》，中国环境出版社 2013 年出版。
[②] 姜明安：《"法律生态化"的主要领域》，2005 年在教育部哲学社会科学重点研究基地主任会议上的发言提纲，http://www.publiclaw.cn，访问时间：2017 年 6 月 18 日。

摘 要

《生态环境公益诉讼机制研究》是一项应对改革开放后经济持续高速发展中日益凸显的生态环境恶化、气候异常、自然灾害频发等生态破坏和环境污染问题的重要研究课题。本书主要论述了生态环境公益诉讼存在和发展的理论基础，回答了生态环境公益诉讼机制为什么存在和发展问题；合理界定了生态环境公益诉讼的基本内涵与外延；系统分析了生态环境公益诉讼的功能；解释了生态环境公益诉讼中的利益衡量规则，特别是对生态环境公益的学理解释；论述了生态环境公益诉权；探索了生态环境公益诉讼的司法组织建设问题；探讨了多元化的生态环境公益诉讼原告资格问题；设计了生态环境公益诉讼的程序规则；探讨了生态环境公益诉讼运行的障碍及其出路；建设性的提出了生态环境公益诉讼的激励约束机制；借鉴生态环境公益诉讼的域外经验，为进一步完善我国生态环境公益诉讼的立法与司法献计献策。力图做到以下创新：（1）研究体系的创新。以诉讼进程为主线、以诉讼程序构建为目标，将生态环境公益诉讼理论与制度的研究细化为基本内涵、理论基础、价值功能、利益衡量规则、诉权与诉讼请求、司法模式与司法组织、原告资格、证据规则、诉前程序、诉讼时效、管辖制度、立案机制、调解和解与撤诉机制、执行程序、激励约束机制、立法与司法等几个方面，内容比较详细具体，比较全面客观地反映了生态环境公益诉讼理论与制度的难点和创新，各部分内容自成体系，互相关联。（2）研究内容的创新主要体现在：第一，提出生态环境公益诉讼的重心应当实现从民事公益诉讼到行政公益诉讼的转移，应当改变生态环境行政公益诉讼起诉权由检察机关独家垄断的局面。

第二，从司法能动和司法改革角度，探索推动独立生态环境公益诉讼司法组织的组建。第三，为了正确处理好行政权与司法权的关系，建议设置诉前程序，在提起生态环境公益诉讼之前，通过公益告发和检察建议等方式，做到对行政机关和行政权的基本尊重，也有利于节约司法资源，诉前程序的建议最终被立法机关采纳。第四，科学论证了生态环境公益诉讼存在的理论基础。"非人类中心主义"强调主客同体，造就了生态环境法律和公益诉讼制度的产生和发展。生态环境公益诉讼的权义基础是环境义务和环境公益权而不是环境私益权，是程序意义环境权而非实体意义环境权。第五，提出利益衡量方法是治理型环境司法的基本方法，治理型环境司法的裁判过程实际上就是法官平衡生态环境利益与其他利益以及再分配生态环境利益的过程。第六，生态环境公益诉讼的诉的类型主要有生态环境损害赔偿之诉、停止侵害生态环境之诉、排除妨碍之诉、消除影响之诉、生态环境修复之诉、生态环境行政作为之诉、生态环境行政不作为之诉等。第七，逐渐放宽生态环境公益诉讼的原告资格是诉讼制度发展的一个趋势。检察机关被冠以"公益代表人身份"，在起诉时就是公诉人身份。我们反对行政机关有公益起诉权。在民间组织以及公益律师远未得到充分发展的当下中国，过分担心生态环境公益诉讼会"滥诉"实为伪命题。第八，生态环境公益诉讼案件证据具有科学技术性强、易逝性明显、极具隐蔽性、专业性等特点，为充分利用有限的社会资源和司法资源有效保护生态环境公益，将明显属于滥诉或者恶意诉讼的起诉排除在外，原则上应要求提起公益诉讼的原告在起诉时提交初步证明材料，以证明其诉讼请求具有一定的事实依据，原告损害社会公共利益的自认不具有拘束力，原告无须证明行为人有过错，被告对因果关系负有提供反证的举证责任，等等。（3）研究视角的创新。本研究站在生态文明法制建设的高度，以生态环境公益问题为起点，探讨生态环境公益诉讼机制的构建，然后又回到个案问题，走的是"实践—理论—实践"的研究路线，贯彻了科学研究的目的是推动实践进步这一基本思想，目的在于落实中央生态文明理论思想，为我国生态环境司法的理论、立法与司法实践贡献智慧。

Abstract

On the Mechanism of Eco-environmental Public Interest Litigation is an important research to deal with the problems of ecological destruction and environmental pollution, such as the deterioration of ecological environment, abnormal climate, frequent natural disasters and so on, which have become increasingly prominent in the sustained and high-speed economic development after the reform and opening-up. This book mainly discusses the theoretical basis of the existence and development of the eco-environmental public interest litigation, and answers the questions of why the mechanism of eco-environmental public interest litigation exists and develops; reasonably defines the basic connotation and extension of the eco-environmental public interest litigation; systematically analyses the functions of the eco-environmental public interest litigation; and explains the rules of interest measurement in the eco-environmental public interest litigation, especially for the ecological environment. The academic interpretation of environmental public interest; the right to sue for eco-environmental public interest; the judicial organization construction of eco-environmental public interest litigation; the plaintiff qualification of diversified eco-environmental public interest litigation; the procedural rules of eco-environmental public interest litigation were designed; the obstacles to the operation of eco-environmental public interest litigation and the way out are discussed; and the eco-environmental public interest litigation is constructively put forward. The incentive and restraint mechanism of the lawsuit, drawing on the foreign experience of the public interest lawsuit of ecological environment, provide suggestions for further improving the legislation and judicature of the public interest lawsuit of ecological environment in our country. The authors try to achieve the following innovations: (1) Innovation of research system. Taking the litigation process as the main line and the construction of litigation procedure as the goal, the research on the theory and system of public interest litigation in ecological environment is refined into basic connotation, theoretical basis, value function, rule of interest measurement, litigation right and litigation request, judicial model and judicial organization, plaintiff qualification, evidence rule, pre-litigation procedure, limitation of action, jurisdiction system, filing mechanism, mediation and reconciliation and withdrawal. The contents of litigation mechanism should include execution procedure, incentive and restraint mechanism, legislation and judicature are detailed and specific, which comprehensively and objectively reflect the difficulties and innovations of the theory and system of eco-environmental public interest litigation. Each part of the content is self-contained and interrelated. (2) The innovation of research contents is mainly embodied in: firstly, the focus of eco-environmental public interest litigation should be shifted from civil public interest litigation to administrative public interest litigation, and the situation that the prosecution power of eco-environmental administrative public interest litigation should be monopolized exclusively by the procuratorial organs should be changed. Secondly, from the perspective of judicial initiative and judicial reform, explore and promote the establishment of independent judicial organizations for public interest litigation in the ecological environment. Thirdly, in order to properly handle the relationship between administrative power and judicial power, it is suggested that pre-litigation procedure be set up. Before initiating eco-environmental public interest litigation, basic respect for administrative organs and administrative power can be achieved through public interest reporting and procuratorial suggestions. It is also conducive to saving judicial resources. The proposals of pre-litigation procedure are finally adopted by the legislature. Fourthly, this book scientifically demonstrates the theoretical basis of the existence of eco-environmental public interest litigation. "Non-anthropocentrism" emphasizes the unity of subject and object, resulting in the emergence and development of eco-environment law and public interest litigation system. The right basis of eco-environmental public interest litigation is environmental obligation and environmental public interest right, not environmental private interest right, procedural environmental right rather than substantive environmental right. Fifthly, the method of interest measurement is the basic method of governance-oriented environmental justice. The process of judgment of governance-oriented environmental justice is actually the process of balancing the interests of ecological environment with other interests and redistributing the interests of ecological environment. Sixthly, the types of public interest litigation for ecological environment include compensation for ecological environment damage, stopping infringement on ecological environment, removing obstruction, eliminating influence, ecological environment restoration, ecological environment administration as a litigation, ecological environment administrative omission and so on. Seventh, gradually relaxing the plaintiff qualification of public interest litigation in ecological environment is a trend of the development of litigation system. The procuratorial organ is called "public welfare representative" and is the public prosecutor when prosecuting. We oppose the right of administrative organs to sue for public welfare. In China, where non-governmental organizations and public interest lawyers are far from fully developed, it is a false proposition to worry excessively about the "indiscriminate prosecution" of public interest litigation in the ecological environment. Eighth, the evidence of public interest litigation cases of ecological environment has the characteristics of strong science and technology, evident perishability, great concealment and professionalism. In order to make full use of limited social and judicial resources to effectively protect the public interest of ecological environment, the plaintiff who initiates public interest litigation should be required to submit preliminary evidence when prosecuting. The plaintiff's admission of damage to the public interest is not binding. The plaintiff does not need to prove the actor's fault. The defendant bears the burden of proving the cause and effect by providing counterevidence and so on. (3) Innovation of research perspective. Standing at the height of legal system construction of ecological civilization and starting from the public welfare of ecological environment, this study explores the construction of public welfare lawsuit mechanism of ecological environment, and then returns to the case study. It follows the research line of "practice-theory-practice". It implements the basic idea that the purpose of scientific research is to promote practical progress and to implement the theory of ecological civilization. It contributes wisdom to the theory, legislation and judicial practice of eco-environmental justice in China.

目 录

第一章 ▶ 理论基础　1

　第一节　生态环境公益诉讼的现实基础　1
　第二节　生态环境公益诉讼的伦理基础　9
　第三节　生态环境公益诉讼的权义基础　13
　第四节　生态环境公益诉讼与公益信托理论　26
　第五节　环境民主、公众参与与生态环境公益诉讼　35

第二章 ▶ 立法比较　40

　第一节　生态环境公益诉讼的域外立法　41
　第二节　我国生态环境公益诉讼的地方性立法　48
　第三节　我国生态环境公益诉讼的全国性立法　56
　第四节　完善我国生态环境公益诉讼立法的几点宏观建议　63

第三章 ▶ 利益衡量　69

　第一节　生态环境　69
　第二节　生态环境公益　76
　第三节　生态环境公害　86
　第四节　生态环境公益诉讼中的利益衡量　92

第四章 ▶ 基本内涵与重心　98

　第一节　生态环境公益诉讼的基本内涵与特征　98
　第二节　生态环境公益诉讼的基本类型　111

第三节　生态环境公益诉讼的重心：生态环境行政公益诉讼　114

第五章 ▶ 价值功能　123

第一节　环保群体性事件的减压功能　124
第二节　生态环境公益的司法保护功能　125
第三节　生态环境公共政策形成的促进功能　127
第四节　对生态环境行政监管的补充功能　128
第五节　生态环境公益诉讼功能的发挥　130

第六章 ▶ 诉权与诉讼请求　134

第一节　生态环境公益之诉　134
第二节　生态环境公益诉讼无反诉　136
第三节　生态环境公益诉权　138
第四节　生态环境公益诉讼的诉讼请求　151

第七章 ▶ 司法模式与司法组织　170

第一节　生态环境公益诉讼司法模式的基本类型　170
第二节　我国生态环境公益诉讼司法模式的选择　173
第三节　国外生态环境司法专门化的介评　178
第四节　我国生态环境司法专门化的做法与探讨　184
第五节　生态环境公益诉讼司法组织的建设　189

第八章 ▶ 原告资格　196

第一节　生态环境公益诉讼起诉主体的多元性　197
第二节　生态环境公益诉讼中的检察机关　204
第三节　生态环境公益诉讼中的行政机关　218
第四节　生态环境公益诉讼中的环保组织　224
第五节　生态环境公益诉讼中的公民　239
第六节　生态环境公益诉讼中的其他主体　249
第七节　生态环境公益诉讼起诉资格的序位　265

第九章 ▶ 证据制度　268

第一节　生态环境公益诉讼案件证据的特点　268
第二节　原告的举证责任　269
第三节　被告的举证责任　271

第四节　当事人自认　272

第五节　法院职权探知　273

第六节　表见证明方法　274

第七节　因果关系证明　275

第八节　证据保全　276

第九节　专家证人制度　278

第十节　科技证据　280

第十章 ▶ 程序规则　286

第一节　生态环境公益诉讼的诉前程序　287

第二节　生态环境公益诉讼的诉讼时效　297

第三节　生态环境公益诉讼的管辖制度　302

第四节　生态环境公益诉讼的立案机制　308

第五节　生态环境公益诉讼中的调解、和解与撤诉　310

第六节　生态环境公益诉讼的执行程序　317

第十一章 ▶ 保障机制　326

第一节　生态环境公益诉讼的支持机制　326

第二节　生态环境公益诉讼的激励机制　344

第三节　生态环境公益诉讼的约束机制　352

第十二章 ▶ 发展趋势　357

第一节　2015年以前我国生态环境公益诉讼案件基本情况回顾　358

第二节　2015年以后我国生态环境公益诉讼案件的量比分析　361

第三节　2015年以后我国生态环境公益诉讼案件的地区分布　363

第四节　2015年以后我国生态环境公益诉讼案件类型化分析　366

第五节　2015年以后我国生态环境公益诉讼原告类型分析　368

第六节　2015年以后我国生态环境公益诉讼被告类型分析　370

第七节　2015年以后我国生态环境公益诉讼的诉讼请求分析　371

第八节　2015年以后我国生态环境公益诉讼的结案率与结案方式分析　374

第九节　我国生态环境公益诉讼未来的发展趋势　377

参考文献　383

后记　415

Contents

Chapter 1　Theoretical Basis　　1

    1.1　The Realistic Basis of Eco-environmental Public Interest Litigation　　1

    1.2　Ethical Basis of Eco-environmental Public Interest Litigation　　9

    1.3　The Right Basis of Eco-environmental Public Interest Litigation　　13

    1.4　Eco-environmental Public Interest Litigation and Public Trust Theory　　26

    1.5　Environmental Democracy, Public Participation and Eco-environmental Public Interest Litigation　　35

Chapter 2　Legislative Comparison　　40

    2.1　Extraterritorial Legislation on Eco-environmental Public Interest Litigation　　41

    2.2　Local Legislation on Eco-environmental Public Interest Litigation in China　　48

    2.3　National Legislation on Eco-environmental Public Interest Litigation in China　　56

    2.4　Macro-suggestions on Perfecting the Legislation of Eco-environmental Public Interest Litigation in China　　63

Chapter 3　Interest Balancing　　69

    3.1　What is the Ecological Environment　　69

3.2　What is Eco-environmental Public Welfare　76

3.3　What is Eco-environmental Pollution　86

3.4　Interest Balancing in Eco-environmental Public Interest Litigation　92

Chapter 4　Basic Connotation and Focus　98

4.1　Basic Connotation and Characteristics of Eco-environmental Public Interest Litigation　98

4.2　Basic Types of Eco-environmental Public Interest Litigation　111

4.3　The Focus: Ecological Environment Administrative Public Interest Litigation　114

Chapter 5　Value and Function　123

5.1　Decompression Function of Environmental Protection Group Events　124

5.2　Judicial Protection Function of Eco-environmental Public Welfare　125

5.3　Promoting Function of Public Policy Formation of Ecological Environment　127

5.4　Supplementary Functions of Eco-environment Administrative Supervision　128

5.5　Function Fulfillment of Eco-environmental Public Interest Litigation　130

Chapter 6　Right of Action and Litigation Request　134

6.1　Public Interest Action of Ecological Environment　134

6.2　No Counterclaim in Eco-environmental Public Interest Litigation　136

6.3　Right of Action for Ecological Environment Public Welfare　138

6.4　Litigation Request for Eco-environmental Public Interest Litigation　151

Chapter 7　Judicial Model and Judicial Organization　170

7.1　Basic Types of Judicial Model of Ecological Environment Public Interest Litigation　170

7.2　Choice of Judicial Model Choice of Ecological Environment Public Intarest Litigation in China　173

7.3　Introduction and Comment on Foreign Ecological Environmental Judicial System Specialization　178

7.4　Practice and Discussion on China's Eco-environment Judicial Specialization　184

7.5   Judicial Organization Construction for Eco-environmental Public Interest Litigation   189

Chapter 8   Qualification of Plaintiff   196

8.1   Diversity of the Subjects of Eco-environmental Public Interest Litigation   197
8.2   Procuratorial Organs in Eco-environmental Public Interest Litigation   204
8.3   Administrative Organs in Eco-environmental Public Interest Litigation   218
8.4   ENGOs in Eco-environmental Public Interest Litigation   224
8.5   Citizens in Eco-environmental Public Interest Litigation   239
8.6   Other Subjects in Eco-environmental Public Interest Litigation   249
8.7   Action Order in Eco-environmental Public Interest Litigation   265

Chapter 9   Evidence System   268

9.1   Characteristics of Evidence in Ecological Environment Public Interest Cases   268
9.2   The Burden of Proof of the Plaintiff   269
9.3   The Burden of Proof of the Defendant   271
9.4   Self-admission of the Parties   272
9.5   The Power of the Court   273
9.6   Primary-face Proof Method   274
9.7   Proof of Causality   275
9.8   Perpetuation of Evidence   276
9.9   Expert Witness System   278
9.10 Scientific and Technological Evidence   280

Chapter 10   Procedural Rules   286

10.1   Pre-litigation Procedure for Eco-environmental Public Interest Litigation   287
10.2   Action Limitation of Eco-environmental Public Interest Litigation   297
10.3   Jurisdiction System of Eco-environmental Public Interest Litigation   302
10.4   The Case Filing Mechanism of Eco-environmental Public Interest Litigation   308
10.5   Mediation, Reconciliation and Withdrawal of Ecological Environment

                    Public Interest Litigation Lawsuits   310
    10.6   Execution Procedures of Eco-environmental Public Interest
            Litigation   317

Chapter 11   Guarantee Mechanism   326

    11.1   Supporting Mechanism of Eco-environmental Public Interest
            Litigation   326
    11.2   Incentive Mechanism of Eco-environmental Public Interest
            Litigation   344
    11.3   Restriction Mechanism of Eco-environmental Public Interest
            Litigation   352

Chapter 12   Development Trends   357

    12.1   Basic Situation Review of Eco-environmental Public Interest Litigation in
            China before 2015   358
    12.2   Quantity Ratio Analysis on Eco-environmental Public Interest Litigation in
            China after 2015   361
    12.3   Distribution of Eco-environmental Public Interest Litigation
            in China after 2015   363
    12.4   Analysis on the Type of Eco-environmental Public Interest Litigation in
            China after 2015   366
    12.5   Analysis on Plaintiff Types of Eco-environmental Public Interest
            Litigation in China after 2015   368
    12.6   Analysis on Defendant Types of Eco-environmental Public Interest
            Litigation in China after 2015   370
    12.7   Analysis on the Litigation Request of Eco-environmental Public Interest
            Litigation in China after 2015   371
    12.8   Analysis on the Settlement Rate and Settlement Way of
            Eco-environmental Public Interest Litigation in China after 2015   374
    12.9   Development Trend of Eco-environmental Public Interest Litigation
            in China   377

References   383
Postscript   415

第一章

理论基础

我们为什么需要生态环境公益诉讼？需要什么样的生态环境公益诉讼？需要我们从中国现实出发，找到它存在的理论根据。生态环境损害对生态环境司法提出了新要求。"非人类中心主义"强调主客同体，造就了生态环境法律和生态环境公益诉讼制度的产生和发展。生态环境公益诉讼的基础是环境义务和生态环境公益权而不是环境私益权，是程序意义环境权而非实体意义环境权；自然体权利不是生态环境公益诉讼的权利基础。生态环境公益诉讼的运行建立在现代环境管理民主化的基础之上，社会公众的生态环境公益诉求成为生态环境公益诉讼机制启动、运行以及效果实现的重要推动因素和重要标志之一。

第一节 生态环境公益诉讼的现实基础

一、生态环境违法行为是一种多主体的生态环境公害行为

损害社会公共利益重大风险的污染环境、破坏生态的行为，一般包括但不限于：（1）建设项目未依法进行环境影响评价，被责令停止建设，拒不执行的；（2）违反法律规定，未取得排污许可证排放污染物，被责令停止排污，拒不执行的；（3）通过暗管、渗井、渗坑、灌注或者篡改、伪造检测数据，或者不正常运

行防治污染设施等逃避监管的方式违法排放污染物的；（4）生产、使用国家明令禁止生产、使用的农药，被责令改正，拒不改正的；（5）企业事业单位和其他生产经营者超过污染物排放标准或者超过重点污染物排放量控制指标排放污染物的行为，等等。

  生态环境违法行为的出现，政府环境监管部门负有不可推卸的法律责任，因为现代政府存在失灵的可能性。政府失灵主要是由政府干预不足、干预过度、干预失效以及干预低效率等原因造成，由于资源的开发和利用是国家管制较严的领域，进入该产业发展可以带来诱人的垄断利润，所以会产生政府"权力寻租"现象，这是政府失灵的必然反映。而且一旦产生这种现象则会导致环境资源的开发和利用经常会偏离环境保护的政策目标。政府失灵是相对于市场失灵而言的，有时比市场失灵的后果更糟糕。避免政府在环境监管领域的失灵就要加强对政府本身的监管。如果政府的环境政策从制定到实施，再到评估的每个环节都处于有效的监督之下，则政府权力寻租现象将大大减少。我们有必要将政府对环境质量负责转化为法律责任，并将它实质化、具体化。所谓实质化是要求政府对环境质量承担实质性的法律责任，而不仅是形式上的政治责任。所谓具体化是要有具体明确法律责任的形式并且将其落实到主管领导和责任人。政府环境责任主要包括政府环境决策失误责任和政府环境执法不当责任以及不作为责任。

  政府环境决策失误主要指政府及其综合决策部门在制定政策、进行决策时出现的违反环境保护法律法规的行为，一般包括但不限于：（1）拒不执行环境保护法律、法规以及人民政府关于环境保护的决定、命令的；（2）制定或者采取与环境保护法律、法规、规章以及国家环境保护政策相抵触的规定或者措施；（3）违反国家有关产业政策，造成环境污染或者生态破坏的；（4）不按照国家规定淘汰严重污染环境的落后生产技术、工艺、设备或者产品的；（5）对严重污染环境的企业事业单位不依法责令限期治理或者不按规定责令取缔、关闭、停产的；（6）不按照国家规定制定环境污染与生态破坏突发事件应急预案的；（7）经济发展与环境保护综合决策失误，导致辖区或相邻地区环境质量下降，生态环境严重污染破坏的，等等。

  政府环境执法不当主要指各个职能部门，在履行职责，执行具体的法律制度中出现的违反环境保护法律法规的行为，一般包括但不限于：（1）不按照法定条件或者违反法定程序审核、审批建设项目环境影响评价文件，或者在审批、审核建设项目环境影响评价文件时收取费用，情节严重的；（2）对依法应当进行环境影响评价而未评价，或者环境影响评价文件未经批准，擅自批准该项目建设或者擅自为其办理征地、施工、注册登记、营业执照、生产（使用）许可证的；（3）在组织环境影响评价时弄虚作假或者有失职行为，造成环境影响评价严重失实，或者对未依法编写环境影响篇章、说明或者未依法附送环境影响报告书的规划草案予以批准的；（4）不按照规定核发排污许可证、危险废物经营许可证、医疗废物集中处置单位经营许可证、核与辐射安全许可证以及其他环境保护许可证，或者不按照规定办理环境保护审批文件的；（5）违法批准减缴、免缴、缓缴排污费的；（6）未经批准，擅自撤销自然保护区或者擅自调整、改变自然保护区的性质（范围、界线、功能区划）的；（7）未经批准，在自然保护区开展参观、旅游活动的；（8）开设与自然保护区保护方向不一致的参观、旅游项目的；（9）发现环境保护违法行为或者接到对环境保护违法行为的举报后不及时予以查处的；（10）发生重大环境污染事故或者生态破坏事故，不按照规定报告或者在报告中弄虚作假，或者不依法采取必要措施或者拖延、推诿采取措施，致使事故扩大或者延误事故处理的；（11）对依法应当移送有关机关处理的环境保护违法违纪案件不移送，致使违法违纪人员逃脱处分、行政处罚或者刑事处罚的，等等。这些规定，不仅使政府的环保职责有了对应的法律责任，而且使政府对环境质量负责从目标到责任有了完整的含义。①

环境行政管理活动中仍然存在着严重的"有法不依、有法难依、执法不严、违法不究、以言代法、以权代法、以罚代刑"等现象，环境行政执法难、执法软、消极执法、执法不作为行为、执法无力等现象更是许多地方普遍存在的问题。环境行政不作为是以一种消极的方式不依法充分有效地行使环境行政主体的权力，实质上是被动姿态上的滥用权力，是另一种形式的行政腐败。环境行政不作为以各种形式较为广泛的出现在我们的社会生活中，环境行政主体对环境污染的熟视无睹、不闻不问，使社会公众的合法权益得不到及时有效的保障，同时又严重恶化了环境，破坏了公共利益，因而对社会具有较大的危害性。然而环境行政不作为在客观上具有一定的隐蔽性，加上我国的环境行政法往往注重对环境行政相对人的管理约束，相对轻视对环境行政主体的制约监督，因此，受关注的程度较少。

二、对生态环境违法行为的"零容忍"打击政策

20世纪60年代，美国斯坦福大学菲利普·辛巴杜教授做了一个有趣的实验：他准备了两辆完全一样的汽车，一辆停放在较富裕的中产阶级社区，一辆停放在穷困杂乱的穷人社区。他把停在富裕社区那辆车的车牌取掉，并将车顶棚掀开。结果，这辆车当天就被他人偷走了，而停放在穷人社区的那辆车一周也无人问

---

① 李挚萍：《环境法的新发展——管制与民主之互动》，人民法院出版社2006年版，第223~225页。

津。辛巴杜教授调整了一下策略，故意将那辆车的玻璃敲了个窟窿。意料中的结果出现了，几个小时后那辆车子也被偷走了。①受辛巴杜教授实验的启示，美国学者詹姆斯·威尔逊和犯罪学家乔治·凯琳于1982年提出了"破窗效应"理论。该理论认为，如果一幢建筑的一扇窗户遭到破坏而未及时得到修补，那么肇事者就会误以为整幢建筑无人管理，从而产生自己可以任意破坏的心理暗示。久而久之，那些破窗户就给人一种社会无秩序的感觉，在这种氛围下，各种违反秩序的行为和轻微犯罪行为就会潜滋暗长，社会治安就会逐步恶化。由此可知，"无序和犯罪之间存在一种合理的紧密联系，无人管理的乞丐就像是第一面被砸破的窗户玻璃；侵犯者和其他偷盗者，无论是偶犯还是惯犯，都相信他们被抓住或发现的机会减少了，从而公然在街上犯事，而此前一直存在的环境已经令潜在的受害人感到恐惧。"②

概括起来，破窗理论的核心思想有以下几个方面：（1）社会秩序的混乱与犯罪的发生之间存在某种关联性。无序现象的存在会给人一种暗示，社区秩序的混乱表明这些地区的控制力很弱，潜在的违法犯罪者就会认为，在这些地区的违法犯罪行为很容易逃脱处罚。（2）集中的、大量的、被忽视的混乱是激发犯罪的一个重要原因。孤立的、少量的无序现象对犯罪的发生并无重要影响，当无序较为常见甚至非常频繁时，违法犯罪等消极的社会现象就会滋长。在某个区域一旦无序现象开始弥漫，就会促进无序增量暴发。譬如，一向干净的公共场所，一个人在某个角落扔了垃圾，如果这一行为没有被及时处理，那个地方的垃圾就会越来越多。（3）警察及时有规则地执法可以有效地预防和减少无序。警察的执法行为会产生一种积极效应，会让潜在的违法犯罪者意识到，该地区的无序行为正在受到有效的控制，仿效无序将会受到惩处。（4）维护秩序需要警察与社区合作。尽管警察对社会秩序的维护扮演着重要的角色，但由于警察数量有限，如果没有社区的积极参与，警察突击性地恢复秩序的举动，其效果只能是暂时的，该区域的无秩序仍会再次蔓延。③

破窗理论以及由此导出的"零容忍"打击政策启示我们，环境污染事件泛滥的重要原因是：现实生活中大量的环境违法犯罪行为没有被查处，环境领域的无序状态相当严重，以致一些企业纷纷加以仿效。要有效地遏制环境污染事件泛滥的现状，消除干扰环境违法行为难以查处的外部因素，必须引入"零容忍"的打

---

① 黄豹、廖明会：《社会治安综合治理中的零容忍理论研究》，载《中南民族大学学报（人文社会科学版）》2007年第3期。
② ［法］雅克·博里康、朱琳：《法国当代刑事政策研究及借鉴》，中国人民公安大学出版社2011年版，第203页。
③ 李本森：《破窗理论与美国的犯罪控制》，载《中国社会科学》2010年第5期。

击政策，对一切环境违法犯罪行为都进行严厉打击，及时恢复环境领域的有序状态。

三、生态环境损害对环境司法提出了新要求

生态环境违法行为造成了生态环境损害。但是对于如何认识生态环境损害的本质特征，长期以来，立法与学理都不太关注，而且存在很大差异；现在学界基本上观点趋于一致。"生态损害""纯生态损害""环境本身的损害""环境损害""纯环境损害""环境损伤"或"自然资源损害"曾被国内外学者或国内外实然法用以表达生态环境本身所遭受的损害之全部或者部分含义。① 在当代很多国家的环境保护法中都对纯粹生态环境损害与人身损害和财产损害做了细致区分，一些国际性法律文件也对纯粹生态环境利益损害做出了规定。例如，1993年由欧洲理事会成员国签署的《罗加诺公约》第2条对"纯粹环境利益的损害"做了定义："因环境损伤所造成的损失或损害，只要这种环境损伤没有被视为包含在副款（a）或（b）意义上的损害，对环境损伤的赔偿应该限于实际采取或将要采取的恢复措施的费用，不包括因这种环境损伤所造成的利润损失。"2004年，欧洲议会和欧盟理事会联合制定的《关于预防和补救环境损害的环境责任指令》中明确界定："环境损害指的是对受保护物种和自然栖息地的损害，此种损害对受保护栖息地或者物种的顺利保育状况的延续或者保持产生了重大不利影响，对自然资源的重要的不利变化，或者可能直接或间接出现的对自然资源的重要的损伤。"1980年的美国《超级基金法》中将"自然资源损害"界定为：对自然资源的毁坏、破坏、损失或者失去用途而遭受的损害，包括土地、鱼类、野生物、生物、空气、水（包括地下水和饮用水）供应的其他该类资源，这些资源可以是陆上、海上的，可以是联邦政府的、州政府的或印第安部落的，还可以是外国政府的。2007年，德国《环境损害预防及恢复法》规定，有关人身、财产的损害赔偿不属该法调整范围，本法仅适用于以下三类环境损害：（1）生物物种及栖息地的损害；（2）水质的损害，即有关业务活动对地表水或人工水域生态的、化学的状态造成影响，或者对地下水化学的或量的状态造成显著影响；（3）土壤受到的损害，即业务活动直接或间接地将污染物质带入土壤引起的土壤功能的损害。②《俄罗斯联邦环境保护法》将"环境损害"明确定义为："因环境污染而造成的引起自然生态系统退化和自然

---

① 竺效：《生态损害的社会化填补法理研究》，中国政法大学出版社2007年版，第50~59页。
② 陶建国：《德国〈环境损害预防及恢复法〉评介及启示》，载《法律适用》2015年第2期。

资源衰竭的环境不良变化。"2012 年，法国可持续发展委员会发布的《环境责任法和等值方法导则》辨析了生态损害与传统环境侵权损害之间的区别，提出："'纯粹'的环境损害是关于特定自然资源、生态服务、公共服务的损害，但不包括人身伤害、财产或经济损失，关于人或人所有的物的物理性或非物理性损害可以经由民事责任机制得以计算。"

  长期以来，我国相关立法对"生态损害"没有直接的表达，相关表达主要有"环境污染危害""环境污染损害""环境污染和其他公害"等。但是，在一些有关环保的政策性文件中有表述。例如，2013 年 11 月 12 日，中共中央《关于全面深化改革若干重大问题的决定》中使用了"生态环境损害"的表述，如"建立生态环境损害责任终身追究制""加快自然资源及其产品价格改革，全面反映市场供求、资源稀缺程度、生态环境损害成本和修复效益。"该决定在"改革生态环境保护管理体制"中则更是明确地提出了"对造成生态环境损害的责任者严格实行赔偿制度，依法追究刑事责任"。此处"生态环境损害的责任者严格实行赔偿制度"专指生态环境本身损害的赔偿制度。2014 年 3 月 12 日，中共中央、国务院在《关于印发〈国家新型城镇化规划（2014～2020 年）〉的通知》中也沿用了"生态环境损害"与"生态环境损害赔偿"的表述，即在论及"实行资源有偿使用"和"生态补偿"制度的相关篇幅中提及"加快自然资源及其产品价格改革，全面反映市场供求、资源稀缺程度、生态环境损害成本和修复效益"，以及在"实行最严格的环境监管制度"中规定"对造成生态环境损害的责任者严格实行赔偿制度，依法追究刑事责任"。2014 年 4 月 9 日，国务院印发的《关于支持福建省深入实施生态省战略加快生态文明先行示范区建设的若干意见》在"健全评价考核体系"中规定"实行领导干部生态环境损害责任终身追究制"，也在"完善资源环境保护与管理制度"中指出"建立生态环境损害赔偿制度、企业环境行为信用评价制度"。2014 年 11 月 27 日的国务院办公厅《关于加强环境监管执法的通知》，在"强化监管责任追究"中提出"实施生态环境损害责任终身追究制，建立倒查机制，对发生重特大突发环境事件，任期内环境质量明显恶化，不顾生态环境盲目决策、造成严重后果，利用职权干预、阻碍环境监管执法的，要依法依纪追究有关领导和责任人的责任"。2015 年 4 月 25 日的中共中央、国务院《关于加快推进生态文明建设的意见》，在"健全生态保护补偿机制"中指出"科学界定生态保护者与受益者权利义务，加快形成生态损害者赔偿、受益者付费、保护者得到合理补偿的运行机制"，以及"建立独立公正的生态环境损害评估制度"。我国现有立法虽然没有明确提出"（纯）生态损害"的概念，或称"（纯）环境损害""自然资源（本身的）损害"等，但生态损害赔偿内涵中的某些内容，如"清除费用""消除污染的费用"等却已在我国海洋环境保护、水污染防治、转基因生物安全、放射性污染防治等少数领域得到了部分的、单个的立法确认。2014年4月通过的《环境保护法》第五条、第六条第二款、第三十四条、第三十八条、第六十四条、第六十六条分别都提及"损害""污染损害""对环境造成的损害""环境损害"等语词。

国内外学者对"生态环境损害"的提法也不一致，主要有"环境本身的损害"①"环境损害"②"生态利益损害"③ 等。生态环境损害最初以"生态损害（ecological damage）"的概念出现，其目的在于区别传统环境侵权致人之损害和因该侵权行为而伴随的人之外的纯粹环境损害事实。④ 德国雷宾德（Rehbinder）教授进一步提出"无法金钱评价之生态损害并非无法得到赔偿，在所有权人明确的情形下，损害赔偿的请求权人可根据恢复原状来定义并测算生态学上的利益"。⑤ 国内有学者将危害环境的行为认定为一种特殊侵权行为，既侵犯了人身权、财产权，又侵犯了环境权，破坏了环境的舒适度和环境质量⑥。有学者认为："生态损害，是指人们未遵循生态规律，在开发、利用环境资源过程中超出环境容载力，导致生态系统的组成、结构或功能发生严重不利变化的法律事实。"⑦ 有学者认为："生态损害指人为的活动已经造成或者可能造成人类生存和发展所必须依赖的生态环境的任何部分或者其任何多个部分相互作用而构成的整体的物理、化学、生物性能的任何重大退化。"⑧ 有学者认为：生态环境损害是一种"新型的环境侵权"，是指人为活动造成生态环境的多个组成部分或者整体在结构、功能、状态等方面发生的严重不良变化或重大退化现象，包括生态破坏和环境污染。⑨ 这些观点均肯定了生态损害是一种新型环境损害，是对环境要素本身造成的损害，对生态环境、自然资源的破坏，不同于传统的人身及财产损害。生态损害恰恰损害的是公共利益，并不关注具体的受害人或者财产损害，其利益中的公益性明显不属于侵权法中的私益保护，因此生态损害赔偿不属于传统侵权法

---

① 王小刚：《以环境公共利益为保护目标的环境权利理论——从"环境损害"到"对环境本身的损害"》，载《法制与社会发展》2011年第2期。

② 邹雄：《环境侵权救济研究》，中国环境科学出版社2004年版，第32页。

③ 王莉：《反思与重构：生态利益损害的侵权法救济机制》，载《重庆大学学报（社会科学版）》2009年第6期。

④⑤ ［日］冈田幸代：《ドイツ環境法における生態損害賠償について》，载《早稲田法学会誌》2005年第55卷。转引自鄢斌、吕忠梅：《论环境诉讼中的环境损害请求权》，载《法律适用》2016年第2期。

⑥ 马骧聪：《环境保护法》，四川人民出版社1988年版，第141页。

⑦ 梅宏：《生态损害的法学界定》，引自《中国环境资源法学评论》（2007年卷），人民出版社2008年版，第125页。

⑧ 竺效：《论我国"生态损害"的立法定义模式》，载《浙江学刊》2007年第3期。

⑨ 李巍：《生态环境损害法律救济制度探究》，载《胜利油田党校学报》2015年第3期。

救济的范畴。

相较于传统侵权损害,生态损害的基本特征是:(1)生态损害以生态环境本身为侵害对象,而不是以生态环境为媒介侵害法律主体的人身或者财产权益。(2)生态损害不仅包括生态环境经济价值的损失,还包括其环境容量、审美价值、文化价值、生态价值等多重价值的损失,侵害的利益具有多元性。(3)生态损害通常是一种远期的或者累积的损害,损害赔偿范围确定难,损害后果具有滞后性和不可逆转性。(4)生态损害的权利主体具有广泛性,既包括当代人,又包括后代人,甚至包括整个人类和动物等生物以及无生命物质。(5)生态损害侵害的客体是人类社会共同享有的生态利益,关涉人类社会整体的生存和发展。正是基于以上特性,生态损害是一种新的损害类型,它是生态环境本身的损害,体现出人的环境利益和环境自身价值尤其是生态价值的同时减损。① 国外学者冯·巴尔教授,考察没有对个人造成明显损害的环境污染形式,从而提出了一个"纯粹生态损害"(pure ecology damage)或者"纯粹环境损害"② 的概念,其认为这种损害是一种对不特定公众的损害,而非对一个人造成的损害,他认为,这种损害也是一种"集体的损害"(collective damage)。③ 通常被称为"公害"。

现行环境侵权救济机制以保护个体人身权、财产权、私法上的环境权利为宗旨,而生态功能损害则是对环境公共物品的损害,是对公共利益的侵害。基于私法路径救济环境损害,始终面临私法基本理念和制度框架的约束,即必须以私人权益受损为前提,且只能救济以环境要素为媒介的人身权和财产权的损害,这必然导致侵权法无法充分救济环境自身损害,私法救济机制无法实现对生态环境损害的救济。因此,突破传统诉讼理念的束缚,进行制度创新是生态环境损害救济的根本出路,生态环境公益诉讼制度的本意正是基于生态环境损害救济的现实需要。生态环境公益诉讼是"以公益的促进为建制目的与诉讼的要件,诉讼的实际目的往往不是为了个案的救济,而是督促政府或受管制者积极采取某些促进公益的法定行为,判决的效力亦未必局限于诉讼当事人"④。

---

① 陈红梅:《生态损害的私法救济》,载《中州学刊》2013年第1期。

② [德]克雷斯蒂安·冯·巴尔:《欧洲比较侵权行为法》(下卷),焦美华译,张新宝审校,法律出版社2004年版,第482~483页。

③ Christian v. Bar etc. : *Principles and European Law on Non - Contractual Liability Arising out of Damage Caused to Another.* Sellier European Law Publishers 2009,P. 529.

④ 叶俊荣:《环境政策与法律》,中国政法大学出版社2003年版,第234页。

第二节　生态环境公益诉讼的伦理基础

在全球性生态危机的严重威胁下，人类开始认识到人与生态自然的关系已被严重扭曲，甚至倒转，已经到了近代自然法学派所向往的那种生存方式的对立面，即要将"天赋人权"再倒转过来，变为"人赋天权"。而所谓的"人赋天权"，是指人类在求得自身发展的同时，要从伦理道德和法律上赋予自然界按客观规律演化和生存的权利。[①] 奥尔多·列奥鲍德指出，人类的第三代伦理规范应是调整人与生态自然的关系，即将人与社会关系中的社会的概念范围扩大到土壤、水体、植物、动物或者它们的集合体的伦理规范，即"大地的伦理"（land ethic）。[②] 他所说的"大地伦理"是指"规范人与大地，以及人与依存于大地的动植物之间关系的伦理规范"。[③] 但是，这里的"大地"由于泛指全部土壤、水、植物、动物，所以，也不妨说，就是指生态系统。所以说，奥尔多·列奥鲍德的"大地伦理"的基本主张在于，要将人"从大地这一共同体的征服者转变成这一共同体的平凡一员、一个构成要素"。这种主张的深处，存在着对人以外的"朋友的尊敬的理念""对自己所属的共同体尊敬的理念"以及是人征服并破坏了生态系统——"大地"这一现实的认识。[④]

1923年法国学者施韦兹在其所著的《文明的哲学》一书中，提出了尊重生命、保护生命的伦理观，这标志着生态伦理思想的首次正式提出。环境伦理学真正产生于20世纪60年代，其创立者主要有阿尔伯特·史怀泽、奥尔多·列奥鲍德以及蕾切尔·卡尔森，他们分别在《敬畏生命》《沙乡年鉴》和《寂静的春天》这3部著作中阐述了环境伦理学的基本理念，对当代环境运动的发展起了极大的推动作用。[⑤] 美国的环境运动在60、70年代进入环境主义阶段，在这一阶段逐渐定型的生态伦理理论出现了两个发展趋势：（1）非人类中心主义理论逐渐成为生态伦理的主流，该理论旨在反对人类中心主义，提倡自然的内在价值和权利，扩展道德共同体的范围，希望通过赋予自然物以道德地位的形式来建立人对自然的责任；（2）环境正义和生态社会主义成为生态伦理的一个重要内容，该理

---

① 陶锡良：《环境伦理与环境法》，载《政治与法律》1996年第2期。
② [美] A.列奥鲍德：《听到野生之歌》，[日] 新岛义昭译，森林书店1986年版，第310~345页。
③ [美] A.列奥鲍德：《听到野生之歌》，[日] 新岛义昭译，森林书店1986年版，第313页。
④ [美] A.列奥鲍德：《听到野生之歌》，[日] 新岛义昭译，森林书店1986年版，第314页。
⑤ 王雨辰：《环境伦理学价值立场的转换：从西方化到中国化》，载《中南财经政法大学学报》2006年第1期。

论强调环境正义和批判资本主义,主张只有通过改变不合理的社会结构和实现社会正义才能解决环境问题。① 70 年代,美国哲学家罗尔斯顿在其《环境伦理》一书中系统论证了将生态规律转换为道德义务的必要性,论证了环境伦理的合理性,并科学地阐述了自然界的价值和自然界的权利等问题,从而建构起较为成熟完善的生态伦理理论体系。② 生态伦理作为环境法治的基础和价值核心,有学者指出:"伦理观念从人类中心主义到生态中心主义的嬗变已经影响到当代环境立法和实践,并将对整个传统法律从理论到实践产生重大的影响。"③ 生态中心主义主张自然万物都是自然界存在的相互关联的一部分,都拥有固定的内在价值,享有与人类平等的权利,即自然的权利。因此,生态中心主义的核心理念在于强调人类不仅应重视其他生物和自然资源的经济价值,尤其应注重通过环保法律制度的实施维护和改善其所具有的生态功能。

人类中心主义伦理观以狭隘的人类中心论哲学为其思想基础④,并催生了以人类的短期利益为元价值的近代工业文明,导致人同环境建立起一种直接的、片面的物质关系,从而也引发了功利层面"人类中心论"的困境。人类为了自身的功利目的,无限度的攫取自然,破坏了人与自然之间的平衡关系。人类的需要和利益被认为是决定其他自然物是否有存在价值的尺度,生态系统、自然界乃至世界的一切皆为人而存在,从而人可以任意支配和统治自然界。这种伦理思想只看到人的利益和需求,无视自然生态系统的平衡与规律性亦即人对自然生态系统的依存与不可分离性,不懂自然界的命运与人类命运的休戚相关性。这些思想体现在行动上,即是为了自身的需要和利益而不断强化干预自然生态系统的过程,在看待人类与大自然其他部分之间的关系时,始终有着这样的信念——人类应放置在一个支配自然界其他部分的位置上,自然界的其他部分从属于人类。后工业革命时期不断发展起来的科学,无论是自然科学还是经济学,都延续甚至强化了这种思想。这种"人类中心主义"最终在人与自然的关系上表现为人类"沙文主义""统治主义"和"控制主义"。⑤ 总的来说,人类中心主义伦理观的核心在于认为作为理性存在物的人类具有内在价值和目的,大自然是为了人类的目的而存在的,其他生物无内在价值,它们不能成为道德共同体的成员,人类对自然环境不负有道德义务,人们保护环境资源的义务是对他人所负的间接义务,环境本身

---

① 韩立新:《美国的环境伦理对中日两国的影响及其转型》,载《中国哲学史》2006 年第 1 期。
② [美]田文富:《科学发展观维度下的环境伦理及其价值观创新》,载《理论月刊》2006 年第 10 期。
③ 汪劲:《伦理观念的嬗变对现代法律及其实践的影响——以人类中心到生态中心的环境法律观为中心》,载《现代法学》2002 年第 2 期。
④ [英] A. J. 汤因比、[日] 池田大作:《展望二十一世纪——汤因比与池田大作对话录》,荀春生等译,国际文化出版社 1985 年版,第 32 页。
⑤ 李慧青:《生态伦理的文化底蕴》,东北师范大学硕士学位论文,2003 年。

没有价值和利益，环境价值和利益是人的价值和利益的折射。这一片面强调人类主体地位的分析方法，把人类的发展建立在对自然资源的掠夺性的开发利用基础上，这种价值观被认为具有明显的"反自然"性质，它已将人与自然的关系引入了绝境。

与"人类中心主义"相反，非人类中心主义生态伦理学是在对人类中心主义伦理学范式的质疑、反思和批判基础上生成的一种新的生态伦理形态。工业文明造成了生态环境深度的危机，促使现代西方学者进行全面深刻的反思，形成了批判人类中心主义伦理观念的"绿色"思潮。非人类中心主义所主张的"道德应包括人和自然之间的关系"，把人与自然的关系视为一种由伦理原则来调节和制约的关系，认为大自然拥有权利，从思想史的角度实现了一次从人际伦理学到生态伦理学的革命。这场革命把人类由大自然的主宰变为大自然的普通公民，摒弃了狭隘的人类中心论和把人与自然对立起来的二元论的陈旧观念，确立了非人类中心主义的伦理观念。泰勒认为，"环境伦理学关心的是存在于人与自然之间的道德关系。支配着这些关系的伦理原则决定着我们对自然环境和栖息于其中的所有动物和植物的义务、职责和责任。"[①] 罗尔斯顿认为："从终极的意义上说，环境伦理学既不是关于资源使用的伦理学，也不是关于利益和代价以及它们的公正分配的伦理学；也不是关于危险、污染程度、权利与侵权，后代的需要以及其他问题——尽管它们在环境伦理学中占有重要地位的伦理学。只有当人们不只是提出对自然的合理使用，而是提出对它的恰当的尊重和义务问题时，人们才会接近自然主义意义上的原发型环境伦理学。"[②] 阿姆斯特朗和波兹勒在《环境伦理学：分歧与共识》中也认为，环境伦理学研究的是"人类对自然环境的伦理责任"。[③] 无论何种流派及其发展走向如何，人与自然的关系问题已成为当代生态伦理学研究的基本问题。生态伦理学在观察世界、解释世界和改造世界时，不是单纯以人为尺度，也不是单纯以自然为尺度，而是以人与自然的关系为尺度。虽然在分析人与自然的关系时，也常常把现实世界分为人的世界和自然界，但是不能把它们割裂开来，而是作为统一世界的一部分进行研究，既从人考察自然界，又从自然界考察人。

"生态中心主义"认为人类是其环境的一部分，这个环境应在整体上受到保

---

① P. W. Talor. *Respect for Nature*：*A Theory of Environmental Ethics*，Princeton University Press，1986，P. 3.

② H. Rolston. *Environmental Ethics – Duties to and Values in Nature* WorW，Temple University Press，1988，P. 1.

③ S. Amstrong and R. Botzlereds. *Environmental Ethics*：*Divergence and Convergence*，N. Y. rMcGraw – Hill. 1993. P. 15.

护，包括一切的生命形式，而不考虑它们对于人类的意义。[①] "生态中心主义"的理论基础是生态伦理学。生态伦理学将"生物"作为主体，将"环境"看作生物生存空间周围的一切因素，包括物理的和生物的因素，称为"生物的环境"。生物的环境由生物因素和非生物因素组成。生物是环境的产物，受环境的影响；同时，生物也在不断地改变或改造着周围的环境，生物和环境的这种相互作用的关系，称为生态关系。[②] 生态伦理学认为，人不仅要生活在社会中，而且还需要生活在自然中。因此，道德的维度就不能只是受人与人的关系的限制，它必须要扩展到人与自然的关系之中。人类永远需要自然界的庇护，人与自然之间是具有高度相关性的统一体，人类只应是大自然的朋友而不应是征服者。[③] 以"人类和生态共同利益"为中心，即坚持"人类和生态共同利益"至上，似更为科学，更能够准确地反映"世界是一个相互依赖的整体，是由自然和人类社会共同所组成的，任何一方的健康存在和兴旺都依赖于其他方面的健康存在与兴旺"[④]。

美国学者克里斯托弗·斯通（Christopher Stone）提出了自然物或无生命体的法律权利和无生命体的诉讼资格的主张，认为应当"把法律权利赋予森林、海洋、河流以及环境中的其他所谓'自然物体，——即作为整体的自然环境"，他在批驳大多数人认为自然体没有意识、不能说话而不能赋予法律权利的观点时指出："既然法律可以赋予不能说话、没有意识的国家、公司、婴儿、无行为能力人、自治城市和大学等法律资格，那么也可以赋予自然物体以法律资格，并为它们设定保护人和代理人。"[⑤] 有"现代环境伦理学之父或开路先锋"之称的美国学者奥尔多·利奥波德（Aldo Leopold）认为，一个有道德的人应该尊重有生命的存在物，他倡导一种"把人类的角色从大地共同体的征服者改造成其中的普通成员与普通公民"的大地伦理。他认为"动植物以及水和土壤"有继续生存下去的权利，而"不管它们是否对我们有经济上的好处"。[⑥] 美国环境法学者大卫·S.费伟还提出了"种际说"，认为动物具有自己的语言和社会生活，应该得到人类的尊重，并用人类法律的形式来保护它们的社会和社会生活。莫里斯在《自然的权利》一文中，对赋予法的权利的自然物下了最广泛的定义："鸟、花、池、野生生物、岩石、原始林、田园的清洁的空气"都可以成为权利的主体，享

[①] ［法］亚历山大·基斯：《国际环境法》，张若思编译，法律出版社2000年版，第3页。
[②] 张合平、刘云国：《环境生态学》，中国林业出版社2002年版，第61页。
[③] 李培超：《自然的伦理尊严》，江西人民出版社2001年版，第5~9页。
[④] ［美］J. A. 麦克尼利等：《保护世界的生物多样性》，薛元达等译，中国环境科学出版社1991年版，第18页。
[⑤] Bates Gerard Maxwell, *Environmental Law in Australian* 2nd Editon, Butterworths Pty Limited, pp. 300-301. 转引自蔡守秋：《调整论——对主流法理学的反思与补充》，高等教育出版社2003年版，第417页。
[⑥] 转引自［美］罗德里克·纳什：《大自然的权利》，杨通进译，青岛出版社1999年版，第84页。

有法律上的权利。①

当然，我们认为，如果无条件地赋予动物、植物乃至岩石等无生物以生存权，就意味着它们和人同样地享有权利能力，具有法律人格。有学者的确如此倡导。如此，人之于它们，不再表现为主体对客体的支配，而是主体与主体之间的关系，在民法的视野里，就是平等主体之间的法律关系。一旦奉行这样的原则，就会出现如下局面：由于矿产资源、水资源、水生动植物、野生动物不再是人所作用的客体，而是与人平等的主体，那么矿业权、水权、渔业权、狩猎权便因无作用对象而不复存在，走向死亡，准物权制度从法律体系中消失无踪。依此原则，人基于自己一方的意思而收割农作物、采集药材，人出于自己的需要而捕获动物，人因居住和通行的必需而移动岩石等无生物，均应被禁止，除非动植物表示同意，岩石等无生物不予反对。如此一来，现行民法关于意思表示和法律行为的制度及其理论便难以适用于动植物和无生物，面临危机，只好重构；重构恐怕也无济于事，必须彻底摧毁，创造出一个远远超出先人憧憬的"天人合一"思想的崭新法律。这样的话，也许人类自己无权再进食，连露宿旷野都会侵害土地乃至草木的利益，升入天国应否先征得空气的同意？如果是这样，可真是人将不人，民法不再了。② 当然，在侵权行为法等领域需要适当地承认某些动物享有特殊权益，例如，某些动植物享有获得生存的权利、享有损害赔偿请求权等，作为对绝对的"人类中心主义"的修正，这才是比较现实的选择。③ 其边界在于是否对生态阈域造成损害。

所以说，"人类中心主义"过于强调主客二元，造就了传统民商法律和民商事诉讼制度的产生和发展，而"非人类中心主义"和"生态中心主义"强调主客同体，造就了生态环境法律和生态环境公益诉讼制度的产生和发展。

第三节 生态环境公益诉讼的权义基础

一、生态环境公益诉讼的基础是环境义务和环境公益权而不是环境私益权

法是以权利和义务来调节人的行为和社会关系的规范，部门法发展不成熟或

---

① 汪劲：《环境法律的理念与价值追求》，法律出版社2000年版，第248~249页。
② 崔建远：《民法典的制定与环境资源及其权利》，引自吕忠梅、徐祥民主编：《环境资源法论丛》（第4卷），法律出版社2004年版，第4~5页。
③ 崔建远：《民法典的制定与环境资源及其权利》，引自吕忠梅、徐祥民主编：《环境资源法论丛》（第4卷），法律出版社2004年版，第6页。

者存在这样那样的缺陷，问题往往出在对权利、义务以及与之相关利益、责任等要素的配置上。要么是这门法的权利、义务内容脱离了实际需要，缺乏针对性，要么是它的权利与义务在结构、数量上处于一种失衡状态，无法实现互补。这两种情况在环境法上或多或少都是存在的，其中尤以后者较为严重。一个非常简单的例子是，当我们每时每刻不在呼吁"保护环境，人人有责""保护环境是每个人的法定义务"时，有多少学者真正去研究过环境责任、环境义务？在不少人眼里，环境责任、环境义务不过是环境权力、环境权利的附庸，权力问题或者权利问题才是环境法的核心问题。学者们对权力与权利的极力宣扬和对环境责任与义务问题的忽略已经达到比较极端的状态。显然，在这种权力与义务、权力与责任严重失衡的状态下，环境法很难发挥应有作用。学者们之所以会走入环境法研究的这一误区，原因是没有深刻认识到环境法的根本宗旨在于保护公共利益，而这种利益的维护需要社会成员的责任行为而不是权利行为。

在环境法领域，法律义务有着非常广阔的发展空间，其独特作用绝非仅仅作为权利的反义语那么简单。在环境危机背景之下，我们也应当把环境义务作为环境责任法律化的最直接、最重要的途径，通过向公民、企业、政府等法律主体课以环境义务或环境职责来实现环境责任的最终落实。这一方面是因为义务与责任在内涵上非常接近，义务化环境法律责任本来就是环境法责任的主要内容之一；另一方面，则因为把环境责任直接理解为"造成环境问题的行为人或正在从事某项影响环境的行为的人所应履行的法律义务"在环境法学界已有先例[①]，不存在理解上的阻碍。强调环境义务有利于辨明环境法律问题与其他法律问题的区别，使人们认识到人与自然关系的和谐最终只能依靠人的行为加以实现。环境法律问题的特殊性在于，对它处置的好坏不仅影响人与人的关系，还影响人与自然的关系，人与自然关系的好坏取决于人而不是自然。因为在这种关系中，人是主动的，自然始终处于被动地位。所以，在自然环境已经遭受巨大破坏而使人类的生存和发展遭遇困境时，人必须在自然面前进行自我限制，同时对自然展开积极保护。这种限制和保护的集中体现当然是环境义务而不是环境权。

环境权的理论研究与法律实践，从一开始就面临着许多困境。大致说来，有以下四个方面：（1）权利主体范围的不确定性。这导致环境权无法成为一种受司法保护的实体权利。国际法文献中所宣示的人类环境权、未来人环境权等，似乎更像一种道德宣示和社会理想，而无法落实到各国的法律制度中去。国内法文献中，往往只是形式上在宪法或者环境基本法中宣示了一种大而无当的、主体含混的环境权，例如，妇女的环境权，人民的环境权，"人类、动物和植物"的环境

[①] 蔡守秋主编：《环境资源法教程》，高等教育出版社2004年版，第123页。

权,儿童的环境权,土著民族的环境权,等等;而在事实上,却又通过繁多的义务条款,给公民科以各种更为繁重的环境义务。这一困境,造成了环境权成为一种理论上可取、实践上难以操作、司法中常常被置之不理或者横加剥夺的权利类型。(2)权利内容的模糊性和冲突性。环境权的内容,一般表述为人人有在健康适宜的环境中生活以及合理利用自然资源的权利两个方面。何为健康适宜,与社会经济发展程度和科学技术水平密切相关。个人能够享有怎样的环境,以及多大程度上享有这种权利,也是不可精确得知的。还有,将环境诉权、环境信息权、参与环境决策权等也纳入环境权的范畴,使得环境权的内容更加模糊不清,各种权利之间相互冲突。(3)权利客体的不确定性。环境权的客体是一个大杂烩或者百宝箱,包括环境、环境要素、生态利益、尊严、健康、安全、福利,等等。(4)环境概念的不清晰,也是导致环境权在实践中遭遇困境的重要原因之一。①环境权难以操作和得不到法院支持的另一个重要原因,是学者在环境权研究中的乌托邦倾向和巫师化倾向。所谓"乌托邦化"倾向,是一些环境法学者提出的环境权理论过于理想化,他们所虚拟的社会理想和人与自然的关系的理想图景,远离现实世界而难以被人们广为理解和接受。所谓"巫师化"倾向,是一些研究者完全跳离了法学研究和科学研究的常规,不将一定的学术规范和科学规范一以贯之于他们的研究中,此时采用此种规范而彼时采用彼种规范,一味地求新求异,从各种学科知识和人类经验中拼凑出了匪夷所思的环境权图案,宛如巫师作法。②

在环境权概念诞生的20世纪六七十年代,发达国家环境问题频发,但法制滞后于实践,还停留于主要解决以主观故意、直接侵害、显性损害为特点的传统侵权法阶段,环境受害者找不到一个合理的维护自己权益的法理依据。在当时浓厚的权利文化氛围下,人们很自然地创造出"环境权"这样一个概念。从"人的生存天然地离不开良好环境,人的良好生存环境不应被任意侵害"的角度来讲,这种抽象意义的环境权,作为一个体现法律对一般社会主体的相对合理的环境需求的保护和支持的理念性概念,是可以成立的。然而,一旦深入法律实践,就会发现,环境权这样一种抽象权利应用于法律实践是非常困难和无力的。事实上,究竟哪一些人对身边的哪一些环境拥有权利,在实践中是难以判断的。其关键是因为环境与人是彼此关联的。你的环境同时也是我的、他的。你对环境的某种诉求必然影响到我或者他对环境的其他诉求。所以,如果要使得特定环境按照你的(而不是我的、他的)意愿去利用,就应该有更加充分的法律理由和明确规定,比如标准、评价、许可等,而不可能仅凭抽象的环境权就把特定环境置于特

---

① 周训芳:《环境权论》,法律出版社2003年版,第9~10页。
② 周训芳:《环境权论》,法律出版社2003年版,第122页。

定主体的意愿之下。而一旦法律对某些环境事务有了明确规定，那么相关行为的法律判断只要依据具体立法就可以了，也更用不着抽象的环境权了。① 环境权体现了对个人与环境之间存在的正当利益关系的抽象表达，它作为一种抽象的理念性的存在，是可以的。但私权性的环境权是难以成立的，其根本原因在于环境的公共性，你的环境也是他人的环境，是全社会成员共享的环境。一旦共享，就不能通过排他的权利来实现，而只能通过公益、公共的方式，特别是政府履职来实现对环境的保护。

环保行政机关有权力也有义务在现有法律框架下通过环境管制维护环境公共秩序。当污染者违法排污造成环境损害，经行政机关责令仍不改正时，行政机关可申请法院强制执行。基于国家环境保护义务理论，政府有义务为国民提供良好的环境福祉。当污染者造成环境损害而不进行治理时，行政机关应及时代履行，避免造成不可逆转的环境损失。代履行产生的费用，行政机关可依法向污染者索赔，而不应授权行政机关直接起诉环境污染者或破坏者，从而占用有限的司法资源。此外，环境损害结果不可逆，将有限的司法资源用于制裁具体污染源，不但造成司法资源的浪费，而且无益于缓解环境危机。现阶段环境保护的主战场应是环境行政，根据环境效率和职权法定原则，生态环境公益诉讼存在的意义应是督促行政机关在能为而不为的情况下积极履行职责，而非替代行政机关直接管制企业。从这个角度上说，生态环境公益诉讼是为了对失当行政权力进行制约，促进环境行政机关通过自我补足和纠错的方式充分发挥其在环境治理领域的能力。②

目前，国内有些学者在讨论生态环境公益诉讼时往往把环境权作为生态环境公益诉讼的实体依据，而且还试图从我国环境法中找出环境权和生态环境公益权存在的证据。这种做法不仅违背了生态环境诉讼制度发展的一般规律，而且有牵强附会之嫌。从现有状况来看，环境权仍是一种远未发展成熟的理论，如果把它与生态环境诉讼联系起来，不但对生态环境公益诉讼制度的建立和完善无益，反而增加了不必要的障碍。有学者断言，环境权的私权化已经成为趋势。③ 还有人认为"作为法律权利环境权应该包括环境使用权、环境享受权、环境资源的处分权和环境收益权"④，这种观点套用了民法所有权的权能表述结构，把与环境要素有关的法权形态都表述为"环境权"，混淆了民法上与个体的身份、人格和财产相关并具有一定自然环境要素的民事权利与环境权的界限。环境权的内容不

---

① 王曦、唐瑭：《对"环境权研究热"的"冷"思考》，载《上海交通大学学报（哲学社会科学版）》2013 年第 2 期。
② 梁春艳：《我国环境公益诉讼的模式选择》，载《郑州大学学报（哲学社会科学版）》2015 年第 6 期。
③ 吕忠梅：《环境法的新视野》，中国政法大学出版社 2000 年版，第 132～135 页。
④ 张忠潮：《再论环境权主体》，载《西北农业科技大学学报（社会科学版）》2004 年第 3 期。

应包括环境使用权。一方面，使用环境更多是在使用环境的资源、财产价值这一层面谈及的，其实质上是一种财产性权利；另一方面，承认使用环境权，容易被生产者所利用，从而违背设立环境权的初衷。因为生产者可以说其排污行为就是一种使用环境资源的行为，则排污行为就成了一项环境权，这显然不利于规制排污行为。"环境侵权"是"damage caused by environment"，环境侵权并没有脱离传统的民事侵权的范畴。它是以环境为媒介侵犯了财产权或者人身权。而"侵害环境权"是"damage to the environment"，在环境行为所引起的后果中，除人身权、财产权损害之外确实存在着其他的损害或影响，这个影响就是环境生态价值的损失，即是对生态环境的侵害。对这一类行为我们称之为"侵害环境权"。将侵犯私益的环境侵权同侵犯公益的侵害环境权区分开来，为理论研究、立法活动和司法实务都提供了明晰的进路，促进这些活动的开展。[①] 侵害环境权的救济不同于环境侵权的救济，环境侵权虽然有其特殊性，但因其仍未脱离民事侵权范畴，故只需要现有的民事诉讼制度创设一些特别规定即可；而侵害环境权侵害的是公益性质的环境权，侵害环境权的司法救济应该采用公益诉讼模式。

例如，"紫金山观景台案""西湖风景区案"是经常被景观权论者引用的景观公益诉讼案件。从景观权论者举出的景观公益诉讼案例来看，景观权并没有成为这些案件原告诉讼资格的权利基础，公民政治权利中的监督权才是这些公益案件的起诉资格的权利基础。虽然按照景观权论者对于景观权的定义，他们所主张的利益属于景观利益是无疑的，但是原告并没有在起诉理由中提及景观利益，而仅仅是提到了与中山陵园管理局之间合同关系存在的事实。很明显，作为起诉理由，他们并没有以景观权或者景观利益受到损害为由提起诉讼。他们所主张的是个人在公共景观上的合同利益，但是诉讼的目的是完成公共景观利益的维护工作。景观公益诉讼的真正阻隔并不是缺少景观权，而是缺少以公民监督权为基础而建立的行政公益诉讼制度。很多学者喜欢创造一个新权利，赋予其无限美好的内涵和能量，免费赠与人民，呼吁将其写入任何与此相关的法律文本中，希望它能够解决一切相关问题，而不考虑这项新权利本身的合理性和有效性。这样不免就会制造出由很多华丽概念构筑的学术空中楼阁。如果说理论本身就应该是高于实践的思维楼阁，那么环境权具体化趋势所创造的这一幢学术楼阁可以说是不折不扣的违法建筑。[②]

试图以所谓的环境权来代替民法中业已存在的财产权及人格权，不仅导致民事权利设置的重复、混乱，也不利于真正地确立环境权。其危害就是，导致了环

[①] 杨清凤、韩思明：《论侵害环境权》，载《江苏环境科技》2006年增刊第2期。
[②] 辛帅：《不可能的任务——环境损害民事救济的局限性》，中国政法大学出版社2015年版，第41~48页。

境权的财产权化,一方面财产权化的环境权以私权遮蔽了环境权的公益性质,导致了对真正的环境权的忽略,误导了环境权益分配的价值取向,使得人们甚至出现了对环境权是否存在的质疑。因为,既然环境权是一种私权,民事权利体系实际上完全可以涵盖,提出环境权有何意义?另一方面,依环境私权论持有者的逻辑,环境权的财产权属性可能导致环境权益完全依照产权交易的基本模式进行,把环境权益的配置等同于经济交易,经济利益成为环境领域的唯一标准,这实际上又回到了环境危机产生的根本原因上来——正是对利益的过度追求导致了对环境的漠视。其实,由于环境法权所指向的对象——自然环境有其特殊性,环境法权也因此不能等同于单个个体所享有的权利,环境权不能简单地归结为私权即民事权利。即使是主张环境权是私权的人,都不得不承认环境权对私权的超越。主张环境权是一种私权的人的观念实际上是矛盾的,无法以私权的内涵来涵盖环境法权的基本属性。与其在"环境权"的名与实中争论,还不如直接明了地区分环境民事权利和环境公益权,把环境法上的法权归结为环境公益权,这样就在一个明晰的界限下讨论环境法上的权利,避免与环境民事权利的混淆,排除"私权说"对环境法权的干扰,才有可能科学地认识环境法上的法权,为环境利益的保护开辟适当的途径。

　　美国学者萨克斯在区分公益与私益的基础上,将环境权与公共利益、公共权利相联系,在他看来,环境利益有别于私人利益,而这些利益与相当的私的利益一样具有受法律保护的资格,他认为"只有当我们一方面提出这样的问题,另一方面又意识到将公共权利的正当性作为与传统的私的财产利益相对等的东西来看待时,才能说这时我们才开始走上建立有效的环境法体系的真正道路",并指出,"像大气、水这样的一定的利益对于市民全体是极其重要的,因此将其作为私的所有权的对象是不贤明的"。在本质上,它是公众作为社会成员行使的"社会性"权利。公民环境权的价值取向是实现个人对环境享有的合理利益,但这种权利应当在整体的环境利益中实现。"环境权是一种公益权而非私益权,环境权可以说属于社会权。"[①] 同时,在环境保护问题上国家必须履行其社会职能,对环境问题进行根本解决。可见,环境治理权的基本权源乃是对环境公益保护的国家需要,所以环境治理权是国家机关依据法律规定,在环境资源处理、环境管理以及环境监督上所享有的,以保障生态环境公益为目的的权力。它自创设时就以保护社会公共利益为目的,公益性是其显著特征。环境保护既需要国家权力进行干预,又需要公众参与以维护自己的利益这一现象表明,环境权的社会性也是相当明显的。

[①] 朱谦:《对公民环境权私权化的思考》,载《中国环境管理》2001 年第 4 期。

生态环境公益权的提出首先就是以人类整体的需要作为前提的；其次，为任何公民享有的生态环境公益权却不能被公民加以独自占有、使用，甚至是收益和处分，显而易见，不可分割的环境利益导致了环境权的不可分割性，环境权在事实上成为人人享有但不是人人独占享有的权利。正是因为公民对环境利益的不可垄断的享有，所以在这种无法准确分割的利益基础上所形成的公民环境权只能为人类集体享有。诚如有人指出，"环境权是人类的权利，是整体的人类对人类生存繁衍所依的整体环境的权利。"环境公益权是一种以人类为主体享有的类权利。"环境权是一种主体广泛的权利，它既是一项个人权利，也是一项集体权利，同时还是一项代际权利。"[①] 由于环境具有"整体性""共有性"和环境侵害行为具有"公害性"，决定了侵权行为人只要损害了某种环境利益，就意味着他对"群体"环境权的侵害和对一定社会利益的侵犯，同时也就是对某一个在这一环境中生活的公民的环境权的侵害。因此，从某种意义上讲，环境权是社会性权利，具有公益性，公众在环境保护事务中有获得信息、参与决策和诉诸司法的权利。[②] "公众的环境权与国家环境行政权都是为了维护公共环境利益，公益性是其显著的特征，这也是公众环境权与公民其他民事权利区别的标志。"[③] 环境公益权的确认为环境公益诉讼从实体到程序提供了合格的当事人，实际上就是解决了什么人可以就什么样的事进行诉讼的基本问题，因而生态环境公益权的确认将为生态环境公益诉讼的建设提供权利基础。[④]

1979 年的《环境保护法试行》、1989 年的《环境保护法》以及 2014 年的《环境保护法》关于立法目的的表述是共同的：防治污染和其他公害，保障人民健康。作为物质性资源与舒适性资源的生活环境，已实现其民事权利化或更确切地说是个体或国家所有化。这些资源的污染与破坏都只是个体或国家的财产损害问题，与所谓的污染公害并无关联性，与公众意义上的人民健康也无关联性，与生态问题更无关联性。以防治污染和其他公害、保障人民健康、保护生态为目标的环境法将体现为物质性资源或舒适性资源的生活环境纳为法律规制对象，只能导致环境法的困境：目标不明、体系混乱。所以，体现为物质性资源或舒适性资源的生活环境无法纳入环境法领域。[⑤]

实际上，在美国环境法中并不存在一个非常明确的"环境权"概念，但这一

[①] 陈泉生：《环境权之辨析》，载《中国法学》1999 年第 2 期。
[②] 幸红：《关于我国环境保护公益诉讼的思考》，载《华南师范大学学报（社会科学版）》2004 年第 2 期。
[③] 朱谦：《论环境权的法律属性》，载《中国法学》2001 年第 3 期。
[④] 王力、颜运秋：《论环境公益权——兼论环境公益诉讼建立之实体权利基础》，载《桂海论丛》2006 年第 3 期。
[⑤] 刘清生：《整体主义方法论下环境权论》，福州大学博士学位论文，2016 年。

点也不影响环境利益的司法主张。根据美国联邦《民事程序法案》以及《公民权利法案》的规定，与环境有关的利益保护完全可以通过司法审查或者公民诉讼的方式予以实现。如果司法审查的申请人或者公民诉讼的原告，能够证明他与环境有关的利益被被申请人或被告的行为侵害或者有侵害的重大危险时，其在向法院依法提起诉讼后，法院可以基于存在实际损害（injury in fact）而确认申请人或者原告在该案中具有适当的诉讼理由（cause of action），并且满足必要的诉讼构成（standing）。由此可见，美国环境法及其实施完全可以为一些较为抽象的环境利益提供法律保护，但其法律规范中并没有明确的环境权的规定，而且其法律运行机制也不需要建立在明确的环境权基础之上。

所以，对于生态系统管理法律，生态系统的保护与管理，更多的是对行政机关、地方政府、企业、个人的各种决策和行为的法律规制，对生态系统的权利是次要的，对生态系统科学保护的义务却是主要的。这是因为，环境法本身就是制约过于滥用的生态开发的权利，这需要通过对人类尤其是超负荷使用生态的人们更多的义务设定，当然这种义务的设定本质上也意味着社会群体得到更多的生态安全的权利。① 环境权与环境问题之间的关联在概念源头上就是错误的。联合国的宣言文本并没有试图以环境权概念为中心来开展对环境问题的治理。除了概念源头上的谬误之外，即使生硬地创制环境权并将环境权具体化为若干次级的具体环境权也无法有效地覆盖环境问题的多样性。况且，这些所谓的环境权利还并不是新型的权利，只是被牵强附会进了环境权的体系中。生命权、通风权、健康权、日照权和传统民法上的人身权利当中的生命权、健康权和财产权利当中的相邻权也是重合的，只是新瓶装旧酒，就纳入了所谓的环境权系列中。②

生态环境危机的出现全面冲击和拷问了传统的私权理论，传统私法体系中强调对个体私权的保护已经导致个体为了维护私权和追求个体利益最大化，致使环境资源领域中的"公地悲剧"层出不穷。在这种困境之下，现实严峻问题全面冲击传统私权理论。传统私权理论在新型涌现的环境问题和生态危机之中难堪其用。事实证明，如何应对环境问题和生态危机，仅仅关注个体环境权利视角显然是不够的，必须要充分关注群体性的环境权利。在此情况下，有的学者质疑了在环境法的权利基础中沿用传统民法私权理论，反对公民享有环境权的同时又提出了环境权应定义为人类权，并认为环境权是继自由权与发展权之后的第三个阶段的人权，环境权在这个意义上就是"人类自得权"，其实现在于社会普遍义务的

---

① 赵绘宇：《生态系统管理法律研究》，上海交通大学出版社2006年版，第68~69页。
② 辛帅：《不可能的任务——环境损害民事救济的局限性》，中国政法大学出版社2015年版，第24~25页。

设定。①

　　环境法既不是类似于民法的"权利之法",也不是类似行政法的"权力之法",而只能是"责任之法"②;环境法环境责任原则的内容应继续扩展,它理应成为环境责任在环境法基本原则层面的集中体现。环境法是"责任之法"的角色定位意味着环境法的调整手段应当以义务性调整为主。这主要是从法的调整手段的角度说的。如果从环境权利与义务关系的角度看,就是"以义务为主导,以权利为辅助",即在环境权利与环境义务关系中,环境义务具有主导性,是制度设定的重点,而环境权利具有辅助性,是环境义务设定中的重要补充。环境权利与环境义务二元关系中"义务主导,权利辅助"模式形成的直接原因在于:环境责任作为人们应当为而且必须为的行为,在含义和内容上与环境义务更有相通之处,其法律落实也应当主要依靠义务;而环境责任在性质上与指向个人利益的环境权利存在某种冲突,但同时它又与直接使群体受益的环境权利具有一致性,这种"冲突"与"一致"决定了环境权利只能而且可以成为环境责任落实的辅助性手段。③

　　环境义务之于环境权更应当成为我们保护环境的着眼点。"据统计,目前有41个国家或地区的宪法规定了个人享有的清洁、健康的环境的一般性权利,有62个国家或地区在宪法中规定把保护和改善环境作为国家的目标或义务。"④ 鉴于环境权面对环境侵害的无奈,我们主张转向采用义务的方法。所谓义务的方法就是"设定—执行—履行"的方法,即用法律设定环境义务—政府执行法律—义务主体履行环境义务。按照这种方法,法律上设定的环境义务不再是对具体的权利人做什么,而是对环境或者说是人类生存条件做些什么。有可能影响环境的企业或个人的义务不是保证不造成对他人的可计算的损害,而是不损害人类生存所需要的可能以清新、舒适、甘甜等为质量指标的自然环境。义务是指向环境的,所以,国家可以直接对损害环境的人行使权力,比如要求排污企业交纳恢复环境所需要的费用,取消严重污染环境的单位的生产许可等;义务是指向人类生存条件的,所以国家为保护环境所采取的各种措施都可以是预防性的,比如,要求排污企业交纳更多的排污费,加快对严重污染环境的旧设备、工艺等的淘汰,要求有关单位对防止污染做更大投入等。不管是对排污企业行使国家权力,还是采取其他预防性措施,都可以防止环境侵害发生的义务,而不是消极地医治由环境破

---

① 徐祥民:《环境权论——人权发展历史分期的视角》,载《中国社会科学》2004年第4期。
② 孟庆垒:《环境责任论——兼谈环境法的核心问题》,法律出版社2014年版,第4页。
③ 孟庆垒:《环境责任论——兼谈环境法的核心问题》,法律出版社2014年版,第264~265页。
④ [美]魏伊丝:《公平地对待未来人类:国际法、共同遗产与世代间衡平》,汪劲等译,法律出版社2000年版,第298页。

坏所造成的创伤,不是等待已经造成人们的生命财产损失再由遍体鳞伤的受害人到国家机关去主张权利。履行义务的方法比主张权利的方法更有利于实现对环境的有效保护,而我们现在需要做的是把环境义务的堤防牢固地建立起来。①

二、生态环境公益诉讼的基础是程序意义环境权而非实体意义环境权

环境法学界对何为实体的环境权至今一直还争执不休,其内涵和外延都难以确定,所以实体法律很难对其有明确和具可操作性的规定。近期的环境权研究者通过对公民环境权的"瘦身",主张"环境权是一种生态性权利,是对环境生态价值的权利确认,不包括所谓的环境使用权等经济性权利;环境权是实体权利,不包括环境知情权、参与权和救济权等程序性权利"。② 但是,目前欧美环境法学界开始转变研究方向,不再强调实体性环境权,而更注重通过程序性权利实现保护环境的目的。如欧洲发达国家已逐渐显露出这样一种发展趋势:"在环境权领域,注重和强调道德与精神取向的环境权,并通过创制一系列新的程序工具来保障环境共享权的实现"。③ 与其写入一个内容抽象、模糊、难以把握和具体操作的实体意义上的社会性环境权条款,不如通过立法确认公民和非政府组织(NGO)的环境诉讼权,先确立起维护社会环境公益的程序,这样反而更能发挥保护生态环境公益的作用。"程序意义上的环境权得以作为制度建立上朝向广度民众参与的规范基础,非但较能符合环境问题的特质,也能照顾到我之环境保护转型期与制度建立期的阶段性功能。"④ 而且,确立程序上的诉权还会使实体权利在获得终局判决后,一些原则性的权利会进一步具体化,合理的程序会促进实体权利的产生和进化,不合理的程序会限制、阻碍实体权利的生成和进化。⑤

从某种意义上说,环境知情权"是其他权利得以正确行使的先决性权利,只有知情权得到充分行使,当事人追求的其他权利才有可能充分实现"。⑥ 环境知情权的确立和行使对于环境公共利益的维护有极大影响。在环境行政程序上,应加强机关间或机关与公众之间的沟通、参与及协商,靠程序理性的提升来正当化

---

① 徐祥民:《告别传统,厚筑环境义务之堤》,载《郑州大学学报(社会科学版)》2002年第2期。
② 王社坤:《环境权理论之反思与力法论重构》,载《山东科技大学学报》2012年第1期。
③ 周训芳:《欧洲发达国家公民环境权的发展趋势》,载《比较法研究》2005年第5期。
④ 叶俊荣:《环境政策与法律》,中国政法大学出版社2003年版,第32页。
⑤ 颜运秋:《公益诉讼理念研究》,中国检察出版社2002年版,第91页。
⑥ 陈焱光:《知情权的法理》,载徐显明主编:《人权研究(第2卷)》,山东人民出版社2002年版,第268页。

环境行政在科技或事实基础上的弱点，而为达到这些目标，又必须建立健全环境信息公开制度，这是实现公众参与环境行政决策，保证决策科学性的一个基础。因为公众只有在全面、准确地知悉与环境决策有关的信息时，才能有针对地、有效地参与到决策之中。因此，我们就不难理解，在确立公众环境参与决策权时，无论是国际法还是国内法几乎无一例外地对公众的环境知情权先予确定。如欧洲经济委员会环境政策委员会于1998年在欧洲环境第四次部长级会议上通过的《关于在环境事务中获取信息、公众参与决策和司法救济的公约》中，就将公众的环境知情权在公约中先予以确立，并贯穿于整个公约内容之中。

公民环境权是一种公益性权利而不是自益性权利，主要体现为知情权、参与权和请求权等程序性的公权利。① 公民的环境权包括知情权、参与权和请求权。其中，参与权是核心，知情权是前提，而请求权则是保障。请求权是指当权利受到侵害时，公民请求司法机关予以救济的权利。"没有救济，就无所谓权利"，当权利失去保障时，这种形式上的权利就不能称为真正的权利了。在公众参与环境影响评价程序中，如果相关机关剥夺了公众参与该程序的权利，或者公众对于其意见没有被采纳存在异议，或者公众对于相关机构最终进行的拟议行为表示反对，公众有权依据公益诉讼条款要求对有关机构的行为进行审查来维护公众的环境权益。在立法和司法实践方面，实体性环境权理论的建树较少，而以知情权、参与权、求偿权为内容的程序性环境权却在环境法中得以具体化并发挥了重大作用。目前，就实体性环境权而言，只有部分国家的宪法或环境基本法对公民享有环境权作出了抽象、原则的规定和政策宣告；在司法实践中，各国法院普遍拒绝承认私权性的环境权，公权性环境权虽得到了有限的承认，但法院认为在立法者通过法律将其具体化之前，不能作为直接主张权利的依据。而就程序性环境权而言，很多环境保护先进国家以法律上的具体程序性规定维护公民的环境权益。程序性环境权的知情权、参与权、求偿权，容易在环境法中得到确认和保障，从而成为环境行政程序中的法律权利，能够产生保护公民环境权益及其他权益之功效。②

生态环境公益诉讼制度的着眼点不在于强调争取实体法上的公民环境权，而是巧妙地绕过这一障碍去直接救济受损的环境权益。应该说，公民诉讼制度通过发展传统的诉讼法理论较之在新兴的环境法领域去创新，可能更容易获得学界的理解和理论上的支持；如果诉讼制度本身设计得比较合理，公民可以直接依此获得及时的救济，得到实实在在的好处的话，就不必囿于实体法上的局限，这样，

---

① 白平则：《论公民环境权与公司、企业环境资源使用权》，载《山西师范大学学报（社会科学版）》2005年第4期。

② 王明远：《环境侵权救济法律制度》，中国法制出版社2001年版，第28页。

较之那些仅仅只是一味寻求为法律所承认的环境权的行为来得更为务实,因为救济受损权益可以说更为紧迫。而且,诉讼制度所内含的迅速定分止争的功能也得以彰显。

三、自然体权利不是生态环境公益诉讼的权利基础

最先提出自然权利的是美国学者斯通(Stone),他在1971年发表的《树木应该有原告资格吗》(*Should Trees Have Standing? —Toward Legal Rights for Natural Objects*)一文提出:我们的社会应当把法律权利赋予森林、海洋、河流以及环境中的其他所谓自然物体——作为整体的自然环境。[①] 1972年美国最高法院在审理"塞拉俱乐部诉莫顿"案件时,道格拉斯大法官受斯通观点的启发,提出了自己不同于主流派法官的意见:如果我们设计一个联邦规则,允许自然物在即将受到掠夺、损坏或者那些引起公愤的损害时,在联邦部门或联邦法院提起诉讼,那么,"诉讼资格"的关键性问题将得以简单化,让它们可以为自己的保存而提起诉讼。因此,更准确地说,本案应当被称为"矿王谷诉莫顿"。[②] "塞拉俱乐部诉莫顿"案件之后,自然的权利理论在美国获得了广泛传播。在1974~1979年间,许多公民以受污染的河流、沼泽、小溪、海滨、物种、树木的名义向法庭提交了诉状。其中,"帕里拉属鸟诉夏威夷土地与资源管理局"一案,开美国法律史上非人类存在物成为原告之先河。帕里拉(Palila)属鸟是夏威夷的一种小鸟,它的栖息地急剧减少,只剩下芒那基(Mauna Kea)火山上的一小块斜坡。1978年1月27日,塞拉俱乐部法律保护基金会和夏威夷奥杜邦协会代表仅存的几百只帕里拉属鸟提出了一份诉状,要求停止在该鸟类的栖息地上放牧牛、绵羊和山羊。1979年6月,一名联邦法官为帕里拉属鸟作出了裁决,夏威夷当局被要求必须在两年的时间内完成禁止在芒那基火山放牧的工作。[③] 受美国的影响,日本在20世纪90年代,出现了六大"自然的权利"诉讼[④]。这些诉讼的共同之处是原告都为动植物或其他自然物,这些自然物通过代理人直接向人类起诉,要求人类中止对自己栖息地的破坏。

美国学者彼德·S. 温兹在《环境公平》一书的"动物权利"一章中指出:生命主体是那些可以感觉到幸福的个体,是能感觉出好或坏的种类;所有生命主

[①] [美]罗德里克·纳什:《大自然的权利》,杨通进译,青岛出版社1999年版,第155页。
[②] Roger W. Findley and Daniel A. Farber. *Cases and Materials on Environmental Law*, West Publishing Co., 1995, P. 62.
[③] [美]罗德里克·纳什:《大自然的权利》,杨通进译,青岛出版社1999年版,第215页。
[④] 韩立新:《环境价值论》,云南人民出版社2005年版,第131页。

体，包括人和非人都有不受危害的权利。① 其出发点是生态系统内各要素的性质、极限、需要和权利。迄今为止的人类社会制度及其运作显然与之相悖，因而必须进行社会的整体变革，创造出让人类作为整体生态系统的一部分生存于自然限制内的生活方式。② 自然体权利论的基本观点是，大自然中的万物，包括动物、植物乃至河流、岩石等没有生命的物体都应成为伦理关怀的对象，都应享有生存、繁荣和自我实现的平等权利。为了证成自然体的权利，自然体权利论者惯用的论证手段是把动物、植物与黑奴、妇女进行类比，并通过借用权利主体的扩展这一历史事实演绎出自然体的"天赋权利"。例如，自然体权利论的代表人物之一汤姆·里根认为，"我们必须强调指出的真理是，就像黑人不是为了白人、妇女不是为了男人而存在的一样，动物也不是为了我们而存在的。它们拥有属于它们自己的生命和价值。"③ 英国哲学教授帕特里克·柯尔伯特呼吁，我们必须把"自由、平等、博爱的伟大原则沿用到动物身上去，让我们把作为奴隶的动物和作为奴隶的人都埋藏在历史的坟墓里"。④ 罗德里克·弗雷泽·纳什更是认为，权利概念是沿着英国贵族——美国殖民者——奴隶——女性——美国土著民族——工人——黑人这一顺序不断扩大的，"自然的权利"这一概念就处在英美的少数派权利扩大的历史延长线上。⑤

如果无条件地赋予动物、植物乃至岩石等无生物以生存权，就意味着它们和人同样地享有权利能力，具有法律人格。依此原则，人基于自己一方的意思而收割农作物、采集药材，人出于自己的需要而捕获动物，人因居住和通行的必需而移动岩石等无生物，均应被禁止，除非动植物表示同意，岩石等无生物不予反对。如此一来，现行民法关于意思表示和法律行为的制度及其理论便难以适用到动植物和无生物，面临危机，只好重构；重构恐怕也无济于事，必须彻底摧毁，创造出一个远远超出了先人憧憬的"天人合一"思想的崭新法律。那些主张结束人口增长、技术变革和经济发展的人被看作是不食人间烟火的精英，无情又无德。他们准备为少数人的生态完整性和持续性未来所付出的代价，必然包含千百万人的死亡。⑥ 这就太绝对化了。自然体权利理论实际上就是把人与人之间的权利义务关系套用到人与自然体之上，把自然体视为文化主体，把从人所信奉的法

---

① Peter S. Wenz. *Environmental*, *Justice*, State University of New York Press, 1988.
② [英]朱迪·丽丝：《自然资源：分配、经济学与政策》，蔡运龙等译，商务印书馆2002年版，第341页、第353～354页。
③ 转引自[美]罗德里克·纳什：《大自然的权利》，杨通进译，青岛出版社2005年版，第166页。
④ 转引自[美]罗德里克·纳什：《大自然的权利》，杨通进译，青岛出版社2005年版，第161页。
⑤ [美]罗德里克·纳什：《大自然的权利》，杨通进译，青岛出版社2005年版，第5页。
⑥ [英]朱迪·丽丝：《自然资源：分配、经济学与政策》，蔡运龙等译，商务印书馆2002年版，第341页。

律或道德规范中推导出来的"权利","张冠李戴"地用来标识动物和植物等自然体所具有的价值,[①] 这是一个永远无法得到证实的学术比附,是物活论的再现。

第四节 生态环境公益诉讼与公益信托理论

一、"公共信托"理论的起源

罗马帝国法律中出现了一种名为"公共信托"（the doctrine of the public trust）的理论。"公共信托"理论传统上被用于解决公用海域航行、捕鱼及商业水域问题,宣称"按照自然法,这些事物为人类共通之物——大气、流水、海洋以及相应的海岸"[②],为了公共利益和公众利用之目的而通过信托方式由国王或者政府持有。也就是说,为了公众自由和不受阻碍的使用,某些共通财产（common properties）,例如河流、海岸与空气,由政府信托管理。公共信托理论建立在三个相关的原则基础之上：其一,某些利益——例如空气与海——对全体国民具有如此重大的意义,以至于将这些利益作为私人所有权的客体是很不明智的；其二,这些利益蒙受自然如此巨大的恩惠,而不是某个企业的恩惠,以至于这些利益应该提供给全体国民自由使用,不论国民的经济地位如何；其三,政府的主要目的是增进一般公众的利益,而不是按照从广泛的公共用途到有限的私人收益用途重新分配公共物品。[③] 对"生态环境"的关切与这些神圣的原则有着十分密切的关联。环境资源的公共信托,符合公益信托的一般特性,是一种较为典型的公益信托。公益信托必须具备与其本质相联系的三要件：目的公益性（charitable nature）、公共利益（public interests）、目的排他性（exclusively）。[④] 环境资源的公共信托是符合这些条件的。首先,环境资源的公共信托为公益目的,自不待言。其次,环境保护从其实施效果上看,应能有益于整个社会。最后,所谓目的排他性,是指在一项信托允许出于各种不同目的而利用信托财产的情况下,其每一个目的或者意图都必须具有公益性。环境资源的公共信托所有的目的均为当代

---

① [美]霍尔姆斯·罗尔斯顿:《环境伦理学》,杨通进译,中国科学社会出版社2000年版,第69页。
② 《查士丁尼法学总论》第2.1.1段。
③ [美]约瑟夫·L.萨克斯:《保卫环境——公民诉讼战略》,王小刚译,中国政法大学出版社2011年版,第138～140页。
④ 转引自周小明:《信托制度比较法研究》,法律出版社1996年版,第138页。

人或后代人的可持续发展，当然也符合目的排他性要件。环境资源是一种当代人和后代人所共通的财产；这种财产不同于其他私人财产，肯定对这种财产的利用不应完全限制和禁止私人对其所占有的财产的使用。在这里，公共信托的公益目的便成为了平衡器，在权利不得滥用的理念下，任何个人对其财产的使用都不得侵犯他人利益，更不得侵犯公共利益。因此，个人对环境资源的开发利用活动必须限制在公共信托的目的以内。

虽然罗马人可以令人理解地集中关注于海洋和大气环境，但是寓于其中并且可以调适于现代的基本原则是，作为一个整体的人民有权保护自然世界的共通资源（the common resources）。这个原则当然足以授权立法者制定法律以确保清洁空气和清洁水（包括地表水和地下水）并且能够合理地延伸到包括保护我们的生物遗产与确保诸如有益于健康的河岸区域和具备持久大量生产能力的森林地带这些现在被称为自然价值（nature's services）的可持续利用。[1]虽然公共信托原则迄今为止只适用于相当有限的几个问题，但是其基本思想显然不难适用于构成我们环境困境的全部问题——空气和水污染、杀虫剂的散播、辐射、拥挤、噪声以及自然区域和开阔地的破坏。实际上，开发活动对共通资源造成溢出效果，由此带来的舒服（或不幸）会遍及全部人口，一般的市场交易很难反映这些共通资源的损益；法院在公共信托案件中的角色是为市场力量提供制衡力，法院将共通财产资源视为一种平等属于每个公民的资源，只有在征得了法院的勉强同意后，并且在为信托财产的受益人提供了某种明确的利益补偿时，才可以损害这种资源。公共信托理论滑入了司法思维的次要领域，法院在这些案件中——尽管是间接地——运用了公共信托理论的基本思想和技术，这足以表明这种进路作为处理环境纠纷的手段在当代的可行性和有效性。伴随着公共信托概念在普通法上更加充分的发展，适合最终司法裁决的案件必将增加。[2]自1969年以后，由普通公众依据"公共信托"理论提起的防治环境污染案件逐渐增多。"一个显著的变化就是公民针对那些负有保护公众利益义务的政府部门提起的诉讼不断增加，其目的在于确认其作为公众成员应当享有的法律权利。有关要求执行大气污染和水污染防治法规定的；有针对森林管理局作出的公共土地利用决定的；有针对海上漏油向内政部提起诉讼的"。[3]

---

[1] [美]约瑟夫·L. 萨克斯：《保卫环境——公民诉讼战略》，王小刚译，中国政法大学出版社2011年版，中文版序言第3页。
[2] [美]约瑟夫·L. 萨克斯：《保卫环境——公民诉讼战略》，王小刚译，中国政法大学出版社2011年版，第146~150页。
[3] Joseph L. Sax. The Public Trust Doctrine in Natural Resources Law：Effective Judicial Intervention, 68 Mich. L. Rev. 471（1969）.

二、公共信托理论在美国的发展

　　起源于古罗马的公共信托理论后来在英国得到了发展并成为美国法律体系的重要组成部分。在美国立法史上，联邦最高法院通过 Arnold v. Mundy 案[①]和 Martin v. Waddell 案[②]确立了公共信托规则。1821 年，Arnold v. Mundy 案是美国第一个关于公共信托的司法案件。在该案中，美国新泽西州最高法院依据公共信托理论，认为海岸（包括领海内的海水和底土）属于新泽西州公民的公共财产，并明确宣布"即使议会也不能对其享有直接和绝对的权利，议会不能剥夺全体公民的这一公共权利"[③]。1842 年的 Martin v. Waddell 案，美国联邦最高法院通过司法解释的形式明确了新泽西州最高法院在 Arnold v. Mundy 案中确立的公共信托理论。"最高法院认为……为了公众自由和不受限制的形式权利，州有权对公共财产进行托管；而某一行为是否符合公共利益取决于公众的需要而不是财产的特殊使用模式。"[④] 美国有关环境公共信托原则最重要的判例，是 1892 年美国最高法院审理的"伊利诺伊中央铁路公司诉伊利诺伊州"案。[⑤] 伊利诺伊州政府通过一项法律将一块面积达 1 000 多英亩的紧挨芝加哥商业中心的优良土地转让给伊利诺伊中央铁路公司。由于该地包含了很大部分密执安湖沿岸的水域，由此引发了官司。在审理本案时，联邦最高法院依据公共信托原则宣告伊利诺伊州立法机关 1869 年转让土地的法律无效，从而明确了该州对有争议的水下土地的公共信托性质的所有权。但美国早期普通法所承认的公共信托原则的适用范围比较狭窄，仅适用于确定特定水下土地所有权的产权之诉，其物质客体限于由州所有的湖泊、河流的水下土地和海岸低水位线与高水位线之间的土地。

　　1960 年，在美国开展了一场大讨论：公民要求保护环境，要求在良好环境中生活的宪法根据是什么？对于公共信托理论的内涵，可谓流派纷呈，例如，查尔斯·威尔金森（Charles Wilkinson）曾说："公共信托原则是复杂的——单就在美国就有 51 种公共信托原则；与时俱进的——司法、立法以及学者对于该原则的论述层出不穷如汗牛充栋；难以捉摸的——公共信托原则可以追溯到一千年

[①] Arnold v. Mundy, 6 N. J. L. 12 (1821).
[②] Martin v. Waddell, 41U. S.（16 a Pat）367（1842）; Shively v. Bowlby, 152U. S. 1（1894）.
[③] Public Trust Doctrine – Beach Access – The Public's Right to Cross and to Use Privately Owned Upper Beach Areas, 15 Seton Hall L. Rev. 344, 351（1985）.
[④] Martin v. Waddell, 41 U. S. 367 (1842).
[⑤] Illinois Central Railroad Co. v. Illinois, 146 U. S. 387；13 S. Ct. 110；36L. Ed. 1018,（1892）.

前……公共信托可以说是自然资源法领域唯一受争议的原则。"① 但理论内涵基本一致，即它以经济学领域的"信托"为内涵，采用拟制的方式，在社会公众、政府之间就环境方面的权利和义务作出安排。该理论认为，很多自然物，例如空气、水流、海岸、荒地等均是人类的共同财产，为了公共利益和公众利用之目的而通过信托方式"委托"于国王或政府，由其进行管理和保护，社会公众则可以基于信托资源的公共性对其进行自由利用，如果受托管者滥用权力，未尽善良管理人义务，或者对环境资源进行不当的处理甚至破坏，公众可被授权对发现的任何不利于公共利益的行为进行干预。② 这种干预机制在美国就体现为公民、环保团体可以提起环境公民诉讼。

随后，公共信托理论经过美国著名学者约瑟夫·萨克斯（Joseph L. Sax）的总结和宣传，影响进一步扩大。约瑟夫·萨克斯于1970年在《自然资源法中的公共信托理论——有效司法干预》一文中，提到了"公共信托理论"（Public Trust Doctrine）。他认为，空气、水、阳光等人类生活所必需的环境要素，在受到严重污染和破坏以致威胁到人类正常生活的情况下，不应再视为"自由财产"而成为所有权的客体，而应该是全体国民的"公共财产"，任何人不能任意对其进行占有、支配和损害。为了合理支配和保护这种"共有财产"，共有人委托国家来管理。国家对环境的管理是受共有人的委托行使管理权的，因而不能滥用委托权。萨克斯教授认为："第一，像大气、水这样的一定的利益对于市民全体是极其重要的，因此将其作为私的所有权的对象是不贤明的。第二，由于人类蒙受自然的恩惠是极大的，因此与各个企业相比，大气及水与个人的经济地位无关，所有市民应当可以自由地利用。最后，不消说，增进一般公共利益是政府的主要目的，就连公共物也不能为了私的利益将其从可以广泛、一般使用的状态而予以限制或改变分配形式。"③ 萨克斯教授进一步指出，"像清洁的大气和水这样的共有财产资源已经成为企业的垃圾场，因为它们不考虑对这些毫无利益的人们普通的消费愿望，更谈不上对市民全体共有利益的考虑了。而这些利益与相当的私的利益一样具有受法律保护的资格，其所有者具有强制执行的权利。古代格言——在不妨害他人财产使用时使用自己的财产——不仅适用于所有者之间的纠纷，而且适用于诸如工厂所有者与对清洁大气的公共权利之间的纠纷、不动产业者与水产资源和维持野生生物生存地域的公共权利之间的纠纷、挖掘土地的采掘业者与

---

① Charles F. Wilkinson. *The Headwaters of the Public Trust*; *Some of the Traditional Doctrine*. 19 Envtl. I. 425 – 426（Mar Session 1989）.

② 徐祥民、凌欣、陈阳：《环境公益诉讼的理论基础探究》，载《中国人口·资源与环境》2010年第1期。

③ ［美］萨克斯：《环境保护——为公民之法的战略》（日文版），山川洋一郎等译，岩波书店1970年版，第186页。

维持自然舒适方面的公共利益之间的纠纷。"①

在萨克斯教授看来,"阳光、水、野生动植物等环境要素是全体公民的共有财产;公民为了管理它们的共有财产,而将其委托给政府,政府与公民从而建立起信托关系。"② 实施公共信托的方法就是将公众环境利益与其他利益（如私人经济利益和公众经济利益）进行衡平。法院将共有财产视为一种平等属于每个公民的公众信托利益;每个人都可以到法院起诉,以保障以公众信托利益为内容的公众权利。只有在征得法院的同意,并且在公共信托财产的受益人提供了某种明确的利益补偿时,才可以损害共有财产。萨克斯教授认为,环境权并不必然优先于财产权,需要与其他权利进行衡平。这种衡平不仅是司法机关的工作,更是民主过程的任务。萨克斯教授的公共信托理论的内核包括：（1）公众享有对环境质量的权利；（2）在法律上可以强制执行这种权利；（3）通过司法命令来保障这种权利。当公民与开发商发生环境争议时,法院发布暂禁令暂时搁置开发,等待国会和联邦机构做出决策。当公民与联邦机构就行政许可发生争议后,法院发布送回立法机关的命令要求联邦机构启动立法过程以寻求立法机关的明确授权。这两个法律工具要求法院在具体案件中审查个案的功过是非,而非仅仅审查形式合法性,并在美国发挥了重要作用。萨克斯教授特别强调：公民诉讼可以对行政行为进行实质性的司法审查,在一定程度上是以对行政机构的合理怀疑（行政机构不一定始终维护公共利益）为前提的。由于公共信托理论"始终要严加防范公权力对公共信托财产的侵蚀。因此,如何制约公权力、最大限度地维护公共信托财产是公共信托理论的核心"。③ 萨克斯教授的公共信托理论揭开了公民诉讼制度化的序幕。根据公共信托理论,萨克斯教授起草了《密歇根环境保护法案》,这个法案又称为《萨克斯法案》。1970 年《萨克斯法案》正式获得通过和颁布。

《萨克斯法案》不仅直接影响了美国联邦环境法律中的公民诉讼条款,而且直接影响了如康涅狄格州、密歇根州、宾夕法尼亚、蒙大拿、阿拉斯加、夏威夷、路易斯安那等 10 多个州的制定法出台了公民诉讼条款。如《康涅狄格州法典》第 22a~16 条规定："为保护公众在大气、水和其他自然资源中的信托利益,避免不合理的污染、损害或者破坏,任何公民均可就此提起诉讼。"《密歇根州法典》第 1701 条规定："为了保护大气、水、其他自然资源以及公众在大气、水和其他自然资源中的信托利益不被污染、损害或破坏,州总检察长或者任何公民在

---

① Hans Christian Bugge：《挪威公害法的历史起源与发展》,周训芳译,载何勤华主编：《20 世纪外国经济法前沿》,法律出版社 2002 年版,第 352~353 页。

② Joseph L. Sax. *The Public Trust Doctrine in Natural Resources Law: Effective Judicial Intervention* 68 Mich. L. Rev. 471（1969）.

③ 侯宇：《美国公共信托理论的形成与发展》,载《中外法学》2009 年第 4 期。

可以在违法行为发生地的州巡回法院提起诉讼,寻求宣示性或者衡平性的法律救济。"密歇根州在《环境品质保护法》中多次使用了"与大气、水以及天然资源相关的公共信托"的规定,使公共信托理论成为环境权诉讼的依据。《宾夕法尼亚州宪法》第 1 条第 27 项规定,"宾夕法尼亚的公共天然资源是包括未来世代在内的人类共通财产。作为这些资源的受托者,为了所有上述人的利益,州政府应当将其予以保护和维持。"在纽约州,1973 年为保护具有"特别在天然美、野生性质以及在地理、生态或者历史重要性"的土地,而设立"信托委员会"。该委员会在土地保全的范围内,依照《纽约州宪法》规定,在有关实施环境政策方面对立法局、州长享有支援、劝告的权力。在马里兰州,对"环境的审美的、自然的、健康的、福利的、科学的以及文化的品质"负有保护和发展责任的州机关设立了"马里兰环境信托",对土地、水、大气、野生生物、科学的特性、开放空间等予以保护。由于设立了这些委员会,迫使州及其机关在政策决定过程中,对环境上的利害关系问题予以更进一步的考虑。①

随着理论、判例和立法的发展,20 世纪 70 年代以来美国公共信托原则在两个方面有了很大的扩展。第一,其适用范围从早先的由州拥有的湖泊、河流的水下土地和海岸的潮间带土地,扩大到海滨、湖泊、河流、公园、道路、公有地、野生生物、天然资源、大气、水等客体。第二,其保护的利益从传统的限于航运、捕鱼和贸易,扩大到保护鸟类、防止空气和水污染、水土保持、保护湿地、保障娱乐和为后代保护水体的洁净和流动等用途或利益。例如在 "Borough of Neptune City v. Borough of Avon-by-the-sea"② 一案中,新泽西州最高法院注意到公共信托原则保护的传统利益(航行、捕鱼、通商)已经不能满足当代的需要。法院认为:"我们发现这一事实并不困难,在 20 世纪的后半叶,在潮间带土地上的公众权利并不局限于航行、捕鱼这些古老的权利,应当扩展至消遣性使用(recreational uses),包括游泳等其他活动。与其他所有普通法原则一样,公共信托原则不应当被认为是固定或静止的,而应当被重塑和拓展以符合变化的情势和公众的需要。"③ 公共信托原则的理论内涵与现代代议制政府代表人民对国家资源实施保护和管理的基本原则是一致的。二者的目的都是公共利益,客体在很大部分上也发生重合,如土地、空气和水资源等,因此,公共信托原则被现代学者当作环境保护运动的一个最为有力的普通法武器。

---

① [日] 武山富道:《美国环境保护法》,日本北海道大学图书行会 1992 年印制,第 117～118 页。
② Borough of Neptune City v. Borough of Avon by the sea, 61N. J. 296. 294A. 2d47, 54 (1972).
③ Shirley – Anne Levy – Diener, *The Environmental Rights Approach under the Ontario Environmental Bill of Rights: Survey, Critique and Proposals for Reform*, UMI Company, 1997, P. 45.

三、公共信托理论与我国生态环境公益诉讼

我国《信托法》规定，信托是指委托人基于对受托人的信任，将其财产权委托给受托人，由受托人按委托人的意愿以自己的名义，为受益人的利益或者特定目的，进行管理或者处分的行为。该法第六章专门规定了"公益信托"。其第六十条第六项规定，为"发展环境保护事业，维护生态环境"可以设立公益信托；第六十一条规定，"国家鼓励发展公益信托"。公益信托解决了公民个人主张权利的依据问题，该条规定可以视为生态环境公益诉讼的理论基础。国家或者政府作为受托人对于环境资源取得普通法上的所有权，承担环境保护的义务。作为受益人的全体公民，不仅责任与利益相分离，而且享有具有优先性、追及性的受益权。如果国家或者政府滥用权力，或者未尽善良管理的义务，或者损害受托人的利益，或者不能公平地对待多数受益人，公民可以主张权利，请求国家履行受托人的义务，为全体公民保护和改善环境。

环境的非排他性和非竞争性使其自然成为一种"公共财产"，而市场本身又在解决公共财产有效供给方面不可避免地存在严重的外部性问题，因此政府便接受公众的委托，管理环境这一公共财产，并最大限度地实现并维护生态环境公益。[①] 政府参与环境治理有其必然性。市场在分配"公共财产"所产生的负外部效益，必然会对环境资源的开发与利用及公共环境的保护产生不利影响。因此，需要委托政府对环境这一"公共财产"加以管理，当然其目的在于最大限度地保障和实现公益。建立在公共信托理论基础上的生态环境公益诉讼制度的目标是维护生态环境公益，实现途径是通过诉讼对所有危害或可能危害生态环境公益的行为进行监督，既包括私主体的危害行为，也包括公权力机关的危害行为，因此，生态环境公益诉讼的性质可以是私权对私权的监督或者是私权对公权的监督。然而，公共信托理论的核心是"如何制约公权力"以最大限度地"维护公共信托财产"，而我国环境管理公权力运行的失效是构建生态环境公益诉讼制度的前提，因此，生态环境公益诉讼制度的规制对象主要是公权力机关的行政行为，尤其是环保行政部门怠于行使行政职责的行为。生态环境行政公益诉讼直接针对的是行政机关的违法行政行为，在性质上是私权对公权的监督自不待言，即使在生态环境民事公益诉讼中，穷尽行政手段的行政前置程序仍然意味着生态环境民事公益诉讼也是私权对公权的一种监督，原告提起诉讼前需告知负有职责的行政主体，

[①] ［美］约瑟夫·L.萨克斯：《保护环境：公民诉讼战略》，王小刚译，中国政法大学出版社2011年版。

这一程序设置的目的之一便是督促有责的公权力机关全面履行职责。私权对公权的监督比我国传统的公权对公权的监督效果更优。因此，生态环境公益诉讼的最佳原告应为公民和环保团体。"了解该污染源的公民或者环保组织常常是违法排污行为最经济、最有效的监控者"。①

诉讼信托理论是建立在公共信托理论的基础之上，依据公共信托理论，公众既然将公共环境资源委托于国家，国家就有义务保护信托财产不受损害，为确保被委托财产不受损害，于是，国民将自己的一部分诉权也托付给国家，国家为明确责任，又将该诉权转分配给检察机关或其他机关，由这些机关代表国家提起诉讼。如果国家机关因法律上的障碍或怠于履行职责而没有代表国家向法院起诉，任何公民可依公共信托理论向法院起诉，以保护信托的财产②，此乃诉讼信托理论。通过诉讼上的授权信托，使本来没有诉权的人能够起诉或应诉，使本来不合格的当事人成为合格的当事人，但诉讼标的实体权利义务仍存在于直接利害关系人名义之下，这样，诉讼信托之受托人因原诉权主体的授权而享有诉讼实施权，即程序上的诉权，原诉权主体则享有实体意义上的诉权。程序意义上的诉权与实体意义上的诉权出现了分离行使的现象。诉讼信托因授权方式不同，又有法定的诉讼信托和任意的诉讼信托之分。国家出于维护国家利益和公共利益的需要，通过法定信托的方式，赋予作为非实体权利的人提起诉讼的权利。

在生态环境公益诉讼领域，公民个人和国家机关之所以能对侵害生态环境公益的行为提起诉讼，也正是因为诉讼信托理论的支持。具体到环保组织，其接受社会公众的委托，将公共环境权益作为一种财产，勤勉地行使妥善保管的义务；当损害公共环境权益的行为出现时，便作为公共环境权益的代表，发起诉讼。因此，诉讼信托理论为环保组织成为生态环境公益诉讼的适格原告也提供了理论依据。

总的来讲，"公益信托"是义务属性，而非权利属性，环境受益人在受托人违反其环境保护义务的情形下，可以依法提起诉讼要求追究受托人的法律责任，要求其继续履行环境保护义务，而与委托人的环境权利无关。这一点正好体现在我国 2014 年修订的《环境保护法》第六条之中，该条设定了准"公共信托"，明确规定"一切单位和个人都有保护环境的义务。地方各级人民政府应当对本行政区域的环境质量负责。企业事业单位和其他生产经营者应当防止、减少环境污染和生态破坏，对所造成的损害依法承担责任"。明确设定了三大类别的环境保

---

① 李静云：《美国的环境公益诉讼——环境公民诉讼的基本内容介绍》，载别涛：《环境公益诉讼》，法律出版社 2007 年版，第 95 页。

② 何立慧、王根命：《环境公益诉讼几个基本问题探讨——理论基础、指导思想、诉讼程序和实施路径》，载《2009 年全国环境资源法学研讨会论文集》。

护义务主体，分别是：（1）一切单位和个人；（2）地方各级人民政府；（3）企事业单位和其他生产经营者。从结构上来看，"一切单位和个人"属于概括性的义务设定，在性质上属于泛指，而后面的"地方各级人民政府"以及"企业事业单位和其他生产经营者"才是真正的义务承担人，具有突出的特指效应。尽管该条没有明确规定其为一项环境"信托"义务，但是究其内容和义务内容来看，具有非常明显的"信托"之意，即地方各级人民政府，以及那些可能危害环境的企业和事业单位，包括其他生产经营者，作为当代人以及后代人的"受托人"，履行环境保护的义务。由于法律并没有将其规定为信托义务，鉴于此项义务为法定义务，因此，在一定程度上，可以将其认定为环境信托在我国环境法中的法定化。

我国2014年修订的《环境保护法》将生态环境公益诉讼正式确定为环境法的一项基本制度，其目标在于通过诉讼机制保障生态环境公共利益。比较传统的私益诉讼而言，我国生态环境公益诉讼是在缺少实体环境权益的前提下所建立起来的环境利益保障机制，其产生的基础不是某种可以被称为"环境权"的法律权益，而是基于新环保法第六条所规定的环境保护义务中所内涵的"环境公共信托"。对"公共信托"能否成为生态环境公益诉讼理论基础的问题，有学者认为，"公共信托"中的信托前提不存在、信托关系是虚构的，以及委托人和起诉人不统一[①]。然而，这种观点存在明显的欠缺："公共信托"的首要关键词是"公共"，因此，任何以私益"信托"来论证"公共信托"的观点值得商榷。其"公共"的要义就在于将其与传统的私益"信托"相区别，从而呈现出"委托人"虚化和泛化的特点。"公共信托"中委托人的泛化恰恰证明了任何人都是环境保护的受益人，即"公共信托"关系中的受益人，在受托人（环境违法行为人）违反信托义务的情况下，有权对受托人的行为依法提起诉讼。也就是说，"公共信托"关系中的委托人与受益人主体地位重合，任何受益人提起诉讼的行为实际上起到了与委托人提起诉讼相同的法律效果。在法律没有规定委托人法律权利的情况下，受益人在"公共信托"关系中享有的权利以及受托人所负担的环境保护义务自然成为对抗环境违法行为的最为有效的手段。《环境保护法》第五十八条"生态环境公益诉讼"的规定，与第六条"环境公共信托"的设定，遥相呼应，相辅相成，从而形成了从"公共信托"到"生态环境公益诉讼"的完整法律制度体系。[②]

---

① 徐祥民、凌欣、陈阳：《环境公益诉讼的理论基础探究》，载《中国人口·资源与环境》2010年第1期。
② 张辉：《美国环境法研究》，中国民主法制出版社2015年版，第460~461页。

第五节　环境民主、公众参与与生态环境公益诉讼

环境治理问题与民主相伴而生，只有在民主体制下，环境治理才会成为政府真正关注的问题。20世纪60年代，西方世界环保事业的最初推动力量就是来自社会公众参与的民主运动。1972年，联合国召开的第一次人类环境会议掀起了公众参与环境保护的第一次高潮。1992年，环境与发展大会通过的《21世纪议程》将公众广泛参与决策作为实现可持续发展的必不可少的条件。2002年可持续发展世界首脑会议，同样确定可持续发展需要长远的眼光和各个层面广泛地参与政策制定、决策和执行。可以说，环境民主已经成为国际上普遍采纳的环境治理原则。环境民主是民主主义理念在环境治理活动中的延伸，是把民主的理念运用到保护环境的具体过程，环境民主更多地倾向于管理层次上的民主，而不是政体意义上的民主。所以，环境民主并不一定要求西方式的选举民主政体与之相适应，尽管西方选举式民主所形成的责任政府形式有利于环境议题引起重视[1]。就其实质来说，环境民主更多的是政府行政的民主化，它强调社会公众在环境管理及其相关事务中的积极参与。

环境民主原则是正确处理政府与群众、环境污染破坏者与环境资源保护者的指导原则，是环境法公益性、社会性的体现。在我国，环境民主原则与依靠群众保护环境原则，其实质含义基本相同，是社会主义民主原则和党的群众路线在环境保护领域的体现。[2] 环境保护是一项全民事业，环境质量的好坏关系到群众的切身利益，人民群众是保护环境的主力军；只有依靠群众，充分发挥群众的积极性和创造力，才能搞好环境保护。公众参与环境保护管理对于全面实现人民当家作主、管理国家事务的权利十分重要。世界各国政府日益认识到环境保护事业的公益性和群众性，日益理解公众的环境权益、作用和力量，认识到国家有义务提供法律手段保障、发挥公众的力量和作用。实践证明，实行环境民主和公众参与环境管理有利于解决和处理广泛、普遍的环境问题，实现对环境问题的全过程、全方位管理，加强和改进全社会的环境保护和环境管理，有利于全面推动整个环境保护事业的发展。

贯彻环境民主原则，需要做到以下两点：（1）重视公众的结社权。正如托克

---

[1] 虞崇胜、张继兰：《环境理性主义抑或环境民主主义——对中国环境治理价值取向的反思》，载《政治学研究》2014年第5期。

[2] 蔡守秋：《环境资源法学教程》，武汉大学出版社2000年版，第45页。

维尔所言,"在我们这个时代,结社自由已成为反对多数专政的一项必要保障"。① 目前,许多国家的法律都规定,公众有权依法成立旨在保护环境资源的社会团体或非政府群众组织。环境保护群众组织,可以自主地开展有关环境资源方面的宣传、教育、信息交流、监督检举起诉、咨询、调查研究等各种活动,是当代环境民主的重要标志。(2)重视公众的生态环境诉权。生态环境公益诉讼是指自然人、法人、政府组织、社会组织以及其他非营利组织以原告的诉讼主体资格,对侵犯环境公共利益的行为,向法院提起民事或者行政诉讼,通过法院的审理,追究违法者法律责任,恢复环境公共利益的诉讼制度。可以说,生态环境公益诉讼是公众参与环境管理的一种重要方式,特别是当政府机关不履行环境立法规定的职责或者从事违法行政行为时提起诉讼,往往比批评、建议、申诉、抗议、游行、示威等更加有力。当单位或个人实施违法行为、造成环境民事损害时,如果没有公众出来提起诉讼,实行"不告不理原则"的政府或法院很难主动进行干预。②

生态环境公益诉讼的运行建立在现代环境管理民主化的基础之上,社会公众的生态环境公益诉求成为生态环境公益诉讼机制启动、运行以及效果实现的重要推动因素和重要标志之一。相比于传统诉讼机制而言,生态环境公益诉讼机制中的公众参与是一种更深层次的司法民主化、社会化手段。因为社会公众在生态环境公益诉讼中的参与不仅体现为对具体案件内容的知情,更体现为社会公众基于环境利益的公共性而享有的诉讼权利以及基于环境保护工作的技术性而以专家证人、技术专家等身份参与环境案件审理的资格。囿于社会公众的环境意识和参与生态环境诉讼的能力水平,2014年修订的《环境保护法》对社会公众的范围做了限缩规定,将"依法在设区的市级以上人民政府民政部门登记"和"专门从事环境保护公益活动连续五年以上且无违法记录"的社会组织作为有权向法院提起生态环境公益诉讼的特定社会公众类型。以生态环境公益诉讼专家库的建立和人民陪审员参与生态环境公益诉讼案件审理的深入推进为主要手段的深层次公众参与方式已成为《环境保护法》修订案通过后环境司法工作机制创新的重要方面。"只有在民主气氛中,公众才能通过环境社会团体开展环境保护活动、参与环境保护管理,只有环境法的民主化才能为环境保护群众组织、群众运动和公众参与营造民主的法律气氛。"③ 所以,2014年最高人民法院发布的《关于全面加强环境资源审判工作为推进生态文明建设提供有力司法保障的意见》明确规定,

---

① [法]托克维尔:《论美国的民主(上卷)》,董果良译,商务印书馆1996年版,第67页。
② 肖祥:《反公地悲剧与广西北部湾区域生态资源开发利用》,载《广西大学学报(哲学社会科学版)》2012年第6期。
③ 蔡守秋:《当代环境法的"民主化"》,载《环境》1998年第5期。

"建立环境资源审判专家库，在审理重大疑难案件、研讨疑难专业问题、制定规范性文件时，充分听取专家意见"。还规定，"在环境资源审判领域全面推行人民陪审员参与案件审理，自觉接受社会公众监督"；"自觉接受社会公众监督，推动建立中国环境资源裁判文书网，及时上网公开生效裁判文书。对于有重大影响的案件，邀请人大代表、政协委员、社会公众等旁听庭审，增强环境资源审判的公开性和公信力"；"充分运用传统媒体和微信、微博、新闻客户端等新媒体，通过公开审判、以案说法、发布环境资源司法重要新闻和典型案例等形式，宣传环境资源保护法律法规，提高公众环境资源保护意识。定期发布《中国环境资源审判白皮书》，增进社会公众对环境资源司法保护制度及保护状况的客观全面了解。"上述规定为公众参与机制在生态环境公益诉讼领域的全方位、深层次发展奠定了重要的法源基础。

"公众参与"是公益诉讼制度产生的最为主要的和直接的理论基础。就二者关系而言，"公益诉讼"既是"公众参与"的表现形式之一，又实质性地体现为"公众参与"，从而构成一个不可分割的表里关系。"公众参与"作为"公益诉讼"的理论基础，不仅对"公益诉讼"的功能产生重大影响，更值得关注的是，"公众参与"直接决定了"公益诉讼"的制度构成。（1）诉讼主体的宽泛性。"公众参与"决定了"公益诉讼"中原告主体的广泛性。就诉讼主体而言，美国环境公民诉讼就是一个"任何人针对任何人"所提起的诉讼。一个典型的公民诉讼条款授权任何人可以针对任何违法行为人提起诉讼，强制要求其遵守法律规定，同时要求政府履行法定的强制性义务。（2）有限参与和有限监督决定了"诉因"的有限性。尽管法律授予公众享有多种形式参与环境管理、实施环境监督，但是"公众参与"的范围和方式仍然是有限的，它不能替代环境管理，也不能滥用环境监督权，更不能覆盖环境监督管理的任何领域。体现在"公民诉讼"领域，"公众参与"的有限性直接决定了"公益诉讼"诉因的有限性。法律之所以限制"公益诉讼"的诉因，其主要原因就在于"公众参与"的有限性。首先，从公众所享有的实体权利来看，公众不享有任何法定的环境实体管理权，无法直接决定环境排放标准或排放限制、无法直接决定是否颁发许可证，也无法对环境违法行为实施制裁。除行政主管部门外，无法直接针对其他法律主体采取任何法律上的执行措施。例如，公众无法就行政相对人实施行政调查、环境检测，无法要求他人履行环境报告、环境监测以及环境记录的义务等。其次，从法律关系角度来看，在不存在环境侵权的情况下，除环境行政主管部门以外，任何公众无法与其他主体之间建立起有效的以环境管理或环境监督为内容的法律关系。唯独能够保证"公众参与"的法律关系是基于《信息自由法》以及环境法的规定，旨在于满足公众环境信息知情权、参与权和环境监督权的法律关系。（3）程序性权利决定了公民诉讼"诉求"和"救济"的有限性。尽管法律规定公众依法享有信息知情、公共决策和公众监督等权利,但是该项权利的行使不得影响或者损害行政公权力的正当行使。在行政执法领域,法律必须优先保障行政执法的可能性和效力性。公众可以依法监督行政公权力的行使,但是不得通过公众参与的方式取代或者干扰行政公权力的行使。这是由"公众参与权"的性质所决定。从本质上来讲,"公众参与"所内含的"公众参与权"属于"程序性权利",其权利本身并不当然包括实体性人身、财产或环境利益,而是通过参与和监督这种方式去保障公众自身的或者他人所享有的实体环境利益。因此,程序性权利的特点决定了"公众参与"环境管理和监督的有限性,也非常明显的体现在"公益诉讼"制度之上。

从逻辑结构来看,公众参与原则是公益诉讼制度的必要前提和基础,而公益诉讼则在司法实践层面上大大延伸和拓展了公众参与原则的适用范围和深度,其所取得的成绩不单单是一种法律机制的巧妙设计,更为重要的是,它彰显了民权和民本法律文化的某种必然。(1)生态环境公益诉讼应当体现为环境公众参与的权益救济机制。公益诉讼相比较于私益诉讼,最大的不同在于原告通过诉讼的方式实现了对公共利益的维护和保障。环境利益从来都不属于某一位独立的个体或群体,因此以生态环境保护为由提起的公益诉讼,其诉讼功能在于既满足原告的基本利益,也满足不特定群体范围的环境公共利益。纵观众多美国公民诉讼案例,不难发现,其中有很大比例的案件都是基于被告违反了环境信息公开,或者环境决策参与等原因而提起的,非常典型的体现为一种公众参与权的诉讼救济机制。2014年修订的《环境保护法》在"信息公开与公众参与"一章中开创性地引入"环境公益诉讼"机制,授予在设区的市级以上民政部门注册登记的专门从事环境保护工作连续5年以上的环境公益组织(ENGO)可以提起公益诉讼的权力。尽管,法律没有规定ENGO是基于环境公众参与权的保障而提起公益诉讼,但是,从"生态环境公益诉讼"所属篇章的角度来看,"生态环境公益诉讼"应当在环境公众参与权的保护方面起到至关重要的作用。(2)生态环境公益诉讼应当能够覆盖环境公众参与的全部范围。从公众参与权的一项基本权能来看,任何违反信息公开、决策参与和环境监督的行为都可以依法提起公益诉讼。由于违反行为人既可能是一般的企事业单位,也可能是政府及其部门。因此,生态环境公益诉讼在诉讼类别上既有针对一般企业单位或个人的民事公益诉讼,也有针对政府等行政机关的行政公益诉讼。(3)生态环境公益诉讼应当构成环境行政执法的有效补充。公众参与的核心功能在于有效监督和制约行政行为的不当行使,其本身并不是一种执法行为。因此,公众参与的首要条件必须是行政执法行为不能发挥其应有的执法效应时才得以启动和实施。从效力角度来看,公众参与应当成为行政行为，尤其是行政执法行为的有效补充，而不是替代。由此可见，我国生态环境公益诉讼的发展必须坚守一项基本准则，即构成对环境行政执法的有效补充，其适用条件应当是，当行政机关不履行、怠于履行或违法履行相应环境监督管理职责的情况下，环境公益组织或者未来可能有资格的原告有权选择性的针对生态环境违法行为人或者行政机关依法提起公益诉讼。[①]

[①] 张辉：《美国环境法研究》，中国民主法制出版社2015年版，第441~444页。

第二章

立法比较

　　公民诉讼制度是美国环境法的一项创造，为其他国家生态环境公益诉讼提供了借鉴意义。由于《奥胡斯公约》的推动，欧洲各国以及世界其他国家建立和完善生态环境公益诉讼的步伐大大加快。通观西方国家生态环境公益诉讼制度及实践成果，我们发现其共性规律。我国地方立法在生态环境公益诉讼领域相对中央立法更为活跃一些。然而各地不同的立案标准带来了实践中的困境，即具有相同诉讼资格的主体，在不同的法院和不同的地区提起诉讼却面临不同的处理结果，这显然有损环境司法的公信力。从《民事诉讼法》和《环境保护法》的修改进程来看，否认公民个人的原告资格是一以贯之的，关于其他原告资格的范围则经历了放宽—限缩—适度放宽的过程，体现了立法机关努力在扩大原告范围与防止滥诉之间寻求平衡。2012年我国新的《民事诉讼法》首次规定了公益诉讼；2014年新的《环境保护法》再次纳入了生态环境公益诉讼的内容；2015年有关司法解释、试点办法，2017年的再次专门修改民事诉讼法和行政诉讼法，2018年最高人民法院和最高人民检察院联合《发布关于检察公益诉讼案件适用法律若干问题的解释》等频繁立法举措，又进一步细化了公益诉讼的条件。这些都无疑显示了国家在法制层面为环境安全保驾护航的决心，但因为环境保护牵涉问题较多，目前立法仍然过于谨慎，以致生态环境公益诉讼并未能如期所愿顺利展开。我们认为，公益诉讼与《民诉法》不兼容，《民诉法》第五十五条不能承受之重；需要及时清理和废除"土政策""土规范""土解释"，确保法治统一；进一步扩大生态环境公益诉讼主体资格范围；立法必须坚持生态损害就是生态环境公益诉讼所应救济的环境公共利益；策略上淡化约束机制，强化激励机制；探索与创新生态环境公益诉讼请求与诉讼救济措施；最终形成一部专门的、具有中国特色的、包括生态环境保护在内的公益诉讼法。

第一节 生态环境公益诉讼的域外立法

一、美国公民诉讼条款

美国公民诉讼条款最早见于美国密歇根州《1970年环境保护法》，该法第2节第1条规定："为保护空气、水体和其他自然资源以及公共托管客体不受污染、损害和毁灭，任何个人、合伙、公司、社团、组织或者其他法律实体皆可在据称违法行为的发生地或可能发生地的具有管辖权的巡回上诉法院对州、州的分支机构、任何个人、合伙、公司、社团、组织或其他法律实体提起谋求宣告或衡平法救济的诉讼。"其后，1970年美国《清洁空气法》第304条a款也规定：任何人都可以以直接或间接受影响者的名义甚至以"保护公众利益"的名义对包括公司和个人在内的主体就该法规定的事项提出诉讼。建立公民诉讼制度是为了"促进法律执行，保证联邦和各州的行政机关积极履行其职责，并且补充其资源的不足"。[1]

美国联邦政府陆续制定的各项环境保护法律，除了规范农药使用的《联邦杀虫剂、灭真菌剂与灭鼠剂法》外，均有公民诉讼条款的规定。[2] 目前，美国一共有16部联邦环境法律包含有公民诉讼条款，这些法律的公民诉讼条款具体体现为：(1)《空气污染预防和控制法》第304条[3]；(2)《联邦水污染控制法》第505条[4]；(3)《海洋保护、研究和庇护法》第105（G）条[5]；(4)《噪音控制法》

---

[1] Harold Feld. *Saving the Citizen Suit: the Effect of Lujan v. Defenders of Wildlife and the Role of Citizen Suits in Environmental Enforcement*, 19 Colum. J. Envtl. L. 141, (1994).

[2] 叶俊荣：《民众参与环保法令之执行：论台湾地区引进美国环境法上"公民诉讼制度"之可行性》，载《环境政策与法律》，月旦出版公司1993年版。

[3] 又名《清洁空气法》。Air Pollution Prevention and Control Act, Clean Air Act（CAA）Section 304, 42 U.S.C. §7604.

[4] 又名《清洁水法》。Federal Water Pollution Control Act, Clean Water Act（CWA）Section 505, 33 U.S.C. §1365.

[5] Marine Protection. Research and Sanctuaries Act（MPRSA）Section 105（G）, 33 U.S.C. §1415（g）.

第 12 条①；（5）《濒危物种法》第 11（g）条②；（6）《深海港口法》第 16 条③；（7）《资源保护和再生法》第 7002 条④；（8）《有毒物质控制法》第 20 条⑤；（9）《安全饮用水法》第 1449 条⑥；（10）《地表采矿控制和回收法》第 520 条⑦；（11）《外部大陆架底土法》第 23 条⑧；（12）《环境综合性反应、补偿和责任法》第 310 条⑨；（13）《紧急计划和社区知情权法》第 326 条⑩；（14）《危险液体管道安全法》第 215 条⑪；（15）《1978 年发电厂和工业燃料使用法》⑫；（16）《能源政策和保护法》⑬。联邦环境法律中的公民诉讼条款一般明确规定，为实施该联邦环境法律，"任何人或任何公民可以代表自己提起一项民事诉讼"。"任何人"（any person）或"任何公民"（any citizen）一般被界定为环境公民诉讼的原告。单从公民诉讼条款的法律规定来看，原告范围极其广泛，涉及美国社会公共与私人领域的具有独立法律地位的任何法律实体。

  公民诉讼制度是美国环境法的一项创造。在美国，公民虽不能像行政机关那样直接对污染者采取强制措施，但可通过诉讼，借助法院的司法监督，来推动环境法规的实施和执行。这样，公民参与环境决策便不仅局限于听证，而且可以通过提起诉讼来更积极、更强有力地介入环境法律的执行。美国公民诉讼条款的目的是希望公民诉讼对政府的环境执法产生激励，如果这一激励无效，则提供一种执法替代的手段。⑭ 美国议会建立环境公民诉讼基于这样一个基本判断：环境执法只靠政府是不行的，必须依靠公民执法的支持，以作为政府执法的补充。这个基础性判断是正确的，而且公民诉讼在很大程度上成功地实现议会的设想，充当着"私人检察官"的角色，被社会较为普遍接受。

  美国公民诉讼制度具有自己的特点：（1）原告资格规定较为宽泛。美国早

---

① Noise Control Act（NCA）Section 12，42U. S. C. §4911.
② Endangered Species Act（ESA）Section 11（g），16U. S. C. §1540（g）.
③ Deepwater Port Act（DPA）Section 16，33 U. S. C. §1515.
④ 又名《固体废弃物处理法》。Resource Conservation and Recovery Act（RCRA）Section 7002，42 U. S. C.，§6972.
⑤ Toxic Substances Control Act（TSCA）Section 20，15 U. S. C. §2619.
⑥ Safe Drinking Water Act（SDWA）Section 1449，42 U. S. C. §300j – 8.
⑦ Surface Mining Control and Reclamation Act（SMCRA）Section 520，30 U. S. C. §1270.
⑧ Outer Continental Shelf Lands Act（OSCLA）Section 23，42 U. S. C. §1349（a）.
⑨ 又名《超级基金法》（Superfund act）Comprehensive Environmental Response，Compensation and Liability Act（CERCLA）Section 310，42 U. S. C. §9659.
⑩ Emergency Planning and Community Right-to – Know Act（EPCRA）Section 326，42 U. S. C. §11046.
⑪ Hazardous Liquid Pipeline Safety Act Section 215，49 U. S. C. §2014.
⑫ Powerplant and Industrial Fuel Use Act of 1978，42 U. S. C. §8725（1988）.
⑬ Energy Policy and Conservation Act，42 U. S. C.，§6305（1988）.
⑭ Jeffrey G. Miller. Citizen Suit：*Private Enforcement of Federal Pollution Control Laws*. Wiley Law Publications John Wiley & Sons. 4（1987）.

在1970年的《清洁空气法》第304条就予以了确定:"除特别情形外,任何人都可以以自己的名义对任何人就该法规定的事项提起诉讼。"按照这个规定,公民诉讼的原告可以是地方政府、非政府组织或公民。(2)明确救济措施。美国公民诉讼条款中,原告可以要求法院对污染者发布禁止令、民事罚款等。程序法与实体法的有效衔接为实践提供了明确的操作指令,减少了不确定性带来的影响。(3)减轻费用负担。在公民诉讼中,按法律规定原来由原告承担支付的律师费用以及其他诉讼费用,经法院裁量后可以转嫁给被告承担,以便减轻原告的诉讼成本。(4)减轻举证责任。例如,美国《密歇根州环境保护法》第3条规定:"原告只需提出表面证据,证明污染者已经或很可能有污染行为即完成了举证。"美国公民诉讼与其集团诉讼制度、律师风险代理制度、陪审团制度以及发达的法律援助制度都是分不开的,他们就像一个机械齿轮一样紧密的咬合在一起,缺少任何一个环节都可能导致该制度的失效。

二、德国的环境团体公益诉讼制度

20世纪60年代末,在自然环境为共有财产之理念下,德国开始制订和完善保护自然环境的法律。其后,受欧盟相关指令影响,德国逐步确立了环境团体公益诉讼制度。环境团体公益诉讼属于行政诉讼之类型,具有公法性质。德国对环境团体公益诉权设置一系列限制性条款,体现了这一制度为环境行政保护之补充性手段。与其他行政诉讼相比,环境团体公益诉讼数量虽少但胜诉率较高,且大多数诉讼是针对政府有损环境的行政审批计划提起的,较好地发挥了预防自然环境遭受工业化破坏的作用。德国环境团体公益诉讼与其他国家相比存在较多差异,并且其制度设计上表现出相当的谨慎性,但该制度所蕴含的重要价值毋庸置疑。赋予环境团体诉权的理由是,行政机关出于政治和经济上的考量很难严格执行环境法律,并且其还面临行政执法活动的标准和裁量权行使不够明确化、人力和财力资源有限等问题,所以有必要赋予环境团体公益诉权以弥补行政执法之不足。①

其实,在2002年之前,德国一直未在联邦法上设置环境团体诉讼条款,仅在州法上(13个州)存在环境团体公益诉讼。1979年,不来梅州率先在修改《自然保护法》时赋予了环境团体公益诉权,开启了德国环境公益诉讼之先河,②受其影响,黑森州、汉堡州等诸州也先后建立了这一制度。德国未于联邦法上建

---

① 陶建国:《德国环境行政公益诉讼制度及其对我国的启示》,载《德国研究》2013年第2期。
② Jurgen Luthge, *Die Verbandsklage Im Bremischen Naturschutzgesetz*, NJW 1980, 5.1037 – 1038.

立环境团体诉讼的原因主要在于当时学界对此类型诉讼仍然存在较大反对意见，认为对环境问题的规制应主要借助行政机关来完成，若引入环境团体诉讼恐难与德国传统法律制度和立法模式相协调。出于这一现实情况，德国在20世纪70年代制订《联邦污染防治法》及《联邦自然保护法》时尽管导入环境团体参与机制，但明确表明不采用团体诉讼制度。

德国《环境损害法》是为了将欧盟2004年的《环境责任指令》国内法化而于2007年制订的一部法律，主要规定了经营者防止损害自然环境的义务、承担损害赔偿责任的条件和方式、证明规则、环境团体诉权等。德国《环境法律救济法》是为了履行《奥胡斯公约》而于2006年制订的一部只有6条的法律，主要规定了环境团体行使诉权的资格、起诉条件、诉讼对象、申请诉讼资格的程序和批准机关等。

三、荷兰的环境公益诉讼制度

在荷兰，针对政府机关作出的环境行政许可决定，《环境管理法》第8条第1款规定，任何公民有权对环境行政许可决定提出书面异议，并要求政府机关举办听证会对相关事项加以阐明。在政府机关怠于行使其职责的情况下，任何公民有权就此前向政府机关提出的行政许可事项申请行政法庭进行司法审查，但不得扩大此前的诉请范围。[①] 上述条款中的"任何公民"不仅涵盖了具有利益相关性的公民个人和公民组成的社会团体，还包括了不具有直接利益关系的民间环保组织及有权参与到环境决策过程中的所有公民群体。根据1994年《荷兰民法典》第305条a项的规定，特定的社会团体有权采取法律手段预防或制止环境污染和损害。[②] 该规定建立在最高法院的判例基础上，允许环保团体针对行政机关和排污者直接提起公益诉讼。环保团体可以要求法庭发布针对行政机关或私人行为的禁令，并可以要求赔偿污染清理费和恢复费用。但环保团体提起民事诉讼的案件数量相对于行政公益诉讼案件仍然较少。据统计，在由环保团体向法院提起的各类环境诉讼案件中，只有约2%为民事案件。[③] 相较于欧洲其他国家而言，荷兰的公益诉讼制度具有以下特点：（1）荷兰是欧洲环境公益诉讼开展得比较早和环境公

[①] See the Dutch Report of Jonathan Verschuuren, in N. de Sadeleer, G. Roller and M. Dross, *Access to Justice in Environmental Matters and the Role of NGOs*：*EmpiricalFindings and Legal Appraisal. the Avosetta Series* (6). Europa Law Publishing, Groningen (2005).

[②] E. Bauw, *Groene Kluwer Vermogensrecht. Loose-leaf Commentary on Dutch Civil Law*, section on non-contractual civil liability, special liability, environmental liability.

[③] BVerwG, 19 May 1998, NuR 1998；Access to Justice in Environmental MattersCountry Reports and Case Studies, ENV. A. 3/ETU/2002.

益诉讼案件数量比较多的国家。荷兰的环保民间组织自20世纪70年代即开始广泛地运用司法途径解决纠纷,并体现了较高的专业水准和法律水平。[①] (2) 荷兰的诉讼法对于环保民间组织的原告资格规定较为宽松,通常只要求环保团体能够证明组织章程中所设定的目标与所提诉求之间存在利益关系即可。(3) 荷兰通过减免诉讼费用的方式来鼓励公益诉讼,致使荷兰环保民间组织提起诉讼的成本大幅降低。与此同时,由于荷兰的环境行政公益诉讼案件只能由最高行政法院受理,并采取一审终审制,这无疑对控制诉讼成本起到了有效作用。[②]

四、法国的环境公益诉讼制度

法国《民事诉讼法》第423条规定:在事实妨碍公共秩序时,检察院得为维护公共秩序进行诉讼。法国诉讼理论认为,检察官是国家利益的代表,是社会公共利益的代表,凡是涉及国家利益、社会公共利益、公民的重大利益的民事活动,检察院都有权提起诉讼和参与诉讼。行政越权之诉是行政诉讼的主要形式,是行政诉讼的内在功能。在法国行政诉讼中最重要的种类越权之诉在性质上是客观诉讼,该诉讼的基本目的是纠正违法的行政行为,保障良好的行政秩序。起诉条件并不要求原告本人的主观法律权利受到侵害,受到违法行政决定侵害的利益不必是属于申诉人个人的利益,这就使得普通的法国公民也可作为原告提起诉讼,使越权之诉成为全民之诉,从而对政府的行政行为进行有效的监督。在法国,就环境行政诉讼而论,针对国家在行政上的过失、不法行为、不作为或者在环境污染监测、监督管理方面的严重疏忽、缺失行为以及违背法律法规的行政措施等,任何环保团体均可向行政法院提起要求确认、撤销或采取管制措施的行政诉讼。

五、英国的环境公益诉讼制度

在英国,公民可以就政府不正确的环境行为提起诉讼,从而保障公民的正当权益。政府也非常注重从法律方面保障公民的环境诉讼权,在《污染控制法》中明确规定,对于公害诉讼的原告认定,无须考虑资源的所有权归属,也无须考虑

[①] Albert Marseille and Jan Jans. *The Role of NGO's in Environmental Litigation against Public Authorities: Some Observations on Judicial Review and Access to Court in the Netherlands*, http://ssrn.com/arbtract=16677819, 访问时间:2017年10月17日。

[②] 齐玎:《荷兰自然与环境基金会等环保NGO诉荷兰政府环境公益诉讼案》,转引自杨严炎等:《外国环境公益诉讼和集团诉讼案例评析》,法律出版社2014年版,第58~59页。

其是否是某一污染或破坏行为的直接受害者，只要他有权使用或者享受某些资源或者他本人的生计依赖于这些资源，即可以保护环境公益为由提起环境诉讼[①]。可以看出，英国的环境公益诉讼非常注重保护个人的权利，在保护个人的权利的基础上以达到保护公共环境的目的。1977年以前，英国的环境公益诉讼相对来说比较保守，一般情况下私人不能够提起环境公益诉讼，而是由检察长代表公众提起诉讼。检察总长能够代表国王，拥有权力阻止任何环境违法行为，对于涉及到政府官员利益的行为可以以必要当事人的身份参加诉讼，而对于公共机构为谋求自身经济利益而损害公众利益的行为，检察长则可以随时参与诉讼。1977年以后，由检察长代表公众提起环境诉讼的制度得到了改变，建立了由公共卫生监察员代表公众进行群体诉讼的制度[②]。之后，环境公益诉讼制度逐渐得到了完善，检察长、公共卫生检察院、团体、个人都可以就环境问题向法院提起诉讼。随着保护环境呼声的日益加深，集团诉讼得到了显著的发展，弥补了个人诉讼存在的缺陷。

六、日本的环境公益诉讼制度

日本现代环境诉讼制度发轫于著名的"公害审判"制度。不过，从性质上分析，日本的公害诉讼和审判制度仍然属于传统民事诉讼中的侵权诉讼制度，其所确认的诉权并不是真正意义上的环境诉权，只是"关涉环境"的民事诉权。[③] 进入20世纪90年代前后，日本的环境诉讼特别是环境保护诉讼及环境诉权理念又有了新的发展，主要表现在：出现了"自然物种诉讼"；出现了以环保非政府组织为原告的诉讼；原告在诉讼中除了提出损害赔偿的诉讼请求之外，日益重视"停止行为""撤销许可证"等诉请禁令的诉讼请求。当然，日本环境诉讼实践中出现的上述新的诉讼样式及其诉讼请求并没有得到法院的承认。但日本民众及环保非政府组织实施的新型环境诉讼的败诉并不表明是无意义的。它反而折射出日本环境诉权发展的新的信号，反映出越来越强烈的环境公益诉讼的色彩。[④]

日本在1976《行政案件诉讼法》中，针对国家或者公共团体在履行职能时可能存在的职能缺陷，普通民众可以"选举人"或"无利害关系人"的主体资格提起诉讼。这里的"选举人""无利害关系人"是指日本国内每一个具有民事

[①] 刘华义、董莹莹：《英国的环境纠纷解决机制》，载《中国海洋大学学报（社会科学版）》2007年第4期。
[②] 李劲：《国外环境公益诉讼主体资格的确定及其借鉴》，载《法学杂志》2011年第10期。
[③] 蔡维力：《环境诉权初探》，中国政法大学出版社2010年版，第101页。
[④] 蔡维力：《环境诉权初探》，中国政法大学出版社2010年版，第102~103页。

行为能力的人，具有普适性。日本的环境公益诉讼类型主要有三类。一是取消诉讼。取消诉讼是请求取消行政机关的处分及其他相当于公权力行政行为的诉讼。提起诉讼，必须以存在构成取消对象的行政机关的处分为前提。在环境公益诉讼中，日本国民之所以要通过取消诉讼的方式与行政机关的行为作斗争，是因为行政机关的行为使国民的环境利益被完全置于受到损害或有受到损害的危险的地位上，通过其他程序很难得到适当的救济，因此需要通过取消诉讼的程序谋求救济。二是科以义务诉讼。在环境行政中，当行政机关与企业合流，尽管该企业的行为已经符合对公害源发动限制权限的要件，行政机关仍然不迅速发动限制权限，不向公害企业发出改善设施的命令，或怠于对违法违章建筑物发出拆迁命令，这种放任违法的事业活动等造成的环境污染就无法期待环境行政的实效。但是，在日本尚未有允许科以义务诉讼的案例。三是居民诉讼。居民诉讼，有时被作为指责地方公共团体在环境上的行政措施违法的手段加以利用。居民诉讼本来是以居民追究地方公共团体在财务会计上的违法行为要求加以纠正为目的的民众诉讼，由于环境行政措施的原因，地方公共团体支出了不必要的费用时，居民可以对该费用支出的当否提起居民诉讼，间接地抨击行政机关在环境行政动作上的违法性，请求法院就该行政行为的当否做出判断。[①] 其实，日本的生态环境公益诉讼立法与实践并不发达。

七、西方国家生态环境公益诉讼的共性规律

通观西方国家生态环境公益诉讼制度及实践，我们不难发现其在鼓励公众民主参与环境保护有效监督行政机关的环境执法行为方面，发挥了积极的效用，并呈现以下趋势：（1）从性质上看，以生态环境行政公益诉讼为主。（2）从原告资格和起诉条件来看，逐步放开原告资格与起诉条件，已基本成为各国的通行做法。从各国生态环境公益诉讼的原告来看，一般为普通公民、社会团体和特殊的行政组织。（3）从受案范围来看，呈现出不断扩大的趋势。作为一种客观诉讼，生态环境行政公益诉讼一般只能在法律有明文规定时方可提起。（4）在减少司法成本方面，各国的司法实践均设立必要的前置程序。这有助于行政机关在原告起诉前有自查自纠的机会，从而更完美地实现生态环境行政公益诉讼制度的价值目标。（5）从费用承担来看，为防止原告因基于诉讼费用的考虑而放弃生态环境公益诉讼，提高公众参与的积极性，大多数国家均对相关诉讼费用规定了特别的分

[①] 王彦昕、周云主编：《生态文明下的环境资源法治建设》，中国人民公安大学出版社2010年版，第21~22页。

担机制,甚至还有奖励措施。①

值得一提的是,对欧洲各国生态环境公益诉讼的发展有实质影响的是《奥胡斯公约》。《奥胡斯公约》为公民参与环境事务确立了广泛的权利。其中环境知情权、环境决策参与权和提起环境诉讼权是《奥胡斯公约》的三大权利支柱。《奥胡斯公约》第9条第1款要求:"每个成员国应在其国家立法框架内,确保任何认为他们根据本公约第4条所提索取信息的请求被忽视,部分或者全部被不当驳回,未得到充分答复或者得到其他依该条所规定的处理的人,都能够进入法院或者其他依法建立的独立公正的机构的复审程序","如果成员国规定可由法院进行这种复审,应确保该人也能求助于法律规定的由公共机构重新考虑或法庭以外的独立公正机构进行复审的快速程序,这种程序应当是免费的或者是不昂贵的"。《奥胡斯公约》规定了两种诉诸司法的权利:(1)政府机构、非政府组织或个人就政府以外的私人违反环境法提起诉讼,以实施法律的权利;(2)公众,包括非政府组织和个人就政府的作为和不作为提起司法审查的权利。该公约目标之一是建立生态环境公益诉讼,赋予所涉公众为生态环境公益提起诉讼的权利。《奥胡斯公约》通过的当年共有35个欧洲国家和5个中亚国家签署了该公约,其后又有5个国家加入。欧盟决定整体加入《奥胡斯公约》,签署了《奥胡斯公约》后,为了达到公约的要求,各成员国正在全面检查和改革其环境诉讼制度。一个共同的趋势,即以不同形式和程度放宽生态环境诉讼资格的要求,使生态环境公益诉讼制度得以建立。由于《奥胡斯公约》的推动,欧洲各国以及世界其他国家建立和完善生态环境公益诉讼的步伐将会大大加快。②

第二节 我国生态环境公益诉讼的地方性立法

地方立法在生态环境公益诉讼领域相对中央立法更为活跃一些。在民诉法修正案颁布之前,贵阳、无锡、昆明、海南、福建、重庆等省市已经在地方性法规或者法院发布的规范性文件中对生态环境公益诉讼问题做出了探索性规定。当然,笔者对地方对诉讼制度的规定持保留态度。

早在2004年7月,中共贵州省委明确提出"生态立省"战略,"对进一步加大生态环境保护,努力促进人与自然和谐发展,作出了全面部署"。③ 在其影响

---

① 彭跃进、郭全和:《域外环境行政公益诉讼扫描》,载《人民法院报》2016年3月4日第8版。
② 李挚萍:《环境法的新发展——管制与民主之互动》,人民法院出版社2006年版,第361~362页。
③ 杨从明:《生态立省:可持续发展的战略选择》,载《当代贵州》2004年第22期。

下,贵州生态环境公益诉讼从立法到司法都走在全国各省前列。2007 年 11 月,贵阳市及其所属清镇市法院在全国率先成立环保法庭,贵阳市中院出台《关于环境保护法庭案件受理范围的规定》,明确将生态环境公益诉讼纳入受案范围。2009 年 7 月,清镇市法院环保法庭受理中华环保联合会诉清镇市国土资源局案,成为全国首个也是截至 2013 年 4 月全国唯一一个生态环境行政公益诉讼案。2009 年 10 月 16 日,贵阳市人大通过的《贵阳市促进生态文明建设条例》,既成为全国第一部促进生态文明建设的地方性法规,也首开全国生态环境公益诉讼立法之先河,并且是众多生态环境公益诉讼地方规范中唯一具有"立法"属性的规范。2010 年 3 月,贵阳市中院出台《关于大力推进环境公益诉讼、促进生态文明建设的实施意见》,将生态环境公益诉讼的原告资格最大范围地授予"公民、法人和其他组织",确立了生态环境行政公益诉讼制度,规定了生态环境公益诉讼的前置程序,体现了"穷尽行政手段保护生态环境公益、节约使用司法资源"的理念。另外,该意见还对生态环境行政公益诉讼的受案范围、诉讼费用的免交或缓交、法律援助、举证责任、诉讼保全和先予执行等事项做了相对具体的规定,较为全面地反映了环境法学界有关生态环境公益诉讼的研究成果和立法建议,是当时国内具有开创意义的生态环境公益诉讼地方规范。2012 年,清镇市环保法庭又迎来了全国首起公民个人提起的生态环境民事公益诉讼,即蔡长海诉龙兴光案,法庭鉴于蔡长海作为贵阳公众环境教育中心的环保志愿者,已与中心签订《河流认领责任书》,对东门河保护负有责任,认定其具有公益诉讼原告资格。[①]《贵阳市促进生态文明建设条例》第二十四条规定:"审判、检察机关办理环境诉讼案件,应当适时向行政机关或者有关单位提出司法、检察建议,促进有关行政机关和单位改进工作。"对此,《人民法院报》记者评论认为,贵阳市两级法院"能动司法,多措并举创新环保审判工作方法","形成了一个环境公益诉讼的贵阳模式"。[②]

2014 年 9 月,贵阳市中院出台《关于进一步推进环境民事公益诉讼审判工作的意见》(以下简称《意见》),规定了生态环境民事公益诉讼审判工作的总体思路、基本原则、案件审理程序、相关配套制度等内容,涵盖了生态环境民事公益诉讼跨区域管辖、将对公共环境造成美学影响等新类型案件纳入受案范围、生态环境公益诉讼律师法律援助制度、环境污染检测机构数据库、案件公示创新制度、生态环境民事公益诉讼激励措施等多个方面。该《意见》作为贵阳市生态保护"两庭"依法审理贵阳市、安顺市、贵安新区行政区划内的生态环境民事公益

[①] 阎志江、万静:《公民个人提起环境公益诉讼首案,索赔损失过百万》,载《法制日报》2012 年 9 月 27 日。

[②] 金晶:《环境公益诉讼的贵阳模式》,载《人民法院报》2011 年 4 月 10 日第 3 版。

诉讼案件的重要指导性文件。法院积极开展巡回审理、就地审判，采取预约上门立案、网上立案、传真立案、电话立案等灵活多样的便民立案方式，畅通诉讼受理渠道。探索民事公益诉讼原告败诉时，诉讼费由国家承担的机制；要做好法院判决与执行等环节衔接，将环境污染治理措施、修复方案等作为法院判决书的附件，保证判决执行"不落空"。①

2008年5月，《江苏省无锡市中级人民法院关于环境保护审判庭审理案件管辖的若干规定》明确规定有权提起环境诉讼的主体包括：各级检察机关、各级环保行政职能部门、环境保护社团组织、居民社区物业管理部门。2008年9月，无锡市中院和市检察院联合发布了《关于办理环境民事公益诉讼案件的试行规定》，明确了生态环境民事公益诉讼的范围，以检察院为主导提起有关诉讼，对环保民间团体和公民个人参与生态环境民事公益诉讼的放开则有限。2008年12月，无锡市中院、市人民检察院、市政府法制办联合发布了《关于在环境民事公益诉讼中具有环保行政职能的部门向检察机关提供证据的意见》，规定检察机关在办理生态环境民事公益诉讼案件中，需要由相关环保部门提供勘验、监测、检测、鉴定、化验、评估等技术数据结论的，可以发出《协助提供证据材料通知书》，相关部门应当全面收集并及时提供有关证据材料；生态环境公益诉讼请求成立的，法院判决此费用由被告承担。

2012年5月，《江苏省无锡市中级人民法院环境公益民事诉讼的审理规则（试行）》和《江苏省无锡市中级人民法院关于环境民事案件证据若干问题的实施意见（试行）》规定：环境公益民事诉讼是指为保护环境健康与安全的公益目的，有关机关、社会团体组织等主体向人民法院提起的民事诉讼。原告主体资格不受被诉对象地域管辖的限制，且与被诉事实之间不必具有直接利害关系。审理环境公益民事诉讼案件，采用法院依职权主动收集证据和当事人申请证据保全相结合的原则。环保审判部门收案后，应当立即进行首次合议。证据保全措施初步完成后，环保审判部门应当及时进行二次合议。合议必须涉及的问题如下：(1)根据证据保全和现场勘验等取得的证据，结合原告提交的初始证据，对被诉对象是否存在环境违法行为进行初步分析定性。经合议可以确定被诉对象已经构成环境违法行为的，及时决定作出民事裁定，禁止被诉对象继续实施违法行为；(2)确定向被诉对象辖区地方政府、对口管理行政部门及上级法院环保审判部门书面通报案件受理基本情况、初期审理情况和案件分析情况，报送时间应当严格把握在基本完成证据保全措施之后的两日内；(3)确定需要进一步

---

① 李春明：《"36条"描绘环境公益诉讼新蓝图——解读贵阳中院〈关于进一步推进环境民事公益诉讼审判工作的意见〉》，载《贵阳日报》2014年10月8日第7版。

完善证据收集和核实的方案。环境公益民事诉讼案件可以采用判决或者调解的方式结案。采用调解方式的，必须遵守下列原则：（1）被诉对象已经停止了环境违法行为，并采取了有效的整改措施或者正在实施整改方案，被诉对象向人民法院提交的整改方案业经得到了对口环保行政主管部门的审查确认；（2）原告同意在人民法院主持下与被诉对象达成调解协议；（3）调解方案及其调解的具体事项、内容，由人民法院根据相关环保法律法规和其他法律法规的规定并结合被诉对象生产、生活实际情况拟定，拟定的调解方案公开征求双方当事人的意见，必要时还可以征求行业行政管理主管部门的专业意见。调解方案应当包含下列内容：（1）明确禁止被诉对象实施环境违法行为，确认其整改方案；（2）根据整改方案实施计划，在保障环境健康与安全的前提下，许可被诉对象可以开展正常生产和生活活动，但必须在整改方案完成前的期间内，被诉对象的具体生产和生活行为纳入司法监督和行政监管范围；（3）被诉对象的生产经营项目需要重新办理行政许可审批的，可以给予必要的期间在报审期间，必须停止环境违法生产活动。期限届满，仍未能获得审批的，必须无条件地停止对环境健康与安全有影响的生产项目；（4）被诉对象可以交纳一定的款项，用于环保公益事业；（5）被诉对象必须承担环境恢复责任，并依据鉴定的结论交纳相应的环境恢复费用；（6）本辖区内尚未建立环保基金管理机构的，被诉对象所交纳的各种款项暂由法院代为保管。内容可谓比较详细。

2008年11月，云南省昆明市中院、市人民检察院、市公安局、市环保局联合发布了《关于建立环保执法协调机制的实施意见》。建立环境保护执法联席会议制度。环境保护行政执法机关、公安机关、检察院和法院每个季度定期举行联席会议，就环境违法犯罪案件有关情况进行交流、沟通和协调。联席会议由环境保护行政执法机关召集。也可以根据环境保护行政执法工作需要，经联席会议成员单位提议，召集临时会议。联席会议就如下事项进行研究和讨论：（1）环境保护行政执法机关通报当前案件受理、调查的线索；（2）环境保护行政执法机关、公安机关、检察院和法院通报每季度移送犯罪案件的办理情况（包括移送、受理、立案、撤案、立案监督、批捕、起诉、审判、强制执行等）；（3）各部门就相互协作和移送、办理违法、犯罪案件过程中存在的问题进行协调；（4）共同研究、探讨执法中遇到的新情况、新问题，协商解决疑难问题；（5）研究制定预防和查处环境违法犯罪的工作目标和措施；（6）协商解决环境保护执法中的其他问题。生态环境公益诉讼的案件，依照法律规定由检察机关、环境保护行政执法机关和有关社会团体向法院提起诉讼，并负责收集证据、承担举证责任。环境保护行政执法机关应对环境污染事故进行鉴定，并委托有资质的机构对造成的损害后果进行评估，对生态环境公益诉讼提供必要的技术支持。对涉及环境保护刑事、民事、行政案件及执行实行"四合一"的审判执行模式，并积极探索生态环境公益诉讼和跨行政区域的环境污染诉讼。

2010年9月昆明市人民政府通过了《昆明市环境公益诉讼救济专项资金管理暂行办法》。这是有关生态环境公益诉讼资金保障的专门规定。《办法》共十条，就生态环境公益诉讼专项救济资金的设立目的、资金内容、资金来源、资金用途、资金管理、救济对象、申请程序、资金的限额等方面做出了明确规定。这对于我国专门生态环境公益诉讼资金保障机制的建立有十分积极的意义。生态环境公益诉讼救济专项资金（以下简称"救济资金"）是指市人民政府建立的对提起生态环境公益诉讼涉及的调查取证、鉴定评估、诉讼费用、环境恢复和执行救济等合理费用进行救济的专项资金。救济资金的来源包括：（1）财政拨款；（2）人民法院判决无特定受益人的环境损害赔偿金；（3）侵害环境案件中的刑事被告人自愿捐赠的资金；（4）存款利息。救济资金的用途包括：（1）单位、环保组织提起环境公益诉讼所需支出的调查取证、评估鉴定等诉讼费用；（2）对因生态环境公益诉讼案件侵权人给环境造成的损害进行修复的费用；（3）对无财产可供执行的环境侵权案件的受害人进行救助的费用。市环保局开设救济资金专门账户，对救济资金统一核算和管理。市审计局负责对救济资金管理使用进行监督。救济资金使用由市环保局提出意见，将使用意见及各项依据资料报市财政局审核同意后拨付。救济资金的救济对象包括：（1）提起生态环境公益诉讼的单位、环保组织；（2）经人民法院判决赔偿修复治理费用的受到污染损害的环境；（3）无财产可供执行的环境侵权案件受害人。申请救济资金的限额规定如下：（1）生态环境公益诉讼案件救济资金的申请额度在鉴定费、调查取证费等实际支出的限额内确定。但每案不超过20万元。（2）环境侵权案件执行救济资金的申请额度根据实际情况确定，给予一次性救助。但每案每人不超过2万元。（3）修复因涉及生态环境公益诉讼案件遭到破坏的环境所需费用，以人民法院生效判决并执行到位的赔偿金额为限。

2010年10月，昆明市法检两院联合发布《关于办理环境民事公益诉讼案件若干问题的意见（试行）》（以下简称《意见》）。具体内容包括：（1）明确了公益诉讼人（原告）的主体资格，检察院、环保机构、环保社团组织可以作为生态环境民事公益诉讼的公益诉讼人。同时，对检察机关支持起诉的内容和操作程序作了相应规定。（2）规定了除检察机关、环保行政机关、环保社团组织之外的其他公民、法人和组织的检举、控告权，目的是引导其他公民、法人和组织通过检察机关、环保行政机关、环保社团组织提起生态环境民事公益诉讼。（3）明确了生态环境民事公益诉讼证据原则。生态环境民事公益诉讼案件的损害事实、损害后果由公益诉讼人（原告）承担举证责任，其侵权行为与损害后果之间的因果关系由被告承担举证责任；损害后果的评估报告、因果关系的鉴定结论可作为证据；申请鉴定的责任，由负有举证责任的当事人向法院申请；鉴定机构的选择，有法定评估、鉴定机构的，由法定机构评估、鉴定；无法定机构的，可由司法鉴定机构评估、鉴定；司法鉴定机构无法进行评估、鉴定的，可以由依法成立的科研机构、技术专门人员评估、鉴定；确认了行政执法所收集证据的效力。环保行政机关在行政执法中取得的调查笔录、询问笔录、监测数据、检验结果可以作为证据；确认了检察院支持起诉所提交证据的归属。即所提供证据的证据利益归属于公益诉讼人（原告）。（4）明确了生态环境民事公益诉讼禁止令制度。主要是应对出现紧急情况，可能会给环境造成严重危害时，法院应当采取的果断措施。对禁止令的申请条件和操作程序均为原则性规定，《意见》借鉴美国人身保护令司法程序，把警察执法力量引进民事公益诉讼审判。规定"人民法院经审查认为确有必要的，可以作出禁止令，责令被告立即停止相应行为。禁止令的作出，依照相关规定的程序办理，并由公安机关协助执行"。（5）明确了生态环境民事公益诉讼判决内容。规定生态环境公益诉讼人（原告）胜诉的，被告承担的修复环境费用及损害赔偿金应当向昆明市环境公益诉讼救济资金专户支付。

2011年12月，昆明市中级人民法院制定《关于在环境民事公益诉讼中适用环保禁止令的若干意见（试行）》，明确"环保禁止令是指人民法院在审理环境民事公益诉讼案件中，为及时制止被申请人危害、污染、破坏环境的行为，根据申请人的申请，依照《民事诉讼法》的规定，以民事裁定的形式作出的一种行为保全"，同时详细地规定了环保禁止令的启动条件、证据规则、救济途径、审查内容及效力期限。对环保禁止令的相关程序及公安机关协助执行等作了进一步的细化规定。主要内容包括申请人申请环保禁止令的条件、申请状的要求，诉前环保禁止令的申请、诉讼环保禁止令的申请、法院对环保禁止令申请的审查等，以及法院要求公安机关协助执行的工作程序、法院和公安机关在执行环保禁止令中的职责等，对《民事诉讼法》的修订产生了积极影响。2012年，《民事诉讼法》的修订正式肯定了这种裁判方式——其中第一百条、第一百五十四条将"责令作出一定行为"与"禁止作出一定行为"明确为民事保全措施中的行为保全，这种规定即使还没有脱离民事裁定书的外壳，但其实质上已经接近英美法中的禁止令制度。

2011年2月，云南省玉溪市中院、市人民检察院联合公布了《关于办理环境资源民事公益诉讼案件若干问题的意见（试行）》，明确规定了检察机关、环保行政机关、环保社团组织可以作为环境资源民事公益诉讼的起诉人。检察院可以督促、支持环境资源保护行政职能部门或者支持环境资源保护社团组织向法院提起环境资源民事公益诉讼。必要时，也可以直接向法院提起环境资源民事公益诉讼。环境资源保护行政职能部门可以支持环境资源保护社团组织向法院提起环境资源民事公益诉讼。公民、法人或者其他组织对污染、破坏环境，破坏、侵占自然资源的侵权行为，有权向环境资源保护行政职能部门或者检察院检举、控告，也可以申请环境资源保护社团组织向法院提起环境资源民事公益诉讼。法院审理环境资源民事公益诉讼案件，应当根据当事人自愿的原则，在合法和维护社会环境资源公共利益的基础上进行调解。调解不成的，应当及时判决。起诉人提起环境资源民事公益诉讼可以缓交诉讼费。起诉人败诉的，免交诉讼费；被告败诉的，由被告交纳诉讼费。诉讼请求中涉及诉讼利益归属于公民、法人和其他组织的，不属于环境资源民事公益诉讼的范围，应当由明确的权利人另行提起民事私益诉讼解决。

  2011年7月，海南省高级法院公布的《关于开展环境资源民事公益诉讼试点的实施意见》规定：环境资源民事公益诉讼是指有关国家机关、社会组织或者个人根据法律法规的规定，在环境受到或可能受到污染、破坏的情况下，为维护环境公共利益不受侵害，针对特定的主体向法院提起的诉讼。公民、法人和其他组织为了自身利益提起的污染损害环境资源的普通民事诉讼，不属于环境公益诉讼的范围。从事环境保护、社会公益事业和社会公共服务的法人组织以及居民委员会、村民委员会等基层群众性自治组织为保护社会公共利益，对污染损害环境资源的民事违法行为，可以向法院提起环境公益诉讼。环境公益诉讼第一审案件由中级法院管辖，涉海洋环境公益诉讼第一审案件由海口海事法院管辖；在本省范围内有重大影响的环境污染损害案件或者跨省陆源、海域污染第一审案件由省高级法院管辖。检察院对污染损害环境资源公共利益的民事违法行为，可以督促相关行政机关起诉，也可以自行向法院提起环境公益诉讼。相关行政机关除了可以向法院提起环境公益诉讼，也可以支持自然保护区管理机构，从事环境保护、社会公益事业和社会公共服务的法人组织、居民委员会、村民委员会等基层群众性自治组织和公民向法院提起环境公益诉讼。公民有权对污染损害环境资源的行为进行监督、检举和控告，有权书面申请检察院、相关行政机关提起环境公益诉讼。检察院、相关行政机关在60日内不起诉的，公民可以自行提起环境公益诉讼。法院公开开庭审理环境公益诉讼案件，应当主动邀请人大代表、政协委员、新闻媒体旁听庭审，自觉接受人大、政协、新闻媒体及社会各界监督。

  2011年9月，海南省财政厅、省高级法院联合出台了《海南省省级环境公益诉讼资金管理暂行办法》，解决了当事人提起生态环境公益诉讼诉讼费用的预交和负担问题，其环境公益诉讼资金的来源为省级财政拨款，实行国库集中支付，单独核算，专款专用，省财政厅对生态环境公益诉讼资金的管理使用进行监督。海南省涉及生态环境公益诉讼的案件受理费、申请费、调查取证费、鉴定费、勘验费、评估费以及其他因诉讼产生的费用，均可从生态环境公益诉讼资金中支付，以此支持国家机关、其他法人组织以及公民提起生态环境公益诉讼。

2014年5月，福建省高级法院率先将林业审判庭改名为生态环境审判庭，并出台了《关于为加快福建省生态文明建设先行示范区建设提供有力司法服务保障的意见》《关于规范"补种复绿"建立完善生态修复司法机制的指导意见（试行）》《关于生态环境审判技术咨询专家库管理办法》等相关配套文件，创立了"福建模式"。① 创新和加强生态环境审判工作，举司法之力，为深入实施生态省战略、加快生态文明先行示范区建设作出应有的贡献。

此外，还有宁波北仑区法院区检察院联合发布《刑事附带民事公益诉讼的暂行规定》（2005年12月）、广州市人民检察院制定《广州市检察机关开展民事公益诉讼的指导意见》（2009年8月）、嘉兴市南湖区检察院、市环保局联合出台《关于环境保护公益诉讼的若干意见》（2009年7月）、嘉兴市检察院、市环保局联合出台《关于环境公益诉讼活动的协作意见》（2010年5月）、上饶市信州区检察院区环保局制定《关于共同开展环境保护公益诉讼制度的若干意见》（2010年6月）、湖州市中院、市检察院联合出台《关于建立环境保护公益诉讼制度的若干意见》（2010年8月）、浙江省检察院、环保厅联合出台《关于积极运用民事、行政检察职能加强环境保护的意见》（2010年8月）、广元市青川县检察院和环保局制定《关于环境保护公益诉讼的意见》（2011年2月）、三明市泰宁县法院和检察院制定《关于办理生态环境民事公益诉讼案件若干问题的意见》（2011年4月）、湖北赤壁市检察院和环保局联合出台《赤壁市环境保护公益诉讼制度实施办法（试行）》（2011年5月）、重庆市高院、市检察院、市公安局、市环保局联合出台《关于试点集中办理环境保护案件的意见》（2011年11月）、重庆市高院制定《关于试点设立专门审判庭集中审理刑事、民事、行政环境保护案件的意见》（2011年11月）以及江苏省高院制定《关于在我省部分法院开展环境保护案件集中化审判试点工作的通知》（2012年4月）等。②

在全国人大制定"公益诉讼"的立法之前，各地已经有了较为丰富的实践尝试。其中有的对生态环境公益诉讼的适格原告、审判组织、审理程序等作了较为详细全面的规定。在生态环境公益诉讼规定中，贵州、云南、江苏、福建等地走在全国前列。这些省份的地方立法机关及司法机关通过制定规范文件的方式，对提起公益诉讼的主体（原告）的资格等方面作出规定。在国家制定法尚未出台的

---

① 陈君、王雪静：《全国首个省级生态环境审判庭在福建设立》，载《福建日报》2014年4月28日第4版。

② 陶蕾：《我国环境公益诉讼制度进程及其展望》，载中华环保联合会主办：《中国环境法治2013年卷（上）》，法律出版社2013年版，第102页。

情况下，这些地方性规范文件在一定程度上解决了我国生态环境公益诉讼司法实践缺乏规范依据的困境，为国家立法提供了参考价值。[①] 然而各地不同的立案标准带来了实践中的困境，即具有相同诉讼资格的主体，在不同的法院和不同的地区提起诉讼却面临不同的处理结果，这显然有损环境司法的公信力。

在我国澳门地区，"对于尤其旨在维护公共卫生、环境、生活素质、文化财产及公产，以及保障财货及劳务消费之诉讼或保全程序，任何享有公民权利及政治权利之居民，宗旨涉及有关利益之社团或财团、市政厅以及检察院，均有提起以及参入之正当性"。[②]

第三节 我国生态环境公益诉讼的全国性立法

一、从《民事诉讼法》修改进程看公益诉讼条款的变化

2005年3月，梁从诫等28位全国政协委员联合提交了第1223号《关于尽快建立健全环保公益诉讼法的提案》，[③] 开启了倡导全国性生态环境公益诉讼立法的先河。我国最早明确提出环境公益诉讼的立法是2005年12月3日发布的《国务院关于落实科学发展观加强环境保护的决定》，该决定在第二十七条"健全社会监督机制"中明确规定："发挥社会团体的作用，鼓励检举和揭发各种环境违法行为，推动环境公益诉讼。"该条款虽然确认了环境公益诉讼，但是并没有明确赋予社会团体环境公益诉权，仅模糊规定推动环境公益诉讼，并似乎赋予了社会团体环境公益诉权，但并没有明确公民个人是否有权提出环境公益诉讼。2006年3月，吕忠梅等30位全国人大代表提交第691号《关于建立环境公益诉讼制度的议案》。[④] 2010年5月31日，最高人民法院、国家环境保护部联合印发《水资源司法保护工作座谈会纪要》，提出要"大力推进环境公益诉讼"。2012年3月，九三学社向中央提交了第0009号《关于尽快建立环境公益诉讼制度的提案》，建议制定《环境污染公益诉讼法》，培育公益诉讼组织。这些来自国家最高行政机关、司法机关、政治组织和人大代表的政策文件、司法规范和立法建

---

① 杨武松：《尝试抑或突破：我国环境公害诉讼司法实践实证分析》，载《河北法学》2013年第4期。
② 澳门政府法律翻译办公室：《澳门民事诉讼法典》，中国政法大学出版社1999年版，第93页。
③ 别涛：《中国环境公益诉讼的立法建议》，载《中国地质大学学报（社会科学版）》2006年第11期。
④ 吕忠梅：《环境公益诉讼辨析》，载《法商研究》2008年第6期。

议，直接推动了环境公益诉讼制度在 2012 年修订的《民事诉讼法》中的确立。

2010 年 12 月 17 日，全国人大常委会法工委民法室召开《民事诉讼法》修改座谈会，专门讨论民事公益诉讼问题。最高人民法院、最高人民检察院、环境保护部、国家海洋局、国有资产监督管理委员会、中国消费者协会等部门派人到会发表了意见，各种意见在基本点上比较一致，基本赞同，形成了共识。① 之后，有关部门根据上述研讨会的意见以及前期调研成果，拟出第一稿。该稿就"公益诉讼"增加 1 条，第一款规定：对污染环境、破坏资源、侵害国有资产、侵害不特定消费者群体利益等侵害公共利益的行为，相关行政机关、人民检察院，可以提起诉讼，请求侵害者依法承担民事责任。该条第二款规定：社会团体、其他法人和公民书面申请相关行政机关或者检察院起诉，相关行政机关、检察院在 60 日内不起诉的，申请人可以自行起诉。该建议稿突出三方面内容：(1) 在案件的范围上，采用列举加概括的方式界定公益诉讼案件范围，案件范围不封闭，呈开放式。(2) 在原告资格上，采用理论上的多数人意见，原则上将检察机关和具有特定职能的行政机关、特定社会团体、有关公民和法人均纳入公益诉讼原告范围，同时将检察机关和行政机关列为"优位"原告。(3) 设置了前置程序，对其他组织和个人的诉讼资格予以适当限制。其目的主要有两个方面：充分发挥国家机关的职能和优势；防止诉讼泛滥。

2011 年 5 月 13 日，全国人大常委会法工委的相关领导到最高人民法院调研座谈，法工委对公益诉讼的考虑有两个方面：一是限制公益诉讼案件的范围，规定环境污染、消费者权益保护两类公益诉讼；二是对公益诉讼主体予以严格限制，限于国家机关和有关社会组织。对社会组织要进行限制，比如中国消费者协会、中华环保基金会等。个人不能提起公益诉讼，防止被人利用。有关部门认为人大法工委的意见更加符合我国社会经济发展大局和目前的现实国情，是慎重的，应当积极吸收和尊重。于是提出第二稿。主要内容为："对污染环境、侵害广大消费者合法权益的行为，有关国家机关、依法成立的保护环境或者消费者合法权益的社会团体，为维护国家利益、社会公共利益，可以提起诉讼，请求侵害者依法承担民事责任。"②

2011 年 10 月第一次审议的《民事诉讼法》修正案（草案）第五十五条规定："对污染环境、侵害众多消费者合法权益等损害社会公共利益的行为，有关机关、社会团体可以向人民法院提起诉讼。"该条规定相对来说较为宽泛和模糊，只对机关和社会团体的相关性进行了限定，但明确否认了公民个人的原告主体

---

① 笔者参加了本座谈，并在会上做主题发言，提出公益诉讼的相关立法建议。其后，又在长沙专门主持召开了公益诉讼立法研讨会，会后向全国人大法工委提交了关于公益诉讼立法的若干建议。

② 江必新主编：《新民事诉讼法——理解适用与实务指南》，法律出版社 2012 年版，第 211～212 页。

资格。

2012年4月第二次审议的《民事诉讼法》修正案（草案）第五十五条规定："对污染环境、侵害众多消费者合法权益等损害社会公共利益的行为，法律规定的机关和有关社会团体可以向人民法院提起诉讼。"相比前稿，该稿对机关的范围进行了限缩，即只有通过其他法律授权的机关方能提起公益诉讼，体现了公益诉讼与私益诉讼在原告资格来源上的差异。这样规定的目的也是为了使公益诉讼在我国适度开展，有序运行。[①]

在第三次审议最终通过的《民事诉讼法》修正案中，将第二稿中的"有关社会团体"修改为"有关社会组织"，一定程度上放宽了公益诉讼原告的范围。因为尽管在我国从事环境保护的民间组织中社会团体占据多数，据民政部发布的《2013年社会服务发展统计公报》，截至2013年底，全国生态环境类社会团体6 636个，生态环境类民办非企业单位377个，环保民间组织共计7 013个。但不能排除其他社会组织的原告资格。尤其是考虑到社会团体的成立要件较为严格，对人员、资金、主管单位等都有较高的要求，一些草根环保组织只能登记为民办非企业单位等形式。目前司法实践中已有民办非企业单位提起环境民事公益诉讼的案例，如在云南曲靖铬渣环境污染公益诉讼一案中，民间组织"自然之友"作为原告就发挥了重要作用。

从《民事诉讼法》的修改进程来看，否认公民个人的原告资格是一以贯之的，关于其他原告资格的范围则经历了放宽——限缩——适度放宽的过程，体现了立法机关努力在扩大原告范围与防止滥诉之间寻求平衡。

二、从《环境保护法》修改进程看生态环境公益诉讼条款的变化

初次审议的《环境保护法》修正案（草案）因未规定生态环境民事公益诉讼制度，在征求意见的过程中就有很多反对意见，认为应当在《环境保护法》中将生态环境民事公益诉讼制度进一步细化，尤其是需要明确哪些主体具有原告资格。

2013年6月第二次审议的《环境保护法》修正案（草案）第四十八条规定："对污染环境、破坏生态，损害社会公共利益的行为，中华环保联合会以及在省、自治区、直辖市设立的环保联合会可以向人民法院提起诉讼"，该条规定使中华

[①] 乔刚：《论环境民事公益诉讼的适格原告》，载中华环保联合会主编：《中国环境法治》2013年卷（下），法律出版社2014年版，第103页。

环保联合会及在省级民政部门登记的环保联合会独揽公益诉讼实施权,引发了较大争议,主要集中于三点:(1)考虑到诉讼主体应坚持平等原则,将提起公益诉讼的"有关组织"仅限于环保联合会,明显违背法理,单独赋予某一组织诉权的"特权条款",违反了法律面前人人平等原则;①(2)质疑环保联合会能否保持中立地位,其是否会借助垄断地位进行寻租,比如中华环保联合会对企业会员收取会费,有可能会成为某些污染企业的"避风港";②(3)为充分发挥生态环境公益诉讼的功能,确立多元化的生态环境公益诉讼机制远比单一的机制更具有实效性,可以弥补仅由半官方的中华环保联合会提起公益诉讼的局限和不足,还可以促进民主政治的进步。③

2013年10月第三次审议的《环境保护法》修正案(草案)第五十三条规定:"依法在国务院民政部门登记,专门从事环境保护公益活动连续五年以上且信誉良好的全国性社会组织可以向人民法院提起诉讼",该规定虽然有限度地扩大了提起公益诉讼原告资格的范围,但只赋予全国性社会组织以起诉的资格,很多意见认为还是太窄,不利于调动专门从事环境保护的社会组织的积极性,不利于我国环保事业的发展。据民政部统计,在其本级登记的环境保护类社会组织只有36个,符合上述条件的社会组织也只有13个。其中除中华环保联合会外均没有提起生态环境公益诉讼的经验,且多数是一些协会、学会等,其是否有意愿和能力提起生态环境公益诉讼也颇值怀疑。

最终审议通过的《环境保护法》第五十八条规定:"对污染环境、破坏生态,损害社会公共利益的行为,符合下列条件的社会组织可以向人民法院提起诉讼:(1)依法在设区的市级以上人民政府民政部门登记;(2)专门从事环境保护公益活动连续五年以上且无违法记录。符合前款规定的社会组织向人民法院提起诉讼,人民法院应当依法受理。提起诉讼的社会组织不得通过诉讼牟取经济利益。"这就将原告资格扩大到在设区的市级以上人民政府民政部门登记的社会公益性组织,同时又对社会组织的专业性和公信力提出一定要求。考虑到地方性环境保护社会组织特别是基层环境保护社会组织因其活动地域在当地,对当地环境污染情况更为了解,更为当地公众所熟知,能更好利用自身优势参与公益诉讼,这种拓展具有重要意义。对社会组织原告资格的规定则呈现如下倾向:在范围上逐步扩大,在条件上逐步放宽,在要求上逐步明晰。

在环境保护法修订过程中,国家机关对环境违法行为进行追究的垄断权力被打破,体现了环境领域多元主体共治的理念,限制条件不断放松。但是,《环境

---

① 徐昕:《关注环境保护法修订:限制诉权即鼓励侵权》,载《南方都市报》2013年6月27日。
② 沈栖:《环境公益诉讼亟待"破茧"》,载《上海法治报》2013年12月23日。
③ 肖建国、黄忠顺:《环境公益诉讼基本问题研究》,载《法律适用》2014年第4期。

保护法》的修订确立了环保公益组织的生态环境公益诉讼原告资格，此举突破《民事诉讼法》"法律规定的机关和有关组织"的规定，直接排除"机关"的原告资格，表明行政机关不能做原告，但是将检察机关也排除在外，则值得深入探讨。所以，《环境保护法》一概排除"机关"的原告资格，不利于法制的统一，是立法上的倒退和败笔。《环境保护法》与《民事诉讼法》关于生态环境公益诉讼的规定存在脱节之嫌。所以就有后来的不断司法解释和频繁的相关法律修订。

三、摸着石头过河：从司法解释到试点办法再到专门修改诉讼法

2010年6月，最高法院制定《关于为加快经济发展方式转变提供司法保障和服务的若干意见》，规定"在环境保护纠纷案件数量较多的法院可以设立环保法庭，实行环境保护案件专业化审判，提高环境保护司法水平"。明确提出法院要积极为加快转变经济发展方式提供司法保障，明确要求制定相关司法解释，探索建立生态环境公益诉讼制度，推动地方法院设立环保法庭，依法促进生态文明建设。

最高法院2014年6月发布《关于全面加强环境资源审判工作 为推进生态文明建设提供有力司法保障意见》（以下简称《意见》）。《意见》对生态环境公益诉讼亟须解决的相关问题进行了明确和探索，确定了生态环境民事公益诉讼的管辖法院，确定了生态环境民事公益诉讼的责任方式和赔偿范围，研究了生态环境公益诉讼的赔偿范围及其与私益诉讼赔偿范围的关系，探索了构建合理的诉讼成本负担机制，设立了环境资源专门审判机构，探索了环境资源刑事、民事、行政案件归口审理以及建立与行政区划适当分离的环境资源案件管辖等重要制度。

2015年1月，最高法院发布的《关于审理环境民事公益诉讼案件适用法律若干问题的解释》，共有35个条文，主要对社会组织可提起生态环境民事公益诉讼、跨行政区划管辖、同一污染环境行为的私益诉讼可搭公益诉讼"便车"、减轻原告诉讼费用负担等四方面内容作出了规定。最高法院还与民政部、环境保护部联合制发了《关于贯彻实施环境民事公益诉讼制度的通知》（以下简称《通知》）。《通知》强调，法院受理和审理社会组织提起的生态环境民事公益诉讼，可以根据案件需要向民政部门查询或核实社会组织的基本信息，发现社会组织存在通过诉讼牟取经济利益情形的，还应向民政部门发送司法建议，民政部门应及时反馈或通报处理结果。法院应向环境保护主管部门告知案件受理情况以及调解协议、和解协议的内容，相关部门应及时向法院通报处理结果或提出意见、建议。法院向环境保护主管部门调取环境影响评价文件等证据材料的，相关部门应

及时提交。法院还可以商请环境保护主管部门共同组织修复生态环境或对修复结果进行审查，等等。

继党的十八届四中全会通过的《中共中央关于全面推进依法治国若干重大问题的决定》提出"探索建立检察机关提起公益诉讼制度"后，根据《中央有关部门贯彻实施党的十八届四中全会决定重要举措分工方案》，探索建立检察机关提起公益诉讼制度改革任务，由最高检察院与最高法院牵头，中央政法委、全国人大内司委、全国常委会法工委、国务院法制办等单位共同参与，出台了《检察机关提起公益诉讼试点方案》（以下简称《试点方案》）。2015 年 5 月 5 日，中央全面深化改革领导小组第 12 次会议审议并通过了这一方案。2015 年 7 月 1 日，为加强对国家利益和社会公共利益的保护，第十二届全国人民代表大会常务委员会第十五次会议作出了《关于授权最高人民检察院在部分地区开展公益诉讼试点工作的决定》，授权最高人民检察院在生态环境和资源保护、国有资产保护、国有土地使用权出让、食品药品安全等领域开展提起公益诉讼试点。试点地区确定为北京、内蒙古、吉林、江苏、安徽、福建、山东、湖北、广东、贵州、云南、陕西、甘肃十三个省、自治区、直辖市。试点工作必须坚持党的领导、人民当家作主和依法治国的有机统一，充分发挥法律监督、司法审判职能作用，促进依法行政、严格执法，维护宪法法律权威，维护社会公平正义，维护国家利益和社会公共利益。提起公益诉讼前，检察院应当依法督促行政机关纠正违法行政行为、履行法定职责，或者督促、支持法律规定的机关和有关组织提起公益诉讼。试点期限为两年，自该决定公布之日起算。试点期满后，对实践证明可行的，应当修改完善有关法律。这一举措，平息了一直备受关注的检察机关能否提起环境公益诉讼之争，给了检察机关合理的名分，拓宽了原告诉讼资格。

最高检与最高法已分别于 2015 年 12 月与 2016 年 2 月通过了《人民检察院提起公益诉讼试点工作实施办法》与《人民法院审理人民检察院提起公益诉讼案件试点工作实施办法》，在区分行政公益诉讼与民事公益诉讼的基础上，对各自诉讼程序作了详细规定。

2017 年 3 月 23 日最高人民法院发布《关于审理环境公益诉讼案件的工作规范（试行）》，2017 年 4 月 1 日（试行）实施。

2017 年 6 月 27 日，全国人民代表大会常务委员会专门作出关于修改《中华人民共和国民事诉讼法》和《中华人民共和国行政诉讼法》的决定，对《中华人民共和国民事诉讼法》作出修改，第五十五条增加一款，作为第 2 款："人民检察院在履行职责中发现破坏生态环境和资源保护、食品药品安全领域侵害众多消费者合法权益等损害社会公共利益的行为，在没有前款规定的机关和组织或者前款规定的机关和组织不提起诉讼的情况下，可以向人民法院提起诉讼。前款规定的机关或者组织提起诉讼的,人民检察院可以支持起诉。"对《中华人民共和国行政诉讼法》作出修改,第二十五条增加一款,作为第4款:"人民检察院在履行职责中发现生态环境和资源保护、食品药品安全、国有财产保护、国有土地使用权出让等领域负有监督管理职责的行政机关违法行使职权或者不作为,致使国家利益或者社会公共利益受到侵害的,应当向行政机关提出检察建议,督促其依法履行职责。行政机关不依法履行职责的,人民检察院依法向人民法院提起诉讼。"其内容与《试点方案》几乎原文照搬,没有实质性变化,这说明《试点方案》的规定是成功的。只是增加了"法律规定的机关或者社会组织提起诉讼的,检察机关可以支持起诉"的补充性规定,进一步明确解决了检察机关和其他主体在生态环境民事公益诉讼中的序位问题,也表达了检察机关在生态环境民事公益诉讼中的适度谦抑性;或者只是增加了"应当向行政机关提出检察建议,督促其依法履行职责。行政机关不依法履行职责的,检察院依法向法院提起诉讼"的补充性规定,初步厘清了检察机关的生态环境行政公益诉讼起诉权和环境行政机关的行政执法权的关系,即确立了诉前程序制度,也就是说,检察院在起诉前,应当向行政机关提出检察建议,督促其依法履行职责,只有行政机关不依法履行职责的,检察院才可以依法向法院提起诉讼。

2018年2月,最高检察院和最高法院通过《关于检察公益诉讼案件适用法律若干问题的解释》,规定:检察院以公益诉讼起诉人身份提起公益诉讼;市(分、州)检察院提起的第一审民事公益诉讼案件,由侵权行为地或者被告住所地中级法院管辖。基层检察院提起的第一审行政公益诉讼案件,由被诉行政机关所在地基层法院管辖;法院审理检察院提起的第一审公益诉讼案件,可以适用人民陪审制。再从民事公益诉讼和行政公益诉讼做出了比较详细的规定。

2018年4月27日,全国人民代表大会常务委员会通过《中华人民共和国人民陪审员法》,其中规定,人民法院审判第一审案件,有下列情形之一的,由人民陪审员和法官组成合议庭进行:(一)涉及群体利益、公共利益的;(二)人民群众广泛关注或者其他社会影响较大的;(三)案情复杂或者有其他情形,需要由人民陪审员参加审判的。人民法院审判包括下列第一审案件,由人民陪审员和法官组成七人合议庭进行:根据民事诉讼法、行政诉讼法提起的公益诉讼案件;涉及征地拆迁、生态环境保护、食品药品安全,社会影响重大的案件。

2018年10月26日,全国人民代表大会常务委员会修订《中华人民共和国人民检察院组织法》,明确规定,人民检察院有权依照法律规定提起公益诉讼。从检察院组织法的高度进一步明确了包括生态环境公益诉讼在内的检察机关对公益诉讼案件的起诉权。

总之,2012年我国修订的《民事诉讼法》首次规定了公益诉讼;2014年修订的《环境保护法》再次规定了生态环境公益诉讼；2015年新的《民事诉讼法司法解释》和《公益诉讼司法解释》又进一步细化了公益组织提起诉讼的条件。等等。这些都无疑显示了国家在法制层面为环境安全保驾护航的决心，但因为环境保护牵涉问题较多，目前立法仍然过于谨慎，以致司法层面的生态环境公益诉讼并未能如期所愿顺利展开。无论是《民事诉讼法》还是《环境保护法》，都还停留在原则性规定层面，可操作性不强，是"悬在半空"的制度。① 这固然与《环境保护法》被定位于生态环境保护领域的基础性法律、规定共性与原则性问题有关，也与《环境保护法》被认为是行政法，对运用司法功能保护环境重视不够有关，更深层次的原因在于缺乏对生态环境公益诉讼的理性认识与全面把握，导致立法的零散与片面。同时也说明"公益诉讼"对整个法制和法治具有牵一发而动全身的连锁效应。

第四节　完善我国生态环境公益诉讼立法的几点宏观建议

尼尔·麦考密克认为，一致性和协调性论辩主要关注"'在制度范围内有什么根据'这一问题"。② 尼尔·麦考密克是"在严格意义上使用规则的'一致性'这一概念的：无论一个给定的规则是多么地符合后果主义的考虑，只要它与一些生效的和具有拘束力的制度规则相抵触的话，就不能被采纳"。③ "所谓'协调'，对于一个成熟的法律制度来说，意指不同的规则只有联结在一起通盘考虑才有意义。规则之所以有意义，在于他们都要与某个更为一般性的规则相一致，并被视为这一规则的特定的或'具体'的表现形式。如果那个更为一般性的概念被人们认为是一个合理的、有意义的概念，或者对于指导具体事务来说是正当的、可欲的标准，那么人们就会把这一标准视为一项'原则'，对于所有那些与之相关但更为具体的原则来说，这一原则起到解释和使之正当化的作用。"④

一、公益诉讼与《民诉法》不兼容，《民诉法》第五十五条不能承受之重

从立法的整体协调来讲，将所有对公益诉讼的希望全部由《民诉法》第五十五条来承载，有些不能承受之重。因为现行的民事诉讼法是基于传统私益诉讼进

---

① 吕忠梅：《为环境司法点赞》，引自《环境资源法论丛》第十卷，代序。
②③ ［英］尼尔·麦考密克：《法律推理与法律理论》，姜峰译，法律出版社2005年版，第100页。
④ ［英］尼尔·麦考密克：《法律推理与法律理论》，姜峰译，法律出版社2005年版，第149页。

行设计的，仅仅靠增加一个条文便欲解决破冰问题，可能造成与民事诉讼法其他条文的不相协调。如《民诉法》第三条规定，人民法院受理公民之间、法人之间、其他组织之间以及他们相互之间因财产关系和人身关系提起的民事诉讼，适用该法的规定。很显然，公益诉讼特别是生态环境公益诉讼并不能纳入这一条的案件范围之内。公益诉讼之诉的利益，应当超越民事实体法规定的利益，而涵盖宪法和环境保护法赋予法律主体的环境权益。在某种意义上来说，公益诉讼与《民诉法》目标、宗旨、基本原则和具体制度等方面存在许多的不兼容性。所以，公益诉讼专门立法非常有必要。有学者早就呼吁，全国人大常委会宜制定《公益诉讼法》，具体规定公益诉讼的目的、适用范围，确定公益诉讼的权利、原则、对象、条件、程序、时效、判决的效力和执行，明确国家行政机关、司法机关在公益诉讼方面的职责，从而形成统一、高效的公益诉讼法律制度。[①]

二、清理和废除"土政策""土规范""土解释"，确保法治统一

健全和完善生态环境公益诉讼的立法和司法解释，废除"土政策""土解释"。我国近年来虽然在有关环境保护与诉讼的法律中加强了关于生态环境公益诉讼的规定，并作出了一些司法解释，但就整体来说，有关生态环境公益诉讼的立法仍然不全面、不系统，缺乏针对性和可实施性。特别是从地方保护、部门利益出发出台的一些"土政策""土规范""土解释"，成为生态环境公益诉讼进行的障碍，破坏了全国法治的统一。因此，要使生态环境公益诉讼在生态文明建设中发挥应有作用，就应当进一步加强生态环境公益诉讼的立法，研究制定专门的《生态环境公益诉讼法》。同时要对地方人民政府、有关部门，包括法院与检察院发布的有碍生态环境公益诉讼进行的"土政策""土规范""土解释"加以清理和废除，保障法律的规定能够在各地顺利实施。[②] 当然，地方的合理做法、规定和经验应当借鉴。

三、生态环境公益诉讼主体资格范围应需扩大

要破解生态环境公益诉讼如今这种"等米下炊"的尴尬局面，首要任务还是扩大诉讼资格范围。从原则上来讲，公众参与权是一项无差别的普世性权利，即

---

① 蔡守秋：《关于处理环境纠纷和追究环境责任的政策框架》，载《科技与法律》2005年第1期。
② 王灿发、冯嘉：《我国环境诉讼的困境与出路》，载《环境保护》2016年第15期。

全体公民、法人、其他单位或组织按照法定的程序和条件获取环境信息、参与环境决策以及依法提起诉讼的权利。然而,我国新修订的《环境保护法》在确立"生态环境公益诉讼"制度时,却将诉讼原告的资格仅授予具备特定条件的EN-GO(Environmental Non-Gvernment Organization,环境非政府组织),否定了普通自然人或其他类型NGO(Non-Government Organization,非政府组织)通过公益诉讼行使环境公众参与权的可能,有差别地遴选了特定机构作为诉讼原告,大大缩小了能够提起生态环境公益诉讼的主体范围,也使得生态环境公益诉讼的监督和制约功能大打折扣。《环境保护法》在第一次确立此项诉讼机制时有意控制立法的进程和节奏,避免所谓的"诉讼爆炸"。但是,随着执法和司法经验的不断积累,公民社会建设的不断完善,诉讼机制的不断健全,未来的生态环境公益诉讼应当将诉讼原告的主体资格范围扩展至所有享有环境公众参与权的主体,即2014年修订的《环境保护法》第五十三条所规定的"公民、法人和其他组织"。

四、立法必须坚持生态损害就是生态环境公益诉讼所应救济的生态环境公共利益

2015年1月7日起施行的最高人民法院《关于审理环境民事公益诉讼案件适用法律若干问题的解释》第二十九条明确区分了生态环境民事公益损害和私益损害,即"法律规定的机关和社会组织提起生态环境民事公益诉讼的,不影响因同一污染环境、破坏生态行为受到人身、财产损害的公民、法人和其他组织依据民事诉讼法第一百一十九条的规定提起诉讼",诠释了生态环境民事公益诉讼所主要救济的不是作为环境私益的侵权损害,而是作为生态环境公益损害之集中表现的生态损害,已经揭示了我国生态环境民事公益诉讼所主要救济的不是传统的环境侵权损害,而应是学理上所称的"生态损害"这一新型损害,生态损害才是生态环境公益诉讼所应救济的受侵害的实体生态环境公共利益。后续立法或司法解释应以生态损害预防与救济的法理为基础,确保生态环境民事公益诉讼机制真正以救济生态损害这一实体性环境公益为核心目标,并通过严格的赔偿制度威慑加害行为人,起到预防生态损害的效果。

五、淡化约束机制,强化激励机制

当前生态环境公益诉讼的发展情况,实际上是激励不足约束过头。"牟取经济利益"是一个较为宽泛的概念,很难对何为通过诉讼牟取经济利益以及牟取何

种类型的经济利益有明确的解释，因此该规定对于意欲提起生态环境公益诉讼的民间环保组织是潜在的风险和隐患，不符合设立生态环境公益诉讼制度的初衷，反而为环境污染和生态破坏者提供了打击报复的可乘之机。如果确实是通过诉讼牟取经济利益，就必定会触犯其他相关法律，依法惩处，因此，没必要再做规定。不仅需要删除关于通过诉讼牟取经济利益的处理的内容，还需对发起生态环境公益诉讼的组织或个人设定合理的奖励。因为生态环境公益诉讼的起诉组织或者个人不是为了私益而是为了生态环境公益起诉，必然消耗其时间、精力、金钱，若不给予一定的奖励，则没有提起公益诉讼的激励机制，也许更多的组织或者个人不会为了维护公益而去牺牲自己的既得利益。因此，在起诉是合理合法有意义的情况下应给起诉人一定的奖励，这种奖励应从对生态破坏这环境污染者的经济制裁中提取，或由国家或地方政府出资设立生态环境公益诉讼奖励基金。这样，一方面是对起诉组织或个人付出的弥补；另一方面，也有利于鼓励更多的人维护社会公益，保护环境。①

六、探索与创新生态环境公益诉讼请求与诉讼救济措施

公益诉讼区别于私益诉讼的最大特点在于其所保障的利益不同，反映在诉讼请求方面，公益诉讼的诉讼请求必须充分体现和反映公共利益的维护和保障。同时，作为公众参与基本形式之一的公益诉讼，在诉讼请求上又要充分体现公众参与环境污染治理和生态保护的特点。因此，生态环境公益诉讼的诉讼请求及其救济措施必须突破传统的环境侵权诉讼的诉讼请求和救济。根据美国环境单行法的规定，公民诉讼的诉讼请求主要体现为对违反排污标准、排污限制或者排污许可证等行为的禁止性措施。如美国《清洁水法》（CWA）第304条规定了三种公民诉讼的可诉行为，分别是：（1）违反排放标准或排放限制的行为；（2）EPA（U.S Environmental Protection Agency，美国环境保护署）的行政不作为；（3）未根据"非达标区域管理"的要求申领许可证的行为。就具体案件来看，公民诉讼的诉讼请求一般有三项：（1）请求法院针对被告的违法行为签发临时的或永久的禁令，一般称之为"禁令救济"；（2）请求法院对被告处以罚款；（3）请求法院判令被告承担本案的诉讼费、律师费、专家费以及证人费用。与之相对应，法院所给予的救济措施也就集中于是否给予临时或永久性禁令，同时决定是否处以罚款，以及诉讼的成本如何分担。在我国，可以预见和探索的生态环境公益诉讼的诉讼请求和救济类别有三种：（1）纠正非法排污类，即通过公益诉讼要求排污单

---

① 葛枫：《环保公益组织提出修改建议》，载《节能与环保》2014年第12期。

位立即纠正其排污行为,如若不然,可以向法院申请强制执行以纠正其非法排污行为;(2)污染治理和生态恢复类,即非法排污已经造成环境污染或者生态破坏的,通过公益诉讼的方式要求被告立即采取污染治理措施或者生态恢复措施,或者要求被告承担全部污染治理或生态破坏的恢复费用;(3)损害赔偿类,即被告的环境违法行为造成了自然资源或生态破坏,无须或者无法予以生态恢复的,通过公益诉讼要求其承担损害赔偿责任。

七、生态环境公益诉讼立法模式选择

要解决生态环境公益诉讼程序问题,有学者提出五种方案:(1)修改我国现行的三大诉讼法,使其诉讼程序的规定合乎生态环境公益诉讼的要求。(2)修改现行的环境保护法,采用将环境程序法与实体法集于一体的统一立法模式。(3)通过最高法院的司法解释,可以对诉讼法中的起诉人资格、受诉人范围等规定做出扩大性解释,以解司法实务中的燃眉之急。(4)制定专门的生态环境公益诉讼法,与现行的环境保护法及相关法规一起,构建一个完备的环境法律体系。(5)从判例到立法的上升方式。① 方案一如果得以施行,固然可以解决涉及环境问题的诉讼中的程序性问题。但采用逐一修改我国现行的三大诉讼法的立法模式,可能会牵一发而动全身,破坏其原有体系之严谨,而且我国法律的修订程序复杂,逐一修订三大诉讼法必然旷日持久,综合成本较大。方案二虽然可以将环境实体法与程序法集于一体,进而打造一部完备的环境法典,但是生态环境公益诉讼的制度设计毕竟不是环境保护法的立法重点。方案三的实施成本最低,可行性最强,也的确可以解决司法实务中的一部分问题,不失为暂时缓解现存司法需求和法律规范相对滞后这一现实问题的权宜之计;但欠缺立法上的整体把握,不利于生态环境公益诉讼制度的健全和完善。方案四是制定专门的生态环境诉讼法,可以将现行诉讼法中的规定与生态环境公益诉讼中的脱节和矛盾悉数化解,实现对传统诉讼法理论相应的必要改造。方案五其实不是一种独立的方案,我国不承认判例法,但最高人民法院公布的典型案例对各级法院也有很强的示范效力,并对后续立法必将产生一定影响。

从理论上讲,公益诉讼制度的构建涉及一系列程序机制应如何合理设计的问题,例如在案件范围、原告资格、受理标准、案件管辖、诉讼费用、诉的合并规则、处分权主义与辩论主义的限制、判决之效力范围等诸多方面,公益诉讼程序与传统的以私益保护为中心而设计的民事诉讼程序有重要区别,而且还涉及公益

---

① 张锋:《和谐社会的生态化解读》,山东人民出版社2010年版,第319~320页。

诉讼与相关私益诉讼之关系如何协调等问题，故公益诉讼制度的合理构建绝非一个简单的条文所能够解决的问题。① 用以保护生态环境公共利益的诉讼程序，应该与保护私益的民事诉讼程序分别立法，因为保护对象、适用原则、手段、机制等有所区别。所以，将环境民事公益诉讼规定在《民事诉讼法》中有立法体例不科学②的嫌疑。有学者也认为，生态环境公益诉讼作为一项新的诉讼形式，在诉讼类别及受案范围、诉与诉权、诉讼构成、诉讼标的、诉讼管辖、诉讼保全、举证规则、证据适用、立案受理、诉讼裁判以及诉讼执行等方面均与现有的民事诉讼程序有所不同，有的还存在着根本区别。2014年修订的《环境保护法》仅仅包含了生态环境公益诉讼的原则性规定，更多的诉讼程序性问题需要在司法实践中不断地予以解决和总结，从而最终形成一部专门的、具有中国特色的"环境公益诉讼法"。③ 公益诉讼本质属于宪法的实施，要在宪法的框架下制定专门的《公益诉讼法》，如果我国制定完整的公益诉讼法典，开展真正意义上的公益诉讼，将开启我国民主法制建设的一个新时代。④ 诚如有学者所言，"必须先有健全的环境公益诉讼制度，然后才可能正常地审理环境公益诉讼案件，这也是时代对中国环境立法提出的新要求"。⑤ 笔者在近20年前，就一直呼吁制定专门的公益诉讼法典。

---

① 刘学在：《民事公益诉讼原告资格解析》，载《国家检察官学院学报》2013年第2期。
② 廖中洪：《对我国〈民诉法〉确立公益诉讼制度的质疑》，载《法学评论》2012年第1期。
③ 张辉：《美国环境公众参与理论及其对中国的启示》，载《现代法学》2015年第4期。
④ 郭锦勇、苏喆：《检察机关在环境公益诉讼中的职能研究——以公益诉讼专门制度的构建与实施为视角》，载《河北法学》2015年第11期。
⑤ 吕忠梅、张忠民、熊晓青：《中国环境司法现状调查——以千份环境裁判文书为样本》，载《法学》2011年第4期。

第三章

利益衡量

生态利益的本质是生态功能维持在平衡状态所带给人类的有用性，它具有区别于其他利益形态的特点。生态损害，是因人类的各种生产生活行为致使区域性的公共生态环境受到污染或破坏，侵害了自然体的生态利益，产生了实际损害后果的事实状态，或者有引起生态系统结构或功能发生不利变化的危险，主要表现为区域性环境质量下降、生态功能退化。利益衡量是治理型环境司法的基本裁量方法。环境诉讼涉及多元利益的博弈和竞争。一般来说，这些相互冲突的利益包括但不限于：受损者的人身、财产权利，公众的环境利益，企业的自由发展权，企业员工的经济利益、社会保障利益，以及地方政府的政绩利益等。当这些利益的平衡与取舍无法依据权利位阶方法解决时，就只能救助于利益衡量的方法，选择优先保护的利益类型。在最根本的意义上，治理型环境司法的裁判过程就是法官平衡、救济或再分配利益的过程。

第一节 生态环境

根据中文的表述习惯，"生态"一词中的"生"一般应解释为"生物"或"生活"；"态"则指"状态"或"形态"，可以代表环境中的万事万物。[①] 日常

[①] 郝道猛：《生态科学概论》，（台）徐氏基金会1977年版，第7页。

生活中，"生态指生物在一定的自然环境下生存和发展的状态，也可指生物的生理特性和生活习性"。① 从语词使用角度考察，《辞海》将"环境"界定为"围绕着人类的外部世界。按环境要素属性，可以分为自然环境和社会环境"。② 环境科学上的"环境"特别指"人群周围的境况及其中可以直接、间接影响人类生活和发展的各种自然因素和社会因素的总体"，③ 简称为"人类环境"。"人类环境以人类为中心，包括自然环境和人工环境。自然环境指与人类生存和发展有密切关系的自然条件和自然资源，它包括各种自然物质（如空气、水、土壤、矿藏、臭氧层、野生动植物等）、能量（如阳光、电磁力、风、潮汐等）和自然现象（如气象、气候、地壳稳定性及其他自然力作用等）；人工环境指经过人类活动改造过的环境，如城市、乡村、文化古迹、公园、自然保护区等。"④ 钱正英院士等科学家认为，"'生态环境'的准确表达应当是'自然环境'，外文没有'生态环境'或'生态的环境'的说法。《中国大百科全书》中将'生态环境'译为'ecological environment'，是国人的造词，未见于国外的科学著作。同时，'生态环境所要表达的'自然环境'，是广义环境的一部分，还不能包括全部环境问题，例如，不能包含人类活动造成的某些污染问题"。⑤ 2014 年修订的《环境保护法》采用"污染环境"和"破坏生态"的危害行为两分法进一步巩固了这一"纠错"的成果。除了该法第六十四条外，修订后的新法有关企业环境保护义务的第六条第三款、有关针对环境违法行为之举报权的第五十七条第一款、有关环境公益诉讼的第五十八条第一款和有关环评等第三方机构环境损害连带赔偿责任的第六十五条也都以修改或新增的方式采用了这种行为类型的两分法。

  从词语的本义来看，生态就是指生物的生存状态，既包含生物之间的相互关系，也包含生物与环境之间的相互关系，典型的如食物链、生态系统等各种环环相扣的关系。生态是事物之间系统性整体性的状态，具体来说有包含人这个要素的生态系统，也有不包含人的其他各类生态系统，是一个以事物整体为对象的整体性互动性的概念，然而"环境"指向人以外的一切事物。即环境是指"人类自然生存基础与空间，特别是包含环境之媒介物，即土壤、空气、水、生态及其彼此间的关联性，以及人类与其之关联性，此亦包含人类与其创设环境与自然生

---

  ① 《现代汉语词典》（修订本第 1 版），商务印书馆 1978 年版，第 1130 页。《现代汉语词典》（修订本第 2 版），商务印书馆 1983 年版，第 1027 页。
  ② 《辞海》，上海辞书出版社 1989 年版，第 3150 页。
  ③ 《中国大百科全书·环境科学》，中国大百科全书出版社 2002 年版，第 134 页。
  ④ 周珂等主编：《环境法》（第 4 版），中国人民大学出版社 2013 年版，第 4 页。
  ⑤ 钱正英、沈国舫、刘昌明：《建议逐步改正"生态环境建设"一词的提法》，载《科技术语研究》2005 年第 2 期。

态系统所形成的关系"①。《国际刑法协会第十五届代表大会关于危害环境罪的决议》宣告:"'环境,指的是地球上的一切构成物,即生物和非生物,包括空气、大气层、土地(包括泥土和矿物,植物群和动物群)中的一切附带物,以及这些构成物间相互的生态关系。"印度1986年《环境保护法》规定,"环境"包括大气、水和土地以及它们"与人类和其他现存生物、植物、微生物和资产的相互关系"。② 澳大利亚新南威尔士州《1991年环境保护管理法》称:"环境指的是地球的各组成部分,包括:(a)土地、空气和水;(b)各层大气;(c)所有有机或无机的物质和所有生物;(d)人类制造的或修改的结构和区域,以及包括(a)至(c)所列各组成部分在内的相互作用的自然生态系统。"

"环境"一词的英文是"environment",它是由动词"environ"延伸而来的,源于拉丁语中的"in(en)"加"circle(viron)",其含义是"包围""环绕"。环境一词具有相对性,与某一中心有关的周围事物、情况和条件,就是该中心事物的环境。③ 一般所称之"环境",首先是与空间相关联的概念,而人是其中最重要的形成要素。因此,"环境"的首要含义应是所谓"人类之环境",即由与人类相关并影响其精神、科技、经济以及社会等条件与彼此间之关联性的外在现象所共同组成者。它有广义和狭义之分。所谓广义环境的概念是指由人类与一切社会、文化、政治、设施、制度所形成之整体空间,故环境一词实包含社会学上之概念及与人类相关之整体空间,此即一般所谓的环境。换言之,即包含人类外在周围的整体,并含所有人为环境(例如社会环境整体)与所有生物所生存的空间(例如自然环境)。所谓狭义的环境是指人类自然生存的基础与空间,特别是包含环境之媒介物,即土壤、空气、水、生态及其彼此之间的关联性,以及人类与其之关联性,此亦包含人类与其所创设的环境与自然生态所形成的关系。由于广义上的环境概念具有高度的抽象性,对环境政策和环境法并无实际效用,所以环境法学上主要以狭义的环境概念为讨论对象。

我国自然科学研究者一般认为,"生态系统"是"指生物群落之间、生物与环境之间,在一定的时间、空间范围内通过不断的物质循环、能量流动与信息传递所形成的相互联系的统一整体"④。而法学学者一般则认为,"生态系统"指"在特定地区内一切交互作用的生物及其环境组成的功能整体。它是现代生态学研究的中心课题。生态系统非常复杂,可大可小,大至海洋,小至水滴,每个生

---

① 陈慈阳:《环境法总论》,中国政法大学出版社2003年版,第9页。
② 王曦:《国际环境法(第2版)》,法律出版社2005年版,第5页。
③ 《中国大百科全书·环境科学》,中国大百科全书出版社1983年版,第1页。
④ 刘天齐主编:《环境保护通论》,中国环境科学出版社1997年版,第24页。

态系统都是生物界的基本单元，人类便处于由各种生态系统组成的生物圈内"。①"生物圈"是人类环境中最大的一种生态系统。环境科学将其定义为"是生物有机体周围的生存空间的生态条件的总和，它由许多生态因子（包括非生物因子如光、温度、水分、大气、土壤及无机盐类和生物因子如植物、动物、微生物等）综合而成，对生物有机体起着综合作用"。②

整个地球抑或说是整个世界本身就是一个整体生态系统，人类不过是这个生态系统中的一类，是生存于并依赖于这个生态系统的物种之一。"生态系统是一个网状组织，在其中，内在价值之结与工具价值之网是相互交织在一起的。"③可以说，整体性是自然生态系统的本质特征。生态学意义上，自然界就是一个生态系统。"生态系统（ecosystem）是指一定空间区域内生物群落与生物环境之间通过不断进行物质循环、能量流动和信息传递过程而形成的相互作用和相互依存的统一整体。"④这个生态系统包含生物成分和非生物成分。生物成分中有生产者、消费者和分解者。生产者是自养生物，如所有绿色植物等，它们可以通过光合作用把无机物转化为有机物，并把太阳辐射能转化为化学能。消费者是异养生物，依赖生产者制造的有机物质为生，如各种动物，包括人。而分解者包括细菌、真菌和原生动物等，它们则将动植物尸体或排泄物分解成简单化合物，其作用与生产者相反。非生物成分即非生命物质，包括参加物质循环的无机元素和化合物、气候因子（如光、温、水、气等）或其他物理条件（如压力）。非生命物质是生态系统能够正常运转的物质、能量基础。在生态系统中，生物与非生物之间的能量流动、物质循环和信息传递具有相对稳定性。这种稳定性是生态系统对外界所带来的影响和破坏有一种抵抗变化、自我调节、自我修复能力。"生态系统的稳定性可以分为两类：一是抵抗力稳定性，指生态系统抵抗干预和保护自身结构与功能不受损伤的能力；二是恢复力稳定性，指生态系统被干扰、破坏后自我恢复能力。"⑤人类对自然资源的开发能力，促进了人类向自然界索取和排放的能力。人类索取和排放能力的过度膨胀最终将导致超过生态系统自我调节能力——生态阈值。这即意味着生态系统的自我调控机制失灵，生态系统遭到破坏。生态破坏的结果就是，人类作为生态系统中的一员必然遭受报复性的损害。正如恩格斯所言：对于我们的每一次胜利，自然界都报复了我们。近现代历史上的环境事件无一不是因为，人类为了追求经济利益而过度向自然索取和排放，从

---

① 周珂：《生态环境法论》，法律出版社2001年版，第4页。
② 《环境科学大辞典》，中国环境科学出版社1991年版，第573页。
③ [美]霍尔姆斯·罗尔斯顿：《环境伦理学》，杨通进译，中国社会科学出版社2000年版，第254页。
④ 孙振钧、王冲：《基础生态学》，化学工业出版社2007年版，第177页。
⑤ 张丽萍：《自然资源学基本原理》，科学出版社2009年版，第82页。

而导致生态系统中各要素之间能量流动、物质循环和信息传递的破坏。无论是向自然界排放废物，还是索取自然界生态系统中的组成部分（包括生物与非生物成分），"过度"的结果是超出了生态系统的抵抗干预和保护自身结构与功能不受损伤的能力以及自我恢复能力，生态系统各组成部分之间的能量流动、物质循环和信息传递无法正常运行。这种破坏可能首先反映在生态系统的其他各组成要素上，但最终体现在人类上。①

生态环境是无法私有化的整体，生态环境整体对于个体而言可以享用但不可独占，可以使用但不可处分。对生态环境的享用与使用构成了个体的生命健康与物质利益的前提。因此，生态环境对于个体表现为生命健康与物质利益，这种利益是私有化了的利益。但是，环境的整体性、不可独占性、不可私自处分性决定了生态环境利益的公共性。生态环境利益的公共性主要体现在非排他性上。任何个人都需要有良好的生态环境利益作为其生存前提，生态环境利益有着天生特征即非排他性。人人需要新鲜的空气、清洁的饮用水、健康的食物等，而这些物质的保障是良好的生态环境。这种"人人需要"决定了任何人都无法更无权排除他人对新鲜的空气的利用、对良好生态环境的需求。生态环境利益的"人人需要"也决定了生态环境利益无法私有化、无法财产化。这种"人人需要"、非排他性、无法私有化属性体现的就是生态环境利益的公共性。生态环境利益的公共性保证了生态环境利益在法律权益上既不能体现为私人权利也不能体现为国有权力。生态环境利益的非排他性根源于生态利益的整体性。环境科学认为，生态系统有五大规律，即相互依存与相互制约规律、物质循环转化与再生规律、物质输入输出的动态平衡规律、相互适应与补偿的协同进化规律、环境资源的有效极限规律。②相互依存与相互制约规律包括物物相关规律、相生相克规律，不仅同种生物之间相互依存、相互制约，不同种生物之间也相互依存、相互制约。物质循环转化与再生规律、相互适应与补偿的协同进化规律更是使得生态系统中的所有要素（包括生物与非生物）因物质能量循环过程而形成一个统一整体。生态规律体现了一个基本事实即生态是一个系统、一个整体。生态系统中，一损俱损、一荣俱荣。因此，作为生态系统的组成内容，个人无法独占生态利益。可见，生态环境的整体性、系统性决定了生态利益的公共性。③

从理论溯源上看，生态整体主义最早源于赫拉克利特的整体观。赫拉克利特最先提出世界是整体的观点，他在《论自然界》中认为："世界是包括一切的整体。""所谓生态整体论的认识论，是把包括人类在内的整个自然界理解为一个整

---

①③ 刘清生：《整体主义方法论下环境权论》，福州大学博士学位论文，2016年。
② 吴彩斌、雷恒毅、宁平：《环境学概论》，中国环境科学出版社2005年版，第70~71页。

体,认为自然各部分之间的联系是有机的、内在的、动态发展的,人对自然的认识过程只能是一个逐步接近真理的过程。"[①] 从思想内容看,生态整体主义强调生态系统的整体性,认为不仅生物,而且作为非生物的自然存在物、寄生物及其环境构成的生态系统和生态过程都是道德关心的对象,强调生物物种和生态系统的价值和权利,因而也被称作"生态中心主义"[②]。生态整体主义依据现代生态学理论,把价值建立在整个生态系统的非人类中心主义基础上,经由不同时期的环境哲学家的不断研究,而得到不断丰富完善。人类和其他生命物质一样,只不过是生态系统的一个组成部分,生态整体利益也是人类赖以生存和发展的根本利益。依据现代生态学理论,反思人类生态危机,其根本在于我们破坏了环境作为生态要素的生态功能,从而使得生态系统失去平衡,导致了生态环境品质的下降,日积月累,出现了不可恢复的环境问题,反过来影响了人类的生存和发展。因此,为了人类本身和世代永续生存发展,必须保护生态环境。生态整体主义告诉我们,保护生态环境的实质就是保护其生态功能。生态整体主义要求我们以保护生态要素的生态功能为着眼点,确保整体性生态系统的健康完好。

公共一词的古典含义有两个来源。首先来自希腊语"pubes"或者"maturity"(成熟),在希腊语的意思中,它们表示一个人在身体上、情感上或智力上已经成熟,它所强调的是,一个人从只关心自我或自我的利益发展到超越自我,能够理解他人的利益。它意味着一个人具有这样一种能力,他能够理解其行为对他人所产生的结果。这样,公共(public)一词意味着一个人业已进入成年,能够理解自我与他人之间的关系,能够理解二者之间的联系。公共一词的第二个来源是希腊语"koinon"。英语中的"common"一词也来源于此。而"koinon"一词则来源于希腊语中的另外一个词语"komois",意思是"关心"。"共同"和"关心"都暗含着相互关系的重要性。[③] 公共既是一种理念也是一种能力。如果我们把公共等同于政府,事实上限制了人民参与公共事务的能力。作为一种理念,公共意味着所有的人们,为了公共的利益,而不是出于个人的或者家庭的目的才走到一起来。作为一种能力,公共意味着为了公共的利益而在一起工作的一种积极的、获取充分信息的能力。在许多情况下,这样的行动都是通过政府而进行的,但并不是所有的行动都要通过政府的。志愿者协会、非营利组织、公司都是公共

---

① 转引自陈泉生等:《环境法哲学》,中国法制出版社2012年版,第11页。
② 张炳淳:《论生态整体主义对"人类中心主义"和"生物中心主义"的证伪效应》,载《科技进步与对策》2005年第11期。
③ [美]乔治·弗雷德里克森:《公共行政的精神》,张成福等译,中国人民大学出版社2003年版,第18页。

的表现形式。①

我国"传统法律对'环境'没有整体的认识,更缺乏对'环境'生态属性的整体定位和界定"。② 为什么说环境具有整体性而不可以个体化呢?这是因为环境本身不是一个物质,也不是多个物质的简单叠加,而是一定空间内生物与非生物之间的物质循环、能量流动和信息传递的统一整体。这个表现为生态系统的统一整体即生态环境才是环境法中的环境。"任何生态系统都是在生物与环境的相互作用下完成能量流动、物质循环和信息传递的过程,以维持系统的稳定和繁荣。"③ 生态环境不是大气、水体、土地等所谓"静态"的环境要素,而是"动态"的统一整体。环境问题的实质是人们向自然界过度索取或过度排泄而超出了自然界的生态阈值,导致了生态系统无法及时自我修复。因此,与其说是环境问题、环境危机,不如说是生态问题、生态危机。这种无法及时自我修复的生态系统导致系统中的人与环境要素之间的物质循环、能量流动和信息传递的紊乱。所以,以解决环境问题为目标的环境法所要维护的是生态环境的正常运行,所要保护的利益是由生态系统所决定的整体性的生态利益。

环境以生态属性为特质,而非以财产属性为特质。这一特质主要针对环境要素的外在载体,比如土地、森林、动物、植物等作为民法的客体和作为环境法客体的外在载体,具有不同属性。土地、森林、动物、植物等作为民商法的客体,具有财产属性。这是因为土地、森林、动物等作为独立的"物"存在时,能够独立地发挥增进个体经济利益的功能。同时,这种财产功能的发挥能够以个体形态显现。但当土地、森林、动物等作为环境法客体的外在载体时,具有自然属性。这是基于土地、森林、动物、植物等,作为环境要素的外在载体时,其作用的发挥不在于其个体性财产功能的发挥,而在于其作为环境的构成要素的环境功能的发挥。同时,这种环境功能的发挥不能以个体性形态显现,而需以整体化的个体形态显现。正是在这个意义上,各国针对各环境要素的法律规范,不在于将该环境要素的外在载体,比如大气、海洋、噪声、水等作为保护对象,而是将这些环境要素所需达到的依据总体环境品质分解确立的要素品质(标准)作为环境法规制对象。环境法因其客体"环境品质"的公共品属性奠定了其归纳于社会法域的客观条件。从经济学家视角理解,公共品为在消费上具有非竞争性和非排他性的这样一类物品或服务。④ 这一公共品属性,意味着环境品质对于每个人而言,是不

---

① [美]乔治·弗雷德里克森:《公共行政的精神》,张成福等译,中国人民大学出版社2003年版,第48页。
② 李挚萍:《环境法基本法中"环境"定义的考究》,载《政法论丛》2014年第3期。
③ 张丽萍:《自然资源学基本原理》,科学出版社2009年版,第77页。
④ [美]保罗·萨缪尔森、威廉·诺德豪斯:《经济学》,萧琛主译,人民邮电出版社2008年版,第32页。

可或缺的,是每个人的共同需求,并只有通过所有人的共同行动才能满足每个人的这一共同需求。环境品质的公共品属性决定了依托该客体形成的社会连带关系的"同求性"。这一"同求性"奠定了环境法应为社会法(域)的思想基础。[1]

环境公共产品是指一切影响人类健康生存和发展的各种环境物品以及环境服务。环境公共产品在本质上是一种环境利益的表现形式。从逻辑上来讲,环境公共产品是公共产品(public goods)的一个下属概念,也是一个和私人产品(private goods)相对称的经济学概念。对这个概念的界定可以说是较为丰富多样的,但较为经典的界定是萨缪尔森在1954年《公共支出纯理论》一文中提出的"每个人对这种产品的消费都不会导致其他人对该产品消费的减少"[2]和"无论每个人是否愿意购买它们,他们带来的好处不可分割地散布到整个社区里"[3]这两个观点。这其实是对纯公共产品的真实写照和界定。严格来讲,萨缪尔森的界定只能部分适用于环境公共产品,因为在现实生活中,诸如萨缪尔森所言的此类纯公共产品并不多见,反而大多都是以"准公共产品"的形式出现。

第二节 生态环境公益

环境为人类提供的利益可以分为两大类,即经济利益和环境利益。前者是可以用价格表征的,如林场生产的木材;后者主要体现了环境的生态功能,无法定价或者说定价非常困难,如森林防止水土流失、改善气候、涵养水源、保存生物多样性的功能。经济利益由相应环境资源的所有权人或使用权人享有,是私人利益,但环境利益却是公共利益。在漫长的环境资源开发利用历史中,人类社会一直从经济的角度去考虑环境存在的价值,在法律上表现为将环境资源作为财产进行保护。从经济学的角度来看,以经济利益评价的环境价值停留在"使用价值"的属性。在这种观念指导下,必然导致对环境资源的恣意污染与掠夺性开发。随着生态文明理念的提出,环境资源的生态功能开始得到重视,环境利益作为一种独立的利益形态要求在法律上体现出来。至此,人类利益中原本被忽略的一个重要利益——环境利益进入了立法者的视野。"环境利益"这一看似简单的词语因其所包含内容的不确定性使我们难以给出一个准确的、能被各方一致认可的定

---

[1] 王蓉:《环境法总论——社会发展与公法共治》,法律出版社2010年版,第3~10页。

[2] Samuelson, P. A.. *The pure theory of public expenditures*. The Review of Economics and Statistics 1954, P. 36.

[3] [美]保罗·A. 萨缪尔森、威廉·D. 诺德豪斯:《经济学》,胡代光等译,北京经济学院出版社1996年版,第571页。

义，但是，环境利益的"模糊性"不能成为阻碍承认其法律地位并对其保护与救济的理由，而恰恰是进行制度设计时特别应当考虑的因素。环境利益属于公共利益，它的主体是人而且只能是作为群体的人，无法分割和特定化。①

公益诉讼以公益为基础，环境公益诉讼以环境利益为基础。环境利益是公共利益、整体利益。对于整体利益不能采取"只见树木不见森林"的个体主义方法论立场。正如学者所言，"环境法要想有效应对现代环境危机，必须以承认地球生态系统的整体性为前提，从个体主义走向整体主义"。②环境整体利益需要整体主义方法论立场，环境公益诉讼也应以整体作为分析的逻辑起点。"公共利益、社会利益问题，作为整体主义方法论分析的一个维度，自有其存在的理由与逻辑，否则，像环境保护之类的社会问题就无人关注。"③尽管理论界至今没有对公共利益形成基本共识、无法给出明确而具体的含义，但可以明确的是：私人利益不是公共利益。公共利益是公众可以享有且不排除他人享有的利益，即具有共享性和非排他性。那么，公共利益为什么具有共享性且非排他性呢？显然，从利益享有人角度是无法解答这一问题的。利益是需要的外在表现，而需要是人的需要。对人的需要的满足以供给对象的有用性为前提。换句话说，供给对象对人的有用性才是利益提供的关键。某种意义上，决定某种利益是个体利益还是公共利益的关键，在于供给对象的特殊性。公共利益之所以具有共享性，其原因在于供给对象的不可独占性，如环境利益之所以是共享且非排他的是因为环境的不可分性与不可独占性。环境的可共享性利用事实决定了法律上环境利益的非独占性，而环境不可专属性利用的事实表现出了环境的整体性。换句话说，因为环境具有整体性即不可个体化，环境利益才表现为其公共利益属性与整体性。环境公益诉讼的核心问题无疑是"环境公益"。生态环境既表现为个体性利益也体现为公共性利益。环境公益无疑应当将生态环境的个体性利益剔除在外。基于个体性利益即物质与生命健康利益而产生的诉讼自然不是环境公益诉讼。但是，当前的环境公益诉讼理论没有区分生态环境的个体性利益和公共性利益表现，没有认识到环境生态利益的公共性属性，没有在法律上真正区分出公共性利益与个体性利益的根本不同。从而，环境公益诉讼的主体（利益主体）是谁、诉讼利益的基础在哪、诉讼结果如何归属等问题至今争论不休。④

在我国，对环境公共利益，学界有多种解释。有学者认为，环境公益是私人利益之和，即因环境损害而遭受人身权益、财产权益损失的不特定多数人的私人

---

① 张锋：《和谐社会的生态化解读》，山东人民出版社 2010 年版，第 197~199 页。
② 刘卫先：《也论生态整体主义环境法律观》，载《政法论坛》2013 年第 2 期。
③ 胡玉鸿：《论个人主义方法论在法学研究中的应用》，载《法律方法》2001 年第 1 期。
④ 刘清生：《整体主义方法论下环境权论》，福州大学博士学位论文，2016 年。

利益之和,并将这种公益称为"环境众益"① 或"公众性环境公益"。② 有学者认为,环境公益诉讼中的"公益"应该指的仅仅是纯粹的环境公共利益,这种利益享有主体是不能确定的,是因环境所具有的特有功能而产生的,并将之称为"公共性环境公益"。我们认为,环境公益诉讼中的环境公共利益指的是纯粹的环境公益,这种利益不是多数人利益之和,而是由环境破坏所引起的与某一地区或某一国家中不特定主体息息相关利益。环境公益不同于由多个人身和财产私益所构成的环境众益,它是指环境基于其生态服务功能而提供可满足人类多种需求的自然资源和生态产品所承载的公共性利益,即环境因具有多种生态服务功能③而蕴含的利益。由于环境属于典型的公共物品(具有较明显的非排他性和非竞争性),其承载的利益往往表现为公共利益。换言之,环境利益在本质上应属于公益的范畴。环境公益具有如下特性:(1)从利益本质上看,环境公益是人们对环境"本身"需求的利益(interest to environment),是真正的"环境"利益,而不是与环境相关的"人身"和"财产"利益。(2)从利益特征上看,环境公益具有公共性(为社会成员共同享有,具有较为典型的非排他性和非竞争性)等特征,属于客观、实在的公共利益。④

有学者认为,环境利益有环境公益和环境私益之分,环境公益并非环境私益的总和。环境公益不可量化和等分,其不可分割性致使环境公益比环境私益易受损。环境私益被满足,并不意味着环境公益也被满足。环境公益所有者不明确或被虚置,环境公益代表者对环境公益的维护和增进缺乏动力,易异化为对自身利益的绝对追求,加之环境公益具有易受损性,法应当偏重强调环境公益的维护和增进,才可实现自身使命。⑤

有学者将环境利益界分为经济利益、资源利益、生态利益、精神利益四大类,⑥ 或环境经济利益、环境生态利益、环境精神利益三大类。⑦ 还有学者认为,

---

① 刘凝、范净玉:《我国公益法律的概念和发展》,载《法学杂志》2009年第4期。
② 杨朝霞:《论环保机关提起环境民事公益诉讼的正当性——以环境权理论为基础的证立》,载《法学评论》2011年第2期。
③ 所谓环境的生态服务功能,是指人类从生态系统中获得的效益,如调节气候、纳污净化、涵养水源、水土保持、防风固沙等。参见联合国千年生态系统评估项目组:《生态系统与人类福祉:评估框架》,张永民译,中国环境科学出版社2007年版,第56~60页。
④ 杨朝霞:《论环境公益诉讼的权利基础和起诉顺位——兼谈自然资源物权和环境权的理论要点》,载《法学论坛》2013年第3期。
⑤ 李启家:《环境法的利益分析之提纲》,http://www.riel.whu.edu.cn/show.asp?ID=1276。
⑥ 巩固:《公众环境利益——环境保护法的核心范畴与完善重点》,http://www.civillaw.com.cn/Article/default.asp?id=52444。
⑦ 廖华、孙林:《论环境法法益:对环境法基础的再认识》,载《中南民族大学学报》(人文社会科学版)2009年第6期。

环境利益并不包含纯粹的经济利益和精神利益，但是环境法所调整的资源利益最终会以经济利益的形式表现出来；环境法上涉及的精神利益无非生态利益的外在表现形式，或者说，经济利益和精神利益在环境法法益体系中仅仅作为一种反射利益而存在。因此，将环境利益界分为资源利益和生态利益，完全可以涵盖环境利益概念的内涵。[①] 所谓资源利益，是人们在开发利用环境与自然资源的过程中形成的利益，首先体现为满足人们经济需要的经济利益，同时也体现为满足人们对整体良好环境需要的物质和精神利益，经济学中对应的概念是"环境公共产品"。所谓生态利益，是指自然生态系统对人类的生产、生活和环境条件产生的非物质性的有益影响和有利效果，这一利益最终体现为满足人们对良好环境质量需求的精神利益，大致对应生态经济学所谓的"生态系统服务功能"。其实，笔者认为环境利益就是生态利益。对生态利益的调整则存在明显的缺陷：虽然环境法中存在大量针对生态利益保护的制度设计，但是法律对生态利益的保护仍很不充分，缺少专门的生态保护法，一些重要的生态利益保护法律制度付之阙如。

尽管法律中的确有日照权、采光权、达滨权等个体权利，似乎意味着人们都有各自的环境私益，但这种利益是法律中早就存在的财产性利益或人格性利益，而不是因环境问题的出现而受损的那部分利益，因此它们并不是环境法所要追求的环境利益。更何况，即使众多个体的日照权、采光权等权利得到切实保障，也带不来整体环境的改善。很显然，众多的环境问题，如臭氧层空洞、土地沙漠化、生物多样性锐减等问题一旦出现，受损的决不仅仅是某个个体或某个特定的群体，而是包括所有成员在内的人类整体。

在环境公益诉讼的"公益"界定上，有学者认为环境公益诉讼中的公共利益即不特定多数人的环境利益。[②] 但这种公共利益的界定方式本身就存在问题。首先，将公共利益界定为不特定多数人的利益导致了公共利益和集体利益、国家利益关系上的模糊。集体利益和国家利益也可以看作是由不特定多数人的利益所构成，根据公共利益即不特定多数人利益的界定方式，那么集体利益和国家利益便当然的属于公共利益。但事实上，国家利益和集体利益并不当然的属于公共利益。其次，将公共利益界定为不特定多数人的利益也面临着如何界定不特定多数人的问题。所谓不特定多数人是一个相对的概念，对于多数人的数量，多数人和少数人的界限并没有明确的标准。[③] 这种在人数上的不确定性容易形成多数人的

[①] 史玉成：《环境利益、环境权利与环境权力的分层建构——基于法益分析方法的思考》，载《法商研究》2013年第5期。

[②] 肖建国：《利益交错中的环境公益诉讼原理》，载《中国人民大学学报》2016年第2期。

[③] 张千帆：《公共利益是什么？社会功利主义的定义及其宪法上的局限性》，载《法学论坛》2005年第1期。

暴政，导致少数人的利益无法保障。因为这种界定方式往往诉诸于民主政治上的多数决，公共利益成为多数人欺压少数人的借口。最后，不特定多数人的利益是指特定范围中的不特定多数人，从而还会引发当一个较小范围内的不特定多数人和一个较大范围内的特定多数人利益发生冲突，对前者是否还属于公共利益而具有超越后者的地位的疑问。从生态环境公益诉讼的实践来看，法院受理的生态环境公益诉讼案件大多为非政府环保组织提起的因侵权行为导致环境自身价值遭受损害的案件，法院的判决对象只包括环境自身价值损害的赔偿、修复。因此，生态环境公益诉讼中的公共利益具有特殊性，它不能够被界定为不特定多数人的环境利益，而应该界定为环境本身的利益。

尽管理论界至今没有对公共利益形成基本共识，无法给出明确而具体的含义，但可以明确的是：私人利益不是公共利益。公共利益是公众可以享有且不排除他人享有的利益，即具有共享性和非排他性。那么，公共利益为什么具有共享性且非排他性呢？显然，从利益享有人角度是无法解答这一问题的。利益是需要的外在表现，而需要是人的需要。对人的需要的满足以供给对象的有用性为前提。换句话说，供给对象对人的有用性才是利益提供的关键。某种意义上，决定某种利益是个体利益还是公共利益的关键，在于供给对象的特殊性。公共利益之所以具有共享性，其原因在于供给对象的不可独占性。如环境利益之所以是共享且非排他的是因为环境的不可分性与不可独占性。环境的可共享性利用事实决定了法律上环境利益的非独占性，而环境不可专属性利用的事实表现出了环境的整体性。

环境科学中的环境利益内涵是相对广泛的，包括审美利益、经济利益与生态利益。环境法学界似乎也遵从了这一内涵。环境利益是"环境为人在生理、心理和精神上提供的利益"[①]，环境利益是"环境带给人们的有用性或好处"[②]。部分学者将眺望权、观赏权、环境资源权、环境使用权、环境处理权等纳入环境权，也是遵从这一内涵的表现。眺望权、观赏权等体现的是审美利益，环境资源权、环境使用权、环境处理权等体现的是经济利益。但是环境法学上的环境利益却无法直搬环境科学中的环境利益概念。不可置疑的是，环境带给人们的审美利益实质是人们精神上的愉悦，属于精神层面的利益。精神愉悦是个体自然人的感受，精神利益因而必然体现其个体性特征，即精神利益只能是个体的或者说是私有的，是专属于个人的。简而言之，这种精神利益是具有人格属性的。对作为"个体的"精神利益进行法律化、私法化或者说民法化更确切地说是人格权化是其必

[①] 陈茂云：《论公民环境权》，载《政法论坛》1990年第6期。
[②] 韩卫平、黄锡生：《论"环境"的法律内涵为环境利益》，载《重庆理工大学学报（社会科学版）》2012年第12期。

然选择。有学者期望将环境权私权化、人格权化,其最直接的根据就在于环境的这一审美利益。"法律不是创造利益,而是对新出现的利益的确认和维护,并最终通过设定权利和义务进行分配从而实现对社会的控制。"[①] 显然,审美利益并非一项新出现的利益,只是环境也能提供审美利益而已。环境提供的审美利益当依传统审美利益的法律化——民事权利化予以解答。换句话说,环境所能提供的审美利益本已归属于传统民事法律,因而不属于新兴环境法的内容。

从法律的利益调整功能分析,由于不同的部门法调整的利益关系不同,因此各自都可以有不同的法益。就作为新兴部门法的环境法而言,目前系统研究该部门法法益的成果几近空白。出现这种理论上的盲点,似乎意味着环境法的法益是一个"不证自明"的命题,无需做过多的探究,但实际上,审视环境法学的理论发展,环境法学的概念体系尚处于自我建构阶段,理论建设极不完备。例如,作为环境法学核心范畴的环境权利抑或环境利益,数十年来各种理论和学说竞相登场,观点相互对立,迄今没能形成具有普遍共识的、压倒性的主流理论架构。从利益分析角度看,环境法关注的环境问题实质上是现代经济社会发展过程中利益冲突的产物。在现代环境问题产生之前,传统的部门法利益谱系中并没有环境利益的位置,而当环境问题日益严重时,环境利益出现并逐渐发展成为一种广泛的诉求,环境利益与其他利益之间、环境利益在不同主体之间的冲突也越来越多。在这种情形下,必须在制度层面通过对不同主体的不同利益诉求进行动态的利益协调与平衡,确认利益主体的合法利益,抑制环境利益冲突和不当利益诉求,进而解决环境问题,实现人与自然的和谐发展,这也是现代法治社会的必然选择。[②]

环境法上的公共利益,不仅指通常意义上的一个国家、一个社区全体居民的共同利益,而且在许多方面常常指全人类以至今后世代人类的共同利益。因此在环境法的语境下考量公共利益,还需注意在时空上的延展考虑。环境问题往往不受地域的限制,产生的缘由不易追溯,形成中多种因素施加作用,最终影响的涉及面非常广泛。因此,环境法上的公益应突破地域的限制,在判定地域时不应有具体的标准,小到社区,大到全球,视具体的情况而定。环境问题的累积性决定了有些威胁并不马上显现出来,需要一个长期的积累过程,所以在衡量公共利益时不能局限于眼前,有些危害现在没有发觉,并不意味着将来不发生;有些行动现在没有多大意义,也许将来就受益匪浅。同样,也不宜严格依照人数的多寡来衡量环境法上的公共利益,环境的公共性使我们不能够单纯以人数论影响大小,有的问题还没有涉及人类,但已经影响到了生态平衡;有的地域几乎没有人类居

---

① 征汉年、章群:《利益:权利的价值维度》,载《国家教育行政学院学报》2006 年第 7 期。
② 史玉成:《环境利益、环境权利与环境权力的分层建构——基于法益分析方法的思考》,载《法商研究》2013 年第 5 期。

住，但会影响整个人类的生存发展。①

　　环境保护法要保护或要实现的是环境利益，这应当是一个不存在异议的结论。② 然而，在环境法学研究中，在何谓环境利益这一似乎不应该成为问题的问题上存在着或许在环境法学之外甚至法学之外的歧见。环境利益不应该是"环境的利益"，尽管学界，尤其是环境伦理学界有不少持此说者。如果环境真的有利益，甚至如有的学者说的那样还享有权利，比如动物的权利，那就让环境自己去主张，让动物自己去争取，让自然物自己去维护吧，因为环境的利益究竟是什么只有环境才知道，人类没有办法弄清楚动物需要怎样的权利，我们的环境法学者也无从了解自然物的权利能否实现或怎样才算已经实现。环境利益也不应该是由环境污染或破坏引起的人的利益损害中的利益。环境法要保护的环境利益一定是环境利益，而不是与环境有关的其他某种利益。环境利益就是环境的"有用性"，能够给主体带来"好处"的特性，就是环境之成为主体的"要求、愿望或期待"的那类特性，或者就是主体可得或已得的"收益"。如果环境品质达到了人类需求的标准，环境利益就实现了；如果没有达到这个标准，环境利益就没有实现，人类就继续"享受"负利益。③

　　环境经济利益与环境生态利益是截然对立的。尽管环境经济利益与环境生态利益也有统一的一面，但也只能局限于环境经济利益的追求不能超出环境承载能力和环境容量。环境生态利益是环境经济利益的极限。环境法以解决环境问题为根本，即以保护环境生态利益为目标。环境经济利益与环境生态利益的截然对立面决定了环境法中的环境利益不能包含环境经济利益。而且，环境是经济利益的根源，经济利益是人们对财产需求的满足，具体的环境经济利益是可以财产化的。这种财产化无论是国有化还是私有化，最终表现为排他属性。简言之，环境经济利益具有排他性。这种排他性的经济利益上升为法律权利时，属于民商法范畴。总而言之，这种排他性的经济利益当属传统法律所调整的内容，而不属于新兴的环境法范畴。

　　环境利益是环境时代的利益家庭成员，环境利益是利益法学在环境时代的核心关怀。但是，将利益与环境组合，确实是新时代的新提法，这就涉及"环境"与"利益"的范围界定以及组合词"环境利益"的概念清晰界定。"环境利益是一种公共利益，环境保护双轨制，要求一方面有完善的环境行政管理制度；另一

---

①　宋烁：《论环境法中的公共利益》，载《天水行政学院学报》2015年第2期。
②　韩卫平、黄锡生：《论"环境"的法律内涵为环境利益》，载《重庆理工大学学报（社会科学版）》2012年第12期。
③　徐祥民、朱雯：《环境利益的本质特征》，载《法学论坛》2014年第6期。

方面有完善的环境公众参与制度。"[1] "应肯定环境利益是独立的新型利益,从性质看属于共同利益。"[2] "环境生态利益是指生态环境作为生态系统维持其基本结构功能的稳定和发展对人类持续发展和永续繁衍的价值。"[3] 有学者认为,生态是生产力之父,生态利益是人类的最高利益,在生态文明时代,生态优先规律不仅是生产力运行的基本规律,而且是处理人类与自然关系的基本准则。[4]

环境利益的特质应该是生态利益。正如有的学者已经认识到,环境资源的生态功能实际上就是环境公共利益。[5] 生态利益明显区别于传统的利益形态,并不为传统法律所调整,因此有必要将生态利益从大"环境利益"概念中独立晰出。在严格意义上,"对环境本身的损害"可能会产生两种情况:(1)可能影响人的利益;(2)可能不涉及人的利益。例如马路上的公交车冒黑烟或学校周围的制药厂散发恶臭属于第一类情形;捕杀一头野牛则属于第二类情形。与这两种实体利益相对应,在程序救济上也完全不同,前者主要通过环境民事侵权救济制度保护因环境损害导致的个体所受侵害的人身权和财产权,至多只是附带救济对环境本身的损害,间接保护和增进生态利益,后者则主要通过生态环境公共利益的代表提出生态环境公益诉讼预防和救济生态利益。生态利益是一种人类与自然所共同拥有的利益,实际生活中并不存在一个与之对应的实体,姑且将之称为"生态利益共同体"。生态利益是一种新的独立利益形态,它不同于个人利益、社会利益和国家利益。个人利益也好,社会利益也好,国家利益也好,它们在法律上大致都能找到自己的主体,但是生态利益的主体在现实中却一直难以找到相对应的实体,在法学研究上也还是空白,然而不能确定其利益主体对生态利益的保护是十分不利的。利益得以维护的必要条件就是有特定利益主体的存在。[6] 生态利益是生态系统整体表现出来的为人类所需要的生态功能,是利益家族的新成员。它不同于人身、财产等私有利益,是一种共有的利益;也不同于一般有形的公共物,是一种无形的且不以数量多少为衡量标准的公共物,需要通过生态科学的原理予以把握。[7]

生态利益的本质是生态功能维持在平衡状态所带给人类的有用性,它具有区别于其他利益形态的特点:(1)共享性。生态功能往往不能为某一特定主体所

---

[1] 金福海:《论环境利益"双轨"保护制度》,载《法制与社会发展》2002年第4期。
[2] 唐双娥、吴胜亮:《协调发展原则:一个新颖性的界定与阐述——环境利益优先的协调发展原则》,载《社会科学家》2007年第6期。
[3] 廖华:《环境法益学说初论》,载《广东行政学院学报》2006年第4期。
[4] 刘长明:《生态是生产力之父——兼论生态优先规律》,载《文哲史》2000年第3期。
[5] 王小刚:《义务本位论、权利本位论和环境公共利益——以乌托邦现实主义为视角》,载《法商研究》2010年第2期。
[6][7] 陈志荣:《生态法律关系研究》,福州大学博士学位论文,2016年。

有，具有全体社会共享公用的特征，更准确地说应该是为人类和自然所共同共用共享。由于生态利益的共享性，在实际中根本找不到其归属的实体。（2）基础性。生态利益是人类立足于地球的一项根本的基础性利益。只有一个正常有序健康的生态环境，才能为人类提供基本有效的生存和生活的基本保障。如果我们任由生态环境不断恶化，空气、水、土壤等不断被污染，人类的衣食住行和基本的健康将无法维系，更谈不上其他的任何权利。（3）自然性。生态利益以水、空气等自然生态要素为载体，如果这些自然环境载体消失了，那么生态利益也就不复存在。因此，生态利益不同于其他利益类型，具有极强的自然性，其他利益都是生态要素所体现的物质形态利益本身且往往具有可替代性，而生态利益必须以这些自然生态要素的存在和生态功能的正常运行为前提，同时又要求这些自然生态要素只有在发挥生态价值时才会体现出生态利益。生态利益是自然性与生态性的统一，自然性决定了其具有客观规律性、不受人的意志所左右，生态性决定了必须保持好维护好自然生态要素正常的生态功能。（4）层次性。生态利益以生态系统为前提，只有维护好生态系统的正常功能，才能保护好生态利益。生态系统是一个相对的概念，不同的环境会形成不同规模、不同层次、不同大小的生态系统。因此，生态利益会因生态系统的不同而具有层次性，离生态系统越近的群体，受到生态系统功能变化的影响就越大，生态利益受影响也越大，反之亦然。例如在水污染事件中，离污染源越近的群体受到的影响可能越大，提出诉讼需求的欲望也就越强烈。可见，生态利益的层次性将可能直接影响诉讼需求和诉讼资格的取得。[①]

实践中与环境相关的案件有很多，但是大部分的案件不论从起诉目的，还是法院判决方面来看，都旨在保护人的人身与财产利益，而非环境利益。一些被冠以"环境公益诉讼"的案件，其实保护的利益并非环境利益。《民事诉讼法》第五十五条和《环境保护法》第五十八条都规定了"污染环境"损害社会公共利益的行为。许多学者认为，这两部法律中规定的污染环境损害的社会公共利益就是环境公益。仔细分析我们会发现，这两部法律中仅仅包含"污染环境""损害社会公共利益"，而并没有"环境公益""环境利益"之类的字眼。这两部法律并没有对相关概念进行明确的定义或解析。环境社会公共利益不是"环境公益"。生态环境公益诉讼是指环境公共利益遭受某些或某个个体的违法行为侵害的情况下，允许其他某些或者某个个体向法院提起诉讼，而提起诉讼的目的必须是为了维护生态环境公共利益，也就是生态环境利益。《民事诉讼法》和《环境保护法》分别规定了有关机关和组织可以针对污染环境、损害社会公共利益的行为向

---

① 陈志荣：《生态法律关系研究》，福州大学博士学位论文，2016年。

人民法院提起诉讼。污染环境损害的社会公共利益并不是环境利益，而是众多人的人身与财产利益。环境社会公共利益诉讼不是生态环境公益诉讼。也就是说，针对环境公益诉讼，《民事诉讼法》和《环境保护法》都没有建立起纯粹的环境公益诉讼制度。①

生态环境利益是公众的整体利益，是公共利益，但不是国家公共利益。公共利益可以分为国家公共利益（简称"国家利益"）和社会公共利益（简称"社会利益"）。正如学者所言，"公共利益不独国家的利益，社会的利益亦包括在内"。② 国家是一个政治概念，政治利益是国家利益的当然内容。领土完整、国家主权和文化完整是国家利益的核心内容。生态环境是人类的共同需要，与政治无关。生态环境利益不属于政治利益也不属于国家利益，而属于社会利益。因此，公安或检察机关在环境刑事案件中代表国家作为控诉方，就如同其他刑事案件一样是以国家利益为维度的，自在情理之中。但是，对于不涉及刑事问题的环境生态利益，检察院再以国家利益的代表者开展公益诉讼则是名不正言不顺。③

环境法学者认为真正的生态环境公益诉讼仅限于旨在预防和修复环境或者生态本身所遭受损害的诉讼。按照环境法学者的理解，环境利益是一种与人格利益（环境因与人类的生命和健康等人格利益息息相关而蕴含的利益）和财产利益（环境因充当许多财产获取和实现条件而蕴含的利益）相并列的人之利益，是指因环境具有多种生态服务功能而蕴含的利益④，只有对环境本身造成损害而导致环境功能退化或丧失，才构成对生态环境公共利益的损害。⑤ 按照这种逻辑，只有旨在要求预防或修复环境生态服务功能的诉讼才属于生态环境公益诉讼，而旨在保护不特定多数人利益以及国家利益的诉讼则属于生态环境私益诉讼的范畴。

立法机关和司法机关未将生态利益确认为法律利益，而是认为生态利益仅是反射性利益，即主要针对生态利益保护的生态环境公益诉讼制度的设定完全为保护公共利益，作为反射性利益的生态利益受到侵害时，公民个人无权以此为由请求法律救济。欲实现通过生态环境公益诉讼尊重、保护和给付生态环境公共利益的目的，法律应当承认生态利益为独立的法律利益。"由于诉必须以权利主张

---

① 时军、孙晓情：《〈环境保护法〉第58条"污染环境损害社会公共利益"的性质界定》，引自《2015年全国环境资源法学研讨会论文集》。
② 史尚宽：《民法总论》，台北正大印书馆1980年版，第31页。
③ 刘清生：《整体主义方法论下环境权论》，福州大学博士学位论文，2016年。
④ 联合国千年生态系统评估项目组：《生态系统与人类福祉：评估框架》，中国环境科学出版社2007年版，第56~60页。
⑤ 王小刚：《论环境公益诉讼的利益和权利基础》，载《浙江大学学报（人文社会科学版）》2011年第3期。

（或一定法律关系的主张）的形式表现出来，所以在这类诉讼中经常出现一些并没有得到实体法规范及其传统理论体系承认的利益、地位也作为法律上的权利来主张并要求法院承认的情况。"①

生态环境公共利益在本质上可以还原为不特定多数人独立享受生态服务功能的私人利益。② 这种观点值得商榷。生物与环境相互作用过程中形成的生态系统在向人类提供自然资源产品的同时也发挥着极为重要的生态服务功能，前者体现为经济利益而可以通过产权制度予以有效规范，后者属于生态利益而面临着市场失灵境遇。生态服务功能与自然资源产品供给功能之间的紧张关系，生态理性精神被经济理性诉求所压倒，经济理性的诉求充斥于当今法律制度的设计和运行过程之中③，导致环境公共执法必然存在某种程度的政府失灵现象。生活在特定生态系统内的自然人都是环境污染或生态破坏的潜在受害人，因其对生态服务功能的享受不具有排他性而通常被认为缺乏提起传统民事诉讼所必须具备的直接利害关系。在市场与政府双重失灵却又无法适用传统私益诉讼制度的情形下，突破传统当事人适格理论的生态环境公益诉讼制度应运而生。

第三节 生态环境公害

无论是在经济学还是在法学的理论研究中，在探究环境资源问题的成因时，大多会援引这样一个经典的故事：一百亩草地，一百头羊，四个牧羊人。管理者将草地分为五份，四个牧羊人各一份，第五份为公共场地。实验结果为：四份个人所有的草地都得到了很好的管理和利用，而公共草地却由于过度的放牧而严重退化。这则故事是美国学者哈丁在其著名论文《公地的悲剧》（又称"哈丁悲剧"）中提出的描叙性模型，现已作为环境问题中研究的经典范例。④ 人们早就认识到公共物品的性质对人类的福利有所影响。比如亚里士多德就说过："凡是属于最多数人的公共事务常常是最少受人照顾的事物。""公地的悲剧"根源就在于草地是公有财产，而不是私有的。可以得出的结论是：人性都有向外扩张的欲望，产权明晰的部分由于有明确的管理者而受到保护，而无人保护的公共利益

---

① ［日］谷口安平：《程序的正义与诉讼（增补本）》，王亚新译，中国政法大学出版社 2002 年版，第 178 页。
② 黄忠顺：《环境公益诉讼制度扩张解释论》，载《中国人民大学学报》2016 年第 2 期。
③ 任瑞兴：《环境公益诉讼制度应回归生态理性》，载《中国社会科学报》2013 年 7 月 29 日。
④ 转引自戴星翼：《走向绿色的发展》，复旦大学出版社 1998 年版，第 65 页。

最易受到侵害。

　　面对19世纪以来的社会公共利益受害状况，法学理论与法律实践都开始了社会化的应对方案。法律实践上，西方各国纷纷开始了社会化立法。为实现法律对社会公共利益的保护，美国法律作出了系列修正。如对财产使用自由的限制、对违反社会利益自由的限制、对契约自由的限制、对处分权的限制、对债权人或受害人的求偿权的限制、公用物和无主物改为公共财产、强调社会对被抚养家属的关系、日益倾向于将公共资金补偿给个人、日益承认保护集团和联合体的利益等。① 为应对社会公共利益保护的需要，大陆法系国家的近代民法三大基本原则（即所有权神圣、契约自由、过错责任原则）也相应变更为所有权的限制、契约自由的限制、无过错责任原则的适用。为实现保护社会利益的目的，大陆法系国家甚至不惜在个体权利如所有权上直接附加义务，如德国《魏玛宪法》（1919年）第153条规定"所有权负有义务，行使时应有利于社会公益"。为维护社会公共利益，大陆法系与英美法系的前述法律措施，无不针对个人利益与个体权利的享有与行使。对个体权利的享有与行使的限制实质是对人的私利性或理性的限制。这个为维护社会公共利益而限制个体利益和个体权利的法律过程，就是所谓的法律社会化过程。"法律社会化的趋势在西方各国法律体系和各个部门都得到充分的体现。"②

　　一般而言，环境侵权侵害的对象包括直接对生态环境自身价值的损害和以环境为媒介而间接造成的特定主体的人身、财产的损害两种损害形式。前者属于对环境公益的损害，后者则属于对环境私益的损害。现行民事立法仅规定了环境污染责任，未将环境公益损害赔偿责任纳入调整范围。例如，《民法总则》规定："违反国家保护环境防治污染的规定，污染环境造成他人损害的，应当依法承担民事责任"，《侵权责任法》规定："因污染环境造成损害的，污染者应当承担侵权责任"，二者均只保护因环境污染造成他人的损害，也即"环境污染责任"。虽然《侵权责任法》中的"污染环境"是指广义的环境污染，既包括对大气、水体、土地等在内的狭义的环境污染，也包括对生物多样性的破坏、破坏生态环境和自然资源的损害等多种污染形式，③ 并且损害结果上"造成损害"与民法总则中的"造成他人损害"相比删除了"他人"二字，但据此主张环境侵权责任包括生态多样性的减少、生态环境功能损害、自然资源破坏等对环境自身损害承担赔偿责任的观点却有待商榷。（1）侵权法在性质上属于私法，只能保护私益，仅从单个法条的某个概念推出侵权法适用于环境公益的保护显然是对侵权法的误

---

① 王哲：《西方政治法律学说史》，北京大学出版社1988年版，第485～490页。
② 严存生：《新编西方法律思想史》，陕西人民教育出版社1996年版，第221页。
③ 中国法制出版社编：《〈侵权责任法〉新解读》，中国法制出版社2012年版，第109页。

读,此时应当对侵权法调整的对象进行体系解释。从侵权责任法的适用范围上来看,《侵权责任法》第二条明确列举了18类绝对权,并采用了"等人身财产权益"的兜底表述,环境公共利益并未列举在其中,而且环境本身的利益既不属于人身利益也不能简单地等同于财产利益,因而不能用侵权法来调整。(2)从环境侵权法的救济制度上来看,《侵权责任法》不能作为提供填补生态损害的直接依据,只能通过对资产性要素损害主张恢复原状来填补生态损害。[①]

环境损害就是生态损害,是指因人类的各种生产生活行为致使区域性的公共环境资源受到污染或破坏,侵害了自然体的生态利益,有引起生态系统结构或功能发生不利变化的危险或产生了实际损害后果的事实状态,主要表现为区域性环境质量下降、生态功能退化。[②] 有鉴于"环境侵权损害"这一表达传统侵权损害的术语已经基本确立,为了避免使用时造成不必要的混淆,使新的法律术语能区别于"环境侵权损害"这一已有术语,有学者建议使用"生态损害"来表述生态或环境本身的损害。[③] 但是也有学者主张"生态损害"与"环境损害"存在内涵上的区别,他认为"生态损害的直接对象就是地球上某一生态系统,只有对生态系统的功能稳定性造成了损害,才能构成生态损害,其损害的是生态系统层次上的环境,如果某一局部环境没有构成一个相对独立的生态系统,即使对它造成损害,我们也不能说是生态损害,而只能说是环境损害"。[④] 我们赞同前者的观点,对后者持保留态度。因为"生态损害"也好,"环境损害"也罢,不可能是人身和财产损害。至于在人身和财产损害之外再有没有进一步细分为"生态损害"与"环境损害"?我们认为没有必要,这种细分在现实中是无法做到的。

其实,"生态损害"指人为的活动已经造成或者可能造成人类生存和发展所必须依赖的生态(环境)的任何组成部分或者其任何多个部分相互作用而构成的整体的物理、化学、生物性能的任何重大退化。[⑤] 或者,"生态环境损害是指因人为环境污染而造成的环境质量下降、自然生态功能退化以及自然资源衰竭的环境不良变化","相对于因环境污染而造成的人身、财产权利侵害的环境侵权法律责任","生态环境损害"是"一种新型的环境损害责任"。[⑥] "生态损害"这一概念具有如下特征:(1)生态损害是因人的生态(环境)侵害行为而导致的。加害行为主体是法律上的主体。(2)造成生态损害的生态(环境)侵害行为以人类生存和发展所必须依赖的生态(环境)的任何组成部分或者其任何多个部分

---

① 李承亮:《侵权责任法视野中的生态损害》,载《现代法学》2010年第1期。
② 张锋、陈晓阳:《环境损害赔偿制度的缺位与立法完善》,载《甘肃社会科学》2012年第5期。
③ 竺效:《生态损害综合预防和救济法律机制研究》,法律出版社2016年版,第54~60页。
④ 徐详民、刘卫先:《环境损害环境法学的逻辑起点》,载《现代法学》2010年第4期。
⑤ 竺效:《生态损害的社会化填补法理研究》,中国政法大学出版社2007年版,第60页。
⑥ 柯坚:《环境法的生态实践理性原理》,中国社会科学出版社2012年版,第218页。

相互作用而构成的整体为侵害客体。这类行为侵害对象直接指向（to）生态（环境）本身，而非以生态（环境）为媒介（through）而指向其他法律主体的人身或财产权益。(3) 生态（环境）侵害行为通过侵害人类生存和发展所必须依赖的生态（环境）的任何组成部分或者其任何多个部分相互作用而构成的整体这类特定的客体而造成其物理、化学、生物性能的任何重大退化的危害后果，或可能造成这种危害后果。(4) 对于生态损害，应首先侧重预防和防范，一旦发生了生态损害，则其法律救济方式可以是消除危害、修复或赔偿等。对于可能造成损害的应以消除危害为主，但不排除要求造成生态损害的责任人承担消除危害等补救措施或防范措施费用的赔偿责任。对于已经造成损害的，应要求其承担恢复环境或修复生态的责任，可以由责任人自己采取降低损害的措施、恢复原状的措施或替代性修复措施，也可以由第三人代为采取这类防范性和恢复性的措施，但有关费用应由责任人承担或赔偿。对于已经造成生态损害，但无法修复生态（环境）的情形，应由责任人承担赔偿责任。(5) 生态损害赔偿责任与环境侵权损害赔偿责任存在交叉之处，即有主自然资源的财产性损害的赔偿，而这部分损害通常可以归类为现代民事侵权损害赔偿法所能够给予充分救济的财产损害或纯经济损失。但有主自然资源可能超过其可为市场价格所表现的财产价值而具有生态价值，这部分具有生态意义的价值的填补仍需借助于生态损害赔偿责任制度。① 这种对生态损害的认识是比较深刻全面的。

  环境及其组成要素是人类的共同财产，不能为人力独占或支配；但是，这些环境组成要素一旦特定化，就会从自由财产状态转化为私权资产状态，成为物权法中的物。根据我国《物权法》第四十六～第四十九条的规定，矿藏、水流、海域、森林、山岭、草原、荒地、滩涂、野生动植物资源等自然资源属于国家所有，对自然资源实行有偿使用制度。即具有财产属性的环境组成要素是物权法中的物，是物权的客体。如果环境损害对象是作为物权客体的环境要素的损害，如河流、土壤、海域的污染，野生动植物的死亡等，那么，此时环境致害人的行为对河流、土壤、海域、野生动植物的所有人构成侵权，即侵害他人物权，致害人应向受害人承担侵权责任。但环境及其组成要素同时具有生态服务功能，如淡水具有调节气候、维持生态平衡等功能，森林具有防风固沙、涵养水源、调节气候等功能。环境侵害除了损害特定主体的人身权、财产权外，还会造成环境自身的损害；除了环境要素的资产性利益损失以外，还会对其生态功能造成损害。环境损害又称自然资源损害、生态损害、环境自身损害。1990年的美国《油污染法》将环境损害表述为自然资源损害，指出自然资源损害是"对自然资源的侵害、破

---

① 竺效：《生态损害的社会化填补法理研究》，中国政法大学出版社2007年版，第60~61页。

坏、丧失或者丧失对自然资源的使用"。2002年的《俄罗斯环境保护法》第1条规定，环境损害是指"因环境污染而造成的引起自然生态系统退化和自然资源衰竭的环境不良变化"①。2004年《欧洲议会和欧洲委员会关于预防和救济环境损害的环境责任指令》第2条第2款指出，环境损害意味着"对受保护物种和自然栖息地的损害，此种损害对受保护栖息地或者物种的顺利保育状况的延续或保持产生重大不利影响"。环境损害是一种新型损害，不同于传统的以环境为媒介的环境侵权损害，而是直接指向环境本身的损害。环境损害不是某个特定民事主体的私法权益的不利后果，而是人类开发利用自然的行为对环境本身的负面影响，这种负面影响导致环境的生态功能下降，以致危害人从生态系统功能中所获的利益，这种利益可以称为生态利益。

吕忠梅教授在对生态环境公益诉讼的客体究竟是"对人的损害"还是"对环境的损害"进行辨析后认为，"环境公益诉讼应将'对人的损害'排除在外，不涉及任何私益"。②《侵权责任法》所秉承的"直接保护个体私益，间接保护社会公益"的权利保护模式属于私人实施的范畴，而生态环境公益诉讼所蕴含的权利保护模式属于社会实施的范畴。③ 用后现代主义的话语来表达，《侵权责任法》与生态环境公益诉讼所秉承的权利保护模式存在个体主义理论范式与整体主义理论范式的分野。④ 这种理论范式的不同，是《侵权责任法》不能承受起生态环境公益诉讼之重的根本原因。将《侵权责任法》作为生态环境公益诉讼的实体法依据，其实质是一种转化的思维：将对生态环境损害的救济转化为对人的损害的救济，将对生态环境公益的维护转化为对民事权益的维护。然而，这种一厢情愿的民法情怀实际上已经超越了《侵权责任法》可以承受之重，所以我们最终未能在理论的黑洞中寻觅到光明的转化路径。

环境污染和生态破坏不仅是私害，更是对社会公益的损害即公害。现代社会的复杂化，单单一个行动就致使许多人或许得到利益或许蒙受不利的事件频繁发生。环境破坏与环境污染之"影响范围大、涉及面广、损害对象普遍、有时同时侵害相当区域不特定多数人的多种权益"的特点，使"存在大量的受害者及大面积受害可能性"成为当今这个时代之环境破坏与环境污染的一大特征。正如卡佩莱蒂教授指出的："往湖泊河流里排放工业废物，就会危害渴望享用清净用水的居民。物品有包装缺陷或污秽不堪，顾客就会全部受害。"⑤ 非特定多数与非特

---

① 马骧聪：《俄罗斯联邦环境保护法和土地法典》，中国法制出版社2003年版，第3页。
② 吕忠梅：《环境公益诉讼辨析》，载《法商研究》2008年第6期。
③ 赵红梅：《经济法的私人实施与社会实施》，载《中国法学》2014年第1期。
④ 侯佳儒：《环境法学与民法学的对话》，中国法制出版社2009年版，第236页。
⑤ Cappelletti, Vindicating the Public Interest, P. 519.

定层次的污染源,将使环境责任的归责与承担更趋复杂化,使环境责任远远超出血缘与社区关系范畴,从而引发"因责任的关联性或环境损害事实上的关联性",进而导致社会连带责任问题。而且从另一角度而言,环境破坏及公害的产生,也与民众的生产、生活有直接或间接联系。为此,柯泽东教授曾专门提出"社会责任原则或责任社会化"的概念,认为"社会责任原则或责任社会化乃指构成对社会损害之责任,或指对社会损害应负之责任而言"。[①] 因此,在法律对策上固守个体责任的侵权救济制度难以适应环境私害到环境公害的转化。

日本《环境基本法》第 2 条第 3 款沿用了日本《公害对策基本法》第 2 条的规定:"所谓公害,是指伴随着企事业单位的活动及其他人为活动而发生的相当范围内的大气污染、水污染、土壤污染、噪声、震动、地面下沉以及恶臭等造成的与人的健康或生活环境相关的损害。"日本《公害罪法》关于公害的认识,也沿袭这一定义方法。早稻田大学著名环境法学家原田尚彦教授认为:"由于日常的人为活动带来的环境污染,并由此所产生的对人与物的损害即为公害。"[②] 这一定义代表了日本环境法学界众多学者和受害者的意见,它突破了日本《环境基本法》关于环境公害"相当范围"的解释,作出了扩大性的解释。尽管日本在司法实践中适用《环境基本法》《公害罪法》《公害健康受害补偿法》《公害对策基本法》等规则,但在具体案件的审理上却受到日本学界和受害者的意见的影响。

我国实证法上与生态环境公益诉讼相关的法律和司法解释均未对环境公害的类型作出明确的界定。《民事诉讼法》第五十五条规定,"对污染环境、侵害众多消费者合法权益等损害社会公共利益的行为,法律规定的机关和社会组织可以向人民法院提起诉讼",该条将"污染环境"规定为一种损害社会公共利益的行为,这意味着只要存在环境污染行为便可提起公益诉讼;而《环境保护法》第五十八条所表述的生态环境公共利益损害是指以"污染环境、破坏生态"为手段,从而造成的社会公共利益的损害。《环境公益诉讼司法解释》第一条也规定以造成社会公共利益的损害作为生态环境公益诉讼适用的前提条件,并且将社会公共利益损害扩大至"具有损害社会公共利益的重大风险时"。在生态环境公共利益的界定方法上应该采用损害可否完全还原为标准,即环境侵权损害是否可以还原到特定的受害人。根据这一标准,凡是能够完全还原到具体的受害人的损害都属于私益损害,相应的对这种损害的救济只能够提起私益诉讼或团体诉讼,而不能提起生态环境公益诉讼。例如,因被告的排污导致排污范围内不特定多数人感染

[①] 柯泽东:《环境法论》,台湾三民书局 1988 年版,第 160 页。
[②] [日] 原田尚彦:《环境法》(补正版),弘文堂 1994 年版,第 4 页。转引自冷罗生:《日本公害诉讼理论与案例评析》,商务印书馆 2005 年版,第 24 页。

疾病，患者只能对自身遭受的损害提起私益诉讼或者多个受害者共同提起代表人诉讼。此种因环境污染造成的损害便具有完全的可还原性，即便遭受损害的主体是不特定的多数人，但它仍然不属于生态环境公益诉讼中的公共利益。只有那些完全不具有可还原性的损害才属于生态环境公益诉讼中的公共利益，例如污染者排放的污染物仅造成环境污染、生态破坏、生物多样性的减少等，而没有造成特定人的损害，属于生态环境公共利益的侵害，只能提起生态环境公益诉讼。当侵权行为同时造成了私益和公益的损害时，损害便不具有完全的可还原性，此时对于具有可还原性的损害应认定为私益损害，只能提起私益诉讼；而对不具有可还原性的损害，则应当认定为生态环境公益的损害，应当通过公益诉讼予以救济。

第四节　生态环境公益诉讼中的利益衡量

在利益交错、矛盾凸显的当代，多元利益需要维护和均衡，立法中忽视利益平衡的规则将会失去其作为规范的"秩序"张力，进而无法获得民意的支持并失去其权威；司法中抛弃利益平衡将不利于纠纷的真正解决；法学研究中利益平衡的缺失，将使法学的体系化进程缺乏基石范畴。没有冲突的社会是一个无生机、沉闷乏味的社会。① 纠纷的存在即意味着允许不同的利益和不同的价值观念的存在。现实生活中的环境纠纷很多并不是纠纷主体恶意滋生事端的结果，而在很大程度上是社会主体在社会交往过程中通过不同的行为将自己的利益需求、自身的价值取向在各个方面表现出来，由此而衍生出摩擦。允许纠纷的存在，意味着允许和鼓励不同的价值观、不同的利益在社会中相互交错、彼此摩擦、共同繁荣。

利益衡量是治理型环境司法的基本裁量方法。生态环境诉讼涉及多元利益的博弈和竞争。一般来说，这些相互冲突的利益包括但不限于：受损者的人身、财产权利，公众的环境利益，企业的自由发展权，企业员工的经济利益、社会保障利益，以及地方政府的政绩利益等。当这些利益的"平衡与取舍无法依据权利位阶方法解决时，就只能救助于利益衡量的方法"，"选择优先保护的利益类型"。② 在最根本的意义上，治理型环境司法的裁判过程就是法官平衡、救济或再分配利益的过程。更为关键的是，利益衡量方法还有超越个案的规范性意义，即通过事实和价值的判断揭示出法律规范真实或隐藏的意义，或者通过判断标准的类型

---

① ［美］戴维·波普诺：《社会学》（第11版），李强等译，中国人民大学出版社2007年版，第133页。
② 杜辉：《挫折与修正：风险预防之下环境规制改革的进路选择》，载《现代法学》2015年第1期。

化、具体化形成普遍适用的"解释性裁判规则""指导性裁判规则"和"立法性裁判规则"。① 这对提升环境司法裁判解决的妥当性具有决定性的意义。② "如果……给予环境权至高的力量,就会有产业停废的危险……把环境权看作是排除一切利益衡量的绝对的至高无上的价值来约束法院是不对的。推进环境保护的目的应当是在与其他法益实现相互协调之下达成的。"③

从利益调整的角度来看,诉讼无疑是一个利益再分配的过程,相互之间对抗的利益主张引发人们对现有利益格局的不满,并寻求运用诉讼的方式来改变利益分布的状态。利益冲突进入诉讼以后,居中裁判的法官根据各方利益代表的主张、抗辩以及提交的证据等完成利益权衡和判断,并最终以判决的方式给出一个确定性的、由国家强制力保证实施的利益调整方案。为了保证这样一个关乎人们切身利益的再分配方案能够至少在形式上获得公正的外观,就必须确保任何会受到法院判决影响的特定利益在诉讼过程中获得恰当的主张和代表。因此,为如何判断诉的利益的恰当代表设立一个标准便成为当事人适格理论重要的逻辑起点。在很多领域,利益分布呈现扩散性、模糊性的特征,利益对应关系也因此变得不明晰,甚至根本不存在法律预先明确或者公认的利益代表。环境权益所指向的对象很多为公共物品,如大气、阳光、海洋等,这些物品往往产权不明确,形体上难以分割和分离,消费时又不具备专有性和排他性。当这些公共物品受到破坏时,哪些人可以对此主张权利以及权利受侵害的程度和范围有多大等问题都很难明确。

传统法律注重个人财产权利和人身权利的保护,缺少对人类生态利益的考量,缺乏生态理念。传统法的思想基础源于人本主义的伦理观,它本身存在着忽视人类以外的生命世界和地球生态系统相互关系的缺陷。④ 即使仍以人类利益为中心构建和发展我们的法律体系,我们也应该将生态利益纳入法律的考量框架之中。传统的法律,无论是作为私法的民法还是作为公法的行政法、刑法,在确定法益时,毫无疑问是以人的利益为中心的。而对人的利益所涵盖的范围,无非是人生存所必需的财产、人身和精神利益,很少或几乎没有生态利益的考量。随着工业发展和城市化进程的加快,由于人类长期忽视保护生态环境,长期肆意破坏自然,工业文明副产品对自然环境的作用越来越大,远远超出了自然界的承受力和自我调节的范畴,特别是从20世纪50~60年代开始,"公害事件"层出不穷,

---

① 杨力:《基于利益衡量的裁判规则之形成》,载《法商研究》2012年第1期。
② 杜辉:《环境司法的公共治理面向——基于"环境司法中国模式"的建构》,载《法学评论》2015年第4期。
③ [日]原田尚彦:《环境法》,于敏译,法律出版社1999年版,第33~34页。
④ 汪劲:《环境法律的理念与价值追求——环境立法目的论》,法律出版社2000版,第125页。

甚至形成了大面积乃至全球性公害，从而导致人与自然的关系逐步走向崩溃的边缘，导致社会规制出现新的危机。①此时，若法律仍对人的生态利益沉默，那人类对生态资源的需求将得不到满足，即使暂时满足了，也是一种无序的、建立在破坏后代人需求基础上的不可持续的状态。所以，在原有的法律体系内加入对生态利益的考量成为必要，这是生态文明和可持续发展需求在法律层面的体现。要用法律制度保护资源的生态价值，满足人的生态利益需求，就必须在法律的利益衡平机制中加入生态利益，将其作为与传统的财产性利益、精神利益等平等的利益，在价值选择中进行平衡考量。只有这样，才能在生态利益受到侵害时寻求到相应的法律机制予以救济。对生态利益的保护，在某种程度上可能会和传统的财产性利益发生冲突和矛盾。但这并不能成为我们在法律的利益平衡机制中排除生态性利益考量的理由。②

各国法院适用排除危害责任的条件尽管不尽相同，但对于严重的环境侵害，在侵害生命健康时，一般都适用排除危害，不论侵害行为的公共性和必要性；在环境污染侵害财产时，一般按照利益衡平原则，或适用排除危害，或适用赔偿损失；在环境侵害精神稳定和感情安宁时，则更多的是通过利益衡量不予适用排除危害的责任。例如，在日本，由于公害的原因行为具有社会正当性，"停止行为不仅对事业活动是一个大打击，宽泛的认可停止行为请求的话并不是没有使得有用的社会性事业活动被迫停止或废弃的危险"。因此日本也将排除危害与利益衡量结合起来，认为私权之行使，应尊重公共福利，为现代权利社会化之主要表征，而如何尊重公共福利，则有待利益衡量之原则，加以现实化及具体化。利益衡量因侵犯的权利不同而有不同的适用。首先，对于人格权受侵害来说，人格权中最重要者当属生命权，故因生命权受侵害而请求排除危害，适用利益衡量的机会较少。但如就人格权采用广义解释，则包括精神损害、生活妨害甚至环境利益的享有等，在此情况下，利益衡量则适用较多。财产权遭受危害的，是否排除危害，无疑要经历非常严格之利益衡量。其次，单纯侵害环境利益而未侵害财产权或人格权的，在较早时期，认为排除危害几无可能。随着生态意识及对生态价值认识的提高，单纯因环境受到危害而请求排除的可能性必然大为提高，而此时，利益衡量也必将扮演极为重要之角色。③

生态环境公益除了基于科学上的认知有限因素而带来的不确定性以外，它还

---

① 刘爱军：《生态文明与环境立法》，山东人民出版社2007年版，第42页。
② 余慧娟：《生态性损害研究》，载吕忠梅主编：《环境资源法论丛》（第9卷），法律出版社2011年版，第314页。
③ 闫亚鹏：《环境法中排除危害责任及其实现》，载王树义主编：《环境法系列专题研究》，科学出版社2005年版，第511~513页。

表现为由于重大的利益衡量而导致的不确定性。因为在人类生存和发展过程中，不仅存在生态环境公益，它还有其他多方面的公共利益，如经济发展、社会进步等。因此，一个国家或者国际社会，一定时期的生态环境公益的现实状态往往也是难以确定的，因为它时常受到其他社会公共利益的衡量影响。正如2014年修订的《环境保护法》第四条所规定："国家采取有利于节约和循环利用资源、保护和改善环境、促进人与自然和谐的经济、技术政策和措施，使经济社会发展与环境保护相协调。"事实上，由于利益衡量往往受到人们的主观因素的影响比较大，由此而生的各种法律规则的制定、重大决策的形成以及各种行为的实施，都将在很大程度上影响特定时期生态环境公益的质和量。实际上，环境法中的大量义务性规范设置的正当性基础，不在于所谓的公民环境权，而在于被遮蔽在环境法中的生态环境公益。因此，未来的环境法以及环境法学都应该以生态环境公益及其维护作为环境法以及环境法学的逻辑起点，并以此引导环境权研究走出现实困境。①

原来仅作为公共利益的环境利益应由政府的一元主导向政府、市场主体、公众三元支撑趋势发展，并逐渐形成一个新的模式运作体系，以突现环境利益取向的多元性。在这种模式体系中，每一主体将围绕环境利益而形成错综复杂的关系网络：环境利益与经济利益的冲突与整合，环境公益与环境私益的冲突与整合，而每一种利益形态之间的冲突与整合都需要主体通过对其利益的行使和维护实现。诸如此类的现实都决定了在社会转型中，欲实现良好的环境利益保护与衡平，必须实现环境治理主体的多元化变革，实现多元主体的互助。而国家与市民社会之间互助的状态，则为环境治理主体的多元化提供了平台。就环境治理主体的构成而言，除了政府作为生态环境公益的重要维护者，代表国家承担环境治理的职责外，作为市民社会的重要组成成员——非政府组织、环保企业、民间团体、地方社群自治体、公民个人等都可以成为环境治理主体的一员。

有人认为，环境优先原则是在社会发展过程中，经济利益与环境利益相冲突时，经济利益应当让位于环境利益的一种价值选择，但并不是只要两者发生冲突，经济利益就让位于环境利益，而仅是当经济发展的速度和规模超过了环境的承载能力时，经济利益让位于环境利益。即在经济飞速发展、生态环境日益恶化的当今社会，当经济利益与生态环境之间发生利益冲突且不可调和时，应当优先保障生态环境利益而放弃经济利益，这种理念应当贯穿于环境保护法的始终。②其实，利益衡量论正当与否，或者说重要与否，这必须将其置于应当加以区别的

---

① 朱谦：《环境公共利益的法律属性》，载《学习与探索》2016年第2期。
② 高桂林、于钧泓、罗晨煜编著：《大气污染防治法理论与实务》，中国政法大学出版社2014年版，第22~23页。

两个阶段分别进行分析。其第一阶段即环境破坏能够由自然的净化能力自行治愈的阶段，而第二阶段则是环境破坏已经无法靠自然的净化能力自行治愈、破坏了自然循环的阶段。利益衡量的条件为：(1) 这样的生产与开发，在人类社会的进步中是必不可缺的；(2) 这样的生产与开发，对于环境所有的价值不会造成不可逆转的损失，而且通过总量和比率等各种限制，其生产与开发完全可以得到社会控制；(3) 在具有文化价值的环境中的生产与开发，除了前述两项条件之外，还要通过科学调查，以证明这种文化价值可以充分地得到代替和维持。①

环境利益总是与企业、政府重要的利益相冲突，尤其当认识到保护生态利益要付出高昂的经济和政治代价时，这类问题显得更为棘手。有时发展经济就要付出高昂的环境代价，而保护环境又要付出高昂的经济代价，二者的矛盾很难协调。只要发展经济就必须消耗一定量的资源并对周围环境产生一定的不利影响，无论采用何种技术，只要保护环境就要付出一定的经济成本，就会影响经济发展，使得经济发展变慢。保护环境和发展经济的矛盾是绝对的、无条件的，和谐是相对的、有条件的。二者既相互排斥，又互相促进。从长远看，不保护环境经济系统的运行就会超出生态系统的承载能力，经济也发展不下；同样不发展经济，就无法消除贫困对环境的威胁，环境也保护不好。因此，发展经济和保护环境，就如同人们的左手和右手，都不能放弃，二者必须统筹考虑，走极端、片面地发展经济或保护环境都是行不通的。保护环境应以经济适度发展为前提，以资源可持续利用和人类基本生存条件不受破坏为前提。环境保护与经济发展实现双赢、和谐虽好，但必须具备一定条件，通常情况下，这种条件是不具备的。环境问题之所以严峻就是二者并不和谐的表现。现实中人们发展经济的动力总是大于保护环境的动力；人们对个人利益、短期利益的追求总是强于对国家利益、社会利益、长远利益的追求，因此，经济发展这只手就比较硬，而保护环境这只手就比较软。这种现状是无法改变的，但是，今后发展经济不能突破环境底线，当触及环境底线时经济发展应当叫停，未触及环境底线时应当在确保经济适度发展的前提下努力控制对环境的不利影响。②

由于环境污染和生态破坏从根本上说是产业活动频繁的"副产品"，在目前的经济技术水平下难以完全消除，过于强调"环境优先"和业者的环境保护义务甚至严厉实行环境侵害的排除，虽能更好地保护环境资源和今世后代人的身体健康，但会给企业带来过分沉重的技术、经济负担甚至危及企业的生存，造成社会经济发展的停滞和失业等问题；反之，提倡"经济优先"，过于放任企业排污或

---

① ［日］大须贺明：《生存权论》，林浩译，法律出版社2001年版，第206~207页。
② 白平则：《人与自然和谐关系的构建——环境法基本问题研究》，中国法制出版社2006年版，第25~26页。

从事开发建设等利用环境资源的活动,强调社会公众的忍受义务,不仅有失法律的公平正义功能,甚至还会造成严重的"环境公害",引发社会的不安定。[①] 所以,必须注重"利益衡量",即必须是对环境的污染或破坏超过了一定的程度,为人们所无法忍受且危及人类的持续发展,方为法律所不允许。倘若对环境的污染或破坏尚未超过一定的程度,而且其给人们带来的利益又大于人们的"忍受限度",也不会危及人类的持续发展,则为法律所允许。正是基于这一新的符合可持续发展要求的法律价值观,各部门立法,无论是行政控制,还是民事救济,甚至刑事处罚,应推行"利益衡量"原则,以促使环境保护和经济发展相协调,从而实现人类社会永续发展。[②] 从宏观而言,各种权益在法律价值判断上的层次性应为:地球权益的价值大于人类权益的价值,人类权益的价值则大于国家权益的价值,国家权益的价值又大于自治体权益(地方权益)的价值,自治的价值理当大于个人权益、企业权益的价值。当上述权益救济发生冲突和矛盾时,有必要在一定程度上牺牲价值较小的权益,而保护价值较大的权益。[③] 这些都是生态环境保护中的利益衡量规则建议。

[①] 王明远:《论环境排除侵害中的利益衡量》,载王灿发主编:《环境纠纷处理的理论与实践》,中国政法大学出版社2002年版,第83~84页。
[②] 陈泉生:《可持续发展与法律变革》,法律出版社2000年版,第381页。
[③] 陈泉生:《可持续发展与法律变革》,法律出版社2000年版,第240页。

第四章

基本内涵与重心

如何认识生态环境公益诉讼的基本内涵与特征，是我们研究生态环境公益诉讼的逻辑起点。生态环境公益诉讼与传统私益诉讼在诉讼目的、诉讼请求等方面存在区别，同时又在审理对象、案件事实认定等方面存在紧密联系，因此，如何协调两者之间的关系是构建生态环境公益诉讼程序制度需要考虑的一个重要问题。

第一节 生态环境公益诉讼的基本内涵与特征

一、生态环境公益诉讼的基本内涵

在认识生态环境公益诉讼之前，我们有必要了解一些相关概念，如环境司法和环境诉讼等。环境司法是对与环境相关的司法活动的称谓，有广义及狭义之分。狭义的环境司法仅指环境诉讼；广义的环境司法则是指国家司法机关依照法定权限和程序对环境犯罪、环境纠纷案件进行案件移送、立案侦查、检察、起诉、审判、监督等的活动，具体而言，指的是在国家现有法律结构框架之内，公安机关、检察机关依据其法定职责，以案件移送、立案侦查、提起公诉的方式，以及民事诉讼和行政诉讼的原告、检察机关以起诉的方式，并通过法院的刑事诉讼、民事诉讼、行政诉讼受理、审查并执行的方式，使国家有关生态环境保护的法律得以及时、正确实施和实现的司法活动。①

学界在讨论环境保护、环境纠纷解决的司法途径以及环境权益救济机制过程中，频繁使用了"环境诉讼"这一概念。在已有研究文献中，"环境诉讼"大多指的是特定主体向法院申述自己的主张，在法院主持下按照法定程序审理涉及环境因素这一类型案件的过程，主要包括了环境民事诉讼、环境行政诉讼和环境刑事诉讼。虽然通论认为环境诉讼即是环境民事、环境行政和环境刑事诉讼的统称，但不同专业学科背景的学者对之也有不同的界定。比如，有学者认为，环境诉讼主要是当事人向法院起诉，由法院依照《民事诉讼法》规定的程序审理的环境纠纷解决方式，并且集团诉讼是环境诉讼的典型形式。② 所以，"环境诉讼"实际上指的是"有关环境的诉讼"，是一个泛指而非独立的法律概念，不具有特定的制度内涵。这种所谓的环境诉讼并不能有效应对环境纠纷，其根本原因在于，环境民事诉讼、环境行政诉讼和环境刑事诉讼仅仅是"有关环境的诉讼"，其本质属性还是民事诉讼、行政诉讼和刑事诉讼而非"环境诉讼"。

有学者认为，如果从环境诉讼所救济的环境利益是公益还是私益的角度来划分环境诉讼的话，环境诉讼可以划分为环境公益诉讼和环境私益诉讼两个部分。③ 其实，这一观点是自相矛盾的。该学者同时认为，并非一切针对导致环境污染或者环境恶化的行为而提起的诉讼都是环境诉讼。为弄清楚这个问题，首先来看看两个环境污染引起诉讼的事例。一个事例是：某化工厂向某湖泊中超标排放工业废水，导致该湖区内水产养殖经营人放养的鱼类大面积中毒死亡，造成严重的经济损失。于是，湖区水产养殖经营人提起诉讼，要求法院判决化工厂赔偿经济损失并停止其污染环境的行为。另一个事例是：某化工厂向某河流中超标排放工业废水，导致该河流水体污染，河流中鱼类大量死亡，死亡的鱼类腐烂后产生恶臭气味，河流沿岸居民的清洁饮水权和呼吸清洁空气的权利受到侵害，健康生活受到威胁，于是河流沿岸的居民向法院起诉，要求判决该化工厂停止破坏环境的行为，责令其尽快治理被污染的河道，并赔偿居民的损失。上述两个事例中所进行的诉讼是否都属于环境诉讼呢？笔者认为，从法律性质上分析，只有后面一个事例可以称得上环境诉讼，而前一个事例只能算作民事诉讼。其原因就在于两个案件的诉讼标的不同。④ 关于环境纠纷的司法救济，人们谈论最多的就是环境公益

---

① 钱水苗、孙海萍：《论环境司法与执法协同保障的完善——以浙江省的实践为例》，引自中华环保联合会主办：《中国环境法治2013年卷（上）》，法律出版社2013年版，第2~3页。
② 齐树洁：《环境诉讼与当事人适格》，载《黑龙江省政法管理干部学院学报》2006年第3期。
③ 蔡维力：《环境诉权初探》，中国政法大学出版社2010年版，第7页。
④ 蔡维力：《环境诉权初探》，中国政法大学出版社2010年版，第15页。

诉讼，人们在说到环境诉讼的时候，其实指的也就是环境公益诉讼。[1]

在学界，生态环境诉讼与生态环境公益诉讼是经常被学者们提起的概念。所谓生态环境公益诉讼，一般是指社会成员，包括公民、企事业单位、社会团体依据法律的特别规定，在环境受到或可能受到污染和破坏的情形下，为维护环境公共利益不受损害，针对有关民事主体或行政机关而向法院提起诉讼的制度。[2] 有学者认为，生态环境诉讼和生态环境公益诉讼概念的内涵本质上是一致的。生态环境诉讼及生态环境公益诉讼中"诉的利益"本质上也是公共性的。传统上"诉的利益"有公益和私益之分，所以对应的也有公益诉讼和私益诉讼。而环境上的"诉的利益"具有整体性和公共性，这就是人们常说的环境属于公共产品。在印度，由个人提起的环境公益诉讼可细分为两类，即由受影响的当事人和由具有公益心或者公益精神的个人提起诉讼。就个人作为受害人（利害关系人）之一向法院提起的诉讼而言，由于环境利益属于典型的公共利益，广泛地"分散"于公众中而没有单个的权利可以适用或没有法律可以覆盖其中，此时，受影响的当事人——环境污染受害者提起的诉讼便是环境公益诉讼。[3] 生态环境诉讼的最主要特性或最典型特征就是公益性，这是被理论和实务界公认的。因此，在一定意义上生态环境诉讼就是公益诉讼或者生态环境公益诉讼，生态环境诉讼实际上就是公益诉讼的典型适用。正如美国的生态环境公益诉讼称做公民诉讼，法国的生态环境公益诉讼称为越权之诉，日本的生态环境公益诉讼叫做民众诉讼，等等，所以，我国的生态环境公益诉讼称为生态环境诉讼未尝不可。从立法技术角度，如果称做生态环境公益诉讼，是否还存有与其相对应的非公益环境诉讼，而事实上并不存在普通意义上的环境诉讼；只是在民事、行政和刑事诉讼领域存有与环境因素相关的特殊民事、行政和刑事诉讼而已。[4]

生态环境公益诉讼是公益诉讼的一种，它是公益诉讼在环境领域的运用。国外有学者界定："当公益诉讼中全部或部分涉及环境问题时，这样的公益诉讼就叫环境公益诉讼"；[5] "私益诉讼是指因环境损害而受到不利影响的人所提起的、旨在要求过错方赔偿其损失的诉讼。公益诉讼是指由那些代表环境利益的相关当事人，如环保组织，所提起的诉讼"。[6] 如果认同"公益诉讼是任何组织和个人根据法律授权，就侵犯国家利益、社会公益的行为提起诉讼，由法院依法处理违

---

[1] 蔡维力：《环境诉权初探》，中国政法大学出版社2010年版，第42页。
[2] 张震：《作为基本权利的环境权研究》，法律出版社2010年版，第180页。
[3] 栾志红：《印度的环境公益诉讼》，载《环境保护》2007年第18期。
[4] 张锋：《和谐社会的生态化解读》，山东人民出版社2010年版，第257~258页。
[5] Jona Razzaque. *Public Interest Environment Litigation in India*, Pakistan and Bangladesh, Kluwer Law International 2004.
[6] David Nicholson. *Environmental Litigation in Indonesia*, 6A. P. J. E. L., 47, 50 (2001).

法的司法活动",① 那么,生态环境保护公益诉讼是指任何组织和个人根据法律的特别规定,在生态环境受到或可能受到破坏的情形下,为维护生态环境公益不受损害,针对有关民事主体或行政机关而向法院提起诉讼,由法院依法追究行为人法律责任的诉讼。② 也有学者认为,生态环境保护公益诉讼是法律规定的机关和有关组织在行政机关、企事业单位或其他组织及个人的作为或不作为致使生态环境受到或可能受到污染和破坏的情况下,代表国家、集体或不特定多数人向法院提起的旨在维护不特定多数人利益的诉讼。③ 意思大同小异。我国有学者认为,环境公益诉讼是指在任何行政机关或其他公共权力机构、法人或其他组织及个人的行为有使环境遭受侵害或有侵害之虞时,任何公民、法人、公众团体或国家机关为维护环境公共利益而向法院提起诉讼的制度。④ 这些概念突出了生态环境公益诉讼的目的是保护生态环境公共利益,同时排除了原告与争议的案件之间存在直接利害关系。也有学者认为,环境公益诉讼是指当环境作为一种公共利益受到侵害时,无直接利害关系人为维护环境公益而向人民法院提起民事或行政诉讼的制度。⑤ 也有学者认为,环境公益诉讼是指以一定的组织和个人为原告,对违反法律、侵犯环境公益的行为,向法院提起诉讼,由法院追究违法者法律责任的诉讼制度。也有学者认为,环境公益诉讼是"以公益的促进为建制目的与诉讼的要件,诉讼的实际目的往往不是为了个案的救济,而是督促政府或受管制者积极采取某些促进公益的法定行为,判决的效力亦未必局限于诉讼当事人"。⑥ 还有学者认为,环境公益诉讼一般是指为了保护生态环境和自然资源免受污染和破坏,与案件诉讼请求无直接利害关系的单位和个人,依法对污染、破坏环境与自然资源者,违法或者不履行环境与资源保护法定职责的行政机关提起的诉讼。⑦

虽然学者们对生态环境公益诉讼界定的标准并不相同,但有一点还是可以明确的,即生态环境公益诉讼的原告起诉并不是为了自己的利益,原告也并不会因此而获得任何赔偿,而是与其他人一样,在环境污染的治理和改善中受益。事实上,生态环境公益诉讼的目的是维护不可分割的共同利益,并不是多个人因为环境而遭受损害的利益集合。因此,如果不特定多数人因为环境污染而受害,其中

---

① 颜运秋:《公益诉讼理念研究》,中国检察出版社2002年版,第52页。
② 颜运秋、罗婷:《生态环境保护公益诉讼的激励约束机制研究》,载《中南大学学报(社会科学版)》2013年第3期。
③ 余彦:《生态环境保护公益诉讼的理论创新与制度优势》,载《江西社会科学》2013年第12期。
④ 吕忠梅:《环境公益实现之诉讼制度构想》,引自别涛主编:《环境公益诉讼》,法律出版社2007年版,第23页。
⑤ 张式军:《环境公益诉讼制度浅析》,载《甘肃政法学院学报》2004年第8期。
⑥ 叶俊荣:《环境政策与法律》,中国政法大学出版社2003年版,第234页。
⑦ 王灿发:《中国环境公益诉讼的主体及其争议》,载《国家检察官学院学报》2010年第3期。

一人或多人依据《民事诉讼法》对该行为提起了诉讼，但诉求仅仅是要求赔偿自己的人身、财产损害，那么这种诉讼不能被界定为生态环境公益诉讼。只有针对纯生态环境公益损害提起的才是生态环境公益诉讼，而针对以环境为中介所造成的人身、财产利益损害提起的诉讼则属于传统的民事诉讼，可以通过共同诉讼制度、代表人诉讼制度加以调整。

在传统的诉讼模式和框架下，个人为了自身的"环境私益"所提起的诉讼可能会达到"主观为私益，客观为公益"的效果，如生活在排放污水企业周边的居民为了自身生活用水或者农业生产用水（如养殖业）不被污染而对排污企业提起的诉讼，主观上是为了保护自身的环境权益，但客观上也能达到保护公共环境的效果。但生态环境公益诉讼是一种对应于"环境私益诉讼"的特殊的诉讼活动，具有"主观为公益"的特殊性，它以保护生态环境公共利益为直接目的。[①] 所以，二者不能混为一谈。我们认为，生态环境公益诉讼包括环境公益诉讼和生态公益诉讼，既包括环境污染领域的公益诉讼，也包括生态破坏领域的公益诉讼，也就是说，环境公益诉讼是生态环境公益诉讼的子概念，生态环境公益诉讼是环境公益诉讼的属概念。

生态环境公益诉讼的基本特征主要是与私益诉讼特别是代表人诉讼进行区分而体现出来的。生态环境公益诉讼相对于传统环境私益诉讼区别在于：（1）原告主体不同，环境私益诉讼中原告主体是单一化的，即原告是与案件有直接利害关系的人；而生态环境公益诉讼中原告主体是多元化的，可以是环保行政机关、环保组织、检察机关等主体。（2）诉讼目的不同，环境私益诉讼的目的是为了维护原告的私益；而生态环境公益诉讼的目的是为了维护社会公共利益。（3）侵害法益不同，环境私益诉讼侵害的法益是民事主体私有的人身、财产权益；而生态环境公益诉讼侵害的法益是全体公民享有的"公众环境权"，甚至只是生态环境自身的利益。（4）诉讼利益归属不同，环境私益诉讼的诉讼利益归属于原告，原告对诉讼获得的赔偿款享有所有权，可以自由支配；而生态环境公益诉讼的诉讼利益归属于社会，原告对诉讼获得的赔偿款充其量只有管理权，并不享有所有权，赔偿款只能用于生态修复。

二、生态环境公益诉讼与私益诉讼的关系

司法实践中应当正确区分生态环境公益诉讼和私益诉讼，防止将本属于私益诉讼的案件界定为生态环境公益诉讼，进而将因环境污染或破坏生态行为而请求

[①] 刘超：《问题与逻辑——环境侵权救济机制的实证研究》，法律出版社2012年版，第164页。

法院保护个人人身权和财产权的案件拒之门外，具体而言，污染环境、破坏生态的行为既可能造成生态环境公共利益的损害，也可能造成私人人身、财产权益的损害，还可能同时造成上述两种损害，而生态环境公益诉讼的目的在于预防及修复公共利益的损害，只能由法律规定的机关和有关组织提起，而私益诉讼的目的在于救济个人权益，只要原告与本案有利害关系，法院即不得以主体不适格为由拒绝受理。因为环境案件具有公益与私益相互交织的复合性特征，给实践中正确区分两类案件增加了一定的难度。

环境案件较其他民事、行政、刑事案件具有其特殊性。传统诉讼制度与环境案件的特点存在一定的不适应性，因此，导致在传统诉讼制度下环境司法功能受限。（1）传统起诉标准的束缚导致环境司法范围受限。根据传统的诉讼理念，"实体权利是诉权的基础。没有实体权利，诉权便没有真实内容，便是空的权利"。[1] 因此，环境诉权的存在也必须以环境实体权利的存在为前提，如果提起的诉讼没有实体法上对应的权利，法院将不会受理此类案件。这将意味着仅仅认为自身所处的环境受到污染或破坏而并没有损害到其人身权和财产权的主体是没有资格提起环境诉讼的，因为在我国现行的实体法中不存在清洁空气权和水权等实体环境权。其实，如果能摆脱传统起诉标准的束缚，环境权存在与否是不会对环境司法产生影响的。权利乃法律承认和保障的利益，而由于法律本身的局限性和利益的复杂性，在法律范围外还存在一些正当利益没有被法律类型化为权利。环境利益作为人类理应享有的利益，应该受到司法的保护。然而由于环境利益的公共性和整体性，很难对其分割，因此由于缺乏环境权这一实体法基础就将环境利益的保护拒之司法门外，显然有违公正法理。（2）义务本位观念的缺失导致环境司法启动面临障碍。传统的民事、行政诉讼以权利本位观来构建自身的制度，因此诉权便成为诉讼制度中的一项基本范畴。起诉权作为程序意义上的诉权是启动诉讼程序的钥匙。是否行使起诉权完全取决于当事人的意愿。在以保护私益为主要目的的民事和行政诉讼中，起诉权的放弃往往只涉及当事人自身的利益，不会造成公共利益的受损。然而环境诉讼不同，其涉及的不仅仅是私人利益，往往还涉及公共利益，同时环境损害一旦发生往往具有不可逆性，因此环境诉讼的启动较之传统民事、行政诉讼的启动意义更为重大。环境司法的启动仅仅依靠起诉权的赋予是不够的，因为"权利自身所具有的任意性、自利性注定了它不是保护人类公共利益的有效武器"[2]。即使赋予了更多主体提起环境诉讼的权利，由于环境诉讼势必会产生的成本（这种成本既包括物质上的也包括时间上、精神上

---

[1] 毛玮：《论诉和诉权》，载《中央政法管理干部学院学报》1998年第1期。
[2] 徐祥民、张红杰：《生态文明时代的法理》，引自张仁善：《南京大学法律评论（2010年春季卷）》，法律出版社2010年版。

的）以及环境利益的公共性特点，难免会出现坐以待利现象。（3）行政诉讼司法审查范围有限导致司法对政府的环境监管不力。保护环境的责任主体具有多元性，既包括作为私主体的公民、法人、其他组织，也包括作为公主体的政府。而且由于环境利益具有公共属性，因此，政府的环境责任在某种程度上比私人的环境责任意义更为重大。政府不仅要承担环境利益的维护责任，以防止环境利益的减损；也要承担环境利益的供给责任，以满足公众日益增长的对环境利益的需求。政府的不当行为对环境造成的负面影响要远远大于私人的不当行为。一项合理的诉讼制度应该使各类责任主体都可能以被诉主体的身份进入司法监督的领域。而在传统的民事和刑事诉讼中，其制度设计的基础是私人侵害，政府的角色一直被定位为监管主体，而忽略了其可能会成为侵害主体的事实。正是政府作为被监管主体身份的忽略，导致在民事诉讼和刑事诉讼领域对政府环境监督的缺位。即便是在以监督政府行为，保护行政相对人的利益为己任的行政诉讼制度中，对政府环境行为的监督也不到位。

关于公益诉讼与私益诉讼的关系问题，可以先举例说明。甲企业位于某河流的上游，其生产经营所产生的污染物流入河流，造成河流水质下降、自然动植物死亡，并对河流下游30户渔民造成了养殖收入的损失。乙为符合2014年修订的《环境保护法》条件的环保社会组织，准备起诉甲企业以保护社会公共利益。30户渔民亦有意起诉甲企业，要求其赔偿经济损失，则30户渔民与乙环保组织之间是否可以同时起诉？是否存在起诉的优先顺序？若可以同时起诉，法院应否合并审理？30户渔民的起诉权来自其与本案的直接利害关系：甲企业的排污造成了渔民的损失，使二者之间产生了侵权之债的法律关系。渔民所提起的诉讼，是为了自己的利益而提起，显然属于传统的私益诉讼，虽然其起诉如果获胜能够客观上帮助该条河流环境的改善，但这也仅属于私益诉讼的附带后果，不影响其私益诉讼的属性。乙组织则不会直接受到甲企业的污染影响，其起诉纯粹为了保护该河流环境质量的公共利益，因此属于公益诉讼。在甲企业排污之际，它首先损害的是公益，即造成了一种损害私益的可能性：任意个体只要进入其污染范围都有可能受到损害。之后，这种可能性在渔民身上得到实现，造成了其私益的损失。此时，甲企业既损害了私益，其对公益的损失也依然存在。因此，渔民为保护私益而起诉，乙环保组织为保护公益而起诉，其诉讼的目的和效果都有不同：渔民的目的是为了弥补自己的私益所遭受的损失，而乙环保组织的目的则是为了避免下一个潜在的个体遭受私益的损失。因此，渔民与乙环保组织都应具有起诉的资格，二者可同时提起诉讼，不应有优先顺序的限制。渔民和乙环保组织提起的诉讼，其诉讼标的也是不同的。所谓诉讼标的，是指当事人之间发生争议，请求法院作出裁决的法律关系。渔民和甲企业之间的诉讼标的，是甲企业污染致损产生的二者之间的侵权之债法律关系；乙环保组织和甲企业之间的诉讼标的则更为复杂，是甲企业与社会公共产生的侵权关系，而乙只是根据法律授权成为社会公共的代表。可将两个诉讼作为普通共同诉讼对待：根据《民事诉讼法》第五十二条，法院认为可以合并审理并经当事人同意的，作为共同诉讼。① 但是，现行司法解释没有采纳环境民事公益诉讼和私益诉讼可以合并审理的意见。《最高人民法院关于审理环境民事公益诉讼案件适用法律若干问题的解释》第十条规定："人民法院受理环境民事公益诉讼后，应当在立案之日起五日内将起诉状副本发送被告，并公告案件受理情况……公民、法人和其他组织以人身、财产受到损失为由申请参加诉讼的，告知其另行起诉。"主要理由是环境民事公益诉讼原告和私益诉讼原告的诉讼请求各不相同，且私益诉讼往往当事人众多，当事人主张的损害数额也各不相同，仅仅是分配赔偿金额这一项就十分困难，因此合并审理不仅不能提高诉讼效率，还会使诉讼过分拖延，不利于保护环境私益诉讼当事人的合法利益。②

确实，生态环境公益诉讼与私益诉讼在诉讼目的、诉讼请求上存在区别，同时又在审理对象、案件事实认定等方面存在紧密联系，因此，如何协调两者之间的关系是构建生态环境公益诉讼程序制度需考虑的一个重要问题。生态环境公益诉讼和私益诉讼的划分标准通常而言是比较清晰的，但由于存在公益和私益相互交织的复杂情形，对其性质的判定容易出现分歧。

生态环境公益诉讼与私益诉讼最大的区别在于前者是为保护生态环境公共利益而提起的，具有"主观为公益"的特点，虽然私益诉讼中也可能涉及公共利益事项，如受害人请求污染者对其财产损失予以赔偿的同时还请求其停止排污，客观上起到了维护生态环境公共利益的作用，但实质仍然是"主观为私益"，实践中不能仅以个人提出停止侵害、排除妨碍消除危险等诉讼请求就认定本案为公益诉讼而不予受理。此外，实践中也不能单纯以受损害人数的多少来区分公共利益和个人利益。例如在海洋环境污染中，既有沿海渔民遭受养殖、捕捞损失，也有海洋环境损害，尽管渔民成千上万，但其养殖、捕捞等损失的赔偿请求仍属于私益诉讼范畴，法院没有正当理由不能拒绝受理该类案件。只有请求赔偿环境损失（如清污费、恢复生态治理费用、生态损失等）才能纳入公益诉讼，并应由法律规定的机关和有关组织提起。③

---

① 董雪烈、龚扬帆：《环境民事公益诉讼的三个潜在问题及其解决方法》，载《绿色科技》2014年第10期。

② 最高人民法院环境资源审判庭编著：《最高人民法院关于环境民事公益诉讼司法解释理解与运用》，人民法院出版社2015年版，第400~401页。

③ 奚晓明主编：《〈中华人民共和国民事诉讼法〉修改条文理解与适用》，人民法院出版社2012年版，第94页。

同为以制止环境损害行为为诉讼请求的环境私益诉讼和生态环境公益诉讼区别在于：在环境私益诉讼中，原告提出"停止侵害、排除妨碍、消除影响"诉讼请求，目的在于避免因环境损害行为可能造成的人身、财产损害。只要中断环境损害行为与人身、财产损害之间的因果关系（如判决企业搬迁或减少作业时间等），即可达到避免环境私益损害的目的。而在生态环境公益诉讼中，原告提出"停止侵害、排除妨碍、消除影响"诉讼请求，目的在于维护生态环境公益，通过司法制止企业从事法定禁止的非属于行政自由裁量权范围的行为。如依据2014年修订的《环境保护法》第四十五条的规定，社会组织有权要求法院判决违法企业制止无证排污行为。

关于生态环境公益诉讼和私益诉讼在审理程序中的审理顺位与衔接。因同一环境污染、生态破坏行为引起的生态环境公益诉讼和私益诉讼，法院应如何确定审理的顺位，是优先审理生态环境公益诉讼案件，还是私益诉讼案件，或者采取其他原则，共有以下三种观点：（1）私益诉讼应当优先，理由是：第一，生态环境公益诉讼是在私益诉讼无法实现对权利的救济时才可以适用的一种诉讼程序，如果能够通过私益诉讼进行救济，则应当优先适用私益诉讼程序；第二，私人权益受到损害时，应当优先保护私人利益，这是私益保护优先于公益原则的要求；[①]第三，生态环境公益诉讼往往耗时费力，如果公益诉讼优先，对私益的保护往往不够及时。（2）生态环境公益诉讼应当优先。理由是：第一，公益诉讼的主体为法律规定的机关和社会组织，往往都有专业人员和专业能力，能够更好地完成诉讼；第二，公益诉讼虽保护的是社会公共利益，但在实现了社会公共利益保护的同时，往往也救济了私人权益；第三，环境污染、生态破坏行为涉及的受害人往往人数众多，有的诉讼标的很小，整个私益诉讼完成周期过长，而且诉讼成本很高，而一旦公益诉讼完成后，对私益诉讼受害人的救济将非常简单和迅捷。（3）私益诉讼原告可以申请中止诉讼，法院可依职权决定是否准许，即赋予私益诉讼原告申请中止审理私益诉讼的程序选择权。理由是：同一环境污染、破坏生态行为往往同时侵害了社会公共利益和众多公民、法人和其他组织的私益，且公共利益和私益相互交织，导致公益诉讼与私益诉讼在案件事实以及争议焦点的认定等方面具有很大程度的共通性。为了防止法院就因同一污染环境、破坏生态行为引起的生态环境公益诉讼和私益诉讼作出相互矛盾的裁判，以及提高私益诉讼的效率，有必要规定生态环境公益诉讼对私益诉讼的影响。私益诉讼原告经济能力、举证能力较弱，为了方便私益诉讼原告"搭便车"，一旦生态环境

[①] 最高人民法院环境资源审判庭编著：《最高人民法院关于环境民事公益诉讼司法解释理解与运用》，人民法院出版社2015年版，第401～402页。

公益诉讼生效裁判做出对其有利的认定，环境私益诉讼原告可以主张直接适用。我们认为，同一污染环境、破坏生态行为往往会同时侵害到公益和私益，虽然侵权人和侵害行为是相同的，但由于侵害权益的不同，为达到充分保护个人权利和有效维护社会公共利益的双重目的，应明确规定法律规定的机关和社会组织提起生态环境公益诉讼的，不影响因同一污染环境、破坏生态行为受到人身、财产损害的公民、法人和其他组织提起私益诉讼。同时，考虑到两类诉讼的审理对象存在交叉，并行审理可能产生事实认定和法律适用的矛盾，且为了防止法院随意中止私益诉讼的审理，损害原告的合法权益，可以采取赋予当事人申请中止审理私益诉讼的程序选择权。即生态环境公益诉讼一旦提起，因同一环境污染、生态破坏行为引起的私益诉讼的原告可以申请中止审理，法院可依据民事诉讼法的规定决定是否予以准许。

关于生态环境公益诉讼生效裁判对私益诉讼的影响。因同一环境污染、破坏生态行为引起的生态环境公益诉讼与私益诉讼在案件事实、争议焦点的认定以及法律适用等方面具有很大程度的共通性，为了防止法院作出相互矛盾的裁判，以及提高私益诉讼的效率，可以从以下两个方面对生态环境公益诉讼生效裁判的效力作适度扩张。(1) 依据《最高人民法院关于民事诉讼证据的若干规定》第九条的规定，生态环境公益诉讼生效裁判认定的事实对于私益诉讼的原、被告均具有免予举证的效力。但是，考虑到私益诉讼的被告参加过生态环境公益诉讼案件的审理，已经充分行使了举证辩论等权利，故不应允许其在私益诉讼中对生态环境公益诉讼生效裁判认定的事实再作相反主张，这个权利仅赋予私益诉讼原告。(2) 确立生态环境公益诉讼生效裁判既判力仅作有利于私益诉讼原告的单向扩张规则。生效裁判的既判力具有扩张效力的正当性基础是当事人在前诉中的程序权利已经得到充分保障，由于私益诉讼原告并未参与生态环境公益诉讼案件的审理过程，其程序权利未获得应有的保障，因此如果生态环境公益诉讼生效裁判就被告是否存在法律规定的不承担责任或者减轻责任的情形、行为与损害之间是否存在因果关系以及被告承担责任的大小等作出对其不利的认定，其不应受该裁判既判力的拘束，在因同一污染环境、破坏生态行为引起的私益诉讼中，被告仍应就上述事项承担举证责任。相反，如果生态环境公益诉讼生效裁判作出对私益诉讼原告有利的认定，应允许其在私益诉讼中主张适用，因为被告在生态环境公益诉讼中已经充分行使了诉讼权利，既判力的扩张具有正当性基础且也助于提高私益诉讼的效率。

关于被告的责任财产对生态环境公益诉讼原告以及私益诉讼原告承担责任的先后顺序问题。主要有以下几种观点：第一种观点主张生态环境公益诉讼和私益诉讼的债权应按比例同等参与分配。主要理由是社会公共利益和个人权利皆需保障,无所谓先后之分,被生态环境公益诉讼和私益诉讼判决承担的责任都是民事责任,应当受到同等的保护。并且如规定私益诉讼受偿优先于生态环境公益诉讼,就有可能成为被告与他人进行虚假诉讼以逃避履行生态环境公益诉讼民事责任的借口。《国际油污损害民事责任公约》第五条以及《最高人民法院关于审理船舶油污损害赔偿纠纷案件若干问题的规定》第二十七条对公益诉讼和私益诉讼受偿顺位规定,在船舶油污损害赔偿纠纷案件中,如果油污损害赔偿责任限制基金不足以清偿有关油污损害的,就根据确认的赔偿数额依法按比例分配,包括生态环境公益诉讼和公益诉讼的赔偿请求权。第二种观点主张生态环境公益诉讼应优先获得清偿。理由是生态环境公益诉讼涉及社会公共利益的保护,相对于私益诉讼中个人利益的保护,社会公共利益的保护应处于优先地位,否则,将不利于《民事诉讼法》和《环境保护法》设立生态环境民事公益诉讼制度目的的实现。第三种观点主张私益诉讼应优先获得清偿。除此之外,还有观点主张私益诉讼原则上应优先受偿,但私益诉讼原告优先受偿的部分应当以所受实际损失为限,不包括可得利益部分。还有观点主张被告的财产不足以清偿的,首先应履行应急费用和检验鉴定费用等共益费用的支付义务,再履行私益诉讼裁判所确定的义务,最后履行生态环境民事公益诉讼判决确定的义务。私权优先原则的法理基础在于,民事责任大部分或者绝大部分都关涉被侵权人的生存权问题,特别是对生命权、健康权、身体权损害的救济更是关系到平复伤害、恢复健康的重要利益,因此,当国家利益、社会公共利益与涉及个人生存权的重要利益无法兼顾时,国家利益、社会公共利益退居次位。即国家为了维护公民个人利益采取"让利性"政策,首先保护被侵权人的个人利益,充分体现法律的人文关怀精神。① 这种观点被司法解释采纳。对此,笔者持保留意见。"皮之不存,毛将焉附",公益之不存,私益最终也是得不到满足的,姑且不主张公益优先,至少要按比例受偿。

三、生态环境公益诉讼与环境代表人诉讼不是一回事

由于环境侵权案件的受害人一般较多,每个受害人的损失一般不大,为了方便和鼓励他们通过诉讼的方式维护自己的合法权益,同时也是为了使立法者所期盼的社会秩序能够通过受害人的诉讼得以实现,几乎所有的环境法著述都认为我国的代表人诉讼制度意义重大。代表人诉讼制度是指诉讼标的是共同的或同一种

---

① 最高人民法院环境资源审判庭编著:《最高人民法院关于环境民事公益诉讼司法解释理解与运用》,人民法院出版社2015年版,第417~419页。王展飞:《环境公益诉讼和私益诉讼的衔接》,载《人民法院报》2014年12月17日第8版。

类的共同诉讼,当事人一方或双方为多数时,为了解决群体性纠纷案件,可以从中选出一人或数人作为诉讼代表人,进行起诉或应诉的诉讼制度,是在美国的集团诉讼和日本的选定代表人诉讼的基础上形成的诉讼制度。2012年前后,我国《民事诉讼法》中都有规定,虽然代表人诉讼制度在我国使用频率不高,但是,从理论上看,它可以解决诉讼主体众多与诉讼空间容量不足之间的矛盾,可以节约司法资源,提高司法效率,扩大司法解决纠纷的功能,避免法院就同一或同类案件作出相互矛盾的判决,在环境民事私益诉讼中应当得到越来越多的应用。然而,该制度与生态环境公益诉讼存在着本质的区别,不可用于保护生态环境公共利益方面。首先,虽然该诉讼制度维护的是人数众多的主体的利益,但毕竟代表的利益与社会公共利益不同。人数众多的主体利益在性质上是相同的,维护他们的利益,表面上看是维护了一个整体的利益,但他们的共同利益仅是每个个体利益的简单相加,从本质上分析,它仍是全体成员的"私益",与"公益"诉讼的保护公共利益的目的迥然不同。也就是说,代表人诉讼仍然属于"私益诉讼"而非"公益诉讼"。其次,代表人诉讼中的每一个成员包括代表人都必须对诉讼之标的具有直接的利益关系。而生态环境公益诉讼的提起主体不需要对诉讼标的具有直接的利益关系。因此,环境法上运用代表人诉讼制度虽然可以使为数众多的人在其环境法上的权益受到侵害时得到一种高效率、低成本的司法救济,但鉴于社会公共利益到最后应当是每一个社会成员均可受益的,代表人诉讼能保护的利益的范围和性质均不可能与社会公共利益相适应。[1] 所以,代表人诉讼制度并不能适用在保护生态环境公共利益方面。

例如,"江宁81户村民诉南京云台山硫铁矿环境污染损害赔偿案"就是一个典型的与环境相关的集合化私益案例。此案涉及81户村民与南京云台山硫铁矿之间因污染而造成的经济损失补偿纠纷。虽然此案最终以调解结案,但是此案受理阶段是以代表人诉讼的方式加以立案。很多环境相关的群体性事件本身其实完全可以通过代表人诉讼或者共同诉讼的方式来加以解决。[2] 从司法手段来说,由于这些案件涉及众多的群众民事利益,因此代表人诉讼可以成为这些纠纷解决以及预防群体性事件的诉讼途径。正是由于这些案件涉及众多群众的利益,因此容易被一些人误解为是生态环境公益诉讼。但是准确地说,这些案件其实是具有公共影响的环境民事代表人诉讼。

只要我们将我国的代表人诉讼与公益诉讼制度相比较进行考量的话,就会发现,二者在理念与功能上有着本质区别。首先,代表人诉讼的目的是提高诉讼效

---

[1] 叶勇飞:《论环境民事公益诉讼》,载《中国法学》2004年第5期。
[2] 剑兰:《难忘一塘清水》,载《江苏法制报》2008年5月6日。

率，通过一个程序解决涉及人数众多的利益纠纷，但这里的人数众多只是相对而言的，实质上代表人诉讼维护的仍然是私人利益，只是"私益"的主体相比于个体来讲稍有扩大而已；而公益诉讼维护的却是社会公共利益，虽然有人认为，许多单个私益的相加就是社会公共利益，但多个人的私益与社会公共利益毕竟还是有本质的区别。其次，虽然权利保护面有所扩大，但代表人诉讼制度仍然未突破传统民事诉讼的当事人适格理论的限制，有无"直接利益关系"仍然是代表人诉讼的一前提，受害人本人是否发动诉讼仍然是关键，这道屏障无疑导致将许多关心社会公共利益的公民由于资格的限制而无法发起维护社会公共利益的诉讼。最后，代表人诉讼制度中裁判的效力只具有间接扩张性，即未参加登记的权利人在诉讼时效期间内提起诉讼，法院认定其请求成立的，裁定适用法院已作用的判决裁定。这种被动间接的裁判效力的扩张无疑将具有公益保护意义的判决限制在一个较窄的范围内，无法发挥其应有的价值和功能。代表人诉讼制度的缺陷使其在保护公益纠纷中当事人合法权益方面的作用尚有不足，因而无法担负起维护社会公共利益的重任。因此，建立完善的公益诉讼制度可以弥补代表人诉讼制度在维护公共利益上的不足和不力，是诉讼法发展的客观要求。

从根本上说，我国的代表人诉讼以诉讼信托理论为基点，要求受害人明示授权，程序价值目的仍然是保护私人利益，并非侧重保护社会公共利益。这从代表人诉讼的构成标准、当事人适格、公告登记制度、自由处分权、责任承担以及法院判决、裁定的效力等规定中可见一斑。而且代表人诉讼中保护的还是仅限于该特定多数人的利益，利益的承受主体依然是特定的、可数的人群，其与不特定的全社会成员均共同可享有的环境公益差距依然巨大，所以代表人诉讼虽然体现了一定的公共性，但确切应称作"多私益诉讼"，而非所讨论的环境"公益诉讼"。环境法上运用代表人诉讼制度虽然可以使为数众多的人在其环境法上的权益受到侵害时得到一种高效率、低成本的司法救济，但鉴于生态环境公益应当是每一个社会成员均可受益的，代表人诉讼能保护的利益的范围和性质均不可能与社会公共利益相当，现有代表人诉讼制度在保护生态环境公益方面的缺陷也是显而易见的。[①]

立法在确立了生态环境公益诉讼制度后，并没有废止对诉讼代表人制度的规定，说明诉讼代表人制度仍有其独特的价值，仍然是公民维权的重要途径。在现行法律对生态环境公益诉讼主体资格作出严格限制的情况下，公民仍可以通过诉讼代表人诉讼维护自己的合法权益。公益诉讼只是在原有路径无法有效维护公民

[①] 王红岩：《环境公害群体诉讼的障碍与对策——从环境公害诉讼看我国代表人诉讼制度的完善》，载《中国法学》1999年第5期。

合法权益的基础上产生的，它并不比其他维权方式优越，也不会取代包括代表人诉讼在内的其他维权方式。

第二节 生态环境公益诉讼的基本类型

如果分类标准不同，那么得出的基本类型也就不同。主要坚持民行二分法的分类标准，即以被告为参照，如果起诉生态破坏者和环境污染者（多半是企业），那么这种公益诉讼就是生态环境民事公益诉讼；如果起诉生态环境监管者及其授权监管者，那么这种公益诉讼就是生态环境行政公益诉讼。这两种诉讼并不是泾渭分明的，既有一些共性也有各自的个性，具有民行交叉诉讼性质，分开来研究反而显得机械。我国环境法理论与立法一般也把生态环境公益诉讼分为生态环境民事公益诉讼和生态环境行政公益诉讼。

有学者认为："环境民事公益诉讼制度是指特定的社会主体在有法律授权的基础上，为维护环境公益，向法院提起以维护环境公益和追求环境违法者责任为目的的公益诉讼。"[1]

有学者认为，环境行政公益诉讼是指当行政主体的行政行为侵犯或可能侵犯公众的环境权益时，法律允许无直接利害关系的特定主体依法向法院提起行政诉讼，由法院依照法定程序对行政行为进行审查并做出裁判的制度。也有学者认为，环境行政公益诉讼是指"公民、法人或者其他组织认为行政机关的具体环境行政行为违法，且有可能造成或已经造成重大环境损害后果，依法提起诉讼，要求法院确认特定环境行政行为无效或相关行政机关怠于履行特定行政职责的诉讼形式"。[2] 也有学者认为，环境行政公益诉讼是指当行政机关的违法行为或不作为对公众环境权益造成侵害或有侵害可能时，法律允许无直接利害关系人为维护公众环境权益而向法院提起行政诉讼，要求行政机关履行其法定职责或纠正、停止其侵害行为的制度。[3] 还有学者认为，环境行政公益诉讼是指公民、法人、社会团体或国家检察机关依法对损害或可能损害环境公共利益的行政行为向法院提起诉讼，由法院依法审查该受诉行政行为的合法性，并做裁判的一种诉讼制度。[4]

---

[1] 叶俊荣：《环境政策与法律》，中国政法大学出版社2003年版，第310页。
[2] 曹和平、尚永昕：《西方环境行政公益诉讼制度研究》，载《人民论坛》2010年第29期。
[3] 李德仁、汪滔：《公益诉讼制度的立法构想——以对环境行政违法行为的规制为视角》，载《乐山师范学院学报》2006年第7期。
[4] 黄锡生、林玉成：《构建环境公益行政诉讼制度的设想》，载《行政学研究》2005年第3期。

上述概念无不揭示出：生态环境行政公益诉讼具有规范价值，即能够有效规范行政权的行使。在我国现行环境执法管理体制不畅的情况下，生态环境行政公益诉讼制度可以充分实现对行政主体环境执法行为的监督，促进环境管理机关依法行政。由于环境违法行为损害的是大气、河流或物种等自然环境和生物，且环境保护法律大多旨在保护社会公共利益，没有赋予个体主观公权利，而负有环境执法和环境保护义务的行政机关有时却会出于各种考虑做出环境违法行为。所以，必须在环境保护领域引入生态环境行政公益诉讼，充分发挥行政诉讼主观公权利保护和客观法秩序维护的双重功能。通过检察机关提起行政公益诉讼，倒逼和督促负有环境保护义务的行政机关切实履行环境保护法规定的相关职责，监督行政机关在环境执法中要高效有为、依法行政。全国人大常委会以决定的形式授权检察机关在部分地区开展试点工作，明确赋予检察机关提起生态环境行政公益诉讼的原告资格，解决了试点工作期间的法律依据问题，是立法方面的一个重大进步。而在试点工作结束后，尽快修改了现行法，使生态环境行政公益诉讼具有长期稳定的法律依据。从目前情况来看，设立个人行政公益诉权的国家相对较少，欧洲只有葡萄牙、西班牙等少数国家。从其他国家经验来看，是否赋予公民个人生态环境行政公益诉讼原告资格，各国的法律传统、宪政文化和环境保护的客观情况是重要的决定因素。我国环境问题非常严重，赋予公民个人有条件地提起公益诉讼，可以弥补行政执法机关、法律监督机关和公益组织保护公共利益之不足。可以借鉴实践中的做法，规定公民有权书面申请检察院提起生态环境行政公益诉讼。检察院在合理期限内不起诉的，公民可以自行提起生态环境行政公益诉讼。[①]

在生态环境公益诉讼方面，由生态环境民事公益诉讼拓宽至生态环境行政公益诉讼，在不断完善生态环境民事公益诉讼制度的同时，积极推动生态环境行政公益诉讼的建立与发展。立法者在修订《环境保护法》的全过程中并没有将生态环境公益诉讼局限于民事公益诉讼形态的公开表态。恰恰相反，全国人大常委会、最高人民检察院、最高人民法院、民政部、环境保护部等均默认环境公益诉讼存在生态环境民事公益诉讼和生态环境行政公益诉讼之分：（1）《全国人民代表大会常务委员会关于授权最高人民检察院在部分地区开展公益诉讼试点工作的决定》将"促进依法行政、严格执法"作为公益诉讼的目标，而生态环境民事公益诉讼通常并不具备该功能。（2）最高人民检察院经全国人大常委会批准后公布的《检察机关提起公益诉讼改革方案》明确区分了民事公益诉讼和行政公益诉讼，并重点针对生态环境和资源保护领域的案件提起行政公益诉讼进行试点。

---

① 喻文光：《环境行政公益诉讼及检察机关提起诉讼资格问题》，载《人民检察》2014年第11期。

(3) 最高人民法院单独或联合民政部、环境保护部出台的司法解释或者其他规范性文件均明确使用"环境民事公益诉讼",以便为日后出台生态环境行政公益诉讼相关司法解释或其他规范性文件埋下伏笔。

其实,环境司法实践中环境行政诉讼和民事诉讼所遭遇的尴尬十分清楚地反映出环境纠纷诉讼的特性:它既不是单纯的民事诉讼,也不是单纯的行政诉讼。而是行政诉讼与民事诉讼相互联系、相互依存、不可分割的,其中行政诉讼的解决是民事诉讼解决的前提,而民事诉讼对行政诉讼的要求又绝非仅仅是行政行为合法性审查。所谓具有民事诉讼的特点表现在:(1)当事人认为行政裁决或确认并没有解决他们之间的民事纠纷,提起诉讼的目的仍然是要解决相互之间的民事纠纷;(2)当事人相互之间形成的是平等主体间的民事法律关系,行政行为未改变当事人之间法律关系的根本属性;(3)诉讼的最终结果是当事人承担相应的民事责任。而具有行政诉讼的特点则表现为:(1)当事人起诉是因为他们不服行政机关所作出的具体行政行为;(2)环保局的行政裁决或确认是环保局依法律授权而作出的具体行政行为,这种行为具有"公定力",因此法院在诉讼中必须对其合法性进行审查,而不能置之不理;(3)环保局的行政裁决或确认行为使当事人与环保局之间产生了行政法律关系,这种法律关系与原有的当事人之间的民事法律关系并存。从理论上讲,对于存在双重法律关系的权利的救济,当然不能简单地等同于单一权利的救济。而在实践中,我们也十分清楚地发现了将环境纠纷诉讼简单地划分为行政诉讼或者民事诉讼所出现的诸多问题:环境纠纷诉讼大多涉及环境保护行政机关履行职权或职责的行为,在行政诉讼中,由于环保局处理的是当事人之间的民事纠纷,不可能完全按照行政诉讼原则来进行处理;而在民事诉讼中,由于有环保局的行政行为介入,出现了不平等主体的涉诉,法院也无法完全依据民事诉讼法的原则进行审理。所以,有学者指出,目前将环境诉讼人为地划分为行政诉讼与民事诉讼,并为了使环保局不当被告而限制公民的诉权,将本应接受审查的权力行为人为地划出司法审查范围之外,是不利于实现环境法目的、有效保障当事人权利的。只有将对环境机关的行政行为审查与民事证据的运用相结合,建立专门的环境诉讼机制,才能实现对公民环境权的有效保障,使公民环境权益不致落空。[①]

也有学者认为,对生态环境民事公益诉讼与生态环境行政公益诉讼不必作严格区分,即使理论上可以有所区别,在实践上也应合并处理。只要有生态环境公益受损的事实及明确的被诉主体,即可统一受理并审理,但在审判中可区别被诉

[①] 吕忠梅、江涛:《环境诉讼初探》,引自王灿发主编:《环境纠纷处理的理论与实践》,中国政法大学出版社2002年版,第70~75页。

主体及行为的不同属性分别适用相应规则和原理，在程序上和判决中可对民事部分和行政部分适当分离，作为不同环节依次进行，但总体上应一并处理。而在对环境犯罪的民事追诉方面，建议最高人民法院和最高人民检察院联合发布解释，由检察院在环境犯罪刑事公诉阶段同时提起"附带民事诉讼"。当然，对检察院应该提起而未提起，或诉求明显过轻，与公益保护要求明显不符的，也可由环保组织补充提起。但根本之计，还是修改和完善环境附加刑（首要是罚金），使其充分体现犯罪行为对生态环境的侵害和报偿，让刑事责任本身能够满足环境公益弥补之需，从根本上免掉再行提起民事公益诉讼之必要。①

第三节 生态环境公益诉讼的重心：生态环境行政公益诉讼

一、我国生态环境公益诉讼的发展三阶段

第一阶段：生态环境公益诉讼的探索期（2005~2012）。2005年国务院《关于落实科学发展观加强环境保护的决定》首次明确"发挥社会团体的作用，鼓励检举和揭发各种环境违法行为，推动环境公益诉讼"。以此为开端，从2007年开始，我国部分法院试点成立环保法庭，其中最为引人注目的就是突破《民事诉讼法》"直接利害关系"原则，允许检察机关、环保行政主管部门、公益组织甚至个人基于维护生态环境公共利益的目的，提起生态环境公益诉讼。尤以贵州省贵阳市、清镇市两级法院和江苏省无锡市中级人民法院环保审判庭为代表，积极开展生态环境公益诉讼司法实践，受理并审结了一批典型公益诉讼案件，取得了良好的法律和社会效果，促使2012年修改的《民事诉讼法》加入环境公益诉讼的条款。但这些公益诉讼案件有个突出的特点，即绝大部分没有提起环境损害赔偿的诉讼请求，而只提出停止侵害、消除危险、恢复原状的诉求，且大部分都在一年内审结。

第二阶段：生态环境公益诉讼的磨合期（2013~2014）。这一阶段，由于2013年1月《民事诉讼法》的正式实施，环境公益诉讼"有法可依"了，但因为法律规定比较原则，致使法院对环境公益诉讼保持距离，甚至个别环保法庭也拒绝受理公益诉讼，2013年被媒体称为生态环境公益诉讼的"冰封期"。

---

① 巩固：《2015年中国环境民事公益诉讼的实证分析》，载《法学》2016年第9期。

在媒体报道引发社会广泛关注后，2014年生态环境公益诉讼在一开年就取得了积极进展。

第三阶段：生态环境公益诉讼的发展与成熟期（2015年至今）。2015年被称为生态环境公益诉讼的元年，但期望中的案件数量并未"井喷"，更谈不上"滥诉"，全年只有10家环保组织在"战斗"，且中国生物多样性保护与绿色发展基金会（以下简称"中国绿发会"）对腾格里沙漠污染企业提起公益诉讼后，宁夏中卫中院竟以中国绿发会章程中未明文表述"从事环境保护"字样，认定其并不是"环保组织"而拒绝受理案件，这被称为"白马非马"的逻辑。更让人费解的是，宁夏高院维持了中卫中院不予受理的裁定。中国绿发会关于腾格里沙漠污染的生态环境公益诉讼2015年8月被拒绝立案后，对全国生态环境公益诉讼形成了极大的影响。自此之后，除中国绿发会继续坚持提起公益诉讼外，鲜有环保组织再提起公益诉讼。此外，公益诉讼高质量的案件不多，尤其是打"大老虎"的案件偏少，复杂案件偏少，并未给生态环境公益诉讼提供"战斗考验"的发挥空间，影响生态环境公益诉讼的高质量进行。

二、生态环境公益诉讼重心的转移

环境作为公共物品，存在市场配置失灵的现象，需要政府的介入，政府负有为公民提供符合环境质量标准的环境公共品的责任。同时从环境管理的客观方面看，环境要素具有区域的不均衡性，只能由负责该地区社会经济生活的地方政府对本地区的环境质量全面负责，任何一个部门或政府之外的机构都无法独立承担这一责任。然而回顾我国20多年来的发展历程，为了追求较高的经济增长速度，一些地方政府和地方官员只盯着国内生产总值（GDP）数字，不惜消耗大量资源和能源，甚至不惜牺牲环境，由此造成了环境隐患。

长期以来，我国重企业环境责任，轻政府环境责任。环境立法中，针对企业环境责任的条款远多于针对政府环境责任的条款，从而淡化了政府环境义务，将政府的环境责任风险转嫁至企业一方。引入投资项目时，缺乏约束政府机构的法律规定，使之无视生态环境，恣意开发区域内资源，一旦发生环境事故，必然将企业推至前台作为追责主体。这使得政府官员萌生不受法律约束的"官本位思想"，更可能迫使政府环境责任主体"寻租"行为的产生。目前我国有关法律对地方政府的环保职责只是做了泛泛的规定，也没有明确其相应责任，即对未履行环保职责或履行环保职责不力的地方政府该如何追究责任，法律尚无明确规定。这使得地方政府承担环保责任成为一种口号而不具可操作性。随着我国经济发展不平衡的加剧，地方管理越来越重要。依法行政的理念要求地方政府必须依法行使其环保职责并承担相应责任,通过法律规范来建立并强化地方政府对环境保护的责任体制不仅势在必行,且迫在眉睫。"真正的环境法治是制约政府的,是把政府放在环境法治客体的首要位置,而不是游离于环境法治客体之外。环境法治如果不把中心放在依法治权、治官上,即只治行政相对人不治政府、只治民不治官、只治事不治权,其并不是真正的环境法治,只是一种形式上的环境法治。"①

司法机关对政府是否履行环境责任的问责需要通过审判来进行,实践中司法机关对政府是否履行环境责任的审判并不到位,原因既有现行司法体制的不足,也有审判本身的欠缺。现行的司法体制,由于法院的人、财、物受制于同级政府,导致法院在对政府进行审判时就难免受到政府的影响,其独立性就难以保证,司法公正也受到质疑。这一体制方面的问题,需要决策部门的努力才能逐步解决,但审判本身的欠缺却可以尽快完善。从对政府是否履行环境责任进行监督和追究的现实需要来看,法院主要是通过生态环境行政诉讼来进行的,因此强化和完善环境行政审判是司法机关问责的主旨。

我国环境问题的主因不是"市场失灵"而是"政府失灵"。"当政府政策或集体行动所采取的手段不能改善经济效率或道德上可接受的收入分配时,政府失灵(government failure)便产生了。"② 政府的勤勉履职在现实条件下并不尽如人意。诚如卢梭所言,"政府中一直存在着'三种有着本质不同的意志':首先是行政官个人的意志;其次是全体行政官的共同意志,可称之为团体意志,这一意志对政府而言是公共的,但对社会公众而言则是个别的;最后是主权的意志或人民的意志,体现了社会公意。在理想状态下,公意才是永远起主导作用的,而且是其他所有意志的唯一规范。但是由于人性的固有缺陷,现实中公意始终是最弱的,团体的意志占第二位,而个别意志则占据第一位。"③ 环境行政机关作为监督管理者,排污企业作为环境行政管理相对人,二者的地位类似于猫与老鼠的关系。由于不同的原因,环境行政机关的行政管理相对人主要是一些与之有经济利益的人、集团利益的代表或潜在的或实际的环境污染者。环境行政机关部门利益的追求、行政机关内部的权力交易与地方保护主义,以及排污企业利益最大化的追求,很容易促成环境行政机关放松对企业的监督管理。在日常对污染源的环境监督监测中弄虚作假、袒护企业,等等,不一而足。这些"合作"行为,双方都得到了利益,企业规避了法律,放松对环保的要求,减少对环保的投入,可以违法开工、建设,作为监管方的环境行政机关通过这种交易,为自己的权力"寻

---

① 张建伟:《完善政府环境责任——〈环境保护法〉修改的重点》,载《贵州社会科学》2008 年第 5 期。
② [美] 萨缪尔森:《经济学》,中国发展出版社 1992 年版,第 173 页。
③ [法] 卢梭:《社会契约论》,赵建兵译,中国社会出版社 1999 年版,第 60 页。

租",可以从被监管企业那里获得各种好处,包括给机关单位公开的"赞助"。环境行政机关与企业的互相利用,使双方达成默契,环境监管机关成为排污企业的"保护伞",由捉老鼠的猫变为"与鼠为友的猫"。2006 年 4 月召开的第六次全国环境保护大会上,温家宝总理明确指出:"当前环境问题严重的主要原因是对环境保护重视不够,投入不足,环保欠账过多,环境治理明显滞后于经济发展;产业结构不合理,经济增长方式粗放,能源资源消耗比较高,高投入、高消耗、高排放;环境保护执法不严,监管不力,有法不依、违法不究的现象还比较普遍。"[1]

行政机关应作为、能作为,却怠于作为进而导致公共利益受到损害的,构成侵犯公共利益的行政不作为。这种新的行政违法形态是随着社会环境的变迁以及社会思潮的转变而出现在现代行政法中的。19 世纪末 20 世纪初,绝对的个人主义被抛弃,连带主义、团体主义兴起,行政机关的职权范围由传统的秩序行政领域急剧扩张到教育、交通、卫生、环保等给付行政领域。行政职能的急剧扩张不仅意味着公共利益范围的大幅拓展,而且意味着公共利益地位的大幅提高。在这种情况下,行政法的宗旨也由原来的注重个人利益之维护逐步转变为侧重于公共利益之保障。公民、法人以及社会组织等不仅可以提起以维护个人利益为目的的主观诉讼,而且有权提起以维护公共利益为目的的客观诉讼。随着行政公益诉讼大门被打开,侵犯公共利益的行政不作为随之成为司法审查的标的和法院关注的热点,一种新型的、重要的行政违法形态由此出现于现代行政法中。生态环境行政公益诉讼就是一种典型形态。

从现行的生态环境公益诉讼立法和司法实践来看,对生态环境公益诉讼主要依靠公共惩罚机制,私人惩罚机制几乎没有实现与公共惩罚机制之间的良性互动。法律选择了由国家垄断主要的环境公益诉讼,制度成本将在公共财政中支出。[2] 这种制度安排存在严重缺陷。"公地悲剧"解决之道的药方无非两个:一是"公地私化",即将公共物品变成私人产品,由私人来决定该产品如何最有效利用和保护;二是确立"公地代表"制度,即确立公共物品的代表者,由代表者决定该公共物品如何有效利用和保护。环境"公地悲剧"的解决,由于环境不可区分之特性,因此不可能采用"公地私化",唯一的出路,就是建立和完善"公地代表"制度,即建立有效的环境公共利益代表制度,以保护环境公共利益。从理论和实践看,有效的环境利益代表制度,应当采用"环境利益双代表制",即由政府和公民(包括环境保护组织)分别作为环境公共利益的代表,共同决定环

---

[1] 温家宝在第六次全国环境保护大会上的讲话:环保工作要实现三个转变做好四方面工作,新华网。
[2] 戴彦艳、孙日华:《环境公益诉讼中的利他主义》,载《西部法学评论》2014 年第 2 期。

境资源的利用和保护，对损害生态环境公共利益的行为进行制止。环境利益作为一种公共利益，要避免"公地悲剧"，必须要确立政府、公民互相配合、互相监督制约的双轨保护机制，单一的政府保护机制，不仅不足以避免环境"悲剧"之悲，反而可能加剧环境"悲剧"之悲！

以人民主权制约政府权力，以司法权制约行政权，一直被视为实现民治的突破口和构建我国法治社会的基础路径。在此之中，我们绝不能忽视非政府组织的力量。此种力量在古代雅典就强有力地牵制了政府权力，在现代民主社会更是成为一种监督政府权力部门有效运行的外部力量。公民个体，无论数量多少，始终无法真正实现与政府权力的有效抗衡。但如果集结起来，形成具备一定组织管理能力的非政府组织，其所产生的能力则无可估量。① 伴随着公民社会的发展与成熟，越来越多的公民通过参与非政府组织的形式参与对政府权力运行的监督，而生态环境公益诉讼的开展无疑是其中的常态化司法路径之一。

我国当前的环境公害治理模式与美国早期的环境公害治理模式基本相同，是"命令—控制"模式，主要依靠"公力执行"。美国"私人总检察官"制度产生的原因启示我们，尽管"公力执行"在环境公害治理中发挥着不可替代的作用，但这种模式自身的弊端决定了必须引入生态环境公益诉讼这种"私力执行"，形成双轨制的环境公害治理模式，可以制约"公力执行"之不足。美国的实践表明，环境行政执法机关无法全部处理根据"私人总检察官"制度所处理的问题。引入生态环境公益诉讼这种"私力执行"之后，使每位公民取得了环境监管者的身份，可以有效地弥补环境执法人员的低效率和无能。在西方学者看来，生态环境公益诉讼的意义不仅在于用私力救济保护生态环境公益，而且在于制约政府执法部门的权力。生态环境公益诉讼既是偶尔刺激政府采取环境保护行动的一种手段，又是对政府机构行政不作为的特别补救措施，更是在环境保护领域内调整公共权力与私人权利相互关系的一种制度。

行政机关对于公共利益往往具有法定的保护职责，因而在有关企业或其他主体损害公共利益或有损害的危险时，首当其冲的是行政机关应当行政作为，而对于行政机关不履行此类职责之行为，更为重要的是应当建立完善的行政公益诉讼制度，赋予检察机关、社会团体乃至公民个人行政公益诉权，由其诉请行政机关履行其法定职责以保护公共利益。因此，就公益诉讼制度的构建而言，行政机关更多情况下是处于被告的地位，即充当行政公益诉讼的被告，而不是充当民事公益诉讼的原告。② 所以，不宜规定行政机关具有公益诉讼主体资格。而且，从某

---

① 肖雪慧：《公民社会的诞生》，上海三联书店2004年版，第195页。
② 刘学在：《民事公益诉讼原告资格解析》，载《国家检察官学院学报》2013年第2期。

些损害公共利益的行为与行政机关的关联性来看，行政机关没有起诉的动力。一方面，我国的行政机关与很多市场经济国家的行政机关存在很大区别，这些国家的行政机关一般不直接介入经济和市场活动，而我国的行政机关在诸如兴办企业、招商引资、建设开发等很多经济活动中都直接参与，很可能成为公益案件的侵权主体或共同侵权主体。另一方面，有些损害公益的行为，例如某些污染环境或造成生态破坏的行为等，虽然行政机关未直接参与，但出于发展地方经济之狭隘利益的考虑，行政机关很可能默许乃至支持这些损害公益的行为，从而不愿意提起诉讼，甚至阻止有关主体提起诉讼或对其调查收集证据不予配合支持，或者给法院施加压力，不让其受理和审判此类诉讼。

在实践中，我们常会遇到这样一种尴尬的情形：环境管理机关违法向排污不达标的企业发放排污许可证或明知行政相对人有污染环境或破坏生态环境的行为却不加管制。此时，作为行政相对人，他们毫无疑问是行政机关违法行为或不作为的受益者，他们是不可能作为原告起诉违法或不作为的环境管理机关的。而其他公民、法人或其他组织此时要么只能等待自身权利受到侵害后对侵权者提起民事诉讼，要么只能眼睁睁地看着公共环境利益经受着行政机关的践踏而不能提起行政诉讼，仅仅因为他们与该违法行为或不作为并无"法律上的利害关系"。建构生态环境行政公益诉讼制度，一方面可以唤醒民众积极有效地参与环境保护，进而加强对环境行政机关的监督，促进行政法治；另一方面，由于环境一旦遭到污染和破坏就无法恢复原样，所以围绕着环境保全的纠纷应该尽可能早期解决，①而生态环境行政公益诉讼所具有的预防功能恰好可以解决此等问题，将环境污染和生态破坏遏制在萌芽状态中，还民众以健康优美的环境。

政府身份从监管主体向被监督主体转变，扩大对政府的环境司法监管范围。政府不仅是环境监管主体同时也是环境责任主体，其行为理应纳入司法监督的范围。不仅需要对政府的具体行政行为进行司法审查，而且需要对其抽象的决策行为进行审查；不仅需要对其行为的合法性进行司法审查，而且需要对其行为的合理性进行审查。根据我国目前行政诉讼制度，司法机关只对具体行政行为的合法性进行审查，这使环境司法的监督范围大大受限。环境利益作为公共产品，政府的供给责任是首要的，政府的不当行为对环境造成的损害不容忽视。行政规划作为典型的抽象行政行为，如果制定不当可能对环境造成难以逆转的不利影响，理应纳入司法审查的范围。同时一项行政行为如果未能在其经济价值和环境价值之间作出合理判断，即使该行为是合法的，法院也有权力对该行为予以撤销。

事实上，政府及其职能部门的环境决策、行动、计划、规划等，如果出现失

---

① ［日］原田尚彦：《环境法》，于敏译，法律出版社1999年版，第182页。

误,对环境的影响更为重大、长远,对环境造成的潜在危害更为严重,尽管这种环境危害还没有发生,不是现实的侵害,而环境危害等到发生时再行补救为时已晚,环境损害具有累积性、复合性、不可逆转性。相对于具体污染企业和个人,行政机关不当或滥用权力,会给环境公共利益造成更为严重的损失。赋予公众因此提起环境行政诉讼的权利,通过司法救济途径将可以预见到的、潜在的破坏环境资源的行政行为消灭在萌芽中,既是公众参与环境保护的内在要求,也应该是行政诉讼法所追求的价值目标。

从国外立法例来看,环境领域的公益诉讼主要体现为行政公益诉讼,主要目的在于监督和督促行政执法。德国2002年生效的《联邦自然保护法》以及14个州的自然保护法规定了环境公益诉讼,确保法律的执行以维护公共利益。该诉讼属于公法程序,针对一些造成环境影响的特定行政决定向行政法院提起。日本20世纪60年代为了应对严重的公害问题,法律规定了环境公益诉讼,针对的也是造成环境污染的行政行为。① 美国的环境公益诉讼虽然形式上兼具行政诉讼和民事诉讼属性,但实质上主要体现为行政公益诉讼。美国1970年在《清洁空气法》中首次引入公民诉讼条款,任何人均可以就企业的违法排放行为、政府不履行职责的行为提起诉讼。同时,法律设定了诉前程序,在起诉前60日未将拟起诉事项告知环保署长或者州政府,不得提起诉讼。设定60日的通告期,主要是为了给环境监管部门一个机会,以便其能采取有力措施制止违法行为。在美国环境保护司法实践中,公民或者环保团体很少针对排污企业提起诉讼,起诉的对象主要是未充分履行环境保护职责的行政机关。②

在我国台湾地区,生态环境公益诉讼仅指生态环境行政公益诉讼。我国台湾地区在1998年10月28日公布的"行政诉讼法"增订第九条中规定:"人民为维护公益,就无关自己权利及法律上利益之事项,对于行政机关之违法行为,得提起行政诉讼。但以法律有特别规定者为限。""环境基本法"第三十四条规定:各级政府疏于执行时,人民或公益团体得依法律规定以主管机关为被告,向行政法院提起诉讼。行政法院为判决时,得依职权判令被告机关支付适当律师费用、监测费用或其他诉讼费用予对维护环境质量有具体贡献之原告。此条即是"行政诉讼法"第九条但书所称的"法律特别规定"。但正式引进行政公益诉讼制度,则为1999年1月20日修正公布的"空气污染防制法"第八十一条,并陆续扩及至"废弃物清理法"第七十二条、"水污染防治法"第七十二条、"土壤及地下水污染整治法"第四十九条、"海洋污染防治法"第五十九条、"环境影响评价

---

① 全国人大常委会法制工作委员会民法室编:《民事诉讼法立法背景与观点全集》,法律出版社2012年版,第305页。

② 别涛:《环境公益诉讼》,法律出版社2007年版,第458页。

法"第二十三条。如"空气污染防制法"第八十一条规定:"公私场所违反本法或依本法授权订定之相关命令而主管机关疏于执行时,受害人民或公益团体得叙明疏于执行之具体内容,以书面告知主管机关。主管机关于书面告知送达之日起 60 日内仍未依法执行者,受害人民或公益团体得以该主管机关为被告,对其怠于执行职务之行为,直接向行政法院提起诉讼,请求判令其执行。行政法院为前项判决时,得依职权判命被告机关支付适当律师费用、侦测鉴定费用或其他诉讼费用予对维护空气质量有具体贡献之原告。"其他环保专门法也作出了相似的规定。

2014 年修订的《环境保护法》将生态环境公益诉讼仅仅设定为民事公益诉讼,虽然能对防治环境污染起到一定的作用,但没有把握住问题的关键。所以其后不久多次不得不补充确立生态环境行政公益诉讼制度。然而,我国现在进行的生态环境公益诉讼司法实践更多的关注于民事公益诉讼,忽视了应该给予同等重视的生态环境行政公益诉讼。这种状况在 2012 年新修订的《民事诉讼法》对生态环境民事公益诉讼进行规定后更加突出,具体表现在:各地有关生态环境公益诉讼的规范性文件中除了对生态环境公益诉讼案件的一般性规定外,更有专门对生态环境民事公益诉讼案件的规定。2012 年修订的《民事诉讼法》的一个重大缺陷是将生态环境公益诉讼安排在民事诉讼制度中,而真正应该承载生态环境公益诉讼制度的诉讼形式是行政公益诉讼。对公民组织提起的生态环境公益诉讼而言,这至少意味着修改现行的行政诉讼法和环境法,明确规定公民组织可以在环境行政机关违反失职的情况下以公益保护为目的而提起行政公益诉讼,实现对环境行政机关的监督。没有针对政府、行政机关的生态环境行政公益诉讼,现行《民事诉讼法》规定的仅仅针对污染单位的环境民事公益诉讼就是跛足的。[①] 对于生态环境行政公益诉讼的专项规定直到 2017 年 6 月 27 日全国人大常委会修改《行政诉讼法》才有所改观。在强大的公权力和国家强制力面前,私主体逃避承担环境保护责任几乎不可能,除非私主体被人为放纵。但追究公权力的责任,尤其是追究政府环保责任,则是最为薄弱的环节。庞大的执法队伍必然会产生执法不严、违法不究等执法偏差,官商勾结而发生的不执行环境标准,违法批准严重污染环境的建设项目,纵容环境违法不惩罚或者从轻处罚,为本地财政和创收,在治理行动中对应当关闭的污染企业下不了决心动不了手的现象和问题。有些地方政府官员对环境污染甚至视而不见,放纵包庇环境违法行为。面对上述状况,仅靠领导的觉悟、公务员的自觉、行政系统的内部监督,很难解决上述问题。建立生态环境行政公益诉讼的呼声越来越高。

[①] 刘莘:《公法视野下的环境公益诉讼》,载《南京工业大学学报(社会科学版)》2014 年第 1 期。

从理论上说，生态环境行政公益诉讼利益可以由个人也可以由环保团体来实施，但从诉讼能力来看，应主要依托环保团体来实施。这里的诉讼能力不只是一般诉讼法上所讲的诉讼能力，而主要是进行生态环境行政公益诉讼的专业技术能力和资金能力。生态环境行政公益诉讼的被告是作为公权力主体的政府，其诉讼能力是十分强大的，因此，生态环境行政公益诉讼的原告也必须拥有一定的诉讼能力，否则其诉讼往往难以进行下去。一方面，由于生态环境行政公益诉讼主要针对政府是否履行环境责任而展开，而政府环境责任是否履行往往需要专业的技术判断和法律分析，因此，环境领域的专业知识和较高的法律素养是必不可少的，而一般的个人很难具备这方面的专业技术知识和法律素养。另一方面，生态环境行政公益诉讼往往持续较长的时间，同时还有相当的花费如诉讼费用，这也是一般的个人难以承受的。所以，生态环境公益诉讼主要只能依托环保团体来加以实施，这也是国外生态环境公益诉讼实践所证明的。[①] 但是，我国的生态环境行政公益诉讼起诉权却是由检察机关独家垄断的，这不能不说是一个遗憾。

---

① 张建伟：《政府环境责任论》，中国环境科学出版社 2008 年版，第 169 页。

第五章

价值功能

　　生态环境公益诉讼具有为环保群体事件减压、促进生态环境公益的司法保护、形成环境公共政策、弥补环境行政机关执法不力的缺陷等功能，这些功能是按照一定的逻辑顺序体现出来的，而非杂乱无章。生态环境公益诉讼功能的发挥不仅有赖于司法机关的能动作用，还需要审判人员自身司法能力的不断提高。加强对环境司法主体的技能培训有利于更大限度提高生态环境公益诉讼的司法效能，打造一支高水平法官队伍对于公正合理地审判环境案件与保护社会环境公益具有重要意义。长期以来，我国环境行政面临法院功能发挥不明显的问题，法院在民众关注的环境问题上功能不彰，群众在抵抗环境污染和生态破坏的行为时也很少会通过司法途径来满足其诉求。其实，民众对法院解决纷争功能的不信任绝非仅是法官等从事法律工作者的不幸，这更是整个社会的损失，而且此种损失是深远的。而生态环境公益诉讼制度的建立有利于改善法院对环境保护"功能不彰"的现状，因为其对传统的"原告主体资格限制"之突破提升了环境保护相关利益的可救济性。同时，生态环境公益诉讼也因其维护生态环境公益的本义而能辐射到其他主体的相关利益，这就有利于促使政府、企业和个人等主体积极采取保护生态环境公益的法定作为，可见其带来的社会公益影响可能远超出案件本身的效益。此外，法院司法救济能力的增强和检察机关等环境公益代表主体的介入，也将有利于环境行政的督促和完善，防止一些环境行政部门出于自身经济利益的考量、地方保护主义或盲目屈从某些压力而导致的环境行政不作为与作为不当。深入地探讨生态环境公益诉讼的本质问题，全面和系统地论述生态环境公益诉讼的功能定位，将有利于确保生态环境公益诉讼功能的充分发挥。

第一节 环保群体性事件的减压功能

经济发展和环境保护这两种价值目标带来的利益冲突不断，随着工业化进程的发展和群众权利意识的普遍增强，近年来的环境污染问题已逐渐变成公众关注的社会热点。环境污染和生态破坏带来日益增多的纠纷与问题，我国部分地区由此引发的群众对抗企业和政府等大规模群体事件并不罕见。例如，2012年7月28日，江苏省启东市发生大规模群众游行，抗议当地政府拟将日本王子纸业排污口选择在启东附近海域，群众参与游行示威的数量达到几千人，当地政府部门及其附近也遭受围堵。近年来类似典型案件还有很多，如2006年陕西凤翔"血铅案"、2011年浙江"海宁骚乱"、2012年四川"什邡事件"等，种种事例表明我国的环境群体事件已经逐渐步入了多发期。

环境群体性事件是民众面对环境污染或生态破坏现象时，通过不合理甚至非法的方式为自身利益诉求而发起抗争的规模性事件。产业化和城镇化的野蛮生长逐渐带来了环境污染的外部负效用，涉及环境问题的群体性事件反映了民众的环境生存权、政府注重经济的模式以及企业利益至上的宗旨之间的冲突，而社会矛盾往往会因民众利益需求不能得到满足、政府处置不当等原因而愈演愈烈。环保群体事件之所以如此频繁，主要是因为地方政府和相关企业在当地环境恶化后未能主动与及时地回应群众的合理诉求、满足民众的基本利益与合理期待。不仅如此，其实大多时候群众的维权方式在合法与合理性的层面上也存在缺陷。具体而言，当诉讼、信访以及行政复议等合法的权利维护渠道时常受阻时，他们就可能被迫寻求堵路、围堵政府部门、破坏厂房机器设备等损害财产安全的不合法方式来实现自救，甚至通过暴力抗争形式以及侵害人身利益的方式来维护其权益。

作为一种不得已而为之的措施，自力救济可以被定义为群众面对污染或破坏环境的行为时，在无法得到权利保障和救济的情况下，凭借自身非暴力或暴力的形式制止施害者违法或犯罪的行为。为此，有学者提出"环境自卫权"理论，将其视作正当防卫学说在环境法领域的延伸与适用。[①] 即使当事人的客观行为损害了他人权利，但这些行为又因具有侵权法上的正当性与合法性而无需承担民事责任。然而，有些环境实务中的做法却与此类学说原理大相径庭——部分地区的司法机关通常以强硬的态度和僵化的操作来处理此类纠纷，对采取自力救济的主体

---

① 钱水苗：《论环境自卫权》，载《中国法学》2001年第3期。

一概进行严格的法律追责。因此，环境案件司法的不公逐渐导致了人们对司法的信任危机，这也就是人们宁愿寄希望于非法治化、非程式化和人治化特色明显的信访、上访或其他方式的重要原因。

目前，此类突发事件主要从加强依法环评、推动信息公开、扩大群众参与度、健全社会风险评价机制等方面得以预防和解决。然而，基于"理性经济人"的假设，政府往往会出于政策制定的考量或者为了满足自身行为的需求，使其在很多时候并不一定完全为公益服务。在社会公益未能受到有效保护的情况下，生态环境公益诉讼制度的建立和完善就显得尤为重要，其现实意义主要体现在几个方面：首先，相比于强制色彩非常浓厚的传统监管模式，生态环境公益诉讼契合了柔性管理的理念，它更加重视公民和社会组织的参与，这样有助于缓和监管主体与客体之间的对抗性关系，也能在更深层次有效地解决环境问题；其次，生态环境公益诉讼的兴起为环境纠纷之解决开辟了新方法与渠道，同时提升了社会公众对环境正义的直观感受，广大群众积极且主动的参与有利于更大限度地维护社会公正；最后，生态环境公益诉讼能在公权力行使方面起到重要的监督作用，从责任与义务的角度约束相关行政部门对环境问题的不当处理。如今完善生态环境公益诉讼的呼声之所以很高，主要是因为当前的环境问题解决方式在预防和解决方面的作用不甚理想。司法救济作为坚守社会公正的终极防线，可以及时缓和各种利益矛盾与社会冲突，以此在一定程度上减少环保群体事件的爆发。其实，生态环境公益诉讼制度的确立就是为了将环境社会矛盾的处理机制从感性走向理性、从非法走向合法，在一定程度上有利于缓解和防止环保群体事件的恶化和升级。

第二节　生态环境公益的司法保护功能

资源的有限性与各种利益的冲突是法律产生的基础，法律实质上是对利益的确认、衡量、分配与保护。正是因为法律和利益之间存在种种互动，才得以控制各种社会关系。法律对利益的确认、分配、保护和救济都是在利益衡量的基础上展开的，即将各种利益置于法律的正义天平上称重，为利益调整提供标准，从而确保社会的有序与持续发展进步。司法过程就是一种制度化的法律论证实践，通过司法程序进行环境利益分配的制度保障，是法律论证的正式程序。在环境司法中，法官通过法律论证的利益衡量，矫正或重新分配环境利益，使环境区分利益请求得到满足。

逐渐累积的环境问题，不但同企业或个人重视经济利益有密切关系，其实也与一些政府部门的不当行政有所关联。此时，公众可以通过司法权力的运行来制约环境行政权力的不当发挥以及私人破坏环境的行为。从历史和现实角度来考察环境公益的司法保护，早在20世纪六七十年代，西方发达国家经济的迅速发展带来了公害事件频发的现象，大部分国家和地区为了追求良好的生态环境质量，逐渐展开了大大小小的群众环保运动。作为全世界最早建立生态环境公益诉讼制度的国家，美国在1970年修订了《清洁空气法》，其中的公民诉讼条款表示任何公民都能够以保护公众利益的名义对污染源不遵守排放标准以及联邦环保局不履行职责的行为向法院提起诉讼。[①] 此后，日本、印度和英国等国基于本国实际情况建立了生态环境公益诉讼制度，在环境问题日益突出的当代社会这逐渐成为一种世界潮流。从诸如美国等发达国家的环境立法看，公众制止污染者或破坏者侵害环境利益的方式主要有提起诉讼、由法院发布禁止令等。相比于一般的集团诉讼，公益诉讼的目标并非仅在于个案之解决，其更深远的影响是督促相关企业与机关主动采取促进生态环境公益的措施。

其实，生态环境公益虽然以公民的环境权为载体，但依其性质而言应归属于环境利益。关于环境权的主张在1972年联合国《人类环境宣言》中被首次提出，之后逐渐被各国普遍接受。环境权是指一切单位和个人都有享用清洁、健康的环境的权利，这种权利体现在公众可以使用环境的美学功能，也可以利用环境和生态资源满足基本的生存需要，即环境资源属于公众共用物。[②] 基于此种明晰的概念，应当对传统的环境侵权诉讼与公众环境权的法律保护有所区分。以维护财产权与人身权为旨趣的环境侵权诉讼其实属于一种传统的诉讼，尽管其在客观层面或从长远来看可能推动对环境公益的保护，但其本质仍属私益诉讼。在我国，有关环境问题的传统民事或行政诉讼，一般是由于环境污染与生态破坏已对当事人造成了实际损失而提起的，即使其在客观上能间接督促污染者或破坏者遵守环保法规，但这种诉讼对生态环境公益本身的保护并不被任何当事方所关注。因其带来"主观为私益，客观为公益"的效果，所以称这种诉讼活动为"因环境污染引起的民事诉讼"似乎更为恰当。然而，相对于环境私益诉讼，环境私益诉讼的提起在主观上就具有维护生态环境公益的本质特征。环境司法作为保障环境权益与促进生态文明建设的重要途径，有赖于法院加强对环境民事、刑事和行政方面的审判工作，通过依法审理各类案件，维护民众环境权益、惩处污染环境和破坏生态的行为、监督行政机关依法践诺职责等，从而在我国生态文明建设的宏伟蓝

---

① 别涛：《环境公益诉讼》，法律出版社2007年版，第93页。
② 蔡守秋：《从环境权到国家环境保护义务和环境公益诉讼》，载《现代法学》2013年第6期。

图下推动生态环境公益诉讼的完善与发展。

第三节　生态环境公共政策形成的促进功能

　　作为我国社会主义核心价值观念大力提倡的要素之一,"民主"已经渗透到了政治、社会和经济生活的方方面面,而公民的广泛参与是民主治理的实质要件。同政治、经济、文化建设一样,生态文明建设的现代化必须要有公民的参与,环境保护涉及全体民众,每个人都是环境政策的利益相关者。公众参与对于环境保护是一个必选项而非自选项,我们应当坚持合法合理、积极有序的参与公共政策的形成。日益复杂的环境问题为法律规则的稳定性与确定性提出了挑战,环境纠纷中不断出现的各种需求和现有实体法的相关规定之间尚存巨大的鸿沟。为此,很多国家在司法实践过程中充分运用判例和司法解释,以求最大限度地保障环境权利,从而达到司法促进环境公共政策形成的效果。环境法律规范的体系往往庞杂和凌乱,有时会存在"权利空白"较多、法律之间相互冲突等方面的问题。面对此种困境,公正政策可以通过司法机关制定的规范性文件与相关解释转化为司法政策来指导法官的司法行为。法院公共政策转化的主体主要是最高法院和高级法院,基于职责定位等方面的考虑,中级和基层法院一般不宜作为公共政策转化的主体。① 近年来,最高法院和地方法院频繁出台生态环境公益诉讼的司法解释和地方试点办法就是促进公共政策转化的具体体现。

　　国外有许多通过环境公益诉讼来促进环境公共政策的做法。例如,美国和德国的生态环境公益诉讼在这方面都具有重要作用,但二者在促进环境政策的出发点上有所区别:在美国的生态环境公民诉讼中,原告具有正当诉因的前提在于证明被告行为在过去或将来会对生态环境公益造成损害,而不需要将环境侵害的现实存在作为诉权行使之必备要件,以生态环境公益为视域从权利侵害的事实出发,这样有利于防患于未然地调节环境公共政策。然而,德国的生态环境公益诉讼在本质上属于行政诉讼,因此对于相应的案件,法院审理核心在于确认被诉行为的合法性。其生态环境公益往往以行政行为合法性的司法审查作为诉讼焦点,结合生态环境公益理念的司法实践逐渐促进了环境公共政策的兴起。

　　目前,我国相关部门之所以担心或犹豫于生态环境公益诉讼的全面推进,是因为其将可能会带来滥诉的严重后果,进而加剧司法资源稀缺和案源繁多的矛

---

　　① 公丕祥:《当代中国能动司法的理论与实践》,法律出版社 2012 年版,第 121 页。

盾、降低相关部门的工作效率，甚至会影响社会秩序的稳定。其实，这种担忧的形成主要是因为目前对环境公益诉讼作用正确认识的欠缺。生态环境公益诉讼不仅能够切实保障受害者的合法利益以及维护生态环境公益，它还有利于促进公共政策的形成，同时还对社会关系进行了调节。该制度允许有关法定组织提起公益诉讼，这就为代表特定群体利益的社会团体依法介入环境保护提供了制度保障，而且还为当事人提供了平等协商的平台，推动环境群体性纠纷进入司法渠道，从而更大限度地保证社会秩序的稳定、提升人民群众幸福生活的指数。同时，生态环境公益诉讼案件因涉及环境权益等基本权利，它通常能够引起公众的密切关注，这为环境公共政策之形成以及相关制度的变迁都提供了平台和保障。根据国内外相关司法实践可知，生态环境公益诉讼在开展以后，立法和行政机关由此制定、完善或变更相应政策的情况并不罕见。

第四节 对生态环境行政监管的补充功能

我国多数地区对环境问题的管理仍然以单一的环境行政监管方式为主，其实这种纠纷解决机制存在许多缺陷：其一，环境问题作为一项系统工程，往往因为其涉及多个领域的知识而具有复杂性，然而政府部门的环境监管职能作为其中的一部分并非是全能的，这就往往会使得政府在进行环境监管时难以保持高效与持续的水平；其二，部分企业宁愿选择受到行政处罚也不愿意改善污染或破坏行为，如此一来，环境监管的目标在这些企业唯利是图的动机和成本利益的分析之下将付之一炬；其三，政府行政监管的缺位现象可能引起排污者或破坏者存在继续违法的侥幸心理，行政处罚大多是在问题出现后才能开展起来，而这样单独处罚的行政手段远远不能有效解决复杂的生态环境问题。在我国长期的实践中，以行政管制为本位的环境管理模式逐渐暴露出诸多问题，比如经济发展的低效、企业管理效益的不畅、相关行业风气的不良等缺陷。由此可见，环境管理模式的改革迫在眉睫。

总体而言，经济社会可持续发展的真正实现离不开立法、执法、司法和守法四个方面的共同运作。作为人类命运共同体，所有利益相关者的积极参与将有效推动生态文明建设。联合国环境规划署执行主任克劳斯·托普弗在联合国环境规划署全球法官项目中谈道："遏制环境的退化需要全社会的倾力参与。因此，有必要在《联合国千年宣言》确认的自由、公平、团结、宽容、尊重自然和责任分担等人类价值的基础上，构建环境保护中所有利益相关者的全球合作伙伴关系。

司法则承担着如何内化这些价值的重任。通过裁决，司法也可推动环境治理，实现法治、环境、社会与发展间的平衡。"[1]

根据罗马法规定，"保护社会公共利益的诉讼，除法律有特别规定者外，凡市民均可提起"。[2] 罗马法之所以会产生公益诉讼是因为"罗马当时的政权机构还没有现代官僚体制的健全和周密，仅依靠官吏的力量来维护公共利益是不够的，故授权市民代表社会集体直接起诉，以补救其不足"。罗马法意义上的公益诉讼包括但不限于四个构成要件：其一，以维护公共利益为目的；其二，市民并不需要以其利益是否受损为必要条件而提起公益诉讼；其三，原告胜诉后，可以得到奖励；其四，当公权力机构的力量难以维护社会公益时，市民在法律规定的范围内可以起诉违反公益的行为。由此可见，即使在古罗马，公益诉讼也不能完全替代执法机关的作用，其主要发挥补充功能。当不同主体对公益的认识产生冲突时，根据现代民主法治的基本原则，就需要一个程序来进行裁决，而司法程序是最佳的程序。因此，司法机关可以通过司法实践促使公益在个案中的具体实现，其在个案中对公益的诠释对以后类似情形能起到引导的作用。

公民诉讼即由公民提起的公益性环境诉讼，以监督执法为目标的美国公民诉讼大多是针对行政机关的不作为提起的诉讼，美国的公民诉讼制度是为了"促进法律的执行，保障联邦与各州的行政机关积极履行其职责，并且补充其资源的不足"。[3] 而在印度的公益诉讼制度中，当公益受到影响时只能对国家机构提起公益诉讼，但私人当事方可作为共同被告被纳入公益诉讼。具有司法审查特色的印度公益诉讼主要聚焦于政府和行政机关的违法行为等方面。[4] 德国等国的环保公益组织为了避免环境行政机关怠于环境执法或环境监管不力等现象的发生，往往会代表公共利益而提起环境公害诉讼，以期遏制对环境利益的损害行为。[5] 综观我国生态环境公益诉讼制度，主要体现出民事公益诉讼的特点。检察院在必要的时候建议环保行政主管部门依法履行查处职责并督促其对污染环境者提起诉讼，如果在一定期限内相关环保部门在无正当理由的情况下尚未起诉的，检察院能以社会公共利益为代表对污染者提起诉讼。应当注意的是，该诉讼只能针对污染者，而不包括行政主管部门。在全国许多地方，这种现象直到 2018 年 1 月 1 日

---

[1] United Nations Environment Programme, UNEP Global Judges Programme 2005, P.5.
[2] 周枏、吴文翰、谢邦宇编著：《罗马法原理》，商务印书馆 1996 年版，第 887 页。
[3] Harold Feld, *Saving the Citizen Suit: the Effort of Jujan v. Defenders of Wildlife and the Role of Citizen Suits in Environmental Enforcement*, 19 Colum. J. Envtl. L. 141, (1994).
[4] 蒋小红：《通过公益诉讼，推动社会变革——印度公益诉讼制度考察》，引自别涛主编：《环境公益诉讼》，法律出版社 2007 年版，第 137 页。
[5] 张式军：《德国环保 NGO 通过环境诉讼参与环境保护的法律制度介评——以环境公益诉讼中的"原告资格"为中心》，载《黑龙江省政法管理干部学院学报》2007 年第 4 期。

起才有可能得到一定的改观。我们认为,环保工作还是应当由拥有强大的专业知识和公权力的环境保护行政部门来负责,生态环境公益诉讼应当主要还是起补充作用,我国公益诉讼应聚焦于政府部门的完善以及环境法规的执行等层面,应当以努力敦促相关环保机关积极践诺职责和承担义务为重要目标。在价值定位层面上看,我国生态环境公益诉讼有必要进行调整,即把今后的工作重心放在生态环境行政公益诉讼的建设和完善方面。[①]

就功能定位层面而言,对政府行为的约束与监督是生态环境公益诉讼制度的重要方面,其在一定程度上能弥补环境行政机关执法不力的缺陷。然而,通过学界对国内近年 30 个生态环境公益诉讼案例的研究可知,案件的被告大多是个人或企业,只有两起案件的被告是政府部门。从主体上看,三分之二的案件是由公权力机关作为原告。[②] 生态环境公益诉讼在实践中往往出现功能错位的现象,由政府或社会组织向企业提起的生态环境公益诉讼并未真正落实监督政府的作用,而是在某种意义上以司法方式来取代行政执法。从长远来看,这样的运作秩序必然会导致环境执法过程中法院提前干预和介入的现象。观其本质,生态环境公益诉讼绝对不能跨界成为一种执行环境法律的方式,对其定位应是在政府未能有效履行环保职责时,迫使行政权力去实现国家环保义务的辅助性措施。因此,我们在生态环境公益诉讼制度的实践运行过程中,在追求环境司法创新之同时也应当不忘其本质,保持一定的审慎态度。[③]

第五节 生态环境公益诉讼功能的发挥

公民在权利受到侵害时能向国家机关请求提供公正且及时的司法程序,司法机关的审判活动本身就可被视为对公民的积极给付。有些宪法理论称这种向国家请求程序性给付的权利为"受益权"。公民通过环境司法方式获得的环境权益可称为环境司法受益权,相较于环境立法受益权和环境行政受益权,环境司法受益权的特点主要体现在如下方面:其一,诉讼的提起往往带有不告不理的色彩,即司法机关职权的行使具有被动性,这就为环境司法受益权带来了消极性——司法

[①] 余贵忠、杨武松、余计灵:《环境公害诉讼研究》,西南交通大学出版社 2013 年版,第 178~179 页。

[②] 阮丽娟:《环境公益诉讼的性质识别、原告寻找与审理机关专门化》,载《北方法学》2013 年第 6 期。

[③] 陈海嵩:《国家环境保护义务的溯源与展开》,载《法学研究》2014 年第 3 期。

机关几乎只有在当事人请求时才会行使司法权。虽然环保非常依赖于国家权力，但环境司法保护绝不应违背司法权的基本原则，因为司法机关如果为了尽最大义务而主动行使职权，可能会打破立法、司法和行政三者之间的相互制约和平衡关系。同时，司法机关相对于行政机关等在环保领域的知识缺乏可能带来新的问题。其二，环境司法是公民寻求环境利益的最后屏障和救济手段，独立的司法权和有效的运作机制能更好地协调各种相互冲突的社会利益。其三，环境司法应当保持中立性，因为私利、偏见以及对某种压力的盲目屈从将会削弱司法的公正性和权威性。然而应当注意的是，这种中立并非绝对的，基于环境权的社会权属性以及对国家的高度依赖性等原因，在司法过程中还是应站在保护环境和自然资源、维护环境公共利益的立场上来作出相对公平的判决。

此外，生态环境公益诉讼功能之发挥有赖于司法机关能动作用的积极配合。司法能动主义，即司法机关在审理案件时，不遵循先例和拘泥于法律的字面含义进行司法解释的一种理念以及基于此理念的行动。在司法能动作用的发挥之下，法官通常更倾向于对现有主流价值观念和社会现实问题的回应来进行法律解释，而非完全固守于以往的立法和判例等。美国学者克里斯托弗·沃尔夫则认为：
"司法能动主义的基本宗旨就是，法官应该审判案件，而不是回避案件，并且广泛地利用他们的权力，尤其是通过扩大平等和个人自由的手段去促进公平。能动主义的法官有义务为各种社会不公提供司法救济，运用手中的权力，尤其是运用将抽象概括的宪法保障加以具体化的权力去这么做。"[①] 国内有学者认为，司法能动主义是指法官在司法判断过程中以政治信仰或公共政策为指导，对立法和行政部门持怀疑和不顺从的态度，以提升公民平等和自由程度的方式，维护和推进社会公平。[②] 其实，司法的被动性主要指法院不能主动启动司法程序或擅自变更当事人的诉讼请求，在不违背这些前提的条件下，法院应充分发挥主观能动性，积极为当事人及相关利益者提供司法保障和服务。在我国语境下，能动司法可被描述为"法官不应仅仅消极被动地坐堂办案，不顾后果地刻板适用法律；在尚处于形成进程中的中国司法制度限制内，法官可以并应充分发挥个人的积极性和智慧，通过审判以及司法主导的各种替代纠纷解决方法，有效解决社会各种复杂地纠纷和案件，努力做到'案结事了'"。[③]

近年来，随着环境案件规模的扩大化与数量的增长，我国司法机关逐渐认识

---

① [美] 克里斯托弗·沃尔夫：《司法能动主义——自由的保障还是安全的威胁？》，黄金荣译，中国政法大学出版社 2004 年版，第 3 页。
② 李桂林：《司法能动主义及其实行条件——基于美国司法能动主义的考察》，载《华东政法大学学报》2010 年第 1 期。
③ 苏力：《关于能动司法与大调解》，载《中国法学》2010 年第 1 期。

到司法在推动可持续发展进程中扮演的重要角色。在民事审判方面，依法使侵权行为人承担相应的民事法律责任，及时且全面地保障受害者的人身和财产安全，维护社会秩序的稳定；在刑事司法方面，依法惩处污染环境、破坏资源的违法犯罪行为，保障国家环保领域的管理秩序；在行政审判方面，通过行政诉讼等方式监督政府部门，依法处理部分行政机关在环境执法方面的作为不当等问题，将保护生态环境与合理利用自然资源真正落到实处。

生态环境公益诉讼效能的发挥有待进一步提升。作为评价司法工作结果的重要尺度，司法效能是指司法主体凭借自身应具备的司法能力所能达到的司法效率水平和公正程度，其中，司法的"效率"和"公正"分别是司法制度的刚性原则和柔性原则，前者具有工具理性和明确的可比性，而后者有价值理性和模糊的相对性。司法效能主要考察司法能力和司法效率两个方面，其中司法能力集中体现在法官运用法律处理案件方面，而司法效率则衡量有限的司法资源下处理案件的数量。由此可知，环境司法效能是法院系统在处理环境纠纷中所体现出的环境司法能力和所达到的司法效果。环境司法肩负着实现环境正义价值的重任，因此亟待审判人员不断提升自身司法能力，在公正合理地审判环境案件的同时提高环境司法效率，以个案实践的累积作为生态环境公益保护的坚强后盾。

法院的办案质量和环境司法效能的发挥在很大程度上取决于法官司法技能的高低。法官的司法技能包括查找法律和其他（参考）依据，并完成法律论证过程的法律定位技能；认定事实、证明案情的事实认定技能；在审理活动中确保正确认定事实和适用法律的审理运作技能。① 相比于普通的案件处理，环境案件审理在诉讼主体、举证责任、诉讼时效、判决执行等方面的程序要求有所区别。环境法学作为一门新兴学科，对其法律机制和知识体系的研究尚不透彻，而且因为环境司法涉及大量自然科学知识，其案件的举证过程需具备一定的相关专业知识。面对重大且复杂的环境资源案件，其一般不可避免地涉及民事、刑事、行政三大诉讼，争议焦点往往兼具公益性和私益性，同时还跨越国内法和国际法、法律推理、证据科学和技术判断等领域。相较于单一门类的诉讼，其实这些都对法官事实认定、法律适用和审理运作等司法技能提出了更高的要求。

然而现实问题在于，很多法官已有的技能水平和知识储备可能还难以满足复杂环境案件的需求，专业化、复杂化的环境司法工作为大部分法院系统的工作带来了挑战。我国当前环境司法面临的主要问题在于错综复杂的环境案件数量增长与司法系统效能相对稀缺之间的矛盾。在当前环境法律制度逐渐健全、新类型环境案件层出不穷的时代，高水平的裁判能力和全方位的参与主体对于提升环境司

---

① 蒋惠岭：《法官必备的十大司法技能（一）》，载《人民法院报》2006年9月20日第6版。

法效能非常重要，而加强司法效能建设的关键在于提高司法队伍的素质和能力。首先，法官应当及时、全面而深入地学习每年最高人民法院大量发布的有指导或参考意义的环境案例，提高法律适用的能力，将法律法规与理论知识熟练运用在环境司法实践过程中；其次，审判人员还应当增强事实认定的能力，厘清环境案件内部的事实结构和逻辑顺序，以便将法律分析与审理的内容相互匹配；最后，法官还应努力提升庭审运作技能，因为庭审质量能在很大程度上影响诉讼当事人之间的利益分配，对广大民众信任环境司法也有深远影响。总之，加强对环境司法主体的技能培训、打造高水平法官队伍，对于最大限度提高生态环境公益诉讼的司法效能具有重要意义。

第六章

诉权与诉讼请求

诉讼程序发动的起点是诉权的动用。无诉权，便无诉讼；没有环境诉权，也就根本不会有真正的环境诉讼。环境诉权问题是解决人们因何可以提起环境诉讼的问题，即环境纠纷的司法解决之根据问题。建立和发展生态环境公益诉讼制度就必然面临和提出环境诉权问题，必然要解决环境纠纷的司法解决请求权的根据问题。提出诉讼请求是诉权动用的核心内容和根本目标。原告能够提出什么样的诉讼请求，呈现出诉权权能伸展的广度和深度，标示着诉权的法律高度，透射出诉权的力度。在生态环境公益诉讼中，原告能提出哪些诉讼请求，取决于原告能否寻找到支撑这些诉讼请求的请求权规范。非如此，原告所提出的诉讼请求将缺乏法律支持，成为无本之木，无法得到法院的赞同。法官必须先行判断生态环境公益诉讼原告所援引的请求权规范能否支撑其所提出的用以救济生态环境公益损害的诉讼请求，才能裁判支持或否认其诉讼请求。

第一节 生态环境公益之诉

诉的构成要素包括当事人、诉讼标的和案件事实。从当事人的角度而言，诉是原告基于实体（法）目的而针对被告提起的，所以诉的主体是原告和被告，诉讼标的是请求法院审判保护的实体（法）内容，体现了当事人提起诉讼的目的。案件事实，一方面使诉特定化，另一方面支持诉讼标的。诉的构成要素的意义在于使诉特定化,从而使一诉和他诉区别开来,以配合"一事不再理"原则的适用。通常情况下,判断一诉与他诉的区别,首先就诉的主体来判断,诉的主体不同,则构成不同的诉。若诉的主体相同,则需根据诉讼标的判断。识别诉讼标的,通常情况下依据诉讼标的实体内容,如是请求返还房屋还是请求支付价款。在特定情况下,还需结合案件具体事实,即在当事人相同、诉讼标的的实体内容相同情况下,如果所依据的事实不同,则构成不同的诉。①

具体到生态环境公益诉讼,判断前诉与后诉是否同一,则有不同的特点。第一,关于当事人是否相同的判断。有权提起生态环境公益诉讼的有关机关和社会组织在前案裁判生效后针对同一行为另行起诉,虽然形式上的原告不同,但由于生态环境公益诉讼的目的是保护生态环境公益,而生态环境公益缺乏具体的权利主体,享有公益诉权的主体与生态环境公益并不存在直接的利害关系,而是因保护生态环境公益的需要依据法律规定取得诉权,不同的原告所代表和维护的均为生态环境公益,其请求权基础是相同的,可以视为实际上的同一主体。第二,关于诉讼标的是否相同或者覆盖的判断。根据司法解释规定,原告可以请求被告承担停止侵害、排除妨碍、消除危险、恢复原状、赔偿损失、赔礼道歉等民事责任。还规定,法院认为原告提出的诉讼请求不足以保护社会公共利益的,可以向其释明变更或者增加诉讼请求。同时,基于生态环境公益保护的及时性和整体性需要,要求前诉原告在起诉时,尽可能依法全面提出诉讼请求,以使生态环境公益得到周全的保护。通过法律和司法解释的明确规定,辅之以法院的释明,一般情况下,有关机关和社会组织另行起诉所提出的诉讼请求不会超出前案的诉讼请求范围。第三,关于案件事实的判断,另诉针对的是同一污染环境、破坏生态行为,该行为应当理解为既包括行为本身,也包括行为造成的损害,构成案件事实相同。基于上述生态环境公益诉讼的诉的构成要素分析,有权提起诉讼的有关机关和社会组织对于同一污染环境、破坏生态行为另行起诉的,该诉与前诉实质上是同一个诉,根据诉讼生效裁判既判力和"一事不再理"的要求,为使已被生效裁判确定的生态环境公益法律秩序得以稳定,同时使被告免于因同一行为处于反复被诉的危险中,除特别情形外,对于有关机关和社会组织另行提起的诉讼,法院原则上应当不予受理。但是,污染环境、破坏生态行为对生态环境公益所造成的损害具有广域性、隐蔽性、长期性、反复性、累积性等特点,而原告囿于专业能力所限,往往在前诉中难以充分发现或者预见全部损害,如果固守传统的既判力理论,在前诉判决生效后一概禁止对于新发现的损害另行起诉,不仅不符合保护生态环境公益的需要,也与正当程序保障的要求和对既判力传统理论进行适度

---

① 邵明:《民事诉讼法理研究》,中国人民大学出版社2004年版,第200~201页。

修正的趋势相悖。因此,基于生态环境公益诉讼的特点,对生态环境公益诉讼生效判决的遮断效力予以适度放宽,明确规定在发现了前案审理时未发现的损害时,对于有权起诉的机关和社会组织另行提起的诉讼应予受理。

第二节 生态环境公益诉讼无反诉

反诉,在大陆法系和我国民事诉讼中,是指在已经开始的诉讼程序中,由本诉的被告通过法院将本诉的原告作为对方当事人所提起的独立的反请求。[①] 反诉制度是民事诉讼中的一项重要制度,肇始于古代罗马法民事诉讼中的"抵消抗辩"制度。其相较于一般的诉,具有诉讼主体特定性、时间限定性、诉讼请求相对独立性、目的对抗性和受理法院特定性等特点。我国《民事诉讼法》规定:"原告可以放弃或者变更诉讼请求。被告可以承认或者反驳诉讼请求,有权提出反诉。""原告增加诉讼请求,被告提出反诉,第三人提出与本案有关的诉讼请求,可以合并审理。"在生态环境公益诉讼中,作为原告进行起诉的机关和社会组织,系针对受到损害的社会公共利益或具有损害社会公共利益重大风险的污染环境、破坏生态行为,代表公众提起诉讼。而"公众"本身是一个较为抽象的概念,如果公益诉讼的被告提起反诉系针对原告的实质主体"公众",势必会造成该诉不具有明确的被告,因为法院在受理这样的案件时无法将"公众"具体确定为怎样的人群,包括多大的范围,这样一来就不符合《民事诉讼法》中关于起诉条件的规定。而如果公益诉讼的被告反诉系将提起公益诉讼的形式原告本身,即对法律规定的机关或社会组织作为被告提起反诉,由于该形式原告对诉讼本身只是代表社会公共利益进行诉讼,对诉讼的结果并不具有诉的利益,根据委托代理人理论,代理人的行为和结果最终由被代理人承担,对一个诉讼代理人提起诉讼,既不符合诉讼规则,也缺乏事实依据,即便法院受理了这样的案件,最终也不会获得胜诉的判决。所以说,在公益诉讼的反诉问题上,被告提起反诉的首要障碍是反诉的主体问题。但如果此时法院系以驳回起诉或驳回诉讼请求的方式否定了公益诉讼被告的反诉请求,不仅会剥夺当事人另行起诉的程序性权利,连实体权利也难以再获得保障的渠道。因此,以"不以受理"的思路来处理这个问题,目的就是给公益诉讼的被告留出一个另行起诉的空间和实现其实体权利的渠道。生态环境公益诉讼原告只是公众利益的代表人,在法律授权下为已经受损

---

① 江伟、邵明、陈刚:《民事诉权研究》,法律出版社2005年版,第142页。

害、正在受损害以及将要受损害的公众利益进行诉讼,其与被告之间并不存在直接的社会联系,亦不会因此产生法律上的权利义务关系,其与被告之间不存在事实上的关联;此外,公益诉讼本诉的法律关系是被告对属于公众的环境或生态利益构成侵权或存在重大威胁,由此产生了相应的侵权法律关系,而公益诉讼的原告在该侵权法律关系中并不是当事人,如果被告基于该侵权法律关系提起反诉,那么,公益诉讼原告并不是适格的被告主体;如果被告以公益组织本身对其存在侵权行为提起诉讼,其所诉公益组织对其实施的侵权行为所产生的法律关系,与本诉中被告对社会公众实施的侵权行为所产生的法律关系属不同的两个法律关系,这二者间不存在法律上的牵连;再者,公益诉讼代表社会公众进行诉讼后,不论结果输赢,均不由该原告组织承担后果,并无民事权益上的关联性。综合以上方面来看,理论上被告即使提出了反诉,其因与本诉在事实上、法律上、民事权益上均不具有牵连性,并不符合反诉提起的条件,法院应当不予受理。①

被告可能提出与公益诉讼相关的诉求有4种类型②:(1)被告认为公益诉讼原告滥用提起公益诉讼的权利,要求赔偿其因被迫应诉而支出的必要费用(如交通费、误工费等);(2)认为原告在诉讼外实施的行为导致被告遭受损失(如原告阻止被告生产经营活动而给被告造成实际损失),要求赔偿相应的损失;(3)认为原告在诉讼中实施的行为导致被告遭受损失(如公益诉讼原告申请财产保全或证据保全后败诉,保全行为给被告造成损失),而要求赔偿该损失;(4)认为国家相关标准设置不当、现有科技水平受限,其采用先进设施设备组织生产、遵照国家标准排放污染物并缴纳了排污费,国家对其实施损害公益的行为以及其最终承担赔偿责任负有责任,要求减轻其赔偿责任或者要求国家赔偿其部分损失。③ 第(1)类诉求中,如原告起诉非基于恶意,因不具有损害被告合法权益之主观过错,其提起诉讼的行为不具有违法性,即使公益诉讼败诉,原告之行为亦不符合承担侵权责任之构成要件。被告可能起诉,但其诉求不应得到支持。如原告基于恶意提起公益诉讼并给被告造成损失,原告起诉并非基于维护公益之目的,根据侵权法法理,侵权责任应由原告自行承担。此种情形,被告可能起诉,其诉求亦应得到支持。第(2)类诉求中,如原告诉外实施的行为未超出维护公益之合理范围且不构成侵权,不涉及赔偿问题。与之相反,如原告之行为超出维护公益之合理范围并构成侵权,无论是以原告之行为超出维

---

① 最高人民法院环境资源审判庭编著:《最高人民法院关于环境民事公益诉讼司法解释理解与运用》,人民法院出版社2015年版,第218~223页。
② 刘澜平、向亮:《环境民事公益诉讼被告反诉问题探讨》,载《法律适用》2013年第11期。
③ 潘申明:《比较法视野下的民事公益诉讼》,法律出版社2011年版,第308页。

护公益之合理范围为由将该行为认定为原告自身之行为，还是以原告之行为与维护公益之间具有实质联系为由而将该行为认定为原告所代表者的行为，被告均有起诉之可能，且其诉求亦有获得支持之可能。第（3）类诉求中，原告实施保全行为系为了确保公益诉讼胜诉裁判能得到顺利执行。一旦公益诉讼败诉，因保全错误或不当而给公益诉讼被告所造成的损失，应予以赔偿。此种情形，被告有起诉之可能，且其诉求亦应得到支持。第（4）类诉求中，缴纳排污费并按标准排污不免除被告承担损害公益之责任。但是，被告所受损害基于原告恶意侵权行为而产生，两诉亦非基于同一法律事实而产生，故被告之诉不符合反诉条件；当原告诉外行为构成侵权且将该行为认定为原告自己的行为时，原告系实体责任主体，被告之诉的诉讼标的为私益损害赔偿关系，其与公益诉讼的诉讼标的即公益损害赔偿关系不同，两诉亦非基于同一法律事实而产生，故被告之诉亦不符合反诉条件；当原告诉外行为构成侵权且将该行为认定为原告被代表者的行为时，两诉的诉讼标的存在差异且两诉亦非基于同一法律事实而产生，被告之诉亦不符合反诉条件；原告申请保全后败诉的情形中，申请保全系基于维护公益之目的，其法律后果应归属于原告的被代表者，但两诉的诉讼标的仍然不同且亦非基于同一法律事实而产生，故此种情形，被告之诉亦不符合反诉条件。

第三节　生态环境公益诉权

一、诉权的一般问题

随着各国环境纠纷解决机制的形成和不断发展、完善，建立和健全环境纠纷的司法救济制度即环境诉讼制度已成为加强环境保护的必由之路。而建立和发展环境诉讼制度就必然面临和提出环境诉权问题，必然要解决环境纠纷的司法解决请求权的根据问题。

在早期罗马法时代，只有诉权概念，而无实体权利概念，更无请求权的概念。因为在罗马法中，事实与规范尚未分开，是诉讼创造权利，而不是有了权利，再依据权利起诉。罗马法中的诉讼，其本身就是一种权利，"通过审判要求获得自己应得之物的权利"就是诉权。按照《优士丁尼法学阶梯》解释，"诉权不过是通过审判诉求某人应得之物之权利"①。诉权问题最早起源于罗马法（actio）。actio 一词，含有主观法和客观法的双重意思，表达前一种意思时，译为诉权；表达后一种意思时，译为诉讼。② 在罗马法初期，并非所有的纠纷都可以提交法院进行裁判，只有符合法律规定的、具有诉（请求权和诉权）的可能性的案件才能提交裁判，即有诉才有救济。就此意义而言，罗马法是以诉为出发点来理解诉讼的，而诉讼制度则是为了实现诉权的。当事人能否进行诉讼的权利是经国家准许而产生的，国家设立执政官，由执政官发出令状的方式准许诉讼开始，之后当事人才可以获得诉权进行诉讼。未经执政官许可，当事人没有诉权。当实体法和诉讼法在形式上有了一定程度的分化后，在民事诉讼法学领域随之提出了一个当事人"为何可以提起诉讼"的问题，诉权学说正是作为阐明该问题的理论而正式登上学坛的。③ 诉权一般是指民事诉权，有学者称之为狭义诉权。④ 从广义上说，诉权不能仅仅限于民事法领域，而应该延伸到行政法、刑事法、经济法、环境法、宪法等领域。随着法治国家的建立和完善、人权保障的发展，诉权问题已经越来越成为一个重要的、不可忽视的焦点问题，诉权已经跨越了传统民事诉权领域，呈现出不断扩大化的趋势。诉权是一项宪法性权利，国民普遍平等地享有。多数国家在宪法中对诉权予以特殊保障。比如，我国民国初期制定的《临时约法》第九条就明确规定："人民有诉讼于法院受其审判之权"。现代的诉权概念，是实体法和诉讼法达到一定分离程度后的产物，也可以说是诉的制度解体的产物。⑤ 现代诉权理论是由德国学者在 19 世纪创立的。德语阴性名词"klage"意指"悲叹""诉苦""抱怨""控告""起诉""起诉书"，中性名词"recht"意指"法""法律""正义""权""权利""权力"。由上述两个名词复合而成的"klagrecht"，意思就是诉权。可见，从语义上说，诉权就是指"起诉的权利"或者指"进行诉讼的权利"。

诉权到底包括哪些内容，法学界尚有争议。有学者主张，"在一个健全的法律制度中，诉权应当包括起诉权、上诉权、抗诉权、申诉权和宪法诉愿权五种最基本的权能"⑥。有学者主张诉权的内容包括起诉权、获得裁判权、得到公正裁判权。⑦ 根据起诉权人提出的受到侵犯或发生争议的权益的性质，可以把诉讼程

---

① ［古罗马］查士丁尼：《法学阶梯》，徐国栋译，中国政法大学出版社 1999 年版，第 455 页。
② 转引自［意］彼德罗·彭梵得：《罗马法教科书》，黄风译，中国政法大学出版社 2005 年版。
③ 江伟、邵明、陈刚：《民事诉权研究》，法律出版社 2005 年版，第 89 页。
④ 薛刚凌：《行政诉权研究》，华文出版社 1999 年版，第 1 页。
⑤ 王彦昕、周云主编：《生态文明下的环境资源法治建设》，中国人民公安大学出版社 2010 年版，第 16 页。
⑥ 莫纪宏、张毓华：《诉权是现代法治社会第一制度性人权》，载《法学杂志》2002 年第 4 期。
⑦ 薛刚凌：《行政诉讼权研究》，华文出版社 1999 年版，第 24 页。

序发动权分为民事起诉权、行政起诉权、刑事起诉权和宪法起诉权。其实，诉权的内容一般主要包含三个方面：诉讼程序发动权、诉讼裁判获得权和申请执行权。诉讼程序发动权应该设置五个方面的权能：起诉权、反诉权、上诉权、抗诉权以及申诉权。因为反诉权从被告的角度也起着发动诉讼程序的作用。在这五种诉权形态中，起诉权是衡量一个国家法治化水平的标志，是诉权的核心。对起诉权的限制，就是对公民诉权的实质限制，也是对公民所享有的宪法和法律实体权利的限制。从保障公民实体权利的角度来看，立法不应当规定司法机关的受案范围，而应当采取有诉必理、有诉必裁的原则，起诉权应当是受到法律制度保障的第一性的诉权。因为，当事人只有行使起诉权才能形成诉讼，如果当事人不行使起诉权，诉讼程序将无法开始和进行。法院的判决只是对当事人是否享有实体性权利的法律判定，而不能剥夺其诉权，即使败诉了，败诉方仍然享有诉权，可以去上诉或者申诉。但当事人的诉权行使在终审判决之后便受到了法律的限制，它必须符合一定条件才能启动审判监督程序。因此，从整个诉讼过程来看，从国民获得公力救济的途径来看，关键是起诉权。诉讼裁判获得权是当事人在诉讼程序中享有的各项诉讼权利的统称，是当事人享有诉权的具体体现，如申请回避权、辩论权、举证权、申请鉴定权等，都是当事人享有诉权的具体表现，可以归入诉讼裁判获得权的范畴，因为当事人是为了获得诉讼裁判而享有上述权利的；鉴于诉讼裁判的有效执行是诉讼不可分离的一部分，因此，当事人享有的诉权不应该仅限于诉讼阶段，一个完整的诉讼应该包括诉讼判决作出后的执行。①

  传统诉权理论认为，诉权是实体权利的请求权，实体权利是基础，诉权是实体权利在程序法上的延伸。随着环境问题的日益暴露，这一理论显出了不足。诉权和实体权利的关系被重新审视，诉权与实体权利分离，诉权不再以实体权利作为其基础和依托，诉权建立在利益的基础上而不再是建立在权利的基础上。所以对于环境，每个人都享有利益，基于这种利益，每个人都享有了诉权，因此每个人都可以对危害环境的行为提出诉讼。这种诉权理论的变革也为环境公益诉讼制度的确立奠定了理论基础。公益诉讼"诉权"的赋予，很大程度上是为了维护公益需要。这需要诉讼突破传统的诉讼价值、利益、权利与功能指向的约束。在价值指向上，要求诉讼不应仅仅拘泥于发挥国家司法权力的第三方作用，更在于构建国家与社会在环境领域的共同治理机制；在利益指向上，要求诉讼由个体利益的保护或调整，发展为社会整体利益的维护或调整；在权利指向上，要求诉讼由单一的私法个体权利的保护发展为环境权利的逐渐生成；在功能指向上，要求诉讼由单一的"纠纷解决模式"逐渐拓展为"纠纷解决模式"与"政策修正模

---

① 谢伟：《环境公益诉讼研究》，中国政法大学出版社2016年版，第57~58页。

式"并重的功能。①

在"无利益即无诉权"的原则下，一般认为，作为诉权要件的"诉的利益"是法院进行裁判的前提。传统理论上，诉的利益，是指当权益受到侵害或与他人存在纠纷时需要借助诉讼程序予以救济的必要性。诉的利益与原告资格直接联系。在大量的公害案件出现之前，权益的纠纷主要发生在平等主体之间。按照传统的"法律权利观"，是否具有诉的利益是容易识别的。随着新型纠纷（如环境公害纠纷）的出现，往往无法将这些纠纷的解决纳入现行法律所承认的权利体系框架之中，然而事实上必须对这些纠纷予以解决。如果依照传统的诉的利益的观念和标准进行审查，在环境公害纠纷中，公民个人对于环境的利益被视作反射性的利益，而非法律上的利益，公民个人要求法院撤销行政机关的违法行为可能会因不具有诉的利益而得不到支持。因此，基于增加公民接近法院或使用诉讼的机会或途径，扩大司法解决纷争和保护权益的功能，各国都在尽量扩大诉的利益的范围，从而扩大原告资格的范围。例如，在德国，撤销诉讼和科以义务诉讼等行政诉讼的原告资格并不以实体法上的权利为限，诉讼利益已经由传统的狭义的权利概念扩大到法律所保护的法定利益乃至值得法律保护的事实上的利益。具体到环境问题上，基于有关法律关于公众参与环境行政程序的规定，环境权益因行政机关的违法或不当行政处分而遭受或可能遭受侵害的，利害关系人能够提起撤销之诉或者科以义务之诉等行政诉讼。在美国，最初法院限于"法律上的权利"原则，除非原告能积极证明其法律上保障的权利已经或正在遭受侵害，否则即认为不具有原告资格。后来，法院面对有关环境公益的案件日益增多的趋势，将"法律上的权利"逐渐放宽到"实际上的损害"，不以法律上保障的权利受到侵害为要件。其后，美国各州和联邦的立法机关纷纷在环境保护法中写入了富有公益意味的公民诉讼条款。美国密歇根州《1970年环境保护法》，被认为是最早、最完整的确定有关"公共诉讼"的环境保护法律。根据该法第2节第1条的规定，为保护空气、水体和其他自然资源以及公共托管客体不受污染、损害和毁灭，任何个人、合伙、公司、社团、组织或其他法律实体皆可在据称违法行为的发生地或可能发生地的具有管辖权的巡回上诉法院对州、州的分支机构、任何个人、合伙、公司、社团、组织或其他法律实体提起谋求宣告或衡平法救济的诉讼。任何个人即使没有证据证明自己受到了环境污染并在某种程度上利益受损，也可以提起诉讼。随后，明尼苏达州、佛罗里达州也效仿了这一法律。联邦方面于1970～1972年间修改了纯净大气法、水质污染管制法、噪声管制法，如果违反这一系列法律中的重要规定和基准，个人和政府机关都可能作为被告被提起诉讼。例

---

① Scott, *Two Models of the Civil Process*, 27 Stanford Law Review 937 (1995).

如，美国《清洁空气法》第304条a款规定，任何人都可以自己的名义对包括公司和个人在内的民事主体就该法规定的事项提出诉讼。原告仅需主张自己为国会制定的法律所保护的权益受到直接或间接的影响即可确立起诉权。美国《清洁水法》第50条规定，允许公民或各州对任何被指控为违反《清洁水法》的人提起诉讼。其他诸如美国《有毒物品控制法》《固体废弃物防治法》等单项环境法规都有类似的条款规定。通过上述成文法的制定，美国规定了环境法上的"公共诉讼"条款，承认了公众保护公共环境权益的环境诉讼权利，提起该类诉讼的原告被称为"私人检察官"。[①]

二、生态环境公益诉权的内涵与立法体现

学理上，对生态环境公益诉权的表述有多种观点。有学者认为，环境公益诉权是指任何人，包括公民、企事业单位、社会团体、国家机关依据法律的特别规定，在环境受到或者可能受到污染和破坏的情形下，针对有关民事主体或者行政机关而向法院提起诉讼，以获得公正裁判，从而维护环境公益为目的的一种程序性权利。[②] 有学者认为，环境公益诉权是指当环境作为一种公共利益受到直接与间接的侵害或有侵害之虞时，法律赋予无直接利害关系人为维护环境公共利益而向法院对行为人提起民事或行政诉讼的一种程序性权利。[③] 有学者认为，环境公益诉权是指按环境法及其他法律、法规的规定，有原告起诉资格的无直接利害关系人，如国家机关、环境组织、团体和公民个人，享有为维护环境公共利益对侵犯环境公益的违法行为向法院提起诉讼的一种程序性权利。[④] 有学者认为，环境公益诉权是指为了保护社会公共的环境权利和其他相关权利而进行诉讼活动所享有的一种程序性权利，同时也是针对保护个体环境权利及相关权利的环境私益诉讼而言的。[⑤] 有学者认为，环境公益诉权是指法律授权的主体，在环境公共利益受到侵害或者威胁时，为了保护环境公共利益而对有关侵害主体或行政机关提起诉讼的权利。环境公益诉权是诉权在环境法领域中的具体体现，同时也是公益诉

---

① 王彦昕、周云主编：《生态文明下的环境资源法治建设》，中国人民公安大学出版社2010年版，第18~20页。
② 张建伟、董文涛、王宇：《环境公益诉讼法律制度研究》，载《2003年中国环境资源法学研讨会论文集》，第598页。
③ 张式军：《环境公益诉讼浅析》，载《甘肃政法学院学报》2004年第4期。
④ 李放：《试论我国环境公益诉讼制度的确立》，载《中国社会科学研究生院学报》2004年第3期。
⑤ 叶勇飞：《环境民事公益诉讼之概念辨析》，载《河南大学学报（社会科学版）》2004年第6期。

权的一种具体表现形式。① 有学者认为，环境公益诉权是指由于行政机关或其他公共权力机构、公司、企业或其他组织及个人的违法行为或不行为，使环境公共利益遭受侵害或有侵害之虞时，法律赋予公民或团体为维护环境公共利益而向法院提起诉讼的一种程序性权利。② 有学者认为，公众环境公益诉权是公众在环境公共利益受到公权力主体或私人主体侵害或有侵害之虞时，享有的诉诸公正、理性的司法权求得救济的权利。③ 有学者认为，环境公益诉权是针对当环境公共利益遭受侵害或侵害之虞时，什么样的主体有权进行起诉以及相关程序内容的制度设计，它指明了特定的社会利益主体在他们所赖以生存的环境公共利益遭受侵害或有侵害危险时，向有权行使环境审判权的法院行使的环境权益保护请求权。④ 有学者认为，环境公益诉权是环境参与主体出于保护环境公共利益的需要，在环境公共利益受到威胁或者侵害之虞，请求法院行使审判权的权利。有学者认为，环境公益诉权是一种救济权，是一种公法意义上的对法院的请求权，是一种基于宪法的基本权利，是发展着的诉权之社会回应的必然结果，它以保护环境为目的，以公共利益为本位，救济的内容具有预防性和既判力扩张性，同时包含着程序涵义和实体涵义。⑤ 有学者认为，所谓环境公益诉权，简言之，就是当环境公共利益遭受侵害或有侵害之虞时，社会成员有依法向法院提起诉讼以排除妨害或申请救济的权利。⑥ 环境公益诉权是生态环境公益诉讼制度的基础，是维护社会整体环境利益的有力武器。同环境参与权一样，生态环境公益诉权也是一种"群体受益权"，是公民履行环境责任的一种手段，只不过这种权利不是着眼于环境保护的一般过程，而主要着眼于对整体环境利益的司法救济。

根据西方国家早期的经验，生态环境公益诉讼"无处不铭刻着公害受害人为获取胜利而蒙受种种艰辛的历史印迹"。⑦ 立法机关在是否将生态环境公益诉权入法以及是否放宽原告资格范围问题上举棋不定的一个重要原因，是要看我国普遍开展生态环境公益诉讼的社会条件是否已经成熟。早在 2004 年，环境法学者就提出，我国生态环境公益诉讼必须走一个思想培育、理念传播、民众素质发展的渐进式过程，这一过程应当是兼顾法律本土资源与法律移植相适应的过程。所

---

① 王德新：《环境公益诉权机器程序保障——以检察机关提起环境公益诉讼为视角》，载《甘肃理论学刊》2011 年第 3 期。
② 张明华：《环境公益诉讼制度刍议》，载《法学论坛》2002 年第 6 期。
③ 朱谦：《公众环境公益诉权属性研究》，载《法治论丛——上海政法学院学报》2009 年第 2 期。
④ 王晓鸽：《论我国环境公益诉权之构建》，昆明理工大学硕士学位论文，2013 年。
⑤ 刘瀚聪：《环境公益诉权研究》，昆明理工大学硕士学位论文，2001 年。
⑥ 孟庆垒：《环境责任论——兼谈环境法的核心问题》，法律出版社 2014 年版，第 156~158 页。
⑦ [日] 中岛晃：《日本律师参与日本公害诉讼的历程与作用》，引自日本律师协会主编：《日本环境诉讼典型案例与评析》，中国政法大学出版社 2011 年版，第 2 页。

以，我国生态环境公益诉讼的第一阶段宜采用由检察机关提起民事行政公诉或支持起诉的方式进行，第二阶段可以尝试将诉权赋予依法登记成立以公益目的为基础的具有法人资格的社团组织。① 如今已经成为法律现实。当然，目前看来，立法的步伐要比环境法学界的这一设想来得更快更激进更明确一些。我国《环境保护法》在应对生态环境问题方面，没有选择动员全社会力量通过诉讼途径向污染宣战，而是优先选择了强化政府应急管理和强化政府环境执法权的方式；没有普遍赋予每个人拥有对环境污染和生态破坏行为提起生态环境公益诉讼的权利，而只是将起诉权赋予十分有限且限制严格的社会组织和检察机关。

诉权通过诉来实现，而诉的展开必须具备合法的诉因作为前提条件。公益诉讼是从以妨害为诉因的案件中分离出来、以公妨害为起诉理由、诉讼目的是维护公共利益的一类案件的总称。② 美国的环境公民诉讼性质是公益诉讼。相应地，环境公民诉讼的诉权也属于公益性的诉权。根据美国环境保护法律的规定，提起环境公民诉讼的实体上的诉因总的来说是环境妨害，具体包括两类：（1）违反污染防治义务的侵害行为，其主体包括任何个人、企业、社会团体、政府组织以及其他法律实体；（2）环保官员的不作为，即怠于履行法定的非自由裁量的职责的违法行为。但为了防止提起环境公民诉讼可能不当影响主管机关执法上的资源调配或者不当增加法院的负担，美国立法者对提起环境公民诉讼规定了三个方面的限制性条件：（1）非裁量行为。环境公民诉讼的对象如果是环保署长（administrator），则只能针对其非自由裁量行为或者义务起诉，这就是说，法院只有在认定环保署长存在滥用裁量权的事实，才可能受理起诉。（2）政府疏于执法。当环保署长或者州政府已经开始并且积极诉诸联邦或者州法院采取民事或者刑事措施以迫使污染者遵守法定要求时，不得提起环境公民诉讼。（3）事先告知。"起诉告知"是美国环境保护法律规定的环境诉权程序上的诉因。立法规定，民众诉讼提起前，应提前60日告知即将成为被告的污染者或者主管官员。经过60日后，如果被告知者已经改正环境违法行为或者与告知人达成和解，则无需起诉；只有被告知者继续其环境违法行为或者违反和解约定，才能正式提起民众诉讼。但有关毒性污染物或者紧急事件，为争取起诉时间，可以免除告知程序。

生态环境诉讼中原告行使环境诉权应包括两类诉因：一类是实体上的诉因，这是一切诉权行使都必备的诉因；另一类是程序上的诉因，它并不是行使任何诉权的必备前提，而是生态环境诉权的必备诉因。应该强调的是，行使环境诉权不以实际发生环境破坏或者环境侵害为要件，只要有证据表明某种行为将来有发生

---

① 罗吉等：《适应市场机制的环境法制建设问题研究》，引自吕忠梅、徐祥民主编：《环境资源法论丛（第 4 卷）》，法律出版社 2004 年版，第 390 页。

② 齐树洁、林建文主编：《环境纠纷解决机制研究》，厦门大学出版社 2005 年版，第 8 页。

环境破坏或环境侵害的危险，也应承认实体上的诉因存在，此即所谓生态环境诉讼中的"预防性诉权"。由于生态环境诉讼制度的根本目的在于保护环境，如果实体上的诉因可以通过诉讼前的警告或者起诉威慑或者环境保护行政部门的处理而消除，则没有必要赋予当事人环境诉权。因此，可以在起诉之前设置一个程序性门槛，增加一个程序性诉因，以防止诉权的滥用。我国可以借鉴美国和加拿大的环境诉权制度，规定原告提起环境诉讼应该具备前置性的程序诉因，即一般情况下当事人在起诉之前实施了"起诉告知"行为或者向国家环境保护行政主管部门提出了调查申请或要求提供相关信息申请；否则，原告提起的环境诉讼即被认为没有程序上的诉因。经审查认为原告提起的生态环境诉讼不具备程序上的诉因的，受诉法院应以诉讼请求没有保护必要为由裁定不予受理。经审查认为原告提起的生态环境诉讼不具备实体上的诉因的，如果属于法院受理民事诉讼或者行政诉讼的范围，告知当事人提起民事诉讼或者行政诉讼；如果属于刑事案件，告知起诉人到公安机关报案、举报或者控告，若符合自诉条件的告知当事人提起刑事自诉；如果当事人坚持行使生态环境诉权的，受诉法院则应以诉不合法为由裁定不予受理。如果法院受理后才发现原告的起诉不具备实体上和程序上诉因的，应一律裁定驳回起诉。①

传统公益诉权建立在国家为公益唯一代表的基础之上，由国家特定机关即检察机关为公益诉权享有者，但是在环境保护领域，会同时出现市场失灵和政府失灵，生态环境公益因此缺乏请求司法保护的权利，而且生态环境公益是一种具有集体性和分散性的公益，也不同于传统的国家公益。因此，公益诉权在环境领域适应生态环境公益救济的需要，发展出公民生态环境公益诉权。② 要想保证社会公众检举和控告行为的有用性，必须在法律上赋予检举人对接受检举之机关的不作为或懈怠行为进行约束和限制的监督权，而生态环境诉权就是这种监督权的有效表现形式，是发达国家所广泛采取的方式。值得注意的是，社会公众生态环境诉权的行使对象主要应该是国家机关，而不是实施环境污染与破坏的违法行为者。主要理由有：（1）有关国家机关拥有环境管理权，如果有人实施环境污染与破坏的违法行为，则拥有环境管理权的该国家机关应当行使其管理权力，履行其管理职责。如果由于客观原因而导致拥有管理权的国家机关没有及时发现环境违法行为，或者社会公众先行发现环境违法行为，则社会公众可以向国家机关进行检举和控告。（2）对于普通的社会公众而言，环境违法行为者所侵害的自然资源可能属于国家所有、集体所有或者其他私人所有。环境违法行为如果侵害了自然

---

① 蔡维力：《环境诉权初探》，中国政法大学出版社2010年版，第259~260页。
② 谢伟：《环境公益诉权研究》，中国政法大学出版社2016年版，第50页。

资源，则相关的权利主体（私人、集体和国家）理应及时制止该违法行为以保护自己的经济利益等合法权益。作为非权利主体的社会公众通常也没有必要对环境违法行为者进行起诉。如果是所有者自己实施了环境违法行为，则需要公众的监督以及国家环境管理权的介入。（3）以国家机关作为公众环境诉权的行使对象可以节约司法资源、提高控制环境违法行为的效率。在理论上，只要拥有环境管理权的国家机关能够严格履行职责，则生态环境就能够得到有效的保护。所以，当社会公众发现环境违法行为时，应当及时向有关国家机关举报，而国家机关在接到公众的举报后应当立即对环境违法行为采取措施。如果拥有环境管理权的国家机关在接到公众的举报后不履行其环境管理职责或懈怠履行其职责，则公众就可以以国家机关的违法不作为为由提起生态环境诉讼。这样，社会公众的生态环境诉权就能够有效地保障有关国家机关尽职尽责地履行其环境管理的职责和权力，进而防止生态环境的破坏。反之，如果社会公众直接以环境违法行为人为被告提起环境诉讼，则可能导致负有环境管理职责的国家机关对公众环境诉权的依赖，从而懈怠对环境违法行为的惩处。这样就会使本来应当由行政机关处理并且行政机关也能有效处理的环境违法行为大量地转移给法院处理，导致法院受理案件的增多，增加法院的审理负担。并且，法院审理的程序性规定使得法院审理往往比行政处理需要更长的时间，从而使环境违法行为不能得到及时的制止，降低了环境违法行为控制的效率。[①]

  环境问题的复杂性和多样性，决定了行政机关不可能包办一切，需要动员一切力量参与环境保护，而公众是最强有力的支持，因为他们对环境状况有切实的感受，对身边的污染问题看得真切、受害直接，因此，最有保护和改善环境的动力。公民环境权对环境行政处罚权有积极的反作用，它对其他任何单位或个人污染和破坏环境的行为以及环境处罚行政权在运行过程之中的懈怠行为进行监督和制约，反映在环境立法上就是公众诉讼权的确立。[②] 美国《联邦自然保护法》第61条第1款规定，提起生态环境公益诉讼的原告环保非政府组织"无需其权利遭受侵犯"，即具有原告主体资格，其所发动的生态环境诉讼是以生态环境公益为救济对象的，这也就是说环保非政府组织的生态环境诉讼诉权是为救济生态环境公益而设定的诉权。在这方面，德国的环保非政府组织的生态环境诉权与美国的环境公民诉讼诉权并无二致。也正因为如此，人们便把德国的环保非政府组织提起的环境诉讼恰当地称为"环境公益诉讼"。但德国的环境公益诉讼与美国的

---

  ① 刘卫先：《论公众参与环境保护的动力与主要途径——基于政府环保主导作用的"失灵"》，载《清华法治论衡》2013年第3期。
  ② 朱谦：《论环境保护中权力与权利的配置——从环境行政权与公众环境权的角度审视》，载《江海学刊》2002年第3期。

环境公益诉讼仍然存在重大的差别：在德国，享有环境公益诉讼诉权、有权提起环境公益诉讼的只能是经过法定机关根据法定条件按照法定程序认可的环保非政府组织；而在美国享有环境公益诉讼诉权、可以提起环境公益诉讼的是所有人（any person），包括个人、公司、合伙、除联邦政府以外的政府部门以及其他的法律实体。德国如此设置其环境公益诉讼的诉权，其优越性就是因诉权主体是非营利的环保非政府组织，能够确保环境诉讼的公益性，避免起诉主体的特别利益考量而影响环境诉讼的公益价值追求。其弊端在于环境公益诉讼的原告范围狭小，忽视民众个人的特殊环境利益追求，没有把环境权看做每一个个体的不可剥夺的权益，忽视对公民个体环境权的司法救济，这必然导致对环境利益在司法救济上的不周延，也不利于充分调动民众个体对环境公共政策参与的积极性，不能广泛地动员一切社会力量共同推进环境保护事业的发展。[①]

按照传统的民事诉讼观念，权利人起诉侵权行为人寻求司法救济，前提条件之一就是损害结果已经现实地发生；如果意欲救济的实体权利尚未受到他人的现实损害，就不具备可诉性，即缺乏保护必要的要件，因为起诉人甚至不具备诉权的诉讼上的权利保护要件，他的诉就会被法院以诉不合法为由加以驳回。在现代型的环境公益诉讼中，法律并不要求起诉以环境损害已经现实存在为保护的要件。著名的"Storm King"一案就是例证。该案的起因是20世纪60年代初，纽约一家名为"Consolidated Edison"的电力公司拟在Storm King山上建造一座泵式蓄水电站，以缓解纽约城用电高峰的供电压力。该工程计划提交美国联邦电力委员会（FPC）审批时，得到批准。1965年，哈德逊风景保护协会（Scenic Hudson Preservation Conference）对美国联邦电力委员会提起环境公民诉讼。双方争议的焦点问题就是要在"暴风王"（Storm King）山上建造蓄水池，就必然要"改造"山顶，影响景观，而且水电站输送电力时需要在居民区中开辟一条宽38.1米的道路，这也对当地居民的舒适环境造成不良影响。联邦电力委员会批准的Consolidated Edison电力公司的蓄水电站工程对居住和景观方面的环境权的侵害还只是一种可能的推断，并不是现实的损害。然而，法院仍然受理了原告的起诉。这说明，环境公民诉讼的一个突出特征就在于它大大降低诉讼上的权利保护要件的门槛，其重要表现之一就是允许当事人预防性地行使诉权。[②]

自1989年《环境保护法》颁布以来，我国法律法规中设有检举权或类似权利的共有60多部，这60多部法律法规大多是综合环境保护法、污染防治法、资源保护法、生态保护法和其他涉环境法律法规。比如，《环境保护法》规定：一

---

① 蔡维力：《环境诉权初探》，中国政法大学出版社2010年版，第95~96页。
② 蔡维力：《环境诉权初探》，中国政法大学出版社2010年版，第71~72页。

切单位和个人都有保护环境的义务，并有权对污染和破坏环境的单位和个人进行检举和控告。《海洋环境保护法》规定：一切单位和个人都有保护海洋环境的义务，并有权对污染损害海洋环境的单位和个人，以及海洋环境监督管理人员的违法失职行为进行监督和检举。《循环经济促进法》规定：公民有权举报浪费资源、破坏环境的行为，有权了解政府发展循环经济的信息并提出意见和建议。《海岛保护法》第七条第二款规定："任何单位和个人都有遵守海岛保护法律的义务，并有权向海洋主管部门或者其他有关部门举报违反海岛保护法律、破坏海岛生态的行为。"如果"海洋主管部门或者其他有关部门"没有利用国家权力阻止"破坏海岛生态的行为"，或对"破坏海岛生态的行为"实施必要的惩治，作为举报人的"任何单位和个人"就没有达到目的。如果他们想达到利用国家权力阻止"破坏海岛生态的行为"，或对"破坏海岛生态的行为"实施必要的惩治的目的，还得采取新的行动。这新的行动就是诉讼，即向那些掌握国家权力从而有能力也有职责利用国家权力阻止"破坏海岛生态的行为"，或对"破坏海岛生态的行为"实施必要的惩治的机关（可以称为怠于行使职权的机关）提起诉讼。既然法律同意甚至积极动员"任何单位和个人"对"破坏海岛生态的行为"实施检举，希望借助于这一措施实现对海岛生态的有效保护，那就也可以将这一"同意"向前延伸，给检举产生实效提供更多的机会。法律要把检举权培育成起诉权，在法律文本上不需要增设很多的条款，只需要在设定检举的条款中增加一个分句：如果接受检举的机关不采取行动，或检举人对接受检举的机关采取的行动不满意，可以向法院提起诉讼。①

我国《环境保护法》第六条、《水污染防治法》第五条、《大气污染防治法》第五条均明文规定，一切单位和个人都有权对污染和破坏环境的单位和个人进行检举和控告。关于这一规定，我国法学界大多数学者都认为，"有控告权的具有起诉资格"。②"这里的控告，应当包括向环境行政机关和法院起诉两个内容。"③"因此，按照我国《环境保护法》的这一规定，一个北京的公民到桂林旅游，如果发现桂林某工厂正在或者准备向漓江倾倒有毒物质，则他便有权对正在或者准备从事该倾倒者提起诉讼。"④其实，这里的检举和控告权不能等同于起诉权。因为有检举权的人不一定就具有起诉权或者起诉的资格，而有控告权的人也未必就一定具有起诉权或起诉的资格。根据《法学词典》（增订版），控告是指向司法机关揭发犯罪分子及其犯罪事实要求依法处理的行为。而起诉，是指向法院提

---

① 徐祥民，张明君：《建立我国环境公益诉讼制度的便捷路径》，载《河北法学》2014年第6期。
② 蔡守秋：《环境行政执法和环境行政诉讼》，武汉大学出版社1992年版，第229页。
③ 金瑞林主编：《环境法学》，北京大学出版社1990年版，第204页。
④ 程正康：《环境法概要》，光明日报出版社1986年版，第126页。

起诉讼的行为。由此可见,控告主要是针对刑事犯罪事实而向司法机关揭发要求依法处理的行为。①而且,立法者对于一切单位和个人所赋予的仅仅只是对污染和破坏环境的单位和个人的检举和控告权,而不是起诉权。既然控告权不能等同于起诉权,那么,一个北京公民到桂林旅游,如果发现桂林某工厂正在或者准备向漓江中倾倒有毒有害物质时,他就无权对正在或者准备从事该倾倒的人提起诉讼。因为根据《环境保护法》和《水污染防治法》,他只有控告权而没有起诉权。这对于环境的保护是十分不利的。为此,我国有必要在有关的法律条文当中明确规定,一切单位和个人都有对污染和破坏环境的单位和个人进行检举和控告的权利,并有权向法院提起诉讼。这样才能达到强化环境管理、促进环境保护事业发展的目的。这样才能使广大群众更好地监督国家机关和国家工作人员履行环境保护的职责,以更好地保护和改善环境。②

三、生态环境公益诉权行使的特殊规则

从历史渊源上看,"一事不再理"原则起源于古罗马法中关于"诉权消耗"的法理和制度。古罗马人基于朴素的、物质的世界观,把诉权也看作物质的。由于在常识上物质运动必然造成物质的消耗,因而他们认为诉权的行使也将导致诉权的消耗,并严格实行"一案不二讼",即对同一案件不得提起两次诉讼,"良好的信义不允许同一东西被人要求两次"③。古罗马人将案件的审理分为法律审和事实审。法律审决定原告之诉是否受理,只有经过法律审,案件才能正式成立,其终点就是"证讼",此后进行事实审理④。经过证讼,原告的诉权即消灭,不得再次行使。因此,原告从承审员受理后,即不能对同一案件对该被告再行起诉,否则被告可以实施"既决案件的抗辩"或"诉讼系属的抗辩"。"一事不再理"原则作为诉讼法的基本原则,是法学理论与实践的必然要求,对生态环境公益诉讼同样适用。该原则的作用在于:(1)节省司法资源。司法资源是有限的,法院可能审理的案件也是有限的。如果允许当事人在后一诉讼中提出在前一诉讼程序中已经解决的争点或请求,不仅法院将负担重复的花费,对于其他案件的当事人来说也并不公平。(2)促使当事人严肃地对待诉讼。由于不再有第二次诉讼的机会,当事人会倾向于周密地权衡各种诉讼可能,以最小的诉讼支出,取得最大的诉讼收益,而避免了轻率的诉讼立场。(3)维护法律的权威与稳定。若当事

---

① 《法学词典》(增订版),上海辞书出版社1986年版,第746、830页。
② 陈泉生:《可持续发展与法律变革》,法律出版社2000年版,第397~398页。
③ 黄风:《罗马私法导论》,中国政法大学出版社2003年版,第66页。
④ 张卫平:《程序公正审理中的冲突与平衡》,成都出版社1993年版,第348~350页。

人可以无视法院的判决而一次又一次地就相同请求而提起诉讼的话，则意味着判决没有用处，"如果诉讼没有尽头，那么一个有恶意的人会无限地困扰那些通过诉讼获得权利的人，并且最终强制他放手且弃除他的权利。"① 甚至如果针对同一案件不同法院作出不同判决，也将导致司法秩序的混乱，司法体系无法实现其解决争议的社会功能，也将导致公众对国家审判权威丧失信心。

由于公益诉讼的客体以公益损害为起因，以公益救济为目的，使得主体在行使这种诉权时要采取不同于一般诉权行使规则的特殊规则，主要表现在以下几个方面：（1）公益诉权的起诉一般应具备必要的前置程序，即原告对侵害公益的行为应先向有关行政部门投诉，接受投诉的部门必须在法定期限内作出答复或处理，如不予答复或处理，或者不符合法律要求，原告方能向法院起诉，要求司法救济。这样做符合行政执法优先和效率原则，能及时制止和救济损害公益行为。（2）当事人的诉讼处分权受到严格限制。除诉讼证据严重不足，法院裁定允许原告撤诉之外，凡事实清楚、证据确凿，明显违反公益法、损害公益的案件，一般不允许撤诉。（3）调解原则应当限制适用。调解原则一般仅适用于当事人有自由诉讼处分权的案件。对涉及公共利益的案件，由于当事人不拥有自由诉讼处分权，其不能代表全体当事人的利益，缺乏调解适用的法理基础，因此在公益诉权行使过程中，一般不适用调解。（4）举证义务主要应由被告承担，实行举证责任倒置原则，原告只需证明存在损害公益的违法行为即可，法院就应当立案并责成被告举证；若被告举不出反证，则可判定被告行为违法，并依法追究其法律责任。因为作为一般原告的公民个人自身能力有限，要求其举出被告违法的充分证据显然不切实际，从诉讼公平的角度考虑，应实行举证责任倒置，否则就会使许多案件因缺乏诉讼证据不能成诉，从而导致公益救济沦为形式。（5）为有利于公益诉权的行使而实行特殊的诉讼费用分配制度。为保障和鼓励公民切实行使公益诉权，应当区分不同情况收取或减免诉讼费，并对胜诉原告给予奖励和保护，尤其是对其中胜诉的与案件无直接利害关系的个人原告给予重奖和特别保护，以提高他们检举、揭发、控告和起诉公益损害行为的积极性。（6）普遍采用由法院裁定先予执行和强制执行措施。由于对公益的损害存在法理上和科学上的不确定性，受制于科学发展和立法上滞后性等原因，导致被告利用科学和法律上的漏洞狡辩。为避免继续侵害公益，及时制止公益损害行为，防止公益损害的继续扩大，必须采取先予执行措施。同时，由于涉及的是对公益的损害，可能会缺乏有力的申请执行主体，应该由法院代表国家裁定强制执行。②

---

① 转引自［美］史蒂文·苏本：《美国民事诉讼的真谛》，蔡彦敏等译，法律出版社2002年版，第259页。
② 谢伟：《环境公益诉权研究》，中国政法大学出版社2016年版，第63~64页。

当今世界，人类所赖以生存的自然环境是遭遇"公地悲剧"的重灾区。由于人类是生态系统中唯一的价值判断主体，对生态法益所遭受到的伤害往往不够重视，只有对生态法益的伤害进一步导致对人类私益与公益的伤害时才引起关注，因此，相对于人类的环境私益而言，生态法益就变成了一块容易受伤的"公地"。解决"公地悲剧"的唯一途径，就是以生态中心主义的崛起为契机，确认生态环境诉权，承认环境自身的主体资格与自身价值，赋予环境自身以诉权，变"公地"为"私地"，变"公益"为"私益"。我国生态环境诉权的构造应当回应生态中心主义，在对"环境生态的伤害"予以界定的基础上，赋予生态自身以诉权。从根本上说，这符合环境法律制度科学性的要求，需要突破的只是传统的法学理论和观念。① 当我们承认濒危物种具有独立于人类的内在价值并将濒危动物升格为法律主体时，我们已经超越了生态环境公益的范畴，进入了动物内在价值的范畴，也就是超越了环境权利的范畴，进入了动物权利的范畴。② 从国内外的司法实践来看，对生态环境利益的保护往往是通过环境公益组织进行的。环境公益组织提起诉讼遭到批评最多的一点，就是对于不会造成个人特定事实损害的违法行为，公益组织不具备诉讼资格。但是，如果赋予环境自身以诉权，环境保护组织就可以自任自然物的代理人，从而满足诉讼资格的要求。这样而言，该诉讼是否还是公益诉讼，就值得深思。

第四节　生态环境公益诉讼的诉讼请求

提出诉讼请求是诉权动用的核心内容和根本目标。原告能够提出什么样的诉讼请求，呈现出诉权权能伸展的广度和深度，标示着诉权的法律高度，透射出诉权的力度。如果原告只能提出在民事诉讼中也能够提出的诉讼请求，则说明生态环境诉权只是穿着"环境"外衣或者打上"环境"印记的民事诉讼诉权。就目前发展现状来看，日本的环境诉讼诉权似乎正是"新瓶装老酒"的民事诉讼诉权，因为它只认可原告可以提出"损害赔偿"的诉讼请求，而这是民事诉讼中十分常见的一种诉讼请求。③ 这也是日本环境公益诉讼落后的最好明证。从原告诉

---

① 谷德近：《美国自然物诉讼的实践功能——以因环境侵害而受损的自然物的法律地位为中心》，载《政治与法律》2009 年第 12 期。

② 王小刚：《论环境公益诉讼的利益和权利基础》，载《浙江大学学报（人文社会科学版）》2011 年第 3 期。

③ 蔡维力：《环境诉权初探》，中国政法大学出版社 2010 年版，第 106 页。

讼请求的角度看，日本的环境诉讼诉权与美国的环境诉讼诉权所走的正好是两条相反的发展道路：在美国，行使环境诉讼诉权，原告有权提出的最基本的诉讼请求就是诉请禁令的"停止行为"请求，只有在依据传统民事诉讼诉因提出的环境诉讼中，原告诉请损害赔偿才是常见的，而在环境公民诉讼中，认可原告可以提出损害赔偿的诉讼请求只是在其后来的发展中才有的事情。相反，在日本的环境诉权的行使中，原告可以提出的诉讼请求以损害赔偿请求为基准，诉请禁令的"停止行为"的诉讼请求只是环境诉讼实践中原告一厢情愿的诉讼尝试，至今没有得到立法和司法的认可。导致日美环境诉讼走出两条截然相反的诉权道路的根本原因在于两国的法律传统及其诉讼理念迥然有异。日本现代环境诉权不认可原告提出"停止行为"或者"撤销许可"的公益诉讼请求，大概是因为其过分强调罗马法"个人本位"的诉讼的私权救济功能，而没有同时关照诉讼对社会公益救济功能的结果吧。[①]

在司法实践中，提起生态环境公益诉讼以救济生态环境公益损害，不仅需要解决"谁能起诉"的问题，更需要解决原告能够"提出哪些诉讼请求"的问题。其原因在于原告所能提出的诉讼请求是对生态环境公益损害的实质性救济，缺乏实质性救济措施的生态环境公益诉讼不会产生良好的实际效果，徒然浪费宝贵的司法资源和社会成本。在环境公益民事诉讼中，原告能提出哪些诉讼请求，取决于原告能否寻找到支撑这些诉讼请求的请求权规范。非如此，原告所提出的诉讼请求将缺乏法律支持，成为无本之木，无法得到法院的赞同。法官必须先行判断生态环境公益诉讼原告所援引的请求权规范能否支撑其所提出的用以救济生态环境公益损害的诉讼请求，才能裁判支持或否认其诉讼请求。[②]

一、生态环境公益诉讼请求的基本种类

设计好诉讼请求是做好环境公益诉讼的关键，甚至可以说诉讼请求就是生态环境公益诉讼的灵魂。所谓诉的类型，是指当事人向法院提出的，请求法院裁判的特定法律主张或权利主张的内容和性质。具体到生态环境公益诉讼，主要有环境侵权损害赔偿之诉、停止侵害、排除妨碍、消除影响、恢复环境之诉[③]等。那么，公益诉讼代表人提起的诉的类型仅限于停止侵害（排除妨碍、消除影响、恢

---

① 蔡维力：《环境诉权初探》，中国政法大学出版社2010年版，第108~109页。
② 胡中华、陈妍：《论环境公益损害民事救济的请求权基础》，载《中国地质大学学报（社会科学版）》2016年第2期。
③ 此处的"恢复环境"应包含生态损害赔偿的内容，即环境侵害者应支付为恢复生态环境所需的费用。

复环境）之诉？还是既包括停止侵害（排除妨碍、消除影响、恢复环境）之诉，又包括环境侵权损害赔偿之诉？从国外的立法规定来看，大多数国家的立法仅支持公益诉讼代表人提起停止侵害之诉，而将提起环境侵权损害赔偿之诉的权利保留给直接受害人。例如：德国的团体诉讼提起的诉讼类型基本上仅限于停止侵害之诉，而不包括损害赔偿之诉。① 根据国内学界的研究现状，有学者认为公益诉讼代表人提起生态环境公益诉讼时，既可以提起停止侵害（排除妨碍、消除影响、恢复环境）之诉，又可以提起环境侵权损害赔偿之诉；② 也有学者提出公益诉讼代表人提起的生态环境公益诉讼应仅限于停止侵害（排除妨碍、消除影响、恢复环境）之诉，③ 支持后者的学者认为，只有将环境损害赔偿问题排除在生态环境公益诉讼之外，才可能作出妥当的制度安排。因为，直接受害人的环境损害赔偿问题毕竟属于私益，并不适宜在生态环境公益诉讼中获得解决。因此，"只有在不涉及任何私益的情况下，才可能减少在环境公益诉讼中所须考虑利益关联的紧密性，同时防止出现假借环境公益诉讼而获得经济补偿的滥诉现象，使提起环境公益诉讼仅仅是出于行为纠正目的和行为预防目的，以公益的维护而非私益的补偿为目标"。④ 在此情况下，公益诉讼代表人提起生态环境公益诉讼并不代行直接受害人的环境侵权损害赔偿权。即在生态环境公益诉讼提起后，直接受害人仍可向有管辖权的法院提起环境侵权损害赔偿之诉。实际上，该观点可能当时并没有完全意识到环境自身损害存在的客观现实，所以不承认环境损害赔偿之诉。

有学者认为，生态环境公益诉讼的诉讼请求包括以下几大类：（1）发布禁止令和限制令，要求法院发布法庭命令，禁止违反环境法的行为，限制、停止可能导致环境损害的行为；（2）请求政府有关部门采取措施制止可能导致环境损害的行为；（3）要求得到相关的环境信息；（4）要求撤销、变更可能对环境有不良影响的规划、计划、许可和其他政府决定；（5）要求修改、完善不适应环境保护需要的立法和政策；（6）要求对正在进行的活动接受环境审计或者监测；（7）要求从事可能导致环境损害活动的人停止该活动，采取措施保护环境健康；（8）要求造成有害环境影响的责任人修复环境的良好状态，赔偿环境损害。⑤ 所以，生态环境公益诉讼的诉讼请求到底包括哪些内容，值得思考。

按照最高人民法院关于《审理环境民事公益诉讼案件适用法律若干问题的解

---

① 肖建国：《民事公益诉讼的类型化分析》，载《西南政法大学学报》2007年第1期。
② 邓蕊：《论我国环境公益诉讼制度的若干问题》，载《齐齐哈尔大学学报（哲学社会科学版）》2012年第2期。
③④ 吕忠梅：《环境公益诉讼辨析》，载《法商研究》2008年第6期。
⑤ 李挚萍：《环境基本法比较研究》，中国政法大学出版社2013年版，第127~128页。

释》(以下简称《公益诉讼司法解释》)第十八条:"对污染环境、破坏生态,已经损害社会公共利益或者具有损害社会公共利益重大风险的行为,原告可以请求被告承担停止侵害、排除妨碍、消除危险、恢复原状、赔偿损失、赔礼道歉等民事责任。"《公益诉讼司法解释》一共包括六个方面的诉讼请求,个案中如何根据《公益诉讼司法解释》的规定设计诉讼请求,必然和原告的诉讼策略有关。对已经损害社会公共利益而言,因为已经造成既成事实的损害后果了,除提出停止侵害、排除妨碍、消除危险、赔礼道歉的请求外,一般需要对损害结果进行鉴定评估,进而要提出赔偿损失、恢复原状的诉讼请求;如果没有造成损害事实,只存在具有损害社会公共利益重大风险,一般只能请求停止侵害、排除妨碍,消除危险的诉讼请求。从《公益诉讼司法解释》的规定来看,目前困扰生态环境公益诉讼的突出问题主要是赔偿损失和恢复原状,因为恢复原状是所有生态环境公益诉讼最核心的诉讼请求,也是我们提起生态环境公益诉讼的终极目的。但很遗憾,由于这方面的理论储备和研究不够,且各地在探索生态环境公益诉讼中的做法也不尽相同,所以,我们有必要重新系统探讨生态环境公益诉讼的诉讼请求。[1]

第一,预防性责任诉讼请求。我们可以将停止侵害、排除妨碍和消除危险的诉讼请求,合称为"预防性责任诉讼请求"。生态环境一旦被破坏、被污染,往往造成非常严重的后果,难以原状恢复,消除损害影响的费用也非常巨大,故预防性责任在环境污染责任体系之中非常重要。在生态环境公益诉讼中要求损害生态环境者承担预防性责任的方式是落实环境保护法预防原则的重要手段之一。与其等到损害结果实际出现以后再进行救济,不如在损害结果发生之前就采取一定责任形式,更加有利于保护环境。由此决定了停止侵害等预防性责任方式的引入。从经济效率的角度考虑,如果侵权行为造成了实际的损害后果,再通过侵权责任的承担等方式予以救济,就需要另外花费更多的社会资源。而通过预防性责任形式的运用,就可以起到"防患于未然"的效果,从而在整体上避免社会资源的浪费。[2] 根据欧盟《关于预防和补救环境损害的环境责任指令》第5条第1款规定,在环境损害尚未发生,但存在发生此种损害的急迫危险时,行为人应当毫不迟疑地采取必要的预防性措施。关于预防措施发生费用的受偿方式,按照欧洲侵权法原则的规定,此项费用是作为可救济性损害由加害人赔偿给受害人。[3] 如果是受害人排除了妨害,其排除妨害所支付的合理费用应当由妨害人承担。受害人在排除妨害的过程中,应当采取合理的措施,其支付费用也应当以合理为限,

---

[1] 李楯主编:《环境公益诉讼观察报告(2015年卷)》,法律出版社2016年版,第309~312页。
[2] 石佳友:《论侵权责任法的预防职能》,载《中州学刊》2009年第3期。
[3] Principles, Definitions and Model Rules of European Private Law, Draft common frame of Reference, Sellier European Law Publishers, 2009, P. 395.

超过了合理的范围，妨害人可以拒绝支付。①《最高人民法院关于审理环境侵权责任纠纷案件适用法律若干问题的解释》明确规定在出现以下四种情形时，法院可以根据当事人或者利害关系人的申请，裁定责令被申请人立即停止侵害行为或者采取污染防治措施：（1）建设项目未依法进行环境影响评价，被责令停止建设，拒不执行的；（2）违反法律规定，未取得排污许可证排放污染物，被责令停止排污，拒不执行的；（3）通过暗管、渗井、渗坑、灌注或者篡改、伪造监测数据，或者不正常运行防治污染设施等逃避监管的方式违法排放污染物的；（4）生产、使用国家明令禁止生产、使用的农药，被责令改正，拒不改正的。

预防性责任诉讼请求在美国表现为禁令（injunction）。所有的环境法规都允许公民诉讼原告请求法院发布禁令，包括停止污染行为或要求行政机关采取具体措施以贯彻法律要求。禁令是指法院禁止当事人作特定行为或要求当事人作出特定行为的一项令状或命令。法院禁令允许法院把对一个人或一些人的损害减少到最低程度直到纠纷完全得到解决。不遵守法院禁令便构成藐视法庭。如果禁令被提出异议，它就有可能被取消或被宣布无效。禁令的产生主要是阻止尚未发生之损害，而不是救济已经发生损害的一种手段。一项法院禁令可以是临时的，也可以是永久的。临时性的禁令，如判决前禁令或临时限制令，被用作保持某种状态，直到该问题通过正常的诉讼程序解决为止。永久性禁令可以在所有法定程序完成时作出。

《最高人民法院关于全面加强环境资源审判工作为推进生态文明建设提供有力司法保障的意见》第三条第八款规定："充分发挥保全和先予执行措施的预防和减损作用，对于保全和先予执行申请，要及时受理、迅速审查、依法裁定、立即执行。"《公益诉讼司法解释》第十九条规定：原告为防止生态环境损害的发生和扩大，请求被告停止侵害、排除妨碍、消除危险的，法院可以依法予以支持。上述规定可以作为生态环境公益诉讼原告向法院提起对环境污染行为发布禁止令的依据。环保禁止令的目的，是防止被诉行为对环境污染、破坏的扩大化以及防止造成无法恢复和弥补的环境损害。笔者认为，应该强化法院作为国家公权力机关的权力和义务，不是原告提出后"可以"支持，而应该针对环境保护案件的特殊性主动释明，或在接到申请或立案受理并初步核实事实后，"应当"及时以裁定的方式发出"禁止令"，判令环境污染、破坏者停止侵害行为，自送达裁定书之日起即产生法律效力。这样，被告当事人就不敢再以身试法。

适用禁令的一条古老原则是只要妨害所造成的损害不是"不严重的"，就应

---

① 欧洲侵权法小组：《欧洲侵权法原则——文本与评注》，于敏、谢鸿飞译，法律出版社2009年版，第69页。

判给受害人所要求的禁令救济。由于发布禁令特别是永久性禁令往往涉及产业活动的公共利益和各种社会效用，因而其适用标准较损害赔偿要严格得多。法院常常根据"效用比较原则"或"均衡衡平"法理，在致害者的利益与受害者的损失以及经济利益与生态环境利益之间进行比较，以确定是否适用禁令来排除危害。此外，还发展出了部分排除危害和代替排除危害的赔偿等具有调和性的新型责任制度。法院适用禁令的这个特点导致很多污染源或污染行为得不到彻底禁止。在实践中，案件处理之结果，亦常发生驳回排除危害的禁令请求，但允许损害赔偿的现象。如在布默诉大西洋水泥公司案中，法院尽管判决被告的行为构成妨害，但只是要求被告支付永久性赔偿金，否决了原告要求发布禁令的请求。理由是被告已用了最好的减轻污染的技术，如果责令被告停止污染，会迫使水泥厂关闭。水泥厂所在城镇估计一半以上的财产属于被告，水泥厂是该地区经济的支柱，如果水泥厂倒闭，将对地方政府和地方教育体系产生毁灭性的影响。而原告所遭受的损失与被告工厂的价值相比显得微不足道。①

生态环境案件中的"停止侵害"并不限于传统意义上"以不作为的方式所承担的一项民事责任"，②只要被告消极停止即可自动实现，而有时要求被告积极作为，需付出较高的经济成本（如拆除设施、进行无害化处理），有的需要复杂的工程建设（如进行遗址保护），有的需要技术支持（如实现达标排放），有的甚至指向政治决策的重大调整（如重新规划某地区）。即使那些看似简单的"不作为"，如停止污染或建设、停止超标排污等，由于关乎生产经营而对被告关系重大，其被抵触的可能性也很大。在此方面，美国公民诉讼中的"禁令"制度可供借鉴，尤其是其中的"永久性禁令"，"作为解决案件实体问题的裁判，禁止被告为一定行为或者命令被告为一定行为"。③在内容上，禁令比停止侵害更加灵活和丰富。"不仅通过限制某种行为而具有消极效果，还可要求为某种行为产生肯定和强制效果。"④更重要的是，违反禁令的后果很严重，因而具有强大的威慑力。"禁令是以承担藐视法庭的后果为保障而发出的，被告不遵守禁令、对其不加以执行的话，会构成藐视法庭罪而入狱或受罚金乃至被剥夺诉讼的权利，可以说，禁令的强制力较一般救济方式强。"⑤实际上，在我国司法实践中，已有一些地方在运用环保禁令保障生态环境诉讼方面有了实质性探索，但是，目前这些探索仅适用于诉前和诉讼过程中，主要是作为一种紧急状态下的诉讼保全

---

① 邱聪智：《公害法原理》，辅仁大学法学丛书编辑委员会，第160页。
② 刘书俊：《基于民法的水权问题思考》，载《法学论坛》2007年第4期。
③ 白绿铉：《美国民事诉讼法》，经济日报出版社1998年版，第46页。
④ Kellis E. Parker, *Modern Judicial Remedies*, Little Brown Company, 1975, P. 73.
⑤ 杜颖：《英美法律的禁令制度》，载《广东行政学院学报》2003年第3期。

措施，如能将之普遍化，延伸到执行阶段，将会极大地提升生态环境公益诉讼的权威性。另外，多数环保"停止侵害"具有专业性，其实施、测评、监管均离不开环保部门的配合。对此，除了探索建立环保协助法院执行的合作机制外，对常规案件，由法院委托环保部门执行也是一个可行的思路。

  排除危险在预防性责任方式之中，完全贯彻了对生态破坏、环境污染损害的预防原则，明确针对尚未发生的损害，效果最好。消除危险因其功能的特殊性，在今后的环境公益诉讼中必将成为一个核心的责任承担方式。目前，事后补救型的恢复性责任承担方式案件是热点，但涉及预防性责任承担方式的案件才是社会关注的焦点。[1] 但是，德国法中关于环境危害排除责任的适用条件非常严格，其适用范围呈逐渐缩小之势：（1）对于须经许可之营业活动所致之环境危害，适用《营业法》的规定，对于取得政府许可之营业设备，不得请求排除危害，并发展出了代替排除危害的"损害补偿请求权"作为《营业法》之核心；《公害防治法》取代《营业法》后，仍然是对于取得政府许可之营业设备，不得请求排除危害，并发展出了代替排除危害的"损害赔偿请求权"。（2）对于水污染所引起之环境危害的排除，也不包括在"干扰侵害"的范围内，尽管《水利法》未作明文规定，但由于在德国，水体的利用须经事前许可或者承认，因此类似《公害防治法》的规定，受害人不得请求排除危害，而仅得享有代替排除危害的"损害赔偿请求权"。（3）《德国民法典》所规定的干扰侵害制度重要内容有三个：其一为维护共同发展所必要之绝对容忍义务；其二为衡量补偿请求权之权利救济；其三始为排除危害请求权。前者于侵害非属重大情形适用之；次者则虽为重大损害，但本于利益衡量，令受害者忍受之，但以衡量补偿权作为代偿，性质上与英美法之"代替排危之损害赔偿"相近；后者则于损害重大，而侵害活动又不具补偿请求权成立之要件时适用之。[2]

  排除危害责任主要通过诉讼途径来实现，然而由于环境侵害具有累积性、广泛性、持续性、科技性等不同特点，为了更好地实现对危害的排除，防患于未然，排除危害的诉讼程序必然有不同于传统诉讼程序制度之处：（1）公益诉讼的适用。由于环境违法行为不仅仅是对作为当事人的公民个人权利的损害，还是对社会利益的一种损害，因而排除危害具有一定的公益性，可能出现没有具体的受害人或者"搭便车"的现象，从而使权利得不到救济。应当赋予相应的主体诸如检察院、环保团体等以代表公共利益向法院提起排除危害诉讼的资格，以避免出现权利救济的真空。（2）因果关系困扰的克服。在侵权法传统的思维中，因果关

---

[1] 最高人民法院环境资源审判庭编著：《最高人民法院关于环境民事公益诉讼司法解释理解与运用》，人民法院出版社2015年版，第287页。

[2] 邱聪智：《公害法原理》，辅仁大学法学丛书编辑委员会，第182页。

系是侵权行为成立的必要条件,然而由于环境侵害的高科技性、复杂性,如果还采取必然的因果关系理论,不仅对现今的科学技术是个挑战,而且对在资讯等方面处于弱势地位的受害人来说非常不利。一些学者还认为应通过引进新的分析方法诸如经济分析方法来解决因果关系上的困扰,实现因果关系向过失的转化。①

第二,恢复原状的诉讼请求。在生态环境公益诉讼中提出的恢复原状的诉讼请求主要是要求污染者承担治理污染和修复生态环境的责任。生态环境公益诉讼的"恢复原状"民事责任在实践中一般分为自己履行和代履行。自己履行是生态环境公益诉讼被告自己亲自履行"恢复原状"判决内容;代履行是指委托具有相关资质的机构来履行"恢复原状"判决内容。很多地方法院在具体生态环境案件中积极探索出恢复原状的一些替代执行方式,比如判决异地种树、判决恢复植被等。在生态环境已经产生现实损害的情况下,由被告承担治理污染和修复生态环境的责任体现了损害担责原则。损害担责原则是根据西方经济学家有关"外部性理论"在环境法上确立的具有直接适用价值的原则。经济学家认为,企业为排污损害而付出治理环境、恢复生态的费用是倡导损害担责原则的本意。生态环境被损害之后,责任人首先应当积极修复生态环境,使生态环境恢复到损害未发生时的状态和功能。受科学技术发展水平的限制,对有些生态环境的损害确实不能部分或者全部恢复原状,如无论花费多少金钱都不可能让某个因环境污染或生态破坏而灭绝的物种重生,或者让一个被拆除的古代建筑原地原样矗立。故无法完全修复的,可以准许采用替代性修复方式。替代性恢复方式包括同地区异地点、同功能异种类、同质量异数量、同价值异等级等情形,使生态环境恢复到受损害之前的功能、质量和价值。生态环境的修复往往专业性较强,修复工程的实施也将耗费相当长的时间,如果法院仅仅判决被告修复生态环境,被告在执行过程中怠于履行或者不能履行判决确定的义务,使生态环境迟迟不能得到修复,将进一步损害社会公共利益,且法院不能因此就同一诉再次作出裁判,故法院可以在判决被告修复生态环境的同时,确定被告不履行修复义务时应承担的生态环境修复费用。在执行程序中,只要被执行人怠于履行或不能履行判决确定的修复义务,执行员即可依据判决中确定的"生态环境修复费用"执行并安排第三人代履行。法院在判决前已经查明环境污染者或者生态破坏者没有能力或者根本不愿意自行修复,可以直接判决被告承担生态环境修复费用。②

环境具有不断发展、瞬息万变的特性,作为最常见的民事责任承担方式的恢复原状,在生态环境公益诉讼中几乎是不可能直接实现其狭义表现方式的,甚至

---

① 王成:《侵权损害赔偿的经济分析》,中国人民大学出版社2002年版,第200页。
② 最高人民法院环境资源审判庭编著:《最高人民法院关于环境民事公益诉讼司法解释理解与运用》,人民法院出版社2015年版,第290~297页。

原有的状态也需要通过时间换空间的方式实现。此外，由于某些建设项目已经施工甚至完工，如果强行要求在原地恢复环境原状，会导致高额的经济损失，造成社会财富的巨大浪费。考虑到环境要素的流动性和生态系统的一体性，在生态环境公益诉讼中，对于恢复原状的诉讼请求，法院的裁判结果可以扩张为异地恢复相应的生态容量，这也符合法理的应有之义。在现实生活中，大量存在被污染的环境要素、被损毁的自然资源，被告方并无能力直接修补治理，为此，法院可考虑选取一个环境保护基金会，判决被告承担治理和恢复生态环境的费用并交由该基金会管理，再由该基金会委托专业机构专款用于恢复生态资源原有状态。[①]

　　传统民法意义上的"恢复原状"主要是指使当事人双方之间的利益关系恢复到物理状态下的原状，或者恢复到价值层面上的原状。[②]这种法律意义上的恢复原状对于受到损害或干扰的生态系统而言不仅科学技术上无法实现；而且将恢复原状适用于环境治理也是应当质疑的。"恢复原状"并不一定会带来良好的生态环境治理，而最终往往会造成生态问题没有得到根本解决，更造成"恢复资源的浪费"[③]。恢复原生态系统也是过于"理想主义"的一种做法。因为气候变化、物种缺乏或新物种入侵，完全恢复到原生态系统也将是不可能的。[④]因此，恢复原状不仅不能实现生态系统本身平衡的维护，更无法实现生态环境问题背后隐藏的社会问题。事实上，民法学界也同样认为恢复原状作为传统民法损害救济的重要方法，难以简单地适用于环境污染损害。[⑤]可见，不论将民法中的"恢复原状"理解为恢复到物理状态下的原状还是价值层面的原状，都是不合理的解释，也都不能完全满足生态系统功能提升的修复目标。到头来所有的修复行为都可能仅仅是"面子工程""政绩工程"，而实质上造成对有限恢复资源的浪费，并不能从根本上解决所谓的"生态环境损害"问题。

　　第三，损害赔偿的诉讼请求。被告因其污染环境、破坏生态的行为造成了社会公共利益的损害，除应当承担恢复原状的责任以外，对于生态环境受到损害至恢复原状期间服务功能的损失，亦应当予以赔偿。恢复原状的责任方式无法包含对这部分损害的赔偿。如果责任人对此部分损害不予赔偿，社会公共利益就不能得到完全的救济，两个责任方式是可以并用的。"受到损害至恢复原状期间服务功能损失"即期间损失，《环境损害鉴定评估推荐方法》（第Ⅱ版）中将期间损失定义为生态环境损害发生至生态环境恢复到基线状态期间，生态环境因其物

[①] 朱加嘉、范莉：《环境民事公益诉讼裁判结果的扩张性》，载《人民司法》2015年第3期。
[②] 崔建远：《关于恢复原状、返还财产的辨析》，载《当代法学》2005年第1期。
[③] 高吉喜、杨兆平：《生态功能恢复：中国生态恢复的目标与方向》，载《生态与农村环境学报》2015年第1期。
[④] 李永峰、唐利、刘鸣达：《环境生态学》，中国林业出版社2012年版，第67页。
[⑤] 胡卫：《环境污染侵权与恢复原状的调适》，载《法学论丛》2014年第12期。

理、化学或生物特性改变而导致向公众或其他生态系统提供服务的丧失或减少，即受损生态环境从损害发生到其恢复至基线状态期间提供生态系统服务的损失量。从环境法的角度而言，生态环境服务功能包括供给服务（如提供食物和水）、调节服务（如调节气候、控制洪水和疾病）、文化服务（如精神、娱乐和文化收益）以及除了提供以上服务功能外，生态环境资源还具有非使用价值，也称作存在价值，即指人们仅仅从知道这个资产存在的满意中获得价值，尽管并没有要使用它的意愿。所谓服务功能损失，即在生态环境损害开始到恢复原状期间内上述功能全部丧失。

其实，在美国，公民诉讼的原告无权请求金钱上的损害赔偿，虽然金钱处罚在政府执行中是一个非常重要的手段。[①]《清洁水法》中规定私人起诉者可以寻求该法所允许的"任何适当的民事处罚"（civil penalty），但法院仍不承认私人原告有寻求金钱赔偿的权利。[②] 民事处罚的罚款缴归国库，而非由原告获得。[③] 但是，美国生态损害的赔偿范围比较广泛，包括对生态环境本身的减损所应作的赔偿、重建及修复期间的价值减损费、损害评估和修复费用、拆迁费用、管理费等多项内容，力图通过制度的保障尽可能地进行生态恢复和生态重建。[④]

有学者认为，基于生态环境公益诉讼赔偿问题的复杂性以及损害赔偿核算的差异性，建议最高人民法院在制定司法解释时，应当将环境损害的赔偿问题排除在生态环境公益诉讼的诉讼请求之外。[⑤] 笔者认为这种观点值得商榷，不能因为问题的复杂性和损害核算的艰巨性，就建议立法机关和司法机关予以回避，并将最核心的生态环境公益诉讼的诉讼请求——损害赔偿，都自动的抛弃，那环境损害如何修复和保护？

《生态环境损害赔偿制度改革方案》（以下简称"方案"）已由中共中央办公厅、国务院办公厅正式印发，2018年起在全国实行；到2020年，力争初步构建责任明确、途径畅通、技术规范、保障有力、赔偿到位、修复有效的生态环境损害赔偿制度。方案适用于因污染环境、破坏生态导致的生态环境要素及功能的损害，即生态环境本身的损害。涉及人身伤害、个人和集体财产损失以及海洋生态环境损害赔偿的，分别适用侵权责任法和海洋环境保护法等相关法律规定，不适用于方案。生态环境损害赔偿范围包括必要合理的污染清除费用、环境修复费用、环境修复期间服务功能的损失以及生态环境功能的永久性损害四个主要方

[①③] 叶俊荣：《民众参与环保法令之执行：论台湾地区引进美国环境法上"公民诉讼制度"之可行性》，载《环境政策与法律》，月旦出版公司1993年版。

[②] Jeannette L. Austin. Comment: *The Rise of Citizen – Suit Enforcement in Environmental Reconciling Private and Public Attorneys General*, 81 Nw. U. L. Rev. 220 (1987).

[④] 蒋亚娟：《中美生态损害赔偿制度之比较》，载《暨南学报（哲学社会科学版）》2015年第3期。

[⑤] 常纪文：《环境公益诉讼需解决八个问题》，载《经济参考报》2014年9月3日第6版。

面。根据现行民事诉讼法和环保法规定,符合条件的社会组织可以提起生态环境公益诉讼。此次方案又提出,政府可以提起生态环境损害赔偿。对于两者之间是否会产生矛盾的问题,其实,社会组织提起的生态环境公益诉讼和政府提起的生态环境损害赔偿,均为生态环境损害赔偿制度的重要内容,两者并不冲突,政府侧重于对国有自然资源的损害提起索赔,其性质属于私益诉讼。

生态环境损害赔偿,赔偿的不是私益的损害,而是环境与生态的损害,这与普通侵权诉讼中赔偿经济损失有本质区别。单纯依靠经济赔偿,或对生态环境损害行为进行行政罚款,都无法确保受损生态环境的恢复。因此,创新生态环境损害赔偿方式,完善生态环境损害赔偿保障机制,对兑现环境损害赔偿具有重要意义。为了最大限度地使生态环境损害赔偿落到实处,有学者建议:(1)明确生态环境损害赔偿范围。将生态环境损害赔偿的范围从传统经济损失扩大到生态损害。在确定损害赔偿范围方面,不仅考虑直接的、短期的经济损失和人身损害,而且将生态环境恢复期间环境资源生态服务价值的损失、生态环境损害评估成本、预防生态环境损害进一步扩大的费用和生态环境修复成本等纳入损害赔偿之列,并对如何确定生态服务价值损失和生态环境修复成本做出具体规定。(2)规范赔偿金分期支付方式。生态环境恢复的行为通常需要持续很长的时间,生态环境损害赔偿款也将是一个"天价"。在我国,如果企业遭遇天价生态环境损害赔偿款,以致企业破产也不足以清偿,其结果往往是不了了之,只能由政府或社会埋单。为最大限度地避免这种情况,就应该对生态环境损害赔偿的赔偿期限、支付方式、延期支付条件等内容予以明确。(3)完善生态环境修复成本追偿机制。生态环境损害赔偿责任包括支付生态环境恢复的成本和费用。当责任人不履行生态环境修复行为责任时,有权做出命令的机构可以委托第三方代为履行责任,但费用由责任人承担。第三方代替生态环境损害者履行了修复生态环境的责任后,有权向责任者追偿生态环境修复成本。(4)确立生态环境损害终身责任制度。生态环境损害具有累积性,当损害发生时,污染行为已经延续了相当长的时间,甚至已经停止,污染事件也就成了历史遗留问题。通过立法明确生态环境损害终身责任制度,对于打击生态环境违法行为,保障生态环境损害得到充分合理赔偿具有重要意义。

生态环境公益案件中的赔偿在性质和功能上兼具多种属性,不应完全按照"损失多少补多少"的传统民法思维去理解。尽管生态环境赔偿确有让被告对受害环境作出一定弥补的意味,但由于生态环境的整体性、生态的开放性、公益的抽象性以及生态环境侵害行为的双重性等特点,其不应当也不可能做到"损失多少补多少",而更主要是一种体现"污染者担责"的象征性补偿,并同时发挥着惩罚、教育、激励以及筹措环保资金等功能。由此,其数额确定固然要考虑生态环境受损状况及治理需要，但当事人的支付能力、违法情节、所得收益、守法表现乃至行业整体情况等因素亦应被考虑在内，方能实现社会效益的最佳。可见，生态环境赔偿在性质上更像是一种"罚款"而非纯粹的"补偿"。以被视为我国生态环境公益诉讼样本的美国公民诉讼为例，其责任形式并无"赔偿"，而只有行政处罚性质的"民事罚款"（civil penalty）。① 该款项在性质上与环保部门在行政执法过程中实施的罚款并无二致，只是判罚主体变成了法官，其参酌因素为违法严重性、违法收益、违法历史、守法诚信表现、罚款对被告的经济影响等，②所得款项也如同一般罚款，上缴国库，但个别情况下可依单行法的特别规定列入罚款基金，用于专项环境保护。③ 如此处理的好处显而易见：法院审判无须过度纠缠于"之前生态环境到底如何""被告造成了何种具体影响"等复杂的技术问题；判罚数额既能让被告有"痛感"又不至于无法承受；资金方面，既为相应生态环境治理提供更多支持，又不必为专门处理资金而另起炉灶、叠床架屋，付出过高成本。至于被损生态环境的修复，这实在是需要政府和相关部门长远规划、统筹安排的事，非个案裁判所能实现。④

第四，赔礼道歉的诉讼请求。作为民事责任承担方式之一的"赔礼道歉"，主要保护的是"人格权"不受非法侵害，具体表现为加害者通过一定的方式向"人格权"遭受非法侵害的受害者进行道歉，以获得其谅解。⑤ 而生态环境公益诉讼中的受害者是环境本身，不存在"人格权"一说。因此，"赔礼道歉"这一责任承担方式在生态环境公益诉讼中的运用似乎遭遇理论障碍。但基于生态环境公益诉讼的特殊性考量，可以突破性适用"赔礼道歉"责任承担方式。从赔礼道歉的社会功能来看，"其除了对受害人具有心理补偿功能，还对侵害人具有自我补偿和道德恢复功能；对社会具有道德整合、法律权威再建功能，具有惩罚和教育功能"⑥。经比较发现，生态环境公益诉讼具有的公益性、补救恢复性和惩罚性等特征与赔礼道歉的功能具有高度的一致性。因此，可以在生态环境公益诉讼中引入"赔礼道歉"责任承担方式。此外，由于生态环境公益诉讼具有公益性，其裁判具有扩张性，故赔礼道歉的对象只能是社会公众，不是特定民事主体，也非环境本身。生态环境公益诉讼中虽然不存在针对特定受害人赔礼道歉的问题，但是污染环境、破坏生态的行为可能导致社会公众享有美好生态环境的精神利益遭受损失，因此，将赔礼道歉纳入生态环境公益诉讼的责任方式并不存在法理障

---

① 苏苗罕：《美国联邦政府监管中的行政罚款制度研究》，载《环球法律评论》2012 年第 3 期。
② Holly Doremus. *Environmental Policy Law*, Foundation Press, 2008, pp. 820 – 822.
③ 陈冬：《美国环境公民诉讼研究》，中国人民大学出版社 2014 年版，第 86~89 页。
④ 巩固：《2015 年中国环境民事公益诉讼的实证分析》，载《法学》2016 年第 9 期。
⑤ 张新宝：《侵权责任法》，中国人民大学出版社 2006 年版，第 373 页。
⑥ 王立峰：《民事赔礼道歉的哲学分析》，载《判解研究》2005 年第 2 辑。

碍。赔礼道歉这一责任方式适用对象原则上应当限于违法排放的生产经营者，如果生产经营者不存在违法排放或者系因第三人导致环境污染，虽然其应当承担恢复原状、赔偿损失的民事责任，但其道德上并无可谴责之处，无需赔礼道歉。

第五，政府环境信息公开的诉讼请求。在现代社会，随着国家职能的转变，积极主动地向公民提供服务与生存照顾业已成为国家的重要任务。因此，服务行政（或称作给付行政）的理论体系也就应运而生。随着行政任务的转换，行政法之任务不再限于消极保障人民不受国家过度侵害之自由，而在于要求国家必须以公平、均富、和谐、克服困窘为新的行政理念，积极提供各阶层人民生活工作上之照顾，国家从而不再是夜警，而是各项给付之主体。[①] 政府环境信息公开，正是在服务行政的背景下出现的一种新的行政活动方式。建立政府环境信息公开制度，是建设服务型政府的一个重要组成部分。政府环境信息公开应当属于服务行政或给付行政的一种。在中国，已经有学者对政府信息公开行政诉讼的"给付之诉"性质作出了阐述："由于行政信息在现代社会中的巨大价值，行政机关必须将其所掌握的这一公共资源向社会公开，从而适应给付行政时代的需要。为此，当行政机关不积极履行信息提供义务时，公开请求人就有权通过诉讼途径迫使其作出'信息给付'。可见，与传统行政诉讼的消极功能相比，政府环境信息公开之诉在诉讼目标上更具积极意义，即旨在敦促行政机关进行积极给付。"[②]

第六，要求政府有关部门采取措施制止可能导致环境损害行为的诉讼请求。

第七，要求撤销、变更可能对环境有不良影响的规划、计划、许可和其他政府决定的诉讼请求。

第八，返还为诉讼支出合理费用的诉讼请求。原告为社会公共利益提起生态环境公益诉讼，如果胜诉，其为诉讼支出的检验、鉴定费用，合理的律师费以及为诉讼支出的其他合理费用均可以请求由被告承担；如果败诉，在没有证据证明原告有滥用诉权的行为以及通过诉讼违法收受财物等牟取经济利益行为的情况下，法院将在条件允许的情况下就诉讼费用、调查取证、专家咨询、检验、鉴定费用等方面予以酌情考虑。[③]

二、需要处理的几种关系和问题

第一，关于法官的释明义务。当事人有时候在诉讼上，其声明或陈述意思不

[①] 翁岳生编：《行政法》，中国法制出版 2002 年版，第 13、60 页。
[②] 章志远：《行政诉讼类型构造研究》，法律出版 2007 年版，第 180 页。
[③] 最高人民法院环境资源审判庭编著：《最高人民法院关于环境民事公益诉讼司法解释理解与运用》，人民法院出版社 2015 年版，第 318 页。

够清楚或不充分，或是有不当的声明或陈述，或是其所举的证据不够而误以为所举证已经够了，对这些情形，法院应当站在监护的立场，以发问或晓谕的方式，提醒或启发当事人把不明了的予以澄清，把不充足的予以补充，或把不当的予以排除，或是根本没提的诉讼资料，启发去提，这就是法院的阐明权。[①] 从性质上看，释明权既是法院的职权，也是法官的义务，属于法院诉讼指挥权的范畴。"此权能同时亦伴随防止偏离诉讼法要求之程序，谋求当事人权利之实现、辩论之充实之责任或义务。因此法院一方面有诉讼指挥权，一方面也有这样的责任和义务。"[②] 法官在应当行使释明权的情形下，必须行使释明权，不得放弃，而且必须正当行使，不得滥用权力。需要法官行使释明权的事项包括：诉讼请求不清楚或者不足以使受到侵害的公共利益得到充分保障。比如，当事人在提起诉讼时仅仅提出赔偿请求，但没有写明具体数额，或者可以要求赔偿全部损失而仅仅提出了部分赔偿请求，或者列出的赔偿项目不完整，或者仅仅提出赔偿请求，而未要求停止侵害，排除妨碍等。此种情形下，法官有必要要求当事人进行补充说明，使其意思进一步明确。法院认为原告提出的诉讼请求不足以保护社会公共利益的，可以向其释明变更或者增加停止侵害、恢复原状等诉讼请求。主要出于以下几点考虑：（1）人对事物的认知能力是有限的，提起公益诉讼的机关和社会组织虽然具备一定的专业知识，但其未必都是法律专业人士，且公益诉讼属于新生事物，对于诉讼目的、程序规则等的理解和把握尚处于摸索阶段，如果缺乏必要的引导和控制，有可能出现诉讼请求偏离保护生态环境公共利益的初衷，导致环境公共利益无法得到充分有效的保护。（2）针对同一环境污染、生态破坏行为，有权提起生态环境民事公益诉讼的主体会有多个，如果原告在本案中的诉讼请求不全面、不充分，将会导致其他机关和社会组织针对同一污染行为重复起诉，一方面浪费有限的司法资源，影响诉讼效力；另一方面，也使被告始终处于责任不确定状态，影响其他民事活动的正常开展。（3）相对于污染者而言，提起环境公益诉讼的社会组织，通常处于弱势地位，在缺少充分资金聘请律师参与诉讼的情形下，很难在"攻防"能力上与被告达到相对平衡的状态，法官的释明可以帮助生态环境公益诉讼的原告合理地提出主张，正当地处分自己的权利。但是，如果原告已经提出了停止侵害、恢复原状的诉讼请求，没有提出赔偿损失或者赔礼道歉的诉讼请求，则没有必要行使释明权要求当事人变更或者增加诉讼请求。如果原告在法院释明后仍不变更或者增加诉讼请求的，应该针对当事人提出的诉讼主张进行审理，不能违反"不告不理"原则，在当事人的诉讼请求之外就当事人未

[①] 骆永家：《阐明权》，载《民事诉讼法之研讨（四）》，台湾三民书局1993年版，第169页。
[②] 骆永家等：《法院的诉讼指挥权和当事人的声明权、异议权》，载《民事诉讼法之研讨（七）》，台湾三民书局1998年版，第352页。

请求的事项作出裁判。① 此举充分发挥了法官的主观能动性，这在传统诉讼中是不可以的。

第二，生态环境公益诉讼原告和私益诉讼原告的诉讼请求出现重合时应如何处理？生态环境公益诉讼原告和私益诉讼原告的诉讼请求出现重合，主要是两者均提起不作为请求权的情形，即都要求被告就同一行为停止侵害、排除妨碍、消除危险。在此情况下，法院不能以生态环境公益诉讼已经受理为由对私益诉讼不予立案；反之，也不能以私益诉讼已经受理为由对生态环境公益诉讼不予立案。但是，如果生态环境公益诉讼原告或者私益诉讼原告的诉讼请求已经获得了支持，则另一案件原告的诉讼目的自然也获得了满足，诉讼已缺乏进行下去的必要，或者说该诉讼已经缺少诉的利益这一诉讼要件，此时，法院应向原告释明，让其申请撤诉，如原告坚持不撤诉的，法院应裁定驳回其起诉。②

第三，诉讼请求以预防禁止为主还是赔偿为主？我们认为，应当以禁止令为主，损害赔偿为辅。通过生态环境损害赔偿的方式救济环境，不仅会因环境问题的不可逆转性、难以恢复性的特征使救济无法达到预期目的，而且会出现环境救济过程中的监管、评估难题。我国生态环境公益诉讼受传统民事损害赔偿事后救济理念的影响，仍把焦点集中在生态环境损害发生后如何惩罚企业上，试图通过判决企业支付生态环境损害赔偿金的方式达到生态环境修复的效果。然而，生态环境损害具有不可逆转性、难以估算性、恢复难度大成本高以及生态环境利益具有公益性、紧迫性等特点。生态环境公益诉讼的目的不仅在于恢复被污染破坏的环境，更重要的是根据预防原则，将环境污染、破坏及早制止在萌芽状态。由于法院审理、作出判决以及判决生效需要经历一段漫长的周期，而在此期间内，企业仍可以肆无忌惮地排污、破坏环境，因此，对于具有紧迫性、短时间内极有可能造成不可逆转难以恢复的生态环境损害的案件，等待判决生效后再采取行动显然为时已晚。对此难题，可以借鉴美国的禁止令措施。美国环境公民诉讼中，法院可通过发布禁止令的方式从源头阻止生态环境损害行为的进一步发生。禁止令属于法院依申请人申请，在法定紧急情况下作出的保全和先予执行的裁定。在生态环境公益救济领域，有必要对不可恢复、难以逆转的生态环境公益损害行为先行予以制止，赋予法院颁布禁止令的权力。根据《民事诉讼法》的规定，对于可能导致判决难以执行的案件，根据当事人的申请，法院可以作出先予执行的裁

---

① 最高人民法院环境资源审判庭编著：《最高人民法院关于环境民事公益诉讼司法解释理解与运用》，人民法院出版社2015年版，第143~144页。
② 最高人民法院环境资源审判庭编著：《最高人民法院关于环境民事公益诉讼司法解释理解与运用》，人民法院出版社2015年版，第402页。

定，责令被申请人作出一定行为或者禁止其作出一定行为。2014年，《最高人民法院关于全面加强环境资源审判工作，为推进生态文明建设提供有力司法保障的意见》指出："坚持注重预防。在案件审理过程中积极采取司法措施预防、减少环境损害和资源破坏，通过事前预防措施降低环境风险发生的可能性及损害程度。充分发挥保全和先予执行措施的预防和减损作用。"以2013年民事诉讼法施行为契机，重庆，云南昆明，江苏无锡、常熟、昆山均开启了环境保护禁止令的司法实践。[①] 因此，赋予法院在生态环境公益诉讼中颁发禁止令的权力于理于法可行，有利于在最短的时间内制止环境污染、损害的发生和继续。建议对于环境污染行为的持续存在将可能使生态环境遭受不可挽回的损失的案件，经申请人申请，法院认为必要的，颁布禁止令，由公安机关协助立即执行。

第四，关于生态环境公益诉讼胜诉赔偿金受偿顺序问题。生态环境公益诉讼的被告陷入破产后，生态环境公益诉讼的胜诉赔偿金在性质上属于普通债权，根据现行法的规定，普通债权只有在清偿完有特定财产担保的债权、破产费用、共益债务、劳动债权、国家税收后才能获得清偿。因此，生态环境公益诉讼胜诉赔偿金在破产债权受偿中的相对优先顺位只能在普通债权内部通过与其他普通债权的比较中确立。普通债权中法定之债相对于意定之债在破产债权清偿顺位中的相对优先性，生态环境公益诉讼胜诉赔偿金本质上属于对侵害生态环境自身利益的补偿，在性质上属于法定之债，因此法定之债优先于意定之债受偿的结论对其同样适用。根据公共利益优先于私人利益的一般原理，作为对生态环境公益损害赔偿的生态环境公益诉讼胜诉赔偿金自然应该具有相对于对侵害私人利益产生的侵权之债的优先性。然而遗憾的是，现行司法解释却偏离了这一原理。《环境公益诉讼司法解释》第三十一条规定："被告因污染环境、破坏生态在环境民事公益诉讼和其他民事诉讼中均承担责任，其财产不足以履行全部义务的，应当先履行其他民事诉讼生效裁判所确定的义务，但法律另有规定的除外。"可见，该条所确立的是生态环境公益诉讼胜诉赔偿金劣后于私益债权受偿的规则。笔者对此持保留意见。而且，私益诉讼赔偿优先也有对"法律另有规定的情况除外"的情况，如对于船舶油污损害赔偿公益诉讼与私益纠纷竞合时适用比例赔偿原则等。

第五，关于原告诉讼费用、律师费用、鉴定费用、评估费用应否作为诉讼请求纳入生态环境损害赔偿范围之中的问题。该问题在实践中引起法官较大的困惑。如果纯粹从生态环境损害赔偿金的客观源头上分析，这些费用不应该作为生态环境损害赔偿金的一部分。因为生态环境损害赔偿金的源头就是生态环境本身

---

① 龚海南：《环境保护禁止令制度的构建》，载《人民司法》2015年第1期。

遭受侵害而导致其生态环境服务能力的下降或者受损引发的损害。但是，如果这些费用不能由被告承担，那么只能由原告自行承担，这极大地加重了原告提起生态环境公益诉讼的难度，导致民众不愿意提起生态环境公益诉讼以保护环境。在这种情形下，美国环境法将诉讼费用、律师费用、鉴定费用与评估费用纳入生态环境损害赔偿的范围中。对于生态环境公益诉讼而言，根据欧美国家的经验，最担心的是没有人愿意作为原告而提起诉讼，原因在于生态环境公益诉讼会耗费大量的成本，包括各种费用的支出，特别是诉讼费用、律师费用、鉴定费用与生态环境损害评估费用等，因而对于普通的社会民众而言，他们缺乏足够的资源和能力应对生态环境公益诉讼所需要的成本，从而就不会提起生态环境公益诉讼。为了激励民众提起生态环境公益诉讼以保护环境，美国在《清洁水法》《清洁空气法》等法律的公民诉讼条款中允许原告获得生态环境公益诉讼胜诉时，就相关费用的支付提起相应的诉讼，要求被告承担这些诉讼费用。美国一些著名的环境律师事务所即以此为营业来源。由于生态环境公益诉讼中巨额的律师费用由被告承担，因此许多律师事务所为了赚取律师费，愿意以风险承担的方式为环境团体提起生态环境公益诉讼提供相应的法律服务。在生态环境公益诉讼胜诉前，不向原告收取任何律师费用，等到胜诉后，再向被告提起律师费用支付请求。[1] 因此一些环境团体愿意和律师合作，提起生态环境公益诉讼。

第六，关于不同社会组织分别提出生态环境公益诉讼请求的问题。在实践中，往往存在某一生态环境公益诉讼是由同一或不同区域的社会组织，通过联合或协作才得以为法院所受理的情况。因此，最高人民法院对于如何规范不同社会组织的联合与协作问题，也应在制定司法解释的过程中予以重视并解决。当发生不同的社会组织分别提出生态环境公益诉讼而且诉讼请求不完全一致时，若是一一加以审理肯定是不现实的，故有必要对多主体各自提起的生态环境公益诉讼案件进行科学划分，对其合并或分别审理。对于诉讼请求相同的公益诉讼可以要求多个提起诉讼的社会组织作为共同原告，对于诉讼请求既有相同之处也有不同之处的诉讼应当区别对待，即对诉讼请求中的相同之处予以合并审理，不同之处由各社会组织单独提起诉讼，条件允许，应当合并审理。

第七，关于"一事不再理"原则如何适用的问题。"一事不再理"原则是一条古老的原则，其起源于罗马法"诉权消耗理论"，即一个诉权或者请求权有且只有一个诉讼系属，诉讼系属经过一个完整的讼争程序而消耗殆尽，因此一个请求权的第二次诉讼会因为诉讼系属的缺失而无法成立。[2] 例如，甲企业位于某河

---

[1] ［美］理查德·拉撒路斯、奥利弗·哈克主编：《环境法故事》，曹明德等译，中国人民大学出版社2013年版，第153～156页。

[2] 杨永波、张悦：《一事不再理原则在我国民事诉讼中的适用》，载《法律适用》2005年第9期。

流上游，其生产过程中向该河流排污，造成下游南北两岸土壤污染、植被死亡。乙为该河南岸的一家环保社会组织，以甲污染该河南岸生态环境为由向法院提起诉讼，并获得胜诉。丙为该河北岸的一家环保社会组织，见乙诉讼成功后亦向法院提起诉讼，要求甲承担污染北岸的民事责任，那么，法院是否应该立案？随着公益诉讼制度在我国的建立，公益诉讼中如何适用"一事不再理"原则成为一个亟须回答的问题。有学者建议用原告胜诉或者败诉来作为判断标准："环境公益判决只有在胜诉的情形下才能拘束其他尚未起诉的诉讼实施权主体，而败诉的环境公益诉讼判决则不禁止其他主体针对同一公益性请求再次向人民法院提起诉讼。"[①] 然而这一标准难以在每一个生态环境公益诉讼中保障正义。在上述案例中，如果仅因为乙提起的公益诉讼已经胜诉，就不允许丙就北岸的污染损害提起公益诉讼，则将使北岸的公益损害无从救济；另外，即便是公益诉讼的原告败诉，也不可能无限制地允许其他主体就同一事实、同一损害以同一原因反复起诉，这将给被告增加无休止的讼累。所以关键要看诉讼请求是否一致，如果诉讼请求不一样，说明就不是一事，既然不是一事就适用"一事不再理"原则。

第八，关于生态环境公益诉讼既判力问题。生态环境公益诉讼既判力涉及的问题就是当对某一侵害生态环境公益的案件作出确定判决后，确定判决对这一环境侵害引发的其他诉讼的效力问题。具体来说，当已经发生侵害生态环境公益的违法行为或是将要发生违法行为时，法律规定的相关主体依法提起生态环境公益诉讼，法院依据严格的诉讼程序依法对纠纷作出裁判，一旦生态环境公益诉讼案件判决依法确定，那么产生既判力，当事人及相关主体以及法院都得尊重法院确定的判决以保证判决的安定性。当事人及相关主体不能对已经确定的判决再进行争议，不能再提出相反的主张，法院就不能对已经确定的判决作出相矛盾的判决。生态环境公益诉讼确定判决发生实质上的确定力仍需具备一定的条件，即诉讼标的相同、原因相同、当事人相同。也就是说生态环境民事公益诉讼中，只有以下情形才能适用既判力的作用效力：（1）生态环境公益诉讼作为前诉与后诉之间的诉讼标的相同，或是前诉与后诉的诉讼标的相矛盾，或前诉的诉讼标的是后诉判决的先决条件。因此，如果相关主体提起的后诉为生态环境公益诉讼，则受前诉生态环境公益诉讼判决的拘束。如果相关主体提起的后诉为私益性质的损害赔偿，则前诉生态环境公益诉讼判决对后诉不发生既判力的作用效果，相关主体依然可以提起损害赔偿的私益诉讼。（2）前诉生态环境公益诉讼与后诉两诉的原因相同。即相关主体提起后

[①] 肖建国、黄忠顺：《环境公益诉讼基本问题研究》，载《法律适用》2014年第4期。

诉主张权利所基于的直接基础事实必须是与前诉生态环境公益诉讼的基础事实相一致。(3) 前诉生态环境公益诉讼判决对后诉发生既判力作用，要求前诉与后诉的当事人相同。① 其实，第三个条件值得商榷。当事人相同，应该指的是被告的相同，原告可以不相同。

---

① 陈菲：《环境民事公益诉讼既判力范围研究》，西南政法大学硕士学位论文，2014年。

第七章

司法模式与司法组织

司法模式体现诉讼两造结构和法院的关系问题，在当下大力提倡以审判为中心的大背景下，我们有必要专门探讨生态环境公益诉讼的司法模式问题。我国的国家政策与立法及地方规范性文件大力呼吁公权力主导生态环境公益诉讼司法模式，对社会力量融入生态环境公益诉讼秉持谨慎态度，法院职权主义适度强化，需要发挥生态环境公益诉讼的司法能动，未来的走向是，促使私人执法型生态环境公益诉讼模式从理想走向现实。如何加强生态环境公益诉讼司法组织的建设，是一个值得思考的现实问题。转变环境司法理念，强化生态文明理念和生态保护理念，合理平衡生态利益与物质利益的关系，强化环保法官独立性，改良环保法官考核制度，提高审判人员和相关人员的专业化水平，建立法官与专家陪审员相结合的组织模式，建立环境案件专家咨询制度，因地制宜设置和调整环保司法组织，适时建立生态环保法院，比目前机械的设置环境审判组织的所谓生态环境司法专门化要内容丰富得多。

第一节 生态环境公益诉讼司法模式的基本类型

专门探讨生态环境公益诉讼司法模式的基本模型，具有很大的现实意义和理论意义。

有学者认为，世界范围内的公益诉讼模式大致有两种：一是强调公共执法型的公益诉讼模式,以大陆法系为代表;二是强调私人执法型的公益诉讼模式,以英美法系为代表。公共执法型的公益诉讼包括检察院提起公益诉讼、政府机关提起公益诉讼、社会团体或者民间组织提起的团体诉讼三种类型。私人执法型的公益诉讼主要指公民诉讼,即由无直接利害关系的公民作为私人检察长提起的公益诉讼。① 此观点值得商榷。诚然,检察院或者政府机关提起公益诉讼,当然属于公共执法型的公益诉讼;但是社会团体或者民间组织提起的公益诉讼,其实和无直接利害关系的公民作为私人检察长提起的公益诉讼,是一个性质,只不过前者是后者多数人意志的代表,从性质上说,社会团体或者民间组织提起的公益诉讼属于私人执法型的公益诉讼模式,而不是公共执法型的公益诉讼模式。

在生态环境公益诉讼构造上,各国立法具有更多的职权主义色彩,一是因为生态环境公益诉讼涉及众多社会成员乃至整个社会利益的维护,当事人的诉讼行为影响的不仅仅是参与诉讼的当事人利益,所以,法院代表国家进行审查,可以确保公益不受侵害。二是因为环境纠纷主体之间力量的不平衡,如果采行充分辩论的完全当事人主义,可能会导致诉讼程序的过分迟滞,影响诉讼效率。公益诉讼程序采行职权主义,已是各国的通例。因此,在生态环境公益诉讼中,法院拥有更大的职权,行使司法权更为积极,包括,法官承担一定的释明义务、广泛采用诉前禁令制度、对当事人处分权进行一定程度的限制、不允许被告以反诉形式提出诉讼请求以及对当事人达成的调解协议或和解协议进行公告并对协议的内容依职权进行审查。

当然,生态环境公益诉讼中法官职权主义色彩并不能违背"法官中立原则"。"法官中立原则"是正当程序保障下的一个基础性原则,是保障正当程序其他内容实现的前提,是指在庭审过程中,法官以审判者的身份出现,对于争执的双方当事人应当保持中立地位,对任何一方当事人都应当采取没有任何偏袒的态度。从形式上看,就是法官应当与原被告双方当事人之间保持同等的诉讼距离。原告和被告作为诉讼主体,与法官共同构成三角关系。在这个三角关系中,法院和双方的距离是相等的,即所谓的"等腰"。生态环境公益诉讼的司法模式构建基本形态同样应当表现为当事人平等辩论、法官居中作出判断。这一司法模式的构建有效发挥作用必须有两个预设前提:一是法官居中裁判,二是双方当事人具有平等的诉讼地位。就这两前提而言,具有决定性意义的前提是法官应当处于居中裁判的地位。诉讼地位平等,即原、被告在诉讼中

---

① 奚晓明主编:《〈中华人民共和国民事诉讼法〉修改条文理解与适用》,人民法院出版社2012年版,第91页。

所处的法律地位完全平等，双方都是诉讼中的主体，并不存在一方为诉讼主体，而另一方为诉讼客体，或者双方都是诉讼客体的情况。生态环境公益诉讼所要解决的主要问题是对环境被破坏之后所带来的损害救济，保护的是公共环境权益，维护的是公共环境秩序。因而，为了实现这一目标。法官应当给予双方当事人"平等地告知和听取"的机会。

从世界范围来看，生态环境公益诉讼大体上有三种实践模式：（1）巴西模式。根据《巴西宪法》第 129 条第 3 款的规定，提起公共诉讼属于检察机关的职权范围。这一授权以及机构职责的扩大使检察机关能够代表社会利益提起公共诉讼，并致力于保障公共利益法律的实施，检察机关因此被誉为国家的"第四权"。尽管其他政府部门和社会组织依据有关立法也有资格提起公共诉讼，但检察机关提起的公共诉讼占到 90% 以上。公民个人和公益组织也有权提起公共诉讼，但他们更多的是选择向检察机关提供信息或者投诉。①（2）德国模式。根据《德国联邦自然保护法》第 61 条的规定，只有环保团体才是适格的生态环境（行政）公益诉讼的合法主体，才可以对依据自然保护法的实施和行政决定提起诉讼。为了提起生态环境公益诉讼，环保团体不仅应当符合一些形式要件，而且还应当符合实质要件。这些条件包括：提起生态环境公益诉讼的环保团体必须经过合法认可；系争的行政行为违背了自然保护或是保护自然和风景的利益条款，由组织章程定义的义务领域必须被行政行为所影响；被认可的环保团体参与先前的行政程序。②（3）美国模式。根据《美国法典》第 1365 条的规定，任何人都可以提起生态环境公益诉讼。此即著名的公民诉讼制度。公民诉讼虽然以"公民"为名，但实际上任何个人、团体，包括企业、州政府，都可以提起诉讼。公民诉讼的被告大致分为两类：一为任何人，包括违反法定排污标准或限制的个人、公司、联邦或州政府及其企业和美国政府；二为不能根据法律完成自己职责的环境保护局局长。在实践中，真正推动生态环境公益诉讼的首先是环保组织，其次是公民个人。而且，生态环境行政公益诉讼占了相当大的比重，因为"在美国的环境保护实践中，公众或公众环保团体发现，把有限的精力、时间和经费用在迫使政府完善或执行环境法规和规章上比用在取缔个别污染源上更有意义"。③

---

① 肖建华、杨恩乾：《巴西检察机关在公益诉讼中的角色简评》，载《人民检察》2010 年第 11 期。
② 张式军：《德国环保 NGO 通过环境诉讼参与环境保护的法律制度介评——以环境公益诉讼中的"原告资格"为中心》，载《黑龙江省政法管理干部学院学报》2007 年第 4 期。
③ 李艳芳：《美国的公民诉讼制度及其启示——关于建立我国公益诉讼制度的借鉴性思考》，载《中国人民大学学报》2003 年第 2 期。

第二节 我国生态环境公益诉讼司法模式的选择

一、我国大力呼吁公权力主导生态环境公益诉讼司法模式

2005年,《关于落实科学发展观加强环境保护的决定》提出"研究建立环境民事和行政公诉制度",赋予检察机关提起生态环境公益诉讼主体资格。2010年,最高法发布《关于为加快经济发展方式转变提供司法保障和服务的若干意见》,明确赋予环保部门提起生态环境公益诉讼的主体资格。2014年10月,十八届四中全会提出"探索建立检察机关提起公益诉讼制度"。2015年6月24日,最高人民检察院审议通过并向全国人大常委会提交《检察机关提起公益诉讼改革试点方案》,拟在北京、内蒙古、湖北等13个省份开展检察机关提起公益诉讼的改革试点工作。为落实国家政策,贵阳、昆明等地纷纷制定地方规范性文件,赋予检察机关、行政机关等公权力部门提起生态环境公益诉讼的起诉资格。试点结束后,2017年6月27日,为了肯定两年来检察机关提起公益诉讼的改革试点工作的成绩,并将检察机关提起公益诉讼的工作在全国推广,全国人大常委会专门作出修改《民事诉讼法》和《行政诉讼》的决定,专门特意明确了检察机关提起民事公益诉讼和行政公益诉讼。

司法实践也表明,各地生态环境公益诉讼案件"破冰"之举均由公权力主导。如清镇市环保法庭受理的第一起生态环境公益诉讼案件,由贵阳市"两湖一库"管理局提起;无锡市环保法庭受理的第一起案件,由无锡市锡山区检察院提起;昆明市环保法庭受理的第一起生态环境公益诉讼案件,由昆明市环保局提起。此外,据不完全统计,2012年以前,各地法院公开受理并审结42起生态环境公益诉讼案件,其中检察机关提起20起,约占47.6%;行政部门提起9起,约占21.4%;具有官方背景的中华环保联合会提起7起(其中1起撤诉),约占16.7%。2012年8月,2012年修订的《民事诉讼法》在立法层面赋予"法律规定的机关及有关组织"提起环境民事公益诉讼的起诉资格。然而,由于当时配套法律尚未修改且司法解释尚未颁布,在原则性规定指导下,民间环保组织提起生态环境公益诉讼的情况并不乐观。2013年法院只受理并审结2起由环保局作为原告提起的生态环境公益诉讼案件。2014年,法院只公开受理5起生态环境公益诉讼案件,其中1起由贵州省金沙县检察院作为原告直接提起,其余4起均是在检

察机关支持下提起。2015 年上半年,法院受理 5 起由中华环保联合会提起或由民间环保组织在检察机关支持下提起的生态环境公益诉讼案件。民间环保组织提起生态环境公益诉讼的情况有所好转,但案件被受理均离不开检察机关和当地政府的支持。① 这种现象到现在还没有完全改观,在未来改观也许需要漫长的时间。

我国现阶段生态环境公益诉讼模式呈现公权力主导的单一模式的另一个显著特征是:环境污染者或破坏者为常态被告,环境行政部门为异态被告,甚至在有些地方不敢动行政机关一根毫毛,相反,法院在一定程度上扮演行政合谋者的角色。大多数生态环境公益诉讼案件都是公权力机关或官方环保组织针对处于相对弱势地位的中小型企业或公民个人提起。行政机关在选择生态环境公益诉讼的被告之前,通常会与当地政府、法院、检察机关以及其他相关机关进行事前磋商和利弊权衡,以不会造成什么社会影响的中小型私营企业为选择性司法的对象提起生态环境公益诉讼。如 2009 年,为突破生态环境公益诉讼的零受案率,昆明环保法庭积极与市检察院、环保局等部门斟酌,苦寻"好操作、低门槛、有把握"的生态环境公益诉讼案源,经半年努力,终于"抡起大棒打蚊子",以两家养猪场为被告,成就昆明环境公益诉讼第一案。公权力机关、环境污染破坏者与法院之间失衡的非等腰三角构造模式,不利于形成社会参与、环境行政与法院司法共治的生态法治合力。所以,有学者呼吁,我国生态环境公益诉讼发展模式应向社会主导的生态环境行政公益诉讼模式转变,这有利于公众通过司法外部监督途径督促政府和环保行政机关积极履行环境保护义务,也有利于为公众参与多元化环境公共治理提供司法平台。②

二、对社会力量融入生态环境公益诉讼秉持谨慎态度

立法者为控制社会和政治风险,对待社会力量的融入秉持谨慎态度。2012 年,2012 年修订的《民事诉讼法》第五十五条规定"法律规定的机关和有关组织"可以提起生态环境公益诉讼,但对于"有关组织"的界定尚未明确。2014 年《环境保护法修正案(草案)》二审稿中将"有关组织"仅限定为"中华环保联合会以及在省、自治区、直辖市设立的环保联合会"。这引起了学术界和其他环保组织的不满。将提起公益诉讼的"有关组织"仅限于中华环保联合会一家,单独赋予某一组织诉权的"特权条款",明显违背法理。后来三审稿将"有关组

---

①② 梁春艳:《我国环境公益诉讼的模式选择》,载《郑州大学学报(哲学社会科学版)》2015 年第 6 期。

织"规定为"依法在国务院民政部门登记,专门从事环境保护公益活动连续五年以上且信誉良好的全国性社会组织"。从形式上看,立法扩大了有关组织的范围,但增加"专门""连续五年""信誉良好""全国性"等苛刻的限制条件,实为提高了社会组织的起诉门槛。新出台的《环境保护法》和后来的司法解释,对民间组织的起诉条件更是五花大绑的约束,虽然扩大到在社区的民政部门登记的环保组织也有起诉权。所谓的"法律规定的有关组织"一直没有明确的解释,不能不说是一种敷衍。从立法意图可以看出,我国现阶段生态环境公益诉讼起诉模式实为由公权力部门以及中华环保联合会等具有官方背景的社会组织主导的模式,私人执法型的公益诉讼模式并不发达。

三、关于法院职权主义的适度强化

生态环境公益诉讼的公益属性决定了法院在坚持司法中立原则的同时,也要在合理限度内发挥职能作用,防止因原告诉讼能力欠缺或不作为导致生态环境公益得不到有效维护。具体体现在以下四个方面:(1)法官行使释明权。原告提起生态环境公益诉讼首先应请求被告停止侵害、恢复原状,如果其诉讼请求中缺少这些必要的内容,不足以保护社会公共利益的,法院可以向其释明予以变更或者追加。(2)法官依职权调查收集证据、委托鉴定以及酌定生态环境修复费用。对于审理生态环境公益诉讼案件需要的证据,法院认为必要的,应当调查收集;对于应当由原告承担举证责任且为维护社会公共利益所必要的专门性问题,法院可以委托具备资格的鉴定人进行鉴定;此外,为解决鉴定难、鉴定贵的问题,对于生态环境修复费用难以确定或者确定具体数额所需鉴定费用明显过高的,法院可以结合污染环境、破坏生态的范围和程度以及过错程度等主客观因素,并可以参考负有环境保护监督管理职责的部门的意见、专家意见等,予以合理确定。(3)法院对当事人的处分权进行适度限制。包括对原告的自认是否有损社会公共利益进行审查,不允许被告以反诉形式提出诉讼请求。此外,生态环境公益诉讼虽允许当事人调解以及自行和解,但必须是在查清事实、保证生态环境恢复责任履行的前提下进行。同时,法院应对当事人达成的调解协议或和解协议进行公告,目的是使公众知晓协议内容,以便及时对损害社会公共利益的行为行使监督权。公告期满后,法院还应依法对协议内容进行审查,对于不损害社会公共利益的调解协议或和解协议,应当出具调解书,不允许当事人以达成和解协议为由申请撤诉;对于损害社会公共利益的调解协议或和解协议,法院应不予准许,并依法及时作出判决。(4)主动移送执行。生态环境公益诉讼生效裁判的执行关系到环境公共利益能否得到及时维护,因此无需原告申请,应由法院依职权移送执行。以上这些内容无不体现法院的职权主义在生态环境公益诉讼中得到了加强。

四、对生态环境公益诉讼司法能动的理解

在生态环境公益诉讼领域,法院审理生态环境公益诉讼取决于政府的态度,违背司法独立的原则,难以实现权力制约。法院为突破生态环境公益诉讼案件"零受案率",积极主动与行政机关、检察机关联合寻求案源,有违司法被动、消极、中立的诉讼原理。法院主动寻求案源,协助行政机关加大对环境污染或破坏者的打击力度,则僭越司法权限,丧失司法所固有被动性要求。正如托克维尔所言:"从性质上来说,司法权自身不是主动的。要使它行动,就得推动它。"法院在案件启动前只应扮演被动、消极的角色,奉行"不告不理"的诉讼发动机制。司法能动应是案件启动后,法院在审理过程中有界限的能动,而非肆意、无限制的妄动。配合公权力机关积极拓展生态环境公益诉讼案源已经完全超出了司法能动的范畴,既有"越俎代庖"或沦为行政附庸之嫌,又明显违背"司法中立""不告不理"的原则。在我国现阶段公权力主导的生态环境公益诉讼模式中,原本应处于三角构造顶端中立的法院逐步向原告一方偏移,导致法院与原被告之间稳定的等腰三角构造发生异化,违背了公正的诉讼格局。为公正、有效地维护和救济生态环境公益,法院在受理和审理生态环境公益诉讼案件过程中,应遵守诉讼原理,始终恪守司法中立、司法公正的原则,扮演好中立司法裁判者的角色,减少受到行政机关等外界政治因素的干预,以事实为依据、以法律为准绳,客观、公平地适用相同法律标准审理同案或类案,为公众参与环境公共治理提供公平、有效的司法途径。

五、促使私人执法型生态环境公益诉讼模式从理想走向现实

理论上,在以"私人"为原告的生态环境公益诉讼中,原告与被告之间的诉讼地位应当平等、当事人之间诉权应当均衡,我们使用图7-1所示的模式表示"私人"为生态环境公益诉讼原告时,诉讼中各方所处的应当位置。其中,O点代表法院所处的应当位置,A点代表原告所处的应当位置,B点代表被告所处的应当位置。曲线弧表示原被告可以移动的范围,其表示不管原被告的位置如何移动,法官始终位于圆心,其到代表原被告的A、B两点的距离始终相等,也就是对法官居中裁判和以审判为中心的体现。A、B两点可在以O点为圆心的圆弧上自由移动,以代表原被告之间的地位不平等或诉权不均衡。A、B两

点间的距离表示双方争执焦点的难易程度，越远表明争执焦点越大，调解的空间就越少；反之就越少，调解的空间就越大。虽然"当事人主义"选择下的诉讼司法模式在很大程度上能够满足诉讼公正的需求，但其也对诉讼效率将会产生巨大的损害。同样，虽然"职权主义"选择下的诉讼司法模式能达到较高的诉讼效率，其也会"侵蚀"当事人诉讼权利并破坏法官在诉讼中的中立性。理想的生态环境公益诉讼司法模式应当是代表法官审判权的线段 OD 与代表原被告整体诉权的线段 AB 之间长度的比例关系达到能够确保诉讼三角构造为一个等边三角形的状态。

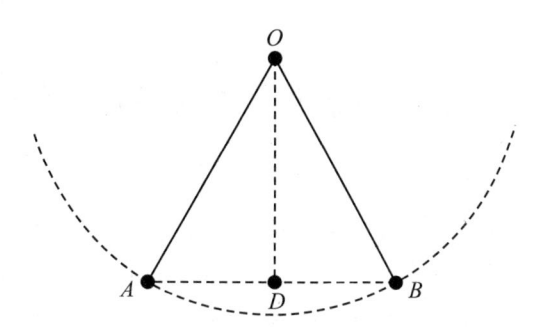

图7-1 "私人"作为生态环境公益诉讼原告的诉讼模式理想图

但是，现实中，由于当事人诉讼知识、经济上的差异，可能会导致实质上诉讼上的不平等。"私人"作为生态环境公益诉讼原告的困境在于：（1）个人诉讼能力不足；（2）私人对环境污染专业知识的缺乏；（3）"相关部门"的不作为；（4）公民"权利保障机制"和补偿机制的缺乏四个方面。比如被告方当事人有精英律师团队代理诉讼，而"私人"原告方则因经济上的不对等无法聘请到较优秀的律师代理诉讼的情况下，当事人的诉讼权利就无法平等地得到实现。为此，在生态环境公益诉讼中，通过法律援助，为原告配备具有专业技能的公益律师团队，可以与对方形成对等的诉讼地位；强制被告举证倒置，以弥补原告在获取诉讼证据时取证难等困难，从而保障权利平等原则的切实实现。基于以上分析，由于原、被告诉讼地位、举证能力等方面的不均等，我们应当以图7-2所示的模式作为以"私人"为原告的生态环境公益诉讼司法模式。其中，O 代表法院，A' 代表原告，B' 代表被告。法院通过强制手段弥补原告方诉权的不足，即在当事人的诉权配置上，通过相关法律措施，促使原告的诉权 $A'D$ 大于被告的诉权 $B'D$ 的局面得以改善。

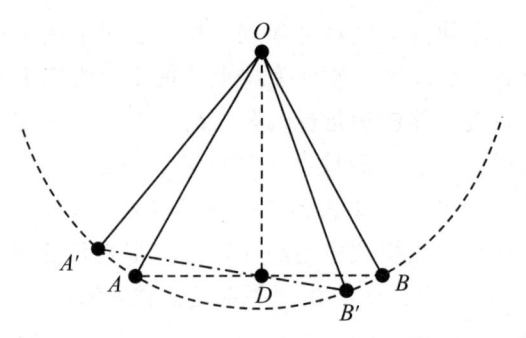

图7-2 "私人"作为生态环境公益诉讼原告的诉讼模式现实图

第三节 国外生态环境司法专门化的介评

根据美国丹佛大学法学院乔治·普林、凯瑟琳·普林撰写的《环境司法的专门化》一书的统计，截至2009年，全球约有40个国家建立了270个环保法院或环保法庭。书中提出，从全球的情况来看，如果生态环境案件的受理量达到每年100件，按照每年工作时间240天、一起生态环境案件的平均工作时间2.4天的标准，就应设立环保法庭。[①] 其实这只是个数字的假设而已。后来，据不完全统计，至今已有40多个国家建立了500多个不同类型的环保法庭，横跨亚、非、欧、美等几大洲，涵盖大陆和英美两大法系，涉及法院、审判庭、巡回法庭、上诉法庭、合议庭、上诉委员会、审查委员会等多种组织形式。虽然这些环保法庭在建立初衷、法律渊源、历史底蕴等方面存在太多的个性，但总是能在管辖、审理等诸多领域找到一些共性。关于设置的类型，从来没有固定的模式。比如泰国在最高法院内设了环境法部门并在中央行政法院内设置了绿色席位，新西兰则设立了环境法院。[②] 在国外专门设置环保法院的还有澳大利亚新南威尔士州的土地与环境法院、美国的佛蒙特州环境法院以及孟加拉国等；设立有生态法院的有俄罗斯等；设立有专门环境法庭的有中国、泰国、南非、印度等；还有一些国家只设环保合议庭或环境法官，如比利时、菲律宾等。

澳大利亚新南威尔士州的土地与环境法院是世界第一家环境高等法院。根据1979年的《土地和环境法院法案》，该法院于1980年开始运作。建立土地与环境法院的目的主要有两个：一是使土地和环境案件的审理合理化和专业化；二是

[①] 苍鹃：《生态事件频发，为何环保法庭遭冷落》，载《羊城晚报》2013年8月17日第B5版。
[②] 张忠民：《国外环保法庭建设的几点启示》，载《人民法院报》2015年5月8日第8版。

为环境、规划和土地案件提供"一站式"处理。新南威尔士州的土地与环境法院拥有州内环境、规划与土地案件管辖权。新南威尔士州土地与环境法院具体受案范围包括：对政府环境规划行政决定进行上诉；涉及林木和矿产的民事纠纷；涉及环境规划和环境保护的民事执行；对政府环境和土地规划等决定的司法审理及执行；对土地与环境法院委员作出的决定进行上诉等。该法院管辖权涉及行政、民事、刑事和执行案件。澳大利亚新南威尔士州土地与环境法院就设有专门的委员会，委员会由1名高级委员，8名专职委员和16名兼职委员组成，这些委员必须符合《土地和环境法院法案》第12条第2款所列举的资格要求，同时要参加法院每年定期举办的专业研讨会，委员的专业特长对于土地和环境法院案件的合理解决起到了至关重要的作用。[1] 在土地与环境法院任职的沙玛（Sharma）法官总结了该法院的主要特点：（1）减少了针对同一环境纠纷提起的重复诉讼；（2）减少了诉讼并为社会节约了成本；（3）单独的、综合的环境法院相比多个散处在各地的法庭要节约行政成本；（4）以上费用的减少最终降低了当事人的成本，让普通民众受益；（5）极大地提高了司法效率、便捷性和执行力。[2] 近年来，土地与环境法院所受理的案件结案率均达到了百分之百。该法院设立了"法院专家支持小组"作为咨询机构，为主审法官提供专业领域的建议，并作为法院对外发布相关信息的沟通渠道。法院专家支持小组的成员非常广泛，有工程师、建筑师、规划师和法律专家。

新西兰的环境法院是依据1991年生效的《新西兰资源管理法》设立的。它是一个独立的专门法院，由法官和具备专业知识的环境委员组成。各成员由新西兰总理基于司法部的建议任命。同时为了确保环境委员的多样性，环境委员几乎涵盖了社会各方面与环境保护相关的主要领域，包括商业经济领域、地方政府、社团组织、规划和资源管理、遗产保护、环境科学、建筑、工程、采矿和替代性争端解决机构等。《新西兰资源管理法》赋予该法院促进环境可持续发展、防止、纠正及减轻对环境不利影响的职能。该法院可以对有关地方政府和政府机构制定的政策或计划是否符合《新西兰资源管理法》规定发布法律声明。在其上诉管辖范围内，法院可以审查诸如区域规划政策和建筑审批许可的实质内容。其亦拥有确认或指导地方政府修改、删除或添加其与《新西兰资源管理法》相关的条款。此外，该法院可以出具针对任何个人申请的与下述四项问题有关的"执法令"：

---

[1] Brian J Preston, *Operating an Environment Court: The Experience of the Land and Environment Court of New South Wales and 12 Benefits of Judicial Specialization in Environmental Law*, (2008) 25 Environmental and Planning Law Journal 385, pp. 6 – 7.

[2] Raghav Sharma, *Green Courts in India: Strengthening Environmental Governance*? Law, Environment and Development Journal (2008), P. 50.

（1）针对区域规划或建筑审批许可中违反《新西兰资源管理法》条款和其他相关法规行为的禁令；（2）针对有可能有毒、危险、破坏性或能在一定程度上对环境造成负面影响的行为的禁令；（3）命令有关人员坚决遵守《新西兰资源管理法》和其他法规，以防止、补救或减轻其行为对环境造成的负面影响；（4）如有关人员没有遵守《新西兰资源管理法》和其他相关法规，则该法院可判处因防止、补救或减轻其行为对环境造成负面影响的合理支出的补偿。

新西兰环境法院的法律管辖权具体包括：（1）规划和政策。法院有权对根据《新西兰资源管理法》制定的规划和政策进行审查。任何人只要提交过书面意见就可以提起诉讼启动司法审查程序，法院可以在审理过程中直接要求地方当局修改区域或区级规划，也可以要求地方当局修改政策的某一条款，在修改前需要向公众公示。（2）不服资源许可的上诉。资源许可包括该海岸使用许可、水利用许可、排污许可或者该项目是否符合区域规划许可等。（3）不服为了公共工程征地的上诉，例如不同意垃圾填埋厂、污水处理厂的选址等。（4）宣示管辖权（解释权）。法院有权根据申请解释《新西兰资源管理法》规定中的权利、权力和义务；或者确定规划和政策有冲突的地方。（5）发布执法令。任何人有权向法院提出执法申请。法院可以根据申请，依据《新西兰资源管理法》作出执法令，要求停止违法行为、作出补救的措施减缓违法行为对环境造成的负面影响，赔偿第三方因采取减缓措施所付出的费用。法院还可以作出撤销或修改其资源许可的决定。如果被告没有立即采取减缓措施，法院可以要求第三方代行，由被告支付相关的费用。执行令是促使他人遵守《新西兰资源管理法》的一种常用的手段。执行令只能由环境法院发出。

在美国的52个州中，仅佛蒙特州设立了环境法院。佛蒙特州的环境法院设置于1990年，其设立的法律依据是1989年佛蒙特州议会通过的《统一环境执行法》。佛蒙特州环境法院由两名法官和若干司法辅助人员构成。环境法院的法官由州最高法院任命，每届任期6年。佛蒙特州环境法院受理三类案件：第一类为环境行政机关提起的行政执行案件和其他案件，如该州自然资源局基于佛蒙特州《统一环境执行法》提起的环境执行案件；第二类为要求对环境行政机关作出的行政行为进行司法审查的诉讼，主要是针对州自然保护局根据《统一环境执行法》发布的行政命令及做出的行政行为；第三类为对环境行政行为和决定进行申诉。这里的申诉是指当事人对行政决定不服而向法院提起的诉讼。由此可见环境法院受理的案件基本上是与行政决定、行政执法和行政许可有关的环境行政案件，并不涉及环境犯罪和环境侵权案件。环境犯罪案件和环境侵权案件仍然由刑事审判庭和民事审判庭受理。① 佛蒙特州最高法院于2004年制定了《佛蒙特州

---

① 李挚萍：《美国佛蒙特州环境法院的发展及对中国的启示》，载《中国政法大学学报》2010年第1期。

环境法院程序规则》，该规则是环境法院审理案件程序方面的主要依据。环境法院对案件的审理既包括事实审，也包括法律审。对环境行政机关的行政行为既可以审查其合法性也可以审查其合理性。环境法院可以维持、推翻、修改或者终止行政机关的行政行为。为了提高案件的办理效率，环境法院配置了案件管理员并建立了案件管理制度，当案件被受理后，其被排号并录入计算机系统并按照《环境法院程序规则》运行。在案件正式审理之前，法院会安排一系列审前会议。第一次审前会议由主审法官主持，与当事人讨论决定案件审理的时间，案件可能的争议点，可能全部或者部分驳回的事宜并提出希望当事人遵循的一般程序指引。接下来的审前会议由案件管理员负责。审前会议的目的在于将审理事项收窄，对所发现的事实进行归类、排序和定量，确定诉前的证据和专家证言是否可用，是否需要进行现场调查，确定是否存在调解的可能性和其他任何有利于案件审理加速和公平进行的事项等。如果有调解的可能性，则案件进入调解程序。调解已经成为环境法院解决纠纷的一个重要而有效的方式。

　　2010年10月18日，印度国家绿色法庭根据《国家绿色法庭法》设立，常驻地新德里，负责管辖北部地区的环境资源案件，并在四个城市设立四个区域法庭，分别在金奈（管辖南部7个地区）、博帕尔（管辖中部3个地区）、普纳（管辖西部6个地区）和加尔各答（管辖东部7个地区）。《国家绿色法庭法》的立法目的为快速、有效地解决与环境保护、森林和其他自然资源保护有关的案件。[①] 印度国家绿色法庭的法律管辖范围是与《国家绿色法庭法》附件1规定的7部法律实施相关的所有民事和行政案件。这7部法律分别是：《1974年水（污染防治）法》《1977年水（污染防治）税法》《1980年森林（保护）法》《1981年空气（污染防治）法》《1986年环境（保护）法》《1991年公共责任保险法》《2002年生物多样性法》。这意味着对违反这些法律的行为，或者依据这些法律作出的政府决定都可以由国家绿色法庭进行审理。

　　《瑞典环境法典》规定，瑞典共有5个区域环境法庭，分别属于瑞典5个地区民事法院；有1个高级环境法庭，即环境上诉法庭，属于斯德哥尔摩上诉法院的一个审判庭。瑞典的环境法律执法系统还包括20个区域委员会和大约250个地方环境决策机构。当事人对环境区域委员会和地方机构作出的决定不服的可以起诉到相应的区域环境法庭。环境法庭的法律管辖权包括土地利用、规划和环境问题的民事执法和行政案件，但不包括刑事案件。环境法庭可以对区域委员会和地方机构的决定做合法性和实质性审查。自2011年5月开始，环境法庭更名为土地与环境法庭，同时审理适用土地与建筑法的案件，包括审查地方土地利用规

---

① 蔡守秋、文黎照：《印度〈2010年国家绿色法庭法〉评介》，载《法学杂志》2013年第11期。

划和建设许可。每一个区域环境法庭有一个由一位法官、一位环境技术顾问和两位普通的专家组成的合议庭。区域环境法庭主要审理对区域委员会决定不服的案件,包括以下问题:危害环境活动的许可证和许可条件,废物处理以及清理污染的命令。瑞典的公共机构可以命令公司采取措施或者停止某些活动以避免对公共健康造成负面的影响,对这些命令不服可以向法院提起诉讼。法庭还可以审理有关自然保护和保护地的案件。区域环境案件审理的初审案件包括以下三种主要类型:(1)可能对环境产生严重影响的活动(A类活动)的许可;(2)水资源利用项目的许可,包括在水上建设的项目,例如水电站、水库等;(3)个人、团体、NGO或者政府提起损害赔偿的诉讼。环境上诉法庭审理不服5个区域环境法庭上诉判决的上诉案件。环境上诉法庭由四位受过法律训练的法官组成。针对个案审理时,其中一位法官可以由有相关技术背景的专家所取代。如果初始决定是由区域委员会或地方机构作出的,环境上诉法庭作出的判决就是终局判决;如果是区域环境法院的初审案件,终局裁决机构是瑞典的最高法院。环境上诉法庭的开庭更像是一个圆桌会议,而不像一般的庭审对质。法庭一般会到争议所在地了解情况,争议方和当地的居民可以向法庭提出意见和建议。法庭还可以要求地方、区域和中央政府机构就案件给出意见。法庭还可以请独立的技术机构就案件给出意见。在瑞典,每个区域环保法庭应具备一个陪审员小组,其中包含一个受过法律训练的法官,一个环境技术顾问和两个其他领域的专家成员。法官是由司法部长任命的。法官和技术顾问受聘于法院并作为环保案件类法官全天工作,所有成员在案件决策过程中地位平等。瑞典的环保法庭被证实是环境法领域的一个创举,法院的决策者不仅仅是法官,更包括那些享有完整的司法权力的技术顾问和科技专家。

  当然,大多数国家还是比较保守,而不设立环境法院或者环境专门法庭,如法国。法国现行司法体系是在法国大革命后逐步建立起来的,以司法法院或称普通法院和行政法院共存的形式存在,① 包括环境资源案件在内的普通民事案件由司法法院管辖;而以行政机关为被告的环境资源行政案件则由行政法院管辖。作为审判机构,法国最高行政法院每年审理大约几千件案件,大多是关于建设工程许可及工业许可方面的案件,同时也包括环境污染方面的申报许可以及用水许可等案件。这些许可证的颁发由行政机关进行,一旦对于颁发许可证发生纠纷,就需要由行政法院进行处理。不论是在行政法院还是在司法法院,法国均没有设立专门的环境资源审判机构,仅在审判庭内部指定一个或几个处室负责审理相关案件。例如,在法国最高行政法院,是由特殊争议环境分庭的第六小分庭负责环境

---

① [法]皮埃尔·特鲁仕主编:《法国司法制度》,丁伟译,北京大学出版社2012年版,第8~20页。

资源类行政案件的审理；在最高司法法院内，环境资源民事案件则是由第三民事庭负责审理，而环境资源刑事类案件则由刑事庭负责审理；在上诉法院内，环境污染犯罪的案件通常属于轻罪法庭审理。因此，在法国，法院内可能有多个机构负责环境资源案件的审判。法国在处理环境资源案件的过程中，并不刻意划分刑事、行政和民事责任的界限。行政法院曾经处理的"图卢兹爆炸案"，就同时涉及民事、刑事和行政三种责任的承担。而在环境刑事案件的审判中，司法法院并不排除受害人、地方政府同时提出民事赔偿的请求，环保组织亦可在同一刑事案件中针对被告人提起公益诉讼，刑事审判庭最终会在同一份判决书中作出刑事和民事责任承担的裁决。在刑事附带民事的环境资源类案件中，作为环境污染的受害者，不论是公司、企业还是个人，均有权直接提起环境刑事诉讼，诉讼中可以直接提出民事赔偿请求。当然，受害者直接提出的刑事诉讼首先须向检察官提出，该诉最终是否能够作为刑事案件提交法庭审理，还取决于检察官的态度：如果检察官认为该诉讼显然不能成立，可直接不予受理；如果检察官经过调查，其结果能够证明污染的事实初步成立，即可将案件提交刑事法庭进行审理。[①] 他们的环境案件还是处理的井然有序的。

从目前的情况来看，尽管专门环境审判机构已经在很多国家建立，但是就全球范围而言，这还只是一种局部性的选择，在审理的环境纠纷的审判机构中只占少数，也就是说，大部分环境纠纷仍然是在传统审判机构中进行审判的。即使在美国这样的法律发达国家，到目前为止也仅有一家环境法院，即1990年成立的佛蒙特环境法院。世界各国的经验证明，"环境法庭并不是环境纠纷解决唯一的场所，也未必是最好的场所"。[②] 基于环境法庭的过往表现，奥地利、芬兰等国家正在考虑撤销环境法庭，而牙买加和巴哈马等国有可能不再运作本国的环境法庭。[③] 所以，专门环境审判机构设立的必要性在一些国家并没有获得一致同意，还存在一些质疑，包括仅因为专业性就设立专门审判机构会导致司法体制割裂；环境法院或环境法庭会对环境法律过分依赖，从而造成法律适用的割裂，忽视其他法律利益的保护；有些地方的专门审判机构受理的环境案件数量有限，挤占了有限的司法资源等。由于各国的专门环境审判机构在设置时所面临的任务不同，对其存在的正当性也存在一定争议。如新西兰环境法院为了实现资源管理法确立的自然和物质资源可持续发展的目标，并没有恪守传统法院的中立裁判的角色，在纠纷解决之外，还承担了环境管理的任务。也就是说，环境法院除了行使传统法院的司法权，还具有实际的行政决策权。这对于恪守司法中立的学者来说，有

---

① 晏景、贾清林：《法国环境司法对我国的借鉴》，载《法律适用》2016年第9期。
② 李挚萍：《外国环境司法专门化的经验及挑战》，载《法学杂志》2012年第11期。
③ George (Rock) Pring & Catherine (Kitty) Pring, P. 88.

反民主化的嫌疑。①

第四节 我国生态环境司法专门化的做法与探讨

所谓生态环境司法专门化，是指为妥善处理生态环境纠纷而在司法领域进行的专门化设计和适应性改革。生态环境司法专门化包括生态环境司法理念专门化、司法主体专门化、司法对象专门化和司法程序专门化等。生态环境司法主体专门化即通过立法或者授权将生态环境司法的职权赋予专门的国家机关（或机构）统一行使；生态环境司法对象专门化即将环境纠纷类型化，并把某些类别的生态环境纠纷案件确定为生态环境司法主体专属管辖；生态环境司法程序专门化即为生态环境纠纷案件的起诉、受理、侦查、提起公诉、审理、判决、执行等司法活动制定专门程序，如诉讼法中关于生态环境公益诉讼程序；生态环境司法理念专门化即融合环境科学理论和生态环境司法实际，凝练升华出符合环境保护特殊要求和生态环境司法审判规律的基本原则和价值观，以此来指导环境司法审判活动。②

2010年6月29日，最高人民法院印发的《关于为加快经济发展方式转变提供司法保障和服务的若干意见》的通知中特别指出："在环境保护纠纷案件数量较多的法院可以设立环保法庭，实行环境保护案件专业化审判，提高环境保护司法水平。"据媒体统计，截止到2012年6月，全国以环保审判庭、环保巡回法庭、独立建制、环保合议庭4种模式存在的环保法庭有77个。截止到2013年10月，全国环保法庭的数字已达153家以上。③ 有数据显示，2010年10月全国共有专门环境审判组织49个，但截至2014年4月30日，全国有18个省份设立了309家专门环境审判组织。④ 这一统计数据表明环境审判组织四年间数量增长了6倍左右，发展速度令人震惊。2014年7月3日，最高人民法院正式宣布在最高人民法院立案二庭的基础上设立环境资源审判庭。由此标志着我国自下而上的环境司法专门化，具体将环保法庭的设置最终成为体系，这在世界范围内都是少见的，体现了最高人民法院强化环境司法，为生态文明建设提供法制保障的决心。

---

① 沈跃东：《可持续发展裁决机制的一体化——以新西兰环境法院为考察对象》，载《西北农林科技大学学报（社会科学版）》2008年第3期。
② 峥嵘：《环境司法专门化的困境与出路》，载《甘肃政法学院学报》2014年第4期。
③ 胡璐曼：《"问症"环保法庭》，载《民主与法制时报》2013年10月28日第6版。
④ 张宝：《我国环境保护审判组织概览》，http://ahlawyers.fyfz.cn/b/172083。

自 2007 年 11 月贵州省成立第一家生态保护法庭，集中审理环境资源案件，截至 2014 年底，全国四级法院设立环境资源审判庭或者合议庭、巡回法庭共计 382 个。[①] 到 2015 年 7 月，全国共设立环境资源审判庭或者合议庭、巡回法庭 389 个。[②] 截至 2015 年 8 月 31 日，据最高人民法院环境资源审判庭统计，全国共有 24 个省（自治区、直辖市）人民法院设立了环境资源审判庭、合议庭、巡回法庭，合计 456 个。其中，基层法院设立的环境资源审判机构多达 348 个，占总数的 76.3%，中级法院有 86 个，占 18.9%，高级法院有 21 个，占 4.6%。[③] 截至 2016 年 6 月，全国共有 27 个省、市、自治区的人民法院设立环保法庭 550 个。其中设立环境资源审判庭 182 个，包括最高人民法院环境资源审判庭，12 个高级法院，44 个中级法院和 125 个基层法院设立的环境资源审判庭。全国法院共设立专门的环境资源审判合议庭 359 个，设立环境资源审判巡回法庭 9 个。[④] 截至 2017 年 4 月，各级人民法院共设立环境资源审判庭、合议庭和巡回法庭 956 个。其中，专门审判庭 296 个，合议庭 617 个，巡回法庭 43 个。环境资源审判机构数量较 2016 年同期增加 398 个，增幅达 71.3%。贵州、福建、海南、江苏等 18 个高级人民法院、149 个中级人民法院和 128 个基层人民法院设立了专门环境资源审判庭。福建、河南、贵州、江苏、海南、重庆设立三级环境资源审判组织体系。[⑤]

从环保法庭的机构设置来看，目前主要有 4 种模式：环保审判庭、环保巡回法庭、独立建制的环保法庭和环保合议庭。环保审判庭一般设置在中级法院，而环保法庭和环保合议庭则多设置在基层法院。地方法院自我主导的"自下而上"改革范式及对环境司法专门化内涵的表层理解，导致专门环境审判组织无序增长，环境纠纷的解决实效却并不如理想预期，具体改革措施呈现出强烈的地方经验色彩甚至合法性危机。环保法庭数量急剧增长之势下，环境案件的实际受案量不足，有的环保法庭在各种压力之下审理着与环境纠纷无关的案件，甚至有的环保法庭因成立多年无案可审而撤销。[⑥] 案源少、实际受案量与环境纠纷之间存在巨大落差是环保法庭存在的普遍性问题。环保法庭的跟风式成立，演变成地方法院表达司法在治理环境、化解环境纠纷的决心和增强司法公信力、提高法院权威

[①] 徐隽：《金砖五国最高法院大法官对话环境司法保护》，载《人民日报》2015 年 4 月 1 日第 18 版。
[②] 李想：《最高法：五大难点束缚环境资源审判手脚》，载《法制日报》2015 年 7 月 13 日。
[③] 李楯主编：《环境公益诉讼观察报告（2015 年卷）》，法律出版社 2016 年版，第 325 页。
[④] 吕忠梅等：《环境司法专门化现状——调查与制度重构》，法律出版社 2017 年版，第 13~14 页。
[⑤] 最高人民法院：《中国环境资源审判（2016～2017）》，http://mp.weixin.qq.com/s?__biz=MjM5MTY2MjgyMQ%3D%3D&chksm=bd42858e8a350c981aff7db4e363414dbf7a8a9dd0b815a02eb1c691987eba9bdfd98e63b8da&idx=1&mid=2651075076&scene=21&sn=e1337cccbbc92768723d2a2d4634708b，访问时间：2017 年 7 月 16 日。
[⑥] 2010 年 10 月，辽宁省沈阳市沈河区法院环保法庭十余年零诉讼而被撤销。相关报道见辽宁法制网，http://www.lnfzb.com/news_view.aspx?id=20101021220751140。

的一种方式,"环境纠纷高倍剧增,环保法庭却无米下锅,环保法庭的出现充满了更多的象征意义,更大的功效不在于审理环境纠纷,更多地在于宣示有了专门的环境纠纷的审理机构,为以后审判体制改革和机制的转变埋下了伏笔"①。会不会走20世纪80年代经济审判庭全国上下跟风式暴涨发展,结果在不到20年的时间里被最高法院叫停和撤销的老路子,我们拭目以待。所以,有人断言"能够成立专门的环境法庭固然不错,但该方案成本过高,在我国并不太具可行性"②,是不无道理的。

而且,从《人民法院组织法》角度看,在基层人民法院设立环保法庭尚无法律根据,具有严重的违宪之嫌。我国《人民法院组织法》第十九条规定:"基层人民法院根据地区、人口和案件情况可以设立若干人民法庭。"第二十四条规定:"中级人民法院设刑事审判庭、民事审判庭、经济审判庭,根据需要可以设其他审判庭。"第二十七条规定:"高级人民法院设刑事审判庭、民事审判庭、经济审判庭,根据需要可以设其他审判庭。"第三十一条第二款规定:"最高人民法院设刑事审判庭、民事审判庭、经济审判庭和其他需要设的审判庭。"根据这些规定,在中级以上人民法院设立环保法庭没有突破法律框架。但是大量基层法院设立环保法庭,显然违背了《人民法院组织法》。事实上,最高人民法院早在1989年就已在相关批复中阐明:"在基层人民法院设立环保法庭尚无法律根据"③。

其实,将环保法庭设在中院及以上法院是一个较好的选择。把中院作为环境案件的一审法院,是现实的客观要求。(1)环境纠纷案件具有多样性、复杂性、专业性的特点,需要法官具有较高的素质,而中院在这方面具有集中效应,在人、财、物方面的资源都比基层法院丰富,便于整合环境司法资源,统一案件的审判、执行标准,最大限度地保障环境案件的公正审判。(2)中院具有审级高、影响面大的特点,对环境案件进行审判,可以产生较大的公众影响力,有利于充分发挥司法审判的教育作用,提高公众的环保意识。(3)相对于其他类型案件来说,环境案件数量并不是很多,如果在基层设立环保法庭,可能会加重无案可审的尴尬现状,违背环保法庭设立的初衷。在中院环保法庭的设置上,对于环境纠纷案件数量较多的地区,可以在中院设立环保审判庭,审理不同类型的、涉及不同环境要素的环境案件。对于案件数量较少、暂时不具备设立环保审判庭的地区,可以先在中院设立环保合议庭,条件成熟之后再设立环保审判庭。这不仅可

---

① 丁岩林:《超前抑或滞后:环保法庭的现实困境及应对》,引自张仁善:《南京大学法律评论(2012年秋季卷)》,法律出版社2012年版。
② 最高人民法院环境资源审判庭编著:《最高人民法院关于环境民事公益诉讼司法解释理解与运用》,人民法院出版社2015年版,第98~100页。
③ 最高人民法院对"关于武汉市桥口区人民法院设立环保法庭的情况报告"的答复(1989年2月10日)。

以解决机构编制的困扰,而且有利于节约司法资源。

与生态环境司法组织专门化建设的热闹景象不相协调的是,大量环境案件最终并未真正进入司法程序,许多环保法庭呈现门庭冷落之象。有权威数据显实,2002~2006 年,有关环境问题的举报平均增长率约为 87%,但是,环境诉讼案件数量并未出现相应的增长。2004 年审结环境污染损害赔偿案件 4 453 件,2005 年只有 1 545 件,2006 年略有上升,但也仅有 2 146 件。① 环境类案件在各地法院每年受理案件中所占比例始终在低位徘徊。以海南省为例,2003 年环境类案件占案件总数的 0.06%,2004 年为 0.008%,2005 年为 0.05%,2006 年为 0.06%,2003~2007 年环境类案件总数所占的比例为 0.04%。② 已成立近五年的昆明中院环保庭,一直处于"无案可审"的尴尬位置,而此种情况是全国环保法庭的共同处境。③ 由于真正通过诉讼程序处理的环境案件并未与环境事件同步增长,环境纠纷案件数量和环境污染事件之间形成强烈反差,揭示了环境司法领域存在着明显的"不对称性"问题,表现为一系列矛盾,"一方面是中国当前因环境问题引发的社会矛盾与冲突的高发,另一方面是法院受理的环境案件极少;一方面是案件的类型单一,另一方面是一些基本的生态环境司法规则没有得到良好运用;一方面是经过司法裁判的案件少,另一方面却是进入申诉程序的案件多"。④ 专业的司法机制未能达到预期效果,折射出生态环境司法专门化在发展理念和制度层面还存在诸多问题。有学者认为,在我国设立专门的环保法庭,不仅不是推动生态环境公益诉讼的有效途径,而且还是本末倒置之举,尝试建立那么多的环保法庭来倒逼全国法院系统推动生态环境公益诉讼,显然不是一种符合诉讼发展规律的创举。⑤ 其实,是否设立专门受理环境资源纠纷案件的审判庭与司法机关较少受理环境污染纠纷案件之间并无太大的关系。⑥ 而法官对环保法律理论和知识的理解与掌握是影响公正审理环境纠纷案件的最大障碍;环境法律法规标准等依据的不充分也是造成环境纠纷案件审理难的主要原因。为此有学者建议,应当加强对各级法院审判人员环境法专业知识的培训,同时国家环保立法以及环境标准的制定应当考虑如何有利于法律和标准的实际执行。⑦

---

① 宗边:《建议设立环境审判庭》,载《中国环境报》2008 年 3 月 10 日第 1 版。
② 刘超:《环保法庭在突破环境侵权诉讼困局中的挣扎与困境》,载《武汉大学学报(哲学社会科学版)》2012 年第 4 期。
③ 吴学安:《环保法庭"无案可审"倒逼诉讼主体多元化》,载《中国贸易报》2013 年 8 月 22 日第 1 版。
④ 吕忠梅、张忠民、熊晓青:《中国环境司法现状调查:以千份环境裁判文书为样本》,载《法学》2011 年第 4 期。
⑤ 周训芳:《〈环境保护法〉第五十八条实施的制度障碍及克服途径》,载《绿叶》2014 年第 7 期。
⑥ 汪劲主编:《环保法治三十年:我们成功了吗》,北京大学出版社 2011 年版,第 358~359 页。
⑦ 汪劲主编:《环保法治三十年:我们成功了吗》,北京大学出版社 2011 年版,第 362 页。

实践中，一些环保法庭采取了"三审合一"或"四审合一"的审判模式创新，把以前分散在其他庭的民事、刑事、行政案件集中到环保法庭进行集中审理。这种制度创新仅仅是在原有诉讼机制的理念和制度框架下进行的，在审判程序和实体规定上与原有的审判模式没有实质区别，环保法庭这种"穿新鞋走老路"的审判模式，使其解决的法律问题与原有的问题几无二致，让人禁不住怀疑设立专业环保法庭到底有何意义。从本质上来说，现行所谓的"三合一"或者"四合一"的审判模式只是一种所谓的"制度创新"，适用的仍是原有的三大诉讼程序，其审判模式并没有自成一体。因此，需要在探寻环境案件特殊属性和内在机制诉求的基础上，建立起专门的环境诉讼审判模式。法院系统中经济审判庭设立废止的历史对环保法庭的发展也具有借鉴意义。经济审判庭是在新型经济纠纷迅猛出现的背景下设立的，由于没有建立起独特的经济纠纷诉讼机制，诉讼中仍然适用民事诉讼程序，最终在"大民事审判格局"的背景下被撤销。环保法庭的现状就与其相似，当前严峻的环境形势催生了环保法庭的成立，而专门的诉讼机制的缺乏，也难免让人怀疑环保法庭能否具有持久的生命力，是否会重蹈经济审判庭的覆辙，我们不得而知。

生态环境司法专门化不只是法院内部的事情，还包括环境警察制度和环境监察制度。例如，在美国，联邦环保局设有专司侦查、起诉职能的执行处，宾夕法尼亚州设有环境犯罪局。这些部门拥有逮捕等极强硬的权力。这些权力使该国的环保执法具有相当的权威性。我国与环境利益等社会公共利益发生冲突的矛盾日益尖锐，加之国民整体环保意识和法律意识较淡薄，对环保执法普遍存在轻视甚至对抗的心理。因此，有学者建议，借鉴国外成功经验，应在适时建立刚性的环境警察制度，提高环保执法的权威性和严肃性。[①]

传统诉讼制度对生态环境司法存在诸多内生性障碍，需要构建与环境案件特点相适应的专门生态环境诉讼制度来推进环境的司法保护。[②] 生态环境司法专门化不仅是司法机构的专门化，也包括其他配套制度的专门化。事实证明，单纯的环保法庭的设立并不能很好地起到加强生态环境司法功能的作用。生态环境司法是一项巨大的工程，而环保法庭的设立只相当于为这项工程的开工建设引进了效能更高的新型机械，该机械的正常运转需要适合的操作环境、规则和流程。

[①] 王曦、杨兴：《试论环保执法的现实障碍及其法律对策》，载吕忠梅、徐祥民主编：《环境资源法论丛》（第4卷），法律出版社2004年版，第186页。

[②] 韩卫平、黄锡生：《论我国环境司法的制度障碍及法律对策》，引自《生态文明的法制保障——2013年全国环境资源法学研讨会（年会）论文集》。

第五节 生态环境公益诉讼司法组织的建设

一、转变生态环境司法理念合理平衡生态利益与物质利益的关系[1]

生态环境司法是否公正与法官本身的知识和修养有很大联系，我国现有法官不仅在知识层面，而且在司法理念上都无法满足生态环境司法的要求。司法理念作为一种价值理念，是司法人员在长期的司法活动中形成的、用以规范其行为的价值取向的抽取和概括，它反映了司法人员在司法实践中的价值构成、价值标准和价值判断。如同人类的一切活动都离不开某种价值理念的支持和引导，生态环境司法也需要合理、科学的价值理念的支持和引导。在生态环境司法中，一个法官拥有精湛的法律素养和高超的司法审判能力，如果没有环境正义意识，缺乏环境正义理念，生态环境司法公正就成为虚幻缥缈之物。而长期以来我国法官多接受的是传统的法学教育，环境法并不是必修课程，甚至根本没有学习过。法官在审理案件过程中，一直坚守着以"经济建设"为中心的指导思想，在对环境要素进行考量时，注重环境要素的经济功能，有时轻视或无视环境要素的生态功能。在我国的司法实践中，法官在对生态环境损害的认定和对生态环境损害赔偿责任的确定方面都以是否造成经济损失为标准。这都体现法官存在以牺牲环境为代价谋求经济一时发展的短视，在对不同利益的先后位序进行评价时，一边倒，置生态利益、生态安全等公共利益于不顾，利益衡量名存实亡。[2]

二、强化环保法官独立性，改良环保法官考核制度

为了克服法官地方化，增强法官独立性，我们可以考虑在法官任命上，适当提高法官的任命等级，如"最高人民法院的法官由全国人大常委会提名，国家主席任命；高级人民法院法官由最高人民法院提名，国家主席任命；中级人民法院

---

[1] 颜诚毅、颜运秋：《生态环境司法中的利益平衡机理》，载《常州大学学报（社会科学版）》2018年第1期。
[2] 陈学敏、黄俞海：《构建环境法官机制的思考》，载《中国环境法治》2013年第2期。

和基层人民法院的法官由高级人民法院提名,由最高人民法院院长任命"。[①] 高薪未必能养廉,但是低薪肯定无法养廉。尤其是环境法官,其在任职条件和任职资格上比普通法官更高,即使我们不加区分,实行同级法院法官待遇相同的原则,但是鉴于环境法官工作的特殊性和受到的压力,其理应比同级公务员的工资要高,这样才能吸引优秀的人才进入生态环境司法系统,抵制腐败,逐渐推行环境法官职业的精英化。而且,生态环境案件一般是比较重大的影响性案件,所以不能简单按照结案数量来考核环境法官的业绩。

三、提高审判人员和相关人员的专业化水平

从实践来看,目前专门审判机构的法官多为从传统民事、行政、刑事审判庭抽调,并未经过系统的环境法律训练,很难对环境案件的特殊性有深入的把握;即便熟悉环境法律规则,鉴于生态环境诉讼的高度专业性和技术性,不具有专门背景和专门知识的法官很难胜任,因而各国在生态环境案件的审理上均高度仰赖外部辅助。由此,必须从内外着手提升审判人员的专业化水平。[②] 就内部而言,主要是促进对环境法官的持续培训。由于生态环境诉讼需要较强的法律与技术背景,因而除了加强对法官的日常培训和学习外,还应减少环境法官的流动性,减小对环境法官的审案数量考核压力,使其专注于提升办案水平。同时,应建立生态环境案件专家陪审员信息库,根据案件性质抽取专家陪审员强化生态环境诉讼的专业化水平。被任命为环境专家陪审员后,初任环境专家陪审员上岗前应当接受履行职责所必备的审判业务知识和技能培训,包括法官职责和权利、法官职业道德、审判纪律、司法礼仪、法律基础知识和基本诉讼规则等内容。专家陪审员任职期间应当根据陪审工作的实际需要接受审判业务专项培训,主要以掌握采信证据、认定事实、适用法律的一般规则和学习新法律法规为内容。就外部而言,主要是完善专家证人和鉴定评估机制。专家证人和鉴定评估机制可以说是环境诉讼的核心支柱,发达国家普遍形成了对专家证言和鉴定意见的甄别和取舍规则。但由于我国鉴定制度存在着鉴定机构较少、鉴定费用过高以及鉴定能力薄弱等问题,尤其是法官对于鉴定意见的取舍标准尚未确立,既不对鉴定结果本身的科学性进行审查,也不对鉴定程序的科学性进行检视,导致鉴定对环境诉讼的支撑不

---

① 徐宏:《论法官的审判独立》,载胡锡庆主编:《司法制度热点问题探索》(第1卷),中国法制出版社2002年版,第380页。
② 邓小云:《环境污染案件审理中的问题与对策》,载《河南社会科学》2013年第7期。

足。① 因而，除进一步加强鉴定机构和鉴定能力建设外，更重要的是建立法官对于鉴定意见的甄选机制，确立法官接受科学证据和专家证言的标准，防止"垃圾科学"进入法庭。②

四、建立法官与专家陪审员相结合的组织模式

目前的陪审员制度对陪审员约束较少，大多数陪审员参审率较低，有的即使参审，也是"陪而不审"，这对环保法庭的专业化审理是一个不小的冲击。当前的陪审员制度并不一定适用于选拔涉及审判生态环境类案件的专家陪审员。因此，应当做出相应调整以化解这之间的冲突与矛盾。专家陪审员所拥有的专业知识必须与案件涉及的专门性问题相符合，专家陪审员不是所有领域的专家，生态环境类案件因案件涉及的领域不同需要不同的专家陪审员。因此，建议对专家陪审员从事专业领域的不同进行分类，编制一个陪审员专家库，根据案件性质的需要在陪审员专家库里随机抽取确定专家陪审员。涉及生态环境类案件的合议庭应增加专家陪审员人数，可组成由两名法官和三名专家陪审员参加的五人合议庭，在选择确定专家陪审员时应注意避免专家陪审员行业背景的单一性，增加专家陪审员意见的对抗性，让来自不同行业、不同地域的专家从不同的角度发表专家意见，尽可能减少合议庭判断的偏差。③ 目前对专家陪审员的岗位保障不足，应实行专家陪审员津贴制度以充分保障人民陪审员履行职能，包括把人民陪审员参加岗前培训、岗位培训和审判活动所支出的交通、食宿和加班等费用都纳入补助范围，专门设立人民陪审员办公场所，配备电脑等办公设备，对于参与案件审理的陪审员，应该根据案件的具体情况分别给予相应的岗位补贴或办案补贴，而且，因专家陪审员的专业素质较高且因办案付出的机会成本更高，故对专家陪审员的补贴标准应适当拔高。同时，其为办案所花费的实际支出，应该按一定的标准予以报销。专家欲成为环境资源专家陪审员，采取自愿申请、学会（或科研机构）推荐相结合的方式，由省法院审委会确定拟任人选，报同级省人民代表大会常务委员会任命。专家陪审员须与其他合议庭成员一道参加庭审，直接听审，与其他合议庭成员享有同等权利。专家陪审员在合议中一般不就法律问题发表意见，仅就案件事实、证据、损害结果评估以及救济方案的选择独立发表意见。其发表意见时，须详细陈明理由，专家陪审员发表意见既可以书面方式发表，也可以口头

---

① 张宝：《环境诉讼中鉴定制度的困境与突围》，引自刘鉴强主编，《中国环境发展报告（2014）》，社会科学文献出版社 2014 年版，第 146 页。
② 张宝：《环境司法专门化的建构路径》，载《郑州大学学报（哲学社会科学版）》2014 年第 6 期。
③ 刘乔发：《构建海事审判专家陪审员制度研究》，载《人民司法》2011 年第 7 期。

方式发表，但须记录在案并经其本人确认。对于专家陪审员的意见，无相反理由时，合议庭应当采纳。当合议庭成员对案件存在不同意见时，专家陪审员的意见记入成员意见并按多数决原则确定最终处理意见。①

五、建立生态环境案件专家咨询制度

无论是环境污染案件还是生态破坏案件，证据的采纳、事实的认定以及救济方案的选择，均不同程度地涉及环境科学方面的专业问题，这些问题的厘清需要较高程度的环境专业知识。寄望于环境法官深入掌握这些专业知识无疑是不现实的，即使经过诸多培训，环境法官仍然不大可能掌握专业门类极广的环境科学知识。这些问题的存在可能导致环境法官在作出裁判时无所适从或全凭感觉裁判，既有可能损害当事人利益，更可能造成环境公共利益的巨大损失。要解决这种"专业智力需求"与鉴定缺位、鉴定不经济以及鉴定力所不及等现实矛盾的现实选择，专家咨询制度应该成为生态环境司法专家参与机制的主要形式。对专家咨询意见的采纳，是否以质证为要件，争议颇多。实践中的争论意见主要有两种：一种是必须质证说，认为对于定案有重大影响的意见，应当进行质证，法官在充分听取双方的质证意见后，才能作出取舍，否则容易发生审判权转移或司法专断。另一种是无须质证说，认为专家咨询意见并非严格意义上的诉讼法规定的证据，故无须质证。有学者认为专家咨询意见一般不予质证，理由是：（1）专家咨询意见并非专家证言，专家证人虽然也是基于专门知识对案情发表专业意见，但一般由各方当事人自行聘请，具有一定的立场倾向性，故需质证后方能决定采纳与否。而专家咨询并非单纯就案件事实进行还原或描述，大多是对取证、采样等技术和整治方案进行科学上指导和评判。（2）专家咨询意见可以产生于宣判之前的任何时间，而不像专家证言须于举证期限前提交。（3）专家咨询意见具有很强的独立性与中立性，甚至可以隐匿案件当事人主体名称后由专家发表意见，也即专家只是对同类事实进行大概率的评判。（4）专家咨询意见中即使有关于因果关系、损害结果的评判，由于其并非严格意义上的技术鉴定，往往没有法律上认可的司法鉴定资质，也缺乏相应的鉴定规范和依据，一般都难以满足证据"三性"，若定性为无效证据易致案件事实陷于难以查明的境地。对于专家咨询意见，合议庭应予以认真听取，并决定是否采信或是否部分采信。合议庭决定是否采信专家答复意见的，应在合议笔录中记录形成决定的理由。②

---

① 吕忠梅等：《环境司法专门化现状——调查与制度重构》，法律出版社2017年版，第191~192页。
② 吕忠梅等：《环境司法专门化现状——调查与制度重构》，法律出版社2017年版，第192~195页。

六、因地制宜设置和调整环保司法组织

从目前情况看，各地的经济社会发展程度与环境污染和生态破坏等状况各不相一，因而环保法庭的设立要因地制宜、循序渐进、按需设立，没有必要在各个行政辖区内都设立环保法庭，除了最高人民法院设立环境资源审判庭以及各省高级人民法院设立环保法庭外，中级人民法院及基层人民法院在设立环保法庭之前，应当对当地的生态环境状况、经济发展需求等进行充分的前期调研和专题论证，看其有无设立的必要性和可行性。① 同时，最高人民法院的环境资源审判庭应当对全国环保法庭的设立和运行状况进行充分把握，明确环保法庭的设立标准和审批程序，以实现资源与效率的合理配置。本着确有需要、因地制宜、分步推进的原则，建立环境资源专门审判机构，为加强环境资源审判工作提供组织保障。高级人民法院要按照审判专业化的思路，理顺机构职能，合理分配审判资源，设立环境资源专门审判机构。中级人民法院应当在高级人民法院的统筹指导下，根据环境资源审判业务量，合理设立环境资源审判机构，案件数量不足的地方，可以设立环境资源合议庭。个别案件较多的基层人民法院经高级人民法院批准，也可以考虑设立环境资源审判机构。

七、适时建立生态环保法院

有学者早就提出了建立环保法院（庭）的建议，包括设立专门的环境法院和发挥现有专门法院在审理环境纠纷案件方面的作用。对于森林法院、农垦法院，应该珍惜和保留这些法院在保护林业生态、湿地生态方面的传统特点、经验、知识和资源，根据环境、资源、生态保护的需要，将它们改造为更具有专业特色、行业特色和地域特色的生态法院或环保法院，充分发挥它们在环境、资源和生态保护方面的作用。对于海事法院，扩大海事法院受理环境案件的范围和内容，增加有关海事法院审理环境纠纷案件的内容。②

有学者认为，环境审判机构专门化的理想形态是建立环境法院。③ 这是"接近正义"和解决环境审判庭内生性缺陷的要求。"接近正义改革的重要任务，是

---

① 李新亮：《环保法庭设立应遵循什么原则？》，载《中国环境报》2014 年 10 月 8 日。
② 蔡守秋：《关于建立环境法院（庭）的构想》，载《东方法学》2009 年第 5 期。
③ 吴勇：《我国环境审判机构专门化的路径选择》，引自张仁善：《南京大学法律评论（2015 年春季卷）》，法律出版社 2015 年版。

在保障正规法院功能的同时,建立专门法院制度。这种制度积极鼓励人们提出诉讼请求,并让人们享受到先进的实体法所带来的利益。"[1] 环保审判庭由于仍然产生于传统司法体制之内,难以形成新的司法文化,也难以摆脱地方的习惯性干涉。环境法院的本质是专门法院,专门法院是法律现代化和司法分工细化的必然产物。专门法院设立的目的就是满足某些新型法律、某些案件对程序的特殊要求,并减轻普通法院的压力和负担。无论是大陆法系还是英美法系国家都存在各种各样的专门法院。这是因为专门法院具有很大优势。这些优势包括以下两点:(1)法官在某一特定的技术领域具有专业知识,提供了一种在该专业领域避免法院或上诉法院之间法律冲突的机会;(2)减少普通法院的诉讼负担。[2] 更重要的是,专门法院能够在一个传统法院没有处理过的高度"政策性"或有"专业化"的内容,或在法律及其实施显得过分僵化的领域显示优势。因为,专门法院能够进行普通法院难以进行的改革,推动某类特殊价值的实现。[3] 专门环境法院的设立可以最大程度地缓解由于环境法的特殊性对于整个诉讼法理论和体制的冲击,从实践的角度来看也更具可行性。[4]

考虑到环境法院的独立性、生态环境案件的特殊性和我国的"两审终审制",环境法院应分为初审环境法院和上诉环境法院。初审环境法院结合行政区划和生态功能区划、环境污染控制区划设立,可在一个或几个设区的市的行政区划内设立,也可在流域范围内设立。初审环境法院在地位上相当于中级法院,从而保证其司法权威和环境法官的地位与身份认同。上诉环境法院原则上每省设立一个,但也可以根据实际需要进行调整,几个省设立一个或一个省设立几个上诉环境法院。上诉环境法院在地位上相对于高级法院。初审环境法院和上诉环境法院均由最高法院根据法律设立,由最高法院指定其管辖区域。在最高法院设立环境审判庭,实际负责环境司法解释、环境司法政策指导、环境司法管辖区调整和重大环境案件的申诉处理工作。[5] 环境法院应当具有以下特点:(1)在设置上遵循"小而专"的要求。环境法院实行环境法官独立审理,在规模上不求大而全。环境法院专业性和小规模的特点使其更易于机制创新,使其自身突破传统法律理论与制度的束缚,适应环境法的需求。(2)在管辖上实行集中管辖制度,管辖辖区内所

---

[1] [意]莫诺·卡佩莱蒂编:《福利国家与接近正义》,刘俊祥等译,法律出版社2000年版,中文版序言第2页。

[2] 刘国有:《试论专门法院出现的原因及对法律现代化的意义》,载《天津市政法管理干部学院学报》2004年第2期。

[3][5] 吴勇:《我国环境审判机构专门化的路径选择》,引自张仁善:《南京大学法律评论》(2015年春季卷),法律出版社2015年版。

[4] 董燕:《从澳大利亚土地与环境法院制度看我国环境司法机制的创新》,载《华东政法学院学报》2007年第1期。

有环境案件，包括环境公益诉讼案件。（3）在审理上实现对环境民事案件、行政案件、刑事案件的一体化审理。（4）在运作上遵循"便民原则"。既包括吸收传统审判经验，在审判期实行巡回开庭制度，也包括与现代科学技术相结合，实行电子化、网络化审判。①

考虑到生态环境系统的整体性与行政区划割裂存在的矛盾，可以考虑建立跨区域的环保法院，"改变目前以行政区划分割自然形成的流域等生态系统的管辖模式"②，以破除环境行政管理中的地方保护主义，使环保法院回归中立的地位。例如，根据区域属性，在华北、华南、华东、东北、西北、西南、华中地区设立大区的环保法院。在人、财、物方面，大区环保法院法官由最高法院提名，全国人大常委会任免，经费由中央财政保障。这一规定，还需要由全国人大常委会以法律文件的形式，对跨区域环保法院的组织、管辖及其他事项作出规定。在业务方面，跨区域环保法院对上接受最高人民法院环保审判庭指导，对下与中级人民法院之间进行业务衔接，最终形成中院环保审判庭或合议庭—大区环保法院—最高院环保审判庭的环保法院审判层级。③ 这种审判层级的架构设计，不仅可以在一定程度上满足生态环境司法的特殊需求，而且是我国司法体制改革的创新，是一种开拓性的、突破困境的尝试。

---

① 吴勇：《我国环境审判机构专门化的路径选择》，引自张仁善：《南京大学法律评论（2015年春季卷）》，法律出版社2015年版。
② 奚晓明：《环境资源审判专业化之实现路径》，载《人民法院报》2014年7月9日第5版。
③ 张彬彬、张斗胜：《我国环保法庭建设的困境及其化解的制度性思考》，载《天津法学》2014年第4期。

第八章

原告资格

由于生态环境利益是一种"公益性"的特殊利益，该利益应当归属于社会，所以，我们以为，生态环境公益诉讼主体必须是多元化的，而非是"一元"的。逐渐放宽生态环境公益诉讼的原告资格是诉讼制度发展的一个趋势。与其说我们要寻找公益诉讼的原告，不如说是要选择合格的公益诉讼代表人。所谓公益诉讼代表人就是能够代表公共利益主张权利，表达社会公众正当诉求，并可通过在法院提起诉讼的方式来维护公共利益的特定主体。无论是大陆法系，还是英美法系，绝大多数国家的检察机关被视为"最高法律秩序的代表"和"社会公益的维护者"，并在法律上被冠以"公益代表人身份"。从制度逻辑来看，环境行政管理权配置的不足是公益诉讼制度得以产生的前提而非行政部门成为公益诉讼原告的前提。从行政管理权存在"执法资源不足"的前提不能得出环保部门应当成为公益诉讼原告的结论。通览我国既有的原告适格限制规定，不合理之处和未尽之处仍然显见，整体而言对滥诉的防控有余，对社会组织是否能够适当履行职责的考量则有所疏漏。依据目前的法律规定和实际做法看来，生态环境公益诉讼"过度放开"的忧虑几成伪命题。在民间组织以及公益律师远未充分发展的中国，如此担心"滥诉"实在为时过早。随着社会需求和人民法律意识增强，赋予公民提起生态环境公益诉讼主体资格是环境法律制度发展的必然趋势。村民委员会的性质、作用以及职能，使其能够有动力、有能力及时地提起公益诉讼，能够很好地弥补检察机关及环保组织等在农村生态环境公益诉讼中存在的不足。如果赋予自然物种原告资格，那么，我们的公益诉讼也许是多余的，因为原告资格出于自身利益而起诉，显然属于私益诉讼的范畴。

第一节　生态环境公益诉讼起诉主体的多元性

一、原告适格、原告的最适合性与"直接利害关系人"原则的否定

古罗马法谚"没有原告就没有法官"正道出了原告在诉讼程序中的作用，可以说原告是诉讼程序的发起者或启动者，但并非任何人都可以成为任何诉讼程序的原告，而是受到原告资格理论的限制。原告资格，又称起诉资格，是指某人在司法性争端中所享有的将该争端诉诸司法程序的足够的利益。如果起诉人符合原告资格的各项要求，具有为司法争端所影响的足够利益，就可以认为起诉人在诉讼中享有法院应当给予保护的实在利益。原告资格的另一个作用是确定司法审查的范围，即法院是否享有审判某一司法争端的权力。

所谓原告适格，系指对于诉讼标的的特定权利或者法律关系，以原告名义参与诉讼并且请求通过裁判来予以解决的一种资格。[①] 就权限而言，具有当事人（原告）适格之人就拥有诉讼实施权或诉讼参与权。具有当事人（原告）适格之人也称为正当的当事人。[②] 判断一个原告是否适格取决于原告拟维护的利益是否是或应该是一种宪法或法律保护或调整的利益。原告所申请保护的利益必须是可争辩地属于法律或宪法保护或调整的利益范围之内，称为利益范围标准。所谓可争辩地属于法律或宪法保护或调整的利益范围之内，是指有可能性属于法律或宪法保护或调整的利益范围之内，不要求实际存在于法律或宪法保护或调整的利益范围之内。由此可见，可争辩地属于法律或宪法保护或调整的利益范围，包括两类利益，一类是已被宪法或法律保护或调整的利益。这类利益一般是以权利形态出现。权利的基本是利益——权利源于利益要求，权利乃法律所承认和保障的利益。另一类是没有实际存在于法律或宪法保护或调整的利益范围之内，但可能性属于法律或宪法保护或调整的利益范围。这类利益在实践中通常表现为"诉的利益"。在当今社会，出现了过去未曾有过的种种新类型的诉讼。这些诉讼把各种对社会、政治以及政策决定来说都很重要的问题带进了法院，[③] 因此，在这些案

[①②] ［日］三月章：《日本民事诉讼法》，汪一凡译，台湾五南图书出版公司1997年版，第225页。
[③] ［日］谷口安平：《程序的正义与诉讼》（增补本），王亚新、刘荣军译，中国政法大学出版社2002年版，第178页。

件中，原告主张的利益，称为诉的利益，而非法定利益。所谓"诉的利益"乃原告谋求判决时的利益，即诉讼追行利益。这种诉讼追行利益与成为诉讼对象的权利或者作为法律内容的实体性利益以及原告的胜诉利益是有区别的，它是原告所主张的利益（原告认为这种利益存在而作出主张）面临危险和不安时，为了去除这些危险和不安而诉诸法的手段即诉讼，从而谋求判决的利益及必要。这种利益由于原告主张的实体利益现实地陷入危险和不安时才得以产生。① 一般说在这类诉讼中，诉的利益在本质上与成为请求权的实体利益属于同种性质和处于同一水平上，其实就是已经穿上请求权外衣融会在实体法里的利益。诉的利益概念作为一种中介正在把实体法的欠缺及薄弱部分与诉讼连接起来，并通过诉讼程序对其进行加强和补充。②

所谓原告的最适合性，是指谁作为当事人最为合适，最合适的人就应该是适格的当事人。该观念出自日本学者的"纠纷管理权"。日本学者所提出的"纠纷管理权说"，意在突出当事人应当具有围绕某一问题积极地进行交涉和有效地进行诉讼的实际能力。③ 实际上，该理论就是强调最合适进行诉讼的人应该是适格的当事人。原告的最合适性，是诉讼顺应现实的要求而进行的自我拓展和目标的有效实现。这是因为传统诉讼的原告适格基础完全归于实体法，并以实体管理权、处分权来解释当事人是否适格，不符合诉讼的现实发展与诉讼目的。④ 现代型诉讼超越个人个别的利害关系，而其争点往往具有公共性而得以社会化和政治化，其间交错着公的因素与私的因素之间的紧张关系。现代型诉讼中，纷争当事人一方常常是数目众多且处于弱势的受害人，从而在人数和利益等方面具有集团性和扩散性。⑤ 纠纷的社会化和政治化，推动了诉讼的"形成政策机能"，即该诉讼判决一方面可成为同类事件的裁判先例，为该事件当事人以外的社会上一般人和准司法机关或准行政机关的程序关系人，提供一定的行为准绳；另一方面，裁判的内容通常被当做已经获得公认的特定的社会价值，而对政治状况造成某种程度的压力，促使立法权、行政权调整或形成公共政策。重视诉讼裁判的形成政策机能，就意味着有扩大"纷争"概念的意图，因为这是将当事人未来为判决的

---

① ［日］山本户克巳：《诉的利益之法构造——诉的利益备忘录》，引自《吉川追悼文集》（下），第73页，转引自［日］谷口安平：《程序的正义与诉讼》（增补本），王亚新、刘荣军译，中国政法大学出版社2002年版，第188页。

② 杨瑞、张慧：《论诉的利益及其价值衡量标准》，载找法网，http：//china.findlaw.cn/info/susong/msss/59260_8.html。

③ ［日］小岛武司：《现代型诉讼的意义、性质和特点》，载《西南政法大学学报》1999年第1期。

④ 邵明：《民事诉讼当事人适格理论的发展》，载中法网，http：//www.1488.com/china/intolaws/lawpoint/Default.asp？ProgramID=22&pkNo=1553。访问时间：2017年9月12日。

⑤ ［日］小岛武司：《现代型诉讼的意义、性质和特点》，载《西南政法大学学报》1999年第1期；邱联恭：《司法之现代化与程序法》，台湾三民书局1992年版，第13页以下。

纷争事项视为在该诉讼上一并存在，从而兼顾潜在的纷争而作出判决。① 诉讼的"形成政策机能"强调原告的适格体现为其是否具有解决社会化问题的公共谈判能力，更甚于其是否具有法定的管理权和处分权。

"诉讼实施权"是在具体诉讼案件中，能够作为当事人进行诉讼和被诉，且获得本案判决的诉讼法上的权能或地位。具有该权能或地位的人就是"正当当事人"。② 我国环境公益诉讼所遇到的最主要的法律瓶颈便是法律要求原告方必须与本案有直接利害关系，即只有自己的合法权益遭受非法侵害的当事人，才具备起诉的资格，这一规定也体现了直接利害关系原则。原告方如果是为与己无直接利害关系的公共利益、国家利益受损而起诉，则不受现行法律制度的保护与承认。当今社会，随着污染问题的加剧，现行当事人起诉应遵循的"直接利害关系原则"，越来越妨碍公民或其他社会团体环境公益诉讼的提起，这一法律规定既不利于公民环境权的保障，又不利于对污染行为的处罚与震慑。因此，我国必须借鉴发达国家的成功经验，在法律规范中确立起诉主体宽泛化原则，放宽对环境诉讼主体资格的限制，以取代直接利害关系原则对当事人起诉资格的束缚。正如学者断言："法律和法律制度属于人类观念形态，正如其他观念一样，不能够被禁锢在国界之内。它们被移植和传播，或者按照接受者的观点来说，它们被引进和接受。"③ 有学者就此指出："我国可以借鉴美国公民诉讼制度关于私人检察官的理论，扩大拥有起诉资格主体的范围，即原告不局限于具体的合法权利或财产受到损害的特定人，任何人只要受到了其所指控的违法行为的'事实上的损害'，就具备了原告资格，而不管这种利益是个人利益还是公共利益。"④

"直接利害关系人"原则在19世纪的英国和1940以前的美国都被看作是受理案件的首要标准。该原则的出发点是：救济是与权利相关联的，因此只有那些自身权利受到威胁的人才有资格获得救济，其余任何人在法律面前都没有这种必要的资格。⑤ "直接利害关系人"原则在避免公民滥用诉权、浪费司法资源方面起到很大的作用，但是随着社会的进步和现代法治的发展，严格的"直接利害关系人"原则受到了强烈的质疑和挑战。与危害的广泛性和严重性相比，极不对称的是对受害者的救济手段和对违法者的惩罚措施十分匮乏，放宽对当事人适格的限制势在必行。随着公共利益的独立价值日益凸显，"直接利害关系人"理论难

---

① 邱联恭：《司法之现代化与程序法》，台湾三民书局1992年版，第12、16页。
② [日]中村英朗：《新民事诉讼法讲义》，陈刚等译，法律出版社2001年版，第54~55页。
③ [德] K. W. 诺尔：《法律移植与1930年中国对德国法的接受》，李立强、李启欣译，载《比较法研究》1988年第2期。
④ 李艳芳：《美国的公民诉讼制度及其启示——关于建立我国公益诉讼制度的借鉴性思考》，载《中国人民大学学报》2003年第2期。
⑤ 颜运秋、颜运夏：《质疑"直接利害关系人"制度》，载《行政与法》2003年第6期。

以满足利益救济的实际需求,诉讼理论逐步由仅包括自我救济的主观诉讼扩张至保护公共利益的客观诉讼,适格原告范围也由"直接利害关系人"延展至"非直接利害关系人"①。程序当事人、诉的利益、诉讼信托等理论为这一扩张过程提供了正当性基础。程序当事人理论认为:"诉讼当事人是一个程序性的概念,判断诉讼当事人是否适格,只要看起诉的当事人是谁,是否拥有诉权(程序诉权),而无须从实体法上考察其与诉讼标的关系,也就是说当事人可以不是利害关系人。"②诉的利益理论则主张,"原告与案件之间并非不存在直接利害关系,而是这种利害关系并非为原告所独享或分享,胜诉之后获得的诉讼利益也并非为原告所实际控制"③,即存在区别于直接利害关系的诉的利益。诉讼信托理论以公共信托为基础强调:"为了保护国家利益和社会公共利益,需要有一个'代言人'作为当事人以自己的名义提起诉讼,该代言人作为当事人,并非直接利害关系人,对诉讼标的也不享有正当利益,只是基于实体权利人的'信托'而享有程序意义上的诉权,以自己的名义提起诉讼并承担程序意义上的诉讼结果,这种信托基于法律规定而产生。"④

二、生态环境公益诉讼主体多元化及其理解

就生态环境公益诉讼主体的确定来说,一要摆脱"垄断"诉权的嫌疑,二要斩断明暗的利益关联。⑤ 常识告诉我们,无论什么权力,即便是打着公益的旗号,一旦被垄断,就必然存在着"权力寻租"的可能。

根据各地方法院、检察院出台的有关规则,生态环境公益诉讼的原告类型颇多。如"贵州省规定有湖泊管理局、环保局、林业局、检察院。江苏省规定有检察院、环保局、环保社团、居民社区物业管理部门。海南省规定有检察院、相关行政主管部门、依法成立的自然保护区管理机构、从事环境保护、社会公益事业和社会公共服务的法人组织、居民委员会、村民委员会等基层群众性自治组织以及公民个人。"⑥

---

① 张建伟:《检察机关提起环境公益诉讼若干问题研究》,引自曾晓东、周珂:《中国环境法治·2011年卷》(上)》,法律出版社2011年版,第153页。
② 郭英华、李庆华:《试论环境公益诉讼适格原告》,载《河北法学》2005年第4期。
③ 徐祥民、纪晓昕:《现行司法制度下法院受理环境公益诉讼的权能》,载《中国海洋大学学报(社会科学版)》2009年第5期。
④ 张建伟:《检察机关提起环境公益诉讼若干问题研究》,引自曾晓东、周珂:《中国环境法治·2011年卷》(上)》,法律出版社2011年版,第154页。
⑤ 刘英团:《提起环境公益诉讼门槛还是高了》,载《人民法院报》2013年11月4日第2版。
⑥ 吕忠梅:《环境公益诉讼:想说爱你不容易》,载《中国审判》2012年第10期。

关于生态环境公益诉讼原告的范围，有学者做过问卷调查，发现受调查者中，有64.31%的受调查者认为每个自然人、企业和环保公益组织均可以成为生态环境公益诉讼的原告。25.34%的受调查者认为只有与被诉的生态环境利益密切相关的个人、企业和环保公益组织才能成为生态环境公益诉讼的原告。22.62%的受调查者认为生态环境公益诉讼的原告只能是环保公益组织，且必须由法律规定其应具备存续期长、社会形象良好、专业能力强的环保组织。41.69%的受调查者认为各级地方人民检察院、资源环境行政管理机关均可以成为生态环境公益诉讼的原告。[①]

在我国，对于提起行政公益诉讼的主体，理论上存在"一元化"与"多元化"的不同标准。有观点认为，检察机关应作为提起行政公益诉讼的唯一主体；[②] 也有观点认为，可以将行政公益诉讼的适格原告定位于公民个人与检察机关[③]，或者定位于公民个人、社会组织以及检察机关。[④] 全国人大常委会授权决定坚持了"一元化"的标准，仅授权检察机关可以提起行政公益诉讼。这种由检察机关垄断行政公益起诉权的规定，值得商榷。

在美国，生态环境行政公益诉讼的适格原告呈现多元化发展趋势，包括公民个人、环保组织、行政机关与检察机关，甚至以自然物和公民个人或者环保组织为共同原告。美国之所以赋予公民个人原告资格是美国民主宪政文化的必然要求，强调公民个人在环境保护中的作用；也由于公民个人是环境利益的直接受益者，更能感知到环境的变化。但在实践中，由于环境问题的复杂性与专业性，美国公民个人提起生态环境行政公益诉讼的并不多见。而德国受传统的主观公权利和保护规范理论影响，个人不享有提起公益诉讼的权利。因为保护自然环境的法规不以保护个人利益为目的，对自然环境的保护是为了服务社会公益而非个人，因此，个人不享有主观公权利，从而也就不享有生态环境公益诉权。从目前情况来看，设立个人行政公益诉权的国家相对较少，欧洲只有葡萄牙、西班牙等少数国家。

逐渐放宽生态环境行政诉讼（尤其是生态环境行政公益诉讼）的原告资格是诉讼制度发展的一个趋势。例如，瑞士1966年关于保护自然和土地的法律第12条规定，公认的以环境保护为目的的组织具备提起行政诉讼的原告资格。意大利1986年7月8日发布的第349号法令规定，如果行政行为的许可、拒绝或者不作

---

① 吕忠梅等：《环境司法专门化现状——调查与制度重构》，法律出版社2017年版，第107页。
② 王名扬：《美国行政法》，中国法制出版社1995年版，第628页；姜涛：《检察机关提起行政公益诉讼制度：一个中国问题的思考》，载《政法论坛》2015年第6期。
③ 张晓玲：《论行政公益诉权》，载《行政与法》2006年第10期。
④ 黄学贤：《建立行政公益诉讼制度应当解决的几个问题》，载《苏州大学学报（哲学社会科学版）》2008年第3期。

为违反了对自然的保护及对自然景观的维护,那么某些被认可的团体,尽管其权利并没有受到侵害,也有权对这一行政行为提起诉讼。根据这一规定,那些特殊的集团利益及超个人的利益也可以得到贯彻和保障。《奥胡斯公约》承认环境非政府组织提起公益诉讼的原告资格。该公约第 2 条第 5 款规定:"所涉公众指正在受或可能受环境决策影响或在环境决策中有自己利益的公众;为本定义的目的,倡导环境保护并符合本国法律之下任何相关要求的非政府组织应视为有自己的利益。"

与其说我们要找寻公益诉讼的原告,不如说是要选择合格的公益诉讼代表人。所谓公益诉讼代表人就是能够代表公共利益主张权利,表达社会公众正当诉求,并可通过在法院提起诉讼的方式来维护公共利益的特定主体。[①] 公益诉讼代表人制度的实质问题就是谁能够代表"公共"行使权力,由谁来行使代为起诉的权利更有利于公共利益的保护。而这两个问题与西方代议制民主的机理是相似的。可以说,西方代议制民主为公益诉讼代表人制度的产生提供了深厚的理论基础,现代公益诉讼代表人制度就是西方代议制民主思想在公共利益的诉讼救济领域的具体运用。适当扩大公益诉讼代表人范围,将公益团体、社会公众在一定范围内吸收进来,成为现代公益诉讼代表人的一种趋势。在当今世界上,既有官方的公益诉讼代表人也有民间公益代表人。从公益诉讼代表人的历史来看,公益代表人已经不再是官方公益代表人制度一枝独秀,公益代表人制度已经呈现专门的官方公益代表机构(包括检察机关和其他政府机构)和民间公益代表人(公益团体、公民个人)多元化发展的态势。而且,世界各国公益代表人制度的发展态势表现为两大特征:(1)检察机关越来越成为专门的官方公益诉讼代表人,多数国家的检察机关是公益代表人,而且在大多数情况下由检察机关代表公益,尤其是在诉讼程序里,检察机关就是国家、社会公益的代言人;(2)越来越多的国家允许社会公益团体、公民个人在某些情形下作为公益代表人,允许他们通过诉讼的方式来维护公益。而且事实上,在某些领域,如美国环境保护领域,公民作为公益诉讼代表人发挥着比检察官等官方公益代表人更为重要的效用。与官方公益诉讼代表人制度不同的是,公益团体和公民个人在代表公益的领域和方式上都有严格的立法限制,没有法律规定,公益团体和公民个人就不能作为公益代表人。公益团体的组织要成为公益代表,法律通常会在组织、资金、人员配置等多个方面设有要求,以保障该公益团体不被盈利团体所利用。

2012 年修改后的《民事诉讼法》虽然在制度方面解决了公益诉讼的难题,但是在具体实施这一制度上还存在一些问题:(1)对于"法律规定的机关和有

---

① 潘申明:《比较法视野下的民事公益诉讼》,法律出版社 2011 年版,第 51~52 页。

关组织"是扩大解释还是缩小解释直接影响到提起公益诉讼主体范围的确定。《民事诉讼法》第五十五条中关于公益诉讼的起诉主体的规定，从文本解释的角度有两种理解方式：一是"法律规定的机关"可以向法院提起公益诉讼，"法律规定的有关组织"也可以向法院提起公益诉讼；二是"法律规定的机关"可以向法院提起公益诉讼，"有关组织"也可以向法院提起公益诉讼。第一种理解方式是以"的"为中心点，将"法律规定的机关和有关组织"视为一个定中结构的偏正短语，"法律规定的"修饰一个由"和"字构成的并列中心词"机关和有关组织"。第二种理解则是以"和"为中心点，将"法律规定的机关和有关组织"视为一个由"和"构成的联合短语，"和"字连接的两部分是一个并列关系，"法律规定"仅修饰"机关"一词。这两种不同的理解影响公益诉讼的范围的确定。①（2）关于起诉主体中的"法律"。在我国，广义的"法律"是指法的整体，包括宪法、法律、有法律效力的解释及行政机关为执行法律而制定的规范性文件（如规章）等，狭义的法律不是各种法的总称，而仅是由全国人大及其常委会依据法定职权和程序制定和修改的，规定和调整国家、社会及公民生活中某一方而带有根本性的社会关系或基本问题的一种法。② 如果严格根据语义解释，那么"法律规定"中的"法律"，就是指这种由立法机关制定颁布的法律。代表国家提起公益诉讼的权利只能由法律（狭义）来规定。（3）关于主体中的"有关组织"。公益诉讼主体的"有关组织"属于狭义的社会组织，狭义的社会组织仅是指对应着国家与市场以外的社会中的非营利组织而言。对于可以提起公益诉讼的"组织"通过关联性就能有效地过滤，即通过法律文本中的"有关"一词来限定。何谓"有关"？这需要根据上下文的语境作出判断。在《民事诉讼法》第五十五条中看"有关"则是指"与污染环境、侵害众多消费者合法权益等损害社会公共利益的行为有关"。因此，此处的"有关组织"必定是环境保护、消费者权益保护等维护社会公共利益的组织，而非其他组织。这样一来，学者担心的组织众多、良莠不齐的组织会得到一定的过滤。③

2014年4月修订的《环境保护法》在公益诉讼起诉主体范围的设定上，经过了一场复杂的利益博弈和平衡过程。对于生态环境公益诉讼，《环境保护法》一审修正案草案只字不提。《环境保护法》二审修正案草案将生态环境公益诉讼的起诉主体限定为"中华环保联合会以及在省、自治区、直辖市设立的环保联合会"。之后，生态环境公益诉讼制度受到较多关注，有些常委委员、部门和社会公众均提出，生态环境公益诉讼主体范围较窄，建议扩大诉讼主体范围。全国人

---

①③ 高波：《扩大还是缩小：民事公益诉讼起诉主体分析——以文义解释为视角》，载《武汉理工大学学报（社会科学版）》2013年第6期。

② 张文显：《法理学》（第3版），高等教育出版社、北京大学出版社2007年版，第97页。

大法律委员会经研究,考虑到生态环境公益诉讼是一项新制度,宜积极稳妥地推进,确定生态环境公益诉讼主体范围也需要考虑诉讼主体的专业能力、社会信誉等因素,防止滥诉,《环境保护法》三审修正案草案将有权提起生态环境公益诉讼主体修改为"依法在国务院民政部门登记,专门从事环境保护公益活动连续五年以上且信誉良好的全国性社会组织"。[①] 从表面上看,该规定扩大了提起生态环境公益诉讼主体的范围,但从实践情况来看,符合该条件的社会组织仍主要是中华环保联合会,不包括中华环保联合会各地分会,范围实质上更加窄了,限制了公益诉讼制度功能的发挥。因此,该草案仍然引起广泛争议和不满,多数意见认为应当进一步扩大提起公益诉讼的主体范围。全国人大法律委员会经向民政部进一步了解环保领域的社会组织基本情况,并与环境保护部共同研究,建议将提起公益诉讼的主体扩大到在设区的市级以上人民政府民政部门登记的相关社会组织,并最终获得常委会审议通过。该规定虽然可以防止滥诉行为的发生,但也在一定程度上限制了生态环境公益诉讼制度作用的发挥。生态环境公益诉讼中的规范性限制就体现为对原告范围的限定和对权利内容的限定。与对权利内容的限定相比,对原告范围的限定对生态环境公益诉讼的影响更大,因为对原告范围的限定涉及诉讼资格问题。立法机关出于对可能出现的滥诉情况的考虑,对原告范围做出限制,而对诉权的内容,如诉讼请求范围、费用承担、举证责任等具体规则却未作任何规定。对诉权内容限定的缺失,造成具体诉讼规则出现空白,不仅让原告在提起生态环境公益诉讼案件时无所适从,而且让法院在审理生态环境公益诉讼案件时容易做出不当的裁判。

第二节 生态环境公益诉讼中的检察机关

一、政策与立法的态度

在我国,由检察机关提起公益诉讼有其历史渊源。早在1907年,当时的清朝政府在《高等以下各级审判厅试办章程》中明确规定检察官独立行使"民事保护公益陈述意见"。1909年颁布的《法院编制法》规定,检察官有权"遵照民事诉讼律及其他法令所定为诉讼当事人或公益代表人实行特定事宜"。1927

---

① 信春鹰主编:《中华人民共和国环境保护法释义》,法律出版社2014年版,第40页。

年，中华民国公布的《各级高等法院检察官办事权限暂行条例》和《地方法院检察官办事权限暂行条例》明确规定检察官有权"依照民事诉讼法及其他法令所定为诉讼当事人或公益代表人实行特定事宜"。

中华人民共和国成立以后，1949 年 12 月制定的《中央人民政府最高人民检察署试行组织条例》第三条规定，检察机关的职权之一是"对于全国社会与劳动人民利益之民事案件及一切行政诉讼，均得代表国家公益参与之"。1951 年《中央人民政府最高人民检察署暂行组织条例》第三条规定："最高人民检察署代表国家公益参与有关全国社会和劳动人民利益之重要民事案件及行政诉讼。"1954 年 9 月制定的《人民检察院组织法》第四条规定，地方各级人民检察院的职权之一是"对于有关国家和人民利益的重要民事案件有权提起诉讼或参加诉讼"。另外，回顾我国《民事诉讼法（试行）》的制定过程，前后共有 7 稿。前 6 稿都有关于人民检察院参与民事诉讼的内容，尤其是第 6 稿规定"人民检察院有权代表国家提起或者参加涉及国家和人民重大利益的民事诉讼"。

最高人民检察院于 2002 年发布《关于强化检察职能、依法保护国有资产的通知》，强调"检察机关应充分发挥检察职能，对侵害国家利益、社会公共利益的民事违法行为提起诉讼"。

有些地方政府或者司法机关通过制定规范性文件明确赋予检察机关以原告资格，如无锡市中级人民法院、人民检察院联合制定的《关于办理环境公益民事诉讼案件的试行规定》。

十八届四中全会通过的《中共中央关于全面推进依法治国若干重大问题的决定》中提出："检察机关在履行职责中发现行政机关违法行使职权或者不行使职权的行为，应该督促其纠正。探索建立检察机关提起公益诉讼制度。"

2014 年 10 月 23 日，《中共中央关于全面推进依法治国若干重大问题的决定的说明》指出，"在现实生活中，对一些行政机关违法行使职权或者不作为造成对国家和社会公共利益侵害或者有侵害危险的案件，如国有资产保护、国有土地使用权转让、生态环境和资源保护等，由于与公民、法人和其他社会组织没有直接利害关系，使其没有也无法提起公益诉讼，导致违法行政行为缺乏有效司法监督，不利于促进依法行政，严格执法，加强对公共利益的保护。由检察机关提起公益诉讼，有利于优化司法职权配置、完善行政诉讼制度，也有利于推进法治政府建设"。

中央全面深化改革领导小组第 12 次会议于 2015 年 5 月 5 日审议通过了《检察机关提起公益诉讼改革试点方案》（以下简称《试点方案》）。同年 7 月 1 日，十二届全国人大常委会第十五次会议作出《关于授权最高人民检察院在部分地区开展公益诉讼试点工作的决定》（以下简称《授权决定》），检察机关在全国 13

个省（自治区、直辖市）提起公益诉讼试点工作正式启动。《试点方案》规定，检察机关以"公益诉讼人"的身份提起生态环境民事公益诉讼，提起的方式包括支持起诉、督促起诉、直接起诉、刑事附带民事诉讼等。以《试点方案》和《授权决定》为依据，最高人民检察院于2016年1月6日发布了《人民检察院提起公益诉讼试点工作实施办法》，2月25日，最高人民法院发布了《人民法院审理人民检察院提起公益诉讼试点工作实施办法》。试点期间，检察机关重点对生态环境和资源保护领域的案件提起行政公益诉讼。在提起民事公益诉讼之前，检察机关应督促或者支持法律规定的机关或者有关组织向法院提起民事公益诉讼。在提起行政公益诉讼之前，检察机关应先行向相关行政机关提出检察建议，督促其纠正违法行政行为或者依法履行职责。经过诉前程序，法律规定的机关和有关组织没有提起民事公益诉讼，或者行政机关拒不纠正违法或不履行法定职责，社会公共利益仍处于受侵害状态的，检察机关可以提起民事公益诉讼、行政公益诉讼。试点结束后，这些做法基本上得到了认可。

修改后的《民事诉讼法》第五十五条对民事公益诉讼的原告主体资格作出了原则性的规定，即"法律规定的机关和有关组织"，可以对损害社会公共利益的行为向法院提起诉讼。但"公共利益所涉及的法律领域多种多样，侵害公共利益的具体情形各不相同，具有监督、管理职责的主体也不一样，因此，立法上如规定可就其中某些领域的公共利益之损害问题提起公益诉讼，则有必要针对不同情况对具有原告主体资格的主体分别作出规定"。[①] 其实，这种理解和担心是多余的，这里的"法律规定的机关"实际上不包括行政机关，所以也没有必要区分不同的领域而针对不同情况对具有原告主体资格的主体分别作出规定。2017年6月27日，第十二届全国人民代表大会常务委员会通过关于修改《中华人民共和国民事诉讼法》和《中华人民共和国行政诉讼法》的决定。一是对《中华人民共和国民事诉讼法》作出修改，第五十五条增加一款，作为第二款："人民检察院在履行职责中发现破坏生态环境和资源保护、食品药品安全领域侵害众多消费者合法权益等损害社会公共利益的行为，在没有前款规定的机关和组织或者前款规定的机关和组织不提起诉讼的情况下，可以向人民法院提起诉讼。前款规定的机关或者组织提起诉讼的，人民检察院可以支持起诉。"二是对《中华人民共和国行政诉讼法》作出修改，第二十五条增加一款，作为第四款："人民检察院在履行职责中发现生态环境和资源保护、食品药品安全、国有财产保护、国有土地使用权出让等领域负有监督管理职责的行政机关违法行使职权或者不作为，致使国家利益或者社会公共利益受到侵害的，应当向行政机关提出检察建议，督促其依

[①] 刘学在：《民事公益诉讼原告资格解析》，载《国家检察官学院学报》2013年第2期。

法履行职责。行政机关不依法履行职责的，人民检察院依法向人民法院提起诉讼"。这两个决定的出台，足以说明："法律规定的机关"实际上不包括行政机关，所以也没有必要区分不同的领域而针对不同情况对具有原告主体资格的主体分别作出规定。

这一系列政策和法律文件的出台，标志着检察机关提起生态环境公益诉讼由理论探讨、地方先行先试进入到有制度上的顶层设计的全局性层面了。

二、域外经验

无论是大陆法系，还是英美法系，绝大多数国家的检察机关被视为"最高法律秩序的代表"和"社会公益的维护者"，并在法律上被冠以"公益代表人身份"。

检察制度最初起源于12世纪法国的检察理论。该理论认为，检察机关的职责就是维护公益。[①] 法国大革命以后，法国的检察官在民事诉讼活动中不再是国王利益的代表，而是社会公益的维护者。1804年《拿破仑法典》规定，检察官可以为了社会公益提起或参与诉讼。1806年，法国《民事诉讼法》就赋予检察机关民事诉权的方式，在公共秩序和公共利益遭受侵害之虞，通过提起民事诉讼对其予以保护。而在1976年得以通过实施的法国《新民事诉讼法典》中，其第13编关于检察院职权的部分，专门规定了检察院"代表社会"，无论是作为"主当事人"还是"从当事人"，都可以参加公益诉讼[②]；还规定，"凡是在公共秩序受到危害的情况下，检察机关可以依职权提起诉讼"。由此，法国也就确立了检察机关通过起诉或其他方式介入环境公共利益保护的基础法律依据。根据法国现行民事诉讼法的规定，检察机关于法律规定情形，可以代表公众作为主当事人进行诉讼，或者作为从当事人参加诉讼；除法律有特别规定之情形外，在事实妨害公共之诉时，检察机关得为维护公共秩序进行诉讼。法国关于检察机关代表公共利益参与民事诉讼制度的规定为其他国家所效仿。

《德国行政法院法》第35条规定："联邦行政法院设联邦高等检察官。联邦高等检察官为维护公益，得参与系属于联邦行政法院之所有诉讼程序；但不适用于惩戒审判庭及军事惩戒审判庭。"联邦高度检察官的任务是维护"公益"，而不是维护争讼当事人的利益，因此，作为公益的客观代表人，除惩戒法上的问题之外，皆应协助联邦最高行政法院适用法律，即使法律具体化。德国法确立了行政诉讼的公共利益代表人制度，检察官可以作为公共利益的代表人，代表联邦或

[①] 张卫平：《程序的公正实现中的冲突与衡平》，成都人民出版社1993年版，第387页。

[②] 张式军、谢伟：《检察机关提起环境公益诉讼问题初探》，载《社会科学家》2007年第5期。

地方提起或参加行政法院的行政诉讼。德国将它的公益诉讼制度建立在公共利益代表人之上,建立了其特有的"行政诉讼的公共利益代表人制度,检察官可以公共利益代表人的身份代表国家或地方独立提起或参加行政法院的行政诉讼"①。因此,德国的公益诉讼权主要是归属于检察机关或某些特定社会团体的。检察官对环境污染案件提起公益诉讼的权力,是明文规定在德国的民事诉讼法中的,并且德国《民事诉讼法》第 637 条规定:"检察机关败诉时判定国库补偿胜诉的对方当事人的诉讼费用"。② 因此,德国最为值得我们借鉴的就是公益诉讼的费用承担问题,诉讼费用由国库分担,解决了检察机关在提出生态环境公益诉讼之中的费用忧虑。

英国检察长为皇室的最高法律代表、最高法务官员和最高顾问,并指挥全国刑事检察业务。检察长的职责主要是代表国家及公益。在代表国家应诉时,对于一般的案件,检察长往往监督其财政助手、小律师或其他行政官员来处理,只有在特别重要的案件中,检察长才亲自代表国家出庭。应当说明的是,在这种情形下,检察长及其所管辖的律师参加诉讼,并非为诉讼当事人的利益,而是为作为正义源泉的王权效忠,代表公益,不受相关官署的左右。在英国,只有法务长官(检察长)能够代表公众提起诉讼以维护公众权利,阻止公共性违法行为。检察长可以代表公共利益主动请求对行政行为实施司法审查。由于私人没有代表公众提起诉讼的权力,所以检察长还可以帮助私人申请司法审查。私人可以请求检察长允许其提起告发人诉讼,如果检察长同意私人的请求,允许其提起诉讼,那么,该诉讼就是基于其个人的"检举"并通过检察长提起的,在此,检察长是原告,公民为告发人。

美国官方公益代表人制度源自英国。在美国,联邦及多数州均设检察长,他们在法院代表国家及公益,检察长及所属检察官在普通法院为国家的唯一代表。依据《美国宪法》的规定,检察长同时为司法部长,直属总统。检察长的职责有三:一是代表国家,二是代表公益,三是担当法律顾问。美国有很多环境相关法律规定检察官对污染环境行为有权提起诉讼,且立法力度仍在不断加强。美国检察机关可以提起的生态环境公益诉讼范围较为宽泛。赋予检察机关适格的原告地位而提起的公益诉讼在美国的《国家环境政策法》中第一次明文规定。其后,《清洁空气法》《清洁水法》《噪音管制法》等环境法规均规定检察官有提起生态环境公益诉讼的权力,还包括支持主管机关和私人提出的关于提起生态环境公益诉讼的请求。

---

① 杨蔡晴:《检察机关作为环境公益诉讼原告的合理性》,载《江苏警官学院学报》2012 年第 3 期。
② 汪贻飞:《国内外公益诉讼制度及其经验借鉴》,载《水利发展研究》2012 年第 4 期。

俄罗斯联邦检察机关的一大特色，就是设立专门的自然保护检察院。这是俄罗斯环境检察专门化最突出的成就和标志。1991年俄罗斯联邦独立后继承了苏联的检察制度，同时结合实际进行了完善。现行俄罗斯联邦检察院体系主要由联邦总检察院、各联邦主体检察院、区（市）检察院三级组成。俄罗斯联邦检察院的一项重要职责，就是监督有关生态法律的执行情况。《俄罗斯联邦检察院法》是这一授权的主要法律依据。从职能上看，主要包括五个方面：一是监督各种国家机关及其公职人员是否执行生态法律，其颁布的生态法律文件是否合法。这是俄罗斯联邦检察机关最为重要的一项职能。[①] 二是侦查和惩治生态犯罪案件。三是提起公益诉讼性质的环境损害赔偿诉讼。四是参加法院对生态案件的审理。俄罗斯法律强调司法中心主义，审判监督变更为检察长参加法院案件的审理，这是苏联解体俄罗斯成为独立国家之后其检察制度发生的最大变化。五是参与调整生态社会关系的立法活动。不仅监督生态法律执行，还要起诉具体生态案件；不仅监督国家权力机关，还要监督公民、法人。可以说，联邦检察院围绕"对联邦现行法律的执行情况实施监督"这条主线，监督是全方位的，作用是至关重要的。在俄罗斯总检察院，设有专门负责对自然保护法律法规执行情况进行检察监督的机构；在拥有重要自然保护客体的地区，设有跨地区自然保护检察院，如伏尔加自然保护检察院。伏尔加河跨地区自然保护检察院属联邦主体检察院一级，它在下辖的15个联邦主体境内设有15个跨区自然保护检察院。此外，在其他36个联邦主体内建立了42个独立的、隶属于本联邦主体检察院的跨区自然保护检察院。[②] 伏尔加跨区设立自然保护检察院得到俄罗斯联邦总检察长的高度评价，并在全国范围内进行了总结推广。俄罗斯区际自然保护检察院的设立，体现了与地方检察院的不同。首先，自然保护检察院对生态领域活动的监督更频繁、更有针对性；其次，在保障执行生态法律方面，自然保护检察院与生态保护机关的联系更紧密；最后，由于自然保护检察院配备了自然保护方面有专门技能的法律工作者，监督生态法律执行情况的质量更高。[③]

1985年巴西通过了重要的《公共民事诉讼法》，该法授权检察机关、其他政府机构和社会团体在公共利益遭受侵害时可以提起公共民事诉讼。《公共民事诉讼法》借鉴了美国的集团诉讼制度，是巴西民事诉讼法领域的重要突破，也是巴西公益诉讼最主要的程序法。1988年通过的《巴西联邦宪法》又进一步加强了检察机关作为社会利益维护者的新角色。《巴西联邦宪法》第127条对检察机关

[①] 孙谦：《论检察》，中国检察出版社2013年版，第408页。
[②] 王树义、颜士鹏：《论俄罗斯联邦检察院在俄罗斯生态法实施中的监督功能》，载《河北法学》2006年第2期。
[③] 曲冬梅：《环境检察专门化的思考》，载《人民检察》2015年第12期。

的规定很有特色,它规定检察机关是"永久性机构,在维护法律秩序、民主体制以及社会和个人不可或缺利益的国家司法功能中起核心作用"。宪法的规定使检察机关实质上独立于传统上国家权力的三个分支,并且将检察机关保护公共利益的职权提到了宪法的层面,主要职权包括"保护公共和社会遗产、环境和其他分散性和集体性权益,展开民事调查和提起公共民事诉讼"。1988年,《巴西联邦宪法》第129条第3款规定了检察机关民事调查权。民事调查的目的主要是确定侵犯公共权益的事实,认定损害的范围和严重程度,明确应当承担责任的主体,重点在于收集可能提起公共民事诉讼所必需的证据材料,但启动民事调查程序并非提起公共民事诉讼的必经程序。检察机关在调查时,有权要求有关私人或公共机构提供相关信息资料和文件,被调查的个人和机构不得拒绝。如果被调查对象拒绝提供相关资料或不配合检察机关的调查,情节严重时会面临刑事制裁。巴西检察机关在提起公共民事诉讼时首先必须确定所指控损害的类别以及应当负责的当事人。检察官在起诉中可以针对已经造成的损害,也可以针对潜在的损害。如果损害已经发生,法院可以命令侵害人赔偿,赔偿款交给国家设立的相关基金,或者命令侵害人采取一定的补救措施或发出禁令禁止做出某种行为。如果被告的行为有造成侵害的危险并且情况紧急,检察官可以在法院作出最终判决前请求法院采取保全措施,命令被告采取或者不得继续某种行为。检察官申请保全措施必须证明案件有充足的法律依据,并且证明所要保护的公共利益将受到不可弥补的损害,如果不采取保全措施则提起该公共民事诉讼的目的可能落空。[①]

依《印度宪法》第76条第3项之规定,检察长在联邦行政领域代表国家及公益出庭处理诉讼,其他案件则由律师长或检察长以下的代表出庭应诉。同样,印度的检察长、辩护长及所属官员,也不仅仅是国家利益的代表,他们还负有维护法律及公共福利的义务,并且还要对政府及官署提供法律咨询。

三、学理的基本解释

检察机关为维护公共利益向法院提起的行政公益诉讼,称为行政公诉;提起的民事公益诉讼,称为民事公诉。由于公诉制度一直与刑事诉讼紧密相连,不少人认为,除了刑事公诉外检察机关难有其他作为,因而对行政公诉表示质疑,认为检察机关集诉讼监督权与公诉权于一身,不能够同时行使好两种权力。[②] 尤其是在行政诉讼中,检察机关如果作为原告起诉的话,必然会导致自身角色的冲

[①] 肖建华:《巴西赋予检察机关提起公益诉讼职能》,载《检察日报》2015年4月21日第3版。
[②] 洪浩:《检察权论》,武汉大学出版社2001年版,第156页。

突：一方面，作为法律监督者，检察机关应当具有中立性、超然性，独立于法院和当事人之外，对行政诉讼进行客观公正的监督；另一方面，作为趋利避害的个体，检察机关绝不希望自己的起诉遭遇失败，因而一旦起诉便会不遗余力地动用各种手段证明其主张，以求得法院的认同，这样也就难以维持其超然、中立的地位。[①] 甚至还有学者认为，由一个国家机关对另一个国家机关提起诉讼是荒唐的，因此绝不能够赋予检察机关行政诉讼原告的资格。[②] 持上述观点的人在分析检察机关作为诉讼主体参与诉讼时存在一个误区，即将检察机关的法律监督权与公诉权相提并论，认为公诉权与法律监督权是两种"平行"的权力。而事实是，"检察官创制目的的一方面乃为废除由法官一手包办侦查的纠问制度，制衡法官的权力；另一方面也为防范法治国沦为警察国，控制警察活动。换言之，检察官扮演国家权力之双重控制角色，既要保护被告免于法官之恣意。亦要保护其免于警察之恣意"。[③] 这说明，检察权本质上是一种监督权，包括对法官的监督和对警察的监督，公诉权只是作为法律监督的一种权能或手段而存在，通俗地说就是检察机关向法院提起公诉进行监督的一种方式。可见，检察机关有权提起公诉，并不说明检察机关必然以胜诉为第一要旨，相反，检察机关公诉的目的首先是维护法律的统一和正确实现，公诉人出庭的直接利益在于追求程序正义和实体正义的统一实现。当公共利益受到不法侵害时，无论实施这种侵害的主体是行政机关还是普通公民，在必要的情况下，作为法律监督机关的检察院以提起公诉的方式履行法律监督职责都是符合其角色特征的。事实上，公诉权的法律监督性质也不可能改变公诉权是一种程序性权力的本质，与审判机关的终局性裁判权并无矛盾之处。因此，对诉讼活动的监督与公诉是检察机关履行法律监督职责的两种不同方式，就如同在刑事诉讼中检察机关同时享有公诉权和抗诉权可以并行且不矛盾一样，由检察机关针对行政机关违法侵害公共利益的行政行为提起公诉与对严重破坏社会秩序的犯罪行为提起公诉在性质上并无二致，绝不会因为诉讼对象的不同而影响其法律监督权的属性。[④]

　　检察机关提起生态环境公益诉讼是由其性质和职责及自身优越性所决定的。（1）检察机关不仅享有法律监督权，而且也应该享有公诉权。公诉权是检察机关代表国家对违法行为提起控诉并制止违法行为的一项公益行为。将国家公诉的职责延伸至民事公益诉讼和行政公益诉讼领域，并不违反法律设置检察机关以维护

[①] 章志远：《行政公益诉讼热的冷思考》，引自《"公益诉讼、人权保障与和谐社会"国际研讨会论文集》。
[②] 张尚鹫：《走出低谷的中国行政法学》，中国政法大学出版社1991年版，第441页。
[③] 林钰雄：《检察官论》，台湾学林文化事业有限公司1999年版，第16~17页。
[④] 黄学贤、王太高：《行政公益诉讼研究》，中国政法大学出版社2008年版，第225~226页。

国家公共秩序的初衷。尽管检察机关在绝大多数情形下行使的是刑事公诉权,但代表公共利益参与到民事诉讼和行政诉讼中去与公诉权维护公益的本质是相吻合的,许多国家的立法和司法实践也证明了这一点。因此,检察机关的公诉权不仅应包括刑事公诉权,还应包括民事公诉权①和行政公益诉讼公诉权。(2)检察机关作为公益诉讼的主体不违背其法律监督的职责。我国《宪法》第一百二十九条规定:"中华人民共和国检察院是国家的法律监督机关。"检察机关代表国家机关行使权力,是以公权力来维护公民的合法权益,这对保护公共利益是十分有利的。(3)就我国民诉法规定的两类公益诉讼而言,其与私益诉讼相比更为复杂,涉及面更广、专业性更强。从诉讼的目的来看,具有专业技能的人员比无专业技能的人员获胜概率更高。而检察官是国家专门培养的法律人才,经过了系统的学习,有扎实的法律基础知识、较强的法律素养、优秀的道德品质,可以熟练、有效地运用法律手段来维护社会公共利益,同时也可避免私人滥用诉权的行为,减轻法院的负担,避免司法资源的浪费。(4)检察机关在体制上独立于行政机关,可以使其免受地方保护主义的不利影响,有效地行使法律监督权,充分发挥公益诉讼的作用。(5)多年司法实践,使检察机关积累了丰富的办案经验,可以应对比较复杂的案情和突发事件,保障诉讼的顺利进行。总之,检察机关代表国家或者社会公共利益提起公益诉讼既是其职责的必然要求,也是由其独特的实施能力所决定。

虽然,有学者不赞成将检察机关作为生态环境公益诉讼的原告,②但是,随着 2012 年 9 月民事诉讼法修正案首次将公益诉讼制度写入法律以来,国家立法对检察机关提起公益诉讼的态度越来越明确,赞成检察机关可以提起公益诉讼的观点已渐渐占了主流。而且,检察机关提起公益诉讼符合我国人民代表大会的根本政治制度,体现了中国特色社会主义检察制度的根本属性,也是解决当下社会问题的现实选择。(1)符合人民代表大会根本政治制度。全国人民代表大会是最高权力机关,"一府两院"由其产生,向其负责,并受其监督。检察机关作为国家的法律监督机关,在国家权力机关之下,代表国家对法律法规是否得到统一正确实施进行监督。检察机关的法律监督权实质上是权力机关监督权的具体化。行政机关作为权力机关的执行机关,有义务接受权力机关的监督,当然也有义务接受检察机关的监督。检察机关在检察建议等监督方式难以取得实效的情况下,通过提起行政公益诉讼的方式对行政机关的行政违法行为进行监督,符合其法律监督机关的宪法定位,也符合我国的根本政治制度。③ (2)体现了中国特色社会主

---

① 刘润发:《论现代公诉权的价值构造》,载《湖南警察学院学报》2007 年第 6 期。
② 吕忠梅等:《环境损害赔偿法的理论与实践》,中国政法大学出版社 2013 年版,第 162 页。
③ 徐全兵:《检察机关提起公益诉讼的有关问题》,载《国家检察官学院学报》2016 年第 3 期。

义检察制度的根本属性。我国检察制度是在传承文化传统中的监督因素、借鉴西方法治文明的优秀成果、以列宁法律监督思想为基础发展起来的,具有鲜明的中国特色。检察机关提起行政公益诉讼,本质上涉及检察权对行政权的监督问题,是中国特色社会主义检察制度的重要内容。对于行政机关侵害国家利益和社会公共利益的行政违法行为,在通过检察建议等方式未能取得效果的前提下,通过提起行政诉讼的方式,由法院对行政机关的行政行为是否违法作出裁判,督促行政机关正确依法履行职责。因此,提起行政公益诉讼是检察机关对行政机关违法行使职权或不依法履行职责等违法行为的一种监督方式,体现了监察机关法律监督的本质属性。(3)是解决当下社会问题的现实选择。在近年发生的严重污染环境、侵害食品药品安全事件中,往往都有行政机关工作人员玩忽职守、滥用职权,甚至是徇私舞弊的问题。同样,对于国家利益受到侵害的现象,行政机关在职权行使过程中也存在这样那样的问题。这种情况下,由检察机关对行政机关是否依法正确履行职责进行监督,在检察建议的监督方式难以取得监督成效的情况下提起行政权益诉讼,可以有效地保护公民基本权利和国家利益,维护社会安全稳定。因此可以说,检察机关提起行政公益诉讼不仅仅是个法律问题,还面临着中国的现实问题,承载着一些政治上的功能。[①]

在《民事诉讼法》和《环境保护法》修改过程中,是否赋予检察机关以提起环境民事公益诉讼的原告资格,争议非常大。这是因为检察机关在我国具有特殊的地位和任务,其既具有国家公诉的职权,同时又被定位为法律监督机关,与其他国家只是单纯的公诉机关截然有别。如果检察机关提起公益诉讼,还能否进行法律监督?有意见认为这种特殊性决定了其不适宜作为环境民事公益诉讼的原告,如果企业违法排污造成环境损害,检察机关可以督促政府有关部门加强执法,没有必要通过提起诉讼的形式解决环境损害问题。[②] 在民事公益诉讼中,涉及到具体利益,检察机关不适宜直接做原告。在我国,履行环境与资源保护职能的国家机关主要是政府的环保部门,环保部门理当担负起维护国家环境与资源具体利益的责任,开展事前、事中和事后的督查,公民和民间非政府组织也有权协助环保部门维护这种具体公共利益。所以,公民、民间非政府组织有权提起生态环境民事公益诉讼。环保部门有权直接对破坏环境的行为进行处罚,一般不提起民事诉讼。但是,以强化环境保护诉讼力度为目的,许多学者和司法实践部门的工作者把希望寄托到检察院身上,主张检察院以原告身份提起民事公益诉讼。当

[①] 徐全兵:《深入探讨法理基础科学谋划程序设计——探索建立检察机关提起公益诉讼制度研讨会观点综述》,载《人民检察》2016年第11期。
[②] 吕忠梅等:《侵害与救济——环境友好型社会中的法治基础》,法律出版社2012年版,第335~336页。

然,也有学者持反对意见。检察机关如果提起民事公益诉讼,不仅行为越位,而且不得不承担双重身份,一方面要代表国家维护具体利益,另一方面又要监督法院的审判活动,原告角色与监督者角色之间存在冲突,不符合诉讼过程中权利配置的规则,将会扭曲民事诉讼的程序结构,会造成诉讼地位的不平等,导致权利失衡,很可能致使法院不能公正裁判,使得被告人承担不应该承担的责任。[①]

不过,我们认为,当没有起诉主体或者其不起诉、不宜起诉等,使公益救济难以开展时,检察权才介入生态环境公益诉讼,维护国家与社会的利益。生态环境公益诉讼的这种位序安排是一个很好的制度创新,从而确保检察机关的权力得到集中、有效使用,并做出条件限制,防止其权力滥用,也使生态环境公益诉讼的诉讼秩序更加有序,不至于多种诉讼主体就同一案件同时参与诉讼的混乱状况发生。同时,坚持支持、督促、监督与参与起诉并举原则,检察机关参与生态环境公益诉讼的方式是多元的、灵活的,其介入角色也应当是多元化的,即检察机关能够以支持者、督促者、监督者或参与者等单重或多重身份介入生态环境公益诉讼,多元化的角色定位更加符合我国检察机关的职能定位,也更能有力地推动生态环境公益诉讼的发展。

充足的案件线索来源是检察机关参与生态环境公益诉讼的前提条件,结合理论与实践,总的来说,检察机关参与生态环境公益诉讼的案件来源包括以下几种:(1)媒体与网络披露。在当下社会,传媒行业与网络技术飞速发展,特别是微博、微信等自媒体的普及,人人都有"麦克风",人人都是"传声筒",所以诸多的环境侵害事件是通过媒体与网络的曝光才引起社会广泛关注的。因此,随着社会的不断发展与公民环保意识的提升,这种案件来源方式必将成为一种趋势。但是,有一点需要注意,因网络信息传播门槛较低,所以此类信息的真实性与客观性可能会大打折扣,在实践操作中应首先确定其信息准确无误,与此同时,还应加强网络管理,倡导理性上网,杜绝网络谣言。(2)各级人大责成。人民代表大会制度是我国的根本政治制度,对于人大与检察机关的关系,我国宪法与相关组织法均有明确规定。总的来说,我国检察机关与全国各级人大的关系是监督与被监督的关系。人大作为全体人民意志的代表,有责任维护公民的环境公共利益,因此,当环境侵害案件发生时,人大有权责成检察机关代表公共利益提起生态环境公益诉讼,以使案件得到及时、有效的处理。(3)公民、社会组织与团体举报。从数量上来说,公民、社会组织与团体举报是检察机关参与生态环境公益诉讼的首要来源。公民、社会组织与团体在日常的工作与生活中,发现有侵

---

① 郭锦勇、苏喆:《检察机关在环境公益诉讼中的职能研究——以公益诉讼专门制度的构建与实施为视角》,载《河北法学》2015年第11期。

害或者可能侵害环境的行为，可以向环保部门或者环保行政机关予以举报，从而使相关部门及时掌握信息，并做出相关措施。(4) 环保行政部门移送。可以说，环保行政部门移送这一途径对于检察机关参与生态环境公益诉讼是最有价值的。环保部门作为担负着环境保护职责的国家机关，在日常的行政管理工作中，接触到大量的环境违法行为，因此，环保部门与检察机关的密切配合往往可以起到良好的实践效果，将强有力地推动生态环境公益诉讼的发展。(5) 检察机关自行发现。环境侵害案件具有隐蔽性与危害结果的延时性等特点，即不易发现且危害结果需要较长时间才能显现出来。而且作为生态环境公益诉讼的起诉主体，检察机关既非案件的直接利害关系人，亦非直接管理主体，所以检察机关自行发现这种案件来源方式所占比重并不大，检察机关参与生态环境公益诉讼在实践中亦需要社会各界一定的辅助与支持。①

各国检察机关在生态环境公益诉讼中的地位与身份不尽相同，有的规定为"原告人"，例如英国、匈牙利等；有的规定为"公益代表人"，例如法国、德国、意大利等；有的规定为"法律监督者"，例如苏联等。对于这个问题，目前理论界存在以下几种观点：(1) "当事人说"。即检察机关在公益诉讼中作为原告。这种观点认为，检察机关是在国家利益遭受损害的情况下提起诉讼的，其身份代表的是国家。因此，代表检察机关的检察官享有原告的诉讼权利，承担相应的诉讼义务，应有的地位是原告。(2) "公益代表人说"。即检察机关在公益诉讼中作为公共利益的代表者身份，其目的在于维护社会公共利益。(3) "非刑事公诉人说"。即检察机关在公益诉讼中处于公诉人的地位。笔者认为，第一种观点不尽合理，其缺陷在于检察机关并不享有实体上的权利义务，只是程序意义上的原告，无法解决检察机关一旦败诉，怎样面对败诉结果的问题。第二种观点虽然充分表现了检察机关提起诉讼的目的和意义，但缺陷也是明显的：公益代表人是大陆法系国家对检察机关的性质定位，而我国检察机关定位于专门法律监督机关，并非是维权机关，这一定义无法准确地反映出我国检察机关的性质与特点。笔者认为第三种"公诉人说"比较合理。首先，该说从公诉"基于保护公共利益"的本质出发，澄清了"公诉只存在于刑事诉讼中"的理论误区。相较其他观点而言，不仅对诉讼地位的表述清晰，而且不存在败诉面临责任的问题。其次，"公诉人"的这一称谓全面概括了检察机关参加环境公益诉讼的身份和地位，它既是起诉者，又是监督者。最后，为保证公益诉讼的顺利进行，检察机关在诉讼中依法享有诸多权力，如未经检察院同意撤诉，法院必须受理案件进行审判，

---

① 孙宝民、常纪文：《检察机关提起环境公益诉讼理论及实践探索》，载《中国环境管理》2015年第4期。

而不能裁定驳回;调查取证,对妨碍调查的人采取强制措施;对法院的审判活动是否合法进行监督等。而检察机关只有处于公诉人的地位,才与上述权力相适应,才能尽量避免诉讼程序上如反诉、诉讼费用的承担等问题的发生。

四、我国实务的基本做法

检察机关开展公益诉讼的实践最早可追溯至 1997 年方城县检察院国有资产流失案,在《民事诉讼法》及《环境保护法》修改之前,贵州、广州、浙江等地检察机关作为原告已经提起了一定数量的环境民事公益诉讼,且胜诉率达到 100%。[①] 自 1996 年以来,河南、山西、福建、山东、贵州、江苏、江西等省的检察机关,就先后以法律监督机关的身份,作为国家利益和社会公众利益的维护者,在国有资产保护、公共环境利益的维护方面提起了公益诉讼。[②] 自 1997 年《刑法》修订以来,为了制裁破坏环境资源的行为,地方检察院已经提起部分生态环境民事公诉,只不过是以刑事附带民事的形式而提起。例如,1998 年山西省运城市检察院在针对天马造纸厂厂长杨军武重大环境污染行为提起刑事公诉的同时,就公众饮用水源遭受污染附带提起民事公诉。当年 9 月 17 日,运城市法院除以重大环境污染事故罪判处杨军武有期徒刑 2 年,并处罚金 5 万元外,同时判处杨军武赔偿民事损失 36 万元。同年 12 月 7 日,运城地区中级法院裁定维持原判。1999 年,四川省名山县检察院在针对恒达化工厂重大环境污染行为提起刑事公诉的同时,也就公共水源遭受污染附带提起民事公诉。2002 年,四川省沪州市检察机关为环境公益事业,在全省首次提起刑事附带生态环境民事公诉案件,并获法院支持。[③] 2003 年 5 月,山东省乐陵市人民检察院对范某提起生态环境民事公益诉讼,这个案件主要是由检察机关针对被告范某通过非法渠道,非法加工销售石油制品,损害国有资源,造成了环境污染为理由请求判令被告范某停止侵害、排除妨害、消除危险。乐陵市人民法院最终支持了乐陵市检察院的诉讼请求,在这个案件之后,相继出现了许多检察院提起环境公益诉讼的情况。最具代表性的是 2011 年平湖检察院诉嘉兴市绿谊环保服务有限公司等 5 被告环境污染责任纠纷案。嘉兴市平湖法院公开审理了平湖检察院诉嘉兴市绿谊环保服务有限公司等 5 被告环境污染责任纠纷案,检察院诉称嘉兴市绿谊环保服务公司将 5 000 吨污泥倾倒在平湖市当湖街道大胜村的某处池塘,而该池塘正是平湖饮用

---

① 王立:《环保法庭案例选编》,法律出版社 2012 年版,第 10~12 页。
② 马英杰:《民事公益诉讼鼓与呼》,http://www.law-lib.com/lw/lw_view.asp?no=3155,访问时间:2017 年 9 月 12 日。
③ 别涛:《环境公益呼唤环境公诉》,载《环境经济》2004 年第 9 期。

水水源二级保护区。在这个案件的开庭过程中，被告的其中一项质疑就是法律并未明确赋予检察机关生态环境公益诉讼原告的主体地位，原告的主体地位不适格。在开庭审理过程中，原告方对于被告提出的原告地位不适格问题所给出的答案为：案件是在环保局等相关部门穷尽各种救济手段后移送检察员办理，根据民法通则等相关法律规定，检察机关作为国家的法律监督机关，负有维护国家和社会公共利益的法定职责。①

目前，在我国，检察机关提起生态环境公诉呈现出这样的状态：（1）分布地区广。检察机关提起生态环境民行公诉已不再是单兵突进，我国东、中、西部地区都有检察机关提起生态环境民行公诉的实践，如东部地区有 2008 年广州市海珠区检察院诉某洗衣厂环境污染案、2009 年无锡市锡山区人民检察院诉李某等盗伐林木案、2009 年广州市番禺区检察院诉某皮革厂环境污染案、2010 年广州市番禺区检察院诉某五金厂水域污染案；中部地区有 2008 年湖南望城县人民检察院诉某水泥厂振动、噪声和大气污染案，2008 年江西省新余市人民检察院诉李某水污染案，2009 年江西星子县检察院诉某石材厂案；西部有 2003 年四川阆中人民检察院诉某骨粉厂环境污染案、2004 年四川资阳市雁江区人民检察院诉多家石材厂环境污染案、2008 年贵阳市人民检察院诉熊某水污染案等。（2）提起主体层级限于基层和市级检察院。从目前提起生态环境民行公诉的检察机关来看，主要是基层检察院，也有少数市级检察院，省级检察院和最高人民检察院还没有相关实践。（3）起诉名义不一致。有的是以原告名义起诉，如 2010 年广州市番禺区检察院诉某五金厂水域污染案，其理论支持是，在检察机关提起的公益诉讼中，由于检察机关的起诉行为能够引起诉讼的发生和诉讼程序的开始，检察机关与通常民事行政诉讼中的原告一样，居于原告的诉讼法律地位。有的是以公益诉讼人的名义起诉，如云南昆明市检察机关的实践，其理论支持是，在检察机关提起的公益诉讼中，检察机关是公益权利的代表，其诉讼目的在于维护社会的公共利益。有的是以公诉人的名义起诉，如四川资阳市的实践，其理论支持是，在检察机关提起的公益诉讼中，检察机关居于公诉人的法律地位，与其提起的刑事诉讼，并没有实质上的区别。②（4）诉讼请求多样。在各地检察机关的实践中，其诉讼请求是不一样的。云南、贵州、广州等地检察机关的诉讼请求包括停止生态环境侵害和赔偿环境经济损失，四川、湖南等地检察机关的诉讼请求除了要求停止环境侵害外，在损害赔偿方面则是要求污染者对受害者进行赔偿，而非

---

① 裘立华：《浙江首例环保公益诉讼案件开庭审理索赔 50 余万》，新华网，http://news.xinhuanet.com/legal/2011-12/01/c_122363169.htm，访问时间：2017 年 12 月 12 日。
② 董少谋：《民事公诉及立法完善》，载《西安财经学院学报》2009 年第 5 期。

对生态环境损害本身的赔偿。[①] 其实这种赔偿不是公益性赔偿。

在司法实践中，检察机关作为生态环境公益的法定诉讼担当人，应以保护纯粹生态环境公益为目的，即以纯粹生态环境公益的促进为建制目的和诉讼要件，方能确定其权利来源的正统性。并且检察机关提起生态环境民事公益诉讼旨在督促生态环境公益破坏者积极采取某些促进公益的法定作为，而不是仅仅为了个案的救济；且其判决的效力也不只是限于诉讼当事人。[②] 在生态环境民事公益诉讼中，人们较早关注的是环境损害对个人人身、财产等私益造成的损失，并非环境自身利益受到的损害。在我国司法实践中，由于检察机关对提起生态环境民事公益诉讼的目的定位不清，提起的生态环境民事公益诉讼保护却带有以保护人的人身、财产等私益为目的的性质，如2008年湖南省望城县人民检察院诉湖南长沙坪塘水泥有限公司灰尘、噪声污染案，2008年5月望城县人民检察院作为原告，以湖南长沙坪塘水泥有限公司为被告，以该公司水泥生产产生灰尘、噪声等污染严重损害花扎街村村民人身健康为由向望城县法院起诉。最后经该县法院调解后，被告因灰尘、震动等环境污染问题向花扎街村村民每年补偿62 538元。该案虽为湖南首例以检察机关为原告直接提起的生态环境公益诉讼，但却是以对环境受害村民的人身、财产等私益损害赔偿为最终目的。这些诉讼案件是以保护受害人的人身、财产等私益为前提条件，而不是以保护纯粹环境利益为最终目的，只是在保护环境受害人人身、财产等私权益时所附带的一种结果。[③]

近些年来的不少实例证实，无论是在直接起诉还是在支持起诉、督促起诉、刑事附带民事起诉方面，检察机关都在生态环境公益诉讼中发挥了足够大的作用。检察机关提起民行公益诉讼的实践探索已经表明，由检察机关提起公益诉讼的客观条件已经比较成熟，检察机关应当充分发挥职能作用，总结近年来检察机关开展公益诉讼的实践经验，进一步规范提起公益诉讼的范围和程序，以更好地运用法律武器捍卫国家利益和社会公共利益。

第三节　生态环境公益诉讼中的行政机关

实践中，行政机关尤其是环境保护主管部门提起过数量较多的生态环境民事

[①] 吴勇：《环境民事公诉适格原告的实践考察与立法选择》，载《法治研究》2013年第3期。
[②] 叶俊荣：《环境政策与法律》，中国政法大学出版社2003年版，第224页。
[③] 蔡守秋、张文松：《检察机关在突破环境民事公益诉讼难局中的法律困境与规则建构——基于公益诉讼改革试点方案的思考》，载《中国地质大学学报（社会科学版）》2016年第3期。

公益诉讼，且绝大多数都获得了胜诉。如昆明市环境保护局起诉昆明三农农牧有限公司与昆明羊甫联合牧业有限公司环境污染侵权案，贵阳市两湖一库管理局诉贵州天峰化工有限责任公司水污染责任纠纷案等。在一些地方出台的规范性文件中，也明确赋予了环保行政机关以生态环境民事公益诉讼的原告资格。如无锡市中级人民法院制定的《环境公益民事诉讼的审理规则（试行）》、昆明市中级人民法院和昆明市人民检察院联合制定的《关于办理环境民事公益诉讼案件若干问题的意见（试行）》等。但是《民事诉讼法》将具有原告资格的国家机关限定为法律规定的机关，而《环境保护法》则对机关的主体资格未予规定，那么行政机关能否提起生态环境民事公益诉讼，需要结合法律条文的文义及立法原意进行解释。《民事诉讼法》修改过程中，立法机关认为，行政主管部门等有关机关作为公共利益的主要维护者和公共事务的管理者，作为诉讼主体较为合适，既可以促使其依法积极行政，也可以利用诉讼救济的方式弥补其行政手段的不足。但是，有学者认为，我国行政强制法对环境污染规定了代履行制度，环境保护行政机关可以责令污染者治理污染、恢复原状。当污染者不履行或不能履行时，环境保护行政机关可以代履行或委托他人代履行，代履行的费用由污染者负担。而当污染者不支付代履行费用时，行政机关可以申请人民法院强制执行。负有环境保护职责的部门无需通过生态环境民事公益诉讼的途径向污染者索取治理污染、恢复原状的费用，因此，没有必要赋予行政机关原告资格。[①] 从严格解释的层面，首先，2012年《民事诉讼法》已明确规定只有在法律授权的情况下，国家机关才有权提起民事公益诉讼；而2014年新修订的《环境保护法》并未赋予环境保护主管部门原告资格。因此，环境保护主管部门提起生态环境民事公益诉讼缺少法律依据。其次，根据立法机关的释义，由于存在不同的认识，修订后的《环境保护法》没有赋予行政机关原告资格，而且环境保护主管部门提起公益诉讼，与其自身所享有的国家环境管理权以及应承担的保护环境的法定职责之间确实存在一定的内在矛盾，在该问题厘清之前，不宜赋予其原告资格。最后，至于《海洋环境保护法》第九十条第二款规定的，行使海洋环境监督管理权的部门可以代表国家，对破坏海洋生态、海洋水产资源、海洋保护区，给国家造成重大损失的责任者提出损害赔偿请求，究竟是否属于生态环境民事公益诉讼案件的问题，存在较大争议。我们认为，负有环境保护职责的部门是国家利益的代表者，他代表国家向污染者提出赔偿损失的诉讼请求，符合《民事诉讼法》关于原告资格的"直接利害关系"原则，因此，该诉讼属于普通的民事诉讼，而不是公益诉讼。

有学者认为，在保护生态环境公益方面，由环保行政机关来行使生态环境民

[①] 信春鹰主编：《中华人民共和国环境保护法释义》，法律出版社2014年版，第200页。

事公诉的诉权比检察机关可能要适宜一些。① 其理由在于：（1）环保行政机关更适宜作为生态环境公益的代表。检察机关是公共利益的代表，这一点并无疑问，但是，环境公共利益的直接代表却并非检察机关。在我国，宪法确定环境保护是国家的一项基本职责，而国家的环保职责需要通过一定的机关来实现。这个机关就是行使环保管理职能的专门机关和其他机关。维护环境公共利益是环保行政机关正当性的内在要求，他们负有通过各种措施和途径对国家管辖权内的环境、资源加以妥善保护、改善和管理的义务。因而，环保行政机关以公众受托人或国家的环境资源所有权代表人的身份对侵害生态环境公益的行为提起民事公益诉讼已内化为环保行政机关的基本履职行为。（2）生态环境民事公诉的专业性决定了环保行政机关更适宜担任生态环境民事公诉的原告。造成环境污染和环境破坏的原因很多而且复杂，常常表现为隐蔽性、滞后性、综合性，致使污染破坏行为与损害后果之间的因果关系难以确定，甚至损害后果也难以衡量。对环境损害的因果关系的判定、危害程度的鉴定、损害后果的定量，都需要通过分析、化验、科学实验等多种技术手段才能得出科学的结论。环境纠纷涉及科技因素，需要专门的证据收集方法和技术性手段，而这是检察机关所欠缺但环境保护机关所拥有的。更重要的是，对环境纠纷所涉科学不确定性的问题的认识，需要环境保护方面的政策性判断，环境保护机关作为专门的政策执行机关无疑在要求采取预防性措施方面更具有专业性的判断。②

有学者提出"政府成为环境民事公益诉讼的主体是必要的"③ 观点；有学者认为，若人民检察院退出试点，专司法律监督，而将提起公益诉讼原告的资格交由履行相应环境管理职权的行政机关，不仅对被告更为公平，而且更能实现法律效果与社会效果的统一。④ 笔者认为值得商榷。（1）政府拥有强大的行政权，如果再赋予其生态环境公益诉讼的起诉权，就会引起政府行政职权的过度扩张。政府的行政权力过度扩张，会打破立法、司法、行政三权之间的平衡，也难免会产生贪官污吏。（2）民事诉讼从起诉到判决再到执行，往往需要一段时间的等待。相比之下，政府通过行使行政职权追究违法者的责任要更直接更有效率。依照我国目前有关国家机关职权划分的法律规定，政府作为行政机关，有权代表国家对社会公共事务进行行政管理。国家设置了各种专门的行政管理机构，对社会各种不同的事务进行有序、有效的管理。一旦出现侵犯社会公共利益的行为，相关的行政机关能及时采取罚款、责令停产停业、吊销营业执照等行政处罚措施。（3）如果赋予政府起诉

---

① 吴勇：《环境民事公诉适格原告的实践考察与立法选择》，载《法治研究》2013年第3期。
② 吴勇：《环境公诉探析》，载《求索》2006年第11期。
③ 李挚萍：《中国环境公益诉讼原告主体的优劣分析和顺序选择》，载《河北法学》2010年第1期。
④ 张忠民：《环境公益诉讼被告的局限及其克服》，载《环球法律评论》2016年第5期。

权,其在民事诉讼中与被告相比,具有明显的优势地位。因为政府拥有公权力,其一方面可以利用自身的行政职权进行调查取证,另一方面,其还具有行政处罚的权力,对被告也会产生威慑作用。这样会导致民事诉讼中双方当事人地位的不平等,既违背了当事人诉讼权利平等的民事诉讼基本原则,也违背了公平、公正的法理精神。因此,我们认为,政府不宜成为生态环境公益诉讼的起诉主体。

有学者认为,让环境行政机关作为生态环境公益诉讼的主体并不妥当。第一,原告资格与环境行政机关的职责冲突。行政权与司法权不同,其更具主动性。环境行政机关自身的职责就是进行日常的环境监测与保护,时刻监督市场主体是否会造成环境污染是其必然的日常事务。如果出现了环境污染,尤其是发生涉及公共利益的环境污染案件,本身就是环境行政机关的失职。此时,由于失职造成了环境污染,环境行政机关就应该受到相应的责任追究。当公共环境污染案件发生后,环境行政机关应为法律制裁的对象,而不应该充当受害者的角色,来扮演公益诉讼的原告。第二,环境行政机关缺乏推进司法程序的激励。事实上,一旦发生了环境污染事件,环境行政机关是难脱其咎的。环境行政机关有能力事前审查,事中监督,可以最大限度地避免事故的发生。当环境污染案件发生后,应该认定的是环境行政机关的失职。如果非要让环境行政机关作为原告,其会有选择地处理诉讼证据,尤其是那些暴露自身疏于执法而导致污染发生的证据,甚至会形成环境行政机关与污染企业之间的共谋。在这一层面而言,在生态环境公益诉讼中,环境行政机关与污染企业之间具有"共容利益"。[①] 如果环境行政机关连最基本的"分内工作"都无法完成,我们就更无法期待其圆满完成生态环境公益诉讼的"兼职工作"。试图借助诉讼机制补充环境行政监管的"无能",只会进一步弱化环境行政机关未应独立承担的监管职责。[②] 有的学者基于环境保护行政机关的局限性展开分析,认为将环境保护行政机关作为公益诉讼的直接原告,不但会干扰行政系统和司法系统的分立运作,还会滋生新的行政不作为和新的腐败及地方保护主义,实践中很难出现公益诉讼。[③]

有的学者根据宪法学原理分析,认为立法、行政和司法的基本功能定位决定了行政机关不适合作为生态环境公益诉讼的原告,生态环境民事公益诉讼本质上是民事诉讼,要求主体平等,将环境保护行政机关作为原告势必造成行政法律关

[①] Mancur Olson. *Power and Prosperity*: *Outgrowing Communist and Capitalist Dictatorships*. Basic Books, 2000, P. 13.

[②] 沈寿文:《环境公益诉讼行政机关原告资格之反思——基于宪法原理的分析》,载《当代法学》2013年第1期。

[③] 潘佳:《论公民个人和环保部门不宜作为环境公益诉讼的直接原告》,载《齐齐哈尔大学学报(哲学社会科学版)》2012年第5期。

系与民事法律关系错乱。① 该主张是基于政府权力膨胀的担忧，对法治和宪政精神造成威胁。依据宪法关于国家权力的配置和传统的诉讼理论，国家行政机关无权发动诉讼，只能行使自己的行政管理权，或由专门的法定公诉机关行使诉权。我国生态环境公益诉讼司法实践却突破了这一权力配置的底线，出现了由环境资源行政主管机关发动诉讼的现象，如2007年贵阳市"两湖一库"案，清镇环保法庭最终判决"两湖一库"管理局胜诉，判决贵州天峰化工公司"立即停止对贵阳市红枫湖及其上游河流羊昌河环境的侵害，并排除妨碍、消除危害"。该案被学界研究生态环境公害诉讼的学者赞赏，认为"具有相当高的示范价值和学术研究价值。开创了'环保审判的贵阳模式'"，② 对此，学界存在一定的争议，依据我国《宪法》《政府组织法》以及《环境保护法》关于环境资源行政主管机关的职权配置，赋予它原告资格是多此一举。行政机关对社会组织以及公民具有监督管理的权利，一旦发现生态环境公害行为存在，有权实施行政处罚，要求其排除妨碍、消除危害。一旦认可行政机关具有诉讼资格，无异于放任其行政职权，这对生态环境保全而言，是典型的行政不作为。同时也使行政机关将自己的责任转嫁于司法机关的身上，使司法机关承担不应该也不能承担的义务，加重司法负担，消耗司法资源。

从环境行政执法权配置不足的现实不能得出应当赋予环保行政部门生态环境公益诉讼原告资格的结论。首先，现行环境立法对环境违法行为处罚确实存在力度小、环境违法成本低的问题，导致行政处罚难以发挥应有的威慑作用。但环境立法存在的问题应当通过修改相关立法来完善，即应当在立法上加大对环境违法行为处罚的力度，2014年修订的《环境保护法》引入按日计罚制度就体现了这一倾向，以避免反向刺激。其次，当环保行政部门穷尽行政处罚后仍无法触及违法者之根本的情况下，生态环境损害民事赔偿确实可以起到填补环境行政责任不足的功能。环境行政责任和环境民事责任虽然各自的价值取向不同但在功能上是并行不悖的，因此现行法明确规定承担行政责任之外不免除其他责任的承担，故在行政责任之外追究违法者环境损害的民事责任是环境法正义价值的必然要求。但我们据此只能得出在行政处罚之外应当完善环境损害民事赔偿责任的结论，却并不能以此得出追究环境民事责任的发起者应当是环保行政部门的结论。最后，认为环保部门可以借助生态环境公益诉讼途径以矫正环境行政执法效率低下的论断违背了最基本的法理常识。行政执法最基本的原则之一是效率原则，而司法的最高价值追求是公平而非效率。相对于执法而言，司法作为昂贵的社会资源一旦

---

① 沈涛文：《环境公益诉讼行政机关原告资格之反思——基于宪法原理的分析》，载《当代法学》2013年第1期。

② 肖建国：《环保审判的"贵阳模式"》，载《人民法院报》2011年7月7日。

启动则比执法消耗的时间更长,司法不可能比执法更有效率。更重要的是,行政执法效率低下肯定是环境行政执法本身出了问题,在行政执法本身存在问题的情况下不去追究行政部门本身的责任,反而通过再赋予其公益诉讼原告资格以启动运行成本更高的司法程序,既有违法的公平价值也违背一般常理。最后,以环保行政部门没有行政执行权而导致行政职权被架空为由,认为环保部门提起生态环境公益诉讼有利于避开执行难的观点也是不能成立的。环保部门虽然没有强制执行权,但如果在违法者不履行行政决定也不寻求救济的情况下,环保部门可以直接向法院申请强制执行,那么还有让环保部门提起公益诉讼以落实行政管理权的必要吗?同时,如果环保部门存在执行难的问题,那么法院同样存在,将执行难的问题交由法院,只是让这一问题发生了位移,并未真正解决问题。因此,从制度逻辑来看,环境行政管理权配置的不足是公益诉讼制度得以产生的前提而非行政部门成为公益诉讼原告的前提。从行政管理权存在"执法资源不足"的前提不能得出环保部门应当成为公益诉讼原告的结论。①

赋予环保行政部门公益诉讼原告资格无法改变环保行政执法权囿于地方保护压力而运行乏力的事实。一个不争的事实是,地方保护主义是环保行政执法权运行乏力的一个重要原因。但通过赋予环保行政部门公益诉讼原告资格却无法改变这一事实。理由如下:首先,在现有体制没有发生改变的情况下,环境行政部门在环境执法时遭遇的压力在公益诉讼中同样存在。试问:环保部门的人权、事权、财权均受制于地方政府,在地方政府出于经济增长的冲动为环境违法企业开绿灯从而导致环境行政执法乏力的情况下,即使赋予环保部门环境公益诉讼原告资格,环保部门也没有提起生态环境公益诉讼的动力和勇气。有些地方生态环境公益诉讼遭遇"零受案率",以及目前已有的由环保行政部门提起的生态环境公益诉讼案例中被动"作秀"的成分,均能拷问环保部门提起公益诉讼的动力有几许。其次,虽然从我国宪法权力配置的体系结构来看,司法权的运行不受行政权的非法干涉。但现实是我国法院系统本身在我国的独立性也备受质疑,我们离司法独立的目标还有很远的一段距离。因此,地方保护主义不仅会影响到环保行政权的运行,同样也会影响到司法权的运行,司法机关在地方保护主义的压力下也无法做到独善其身,生态环境纠纷诉讼立案难就是最好的例证。最后,由环保部门提起公益诉讼,使行政与司法携手形成"合力"以抗衡地方保护听起来很美,却不符合司法中立的基本特性。而且,行政与司法两者功能异质性的确立与维护"是有效发挥司法对行政监督功能的前提",两者关系的错位"势

---

① 谢玲:《再辩"怠于行政职责论"——就环境公益诉讼原告资格与曹树青先生商榷》,载《河北法学》2015年第5期。

必会发生异质性功能之间的冲突和序位颠倒混乱导致的程序资源价值的内耗与枯竭"。①

第四节 生态环境公益诉讼中的环保组织

一、我国立法的态度及其评价

《中华人民共和国民事诉讼法》第五十五条第一款规定："对污染环境、侵害众多消费者合法权益等损害社会公共利益的行为，法律规定的机关和有关组织可以向人民法院提起诉讼。"

《环保法修正案（草案）》二审稿规定：对污染环境、破坏生态、损害社会公共利益的行为，中华环保联合会以及在省、自治区、直辖市设立的环保联合会可以向人民法院提起诉讼。

《环保法修订案（草案）》三审稿规定：对污染环境、破坏生态，损害社会公共利益的行为，依法在国务院民政部门登记，专门从事环境保护公益活动连续五年以上且信誉良好的全国性社会组织可以向人民法院提起诉讼。

《中华人民共和国环境保护法》第五十八条第一款规定："对污染环境、破坏生态，损害社会公共利益的行为，符合下列条件的社会组织可以向人民法院提起诉讼：（一）依法在设区的市级以上人民政府民政部门登记；（二）专门从事环境保护公益活动连续五年以上且无违法记录。"

从立法技术层面看，三审稿相对于二审稿看上去有所进步，但是从可能具有原告资格的主体范围看，其比二审稿的范围更小，设置的门槛依然太高，无法完全实现生态环境公益诉讼所欲实现的参与式治理的制度理念。② 其实，环境保护法相对于民事诉讼法而言，是严格得多了。

关于对"有关组织"的理解问题。"有关组织"作为公益诉讼的起诉主体的要求不同于"机关"。首先，从"有关组织"的性质来看，2012 年修订的《民事诉讼法》第五十五条中规定的"有关组织"是私法性质的组织，民间性是国际通行的非营利组织的界定标准之一，它也是我国非营利组织设立的基础。我国的

---

① 张怡、徐石江：《我国环境公益诉讼的发展困境与对策分析》，载《河北法学》2010 年第 12 期。
② 王社坤：《民间环保组织在环境公益诉讼中的角色及作用》，载《中国环境法治》2013 年第 2 期。

非营利组织，包括社会团体、民办非企业单位和基金会，是根据私法上的设立行为而成立的。如在《民办非企业单位登记管理暂行条例》中规定，"本条例所称民办非企业单位，是指企业事业单位、社会团体和其他社会力量以及公民个人利用非国有资产举办的，从事非营利性社会服务活动的社会组织"。"举办"的基础是举办者"举办的意思"，举办者的意思通过民办非企业单位"章程"的形式表现出来。而非营利组织作为私法人的实质在于通过其参与社会活动实现一定公益目的，因而私法人的民事行为能力是实现法人目的的核心条件。国家出于维护当事人的利益，要通过对法人的审查而赋予、限制或撤销法人的行为能力。非营利组织的法人资格也是经主管部门批准，并经注册登记而享有行为能力和权利能力。一旦"组织"依法成立后，在其章程范围内的权利能力与行为能力均受法律保护。其次，从"组织"的作用来看，在一个民主的社会里，制约政府的权力是一个永恒的主题。任何公共权力都需要制约，在"国家—市民社会"的框架下，国家和市场处于非此即彼的对立对等的极端状态。进入20世纪中后期以后，以哈贝马斯为代表的学者突破了二元框架的束缚，构建了三元框架，其中有代表性的有哈贝马斯的"公共领域—经济—国家"框架，萨拉蒙的"政府部门—非营利部门—营利部门"框架等，从本质上讲，政府部门与营利部门、营利部门与营利部门之间并没有根本利害冲突，也没有不可调和的矛盾。但是，由于各经济主体存在着各自独立的经济利益，彼此间有一些矛盾和摩擦是不可避免的，对这些矛盾和摩擦，一旦处理不及时或处理不当，就会加剧彼此间的对立冲突，影响正常的社会经济活动。非营利部门与政府部门、营利部门形成功能互补、制约的关系，能增强社会自治功能，通过组织化的载体发挥人民主体作用。非营利性组织作为公民社会最基本的组织载体，是来自外部的最重要的制约力量，并且对政府和市场起沟通、协调的作用，构成一个三元权力结构的稳定格局。最后，在审批制和登记制下的"有关组织"提起公益诉讼无需再经法律规定。所以，环境保护法对环保NGO起诉资格的严格规定，是对民间组织不胜任的表现。

关于法院审查社会组织是否具有原告资格的问题。为保障作为生态环境公益诉讼原告的社会组织提交材料的真实性和准确性，加强司法机关与社会组织登记管理部门的信息互联，由最高人民法院、民政部、环境保护部三家联合制定的《关于贯彻实施环境民事公益诉讼制度的通知》第一条即明确规定："人民法院受理和审理社会组织提起的环境民事公益诉讼，可根据案件需要向社会组织的登记管理机关查询或者核实社会组织的基本信息，包括名称、住所、成立时间、宗旨、业务范围、法定代表人或者负责人、存续状态、年检信息、从事业务活动的情况以及登记管理机关掌握的违法记录等，有关登记管理机关应及时将相关信息向人民法院反馈"。因此，法院在审查社会组织是否具有原告资格时，可向该社会组织的登记管理机关发函询问相关信息，民政部门应及时回复，法院可结合原告提交的相关材料及民政部门反馈的信息确定其是否是适格当事人。

关于应对"专门从事环境保护公益活动"作宽松解释还是严格解释，存在一定争议。有一种观点认为，为了完全符合"专门"的文义，应要求社会组织只能从事维护的活动，而不能从事其他活动。但有学者认为这一要求过于严苛，若做这样的要求，能够提起环境公益诉讼的社会组织就很少了，明显不符合立法目的。① 考虑到实践中大多数社会组织的宗旨或业务范围都较为宽泛，只要其中一项或几项明确规定为维护环境公共利益即可，否则可能会不恰当的限制能够提起公益诉讼的社会组织的范围。最高法院经过权衡，增加了"宗旨和主要业务范围"这个表述，这样一方面解释了何谓"专门"，另一方面也在一定程度上放宽了对社会组织的要求，即不要求其唯一的宗旨是维护环境公共利益。②

关于是否要求社会组织提起生态环境公益诉讼与其活动范围具有关联性的问题。从我国实际情况出发，不宜要求社会组织提起生态环境公益诉讼与其活动范围具有关联性。这是因为：首先，根据《民办非企业单位登记管理暂行条例》与《基金会管理条例》的相关规定以及民办非企业单位与基金会的自身特点，这两类社会组织并没有活动地域的限制，自然也不存在提起的生态环境公益诉讼超出其活动区域的问题。其次，根据《社会团体登记管理条例》的相关规定，社会团体应当在章程和登记证书上记载活动地域，且社会团体的名称应当与其业务范围、成员分布、活动地域相一致，准确反映其特征，但《社会团体登记管理条例》并未明确规定超地域活动的法律后果，民政部国家民间组织管理局也认为，因为社会组织提起公益诉讼的目的是为保护生态环境公益，所以即使社会团体在其章程记载的活动地域外提起诉讼，也不属于违法行为，不应对其进行处罚。再次，社会组织是为保护环境公共利益而提起的诉讼，而公共利益应该是不分地域的，而且环境污染或破坏生态行为往往是跨区域的，造成的影响也较为广泛，限制过死不利于社会组织跨区域提起公益诉讼。最后，我国幅员辽阔，各地社会经济发展并不平衡，社会组织的数量、能力也参差不齐，很多有意愿也有能力提起生态环境公益诉讼的社会组织都分布在大中型城市，若对其活动范围的关联性提出严格要求，可能很多地方都没有社会组织对当地的污染环境或破坏生态行为提起生态环境公益诉讼，这明显不利于环境公共利益的

---

① 林文学：《环境民事公益诉讼争议问题探讨》，载《法律适用》2014年第10期。
② 最高人民法院环境资源审判庭编著：《最高人民法院关于环境民事公益诉讼司法解释理解与运用》，人民法院出版社2015年版，第74~75页。

维护。①

关于社会组织"无违法记录"的理解问题。2013年10月第三次审议的《环境保护法修订案》（草案）第五十三条曾规定，只有"信誉良好"的社会组织才能提起公益诉讼，虽然立法初衷是好的，但由于"信誉良好"的标准过于模糊，实践中不易判断，最终修改为无违法记录，无疑更具操作性。但是如何在具体个案中判断提起生态环境公益诉讼的社会组织有无违法记录，应由社会组织自己还是由被告来承担违法记录的举证责任以及如何证明等问题，仍须进一步明确。从鼓励社会组织提起生态环境公益诉讼的角度出发，不宜将违法记录对社会组织主体资格的影响无限放大，否则会大大限缩具有公益诉讼原告资格的社会组织的范围，不利于环境公共利益的保护。将社会组织无违法记录的时间限定在"起诉前五年"，以与《环境保护法》第五十八条规定的"专门从事环境保护公益活动连续五年以上"相衔接。拖欠水费或社会组织负责人因与人发生争执导致治安处罚等，若其因此而不能提起公益诉讼，就违背了设置公益诉讼的初衷。与业务活动无关的违法行为，如因交通违章、消防设备等原因受到处罚或者工作人员非执行职务过程中受到处罚，并不影响社会组织的主体资格。② 对于违法记录的证明及认定，有三种方案。第一种方案，以社会组织的年检结论为准。第二种方案，由社会组织的登记管理机关或者主管机关出具其无违法记录的证明。第三种方案，由社会组织"自证清白"，即由社会组织出具法定代表人或负责人签字且加盖公章的无违法记录的声明，法院应推定其不存在违法记录。若被告认为原告不具有主体资格，可举证证明该社会组织存在《环境保护法》规定的违法记录，社会组织也可举证反驳。法院通过审查当事人提交的证据或根据有关线索直接向有关部门调取相关证据后，若能够认定社会组织存在违法记录，则该社会组织丧失提起生态环境公益诉讼的主体资格，在案件受理阶段应裁定不予受理；已经受理的，则裁定驳回起诉。③ 这种方案最终为司法解释所采纳，并将法定代表人或负责人签字且加盖公章的无违法记录的声明作为社会组织起诉时应向法院提交的主要材料之一。若诉讼中被告举证证明社会组织出具的无违法记录的声明在内容上有虚假之处，则法院可根据个案情况和情节轻重，比如社会组织是否存在故意隐瞒、造成后果是否严重等情形，向登记管理机关或主管机关发送司法建议，依法进行

---

① 最高人民法院环境资源审判庭编著：《最高人民法院关于环境民事公益诉讼司法解释理解与运用》，人民法院出版社2015年版，第81~82页。

② 最高人民法院环境资源审判庭编著：《最高人民法院关于环境民事公益诉讼司法解释理解与运用》，人民法院出版社2015年版，第85~88页。

③ 林文学：《环境民事公诉争议问题探讨》，载《法律适用》2014年第10期。

处罚。① 其实，第二种方案增加了举证成本，多此一举，第三种方案转移了案件关注的重点问题，社会组织的违法犯罪行为与起诉环境违法企业是两码事。所以，我们认为，第一种方案比较合理。

关于环保团体须存续 5 年以上的问题。《环境保护法》对环保团体须存续 5 年以上的年限限制过于严苛。我国 2013 年调查显示，由于对社会组织成立及运作的种种人为及客观条件的限制，我国由民间自发组织的草根社团能够生存到两年以上的不到 30%，能够生存 3~4 年的只有 15%。② 法律上有年限限制的，多是出于剥夺权利与限制行为的角度考虑的，但是对授权或者确权行为，一般无时间限制，如企业取得营业执照即可从事生产经营，事业单位和机关单位批准成立即具有从事法律行为的资格。

关于"通过诉讼牟取经济利益"的理解问题。目前，我国环境社会组织的发展极不平衡，据不完全统计，我国当前约有近 2 000 家环保社会组织，其中符合 2014 年修订的《环境保护法》提起诉讼条件的仅 300 余家。经过调研发现，这 300 余家社会组织中，有技术和经济条件提起诉讼的大约不到一半，有意愿从事生态环境公益诉讼的更少。其主要原因在于我国环保社会组织没有自身经济来源，大多靠社会捐助或国家帮助来维持，以致其工作难以全面、持续开展。因此，环保社会组织如何实现可持续发展是司法解释应当顾及的问题。基于我国当前环保组织的生存现状，如果社会组织不接受社会捐助或社会帮助是难以生存下去的。2014 年修订的《环境保护法》第五十八条第三款规定"提起诉讼的社会组织不得通过诉讼牟取经济利益"，太不明确，如社会组织的经济收益一旦与诉讼挂钩，就可能违反该项法律，从而使得社会组织对提起公益诉讼产生畏惧心理。因此，有必要对何为"通过诉讼牟取经济利益"予以界定。如果提起生态环境公益诉讼的社会组织，要求被告把损害环境公共利益的赔偿金直接支付给社会组织，这显然是符合法条规定的牟取经济利益的行为。但是，那些通过获取社会资金开展运营，且不通过诉讼直接获取经济利益的社会组织，能否提起生态环境公益诉讼？笔者认为是可以的。有学者建议最高人民法院制定司法解释时，应当对"不得通过诉讼牟取经济利益"予以明确界定，即不得通过诉讼向被告或者其他诉讼当事人要求得到赔偿或其他经济利益。③ 但是，笔者认为，环保组织在诉讼中提出要求被告承担和支付相关诉讼成本，这应当是可以的，而且要鼓励和保护，只是环保组织不得私自暗中接受被告或者其他诉讼当事人的经济利益，更不

---

① 最高人民法院环境资源审判庭编著：《最高人民法院关于环境民事公益诉讼司法解释理解与运用》，人民法院出版社 2015 年版，第 90~92 页。
② 贺震：《环境公益诉讼需另辟蹊径？》，载《中国环境报》2014 年 12 月 19 日。
③ 常纪文：《环境公益诉讼需解决八个问题》，载《经济参考报》2014 年 9 月 3 日第 6 版。

能借诉讼之名而向被告或者其他诉讼当事人敲诈勒索。

关于社会组织通过诉讼牟取经济利益是否影响其原告资格的问题。一种意见认为，从《环境保护法》第五十八条的立法目的来看，只有其有较高公信力或者有较好社会信誉的社会组织，才能提起生态环境民事公益诉讼，才能保障公益诉讼顺利进行和实现公益诉讼的特定目的。社会组织若为一己私利提起公益诉讼，则必然导致公益诉讼变异成其牟利的工具，也就不应允许此类公益诉讼的程序继续进行下去。且《环境保护法》第五十八条已明确规定提起生态环境民事公益诉讼的原告应无违法记录，通过诉讼牟取经济利益应属于较严重的违法情形，诉讼中有这种行为的社会组织已丧失正当的主体资格，因此，应驳回其起诉。另一种意见则认为，法院处理的是民事纠纷，是否支持原告的诉讼请求，应当通过事实证据来判定是否存在损害社会公共利益或者具有损害公共利益重大风险的污染环境、破坏生态行为，原告是否收取财物并不能影响对上述行为是否成立的判定，原告获取利益与被告应当承担的责任是不同性质的问题，被告并不能因原告的错误获利而免除应当承担的责任，因此，不应裁定驳回原告起诉，否则环境公共利益可能难以获得充分保护，对于原告的违法行为，可通过其他方式对其进行处罚。我们认为两种意见都有一定的依据，官方倾向性意见是考虑到生态环境民事公益诉讼有别于其他类型的诉讼，对原告资格理应提出较高的要求，若原告存在通过诉讼牟取经济利益的情形，其进行的诉讼很难获得公众的认可和信任，裁定驳回起诉是更妥当的选择。而且，能够提起公益诉讼的社会组织不止一家，司法解释也规定了因主体不适格而驳回起诉并不影响其他具有原告资格的社会组织另行提起诉讼，故驳回起诉对环境公共利益保护的影响应该是比较小的。但提交审判委员会讨论过程中，较多意见认为无须对是否驳回起诉作出明确规定，而是可以在个案审理中由法官根据具体案情进行判断，即如果社会组织通过诉讼牟取经济利益的情形比较严重，达到了违法的程度，可以裁定驳回起诉；相反，如果尚未达到违法的程度，则相关诉讼程序仍应继续进行，可通过其他方式对该社会组织予以惩戒。①

关于外国社会组织能否在中国提起生态环境公益诉讼的问题。我国《民事诉讼法》第五十五条和2014年修订的《环境保护法》第五十八条都没有对社会组织的国别性做出明确规定。但是，若是一些国外甚至国际NGO组织的分支、派出机构，符合我国2014年修订的《环境保护法》第五十八条的法定条件，能否提起生态环境公益诉讼？有学者认为，基于环境问题的复杂性以及外国或国际组

---

① 最高人民法院环境资源审判庭编著：《最高人民法院关于环境民事公益诉讼司法解释理解与运用》，人民法院出版社2015年版，第448~449页。

织与我国社会组织的差异性，以及政治和社会权利的国籍属性，建议不应当把外国或是国际组织在华分支、派出机构纳入生态环境公益诉讼的主体范畴。① 但是，笔者认为不能如此绝对化，环境问题的复杂性和社会组织的差异性，不可能成为外国或是国际组织在华分支、派出机构作为生态环境公益诉讼的主体的正当理由，他们更专业、更有经验，其宗旨多是与保护环境有关的；况且，参与环境保护的权利，更多的是一种社会性权利，而不是一种政治性权利，如果具有反政府的目的，即使是国内的环保组织也当然不享有生态环境公益诉讼的主体资格，这其实与国籍属性无关。

有学者认为，我国并没有采用大陆法系国家的认许或者注册制，原告资格的有无由法院审查是否符合实质性条件，无须事先由行政机关以认许或者注册方式确定。这种以立法直接规定起诉主体条件而由法院依法加以认定的做法比较适合我国情况。如果照搬认许或者注册制，认许或者注册由行政机关依照法律规定的条件进行，但环保组织起诉对象有可能是行政机关，而该行政机关可能是对环保组织进行认许或者注册的机关，在我国现阶段，环保组织难免担心起诉认许或者注册机关可能被取消认许或者注册资格，因而不愿或不敢起诉行政机关。② 笔者认为，这种观点值得商榷。我国是大陆法传统国家，对环保组织的合法地位需要由行政机关以认许或者注册的方式确定，这个行政机关一般就是民政部门，而环保组织需要起诉的行政机关一般是环境管理部门。这两个行政机关职能分工是完全不同的。所以，该学者的观点是对我国环保组织的误读。

通览我国既有的原告适格限制规定，不合理之处和未尽之处仍然显见，整体而言对滥诉的防控有余，对社会组织是否能够适当履行职责的考量则有所疏漏。依据目前的法律规定与实际做法看来，生态环境公益诉讼"过度放开"的忧虑几乎成为伪命题。在民间组织以及公益律师远未充分发展的中国，如此担心"滥诉"实在为时过早。

二、我国环保 NGO 提起生态环境公益诉讼的理论基础

社群是一个有机的整体，它不但具有共同的文化和传统，而且也具有统一的认同和情感。这样的社群本身就具备了某种生命有机体的性质，从而也就具备了作为权利主体所要求的基本条件，如独立的意志和行为能力、承担一定的义务等。在他们看来，社群权利不但有其主体条件，而且有其客观要求。社群的基本

---

① 常纪文：《环境公益诉讼需解决八个问题》，载《经济参考报》2014 年 9 月 3 日第 6 版。
② 胡静、姜真：《环保组织提起公益诉讼的条件研究》，载《环境经济》2014 年第 5 期。

功能之一是对其成员分配各种利益和资源,满足成员的物质需要和精神需要,若社群自身没有权利,它就不能实现这种功能。① 同时,结社作为介于个人与政府之间的沟通中介,对于实现那些具有某种共同利益的人的特定目的来说是必要的。因为"对于公众来说,只有在相互作用之下,才能使自己的情感和思想焕然一新,才能开阔自己的胸怀,才能发挥自己的才智。因此,民主国家要人为地创造这种作用,而能够创造这种作用的,正是结社"②。而且,对于实现真正意义上的公共目的来说也是重要的。社团作为组织化的公民,可以规模化地行使其最终监督者的代表职责,更有效地促进"国家权力"行使的"合目的性"。政府对公民环境公权力的结社权能的行使应从法定条件、程序等方面给予肯定性规定,并对这些肯定性规定给予积极地履行。

有效的私人起诉权与发达的市民社会(包括发达的非政府组织)是分不开的。在一个法治国家,大量、活跃的非政府组织(公民团体)构成了市民社会,而市民社会在法律执行方面(尤其是私人执法方面)可以起到非常重要的作用。对于行政机关或立法机关的违法或违宪行为,公民个人对之进行挑战很难,也很难承担诉讼成本。很多时候是通过非政府组织(公民团体)向法院提起诉讼得以纠正的。③

环保 NGO 提起生态环境公益诉讼的优势主要体现在以下几点:(1)环保 NGO 具有专业性。环境问题常常具有高科技性和复杂性。环保 NGO 的大多数组成人员具备环境科学和法律方面的知识,正好弥补了公民个人和检察机关在环境专业问题上的不足。专家化的环保 NGO 以专业权威的知识和较强的技术为支撑,投入大量精力和资源对环境信息等问题进行研究,有效克服生态环境公益诉讼中涉及的环境科学问题,正确运用法律武器支持诉讼活动。(2)环保 NGO 具有公益性。环保 NGO 能够理性的立足于维护特定团体或人群的环境利益的角度,全面地反映和维护民众的环境公共利益。另外,环保 NGO 的参与者都以保护环境为己任,奉行环保理念,怀有强烈的使命感。领导者也具有很强的公益精神,其强大的社会影响力能够激励民众的环保热情,坚定以法律捍卫环境利益的决心。因此,环保 NGO 这个群体对侵害环境公益的行为更为敏感,对环境公益保护工作更为执着,其工作方式、效率、影响力等都比个人更容易受到社会的支持以及认可。(3)环保 NGO 具有中立性。政府各部门的职能往往涉及不同利益群体,两者之间产生复杂的利益关系容易使政府沦为优势利益集团的工具。作为非政府

---

① 王蓉:《环境法总论——社会发展与公法共治》,法律出版社 2010 年版,第 218 页。
② [法] 夏尔·阿列克西·德·托克维尔:《论美国的民主》(上卷),董果良译,商务印书馆 1999 年版,第 638 页。
③ 李波:《公共执法与私人执法的比较经济研究》,北京大学出版社 2008 年版,第 25 页。

的组织，它不会因政治考虑或行政服从而放弃环境保护的宗旨；同时作为非营利的组织，它获得资金的渠道较广泛，不会受制于某一利益团体，从而不为追逐经济利益而放弃环境公益。因此，环保 NGO 有利于以环境利益为基准做出独立的价值判断，能够更好地维护法律正义。赋予环保 NGO 的原告资格还可以对政府的怠职行为进行有效的监督，并对行政环境执法的不足进行有力的补充。(4) 环保 NGO 资金来源的广泛性。环保 NGO 主要是通过沟通、协作、说服、互惠与合作等手段来获取资金，其还可通过申请基金、收取会费、接受捐赠等渠道获得资金。这些资金可以支持其诉讼活动并负担诉讼成本，从而减少国家财政支持，减轻纳税人的负担。(5) 环保 NGO 拥有稳定的群众基础。环保 NGO 一般在社会基层生长壮大，贴近社会生活，对公民而言具有亲和力，具有一定的社会普遍接受性，容易凝聚群众力量共同为维护环境权益而奋斗。

理想状态下的社会组织具有非政府性、非营利性、公益性、专业性、民主性等典型特点，这些特点决定了其适宜作为生态环境公益诉讼的原告。社会组织的非政府性决定了其不受政府行使权力的支配，是与政府、企业并列的第三部门，能够更加中立和理性的对待生态环境保护问题，也能够更加有效监督和制约行政执法。社会组织的非营利性决定了其不以谋取利润为目标。社会组织的公益性决定了其存在的目的本身就是为保护社会公共利益，也能够代表社会公众监督政府和企业的行为，通过提起公益诉讼保护公众的生态环境利益。社会组织的专业性是指其成员构成多元化，一般拥有各方面的专业人才，且环境保护社会组织因长期从事环境保护公益活动，积累了较为丰富的经验，诉讼能力明显强于缺乏环境、法律等专业知识的个人，由环境保护社会组织提起公益诉讼也更能保障公益诉讼的顺利进行和提高诉讼效率。社会组织的民主性是指其一般向社会公众全面开放，而不设置过多门槛，这可以保障社会组织具有广泛的民意基础，其提起公益诉讼是为保护环境公共利益而非某个人或某些集团的利益。可见，环境保护社会组织与其他主体相比，在性质、地位、职能、经验、专业技术等方面更具有优势，也更适合作为生态环境公益诉讼的原告。①

三、我国环保 NGO 提起生态环境公益诉讼的实践

环保组织要成为生态环境公益诉讼的原告，与其说是理论上的难度，不如说是现实中难以克服的实际障碍。总体来说，目前我国环保组织起步晚、数量少、

---

① 最高人民法院环境资源审判庭编著：《最高人民法院关于环境民事公益诉讼司法解释理解与运用》，人民法院出版社 2015 年版，第 47~48 页。

作用小、影响微、活动范围窄，不但与工业发达国家的民间环保组织不可比拟，也与有13亿人口的大国地位不相符，难以满足环境保护事业和市场经济发展的要求。正因为我国环保组织的薄弱，导致我国环保组织在参与生态环境公益诉讼时遭遇现实障碍。要解决这些障碍，并非短期能完成，关键在于国家政策的引导和支持，如制定相关扶持政策和制度、帮助设立环保基金、帮助建立与国外优秀环保组织的联系与交流，尽快建立环保组织的设立、运作和相关章程的规范制度等。

1993年北京首次申办奥运会，当国际奥委会官员询问中国有无民间环保组织时，我国的ENGO的记录数为零。在此之后，中国ENGO随着各方面条件的成熟开始产生和发展。经济的发展、政治体制的改革、环境污染的加剧和国际ENGO巨大的成功都是中国ENGO兴起的背景原因。1994年3月31日，中国首家ENGO——"中国文化书院·绿色文化分院"经民政部注册获准成立，简称"自然之友"。2001年11月，在京召开的中美民间环境组织合作论坛发布消息：中国环境NGO已超过2 000个，参与者数百万人，但是到2002年5月，中国正式注册的独立的ENGO只有三四十个。① 内陆地区和贫困山区由于经济和交通等现实情况，ENGO很难发展起来。另外，我国的环保非政府组织在参与环保决策、影响环境措施方面还没有达到应有的地位和影响力。其实，我国环保民间组织提起的生态环境公益诉讼并不多，起诉活动并不活跃。例如，截止到2017年3月，自然之友提起的生态环境公益诉讼案件仅为30起。

我国现有各类环保民间组织2 768家，从业人员总数为22.4万人，其中全职人员6.9万，兼职人员15.5万。我国环保民间组织从业人员具有年轻人多、学历层次高、奉献精神强、影响面广等显著特点，80%左右的是30岁以下的青年人，50%以上拥有大学以上学历，91.7%的志愿者不计任何酬劳。②

费用问题是困扰我国民间环保组织生存和发展的主要制约因素之一。据中华环保联合会调查，我国76.1%的民间环保组织没有固定经费来源，有22.5%的民间环保组织基本没有筹到经费，81.5%的民间环保组织筹集的经费在5万元以下。由于经费不足，超过60%的民间环保组织没有自己的办公场所；43.9%的全职人员基本没有薪酬；有72.5%的民间环保组织没有能力为其职员提供失业、养老、医疗等福利保障。③ 尽管这项调查反映的是2006年环保组织的资金状况，但

---

① 黄浩明：《中国民间组织的发展趋势和面临的挑战》，http://www.cango.org/cnindex/lunwen/06.htm. 访问时间：2018年2月21日。
② 中华环保联合会：《中国环保民间组织发展状况报告》，http://www.cenews.com.cn/historynews/06_07/200712/t20071229_24172.html，访问时间：2017年12月23日。
③ 中华环保联合会：《中国环保民间组织发展状况报告》，载《环境保护》2006年第10期。

到目前为止，相关状况并未发生较大改观。从中华环保联合会和国际自然资源保护协会（NRDC）联合成立的课题组于 2013 年就环保组织参与生态环境公益诉讼的现状和困难所进行的调研情况看，经费问题仍然是困扰我国民间环保组织生存和发展的主要制约因素之一。该项调查显示，接近一半的环保组织年度经费预算不足 50 万元，大部分环保组织的年度预算都在 100 万元以下。诉讼是成本昂贵的活动，尤其是生态环境公益诉讼成本动辄数十万元，需要足够的财力支持，这对大部分环保组织来说过于奢侈。调查显示，只有 4% 的环保组织认为生态环境公益诉讼成本不是问题，而 41% 的环保组织认为环境公益诉讼成本超过了自身的资金承受范围，还有 48% 的环保组织认为生态环境公益诉讼成本勉强尚能承受。从经费来源看，环保组织的经费来源并不稳定。该课题组的调查显示，以相对稳定的财政拨款和会费作为主要经费来源的环保组织仅占 23%。将近一半的环保组织以申请项目经费作为主要经费来源，还有 18% 的环保组织依赖于社会捐赠。无论是社会捐赠还是项目经费，都不是常规性的，随后会有波动，与从事生态环境公益诉讼所要求的持续、稳定的经费保障能力尚有差距。据该课题组向全国各地的环保组织发放并收回的 44 份调查问卷显示，环保组织对参与生态环境公益诉讼的态度相当谨慎。只有 30% 被调查的环保组织表示生态环境公益诉讼将是本组织的首要维权手段；而 57% 的环保组织则比较谨慎，表示不会轻易提起生态环境公益诉讼；更有 11% 的环保组织明确表达了对生态环境公益诉讼的否定态度。[①]

　　有媒体调查发现，在中华环保联合会的企业会员中，很多都是曾被曝光的"污染大户"。这些企业会员根据级别不同，每届需缴纳 1 万元至 30 万元不等的费用。中华环保联合会的公益性也因此受到质疑，被指很容易出现"权力寻租"现象。类似中华环保联合会这样的"官办组织"，在公益领域常常面临这样的尴尬。当行政要求与社会公益不一致时，"官办民间组织"通常都会倒向行政要求这一边。正因为"官办组织"的行政性，以及这些组织与某些商业利益的关联，决定了他们很难胜任公益诉讼之责。以生态环境公益诉讼为例，很多环境污染事件，或多或少跟地方政府有关联。有的污染源甚至就是地方政府扶持的某些大企业或大项目。一些地方政府或出于政绩的考量，或出于对 GDP 增长的需要，或出于对严重污染企业的过分依赖，从而形成了打压民间环境维权的习惯性思维。基于对行政化的高度依赖，"官办组织"即便想提起生态环境公益诉讼，也很难抗拒来自地方政府的压力。以此观察，将公益诉讼交给"官办组织"来"垄断"，和交给行政机关本身并无实质的区别。[②]

[①] 中华环保联合会、国际自然资源保护协会：《民间环保组织在环境公益诉讼中的角色及作用》，http://www.chinadevelopmentbrief.org.cn/news-16773.html，访问时间：2017 年 10 月 19 日。

[②] 王琳：《官办组织难以承受公益诉讼之重》，载《检察日报》2013 年 7 月 3 日第 7 版。

最高法院的统计数据表明，我国目前具备生态环境公益诉讼起诉资格的各类社会组织共有 700 余家。① 尽管看起来是一个不小的数字，但这些组织中有多少家真正有意愿且有能力通过生态环境公益诉讼方式促进环境保护仍然令人担忧。与 2014 年修订的《环境环保法》出台前后的热议形成鲜明对比的是，该法正式生效 1 个月后，全国竟仅有 3 例生态环境公益诉讼得以立案。② 虽然慢热局面事出多因，但有资格的环保组织有心无力或者有力无心的因素也不可小视。2015 年，只有 9 家社会组织担当原告，数量比较少，这一方面因为法律对主体资格有比较严格的限制；另一方面，也说明社会组织提起环境公益诉讼的意愿尚需提高，能力仍需培养。社会组织需要在各方面的支持和培育下逐渐成长起来，特别是国家和社会要培育这些社会组织成长的土壤：(1) 对社会组织成为生态环境公益诉讼的原告资格尽量放开，鼓励更多的社会组织成为原告。(2) 加大对社会组织提起生态环境公益诉讼资金方面的支持，包括设立专门的生态环境公益诉讼基金，解决诉讼成本高的现实难题。

考虑到我国环保非政府组织在公民社会形成过程中因内外部制约性因素所导致的尴尬境遇，理顺环保非政府组织与政府之间的利益关系是建构我国环保非政府组织进入生态环境公益诉讼的根本性前提。随着利益分化的日趋加剧，政府已无暇顾及并回应日益增多的公众需求，此时有必要也有契机通过行政改革与非政府组织建立良好的互动关系。环保非政府组织要防止沦为政府的附庸，亦要防止与政府产生不必要的对立，"大政府、小社会"与"大社会、小政府"作为两个极端，就现阶段而言，并非理性之选择。实现环保非政府组织民间治理与国家法秩序的互动和张力，进而形成二者在秩序运行方面的"耦合支撑关系"是形成公民与政府的互信与合作的必要基础③，也是现代民主政治的根本要求。此时，非政府组织可将自身的组织性质定位为：(1) "协调器"，协调政府与公众之间因信息不对称等所致的矛盾与误解；(2) "缓冲带"，缓冲因政府"鸵鸟政策"所产生的"极端维权"；(3) "监督者"，监督因政府不当履职所致的公共利益的损失。

"非营利组织不仅需要管理，而且必须要以最好的方式来管理，因为做好事也要精益求精。这首先是因为人们对非营利组织抱有比企业更高的期望，非营利组织的失败或丑闻更加令人难以接受。为非营利组织工作的人大多是志愿者，如

---

① 邢世伟、金煜：《最高法：700 余家社会组织可提起环境公益诉讼》，载《新京报》2015 年 1 月 7 日。
② 金煜：《新环保法满月显示公益诉讼破局　环保组织有心无力》，载《新京报》2015 年 2 月 2 日。
③ [美] 朱莉·费希尔：《NGO 与第三世界的政治发展》，邓国胜等译，社会科学文献出版社 2002 年版，第 198 页。

果非营利组织的管理不善,那么不仅难以吸引高素质的志愿者,而且也是对社会资源的浪费。"① 为更好地引导环保组织、促进其健康发展,首先,环保组织要努力实现自身良性的、可持续发展。(1) 坚定自身定位。环保组织首先应实事求是从自身实际情况出发,明确工作目标,制定发展规划,在自身关注和擅长的领域内,踏踏实实地开展环保工作。(2) 提升专业化水平,注重人力资源建设。环保组织应积极招纳有志于环保事业、具有特殊才能的专业人士,参与组织管理,创新管理体制,吸引、培养并留住人才;同时,积极与环境保护的诸多专家学者合作,注重同法学、经济学、管理学和生化等领域的社会精英的联系,使环境保护工作更加科学、权威。(3) 开源节流,加强财务管理和成本控制。其次,加强自我宣传推广,提高影响力。(1) 作为社会管理的"缓冲带",积极发挥联系政府和社会公众的纽带作用。(2) 充分利用社交媒体,用时尚、新颖的宣传手段,宣传自己,吸引公众。(3) 积极与企业合作实现双赢,实现经济效益、社会效益和环境效益的统一。(4) 积极与学术机构、专家学者合作,提升自身的专业性和项目的科学性,科学地为政府献言献策,影响政府的决策,扩大自身影响力。

四、域外的做法与经验

通过登记注册的要求对生态环境公益诉讼环保团体的原告范围进行一定程度的限制,是其他国家和地区的普遍做法,尤其是很多欧洲国家如德国、意大利、法国、荷兰、瑞典、比利时等,都规定只有那些已经注册或者经过政府有关部门认可的环保团体才有资格向法院提起公益诉讼。所不同的是,有的国家只在部分诉讼程序上要求这一要件;有的国家规定环保团体只能在认可它的地区提起公益诉讼;有的国家通常为获得认可规定了一定的标准;有的还要求环保团体提交一定的证明资料。②

在德国,并非所有环境团体均能提起生态环境公益诉讼,能够提起诉讼的环境团体需要事先获得诉讼资格登记,对此,应向有关机关提出资格认定申请书和证明资料。《德国环境救济法》规定,允许提起公益诉讼的环境团体须符合以下条件:(1) 章程中明确表明团体成立的目的是保护自然环境;(2) 该团体的活动领域至少跨越一个州以上;(3) 申请诉讼资格时该团体成立至少3年以上且在该期间持续开展活动;(4) 具有适当地开展业务的能力;(5) 因追求公益目的而免除《德国法人税法》第1条第8款的法人税;(6) 加入该团体的会员具有

---

① [美]彼得·德鲁克:《非营利组织的管理》,吴振阳等译,机械工业出版社2007年版,第87页。
② 李挚萍:《欧洲环保团体公益诉讼及其对中国的启示》,载《中州学刊》2007年第4期。

完全的表决权。符合上述条件的环境团体应向联邦环境、自然保护和原子能安全部提出申请,获得许可后有提起公益诉讼之权利。对于符合上述要件的环境团体必须给予诉讼资格登记,不得拒绝其要求。

1999年8月3日,意大利第265号法律第一次赋予了民间环保社团提起民事诉讼的原告资格。该法第4条第3款规定了民间环保社团对于环境的损害有权利向普通法官提起本应当由市或者省政府提起的损害赔偿诉讼,损害赔偿所得归属被代替的机关(市政府或省政府)。但并非所有的民间环保社团都具有诉讼资格,只有那些在意大利环境部获得注册的全国性的民间环保社团或者至少代表五个大区的民间环保社团才具备诉讼资格。环境部也可以通过发布命令的形式将其他的民间环保社团加入到具备提起赔偿诉讼资格的名单中来。

在法国,能够参与诉讼的公益组织包括国家认可的协会和当地协会两类。这些组织参与诉讼时,通常会遭到被告对其诉讼主体资格方面的质疑。因而,法院对参加公益诉讼的组织审查比较严格。一般来说,法官会依照《法国环境法典》第151条规定进行审查,这些条件主要包括:(1)公益组织向有关部门进行过申报并取得许可证;(2)公益组织成立五年以上。通过审查,如果认为公益组织的主体资格不符合法律规定的相应条件,可以直接拒绝其参与诉讼;如果符合条件,由检察官与该组织进行沟通协商进一步的诉讼事宜。① 法国的团体诉讼比较发达,法国以判例和法律的形式赋予了一些团体以原告资格。但并非所有的团体都具有团体诉讼的原告资格,只有公益性的团体或集团才有此资格。不过,在环境保护问题上,法国的任何团体均可直接或间接参与环境保护,并非仅限于经法律确认的环保团体。②

荷兰司法部发布的统计数据显示,自1992年至2002年,荷兰法院共审理199件环境公益诉讼案件,其中192件是由国家性或地区性的环保团体提起;在环保团体提起的案件中,有87件获得法院的胜诉判决。③ 由于生态环境公益诉讼常涉及大量的环境科学问题和法律问题,具有综合性、高科技性和跨学科性等特性,这就需要提起生态环境诉讼的主体在阐述环境问题时能综合运用各类专业知识且具备较深厚的法律功底。因此,相较于其他具有原告资格的主体而言,专业化、组织化程度较高的环保团体能够更好地应对在公益诉讼中遇到的各种挑战。此外,由于民间环保团体独立于政府机构,敢于对行政机关怠于环境执法、监管不力的现象提出质疑,并对大公司的环保决策构成有效制约,因而能够维护社会

---

① 晏景、贾清林:《法国环境司法对我国的借鉴》,载《法律适用》2016年第9期。
② 张卫平、陈刚:《法国民事诉讼法导论》,中国政法大学出版社1997年版,第73页。
③ N. de Sadeller, G. Rooler and M. Dross. *Access to Justice in Environmental Matters and the Role of NGOs*; *Empirical Findings and Legal Appraisal*, *The Avosetta Series* (6), Europa Law Publishing, Groningen (2005).

不同群体的利益。荷兰环保团体积极参与环境决策过程，为"接近环境正义"广泛运用司法途径并提起公益诉讼，使得荷兰的生态环境公益诉讼案件数量居于欧洲各国之首。近年来，荷兰立法机关试图通过多种手段对环保团体的公益诉讼起诉权进行限制，除了对环保团体的注册或认可、成立时间、成立目的及活动范围、非营利性等方面加以限定之外，新的限定举措包括：(1) 2005 年 7 月 1 日，对公众之诉作出更严格的限定，大大降低了环保团体就生态环境问题诉诸法院的可能性；(2) 2008 年 10 月 1 日，由国家议会对《行政法通则》作出更严格的司法解释，使得一些环保团体不再拥有公益诉讼的原告资格；(3) 利用行政法上的"相对性原则"对提起诉讼者所要求的"充分利益"资格规则进一步明确。① 然而，这些举措并没有消减环保团体运用司法途径维护生态环境公益的积极性。荷兰最高行政法院发布的研究报告显示，2004～2010 年，环保团体运用行政诉讼程序向法院提起的环境诉讼案件约为 600 件，并呈逐年上升趋势。

美国的环境公民诉讼制度执行中的一个重要特点是，由环境保护团体这种非普通意义上的"公民"提起的诉讼占全部公民诉讼的绝大部分。根据一项 1984 年 5 月到 1988 年 9 月的统计，由全国性环境团体根据《清洁水法》提起的诉讼占全部依据该法提起的诉讼数的 2/3，而根据该法所发出的所有诉讼通知中，超过一半是由 5 个主要环境保护团体发出的。而且，虽然个人和地方性的环保团体发出了 1/4 强的诉讼通知，但进一步的观察发现，在这些诉讼通知中有超过 2/3 是由 3 个个人发出的。这说明，美国的公民诉讼制度虽以"公民"为名，但在这项制度中起主要作用的并不是分散的单个公民，而是几个拥有雄厚资金和人力资源的全国性的环境保护团体。② 美国行政法学者施瓦茨在其《行政法》一书中写道："现在法院承认保护自然资源、风景、历史文物的公民团体具有原告资格；承认全国保护组织具有原告资格请求复审高速公路的修建；承认公共福利社团有原告资格提起集团诉讼，代表一切具有生命、健康、享受自然资源等权利的人反对核爆炸建议；承认一个致力于保护环境的组织有原告资格请求复审农业部长拒不采纳其请求限制使用 DDT 诉愿的行为；承认公民团体有原告资格请求复审示范城建计划；承认地方资源保护组织有原告资格请求复审在国有森林采矿和伐木的行为。"③ 20 世纪 80 年代以来，美国环境公民诉讼的主要提起者已由公民个人转为高度组织化的环境组织，如自然资源保护同盟（Nature Resources Defense

---

① Cf Tolsma, K. J. de Graaf & J. H. Jans. *The Rise and Fall of Access to Justice inthe Netherlands*, Journal of Environmexital Law, 2009, Vol. 21.

② 汪劲编著：《环境正义：丧钟为谁而鸣——美国联邦法院环境诉讼经典判例选》，北京大学出版社 2006 年版，第 86 页。

③ [美] 伯纳德·施瓦茨：《行政法》，徐炳译，北京群众出版社 1986 年版，第 187 页。

Council/NRDC)、塞拉俱乐部（Sierra Club）、地球之友（Friend of Earth）等。其组织能力、影响能力和专业能力进一步加强，诉讼技巧和诉讼能力也大大提高。[1]"据美国司法实践，包括自然资源保护委员会、塞拉俱乐部法律辩护基金、大西洋国家法律基金组织、公共利益研究组和地球之友在内的5个全国范围的环保组织包办了1984~1988年公民诉讼的大多数案件。"[2] 在美国法院的司法审判实践中，对环保非政府组织为保护自然资源等提起的诉讼案件中，法院已基本承认环保非政府组织的原告资格。

国外环保组织起诉的条件大体如下：（1）从事环境保护工作达到一定时间（澳大利亚、德国、法国）；（2）是全国性的或者代表大区的，或者跨州的（意大利和德国）；（3）以环境保护为宗旨，且其成员有损害，哪怕是美学、娱乐和环境价值等的损害也可以（美国）；（4）环保组织是负责并受尊敬的、对环境给予真实关注的主体（英国、德国）；（5）环保组织被行政机关认许或者注册（德国、法国、意大利）；（6）原告告知行为人或者行政机关超过一定时间而未获理会（美国）。这六个条件中，最后一个是对符合要求的主体起诉的受理条件。受理起诉的条件体现了环保组织提起公益诉讼对于行政机关执法的补充而非取代。前五个条件是对起诉主体本身的要求。对起诉主体本身的要求无非是要求原告提供证据证明自己具备足够的环境保护的专业能力，这种证据可能来自时间、代表性、宗旨、信誉和受政府认可等方面。

第五节　生态环境公益诉讼中的公民

一、公民提起生态环境公益诉讼的正当理由

公众参与环境保护的最终动力是什么？社会公众保护环境最强劲的动力来自人们对自身利益的关心和保护以及在此基础上所产生的保护环境的责任感。每一个人的生命维持都离不开自然环境，这是客观存在的事实。环境品质的好坏不仅直接关系到每个人人身利益的安危，还影响其财产利益。而保护自身的人身与财

---

[1] 李挚萍:《环境法的新发展——管制与民主之互动》，人民法院出版社2006年版，第357~358页。
[2] Michael Greve. *The Private Enforcement of Environment Law*. Tulane Law Review, Vol. 65, 1990, pp. 339–362.

产利益则是人作为"动物"所具有的最基本、最强烈的本能需求,这一点早就被马斯洛提出的需求层次理论所证实。① 环境污染与破坏会造成人身与财产利益的损害。这是促使社会公众对环境进行保护的最初动力来源,法律上的最早反应则是对环境侵权的确定与认可。但是,环境侵权制度无法阻止人身与财产利益损害之外的"环境损害"。② 换言之,环境侵权制度对人身与财产利益的保护无法使人们赖以生存的自然环境得到有效的保护,也无法阻止环境损害的发生以及进一步的人身与财产利益损害的发生。社会公众要想使自己的人身与财产利益得到真正彻底的有效保护,必须超出环境侵权制度所能确认和保护的受害者周围的"环境",对整个区域的环境进行有效的保护。因此,在环境危机的背景下,社会公众保护环境的动力是出自对自身利益的保护。但是,环境具有整体性,环境保护行为具有"正外部性",这样就可能出现"搭便车"现象。如果所有的社会公众都以这种消极心理和姿态去对待环境保护,就会出现大家共损的后果。出于对自身利益和共同利益的保护,每一个人都应保护环境,这就是个人对社会共同体所担负的一种责任。对此,有学者明确指出,"责任"是共同体的"精神组织"。③ 为了更好地保护自身的利益,每一位社会成员都应当切实承担起保护环境的责任。

从社会个体对环境享有的利益来看,公民等主体与环境公共利益之间存在"直接利害关系"。生态环境的享有者并不是某一个自然人或者某一个团体,而是全体社会成员。"我们每个人生存所依赖的环境的最大特点是它的整体性。环境是不可分的,这种环境所带来的利益也是不可分的,是人类的共同的利益。"④ 这种共同利益属于全体社会成员,我们无法将环境公共利益分割成数份而由个体来分享其中的份数。作为须臾不能脱离环境而存在的生命体,任何人从出生之日起,就与环境有着息息相关的"利害关系"。作为社会成员的每一个个体都"享有环境利益"。只不过社会个体只能"享有"生态环境公益而不能"分割"生态环境公益而已。生态环境公益的存在或者损害对生活在环境中的社会个体会产生影响,这种影响会以水、空气等环境要素的形式影响到每一个人。

公民能与其他原告主体形成互补。首先,不可否认,保护生态环境公益的社会组织确实是比较理想的生态环境公益诉讼原告主体。因为这些社会组织主要是基于维护生态环境公益而建立的,其拥有较多的专业人员、雄厚的资金实力、较

---

① [美] A. H. 马斯洛:《动机与人格》,许金声等译,华夏出版社 1987 年版,第 40~53 页。
② 徐祥民、邓一峰:《环境侵权与环境侵害——兼论环境法的使命》,载《法学论坛》2006 年第 2 期。
③ [美] 菲利普·塞尔兹尼克:《社群主义的说服力》,马洪、李清伟译,上海世纪出版集团、上海人民出版社 2009 年版,第 30 页。
④ 徐祥民:《环境权论——人权发展历史分期的视角》,载《中国社会科学》2004 年第 4 期。

强的技术基础和较大的社会影响力,有着代表公共利益的合法基础和现实基础。但是,各个环境保护的社会组织都会有着各自的利益取向,特定的社会组织代表和维护的毕竟只是特定群体的环境利益或环境利益的某个方面,无法全面代表生态环境公益。另外,从现行立法规定来看,对能提起生态环境公益诉讼的社会组织的条件还没有实质放开,不仅要求在民政部门登记,还有"设区的市级以上"的级别限制。法律规定的限制条件使得能够提起生态环境公益诉讼的社会组织并不多,尤其是能满足条件的民间环境保护组织更是凤毛麟角。在这些为数不多能够提起生态环境公益诉讼的社会组织中,能力强、素质高的社会组织更是少之又少,因此,就目前我国环境保护社会组织的发展情况而言,还无法充分完成保护生态环境公益的重任。其次,检察机关作为国家的法律监督机关,通过提起生态环境公益诉讼保护环境是各国的通行做法,其在生态环境公益诉讼中具有得天独厚的力量性优势,但是,毕竟检察机关与政府有着利益共同体的关系,当政府出于经济发展的目的做出有悖于环境公益的决策或放纵一些企业的环境污染行为时,检察机关能否公正地代表社会公共利益,并通过诉讼积极维护生态环境公益就不得而知了。此外,由于当代社会环境污染问题严重,污染源及污染隐患大量存在,检察机关要在履行原有职能的基础上再充分履行保护环境的职能,对如此繁多的环境污染问题作出积极处理,恐怕会存在超负荷运行的风险,难以成为环境公益诉讼主要的起诉主体。公民作为最广泛和最具积极性的原告主体,具有上述主体不可比拟的优势,能与之形成互补,从而充分保护环境。所以,赋予公民提起生态环境公益诉讼的权利,不仅有利于保障生态环境公益诉讼目的的实现,而且能利用公民这个最庞大的个人群体扩大监督范围,充分发挥私人参与环境法律的执行、实施的积极功用,弥补与促进公权力执法之不足。当检察机关、行政机关和环保组织在生态环境公益诉讼中表现出"力不从心"之时,公民的主动介入能使许多对环境造成污染和破坏的行为在没有发生之前就能够得到有效的遏制。[①]

随着社会需求和人民法律意识增强,赋予公民提起生态环境公益诉讼主体资格是环境法律制度发展的必然趋势。首先,公民成为生态环境公益诉讼主体能弥补法律规定的机关及有关组织的不足,保护国家和社会的公共利益。众所周知,社会团体在我国几乎都带有准官方性质。国家机构或有关组织可能因为未有效行使其权力或未及时披露有关信息等种种行政不作为对于违法行为保持沉默而未能启动诉讼,而公民迫切希望能通过诉讼救济途径来维护国家和社会的公共利益,以弥补法定机关的缺陷和不足。其次,维护国家和社会公共利益是每个公民的使

---

① 卢石梅:《论公民提起环境公益诉讼的原告资格》,载《安顺学院学报》2015年第5期。

命和责任，是法律制度民主化的基本要求。赋予公民提起生态环境公益诉讼的权利，使得公民对于公共利益的保护不再是事不关己高高挂起的态度，而是将其视为自身利益相关的事情来加以关注和维护。公民通过诉讼来维护公共利益及参与管理国家事务，这对于法律制度民主化来说是必不可少的内容。若忽视公民在生态环境公益诉讼中的重要作用，那将对社会经济的发展及制度民主化产生不良影响。最后，公民提起生态环境公益诉讼具有法学理论上诉权的正当性。诉权是指公民享有的请求国家机关维护自己的合法权益，由诉讼法律制度所规定的当事人进行诉讼的基本权利。依据天赋人权理论，公民的权利是与生俱来的，即法不禁止即为权利。依照权力理论，国家机关的权力源于公民权利的集体让渡。让渡的目的在于集中力量办事，这也体现了公权在对私权会带来更大利益的期待前提下对放弃相对较小私权利益的容忍。[①]

公民个人可以作为起诉主体。第一，从公益诉讼的本质上分析。公益诉讼体现了人民当家做主，积极参与管理国家事务。"法治就是民治，如果仅把法律的命运置于行政机关及其工作人员手中，也就是说只有行政机关及其工作人员才能启动法律的运作，法律的运作就永远是从上而下的单向性运作，无法真正达到法治的境界。"[②] 我国《宪法》规定，国家的一切权力属于人民，国家鼓励人民群众关心国家大事、管理国家和社会事务。为了保障人民当家做主实现对国家的管理，仅仅依靠间接的民主是远远不够的。因此，应当赋予人民在特殊情况下直接管理国家事务和社会事务的权力。当公共环境利益受到侵犯，而有关职能部门不履行职责时，赋予公民个人起诉资格，就具有重大的现实意义。第二，公民是公共利益的最终受益者，他们能从自身利益出发保护公共利益。环境是一种社会公共物品，体现出一定的社会公益性。环境是公民赖以生存的条件，如果公民生存的环境受到破坏，那么每个公民的环境权益都会受到不同程度的侵害。在公民环境权益受到侵害的时候，赋予公民起诉权，公民就能作为与案件有直接利害关系的人参与诉讼。作为环境污染的直接受害者，公民更能体会到环境与人类生存之间的关系，从而更具有参与生态环境公益诉讼的积极性。第三，公民作为最终监督者——社会的代表，具有充当公民诉讼原告的正当性、有效性和逻辑性。然而，由于社会整体环境利益具有公共品属性，"这种利益受损，不光是我一个人受到损害，而是同一社群的所有其他人也受到损害。这种相融性和相关性，导致了个人的'搭便车'动机，其增加或减少反正不会直接使我个人的利益比别人更少或更多，所以我个人对此的奉献常常无意义，还不如让别人去做奉献，我自己

---

① 姜素红、邓海林：《公民提起环境公益诉讼原告资格之探析》，载《中南林业科技大学学报（社会科学版）》2013年第2期。

② 颜运秋：《公益诉讼理念研究》，中国检察出版社2002年版，第60页。

则坐享其成"。①为避免公民行使诉权的"搭便车"行为，组织化的公民形态便应运而生。通过组织化，降低诉讼成本，尽可能消除"搭便车"行为，从而使公民诉讼诉权得以有效行使。在实际诉讼中，公民诉讼的原告通常是以组织化的公民形态出现。但这种组织化的公民形态诉权的获得，不是基于其自身的公益属性，而是基于其公民身份。因此，公民，无论是个体化公民还是组织化公民，其基于公民身份获得的诉权，具有宪法层面的价值意义和权力监督的诉讼效应，是不能也不应剥夺或限制的。对公民或组织化公民作为原告资格的限制，既违背了公民作为公民诉讼原告的法理基础，也一定程度消减了公民作为公民诉讼原告保障法律执行的效能。②

二、公民提起生态环境公益诉讼的域外做法

1992年，世界环境与发展大会通过的《里约宣言》宣告："环境问题最好是在全体有关市民的参与下……各国应通过广泛提供资料来便利及鼓励公众的认识和参与，让人人都能有效地使用司法和行政程序，包括补偿和补救程序。"作为《里约宣言》的补充性国际公约，《奥胡斯公约》在欧洲范围内构建了环境公害诉讼机制，它"具有三项影响深远的内容：一是在欧洲大陆地区创建了环境公害行政诉讼；二是以公民环境信息知情权和环境决策公众参与权为支柱构建环境公害诉讼，明确了环境公害行政诉讼范围；三是明确了公民和环境团体或其他组织的环境司法诉权主体地位"③。国外已有公民作为生态环境公益诉讼起诉主体的立法。在生态环境公益诉讼制度成熟的国家，公民具有生态环境公益诉讼原告资格是一种惯例。

早在古罗马法中，"人们称那些为维护公共利益而设置的罚金诉讼为民众诉讼，任何市民均有权提起，受到非法行为侵害的人或被认为较适宜起诉的人具有优先权"。④可见，在古罗马，任何市民为维护社会公共利益都可以代表集体直接提起诉讼，其公益诉讼的起诉主体不仅限于直接利害关系人，法律上直接利害关系人仅具有优先起诉权。

在美国，法律就是朝着允许全体公民起诉他们所感兴趣的任何行政裁决的方向发展，尽管宪法包含了有关原告资格的规定，国会仍可以为某个人或某种人规定他们本来所没有的原告资格。即便有关个人没有通常所要求的那种直接的个人

---

① 俞可平：《权利政治与公益政治》，社会科学文献出版社2005年版，第294页。
② 王蓉：《环境法总论——社会发展与公法共治》，法律出版社2010年版，第415~417页。
③ 杨武松：《论阿尔胡斯公约对环境公害诉讼的构建》，载《凯里学院学报》2011年第4期。
④ [意]彼得罗·彭梵得：《罗马法教科书》，黄风译，中国政法大学出版社1992年版，第92页。

利害关系,法律赋予他们的原告资格仍是有效的,即国会可以通过制订法律授权某个原本没有起诉资格的公民或公民团体提起行政诉讼。赋予法定原告资格并不是创设新的私法权利,其目的在于保护有关的公共利益。被授权提起诉讼的私方当事人虽然与该诉讼没有切身的经济或其他利害关系,但他们"具有公共利益代表人的资格",是"私方司法部长"。① 在生态环境诉讼法定原告资格方面,20世纪70年代以来的12部重要联邦环境资源法律通过"公民诉讼"条款规定了公民的诉讼资格,原则上承认任何公民为维护生态环境公益,均可如检察官和司法部长一般起诉不法行为,从而在它们各自特定的调整范围内扫除了传统诉讼资格的障碍。就美国的法律实践来看,提出有关生态环境的诉讼,请求审查影响生态环境的行政裁决的公民个人和组织越来越多地得到许可。

美国的"公众参与"突出地体现为"公民诉讼"。在司法实践中,很多法官在解释"公民诉讼"的法律适用时,将其作为"公众参与"的一种必要形式加以论述。美国有学者较为形象地将"公民诉讼"比喻成"公众参与"的利齿,指出国会确立"公民诉讼"的目的在于减轻环境危害,加强政府执行措施,鼓励政府部门更加有效地实施和执行法律,并且扩大公众参与的机会,"公民诉讼"是实现真正有效的"公众参与"的关键。② 美国密歇根州1970年的《环境保护法》第2节第1条规定:"为保护空气、水体和其他自然资源以及公共托管客体不受污染、损害和毁灭,任何个人、合伙、公司、社团、组织或其他法律实体皆可在据称违法行为的发生地或可能发生地的具有管辖权的巡回上诉法院,对州、州的分支机构、任何个人、合伙、公司、社团、组织或其他法律实体提起谋求宣告或衡平法救济的诉讼。"《清洁空气法》第7604条第1款规定,"任何人"都可提起公民诉讼。随后的《清洁水法》第1365条第7款则将任何人转变为"公民是指其利益正受到或可能受到不利影响的一个或多个人"。

在美国,公民的生态环境公益诉讼被称为"(环境)行政机关的消毒剂"。③不仅不应限制,而且还需要给予生态环境公益诉讼的公民提供保护和奖励。保护和奖励措施可以采取以下方案:(1) 对于生态环境公益诉讼人诉前免交诉讼费,如果污染企业败诉后由其承担诉讼费用;如果原告败诉,就免除诉讼费,减轻原告人的责任与负担;(2) 严厉制裁那些报复公益诉讼原告的行为,为其提供人身和财产安全保障;(3) 允许生态环境公益诉讼的公民适当获取诉讼收益。在生态

---

① [美]伯纳德·施瓦茨:《行政法》,徐炳译,群众出版社1986年版,第420~423页。
② Adam Babich. *Citizen Suits: The Teeth in Public Participation*. http://www.elr.info/news-analysis/25/10141/citizen-suits-teeth-public-participation.
③ Gail J. Robinson. *Interpreting the Citizen Suit Provision of the Clean Water Act*, 37 Case Western Reserve Law Review, 1987, P. 520.

环境公益诉讼中不可能事先与某个机关签订合同，只能按照诉讼提起人的时间成本、劳动成本以及在诉讼中可能面临的风险来确定补偿。① 无论是减轻原告的负担还是直接增加其收益，都可以看做是对原告社会公益行为的一种奖励。奖励可以增加原告的执法收益，而那些为私人执法扫除的障碍和给私人执法提供的保护可以降低私人执法的成本。

1999年澳大利亚颁布了《环境保护与生物多样性保育法》，该法案允许"受害人"对根据该法或其条例做出的决定或者未做决定，或者致力于根据该法或条例做出的决定的行为不服的，具有起诉资格。具体而言，有权提起诉讼的个人需要满足以下条件：此人是澳大利亚公民，或者是澳大利亚境内或某外部领地的普通居民；而且，在做出此决定、未做决定或者相关行为之前两年内的任意时间，此人在澳大利亚或者某外部领地，从事了一系列保护、保存或者研究环境的行为。

在日本，公益诉讼被称为民众诉讼，主要体现为生态环境行政公益诉讼。日本1962年制定的《行政案件诉讼法》第5条称当事人"为纠正国家或者公共团体机关的不符合法规的行为，以作为选举人的资格或者法律上无利害关系之资格提起的诉讼"为"民众诉讼"，是行政案件的一种诉讼形式。总的来说，日本生态环境公益诉讼的类型主要包括取消诉讼、课以义务诉讼、居民诉讼、请求国家赔偿诉讼等。②

国外这些关于公民参与公益诉讼的先进立法，可以为我国的立法起到借鉴作用。综上所述，笔者建议，我国立法机关应借鉴国外有关公民参与公益诉讼的先进立法，并结合我国实际，完善立法，赋予我国公民具有参与公益诉讼的起诉资格。

三、我国公民提起生态环境公益诉讼的否定之否定

2012年，《民事诉讼法》修订过程中，主流观点认为大陆法系国家普遍限制公民个人提起公益诉讼，并对有权提起公益诉讼的组织作严格限制，我国目前也不宜赋予公民提起公益诉讼的权利。（1）在我国经济全面发展的现阶段，考虑到法治建设的现状，全面赋予公民提起公益诉讼的权利，可能事倍功半，诉讼效果不仅不佳，还可能导致滥诉。（2）从实践情况看，公民提起公益诉讼炒作成分较

---

① William. M. Landes and Richard A. Posner. *Altruism in Law and Economic*, The American Economic Review, Vol. 68, No. 2（Way1978），P. 417.

② [日] 原田尚彦：《环境法》，法律出版社1999年版，第126页。

多,这种炒作有可能对我国现行社会管理体制造成冲击,影响社会安定。(3)由于公民个人诉讼能力的限制,如果允许公民提起公益诉讼,也可能导致诉讼拖延、效率低下。(4)传统观念不适应。中国人有种传统观念,即"事不关己、高高挂起",不愿意"管闲事"的人占了多数,而愿意为公共利益出头露面的只占很少一部分,即便有人愿意代表公共利益出面,多数情况下也主要是为了自身的利益。即使规定了自然人可以作为原告提起环境公益诉讼,在很多情况下公民个人会迫于政府、企业和社会等方面的压力而不敢起诉或者放弃起诉。(5)专业能力不适应。专业技术能力不足是制约自然人提起生态环境公益诉讼的又一障碍。生态环境诉讼是一个交叉学科,诉讼人既要拥有懂得生态环境损害事件中所涉及的各种技术指标内容和技术性标准这样的环境专业技能,又要具有调查取证、固定证据、勘验现场、损害鉴定和举证质证等法律专业技能,事实上普通公民个人很难同时具备这两项技能,这样的现实也使自然人提起生态环境公益诉讼陷入尴尬之地。(6)维权模式不适应。生态环境公益诉讼费时耗力,从成本核算来看,调取收集证据的费用、诉讼费用、误工费、差旅费、食宿费、时间成本以及机会成本等都应当计入维权成本之内,而从现实情况看,自然人提起生态环境公益诉讼纵然有成功的案例但只占少数,绝大多数都以失败而告终,因而,高成本与高失败率的乘积结果显然偏大,若非能够获得巨额收益,一般人不会考虑从事该项活动。立法机关最终未赋予公民个人提起生态环境民事公益诉讼的权利。这种观点和做法值得商榷。其实,在当前我国环境污染严重生态恶化情形下,我们应优先考虑的问题是如何发动更多力量来参与环境保护,而不是更多的社会力量参与到环境保护后,是否会引发"滥诉"的情形,这两个问题的本质是不一样的。我们不能以"滥诉"为借口,阻止生态环境公益诉讼原告主体资格的扩张。实质上,这涉及利益的衡量,赋予自然人原告资格,在一定程度上可能会增加国家司法机关的负担,但这与保护我们国家美好的生活环境相比,就显得微不足道、不值一提了。①

  从中国立法进程看,每当立法要授予某个主体以权利时,总会产生各种担心,这些担心越多,越是反映出立法者对该问题的研究还不成熟,还不能适应司法实践对立法的需求。修改后的《民事诉讼法》未将自然人纳入可以提起生态环境公益诉讼的主体之中,其实有一个现实担忧,即自然人范围广泛,个人素质参差不齐,若规定了自然人可以提起环境公益诉讼,则担心一些自然人滥用诉权从而加重法院的审判负担,影响法院司法审判资源的配置效率。这种担心不无道理,随着生态环境公益诉讼原告资格的扩展,滥诉现象增多这是必然,关键是如

---

① 张艳蕊:《民事公益诉讼制度研究》,北京大学出版社2007年版,第179页。

何用制度的方式进行防范。其实，即使赋予公民提起生态环境公益诉讼的权利存在诉权滥用的可能，也不能为了实现制度构架的效率和可行性而剥夺公民的诉权，毕竟，一个法律制度的基石和核心还应是必要性和公平正义性。更何况对于滥诉风险的预防和解决，完全可以通过制度的合理构建来实现。国外已有成功经验可供借鉴，比如美国的诉讼前置程序；德国的滥用诉权当事人承担全部诉讼费用的制度；日本、法国等国家对滥用诉权者科以罚金的制度以及将滥用诉权行为纳入侵权行为种类加以规制的制度等。[1]

公民个人提起公益诉讼既是世界上大多数国家和地区的普遍做法，也符合我国的立法精神。在我国法律体系中，宪法和法律均明确规定，公民享有监督权、检举权、控告权等权利。但是，由于在维护国家和公共利益方面缺乏必要的诉权，影响了该方面作用的发挥。为了防止公民滥用诉权，可以借鉴一些国家的做法，在起诉前，向有关行政部门投诉是提起公益诉讼的必经程序，因为这有利于及时制止和处罚侵犯国家利益及社会公共利益的行为。行政执法部门根据组织和公民的投诉，可立即采取行动，行使其包括行政处罚权在内的法律赋予的一切权力。这样就可以及时制止违法行为，把对国家和社会造成的损失或危险减少到最小程度。接受投诉的部门必须在一定期间内作出答复，如不予答复或答复不符合法律要求，原告才可以向法院起诉，要求司法救济。这是由行政执法机关和司法机关的权力分工及相互制约决定的。

我国传统家族文化呈现封闭性与排他性，一定程度上形成了历来中国人并不关注公共事务、"缺乏公共精神"的印象。[2] 公益诉讼的前提是一个社会存在"积极公民"，他们具有追求公共善的精神。生态环境公益诉讼是建立在公民具有对公共环境的关心、保护的意愿这一前提之下，只有具备这样的前提，才能保证公益诉讼制度设计的实效。在生态环境公益诉讼中，公民需要起诉的行为，不是侵犯自己环境权益的行为，而是侵犯公共环境的行为，这需要公民有维护公共环境的精神。如果公民仅仅关心自身利益，而不考虑公共利益，则生态环境公益诉讼就没有建立的制度空间，不会成为一种立法选择。积极公民原理在环境时代可以得到集中体现。随着环境问题的严重，公民对环境问题的关心和担忧日益增强，在西方社会就因此发生过强大的环境保护运动。这种环境运动，正是基于公民对环境问题的关注和参与，体现了环境保护运动中积极公民的身份。并且，随着社会的发展，"学者和社会活动家正在发展公民环保主义的概念，以应对传统管制框架的

---

[1] 卢石梅：《论公民提起环境公益诉讼的原告资格》，载《安顺学院学报》2015年第5期。
[2] 韩震：《后自由主义的一种话语》，引自刘军宁等编：《自由与社群》，三联书店1998年版，第23页。

失灵,并推动参与型和权力下放型的制度安排,以更好地保护生态系统和自然资源"。[①] 这些都是生态环境公益诉讼得以产生的基本前提,而法律规定公民具有生态环境公益诉讼权,符合公民的积极公民身份,可以起到保护环境的作用。

公民作为原告提起公益诉讼的司法实践在中国很多地区时有发生。例如,2002年浙江省杭州市余杭区发生石矿污染事件,农民陈法庆以个人身份提起生态环境公益诉讼;2005年黑龙江省松花江污染,北京大学师生提起公益诉讼将污染企业告上法庭;2011年贵州省清镇市发生工业废水污染,公民蔡长海以个人名义提起公益诉讼,要求污染企业赔偿107.3万元经济损失……这些案件均发生在《民事诉讼法》修订之前,在当时,生态环境公益诉讼制度并未确立,原告诉讼主体资格问题并不明朗,法院的受案尝试为探索公益诉讼制度的建立奠定了基础,不仅如此,有的案件甚至取得了胜诉结果,这更加提振了自然人提起生态环境公益诉讼的信心。[②]《民事诉讼法》修订之后,自然人的环境公益维权意识有了明显提升。2013年,为维护"清洁水体权",浙江省温州市瑞安、苍南两地市民公开悬赏数十万元多次邀请环保局长"下河游泳"[③];2014年,在雾霾持续升温的敏感时期,为捍卫"清洁空气权",河北省石家庄市市民李贵欣一纸诉状将石家庄市环保局告上法庭并索赔,被誉为"全国首例公民因为空气污染向政府机关提起损害赔偿请求的环境诉讼案"……[④]从悬赏到诉讼,背后是自然人环境公益维权意识的提高,这将加快生态环境公益诉讼法律制度的健全。在我国的司法实践中,公民以个人名义提起生态环境公益诉讼的案件并不少,虽然最终被法院受理的案件屈指可数,但是在某种程度上推动了公民提起生态环境公益诉讼的进程。[⑤]

从修订后的《民事诉讼法》以来,至今法律和政策还没有将公民个人纳入到生态环境公益诉讼原告主体资格范围之内。学界和社会上的环保人士对此感到很无奈,反对的声音不绝于耳。其实,公民个人是否能够进行生态环境公益诉讼可以由市场来调节,在衡量生态环境公益诉讼的成本与收益之后,公民个人会做出理性的选择。公民个人进行生态环境公益诉讼是与公共执法相对的私人执法。[⑥]

---

① [美]奥利·洛贝尔:《新新政:当代法律思想中管制的衰落与治理》,成协中译,引自罗豪才、毕洪海主编:《行政法的新视野》,商务印书馆2011年版,第115页。
② 高雁、高桂林:《环境公益诉讼原告资格的扩展与限制》,载《河北法学》2011年第3期。
③ 周蕊、马天云:《环保公益诉讼之路离畅通还有多远?》,http://news.xinhuanet.com/2014-02/26/c_126195908.htm。
④ 马天云、吴昊:《石家庄:难忍雾霾天,市民状告环保局索赔1万》,载《新华每日电讯》2014年2月27日第5版。
⑤ 张锋:《我国公民个人提起环境公益诉讼的法律制度构建》,载《法学论坛》2015年第6期。
⑥ Barton H. Thompson. Jr. Innovation in Environmental Policy: the Continuing Innovation of Citizen Enforcement, University Illinois Law Review, 2000, P. 185.

在生态环境公益诉讼中，私人执法比公共执法具备成本优势。公众广泛分散在社会各个区域和层面，其社会的深入程度远远超越国家机关，因此其对环境污染的切身感受将更加强烈。相比较公权力机关的监管和调查，广泛存在的公众监督可以有效降低搜寻成本。公众在环境污染问题上比政府具有更大的信息优势，允许公民提起生态环境公益诉讼，可以实现公共惩罚和私人惩罚的结合。无处不在的公众，可以大大提高抓获环境污染者的概率。赋予其生态环境公益诉讼的原告资格，让私人执法力量与公共权力形成互动，可以有效降低国家公共资源的投入。如果政府将生态环境公益诉讼的权力都垄断在自己手中，确实可以对环境污染施加公共惩罚，其需要强大的暴力资源和雄厚的经济实力。但是，一个国家无论多么强大，其所具有的公共资源都不是无限的。在部分领域允许私人惩罚的出现，可以大幅缩减国家的预算开支。大量研究表明，私人之间的惩罚可以为缺乏公共权威的社会提供替代性强迫机制。① 基于这样的理由，在未来修改法律的时候应该将公民个人纳入生态环境公益诉讼的原告之列。

第六节　生态环境公益诉讼中的其他主体

一、关于村民委员会与居民委员会及社区的原告资格

我国理论界和实务界对于生态环境公益诉讼原告资格的讨论主要集中在检察机关、行政机关、环保组织、公民个人等主体上，对村民委员会与居民委员会及社区提起生态环境公益诉讼资格的研究较少。有学者认为，根据生态环境公益诉讼的不同目的、功能可将生态环境公益诉讼分为排除妨害型生态环境公益诉讼和生态损害赔偿型生态环境公益诉讼两种类型，应视不同类型而分别规定诉讼原告。在排除妨害型生态环境公益诉讼中，应当允许村民委员会作为原告提起排除妨害型生态环境民事公益诉讼和生态环境行政公益诉讼；但在生态损害赔偿型生态环境公益诉讼中，国家环境资源管理部门、检察机关可以作为原告，其他主体包括村民委员会不宜作为诉讼原告，但可以请求、协助国家环境资源管理部门和检察机关提起生态环境公益诉讼。② 在司法实践中，也有不同意见。海南省高级

---

① Max Cluckman, *Custom and Conflict in Africa*, Oxford, Blackwell, 1995.
② 李义松、苏胜利：《环境公益诉讼的制度生成研究》，载《中国软科学》2011 年第 4 期。

人民法院 2011 年出台的《关于开展环境资源民事公益诉讼试点的实施意见》规定，村民委员会在生态环境公益诉讼中具有原告资格，相关行政机关可以支持村民委员会提起公益诉讼。但玉溪市中级人民法院和检察院于 2011 年 2 月 24 日联合发布的《云南玉溪中级人民法院关于办理环境资源民事公益诉讼案件若干问题的意见》规定，人民检察院、环境资源保护行政职能部门、环境资源保护社团组织可以作为生态环境民事公益诉讼的起诉人，未包括村民委员会等基层组织。总体来看，已经建立的环保法庭和已经进行的生态环境公益诉讼实践中，承认村民委员会具有生态环境公益诉讼原告资格的较少。[1]

我国城乡二元结构导致农民无力与污染企业进行有效博弈。农民自身缺乏环境法律保护意识和诉讼能力；乡土社会的一些"惧讼、避免官司"等传统思维对污染侵权持以忍耐的态度；农民缺乏组织化力量维权，农村青壮年劳动力进城务工，留下老人儿童，出现自我维权的真空。村民委员会作为基层自治组织，在迅速凝聚农民力量和资源、维护村民权益方面具有独一无二的作用。村民委员会应当及时利用自身合法的地位，代表农民提起公益诉讼。关于村民委员会代表农民提起生态环境诉讼的案件有：山西省河津市清涧镇任家庄村民委员会诉山西铝厂案；2004 年青海省同仁县 11 个行政村村民集体诉同仁铝业有限公司案。但是立法并没有确立村民委员会在生态环境公益诉讼中的诉讼地位。

鉴于目前我国城市污染向农村转移的分散性和隐蔽性以及农村环保执法力量的不足，特别是针对一些环境污染侵权无人管、无人诉、无法诉的状况，有学者建议允许 10 人以上的公民个人、5 名以上的律师、民间环保公益组织、检察机关等对污染环境的企业提起生态环境民事公益诉讼，对政府环保部门的行政不作为提起生态环境行政公益诉讼。[2] 其实，我们认为，还应当确立村民委员会在生态环境公益诉讼中的诉讼地位，因为村民委员会在很大程度上可以代表广大村民的生态环境公益。村民委员会作为群众自治性组织，是代表本居住区村民利益和意愿的自我教育、自我管理、自我服务的组织。村民委员会的职能、性质决定其应该并且能够组织村民对农村环境事务进行自治。首先，村民委员会代表了不同村民的共同利益，在村民的广泛参与下容易进行各种意见、想法的汇总与融合，可以激发村民保护环境的积极性。其次，村民委员会可以作为政府环境监管机制的补充。在环境污染监督方面，由于村民委员会是联结单个成员的社会网络枢纽和利益聚合体，可以及时发现环境污染行为并协助行政机关进行处理。最后，村民委员会可以对政府作出的与生态环境公益相关的行政行为进行监督，参与环境

---

[1] 冯汝：《确立村民委员会环境公益诉讼原告资格的社会与法律基础》，载《中南大学学报（社会科学版）》2013 年第 3 期。

[2] 上官丕亮：《城镇化大背景下城市污染向农村转移难题的法律应对》，载《唯实》2014 年第 2 期。

决策。村民委员会代表着村民的共同利益，可以形成行为方式的趋同性。这就克服了单个农户参与环境事务的散在性，可以获得村民的多数表决权，对有关决策具有多数的赞同或否决权力，进而影响政府行政决策，①监督政府部门行政行为，维护集体环境权益。因此，应当发挥村民委员会在农村环境保护中的积极作用。而赋予村民委员会生态环境公益诉讼原告资格是村民委员会发挥作用的一种具体实现途径，也是保护农民环境权益的应有之义。

村民委员会的性质、作用以及职能，使其能够有动力、有能力及时地提起公益诉讼，能够很好地弥补检察机关及环保组织等在农村生态环境公益诉讼中存在的不足。首先，村民委员会在我国农村普遍存在，数量和规模有保证，并且村民委员会是群众自治组织，最能代表群众。例如，在对广东农村进行的环境权益的问卷调查中，有33.9%的人表示自己和家人因环境污染而受到财产或者健康损失，但对于改变环境污染所采取的行动中，只有1.94%的人选择向法院起诉，而向村委会反映情况的高达40.83%。②其次，村民委员会对本村发生的环境变化最为了解，如赋予其生态环境公益诉权，就改变了诉讼的被动性，使得许多环境污染和破坏以及损害公民环境权益的行为在发生之前就得到遏制，有利于环境污染的预防。《村民委员会组织法》第八条第二款规定，村民委员会依照法律规定，管理本村属于村农民集体所有的土地和其他财产，引导村民合理利用自然资源，保护和改善生态环境。从该条规定可以看出，村民委员会具有环境管理的职责。这一规定虽然没有直接明确村民委员会的诉讼权利，但有了职责就应该赋予其相应的权利。

村民委员会作为村民自治组织，是农民当家做主管理自己事务的组织形式。村民委员会管理本村地域内的环境及资源，是农民管理自己事务的一项重要内容。与政府行政体制相比，村民委员会的管理比大型科层体系更具灵活性和创造性，而且村民委员会对农村环境的熟悉及关切程度也要大大高于政府机关。另外，村民委员会可以综合调动村内各种社会资源投入环境治理，将村内所有单位和个人共同构建于环境建设整体网络，使所有有关涉本村生态环境的行为或事项均处于该网络的密切监督之下。③故此，当农村生态环境公益受到侵害时，村民委员会完全有资格也有能力作为公益的代表，提起生态环境公益诉讼。

2012年修订的《民事诉讼法》和《环境保护法》在生态环境公益诉讼方面均有突破性规定，《民事诉讼法》第五十五条的"有关组织"，被《环境保护法》明确为"依法在设区的市级以上人民政府民政部门登记""专门从事环境保护公

---

① 朱海清、梁蓓蓓：《基于社区视角下的农村环境管理探讨》，载《河南社会科学》2012年第7期。
② 李挚萍、陈春生：《农村环境管制与农村环境权保护》，北京大学出版社2009年版，第6页。
③ 陈丽华：《论村民自治组织在保护农村生态环境中的法律地位》，载《求索》2007年第12期。

益活动连续五年以上且无违法记录"的社会组织。目前符合条件的社会组织有700余家。但是，从2015年1月《环境保护法》实施到2015年7月，这些社会组织仅提起7起环境公益诉讼，[①] 远远低于大众的预期。《村民委员会组织法》规定村民委员会有办理"公共事务和公益事业""保护和改善生态环境"的职责。村民委员会是最了解农民、贴近农民、农民最信得过的基层自治组织，其最有能力也最便于将环境侵权案件中的受害人团结起来，为组织的成员提供各种支持。因此，在目前环保社会组织发展严重不足、农村环境形势依然严峻而农民自身环境维权尚存诸多制约因素的条件下，赋予村民委员会生态环境公益诉讼原告资格不应有立法和司法实践上的障碍。[②]

农村基层自治组织在农村充当着保护环境、调节环境纠纷、担当环境诉讼当事人的作用，特别是农村基层自治组织的环境纠纷调解作用突出，在调研中多数居民都表示过在遇到环境污染侵害后会找村委会帮助解决，所以在立法上给予农村基层自治组织充分的环境纠纷调解权非常必要，一方面，可以更好地规范他们的调节行为；另一方面，也可以有效地保障农民权益。必要的时候基层群众组织可以成为公益诉讼的适格的当事人，一般来说，单个农民进行生态环境公益诉讼时无论是在财力还是在知识经验上都无法与强大的被告相抗衡，因为被告一般都是财大气粗的企业或企业集团，所以赋予基层群众自治组织环境职权更有利于保证环境权的实现；同时，基层环境组织的成员都是本村的村民，环境污染会直接影响其本身的生产生活环境，所以他们有着比其他人更为强烈的环境保护的愿望；而且在现实中赋予和明确自治组织的这种职能也非常必要，这有利于遏制污染向农村的转移，更有利于村民环境知情权的实现。当然，不排除个别村干部假借组织名义与公益为敌。

据《中国统计年鉴2011》显示，截止到2010年底，乡镇级区划数40 906个，其中街道办事处有6 923个，乡镇有33 981个，而据不完全统计，行政村有94万多个。多年来，我国司法实践中不乏村民委员会作为原告提起生态环境公益诉讼的成功案例。如2007年福建省泉州市泉港区南埔警柯厝村民委员会诉刘明泉环境污染案，该案中，刘明泉倾倒废渣造成环境污染，村民委员会为了维护不特定多数人的环境作为原告提起公益诉讼，请求法院判决被告刘明泉排除妨碍、消除危险、恢复原状。村民委员会不是为了村民自治组织本身的利益，而是为了维护不特定多数人的生态环境公益行使诉权。本案虽然是以调解的形式结案，但其已经具备了民事公益诉讼的要件。还有前述的两个案例，这些成功案例

[①] 邢世伟、金煜：《最高法：700社会组织可提环境公益诉讼》，载《新京报》2015年1月7日。
[②] 李昌凤：《中国农村环境立法之缺陷检视及其完善》，载《社科纵横》2016年第1期。

能够反映出村民委员会有意愿、有能力行使保护广大农民环境权,并不断通过司法实践履行保护和改善生态环境职责。①

二、关于自然物种的原告资格

以生态中心主义的崛起为契机承认环境自身的主体资格与自身价值并赋予生态环境自身以诉权,变"公地"为"私地",变"公益"为"私益"。这不仅解决了生态环境纠纷的诉权困境,而且对于人类社会的可持续发展具有决定性意义。随着生态环境的恶化和理论研究的深入,自然物是否应当享有权利已经成为法学界的重大理论问题。在激烈的理论争执中,自然物诉讼的实践已经在美国出现。② 当我们承认濒危物种具有独立于人类的内在价值并将濒危动物升格为法律主体时,我们就超越了生态环境公益的范畴,进入了动物内在价值的范畴,亦即超越了环境权利的范畴,进入了动物权利的范畴。③ 从操作模式来看,目前对于生态环境利益的保护主要是通过环境公益组织进行的,但这一模式一直面临诉讼资格的桎梏。如果赋予环境自身以诉权,环境保护组织就可以作为代理人进入诉讼。在1972年色拉俱乐部诉默顿案中,联邦最高法院实希望认定原告具有诉讼资格,道格拉斯大法官却指出,如果重新塑造联邦诉讼规则,允许自然物以自己名义提起诉讼,完全可以解决诉讼资格的难题。基于如上理论与实践的考察,我国应当在生态中心主义下赋予生态自身以诉权。从根本上说,这符合环境法律制度科学性的要求,需要突破的只是传统的法学理论和观念。④

在当代,动物是否具有法律主体地位的争议源于国外兴起的环境伦理学。环境伦理学中的动物权利论、生物平等主义以及生态整体主义中的大地伦理学认为每一种生命形式都拥有生存和发展的权利。据此,持这些观点的学者基于保护环境和生态系统的基本立场,大多认为应赋予动物道德和法律上的权利主体地位。其中,美国的汤姆·雷根(Tom Regan)是当代动物权利运动的精神领袖。他认为,动物具有"内在价值",属于"生活主体",因而应该像具有内在价值的每个人那样获得道德上的权利主体地位。美国的加里·L. 弗兰西恩(Gary L. Francione)也是支持动物(权利)主体论的主将,他主要通过批评动物在法律上的财产(财产权的客体)地位而主张动物应享有道德和法律上的权利主体地位。

---

① 沈洪丽:《村民委员会作为环境民事公益诉讼主体的可行性探讨》,载《法制与社会》2015年第9期。
②④ 谷德近:《美国自然物诉讼的实践功能——以因环境侵害而受损的自然物的法律地位为中心》,载《政治与法律》2009年第12期。
③ 王小刚:《论环境公益诉讼的利益和权利基础》,载《浙江大学学报(人文社会科学版)》2011年第3期。

近年来，随着非人类中心主义环境伦理思想向法学领域的渗透，有关动植物、大自然等自然物的权利问题逐渐成为法学界关注的一个热点问题，法理学者、民法学者尤其是环境法学者对这一问题仁者见仁，智者见智，争论相当激烈。2005年底，北京大学法学院三位知名学者及三位研究生向黑龙江省高级人民法院提起了国内第一起以自然物（鲟鳇鱼、松花江、太阳岛）作为共同原告的生态环境民事公益诉讼，试图以此将自然物权利问题推向公众视野，更是在法学界引起轩然大波。20世纪60、70年代，一些先进的思想家们在前人提出的"尊重自然、善待自然、敬畏自然"思想的基础上，发展创立了动物权利论、生物中心论等环境伦理思想，而自然物权利理论正是这些思想的核心内容之一。当时，谈论自然物的权利也曾经在美国理论界风靡一时，很多哲学家、伦理学家、法学家以及宗教界人士都参与其中，为"自然物究竟是否拥有权利"的问题争论不休。这一时期的西方社会产生了不少主张自然物权利的环境伦理学者和法学家，如斯通、辛格、雷根、泰勒等，也有一些与之针锋相对的著名学者，如一直与汤姆·雷根进行激烈论争的卡尔·科亨教授。不得不承认，经过这场长期的争论，自然物权利理论的影响的确扩大了，西方发达国家的哲学、伦理学、法学、宗教等很多领域都出现了"绿色化"倾向。而且，随着自然物权利理论的发展，不少普通民众也逐渐接受了这种思想，环境主义运动从此兴起。到20世纪70年代，许多美国公民以受到污染的河流、沼泽、小溪、海滨、物种、树木的名义向法院递交了诉状。[①] 1978年1月27日，美国更是发生了法律史上第一起以非人类存在物为法庭原告并进入司法程序的诉讼案件，即环境行动主义者们津津乐道的"帕里拉属鸟诉夏威夷土地与资源管理局"案[②]，该案引发了民众对自然物权利问题的更广泛的关注。

1990年修订的《德国民法典》第90条a规定："动物不是物。它们由特别法加以保护。除另有其他规定外，对动物准用有关物的规定。"这引起了大家对动物权利的关注。动物可以成为有限的法律主体。[③] 曹明德先生也认为，《德国民法典》将动物排除在一般物之外是基于动物保护的需要，并不能因此得出动物被排除在权利客体之外的结论，但是承认非人类存在物有限的法律主体地位还是有必要的。[④] 薛军先生针对《德国民法典》第90条的规定也发出"动物不是物，

---

① ［美］罗德里克·纳什：《大自然的权利》，杨通进译，梁治平校，青岛出版社1999年版，第215页。

② ［美］罗德里克·纳什：《大自然的权利》，杨通进译，梁治平校，青岛出版社1999年版，第217页。

③ 高利红：《动物不是物，是什么》，载梁慧星主编：《民商法论丛》（第23卷），金桥文化出版（香港）有限公司2002年版，第287~304页。

④ 曹明德：《法律生态化趋势初探》，载《现代法学》2002年第4期。

那么是什么"的感慨,认为应当对传统民法中"物"的概念进行反思,赋予自然物一定程度上的法律主体资格属性。[1] 之所以在《绿色民法典》序编的第33条中把动物分为畜养的食用动物和非畜养的食用动物,把后者确定为"处于人与物之间的生灵,享有一定的由动物保护机构代为行使的权利",并规定"民事主体负有仁慈对待上述两类动物的义务",实际上是要逐渐把后一种动物从客体的范畴内排除,从而达成人与其他动物的和平共处。[2] 有些学者认为,动物也是环境权主体,提倡动物在法律上应由法律客体地位上升为法律主体地位,赋予动物完全的权利主体资格。他们主张:"从逻辑上讲,并非不能将法律人格赋予动物。动物权利的保护,不应作为客体保护,而应作为主体来保护。"[3] 权利、主体的产生乃是根源于社会利益的需要,动物应该拥有权利并可以成为法律主体,我们赋予动物法律主体地位不仅仅是法律做出的改良,更是一种构建在"非人类中心主义"基础之上的法理念。[4] 法理学者江山先生、徐昕提出了动物基于其具有的意志而应具备行为能力、应基于"大自然的主体性高于人的主体性"的视角承认动物的主体地位等理由。江山先生在1994年曾较早地涉足这一领域,他在谈及经济法的原则时提到用法律保障非人类生命现象或其他生命系统的普遍生存权的问题。[5] 后来他在谈及环境法学的法理问题时进一步指出,对人而言,具有广普性的权利是一种对生态、对环境、对自然的特权,正是这种特权引发了人类对环境的肆虐和毁损,因此要想解决环境保护问题,就应在权利主体上做文章,扩大法律主体的外延和范围,赋予动物等非人生命体以法律人格。[6] 这种主张在当时的法学界无疑是具有探索性的。高利红依据动物也具有"绝对"的"内在价值"的观点,提出通过设立平等对待原则、权利内容差别原则、独立利益代表原则来建立动物主体制度。[7] 从经验层面上看,道德起源于动物的社会本能,亦即生物的利他和合作行为,因此,动物可以成为"起源于生物本能"的道德上的主体,而从道德与法律的关系上讲,法律应该适当地反映道德的要求,所以,动物也应

---

[1] 薛军:《"物"的概念的反思与中国民法典的编纂——一个评论性的脚注》,"法律思想网"/民商法:http://law-thinker.com/show.asp?id=1044.访问时间2017年4月2日。
[2] 徐国栋:《认真透析〈绿色民法典草案〉中的"绿"》,载《法商研究》2003年第6期。
[3] 徐昕:《论动物法律主体资格的确立——人类中心主义法理念及其消解》,载《北京科技大学学报(社会科学版)》2002年第1期。
[4] 郑友德、段凡:《一种理念的诠释:动物法律主体地位之思考》,载《华中科技大学学报(社会科学版)》2004年第6期。
[5] 江山:《互助与自足——法与经济的历史逻辑通论》,中国政法大学出版社1994年版,第295页。
[6] 江山:《法律革命:从传统到超现代——兼谈环境资源法的法理问题》,载《比较法研究》2000年第1期。
[7] 高利红:《动物不是物,是什么?》,引自梁慧星主编:《民商法论丛》(第23卷),金桥文化出版(香港)有限公司2002年版,第303页。

该是法律主体。① 动物、自然体等可以上升为法律主体,这在法律拟制上并不存在障碍,法律主体本就是法律拟制的主体,不同于现实存在的人,属于法律技术层面的问题。涉及法律技术层面的问题,必然要考虑可操作性、法律成本等问题。自然体上升为法律主体,首先必须解决法律表达的问题。法律主体即法律规范的综合体,从这个角度上讲,必须拟制一套代表自然体利益和意愿的行为规则,而这个规则由人类来设计。我们也可以像法人设立法定执行机构一样,为自然体设立一个代理机构来代为执行权利义务,最终实现对自然体利益的保护。②

在美国,以自然物种作为生态环境公益诉讼原告主体既有理论探索也有先例可循。最早有关自然物种做理论研究的当属美国学者克里斯托弗·D. 斯通。他发表经典论文《树木应当享有原告资格吗——论自然物的法律权利》一文提出,应该承认自然物有"当事者适用资格"。他认为,自然物种不应当享有权利,它们不可以为了自己的利益寻求法律救济的观点既不是必然的,也不是明智的。我们不能说因为河流和森林不能说话,所以它们不能享有原告资格。公司也不能说话,国家、不动产、婴儿、无行为能力的人、市政当局、大学等也都不能说话,但律师可以为它们说话,就像他们平常为普通人的法律问题代言一样。我们应当像处理法律上无行为能力的人——那些成为植物人的人的法律问题那样来处理自然物的法律问题。斯通的这一理论创新,在环境公益诉讼史上具有里程碑意义。他使社会民众认识到:从古至今一直被视为无生命表象的"客体"的自然物,在适当的历史条件下,完全有可能具有法律上的"主体"身份。道格拉斯大法官援引了斯通的观点,指出:如果我们重新塑造一个联邦规则,允许以自然物的名义,在联邦部门或联邦法院对那些掠夺或者被公路或者推土机侵略而引起公愤的损害提起诉讼,那么,环境问题上有关"原告资格"的关键性难题将简单化。当代公众对保护自然生态平衡的关注应当趋向于授予环境以原告资格,让它们可以为自己的保存而提起诉讼。③ 虽然道格拉斯大法官的意见属于少数意见,但这种观点并非天方夜谭,在现有的制度和技术框架内是完全能够实际操作的。

帕里拉鸟诉夏威夷土地与自然资源部案是以濒危物种作为共同原告的第一案。④ 1979 年,美国夏威夷联邦地区法院判决了美国第一个以濒危物种作为共同原告的案件,该案件在美国的判例汇编中被称为帕里拉鸟(美国的一种濒危物种)诉夏威夷土地与自然资源部案。在本案中,帕里拉鸟塞拉俱乐部、国家奥特

---

① 高利红:《动物的法律地位研究》,中国政法大学出版社 2005 年版,第六章"动物应为法律上之主体"。

② 陈志荣:《生态法律关系研究》,福州大学博士学位论文,2016 年。

③ Stone, Should Trees Have Standing? Toward Legal Rights for Natural Objects, 45 S. Cal. L. Rev. 450 (1972).

④ Palila (Psittirostra bailleui) et al. v. Hawaii Department of Land and Natural Resources et al. 471 F.

朋协会（一个保护鸟类的环保团体）、夏威夷奥特朋协会以及艾兰·C. 齐格勒（Alan C. Ziegler）先生作为共同原告。原告们认为被告为了运动打猎的目的，在帕里拉鸟的关键性栖息地放养野生绵羊和山羊的行为违反了《濒危物种法》的规定。这些野生绵羊和山羊会吃树皮、小树苗和种子，阻止了森林的再生，破坏了帕里拉鸟的关键性栖息地。原告方要求被告清除该片森林里所有的野生绵羊和山羊。被告否认自己的行为"危害"了帕里拉鸟的关键性栖息地。但法院最后认定被告的行为构成了"危害"，判决原告胜诉。但是在本案中，被告并没有对帕里拉鸟的原告资格提出质疑，法院也没有对这个问题发表意见。1937年的《濒危物种法》在公民诉讼条款中规定"任何人"都可以针对违反该法的行为提起诉讼，但该法和任何其他法律都没有规定濒危物种本身可以作为原告。在帕里拉鸟诉夏威夷土地与自然资源管理部案之后，在许多有关濒危物种的案件中，原告（一般是环保团体）都把濒危物种本身作为共同原告（并且一般是第一原告），这后来逐渐成为了一种习惯做法。

英美法系法官们在自由心证的传统下，在相当多的判决中认可了自然物的法律地位并宣称司法拥有裁判自然的权利，国家、地方公共团体、环境保护组织等作为自然物或者自然的代理人来实施诉讼。[①] 这一做法在大陆法系的司法中存在严重的法律文化的障碍。

其实，自然物拥有权利的理由是充分的：环境伦理学的发展为自然物法律权利的成立提供了道德基础；权利主体范围的不断扩展为自然物法律权利的存在提供了历史依据；自然物监护人或代理人制度的设置为自然物法律权利的实现提供了法律技术支持。环境伦理学有多个流派，如动物权利论、生物中心论和生态中心论等。尽管这些流派在对权利体范围的认识上有所区别，但它们却有着共同的实质：承认各种非人类存在物拥有独立于人类的内在价值及人类应加以尊重的生存权利，它们的这些内在价值和生存权利（而非人类的利益）才是判断人们对它们的行为在道德上是否正确的终极依据。[②] 主张自然物权利的学者在对自然物权利进行论证时往往把环境伦理学的内容作为自己论证的起点。在这些学者看来，环境伦理学使人们认识到所有生物都是平等的，无贵贱之分、高低之别、优劣之异，因此它们理应获得道德上的主体地位。[③] 一旦自然物获得了道德主体地位，它们就获得了要求正义的资格，而道德上的资格就意味着道德权利，道德的权利

[①] 鄢斌：《美国公民诉讼主体资格认定规则及其启示》，载《科技与法律》2014年第2期。
[②] 杨通进：《动物权利论与生物中心论》，载《自然辩证法研究》1993年第8期。
[③] 张锋：《权利的延伸与伦理的演进》，载《法学论坛》2005年第2期。

则有进一步上升为法律权利的可能。① 这种可能性存在的原因在于，道德是法律的先在法，它在逻辑上优先于法律，在功能上则对法律构成批判和评价的标准，当自然物的权利获得道德的支持，也就为其进入法律，最终上升为法律权利提供了前提。② 当然，学者们也认识到环境伦理价值观不可能全面取代传统法律的价值观，但是他们认为，环境的科学观和价值观已经为环境立法奠定了一个充实的理论基础，需要现代环境立法除了为保护人类的健康而保护环境外，还应当在保护自然的权利方面作出贡献。③ 主张自然物拥有权利的学者还经常借用权利主体范围的扩展这一历史事实来为自然物权利的存在进行辩护。他们认为，主体从来不是天然的、稳定的、永恒不变的，何种实体、何种生命应成为法律主体是一个历史的且伴随法律未来的法律命题。④

关于自然物的原告资格问题，看起来似乎有点匪夷所思，但实际上，在国外早就有相应的理论和实践了。而在中国，在北京大学六师生提起的这起公益诉讼之前，有关自然物的原告资格问题，似乎从来没有进入过主流法学界以及公众的视野。普通民众可能会认为这是一个荒诞不经的做法。但是，通过回顾关于自然物的原告资格的学说史和实践史，我们就不难发现，此时此刻看似荒诞的做法，也许正是大势所趋。赋予自然物以原告资格，在法律技术上不存在任何问题，问题在于人们的观念。法律设计了监护制度和代理制度，解决了无行为能力人和限制行为能力人的权利行使问题，这些制度我们完全可以拿来解决濒危物种的权利行使问题，或者我们也可以发明其他新的制度解决这一问题。可以说关键的问题是观念的更新，人类要在观念上接受动物或者其他自然物作为法律主体这一新的现象，其他的技术问题相对于观念问题只是末节的问题。

民法学的发展史告诉我们，人作为主体是在不断扩张的，从奴隶、黑人、妇女到胎儿、死者、未出生的后代，以及没有独立意识能力的婴儿、智障人、植物人都已经获得了法律主体的资格，为什么主体的范围就不能继续扩展到意识能力甚至高于某些人类的非人类存在物呢？⑤ 或者退一步说，为什么不能给予某些传

---

① 江山：《法律革命：从传统到超现代——兼谈环境资源法的法理问题》，载《比较法研究》2000年第1期。
② 蔡守秋：《调整论——对主流法理学的反思与补充》，高等教育出版社2003年版，第439页。
③ 汪劲：《伦理观念的嬗变对现代法律及其实践的影响——以从人类中心到生态中心的环境法律观为中心》，载《现代法学》2002年第2期。
④ 郑友德、段凡：《一种理念的诠释：动物法律主体地位之思考》，载《华中科技大学学报（社会科学版）》2004年第6期。
⑤ 徐昕：《论动物法律主体资格的确立——人类中心主义法理念及其消解》，载《北京科技大学学报（社会科学版）》2002年第1期。

统概念中的"物"或"财产"以有限的法律主体地位？[①] 而且，从法律理念上讲，也并非只有人类才能被视为权利的拥有者。在不少现代法律中，学校、工厂、组织、社区、城市、州或省、国家或地区等没有"自然人意志""具体意志"的抽象物或非生命体，也与人一样，被法律承认为法律关系的主体或授予法律权利。[②] 因此，人与自然物在性质和能力上的差异再也不是法律是否赋予自然物权利的根据，权利主体扩展至自然物并不存在根本性的障碍。主张自然物权利的学者几乎众口一词的认为应当赋予自然物以诉讼资格，并建立自然物监护人或代理人制度来保障自然物权利的实现。这一理论实际上最早是由美国著名学者、法律哲学教授克里斯托弗·斯通在 20 世纪 70 年代提出的。他认为，婴儿或弱智者的权利通常是由合法的监护人来代表的，通过扩展这一原则，就能使湖泊、森林和大地在美国的司法系统中获得"一席之地"，因为作为大自然监护人的人类应当能够计算出对自然物的损害。[③] 针对应当由哪些人、如何获得授权来进行监护或代理的问题，学者们认为，由环保组织、环保人士来充当大自然的监护人是合适的，由普通公众来代表环境提起诉讼也是可行的，至于代表人或代表活动是否有被代表人的授权书、委托书、代理协议或一致同意选票，则并不是一个原则问题或根本问题。[④] 此外，学者们还认为，尽管人类无法从自然物那里得到具体的指示，但人们根据常识、经验和对人情物理的体认使"代理"制度有效运转。而且，在人类的法庭上，正如无责任能力的婴儿、智障人士一样，自然作为主体出现时，参加的只能是纯获利益的诉讼，其不为被告，因此也不存在承担责任的问题。[⑤]

每一个物种在其赖以生存的生境中必定形成一定的种群，将准主体的资格赋予种群中的每一个物种个体，无疑会极大地限制自然赋予人类所具有的开发利用能力，而一个物种只享有一个准主体资格又会在实际上对人类行为是否对种群的生存产生不利影响发生错误判断，从而最终使得物种享有准主体资格成为空谈。因而综合考量，物种的准主体资格不宜以单个个体为限，而应以种群为宜，即在一定生境中生存的某个纳入环境法律关系的物种的种群为一整体享有准主体资格。就人工饲养物种而言，人工饲养物种业已进入人类的日常生活范围，成为人

---

① 薛军：《"物"的概念的反思与中国民法典的编纂——一个评论性的脚注》，"法律思想网"/民商法：http://law-thinker.com/show.asp? id = 1044，访问时间：2018 年 2 月 1 日。
② 蔡守秋：《论环境权》，引自《金陵法律评论 2002 年春季卷》，法律出版社 2002 年版，第 83 ~ 119 页。
③ ［美］罗德里克·纳什：《大自然的权利》，杨通进译，梁治平校，青岛出版社 1999 年版，第 155 页。
④ 蔡守秋：《调整论——对主流法理学的反思与补充》，高等教育出版社 2003 年版，第 538 页。
⑤ 张锋：《权利的延伸与伦理的演进》，载《法学论坛》2005 年第 2 期。

类日常生活的一部分，已经丧失了应有的生态功能，只是作为一种具有经济价值的物而存在着，因而其仍然属于传统法学调整的范畴，属于传统民法上的物，其生存状况的优劣也不足以对人类最终的生存产生重大影响。但是人工饲养物种一旦进入野生状态，恢复其应有的生态功能，同其他非人同类物种一起构成具有生态价值的非人物种种群，即共同构成环境法上的准主体。单纯从技术上来说，对于非人物种的权利实现问题可以借鉴传统法律中的代理制度，如蔡守秋教授所言，"可以规定国家环境资源行政主管部门、环境保护非政府非营利组织或环境保护公益组织作为非人存在物的法定代理人，上述法定代理人可以依法对污染破坏环境资源者提起控告、申诉、诉讼"。① 首先，将非人类物种的权利实现问题交由法定代理解决，非人物种的代理问题完全取决于法律的规定而不是当事人的委托。既然允许由人来代表没有意识的主体的意志，那么，同样应该允许由人来代表自然的意志及利益，随着人对人与自然关系的深入理解，主体的含义将发生变化，"绝对主体退出历史舞台，相对主体、复合主体出现，在任何一种契约关系中，每个当事人都同时空地具有多重身份，他既是当事人自己，也是他人、社会、未来主体和非意识主体的当然代理人，他的意志中必得包含他所代理的其他主体和社会、生境的主要利益、权利、意志"。② 其次，将非人物种纳入法律主体范畴是有选择的。受人的调控能力的限制，人类不可能将所有的非人物种纳入法律主体的范围。③ 有学者认为，一般情况下非人物种是作为法律关系的客体，而其中某些对环境具有重要生态效能的则可作为法律关系的主体。④ 这类主体往往以特定环境区域整体、特定的环境要素的集合体或特定生物种群为单位，一般未具体到个体。最后，法律对非人物种权利的确认是有限的。必须承认，非人物种是不同于人类的特殊主体，不能将人的权利套用到非人物种身上，非人物种有自己独特的利益和需要，法律主要从维持基本的生态平衡、生物种群的生存繁衍等方面确认其权利。⑤

确立自然物（尤其是濒危物种）的原告资格在诉讼程序上有一个明显的好处，它可以不触动现有诉讼法体系中的"直接利害关系"问题，因为在环境污染或破坏的情况下，自然物（尤其是濒危物种）本身肯定是"受害者"，当然与本案有"直接利害关系"，然后，通过设计诉讼代理人制度，就能方便地解决诉讼中的技术问题。而如果坚持只能以"人"作为原告，那么，在某个远在千里之

---

① 蔡守秋：《调整论——对主流法理学的反思与补充》，高等教育出版社2003年版，第528页。
② 江山：《法的自然精神导论》，法律出版社1998年版，第163~164页。
③⑤ 李挚萍：《试论法对人与自然关系的调整》，载《中山大学学报（社会科学版）》2001年第2期。
④ 汪劲：《中国环境法总论》，北京大学出版社2000年版，第37页。

外、从来没见过的濒危物种受到损害时，公众就很难将濒危物种所受到的损害与自身所受到的损害联系起来，除非原告可以在法庭上主张自己的同情心、博爱心受到损害。但是，要想在中国的诉讼法中确立自然物的原告资格，难度确实要比在英美法系国家确立自然物的原告资格更大。在中国赋予自然物原告资格最难的一关就是：事实上，在现行的法律体系中，自然物完全处于客体地位，现行的民法体系和法理学中的法律主体、客体体系都是以此为基础建立起来的。自然物在目前还不具有民事主体资格，还不享有任何法律意义上的"权利"，因此，在以实体权利作为原告资格的基础的中国，想要赋予不享有实体权利的自然物以原告资格，在目前的诉讼法制度和理论上存在着极大的障碍。因此，除非我们重新建构一套独立于实体权利的程序意义上的原告资格，否则，赋予自然物原告资格的理论只能是空中楼阁。① 其实，如果我们认可了人类只是自然的一部分，人与自然平等和谐，我们并无既定的先验的优越可言，那么，自然距离"权利"不过一层一捅即破的窗户纸而已。② 而在确立自然物的原告资格之后，需要做的就是确立有资格作为自然物的代理人的个人或团体的资质。反对"代理人"制度的人对代理人不能从自然那里得到"指示"的担忧其实大可不必，我们应反对在这一问题上的不可知论的倾向，一味纠缠于"子非鱼焉知鱼之乐"。婴儿、智障人士的代理人也不曾从他们的被代理人那里得到"指示"，但人们根据常识、经验和对人情物理的体认事实上一直使代理制度有效运转。同样道理，人与自然朝夕相处，如果我们对人类理性信心尚存，"代理"完全应当是可能、可行的。③

我们应当把法律拟制推广到那些感受到现代技术和现代生活的毁灭性压力的峡谷、高山草甸、河流、湖泊、河口、沙滩、桥梁、小树林、沼泽地甚至空气上去。例如，河流就是所有赖以为生的生命——鱼类、水生昆虫、河鸟、水獭、食鱼动物、鹿、麋鹿、熊，以及所有动物，包括人——的活生生的象征，它们靠水为生，或者为了它们的视觉、听觉甚至生活而使用水。我们应当让河流作为原告，为作为它的一部分的生命生态单元说话。那些和河流有非同寻常关系的人——无论他是一个渔夫、船夫、动物学家还是一个樵夫——必须能够为河流所代表的价值或者受到毁灭威胁的价值说话。虽然那些生态系统中不善于表达的成员无法自己表达意见，但是那些熟知它们的价值和奇迹的人可以为整个生态社

---

① 严厚福：《环境公益诉讼原告资格之确立——扩大"合法权益"的范围还是确立自然物的原告资格》，《北大法律评论》2007年第8卷第1辑。
②③ 张锋、姚昌：《自然权利的批判与辩护》，载《中国人口·环境与资源》2006年第3期。

区代言。①

　　与野生动植物的法律保护相比，豢养动物算不上环境的必备要素，与生物多样性无关，因此从严格意义上讲，豢养动物的法律保护问题并不应当属于环境法问题，但目前来看，不少环境法学者是将豢养动物的法律保护与野生动物的法律保护混淆在一起的，因此我们有必要在这里稍作讨论。豢养动物主要包括宠物动物、农场动物和实验动物。按照极端人类中心主义的观点，这些动物的存在完全是为人服务的，当然没有专门保护的必要，即使保护，也是作为财产来进行保护的。后来，随着动物仁慈主义、动物权利论、动物解放论的兴起，豢养动物的保护问题也逐渐演变成为一个法律问题。早在1822年，英国就在动物仁慈主义运动的推动下通过了人类历史上第一个"禁止虐待家畜法案"，即因其倡导者理查德·马丁的名字而闻名的"马丁法案"。到了20世纪70年代，随着彼得·辛格对"动物解放"的倡导和汤姆·雷根对"动物权利"的倡导，人们对动物，尤其是农场动物、实验动物等豢养动物地位问题的关注达到顶峰，此后，挪威、瑞典、丹麦、德国、葡萄牙等欧洲国家还通过了专门的动物福利法。例如，德国1998年修订的《动物福利法》第1条（原则）就明确规定："没有正当的理由，任何人不得引起动物疼痛、痛苦或者忧伤"。丹麦1991年的《动物福利法》与德国《动物福利法》的做法类似，该法指出，本法是为了确保动物免受疼痛、痛苦、焦急、永久伤害和严重的忧伤。面对在西方国家大量产生的动物福利立法，我们应当如何看待呢？有学者认为承认动物福利就是认可动物的自然权利，② 就是承认动物的主体地位。③ 对此我们持一种谨慎的态度。动物福利与动物权利听起来尽管比较接近，但还是有一定差异的，二者是动物保护中的不同派别。动物福利本质上是功利主义的，它强调从法律上防止残酷对待动物，要求人道对待动物，但并不反对在保证动物痛苦最小化的情况下对动物加以利用；动物权利则是反对功利主义的，它反对人类"利用"动物的所有方式，包括科学实验、动物园、马戏团、狩猎等。④ 而且，从各国动物福利立法的内容来看，这些法律并不排斥对动物的利用，所排斥的是对动物的虐待和不合理利用，因此各国动物福利立法也很少采用"权利"字眼。

　　就我国来说，确立自然物种（尤其是濒危物种）的原告资格，在诉讼程序上有一个明显的符合度，它与我国现有诉讼法体系中的"直接利害关系"的原告资

---

　　① 汪劲编译：《环境正义：丧钟为谁而鸣——美国联邦法院环境诉讼经典判例选》，北京大学出版社2006年版，第67~72页。
　　② 蔡守秋：《论动物福利法的基本理念》，载《山东科技大学学报（社会科学版）》2006年第1期。
　　③ 高利红：《动物福利立法的价值定位》，载《山东科技大学学报（社会科学版）》2006年第1期。
　　④ ［美］戴斯·贾丁斯：《环境伦理学》，林冠明、杨爱民译，北京大学出版社2002年版，第127~132页。

格是相吻合的。毫无疑问，在环境污染或生态破坏的情况下，自然物种（尤其是濒危物种）本身肯定是"受害者"，当然与本案有"直接利害关系"，然后，通过设计诉讼代理人制度，就能解决诉讼中的技术问题。问题是，我们的诉讼是只能以"人"作为原告，所谓自然物种（尤其是濒危物种）只能是处于一种客体范畴。自然物种在目前的法律体系中还不具有民事主体资格，还不具有任何法律意义上的"权利"主体资格。一种较可行的做法是赋予自然物种（尤其是濒危物种）以共同原告资格，以实现环境利益的共同维护。濒危物种当然不能自己去行使权利，但是，如果其具有程序意义上的原告资格，法律上就可以设计出一种制度，由其代理人通过司法程序来保障其生存利益。当然，如果赋予自然物种原告资格，那么，我们的公益诉讼也许是多余的，因为原告资格出于自身利益而起诉，显然属于私益诉讼的范畴。

三、关于后代人的原告资格

关于后代人的权利，最早是由 J. 法因伯格于 1974 年在《动物与未出生的后代的各种权利》一文中提出的，该文否定了把权利概念扩展到动物上去这一做法，同时肯定了把权利概念扩展到未出生后代上去的做法。[①] 后代人具有什么权利？在主张后代人的权利论者看来，后代人至少具有两种权利：（1）具有享用地球资源的权利；（2）具有享受美好环境的权利。这两种权利的存在，就要求当代人具有保全地球、保全环境之义务。

在传统诉讼法中，原告一般仅限于当代人。然而，由于环境危机的凸显，各有关实体法均作出相应的反应，以顺应可持续发展社会变革运动之时代潮流。因为，地球上的环境资源是属于人类共同体的共有财产，人类的每一代人都是从前一代人那里继承了这笔共有财产，而且，人类的每一代人又都是对下一代人这笔共有财产的托管人。人类每一代人之间开发、利用环境资源这一共有财产的权利是平等的，一方面，这一代人是拥有这笔共有财产的有限的终生受益人；另一方面，这一代人又是对下一代人拥有这笔共有财产负有义务的受托人，而下一代人则是持久不断的地球环境资源共有财产的受益人。也就是说，当代人和后代人共同作为人类共同体的组成部分，均属于人类这一种群，而要保证人类这一种群的永续生存和发展，就要保障当代人与后代人之间在自然资源利益分配的公平，以形成人类共同体对自然资源的合理共享和分享。为此，有关实体法将后代人享有这一共有财产的权利加以确认，并赋予当代人对后代人享有这笔共有财产托管的

[①] ［日］岩佐茂：《环境的思想》，韩立新等译，中央编译出版社 1997 年版，第 54 页。

义务。既然有关实体法承认后代人可以作为法律关系的主体，其权利已被有关实体法所确认并给予保护，而其又尚未出生，尚未具有当代人的思想意识和自觉行为，当其权利受到侵害时，其又无自觉地提出予以法律保护的要求。这时，诉讼法应有相对的因应措施，以解决这一难题。

魏伊丝曾经做过这样的假设：在当代人做出某项决策的时候，后代人可能会愿意支付一大笔钱让当代人避免采取某些行动或采取某些行动，但是他们没有办法表达他们的要求。所以赋予后代人的代表在当代表达意志的权利和机会，并且让他们以诉讼代理人的身份参与诉讼可以从实体和程序两方面保障代际公平的实现。[1] 事实上，在世界各国的法律实践中，已经有些积极的探索。如1993年菲律宾最高法院在"菲律宾奥波萨诉法克兰案"中承认了42名儿童有权代表他们自己和未来世代保护他们对健康环境的权利，这是世界上第一个以"代际公平"理论为依据提起的环境诉讼。该法院认为，"就对健康与平衡的生态权利而言，他们为未来世代利益而起诉的资格只能基于世代间责任的概念"。[2] 这些儿童起诉要求停止对热带雨林区的大规模出租。在这个判例中，戴维德法官在向法院出具的报告中指出："我们发现没有任何困难判决他们能够为他们自己、他们的其他同代人以及后代提起诉讼。就生态平衡和健康的环境而言，他们代表后代提起诉讼的资格是建立在几代人共同责任的基础上的"。最后，法院判决对原告的诉讼请求予以支持，迫使政府下达行政命令取消了65个出租森林的合同项目。原告的胜诉，使得大片森林资源，特别是大片原始热带雨林得以保全。[3] 自此，类似案例亦在其他国家不断发生，如印度就以此来保护未来世代的环境利益。法国成立了后代人委员会，旨在建立后代人利益的代表机制，以保障后代人利益在当前的政府政策和决策中的体现。[4] 因此，为保护后代人环境权益，应当鼓励各国给予后代人的代表在国内诉讼及行政程序中的主体资格，将其作为诉讼代理人。[5]

---

[1] [美] 爱蒂丝·布朗·魏伊丝：《公平地对待未来人类：国际法、共同遗产与世代间衡平》，汪劲等译，法律出版社2000年版。

[2] 转引自[美] 爱蒂丝·布朗·魏伊丝：《公平地对待未来人类：国际法、共同遗产与世代间衡平》，汪劲等译，法律出版社2000年版。

[3] 特德·艾伦：《菲律宾儿童案例：承认后代人的地位》，载《乔治城国际法律评论》，第713~719页；《国际环境法年鉴》（第4卷），1993年牛津克莱论顿出版社1994年版，第430页。

[4] 王曦、柯坚：《跨世纪的法学视野——中国与澳大利亚可持续发展法研讨会述评》，载《法学评论》1998年第4期。

[5] 阮丽娟：《环境权主体应扩展至后代人》，载《法制与经济》2013年第10期。

第七节　生态环境公益诉讼起诉资格的序位

发达国家诉讼原告资格标准的变迁过程告诉我们，原告资格的认定标准是一个动态发展的概念，随着社会、经济的发展，资格标准也在不断地变化，以协调公民权利和国家权力之间的关系。因为，"法律必须设法给没有利害关系或没有直接利害关系的公民，找到一个位置，以便防止政府内部的不法行为，否则没有人能有资格反对这种不法行为"[①]。由于生态环境公益诉讼起诉主体多元，所以，有必要在此谈谈起诉资格的序位问题。

有学者认为，"法律规定的机关和有关组织"可以明确为检察机关，政府不宜作为起诉主体；有关组织可以明确为依法成立的环保组织；公民可以作为起诉主体。对于多元化的起诉主体，各起诉主体都具有自身的优劣性，环保组织相比检察机关、公民、政府更具有起诉的优越性，可以处于第一序位，检察机关处于第二序位，公民处于第三序位。[②]

有学者认为，生态环境民事公益诉讼案件的起诉原告优位顺序，应以公民个人优先，环保组织、行政机关第二，检察院第三。[③] 首先，公民个人作为社会群体中的一员，最熟悉身边环境情况，第一时间了解污染破坏行为的发生、发展过程及危害结果等信息。公民个人作为优先起诉人，有利于及时将违法行为诉诸法院，遏制违法行为。其次，如果公民个人因惧怕强势被告方而不敢也不愿提起诉讼时，公益环保组织、行政机关要作为第二顺序原告及时补提起诉讼。社团组织和行政机关具有组织、资源等优势，在一定程度上能够与一些强势的污染企业及环境破坏个人进行对抗，相关信息可来自志愿者提供、"线人"举报、工作检查督促中发现，也可来自行政裁决后得不到执行的案件线索。最后，当公民个人、公益环保组织、环保等行政机关均不提起诉讼或欲提起诉讼，但因为在调查取证方面存在较大障碍等原因没有能力完成诉讼时，检察机关即可单独提起诉讼或支持告诉原告开展诉讼。

有学者认为，生态环境行政公益诉讼案件，原告宜以检察院优先，环保组织、公民个人第二。[④] 一方面，生态环境公益诉讼案件往往是由环保部门提起诉

[①] [英] 威廉·韦德：《行政法》，徐炳译，中国大百科全书出版社1997年版，第365页。
[②] 黄亚宇：《生态环境公益诉讼起诉主体的多元性及序位安排——兼与李挚萍教授商榷》，载《广西社会科学》2013年第7期。
[③④] 田刚：《试论环境公益诉讼运行困境之破解》，载《实事求是》2015年第6期。

讼，但行政机关不宜作为生态环境行政诉讼原告。正如法谚所云："任何人不得同时既是原告又是被告"，自己告自己不符常理，就算以环保部门的监察等某个内设处（室）告另一个处（室），姑且不论是否具有法人资格能否提起的问题，这种"二儿子"告"大儿子"的情况，在现行行政机关"首长负责"管理运行体制下，相比民间百姓家庭而言，恐怕当"老子"的不愿看到也不允许出现这种情况，现实中难以操作。另一方面，生态环境行政诉讼案件中，环保组织和公民个人相对于行政机关均处于弱势地位，不宜作为优位原告。虽然相关法律规定司法机关要独立办案，党内法规也多次明确党政机关不能干涉司法机关办案，但实践中由于一些行政机关及领导干部为了规避国家赔偿、社会影响、个人面子及提拔晋升等方面的风险及负面影响，很多行诉案件遭遇立案难，立案后又被以调解、撤诉等方式"和谐"，原告硬要争个输赢，就往往面临败诉。生态环境行政公益诉讼也难逃此劫。因此，当环保部门不作为、乱作为造成了环境污染事件，作为国家法律监督机关的检察机关，完全有必要也有能力作为优先原告提起诉讼，以公权力对抗公权力，可以有效解决原、被告双方"势力"不相匹配的问题。案件线索可来自社团组织、公民个人的检举控告，也可来自检察机关办理其他案件中发现的线索。另外，对一些事实清楚、案情简单的生态环境行政诉讼案件，为节约检察资源，可以由检察机关指定环保组织作为第二顺位原告提起诉讼，也可由环保组织和个人作为原告直接提起诉讼。

有学者认为，对国家而言，对环境污染者提起公益诉讼既是权利又是义务，即职责，是国家存续的目的之必然要求；对公民或社会团体而言，对环境污染者提起公益诉讼是权利，是公民行使参与管理权的具体体现。生态环境公益诉讼的原告应包括国家与公民、社会团体，其中国家处于第一顺位，公民与社会团体处于第二顺位，此可从环境公共信托理论、公民与国家的关系学说得到证成。相对于检察机关，环境保护行政机关更适宜代表国家提起生态环境公益诉讼。[①] 只有在环境保护行政机关没有恰当履行提起生态环境公益诉讼的职责时，位于第二顺位的公民与社会团体方可起诉。为实现此顺位安排，应建立针对公民与社会团体起诉的诉前通告制度。

有学者认为，如果负有修复和求偿职责的国家或地方行政主管部门不履行职责的，则由相应的检察机关通过发出生态损害修复求偿检察建议书，进而通过向不依法履职的环保行政机关提起生态损害修复求偿公益诉讼等方式督促其履行职责。赋予公众或环保公益组织向负有生态损害修复、求偿职责的环保行政机关或相应检察机关请求履行职责的权力，对于有关行政机关和检察机关均不履行职责

---

① 夏梓耀：《论环境公益诉讼原告的范围与顺位》，载《甘肃政法学院学报》2014 年第 1 期。

的情况，则应允许环保公益组织依法运用生态环境民事公益诉讼向生态损害赔偿责任人求偿。这也是借鉴欧盟立法经验得出的结论。欧盟 2004 年的《关于预防和补救环境损害的环境责任指令》第 12 条规定，符合条件的自然人或法人有权向有关职能部门提交有关其所察觉的已经发生或将要发生的环境损害的评论，也有权请求有关部门根据该指令提起诉讼，但要求起诉时应提交相应的信息和数据支持其提交的评论。[①]

依据现行法律规定，检察机关行使生态环境民事公益诉讼的起诉权面临着与其他主体之间的诉权序位问题。检察机关在履行职责时发现污染环境等损害社会公共利益的行为，如果没有适格主体或者虽有适格主体但其不提起诉讼的情况下，检察机关可以向法院提起生态环境民事公益诉讼。据此可知，检察机关在生态环境民事公益诉讼中的地位是处于第二序位的。如果检察机关要行使生态环境民事公益诉权，前提是没有适格主体或适格主体不起诉。在此情况下，检察机关就应担负起保护生态环境公益的重任，以"公益公诉人"的身份直接提起诉讼。在享有生态环境民事公益诉权的其他主体已经依法提起生态环境民事公益诉讼的情形下，检察机关的职责是支持原告起诉，因此，此时检察机关在诉讼中的地位应当是"支持起诉人"而非"公益公诉人"。

[①] 竺效：《生态损害公益索赔主体机制的构建》，载《法学》2016 年第 3 期。

第九章

证据制度

生态环境公益诉讼案件证据具有科学技术性强、易逝性明显、极具隐蔽性、专业性等特点,生态环境公益诉讼与一般民事诉讼不同,不要求起诉主体与所诉事项之间具有直接的利害关系,为充分利用有限的社会资源和司法资源有效保护生态环境公益,将明显属于滥诉或者恶意诉讼的起诉排除在外,原则上应要求提起公益诉讼的原告在起诉时提交初步证明材料,以证明其诉讼请求具有一定的事实依据。在生态环境公益诉讼中,原告对被告损害社会公共利益的自认对法院不具有拘束力。法官认定科学证据欲证明的事实,除了遵守法定的证据规则之外,尚有赖于法官的自由判断。在生态环境公益诉讼中实行证明标准的降低,适用无过错责任原则,使原告无需证明行为人有过错,由实力强大、掌握证据的排污企业来证明损害结果不是由自己造成的,有利于简化诉讼程序,节约司法成本,同时减少法官的错判率。生态环境资源审判属于"技术型诉讼",侵害事实的查明、因果关系的认定以及生态环境的修复等问题都需要环境科学、生态学、生物学、流行病学等专业的科技知识,以破解环境资源审判中的技术难题。

第一节 生态环境公益诉讼案件证据的特点

证据是诉讼的灵魂与难点,生态环境公益诉讼案件具有区别于其他案件的显著特点,在证据上体现得尤为明显。

第一，科学技术性强。环境污染伴随着工业化发展而出现，土壤、大气、水、固体废物、辐射等污染及其危害性，需要通过现代化的科学技术手段和方法进行测试和判断。

第二，易逝性明显。大气、水等具有流动性，取证时间及地点有一定的要求，否则就可能不具有证据学和证据规则所要求的关联性。同时，污染物物理、化学特性不同，可能会分解、扩散，也可能沉积、转化，取证相当复杂且工作量大。由于生态系统的形成、演变过程十分复杂，一旦受到破坏，要么难以恢复，要么过程漫长，相关损害后果证据难以证明。

第三，极具隐蔽性。出于商业利益方面的考虑，企业往往会隐瞒其设备、工艺、生产流程及机理，外界难以掌握其污染情况。更有甚者，许多企业违法偷排污染物。在现实生活中，有些污染物无色无味，不易发现，如某些重金属污染。有些污染危害潜伏期长，且现代科技手段难以监测。

第四，复杂性。通常情况下，环境污染物并非直接作用于人，而是通过环境作为载体，受害人往往没有直接受到污染者的直接侵害，证据难以界定。污染物种类多，形成危害机理复杂，对行为与后果因果关系证明需要多学科知识。特别是有些污染物不具有急性的毒性，其危害后果需要一定的时间才会显现。有些污染事件涉及范围广，涉及人数众多，证明危害程度难度较大，尤其是对生态环境破坏难以证明。

第五，生态性。各种生物和它所生存的生态环境一起构成一个复杂的生态系统，在这个系统中，某一个因素的非正常剧烈变化，都会在系统中引起一系列连锁反应。

第六，专业性。环境污染的科学技术性、隐蔽性和复杂性等，决定了对环境证据的收集必须由专门技术人员，通过专门设备、手段，在特定时间和场地进行收集、记录、固定，以满足证据合法性、客观性和关联性的要求。

第二节　原告的举证责任

《关于审理环境侵权责任纠纷案件适用法律若干问题的解释》第六条规定，被侵权人应当提供证明"污染者排放了污染物""被侵权人的损害""污染者排放的污染物或者其次生污染物与损害之间具有关联性"的证据材料。在证明被告方存在排污行为方面，由于环境信息掌握不对称以及相关专业知识技术的欠缺，原告方常使用感性的言语而非法律语言来描述，如企业排放的气体"浓烟滚滚、刺鼻呛人"，排放的废水"五彩斑斓"，排污的河流中鱼虾死亡等，这些均无法直接证明企业在"排污"、排放了什么污染物。而企业却可以拿出"充分"的证据证明自己排放的废气、废水完全符合排放标准或根本不存在排污行为。受害人在提供充分证据证明财产损失的数量、价款、范围，生命健康权受侵害的病历材料以及权威部门鉴定等方面都存在不可逾越的障碍。虽然《最高人民法院关于审理环境侵权责任纠纷案件适用法律若干问题的解释》第八条规定，对查明环境污染案件事实的专门性问题，可以委托具备相关资格的司法鉴定机构出具鉴定意见。由于影响人体以及动物机体健康因素的复杂性以及污染致害的隐蔽性、长期性，再加上遗传、饮食以及个体差异等因素的影响，致使环境侵权案件中因果关系的鉴定极为复杂，甚至远非当今科技、医学能够胜任。其实这些规定是用于解决环境私益诉讼的，对处理生态环境公益诉讼案件其实充其量只有借鉴意义。

　　生态环境公益诉讼与一般民事诉讼不同，不要求起诉主体与所诉事项之间具有直接的利害关系，为充分利用有限的社会资源和司法资源有效保护环境公共利益，将明显属于滥诉或者恶意诉讼的起诉排除在外，原则上应要求提起公益诉讼的原告在起诉时提交初步证明材料，以证明其诉讼请求具有一定的事实依据。关于"初步证明材料"，在理解上需要注意以下两点：第一，在初步证明材料的证明内容方面，考虑到生态环境公益诉讼与私益诉讼最大的区别在于前者是为保护生态环境公益而提起的，具有"主观为公益"的特点，原告只有针对"已经损害社会公共利益或者具有损害社会公共利益重大风险的污染环境、破坏生态的行为"，才可以提起生态环境公益诉讼，这在明确生态环境公益诉讼受案范围的同时，也决定了原告在提起生态环境公益诉讼时，应向法院提交被告的行为已经损害社会公共利益或者具有损害社会公共利益重大风险的初步证明材料，否则即被视为不具备起诉条件，法院应裁定不予受理。第二，在初步证明材料的具体要求方面，仅要求原告在起诉时提交相关的材料，法院在受理该类案件时也只是对原告提交的证据材料作形式审查，而不作实质审查，只要原告提交了相关材料即应受理，至于其提交的证据能否达到证明目的，是否会被法院采信作为认定事实的依据，则应在审理程序中解决，这有助于解决公益诉讼"受理难"的问题。

　　原告方在调查取证时存在三方面的困难：一是客观不能。由于环境污染案件往往具有隐蔽性和长期性的特点，一些危害结果短期显现不出，一些损害事实等证据客观上无法取得。二是被告方不配合。一些证据需要到被告方收集调取，然而被告大多是一些企业，他们还往往为地方经济发展做过或多或少的贡献，与地方政府及相关部门有着千丝万缕的关系，所以无论从他们自身的"实力"还是从外部一些"势力"来看，都处于强势地位。他们为了趋利避害，不会把证据乖乖给原告。他们更多的是百般阻难甚至销毁证据。如果涉及生态环境行政公益诉讼，要到行政机关去取证，那更是难上加难。三是成本高昂。损害结果往往需要专业的鉴定机构作出鉴定和评估，虽然《最高人民法院关于审理环境民事公益诉讼案件适用法律若干问题的解释》（以下简称《公益诉讼司法解释》）第二十四条明确规定法院可以酌情从生态环境损害赔偿款项中支取败诉被告所需承担的鉴定等必要费用，但只是"酌情"而非全部，而且根据目前"谁要求鉴定谁预付，谁败诉谁掏钱"的原则，仍需原告预付。根据环境保护部发布的《环境损害鉴定评估推荐方法（第Ⅱ版）》，有的预付鉴定费用高达六七百万元。高昂的鉴定等取证成本让绝大多数原告畏而却步。

《公益诉讼司法解释》第十三条规定："原告请求被告提供其排放的主要污染物名称、排放方式、排放浓度和总量、超标排放情况以及防治污染设施的建设和运行情况等环境信息，法律、法规、规章规定被告应当持有或者有证据证明被告持有而拒不提供，如果原告主张相关事实不利于被告的，人民法院可以推定该主张成立。"这极大地避免了原告环保组织因取证而遭受败诉。

生态环境诉讼的原告仅负一般的举证责任，如要求原告仅需证明在他所指控的政府有违法行政行为或民事不当行为与他所享用的环境的某些组成部分所遭受的损害之间存在一定的因果关系，而且这种损害不必是物质损害和任何经济损失，仅是美学上的损害而已，其余的则被告负举证责任。

第三节　被告的举证责任

在公害的场合下，一般来说与受害者相比，加害者企业一方通常拥有厚实的经济力量和科学知识，而且企业者作为从事危险作业者，本来就负有防止危险的职责，所以构成公害原因的污染物质排放到外界的事实得到证明时，转换因果关系中证明责任的一般原则，企业者一方只要没有积极地证明其行为的无害性，就不能免除其对发生损害的赔偿责任。这种做法在理论上也是符合公平正义的。[①]随着公益诉讼的特殊性得以判明，受害者一方的证明责任得到缓和，主张只要能够对因果关系的盖然性证明就足够了，而被告方面只要不能举出反证，证明因果关系的不存在，就不能免除其侵权行为责任。

2001年最高人民法院颁布的《最高人民法院关于民事诉讼证据的若干规定》（以下简称《民事证据规定》）明确规定，因环境污染引起的损害赔偿诉讼，由

---

① ［日］原田尚彦：《环境法》，于敏译，法律出版社1999年版，第26～27页。

加害人证明就法律规定的免责事由及其行为与损害结果之间不存在因果关系,则可免除其环境侵权的民事责任,否则,即可推定其加害行为与被害人损害结果之间存在因果关系。该种方法实质上类似于德国和日本环境侵权因果关系法中的间接反证法。间接反证法,是指当主要事实是否存在尚未明确时,则由不负举证责任的当事人一方反证未明确的事实不存在的证明责任理论。此种理论根据部分举证事实来推定环境侵权案件因果关系的成立,缓解了原告方所承受的举证责任压力。这种理论和规定,对于生态环境公益诉讼的举证责任也可以适用。

第四节 当事人自认

所谓当事人自认,是指在口头辩论或准备程序中,一方当事人做同对方当事人的主张相一致的、对自己不利的陈述,以言词或行为表示承认,从而使该事实主张者的举证负担转由承认者承受的一项证据法制度。① 在以辩论主义为基础的当事人主义诉讼模式下,只要自认就排除法院的认定,法院不仅没有必要审查其真实性,而且也不允许作出与此相反的事实认定。②《德国民事诉讼法》第288条规定:"(1)当事人一方所主张的事实,在诉讼进行中经对方当事人于言词辩论中自认,或者在受命法官或受托法官前自认而作成记录时,无须再要证据。(2)审判上的自认的效力,不以(对方当事人的)承认为必要。"《日本民事诉讼法》第179条规定:"当事人在法院自认的事实及显著的事实,无须进行证明。"我国台湾地区"民事诉讼法"第279条规定:"当事人主张之事实,经他造于准备书状内或言词辩论时或在受命法官、受托法官前自认者,无庸举证。"自认制度设立的立法理由是,承认相对方所主张的不利于自己的事实,系真实行为。自认的效力应拘束法院及当事人,以免立证之烦。③

但是,在生态环境公益诉讼中,自认的效力就不是那么简单,损害社会公共利益的自认对法院不具有拘束力。如果在环境公益诉讼中,当事人(尤其是原告方)滥用自认制度使得与所诉求保护的环境公共利益这一诉讼目的相脱离,将致使环境公益诉讼制度流于形式,这既不符合环境保护的目的,也必将有损司法的公信力。因此,在环境公益诉讼案件中,对原告所作出的自认,应予以必要的限制。比如,被告在诉讼中就其排放的主要污染物的名称、排放方式、排放浓度和

---

① 陈界融:《证据法学概论》,中国人民大学出版社2007年版,第259~260页。
② [日]兼子一、竹下守夫:《日本民事诉讼法》,白绿铉译,法律出版社1995版,第103页。
③ 常怡主编:《比较民事诉讼法》,中国政法大学出版社2002年版,第81页。

总量、超标排放情况以及防止污染设施的建设情况和运行情况等作出陈述，原告在未经举证质证程序前就一概认可其真实性，则该自认可能导致相关致污事实无法查清，或者偏离正确的方向，导致损害社会公共利益。又比如，被告在诉讼中陈述其已经实施了部分恢复生态环境的有效措施或者实际支付了治理环境污染、生态破坏的相关费用，原告未经调查核实即予以认可，亦将影响法院对被告应支付的生态环境修复费用或者生态环境服务功能损失数额的认定。这样的自认对法院不具有法律拘束力。

《公益诉讼司法解释》第十六条规定："原告在诉讼过程中承认的对己方不利的事实和认可的证据，人民法院认为损害社会公共利益的，应当不予确认。"该条规定了原告在法院调解中自认行为的限制。对于该条规定需要明确以下几个方面：（1）生态环境公益诉讼案件的诉讼过程不仅包括第一审、第二审、再审程序，还包括当事人的和解以及法院的调解；（2）原告所承认的不仅仅包括于己不利的事实，还包括对被告所提供证据的认可，承认和认可可以是明示，也可以是默示；（3）原告承认的对己方不利的事实和认可的证据，不论是直接导致公共利益的损害，还是间接引起公共利益的损害，法院都应不予确认。

第五节　法院职权探知

法院职权探知是法院不限于当事人主张的事实和提供证据的范围，依职权主动收集事实和调取证据的活动。职权探知适用于民事公益案件或含有公益因素的事项。[①] 生态环境公益诉讼涉及多数人利益且判决结果往往波及第三人，最大限度发现客观真实具有很大的必要性。法院如果一味站在第三方中立的立场，仅在庭审过程中听取原被告双方举证、质证，虽然在坚持直接言词原则的基础上，证据证明到"法律真实"后可以作出判决，但由于环境保护案件的特殊性，被告为逃避法律制裁，往往采取隐藏、转移等手段湮灭证据事实，原告在证据提取、保存、资料查阅等方面往往受到被告方百般阻挠，数据检测、鉴定等证据收集方面也可能存在客观不能的情况，可能所获取的证据离"客观真实"相距甚远。法官应当尽可能地能动司法，发挥法院依职权调取证据的优势，让"法律真实"最大限度接近"客观真实"。因此，有必要在《公益诉讼司法解释》第十四条的基础上进一步探索创新，在生态环境民行公益诉讼中均明确规定法院采取职权探知

---

① 邵明：《析法院职权探知主义》，载《政法论坛》2009年第6期。

主义,对生态环境公益诉讼案件"应当"依职权调取证据。如果法院依职权调查收集证据,被告方出于对公权力的敬畏,不得不配合,这样能收集到更多更有价值的证据,能更好地还原事实真相,作出公平公正的判决。

法院因审理案件需要,向负有监督管理职责的环境保护主管部门调取涉及被告的环境影响评价文件及其批复、环境许可和监管、污染物排放情况、行政处罚及处罚依据等证据材料的,相关部门应及时向人民法院提交,法律法规规定不得对外提供的材料除外。①

在以下情况下由法院负责调查收集证据:(1)利害关系人因客观原因不能自行收集并已经提出调取证据的申请和该证据的线索的;(2)应当由法院委托鉴定或勘验的;(3)利害关系人提出的影响查明案件主要事实的证据互相矛盾,经过庭审质证无法认定的;(4)法院认为应当由自己收集的其他证据。在生态环境诉讼中为了达到收集证据的目的,需要司法人员做到几点:(1)收集证据必须主动及时。收集证据是一项时间性很强的工作,特别是生态环境案件具有损害速度快、证据易被破坏的特点,有时关键证据的灭失、破坏而使案件事实难以认定,因此,需要迅速、及时、积极、主动地去发现和收集证据。(2)收集证据必须全面、客观。证据是客观存在的事实,收集证据必须尊重客观事实,按照事物的本来面目真实全面地加以反映。(3)收集证据注意运用科学技术手段。因为生态环境案件往往技术含量高,用一般的证据无法完成收集的任务。(4)将收集到的证据加以科学、合理的保护。

第六节　表见证明方法

表见证明,又称盖然性证明或经验证明,是由法官通过盖然性事实推定,内心确信后形成"心证"。国外一些国家在医疗、环境等侵权案件中多使用表见证明方法。我国有必要在生态环境民行公益诉讼中引入表见证明方法。一些生态环境公益案件中的危害结果具有潜伏、长期的特点,危害结果暂时没有显现不等于没有危害,如果让原告提供证据证明造成的损害存在客观不能的情况,就算让法院依职权调查取证也困难。如果等到危害结果发生后再行起诉、审理、判决,这已经"亡羊补牢,为时已晚",达不到保护生态环境的目的。对这种案件,就可

---

① 最高人民法院、民政部、环境保护部:《关于贯彻实施环境民事公益诉讼制度的通知》,载《人民法院报》2015年1月8日第4版。

以由法官在基础事实的认知基础上，依据办案经验和生活常识推理、认定是否有危害结果，从而作出判决。对于生态环境修复费用，法院可以结合污染环境、破坏生态的范围和程度，生态环境的稀缺性，生态环境恢复的难易程度，防治污染设备的运行成本，被告因侵害行为所获得的利益以及过错程度等因素，并可以参考负有环境保护监督管理职责的部门的意见、专家意见等，予以合理确定。

法官认定科学证据欲证明的事实，除了遵守法定的证据规则之外，尚有赖于法官的自由判断。《民事证据规定》第六十四条规定："审判人员应当依照法定程序，全面、客观地审核证据，依据法律的规定，遵循法官职业道德，运用逻辑推理和日常生活经验，对证据有无证明力和证明力大小独立进行判断，并公开判断的理由和结果。"本条规定意指基于相信法官的理性判断，从而赋予法官自由判断证据能力和证明力的权力。尽管如此，自由判断并非是法官的恣意判断，而应是合理判断。就科学证据而言，如果鉴定人出具的鉴定内容是基于科学知识和方法所得出的有效专业性判断，此鉴定内容应拘束法官的自由判断，保证法官心证的合理性。在法官基于科学方法所推导出结论的整个过程审查无误后，则法官应受鉴定结论的约束；如果法官不愿受鉴定结论的拘束，则应在判决理由中说明鉴定人的科学推导过程存在问题导致结论无效，因此不予采纳。法官应保持对科学证据的警惕性，以免迷信科学而牺牲利用科学证据发现真实的诉讼本意。[①]

第七节　因果关系证明

在生态环境诉讼中，因果关系存在与否的举证，无须严密的科学方法，只要达到盖然性程度即可。所谓"盖然性程度"，是指在侵害行为与损害结果之间只要有"如无该行为，就不会发生此结果"的某种程度的盖然性（即可能性），即可认为有因果关系存在。该说提出，被害人只要证明以下两点，则法院就可认为因果关系存在：（1）工厂所排放的污染物质，到达被害发生地区而发生作用；（2）该地区有多数同样的损害发生。至于被告方面，除非能举出反证，证明因果关系不存在，否则就无法免除其责任。[②] 该说认为，被告具有比被害人更强的经济能力和科学知识，同时其还能将损害之负担列入成本费用，再通过市场功能，转嫁分配出去；况且，被告既然已排放一定的物质，就有责任证明该物质的无害

[①] 王嘎利：《环境公益诉讼中科学证据效力之认定》，载《公民与法》2015年第1期。
[②] ［日］野村好弘：《公害法的基础知识》，帝国地方行政学会1983年版。

性。所以该说主张举证责任转移（或叫做"举证责任倒置"），由被告提供其不承担责任的证据。该说立意正确，比"优势证据说"更具有说服力，尤其是举证责任的转移，减轻了被害人的举证负担，从而为一些国家所援用。比如，美国的《密歇根州环境保护法》第3条就规定，原告只需举出简单的，证明被告已经或者可能污染水、大气等自然资源等证据，诉讼请求便成立；如果被告要免于承担责任，则需举证证明他没有或者不可能造成此种污染，或者没有切实可行的办法来代替他所采取的行动，而且他的行动是以保护这些资源免受污染的目的作为出发点的。

《民事证据规定》第七十三条规定："双方当事人对同一事实分别举出相反的证据，但都没有足够的依据否定对方证据的，人民法院应当结合案件情况，判断一方提供证据的证明力是否明显大于另一方提供证据的证明力，并对证明力较大的证据予以确认。""高度盖然性"的证明标准符合主客观相统一的哲学原理，同时也体现了对正义和效率的调和，是符合我国司法裁判现状的原则性标准。但是，与普通的民事诉讼相比，生态环境公益诉讼具有显著的特殊性，适用一般的证明标准，难以实现利益均衡的法律目标。在环境污染事故中，施害人和受害人之间存在严重的信息不对称，施害人占有环境污染发生机制的更多信息，几乎所有有价值的证据都在施害人的控制之下，构成其带有垄断性质的私人信息。① 尤其在现代科学技术的专业性以及复杂的物理化学机制交织作用下，受害人要想达到高度盖然性的证明标准，几乎是不可能的。法官在审理过程中，借助原告有限的信息提供量，也难免会产生错误的审判结果。将高度盖然性的证明标准运用于生态环境公益诉讼中，会大大增加司法运行的社会成本。于是，降低生态环境公益诉讼证明标准的法律需求应运而生。在生态环境公益诉讼中实行证明标准的降低，适用无过错责任原则，使原告无需证明行为人有过错，由实力强大、掌握证据的排污企业来证明损害结果不是由自己造成的，有利于简化诉讼程序，节约司法成本，同时减少法官的错判率。在信息极不对称的现代社会，无过错责任原则在提高司法效率方面的意义显著。

第八节 证 据 保 全

环境污染案件的证据很难收集，因其具有易变化、易捏造、易隐藏、易毁灭

---

① ［美］罗伯特·考特、托马斯·尤伦：《法和经济学》，史晋川、董雪兵等译，格致出版社、上海人民出版社2012年版，第193页。

等的特征，加之被告十分熟悉自己企业的排污流程，如果在起诉期间捏造、隐藏、转移证据，会对之后的诉讼带来很大的不利影响。所以申请法院固定证据，可以避免证据流失，减少证据收集的阻力，并且提高证据的证明力，为之后诉讼的顺利进行打下基础。①

依 2012 年修订的《民事诉讼法》规定，诉讼中证据保全的申请人由原来的"诉讼参加人"限缩为"当事人"，意味着诉讼代理人不可以作为证据保全的申请人。同时，诉讼中证据保全程序的启动，强调以当事人为原则，以法院依职权启动为例外。法院依职权采取证据保全应限于确有必要之情形，主要针对处于紧急状态、来不及通知当事人提出申请的证据，或者涉及社会公共利益、他人合法权益的证据等。基于生态环境公益诉讼的"公益性"及证据的技术性、易逝性、隐蔽性和专业性的特点，因此，在生态环境公益诉讼案件中，法院应更多地启动证据保全。关于生态环境公益诉讼证据保全应当注意以下几点：（1）基础性要件为"证据可能灭失或者以后难以取得的情况"。诉前证据保全在此基础上增加了"紧急情况"的要件，鉴于生态环境公益诉讼证据技术性、易逝性、隐蔽性和专业性的特点，申请人对该基础性要件无须达到证明的标准，只要能够释明即可。（2）由于在生态环境民事公益诉讼中，申请人申请的证据保全是以证据为保全对象，仅涉及当事人程序性权利的实现问题，而无须审查申请人本案胜诉的可能性。（3）从法理和有关规定看，当事人申请保全的证据应与案件有关联，对案件有证明作用。从生态环境公益诉讼实践看，法院只需要审查申请保全证据与待证事实之间在形式上具有关联性即可，至于实质上的关联性即证据能力如何以及证据对待证事实所具有证明力的大小，则是法庭庭审所需要解决的问题。②

在生态环境公益诉讼领域，当务之急是建立生态环境公益诉前证据保全制度。对当事人申请诉前证据保全的条件必须放宽：（1）对申请人和被申请人的资格限定和实体关系放宽。不要求申请人、被申请人是与证据保全有着直接利害关案的公民、法人或其他组织，而应该扩大到与证据保全有间接利害关系或者无利害关系的主体；申请人不需要证明自己与被申请人有实体上的法律关系，不需要证明另一方的行为侵犯了自己的合法权益，申请人只需要具备初步证据证明被申请人损害了环境公益即可。（2）不要求生态环境公益诉前证据保全必须在情况紧急的条件下才能作出。（3）不必要求申请人提供相应的担保。环境公益诉前证据保全不同于财产保全，它不以当事人的财产为保全对象，因而不会直接给被申请人的财产造成损失。而且，对于生态环境公益而言，申请人不是为了一己之私，

---

① 孙洪坤、张姣：《论我国环境公益诉讼启动主体的认定——关于"潍坊案"中华环保联合会遭遇起诉尴尬的分析》，载《环境保护》2014 年第 21 期。
② 陈小平等：《环境民事公益诉讼的理论与实践探索》，法律出版社 2016 年版，第 104~109 页。

而是为了生态环境公益。(4) 对于证据保全受理法院管辖范围的认定。一般的证据保全要求由受诉法院管辖，但是，生态环境损害证据具有高度复杂性、变化性的特点，要求在最适合取证的区域进行证据保全，因此，生态环境公益诉前证据保全应该以立足于证据所在地法院管辖为宜。[①] 这些条件的变通都是基于生态环境公益诉讼自身特点对证据保全提出的客观要求。

第九节　专家证人制度

专家证人应当具有以下资格条件：(1) 只需具有某一领域的知识、技术或经验即可，专家无需是该领域的权威。对专家证人资格条件的规定不应过于严格，而应充分扩展专家证人的范围，以应对案件中纷繁复杂的各种专门性问题，保证更多的专家进入诉讼程序为当事人和法官所用。(2) 专家的知识、技术或经验对法庭解决专门性问题有帮助。所谓对法庭有帮助是对审理本案的法庭而言的。只要审理本案的法庭并不具备相关专业的知识，该领域的专家即可在本案中充当证人。

专家证人的职责一般包括：(1) 专家证人对当事人的职责。当事人聘请的专家证人可以通过提供建议、出具专家意见书、出庭作证等方式来强化当事人的诉讼请求或事实主张，驳斥对方专家的观点，发表自己的意见，但不能异化为当事人的代理人或辩护人，以免影响其客观公正之立场。(2) 专家证人对法庭的职责。专家证人对法庭的职责包括如下4个方面：提供建议或结论性意见；向法官解释案件中涉及的专门性问题；通过调查分析生成附加信息；帮助确立诉讼的焦点。

专家证人进入诉讼的途径有：(1) 当事人有权自行聘请专家提供帮助。(2) 法官有权依职权聘请法庭专家证人，但应当允许当事人参与专家证人的选任过程。不论哪种途径进入诉讼，除特殊情形外，专家证人原则上应出庭以口头方式作证。[②]

目前，我国法律上并没有"专家证人"的概念，而是称为"有专门知识的人"。《民事诉讼证据规定》第六十一条规定，"当事人可以向人民法院申请由一至二名具有专门知识的人员出庭就案件的专门性问题进行说明。人民法院准许其申请的，有关费用由提出申请的当事人负担。审判人员和当事人可以对出庭的具有专门知识的人员进行询问。经人民法院准许，可以由当事人各自申请的具有专

[①] 谢伟：《环境公益诉权研究》，中国政法大学出版社2016年版，第339~340页。
[②] 邵劭：《论专家证人制度的构建——以专家证人制度与鉴定制度的交叉共存为视角》，载《法商研究》2011年第4期。

门知识的人员就案件中的问题进行对质。具有专门知识的人员可以对鉴定人进行询问"。这是我国首次在规范性文件中确立民事诉讼中的专家证人制度。但是对生态环境公益诉讼不具有普适性，尤其是专家证人的费用负担制度。

澳大利亚的专家证人制度在环境法领域有着鲜明的特色。澳大利亚新南威尔士州议会制定了《土地和环境法院法》和《环境规划与评估法》。由于环境法院审理的案件非常广泛，环境法院由7名法官和9名技术专家委员组成，这些专家需要具有城市规划、环境科学、土地评估、建筑、工程和继承等方面的资格。但仅仅依靠法院的技术专家委员来解决环境案件中的技术问题是远远不够的，还需要各领域的专家来辅助环境法院解决有关专业技术问题，发挥专家的作用，所以在环境法院专家证人的作用非常重要。有关专家证人制度的内容有：鼓励双方当事人共同聘请专家证人，不允许聘请过多的专家，有利于法院及时地审理环境案件；法院对是否使用、如何使用专家证人作出指导，尽量使用由法院聘请的专家证人；专家证人的首要义务是帮助法庭了解案件事实，而不是帮助委托方胜诉；在法院的召集下，专家证人一起对证据进行质证。[1]

由于专家证人分为原告方的专家、被告方的专家，因此，在诉讼中，一个涉及专门性问题的争论点，往往会有两个相对立的专家提供相反的专家意见。又由于专家证人必须接受双方当事人的交叉询问，因此，诉讼中常出现"专家论战"的场面。一方面，"专家论战"对观点的辨明具有积极的推动作用；另一方面，如果当事人各方专家意见的说服力旗鼓相当，那么，具有更加巧妙辩论和应答技巧的一方专家将占据优势。这样就很容易扭曲和低估专家意见。另外，因鉴定人的一切费用由当事人自己负担，并没有统一的收费标准，实践中不乏一些专家证人，受到金钱的诱惑，出于为己方当事人提供有利证词的目的，而刻意扭曲专家意见。[2]

环境资源审判属于"技术型诉讼"，侵害事实的查明、因果关系的认定以及生态环境的修复等问题都需要环境科学、生态学、生物学、流行病学等专业的科技知识。为破解环境资源审判中的技术难题，《最高人民法院关于审理环境民事公益诉讼案件适用法律若干问题的解释》第十五条规定当事人可以申请有专门知识的人出庭，就鉴定人作出的鉴定意见或者就因果关系、生态环境修复等专门性问题提出意见，专家意见经过质证可以作为认定事实的根据。对于技术问题的举证和质证我国坚持"鉴定人+专家辅助人"模式。无疑，"鉴定人+专家辅助

---

[1] 最高人民法院环境资源审判庭编著：《最高人民法院关于环境民事公益诉讼司法解释理解与运用》，人民法院出版社2015年版，第199~201页。

[2] 杨素娟：《完善环境民事诉讼鉴定制度的立法视角》，载王灿发主编：《环境纠纷处理的理论与实践》，中国政法大学出版社2002年版，第143~144页。

人"模式具有专家中立性强、结论客观性强、费用低廉的优点,但却存在着对抗性不高、透明度不足、周期过长等不足。在环境资源诉讼中,仍然存在着鉴定机构、鉴定资质、鉴定程序混乱,多头鉴定、重复鉴定、鉴定结论相互矛盾等问题。此外,有些案件涉及的技术含量不高,法官只需要专家对技术问题提供参考意见以帮助理解和判断即可,并不需要启动专家鉴定程序。有的案件则涉及尖端技术,技术难度高,鉴定耗资巨大,同样无法鉴定。可见,"鉴定人+专家辅助人"模式并不能彻底、有效地解决环境资源审判中的"技术难题"。其实,在环境资源审判中,法官向技术专家咨询是常有的事,但由于我国现行法律没有规定专家证人制度,所以法官往往是非公开的咨询,专家意见不作为证据,专家也不与当事人见面,但却成为法官断案的重要参考依据。因此,与其违背司法公开原则,倒不如让专家从后台走到前台,成为专家证人,从而使专家意见接受当事人的质证。司法实践中,已经有地方法院邀请专家到庭陈述意见,法律效果十分理想。

第十节 科技证据

由于人类对于事物的认识不但受到人类自身认知能力的限制,而且也受到科学技术发展水平的制约。特别是许多环境污染或破坏,就是人类受科学技术发展水平、人的认识能力以及经济条件所限而无法在事前予以认识或控制的结果。所以,在生态环境诉讼中,有时还会产生这样的问题——即使是借助科学鉴定的力量,也无法准确判断或确定环境污染的事实、环境污染或破坏行为与被害人所受损害之间的因果关系,也就是说,遇到了以人类目前的科学技术所无法确定的难题。然而,不论是实行由当事人自由决定的鉴定,还是实行由法院根据需要而决定的指定鉴定,对专家证言或鉴定结论作出法律上的评价,是法院的天职。因此,在这种情况下,便产生了法院应怎样评价鉴定结论的问题。对建立在自然科学论证基础之上所作出的鉴定结论进行法律上的评价,其实也就是对鉴定结论应遵循怎样的证据规则予以采信的问题。

相比于传统诉讼机制而言,生态环境公益诉讼对证据认定过程中的技术性规范有着更加严格的要求。纵观《环境保护法》修订案全文,专业化、规范化的环境监测技术规定成为此次新法修订的一大亮点,2014年修订的《环境保护法》第十七条和第十八条均对环境保护工作中的技术性监测做出了详细的规定。2014年修订的《环境保护法》第十七条规定:"国家建立、健全环境监测制度。国务院环境保护主管部门制定监测规范,会同有关部门组织监测网络,统一规划国家环境质量监测站（点）的设置，建立监测数据共享机制，加强对环境监测的管理。有关行业、专业等各类环境质量监测站（点）的设置应当符合法律法规规定和监测规范的要求。监测机构应当使用符合国家标准的监测设备，遵守监测规范。监测机构及其负责人对监测数据的真实性和准确性负责。"2014年修订的《环境保护法》第十八条规定："省级以上人民政府应当组织有关部门或者委托专业机构，对环境状况进行调查、评价，建立环境资源承载能力监测预警机制。"基于提高环境监测技术规范的实施效果，2014年修订的《环境保护法》第二十二条还以联合防治协调机制为手段进一步推进环境监测的统一化和专业性。不仅如此，最高人民法院在《关于全面加强环境资源审判工作为推进生态文明建设提供有力司法保障的意见》中更加深入地规定了加强环境资源保护职能部门之间协调联动的具体步骤，提出"加强与环境资源保护行政执法机关和司法鉴定主管部门的沟通、推动完善环境资源司法鉴定和损害结果评估机制"的意见，从而确保和维护生态环境司法工作尤其是证据认定过程的技术性，以推动并实现生态环境司法的科学化、专门化。提出"建立环境资源审判专家库，在审理重大疑难案件、研讨疑难专业问题、制定规范性文件时，充分听取专家意见。可以聘请环境资源领域的专家担任特邀调解员，运用专业技术知识促使当事人自觉认识错误，修复环境，赔偿损失。保障当事人要求专家出庭发表意见的权利，对于符合条件的申请及时通知专家出庭就鉴定意见和专业问题提出意见"。

　　生态环境损害司法鉴定对环境诉讼案件的处理有着举足轻重的作用。运用专业技术技能科学定性污染物和污染破坏行为，科学判定生态环境损害行为与损害结果之间的因果关系，科学判断损害程度、范围以及损失数额等，从而为解决生态环境损害纠纷和打击环境污染犯罪提供关键技术支撑。如果缺乏鉴定报告，当事人就难以提起诉讼，即使提起诉讼，也会因为关键证据缺失无法胜诉，从而导致纠纷无法得到及时有效解决。环境污染损害诉讼涉及的专业性问题，必须通过专门的司法鉴定机关予以解决，而一旦缺乏生态环境损害鉴定，将这种非法律专业性问题完全交由法官来判定，法官就会在审理和判决上犹豫不决。这是环境损害的专业性特点所造成的司法难题。毕竟，如果没有生态环境损害鉴定，污染原因就讲不清，是谁造成的污染也说不明，损失多少更拿不准。当前，鉴定难、鉴定贵的问题成为司法实践中反映最为强烈的问题之一。生态环境民事公益诉讼审判实践中反映最为强烈的就是鉴定难、鉴定贵问题，包括缺乏专业化的、具有公信力的司法鉴定机构，没有规范的评估标准体系，并且鉴定周期长、费用高，客观上使得当事人望诉止步。

　　为解决鉴定难、鉴定贵问题，充分维护生态环境公益，有必要采取以下措施：（1）对于应当由原告承担举证责任且为维护社会公共利益所必要的专门性问题，法院可以依职权委托具备资格的鉴定人进行鉴定。(2) 对于应当由原告负担的鉴定费用，法院还可以从其他生态环境公益诉讼生效裁判认定的生态环境修复费用以及生态环境受到损害至恢复原状期间服务功能等款项中酌情予以支付。(3) 保障当事人要求专家出庭发表意见的权利，对于符合条件的申请应及时通知专家出庭就鉴定意见和专业问题提出意见，专家意见经质证，可以作为认定事实的根据。

生态环境诉讼中经常遇到一些专门化、技术化的问题，许多环境污染和破坏的事实有赖于科学鉴定。由于其科学技术性强，因此，各国生态环境诉讼的实施一般不是由法院对这些证据加以确认，而是委托专业机构加以鉴定。这些鉴定结构应当是中立的，而中国目前从事环境鉴定的法定机构隶属于各级环境保护行政管理部门的环境监测站，其是按照行政管理体制而设立的。因此，在生态环境诉讼中，其鉴定结论令人难以信服。因此，建立生态环境诉讼制度首先要对中国目前的环境监测、管理体制进行改革，使其从行政隶属关系下解脱出来，使其成为中立性的第三方组织。为生态环境诉讼活动中必要的调查证明活动提供公正、客观地环境鉴定，从而保证生态环境诉讼制度的良好运行。

从生态环境公益诉讼的司法实践看，生态环境损害司法鉴定为生态环境公益诉讼提供了强有力的支持，在一些案件中，司法鉴定机构提供的鉴定意见科学、权威、客观、公正，为法官做出妥当判断、依法维护社会公共利益，发挥了重要作用。但不容置疑的是，当前，在生态环境公益诉讼的发展过程中，生态环境损害司法鉴定依然存在诸多问题：(1) 生态环境损害司法鉴定机构数量不多。根据全国人大常委会《关于司法鉴定管理问题的决定》，国家对司法鉴定人及鉴定机构实行登记管理制度。据统计，目前中国具有从事生态环境类司法鉴定资质的机构不超过 10 家。2014 年环保部印发《环境损害鉴定评估推荐机构名录（第一批）》，向全社会推荐了第一批 12 家生态环境损害鉴定评估推荐机构。相对全国生态环境事件高发的现实，这些机构的数量远远不能满足需要。(2) 生态环境损害司法鉴定机构专业化不够。生态环境案件专业性非常强，因此对鉴定人的要求相对较高。但目前很多参与鉴定工作的人并不熟悉这个领域，接受委托以后就把鉴定意见做出来了，由此导致相当多的鉴定报告不能被法院采信，甚至同一个损害事实，不同机构作出的鉴定报告大相径庭。生态环境公益诉讼的司法鉴定涉及生态环境修复、期间损失等，鉴定难度大，更需要有专业人员的支撑，否则，无法得出客观、公正、科学的鉴定意见，无法为法官公正裁判提供依据。

环境监测是环境管理的重要基础，环境监测数据的科学性和准确性也是衡量和反映环境管理科学技术水平与能力建设的重要尺度。环境监测数据不仅具体描述环境质量的各项要素和表明各污染源的污染物排放状况，还可以为生态环境诉讼案件和环境污染纠纷案件的处理提供证据。环境监测数据证据是指以环境监测数据为技术依据的、用以在生态环境诉讼或环境污染纠纷案件处理过程中证明争议案情和认定环境污染纠纷责任的环境污染事实。环境监测数据作为处理环境污染纠纷案件的证据，具有如下特点：（1）科学性。环境监测涉及数学、物理学（声、光、电、磁、热学等）、化学、生物学以及计算机科学等。环境监测的过程，实际上就是科学实验的过程，就是科学分析、处理、运用数据的过程。污染物样品的采集、保存、运输乃至分析、化验，必须遵循科学规律，严格按照既定的技术规范和分析方法进行。因此，以环境监测数据为技术依据的环境司法证据，具有严密的科学性。（2）准确性。作为处理环境污染纠纷案件证据的环境监测数据必须具有尽可能高的准确度，才能客观地、准确地反映污染物污染环境的事实。环境监测数据是按照严密的科学方法、技术规范以及实验操作规程来测取的，因此，它具有高度的准确性、可靠性和可比性。（3）时效性。由于环境污染物的浓度可能随时间的变化而变化，而且污染物样品的运输、保存和分析化验有一定的时间要求，所以，只有利用统一的分析测试方法在规定的时间内测取的数据，才能准确反映环境污染的客观事实，才是有效的、合法的。（4）合法性。环境监测数据作为处理生态环境诉讼或环境污染纠纷案件的证据，具有合法性。其合法性的条件是：第一，环境监测数据是由法定的环境监测机构出具的；第二，环境监测数据是按照国家统一颁布的环境监测技术规范和分析方法测取的。

环境监测报告具备证据的客观性特征，对于环境纠纷案件的处理，有着重大的关联性。首先，通过环境监测报告可以认定是否有环境污染事实或排污行为的存在；其次，环境监测报告在一定程度上能够认定环境损害结果是否发生；最后，这个损害结果和污染事实或排污行为两者之间是否具有因果关系，这都是通过环境监测报告来进行认定的。这三项的认定，都是建立在环境监测报告的基础之上的。因此，在环境纠纷案件处理过程当中，环境监测报告绝对是具有证据上的关联性的。在环境监测过程中，要实现环境监测的程序或过程合法，需要注意很多事项。环境监测人员每次到需要监测的现场进行采样时，都必须用文字记录现场监测采样，在记录中明确注明采样地点、时间和采样人员；假如引用自动监测数据，则更是需要调取企业的数据有效性审核材料以及比对监测、质控样品考核情况，无论是采用原件还是复印件，作为证据使用的，都必须由提供单位在原件或复印件上签字或盖章。假如是采用复印件，则还需要在复印件上表明"经核对与原件无误"的字样，用以证明证据的来源或者进行确定。同时注意及时收集保存好照片等视听资料，体现监测的真实性。

证据效力实际上就是证据的法律效力。环境监测数据证据效力是指能够证明环境污染真实性的监测数据或检测结果在环境诉讼或环境污染纠纷案件中所产生的功用、功效。环境监测数据具有证据效力,必须同时具备以下几个基本条件:(1) 合法的监测机构。根据《全国环境监测管理条例》规定,县级以上人民政府环境保护行政主管部门所属的环保监测站出具的环境监测数据和资料才能作为认定环境污染纠纷责任的依据,才具有环境污染纠纷案件处理的证据效力。(2) 监测资质与计量认证。县级以上人民政府环境保护行政主管部门所属的环保监测站必须具备符合国家要求的环境监测鉴定资质,其中包括监测技术和仪器设备、技术人员配备、实验场所等,必须通过计量认证达到监测机构相应级别要求。(3) 规范的监测技术与方法。环境监测数据必须是严格按照国家颁布的环境监测技术规范、环境质量标准与污染物排放标准、环境污染物的分析方法以及环境监测机构制定的有关仪器设备的操作规程来测取的,才能具有证据效力。(4) 监测人员持证上岗。负责采样、分析化验乃至测取数据的环境监测技术人员必须经过省级环保监测中心站进行岗位培训,通过严格考核,取得环保监测员资格和由省级环保监测中心站核发的环保监测员证,持证上岗所测取的数据,才具有证据效力。[1]

溢油鉴定是确定船舶溢油事故污染源的重要科技手段之一,在污染事故调查处理中发挥着非常重要的作用。以往海上发生船舶溢油事故,主管机关为查找肇事船,一般采用询问嫌疑船舶有关当事人、勘察船舶管系和溢油现场、分析风流对溢油流向的影响、排除其他嫌疑溢油源等方法确定肇事船舶。但通过这些方法获取证据存在着随意性、不科学、不确切、易失真、证据证明力度不够等问题,尤其是船舶操作性溢油,现场证据易人为破坏,事故调查困难。运用溢油鉴定,由于技术鉴定本身具有的客观公正、科学合理和合法等特点,可有效弥补其他调查手段的不足,保证事故认定的准确性和科学性,同时也为事故的进一步处理和索赔提供了合法有力的证据支持。[2] 溢油生态损害调查取证的具体工作主要有:(1) 核实已知的事实和证据。调查取证的首要任务,就是要对已经掌握的事实和证据进行认真的核实,以对溢油事故有一个比较客观的认知,避免先入为主,同时为下一步深入调查找到适当的切入点。(2) 查获未知的事实和证据。调查取证的中心任务,是围绕案件的关键事实,展开对未知案情和证据的收集和查明工作。它关系到案情的全面掌握和证据的完整获得,关系到溢油事故对生态损害事实认定基础的有无、虚实和强弱。(3) 全面收集与综合评判证据。为了证实已经查明的事实,必须全面收集各种证据。收集来的证据是为了证明案件的真相。证明工作对证据有着"质"与"量"的要求,即证据本身必须充分并且合法。收集完证据后,要用科学的方法对已获取的证据逐个甄别、综合评判。海洋溢油事

---

[1] 陈章、陈刘、杨惠宁:《环境监测数据的证据效力问题初探——湛江环境污染纠纷案件处理启示录》,引自王灿发主编:《环境纠纷处理的理论与实践》,中国政法大学出版社2002年版,第276~278页。
[2] 张春昌:《论溢油鉴别在海事行政执法中的法律适用》,载《交通环保》2001年第6期。

故发生后，行政执法部门或诉讼主体应制作委托书，委托具备资质部门及人员对溢油生态损害进行调查取证。受委托的鉴定部门和鉴定人应具备以下条件：(1) 必须具有专门知识或技能，并有法定的单位资质或个人专业资质；(2) 必须接受指派或委托；(3) 必须与案件无利害关系，能客观公正地做出鉴定结论。受委托单位接受委托后，应在尽可能短的时间内开展调查取证工作。依据调查取证结果，综合判断溢油对海洋生态的损害程度，编制溢油生态损害鉴定报告书。[①]

[①] 杨建强等：《海洋溢油生态损害取证技术指南与基本要求》，引自徐祥民、王光和主编：《生态文明视野下的环境法理论与实践》，山东大学出版社2007年版，第341～343页。

第十章

程序规则

　　生态环境公益诉讼只是环境执法的补充，如果环境行政执法等公共实施是完全彻底的，所有的污染者都将遵守法律，就没有生态环境公益诉讼的需要。正因为环境行政执法存在规制俘获、人员不足、资金匮乏等问题，环境执法往往不能或不愿有效地实施法律，生态环境公益诉讼才应运而生。在提起行政公益诉讼之前，应当设置一个前置程序，即原告在发现行政机关的行为，包括作为和不作为存在损害社会公共利益的情况时，首先应向该行政机关提出相应的建议，如果该行政机关不予答复或未采取有效措施，才能提起行政公益诉讼。这是行政公益诉讼的目的使然。国外有关生态环境损害赔偿诉讼时效的规定，并不能想当然认为就是生态环境公益诉讼的诉讼时效。为了有效保护生态环境公益，不能对保护生态环境公益的诉讼时效进行限制，只要存在生态环境违法行为、损害生态环境公益或者有生态环境公益损害之虞，任何时候都应该允许提出生态环境公益诉讼。探索建立与行政区划适当分离的生态环境案件管辖制度，逐步改变目前以行政区划分割自然形成的流域等生态系统的管辖模式，着眼于从水、空气等环境因素的自然属性出发，结合各地的环境资源案件量，探索设立以流域等生态系统或以生态功能区为单位的跨行政区划环境资源专门审判机构，实行对生态环境案件的集中管辖。生态环境修复具有公益性、技术复杂、履行过程长、介入主体多等特点，生态环境修复判决做出后，其执行具有独特性。司法机构有必要探索一条符合环境保护规律的司法执行路径。

第一节 生态环境公益诉讼的诉前程序

一、为什么需要诉前程序

行政管理和公益诉讼都是维护社会公共利益的重要手段，正确对二者之间的关系进行定位，关系到公益诉讼的制度构建以及实际效果的发挥。行政管理和公益诉讼都可以达到维护社会公共利益的目的，具有各自的优势和不足。行政管理手段主要有行政处罚、责令限期改正等，优势是效率高、成本低，可以主动介入，及时制止侵害社会公共利益的行为。缺点主要有：一是行政手段对一些民事纠纷不宜过多介入，并且行政部门一般对民事损害赔偿问题没有裁决权，处理民事纠纷缺乏公信力；二是行政管理手段容易受到地方保护主义等因素的影响，对投诉或者申诉的案件消极不作为，致使依靠行政手段保护社会公共利益的目的不能实现。公益诉讼的优势是公信力强，程序参与性强，相关主体对公益纠纷或者侵害社会公共利益的行为具有一定的司法程序启动权，但缺点是纠纷解决周期长、诉讼成本高。行政机关的管理职能和处罚权限非常广泛，并具有便捷、高效、专业性强等优势，应当作为维护社会公共利益的主要手段。如果行政机关能充分尽到自己的法定职责，很多损害社会公共利益的行为将能得到预防和制止，也就无需赋予某些主体公益诉讼起诉权。"只是在行政机关已经依照相关法律的规定对行为人采取了处罚，但该处罚尚不能弥补公共利益所受损害的情况下，才有必要通过民事公益诉讼的方式追究行为人的责任。"[1] 当然，仅仅局限于民事公益诉讼领域探讨行政管理和公益诉讼的关系，是过于狭隘的，其实从行政公益诉讼的角度看行政管理和公益诉讼的关系更加直观和鲜明。行政机关可以在事前依靠自身的技术手段对环境安全进行检测，如果发现污染情况或者有造成污染的危险性，可以在事前决定不予行政许可，或者在事后责令有关企业限期治理，也可以采取罚款等手段予以处罚，甚至可以责令企业停业、关闭。行政监管手段的多样和高效，可以保证行政机关对环境污染的预防和控制。而公益诉讼作为司法救济手段，程序复杂、成本高、被动性和事后性强，预防作用较差。

---

[1] 刘学在：《民事公益诉讼原告资格解析》，载《国家检察官学院学报》2013年第2期。

近年来，为破解环境保护的困境，我国实务界刮起了一阵"环境执法与环境司法联动"的旋风，有学者甚至将其上升到了"环境保护必由之路"的高度。①一时间，环境执法联动机制在各地如雨后春笋般建立起来，大有席卷全国之势。环境执法隶属于法律的公力执行，而公力执行的有效运转，取决于相互关联的三个因素：惩罚的概率、惩罚的力度与形式以及归责原则。环境执法资源不足导致环境违法行为发现概率低，最终导致惩罚概率低。环境违法行为的发现概率与国家投入的环境执法资源具有相当程度的相关性，我国环境执法力量的薄弱为环境违法行为发现概率偏低埋下了重大隐患。而且，环境行政执法机关常对生态环境公益诉讼怀有一种敌对情绪，认为生态环境公益诉讼"出发点是好的，但反过来是给政府添乱"，②由于自身受种种因素制约不能有效执法，因而，在"拔出萝卜带出泥"的担心之下，环保行政机关或各级政府部门总是千方百计干预生态环境公益诉讼从立案到审理的全过程，以免自己陷入承担行政和法律责任的泥潭。所以，法院不要过早地抱起这颗烫手的山芋，应该先看看行政机关是什么态度。

目前，我国对于生态环境公益受到损害的通常作法主要是通过以下两种措施：一是生态环境公益诉讼原告请求法院判令被告对受损的环境停止侵害、予以修复；二是环境行政机关可以对污染环境、破坏生态、损害公共利益的行为予以行政处罚，并征收相关的费用。这些措施可以有效地实现让污染环境、破坏生态的责任人付出代价的目的。③这两种措施本身的存在是必要的，但是，笔者认为，它们不是并列的关系，而是有先后次序的，应当强调行政措施优先，且仅对受损的环境停止侵害、予以修复，行政措施也是可以做到的，而且诉讼措施更加及时有效。虽然司法机关与行政机关都有对公共利益目标的追求，"都不分彼此地享受着公共利益之形成与实现所带来的好处，同时对公益之形成与实现也承担着不可推卸的责任"。④生态环境司法与执法的协同探索是通过加强彼此的联动协作、将司法权与行政权有效介入到环保领域、共同加大环保的执法力度、严惩生态环境违法行为的途径来更好地实现对公共利益的维护与追求。但是，由于生态环境司法与执法之间的协同渠道不畅通、机制不完善，加上司法机关与行政机关性质不同，互不隶属，往往形成司法与行政各行其是的局面，以致出现对部分生态环境案件进行处理时互相推诿、以罚代刑，甚至是集体失声的现象。

环保行政机关不管是在人员、设施等配置的专业性上，还是在对环境信息的

---

① 田成友：《联动与能动：环境保护的必由之路》，载《中国环境法治》2011年第1期。
② 金煌：《中国公益诉讼屡诉屡败，环境法庭多透遇零案件尴尬》，载《新京报》2011年10月26日。
③ 常纪文：《环境公益诉讼需解决八个问题》，载《经济参考报》2014年9月3日第6版。
④ 陈亮、吴晓明：《对抗还是合作？——环境公益诉讼背景下环境司法与环境执法相互关系研究》，环境司法研究中心网站，http://www.hjsfyj.com/information/InformationDisplay.asp? Newsm = 37，最后访问时间：2016年9月23日。

掌握层面，抑或是在环境损害评估等专业鉴定方面，都具有司法机关所不具备的资源、信息、技术等突出优势。相较于司法系统，行政机关拥有环境保护领域的专业人员与专门财政投入，具备履行环境保护职能所需要的专业知识和技能，因而能够在预防、治理、应急方面对环境实施全方位保护。虽然环境行政执法效果饱受社会各界的质疑，但问题的症结在于环境保护制度的具体设计以及制度运行环境的制约因素，而非行政权本身。也正是基于以上认识，2014年新修订的《环境保护法》继续坚持以行政权为主导的立法思路，完善执法手段，强化执法权力，但同时通过扩大环境治理主体并强化其参与力度来弥补行政权的不足。①

生态环境公益诉讼只是环境执法的补充，如果环境行政执法等公共实施是完全彻底的，所有的污染者都将遵守法律，就没有生态环境公益诉讼的需要。正因为环境行政执法存在规制俘获、人员不足、资金匮乏等问题，环境执法往往不能或不愿有效地实施法律，生态环境公益诉讼才应运而生。在美国的环境公共治理架构下，环境公民诉讼是对环境行政的补充而不是替代。美国国会颁布的《清洁空气法》《清洁水法》等单行联邦环境法律以及各州颁布的环境法律连同《联邦行政程序法》，成为美国环境公民诉讼的法律依据。迄今为止，美国共有21部联邦环境法律包含环境公民诉讼条款。美国《联邦行政程序法》将"穷尽行政救济原则"作为一项重要原则，广泛应用于行政执法。美国环境治理主要依靠行政执法，其环境公民诉讼的建制目的乃在弥补政法执法之不足，而非另立一个平行的执法管道。任何人原则上只有穷尽一切环境行政救济手段仍无法满足环境保护需求时，才能提起环境公民诉讼。美国国会认为，"公民诉讼旨在联邦政府行为的'补充'，而非联邦政府行为的阻碍"。环境公民诉讼只是政府环境执法的补充，环境公民诉讼案件占美国环境执法诉讼总额的比例相对较小。联邦最高法院在斯密斯菲尔德沃特尼公司诉切萨匹克海湾基金会案判决中也指出，公民诉讼仅仅是政府实施法律行为的补充而非替代。这种定位，一方面充分尊重行政权在环境治理中的作用，防止司法权过度干预行政权；另一方面，避免浪费司法资源。②

我国生态环境公益诉讼的产生与发展，其实是当前整体环境下强调司法权政治性、要求司法权参与社会管理创新、从克制司法向能动司法转变的缩影与具体表现之一。在公共利益问题上，司法权的立场和功能应根据行政权的变化而进行相应的调整。司法权在立场、审查重点和审查方法上的变化均有迹可寻，即从根本上跟随行政权发展变化的步伐，始终保证能够将特定阶段的行政权限制在法治

---

① 常纪文：《解读〈环境保护法〉修订的亮点、难点和遗憾》，载《中国环境报》2014年4月29日；周珂：《新修订〈环境保护法〉向环境污染宣战》，载《环境保护》2014年第11期。

② 杜群、梁春艳：《我国环境公益诉讼单一模式及比较视域下的反思》，载《法律适用》2016年第1期。

的轨道之上，确保行政权能够有效服务于特定时期的社会公共利益。为了适应新的社会模式下行政权的变化，法院在公共利益问题上开始采取能动主义态度，对涉及公共利益的行政行为进行更加严格和频繁的审查，并对行政过程中利益的平等表达给予了更多的关注。首先，法院提高了司法审查的强度，要求行政机关在程序上和实体上尽可能考虑并维护公共利益。其次，法院为了保证公众能够有效参与行政程序，通过放松诉讼资格要求，降低了司法审查的门槛，保证众多公共利益团体能够发起司法审查，保证其参与行政过程的权利。

我国现阶段，生态环境公益诉讼和环境行政是两种独立并行、互不衔接的环境治理手段。根据《民事诉讼法》第五十五条和第一百一十九条、《环境保护法》第五十八条以及《关于审理环境民事公益诉讼案件适用法律若干问题的解释》第一条的规定，法律规定的机关或有关组织欲对环境污染者（或破坏者）提起生态环境民事公益诉讼，只须具备"有明确的被告；有具体的诉讼请求、事实和理由；属于人民法院受理民事诉讼的范围和受诉人民法院管辖"条件即可，环境民事公益诉讼不受"穷尽行政救济"原则的制约。甚至有的环境污染者（或破坏者）在未受行政处罚之前，就已成为生态环境民事公益诉讼的被告。如云南省昆明市环保局诉三农农牧有限公司一案，企业尚在行政处罚阶段，就被酝酿成生态环境公益诉讼第一案的被告了。[①] 所以，在我国，有一种声音认为只要有损害公共利益的环境违法行为发生，就应当允许法定的主体提起公益诉讼。这种试图以"生态环境公益诉讼"取代"环境行政执法"的设想是一个误区，前者在任何时候都是无法取代、也取代不了后者的作用的。不但不能取代，相反还要为生态环境公益诉讼设置一定的前提条件：（1）企业已经实施或即将实施污染破坏环境、损害公共利益的违法行为，应当优先由政府处理。ENGO 欲提起公益诉讼，须以其已经通知政府执法部门处理，但政府部门不作为或者袒护违法企业为前提条件。（2）即使具备前述条件，如果检察机关已经针对同一违法行为提起公益诉讼，则 ENGO 不宜再提起生态环境公益诉讼。（3）只有在前两个条件都满足的情况下，具备一定资质条件的 ENGO 才能向法院提起公益诉讼，法院才能受理该公益诉讼。[②] 这一般是对于生态环境行政公益诉讼而言的，对于生态环境民事公益诉讼，其实只要具备了第（1）个条件就可以了。

生态环境民事公益诉讼介入生态环境公共事务的时机提前，使得司法机关不仅可以在损害发生后介入有关生态环境公共利益的争议，也可以在仅仅存在"重大风险"的情况下介入相关争议，这使得司法机关可以将公共利益应当在何种程

---

① 杜群、梁春艳：《我国环境公益诉讼单一模式及比较视域下的反思》，载《法律适用》2016 年第 1 期。
② 王德新、安秀伟：《环境 NGO 提起公益诉讼的若干思考》，载《绿叶》2013 年第 10 期。

度上得到保护以及允许其暴露在何种程度的危险之中这样一些传统上属于立法机关或行政机关的公共政策选择问题转化为法律适用问题,侵入了行政权乃至立法权的权限范围。由于现行的有关生态环境民事公益诉讼的规定并没有设定生态环境民事公益诉讼的前置程序,没有要求原告必须用尽行政救济手段和程序,在我国生态环境行政监督程序尚不健全、生态环境行政效果差强人意的情况下,很可能会出现原告跳过生态环境行政监督程序而直接进入生态环境民事公益诉讼程序的情况,以通过司法机关向污染者以及生态环境行政机关施加压力。此时,司法机关就在事实上超越了行政机关,成为了生态环境公共利益的第一顺位保护者。[1] 其实,司法权本质上是一种判断权,正如汉密尔顿所言:"司法部门既无强制,又无意志,而只有判断"[2]。所谓判断是一种"认识",司法判断针对真与假、是与非、曲与直等问题,根据特定的证据(事实)与既定的规则(法律),通过一定的程序进行认识。

所以,如果在生态环境纠纷发生之时,越过行政程序直接提起生态环境公益诉讼,会使行政机关更加懈怠,不利于行政机关发挥行政管理的及时性与有效性,同时增加了滥诉的可能。应充分平衡行政权与司法权之间的关系,即考虑行政程序与环境公益诉讼之间的平衡,我们可以借鉴美国的行政前置程序,[3] 规定原告在提起诉讼之前的一定期限内,有义务通知行政机关及当事人,应先要求环境部门对破坏与污染环境的行为进行处理。如果行政机关怠于处理,当事人可以直接侵权人为被告向法院提起生态环境民事公益诉讼;对行政机关处理决定不服的,可以行政机关为被告向法院提起生态环境行政公益诉讼。这样,一方面减少了滥诉现象;另一方面,发挥了行政效能,减轻了法院负担,更优地协调行政权与司法权的配置。[4] 而不是越俎代庖,把适合由行政机关行使的环保执法职能通过诉讼的方式转移至法院。所以,有学者提出"与美国的公民诉讼相比,修订后的《环境保护法》并不要求环境非政府组织提前60天通知当地环保局而可直接起诉污染者,可以说是其一大优点。因为,原告不需要于诉讼前事先发出警告对污染者来说无疑意味着更大的风险,其惩戒作用更加明显"[5] 的观点值得商榷。而且,由于行政公益诉讼被告的特殊性,在提起行政公益诉讼之前,应当设置一个前置程序,即原告在发现行政机关的行为,包括作为和不作为存在损害社会公共利益的情况时,首先应向该行政机关提出相应的建议,如果该行政机关不予答复或

---

[1] 王明远:《论我国环境公益诉讼的发展方向:基于行政权与司法权关系理论的分析》,载《中国法学》2016年第1期。
[2] [美]汉密尔顿等:《联邦党人文集》,程逢如等译,商务印书馆1980年版,第391页。
[3] 王曦:《美国环境法概论》,武汉大学出版社1992年版,第198页。
[4] 邓一峰:《环境诉讼制度研究》,中国法制出版社2008年版,第254页。
[5] 曹明德:《中美环境公益诉讼比较研究》,载《比较法研究》2015年第4期。

未采取有效措施，才能提起行政公益诉讼。这是行政公益诉讼的目的使然。

二、诉前程序的基本内容

诉前程序是诉讼前置审查程序的简称，是指原告在向法院提起诉讼之前，应首先向有关行政机关举报或投诉不法行为。如果有关部门未能在法定时限内作出答复或处理不符合相关法律规定，原告才能向法院起诉，主张自己的诉讼权利。[①]在生态环境公益诉讼中设置前置程序，可以使环保机关及时审查违法犯罪类型，进而采取不同的处理措施。如果在前置程序可以有效解决的，比如侵权者在前置程序进行中已经停止损害、赔偿损失、恢复生态或者达成和解的，那么就没有必要进行环境公益诉讼；如果确已穷尽行政权力而无法救济的，环保机关应当针对专业性的问题出具说明或者作出鉴定意见，并及时将处理结果告知法律规定的机关或有关团体，以便该机关或团体向法院提起诉讼。

《关于贯彻实施环境民事公益诉讼制度的通知》（2014）指出："人民法院受理环境民事公益诉讼后，应当在十日内通报对被告行为负有监督管理职责的环境保护主管部门。环境保护主管部门收到人民法院受理环境民事公益诉讼案件线索后，可以根据案件线索开展核查；发现被告行为构成环境行政违法的，应当依法予以处理，并将处理结果通报人民法院。"该条款规定了人民法院在受理生态环境民事公益诉讼后的告知义务，说明最高人民法院已经意识到环境行政部门不应被完全排除在生态环境民事公益诉讼之外。但该条款仍存在缺陷。首先，被告知的期限设置在生态环境民事公益诉讼案件受理之后，难以达到有效督促环境行政部门积极行使环境公权力管制污染者的效果，且容易造成司法诉累，浪费司法资源。其次，环境行政部门在被告知后，"可以"开展核查，也就是说，对于是否开展核查环保行政部门有选择的权力。在环保部门选择开展核查并发现环境行政违法的情况下，才有义务处理并通报法院。如果环保部门不开展核查，有何约束机制？该条款表明生态环境民事公益诉讼并不能对环境行政部门不作为的情形进行约束。多数情况下，生态环境公益损害是污染者行为与政府行政行为共同作用的结果。然而，如果越过相关政府部门而直接起诉企业，则容易使相关行政部门怠于履行职责，掩盖政府所应承担的监管失职的法律责任。

我国目前的做法是：法院受理生态环境民事公益诉讼后，将案件受理情况告知对被告行为负有环境保护监督管理职责的部门，将对负有环境保护监督管理职

[①] 颜运秋、余彦：《公益诉讼司法解释的建议及理由——对我国〈民事诉讼法〉第55条的理解》，载《法学杂志》2013年第7期。

责的部门如环境保护局、林业局、国土资源局等起到督促作用，督促他们积极地履行监督管理职责。负有环境保护监督管理职责的部门在接到法院的通知后和法院受理生态环境民事公益诉讼案件线索后，可以根据案件线索开展核查被告是否存在违法排污行为，是否已经造成严重污染，是否有超过污染物排放标准排放污染物等行为，发现被告行为构成环境行政违法的，应当依法予以处理，并将处理结果通报法院。法院因审理案件需要，向负有监督管理职责的环境保护主管部门调取涉及被告的环境影响评价文件及其批复、环境许可和监管、污染物排放情况、行政处罚及处罚依据等证据材料的，相关部门应及时向法院提交。其实，这不是诉前程序，与国外的规定具有本质区别。针对《关于贯彻实施环境民事公益诉讼制度的通知》和《关于审理环境民事公益诉讼案件适用法律若干问题的解释》存在的先受理后告知的不足，应将告知程序前移且规定诉前通告期。明确法律规定的机关或有关组织提起生态环境民事公益诉讼前，应将起诉事由告知环境污染者（或破坏者）、相应主管部门、主管部门的上级部门、同级政府、纪检部门以及检察机关，给予环境污染或破坏者自觉纠正的机会，并督促有关行政机关在诉前通告期内积极制止环境违法行为的发生或继续。诉前通告期届满后环境污染者（或破坏者）仍不自觉制止环境损害行为或主管行政机关仍不积极履行职责的，生态环境公益诉讼才得以启动。

但是，《全国人民代表大会常务委员会关于授权最高人民检察院在部分地区开展公益诉讼试点工作的决定》关于"提起公益诉讼前，人民检察院应当依法督促行政机关纠正违法行政行为、履行法定职责，或者督促、支持法律规定的机关和有关组织提起公益诉讼"的规定暗含着行政执法前置于公益诉讼的逻辑。最高人民检察院公布的《检察机关提起公益诉讼改革试点方案》明确将督促纠正违法行政行为或者依法履行职责作为检察机关提起公益诉讼的"诉前程序"。《检察机关提起公益诉讼改革试点方案》对检察机关提起行政公益诉讼作了明确的诉前程序的要求："在提起行政公益诉讼之前，检察机关应当先行向行政机关提出检察建议，督促其纠正违法行政行为或者依法履行职责，行政机关应当在收到检察建议书后一个月内依法办理，并将办理情况及时书面回复检察机关。"检察建议是检察机关提起生态环境行政公益诉讼的前置程序。诉前程序设定的主要目的，一方面是为了给环保行政机关纠正违法不当行为提供一个"缓冲期"，从而做到不战而屈人之兵；另一方面，可以降低检察机关直接提起生态环境行政公益诉讼的频率，预防过多的诉讼。只有当环保行政机关拒不纠正违法行为或者不履行法定职责，生态环境公益仍处于受侵害状态时，检察机关方可提起生态环境行政公益诉讼。从司法实践的具体情况来看，行政机关"拒不纠正"或"不完全履行"的情形非常少，往往是部分纠正或部分履行。检察机关是否可以提起行政公益诉讼，实践中存在不同认识。我们认为，基于实现对公益保护的目的，检察机关对行政机关的监督不应仅局限于是否履行了职责，重点应关注行政机关是否依法正确履行了职责，只要行政机关没有正确履行职责，没有实现对国家利益和社会公共利益的保护，检察机关就可以依法予以监督和起诉。

为了有效地发挥行政机关在环境执法中的主导作用，充分尊重行政权，给予企业一次自觉纠错或者行政机关积极履行职责的机会，同时避免诉累、浪费司法资源，美国公民诉讼在提起以前应当告知即将成为被告的污染者或主管机关，经过30日以后才能正式起诉，后参众两院联席会议将30日改为60日。美国所有公民诉讼条款都规定了60日（一般条款）或90日（如《资源保护和再生法》）的诉前通告宽限期，即原告在诉前规定期限内应将起诉事由告知违法行为者、被诉行为发生地所在的州政府以及环保署署长，宽限期届满前，原告不得提起环境公民诉讼。依照具体法律规定，除涉及有毒性污染物或紧急环境事件外，经过60日或90日诉前宽限期，如企业仍旧不能自觉依法纠正其污染、破坏环境的行为，或者行政机关仍然没有履行法定"勤勉执行"义务，环境公民诉讼才能继续前行。美国环境公民诉讼条款一般都规定"勤勉执行"的阻却事由。若环境污染者（或破坏者）或行政机关自觉纠错、使环境法律得到良好实施，公民诉讼则无提起的必要。该规定的目的在于充分尊重行政权在环境治理中的重要作用，同时避免诉累。足以阻止环境公民诉讼继续的"勤勉执行"义务有狭义和广义之分。作狭义解释时，"勤勉执行"只限于行政机关对涉嫌违法的行为提起民事诉讼或刑事诉讼，不包括行政机关对涉嫌违法的行为作出非诉民事、行政处罚或行政执行命令。如美国《清洁水法》505（b）(1)(B)规定，只有当"环境保护署署长或州政府已开始且积极诉诸联邦或州法院采取民刑事措施以要求污染者遵行（法定要求）时"，公民诉讼才会被阻止。且"勤勉执行"必须满足环境保护目标，若以"勤勉执行"之名行"合谋"之实，则不能阻止公民诉讼的继续。作广义解释时，"勤勉执行"还包括行政机关针对涉嫌违法行为作出的民事或行政处罚。如《清洁水法》309（g）(6)以及《濒危物种法》的规定，甚至包括行政机关作出行政执行命令。司法实践中，法院在许多判例中也认为，立法者立下60日通知的要件是给予环保机关一定的时间以对违法事情采取行动，并非以60日程序规定来阻止公民诉讼的提起。最高法院对于60日告知期未到的案件也给予受理，只是将案件放到要件成就后才正式进行。① 有人认为，提前60日保质期限的设置正是美国环境保护领域的公益诉讼制度的精髓所在。但是，1979年美

---

① 汪劲编译：《环境正义：丧钟为谁而鸣——美国联邦法院环境诉讼经典判例选》，北京大学出版社2006年版，第82页。

国最高法院在审理 Oscar Mayer & Co. v. Evans 案时，对通知不满 60 日便提起诉讼的案件并不以起诉要件不符合而驳回起诉，只是将案件搁置直到 60 日届满才予以正式审理。① 当然，最高法院的此种做法当时就遭到了学界的诟病。②

在德国，环境公益组织提起生态环境行政公益诉讼的起诉条件是该公益组织事前参与了先前的行政程序。这里的行政程序需依据不同实体法予以确定。根据德国《联邦自然保护法》第 61 条第 3 款的规定，在参与过程中，所有与之相关的反对理由应该被提出。环境组织的合法起诉权仅限于这些已被提出的理由或能被提出的理由被实质禁止。③ 若被诉行为与环境团体的活动目的无关或环境团体在参与程序中对有关问题不曾发表意见，则禁止其就该问题提起公益诉讼。在德国《环境损害法》中，"先前的行政程序"被认为是"环境团体应首先向行政机关提出履行义务的请求，行政机关在 3 个月内未采取措施的，环境团体可以以行政机关为被告，请求行政法院判令行政机关命令经营者采取预防措施"。④

加拿大法律认为，环境公民诉讼并不是解决环境法律执行问题的最好方法，采用它应该符合"穷尽救济"原则，所以在提起环境公民诉讼前有特殊的诉前程序安排，使诉讼成为寻求法律救济的最后一道屏障。这种诉前程序包括：第一，告知程序。在提起环境公民诉讼之前，公众应该通知被追诉者，告知其行为的违法属性。但是如果没有立即收到满意答复时，公众不能威胁甚至暗示将联系有关部门或者提起环境公民诉讼。第二，申诉程序。公众应该向负责该项法律执行的有关政府部门提起正式的申诉。如果政府官员打算展开调查或者开展环境执行行动，那么提起环境公民诉讼就没有多大意义。申诉有很多好处：（1）因为环境保护机构缺乏监管资源，申诉可以为展开官方调查提供所需的信息。（2）如果官方已经发现违法行为并且考虑行动，咨询有关的公众将节约双倍的努力。（3）环境法律提供给政府部门多种执行法律的根据，包括控制命令和中止命令。这些工具可以取代环境公民诉讼或者除了环境公民诉讼以外对于阻止将发生的损害是非常必要的。（4）即使对于申诉官方执行没有做出反应，公众提出申诉的事实对于其决定提起环境公民诉讼也是很重要的。因为法官多半倾向于根据公众提起过申诉的事实而受理。（5）政府官员根据申诉展开的调查也会对环境公民诉讼提供非常有价值的证据。⑤

各国设置生态环境公益诉讼前置程序的直接目的有三个：（1）督促被诉人履

---

① Oscar Mayer & Co. v. Evans, 441 U. S. 750 (1979).
② *Notice by Citizen Plantiffs in Environmental Litigation*, 79 Mich. L. Rev., 299 (1980).
③ 转引自张式军：《环境公益诉讼原告资格研究》，武汉大学博士学位论文，2005 年，第 132 页。
④ 陶建国：《德国环境行政公益诉讼制度及其对我国的启示》，载《德国研究》2013 年第 2 期。
⑤ 王彬辉：《加拿大环境公民诉讼制度及对我国的启示》，载《湖南师范大学（社会科学学报）》2014 年第 3 期。

行环境保护义务和责任；（2）节约司法成本；（3）明确司法权与行政权的界限，防止司法过度干预行政机关对社会的管理。我国吸收了国际先进经验，明确规定检察机关在提起生态环境公益诉讼前，应当先行向相关行政机关提出检察建议，督促其纠正违法行政行为或依法履行职责。这有利于提高法律监督的效力，发挥行政机关履行职责的能动性，有效节约司法资源。"行政机关被视为公共利益的代言人"[①]，而保护公共利益又是生态环境公益诉讼的目标。因此，提起生态环境公益诉讼的前置条件就是环境行政主管机关在履行职能时存在不当行为或者存在损害社会公共利益的行为。只有在此时，才应当由社会组织提起环境公益诉讼。通过设置前置通知程序，在"社会与法院之间设立一个过滤装置，将部分没有必要的或不用司法救济就能解决的案件过滤出去"[②]。目前在生态环境公益诉讼中环保组织采用发送要求整改律师函的形式，也是履行了预先告知程序的一种。诚如叶俊荣先生所言，"公民诉讼的提起虽在于满足公益目的，但若太过宽松亦可能不当地影响主管机关执法上的资源调配，亦可能大幅增加法院的负担"[③]。

值得一提的是"诉前禁令"制度。"诉前禁令"是指在原告提起诉讼前，为防止诉讼迟误可能对权利人造成不可弥补的损害或者证据被销毁的危险，法院依照一方当事人请求，采取及时有效的临时性措施，责令侵权人停止有关侵权行为的一种诉讼保全措施。"诉前禁令"在英美法系和大陆法系中被称为"临时性禁令"，适用对象针对所有的民事纠纷紧急状态，适用范围较为普遍。2012年修订的《民事诉讼法》将第九章"财产保全和先予执行"改为"保全和先予执行"，将诉讼保全的范围由单纯财产保全扩充至包括行为保全，从而使"诉前禁令"实现了有法可依。该法第一百零一条规定了诉前保全制度："利害关系人因情况紧急，不立即申请保全将会使其合法权益受到难以弥补的损害的，可以在提起诉讼或者申请仲裁前向被保全财产所在地、被申请人住所地或者对案件有管辖权的人民法院申请采取保全措施。"昆明法院专门规定"禁止令"制度：第一，明确规定在环境公益诉讼中，公益诉讼人有权向法院申请"禁止令"。第二，明确了公益上诉人申请"禁止令"的条件，即"情况紧急"的具体情形，包括：（1）被告的行为可能严重危及环境安全的；（2）被告的行为可能造成环境难以恢复的；（3）被告的行为加重对环境破坏的。这就为法院审查当事人的申请和作出"诉前禁令"提供了依据。第三，规定"诉前禁令"由公安机关协助执行，在"诉前禁令"中引入公安机关，从而加大了"诉前禁令"的执行力度，确保执行措

---

① 徐文新：《专家、利益集团与公共参与》，载《法律科学》2012年第3期。
② 张守增：《公益诉讼提起主体的范围与诉权限制》，载《人民检察》2008年第10期。
③ 叶俊荣：《环境政策与法律》，中国政法大学出版社2003年版，第230页。

施的落实。[①] 赋予具有诉权的社会组织提起诉前禁止令请求权有其必要性。对于违法污染环境破坏生态的侵权人而言，被侵权人可能会基于维权成本的考虑而放弃通过诉讼维权，此时，具有诉权的社会组织有必要向法院申请诉前禁止令。由于社会组织与该环境侵权纠纷不存在直接的利害关系，所以其申请的诉前禁止令应该只是一种一般性的禁止，而不是个别禁止，拥有诉权的社会组织只能禁止企业向河流排污，但不能要求企业对该被侵权人承担侵权责任。要求承担侵权责任的请求只能由被侵权人自己提出。

第二节 生态环境公益诉讼的诉讼时效

一、诉讼时效的意义与局限

法理上，诉讼时效作为一种消灭时效，是指权利人在法定的时间内不行使权利，就丧失了请求法院依诉讼程序保护其合法权益的权利。一般情况下，立法在规定诉讼时效期间时，一方面要考虑到当事人合法权益的保护；另一方面，要考虑到社会关系的稳定。因此，通常时效期限不会太长。我国现行三大诉讼法均有关于诉讼时效的规定，要求出现纠纷必须在一定期限内提起诉讼，否则将失去获得法院支持的权利，这种规定对于加快纠纷解决、尽快结束由于纠纷导致权利义务不确定的状态是必要的，但是对于维护生态环境公益为主要目的的环境公益诉权行使时效，要加以同样的规定就不周延了。

鉴于传统诉讼时效理论在生态环境侵害赔偿中适用的种种弊端，有人根据生态环境侵害的特点，将生态环境侵害的潜伏期分为三个阶段，即接触阶段、发现阶段和症状完全暴露阶段，并相应提出了三种不同的诉讼时效理论：（1）接触理论。接触理论主张，诉讼时效应从受害人最后接触有害物体时开始计算。比如，美国1990年的一桩石棉纤维致人损害赔偿案中，原告最后接触石棉纤维的时间是1980年5月，他在1986年发现自己患了肺癌，1990年向法院起诉，在诉讼进行过程中死亡。该案被告就以接触理论为根据而主张，原告的诉讼已超过诉讼时效，不能获得赔偿。因为，根据南卡罗来纳州制定法关于诉讼时效的规定，有关侵权的诉讼请求应在诉因出现之后的3年内提出。可见，该理论与传统诉讼时效

[①] 李义凤：《论环境公益诉讼中的"诉前禁令"》，载《河南社会科学》2013年第6期。

理论相比，无甚优越，仍难以保障受害人的赔偿请求权。(2) 发现理论。发现理论主张，诉讼时效应从受害人发现或者其应当发现自己受到损害时开始计算。由于该理论与传统诉讼时效理论相比，更能保障受害人的赔偿请求权，因而为各国法律所接受。就大陆法系国家而言，普遍都将环境侵害赔偿诉讼时效修正为自损害发生时起算。比如，日本《水质污染防治法》第 20 条之三和《大气污染防治法》第 25 条之四均规定，"本法规定的受损害人或其法定代理人，在知悉损害情况和应负赔偿责任人时起，连续 3 年不予行使，时效即行消灭"。而英美法系国家亦通过判例接受了该理论，美国不少法院包括某些州的最高法院在审判中就援引了该理论。① 比如，纽约州议会就援用了这一理论，该州州长在签署此项法案时指出："今天我们纠正了一桩严重不公的法律规定，过去制定法中关于诉讼时效的规定严重阻碍了人们寻求因接触有害物体受到损害而应得的赔偿，因为那一时效在人们发现自己的疾病之前即已届满。"② (3) 症状暴露理论。鉴于有些环境侵害行为，无论从接触期起算，还是从发现期起算，都已超过了诉讼时效期间，有人便提出症状暴露理论。该理论主张，诉讼时效应从受害人的症状完全暴露时开始计算。该理论立意固然良美，对于保障受害人的赔偿请求权极为有利，然而，该理论对于受害人后期（症状完全暴露期）的健康保险公司却极为不利。因为根据该理论，损害被认为发生在症状完全暴露期，这一阶段的保险公司便有可能须承担全部赔偿责任，③ 从而遭到保险公司的强烈反对，所以在司法审判中，法院较少适用该理论。可见，以上三种理论，以发现理论较为适合，而为各国立法及判例所援引。有学者建议，环境侵权诉讼时效之 3 年及 20 年时效期间的起算点均应改为"从当事人知道或应当知道受到污染损害并确定加害人时起计算"，这样就可以较好地解决现有环境侵权诉讼时效期间过短的问题。不知道被告人就无法起诉，无法起诉却要开始时效的计算，这对原告人是不公平的。"知道受到损害并知道加害人"再开始时效期间的计算，对原告来说并不是什么特惠政策，对致害人来说也不存在什么不公平，这样的调整与时效原有的督促权利人及时行使权利的初衷亦无矛盾，而且可以减轻原告的诉讼负担和减少诉讼利益流失的不公，新闻报道或相关记载、法院已有的同被告案件判决公告，都可以是原告应当知道加害人的事由。④ 这些理论其实对生态环境公益诉讼的诉讼时效没有直接的指导意义，只有间接的启发或者思考。

---

①② Green: Hie Paradox of Statute of Limitations in Toxic Substances Litigation, UCLA Law Review, 76, 976-979.
③ Ina v. Forty-Eight Insulation, Inc, 633F, 2d 1212, 6th Cir 1980.
④ 张景明：《环境污染损害赔偿诉讼时效问题》，引自《2007 年中国法学会环境资源法学研究会年会论文集》。

二、国外环境损害赔偿诉讼时效的规定

在英国，根据《1980年英国时效法》规定，侵权行为的诉讼时效期间为6年，自诉因发生之日起计算。对于不同的侵权行为及不同的损害形态规定了大量的特殊时效，因过失、妨扰或违反法定义务造成的身体伤害时效为3年；对潜在的损害时效为6年。[①]

在法国，环境污染损害赔偿诉讼时效适用《法国民法典》第2270-1条的规定，即"（1985年7月5日第85-677号法律）有关契约外的民事责任诉讼，时效期间为10年，自损害发生之日或损害加重之日起计算"。[②]依法国法，环境污染损害赔偿诉讼时效届满、义务人主张抗辩权后，权利人的实体权利即丧失。

在德国，环境污染损害赔偿的诉讼时效适用民法典中关于诉讼时效的规定。根据《德国民法典》的规定，环境污染损害赔偿案件同时适用两种诉讼时效：一种是普通诉讼时效，期间为3年，自同时有下列情形的年末起算：（1）请求权在该年内产生；（2）债权人在该年内知道或者在无重大过失的情况下应当知道请求权成立的情况和债务人是谁。[③] 一种是最长诉讼时效，在最长诉讼时效里又区分了侵害生命权、健康权等的损害赔偿请求权的最长诉讼时效和其他损害赔偿请求权的诉讼时效，如（1）因生命、身体、健康或者自由受到侵害而产生的损害赔偿请求权，不论请求权的产生是何时，不论权利人是否知道或者因为重大过失而不知道，自实施行为时、违反义务时或者其他使损害产生的事件发生时起，经过30年而完成消灭时效。[④]（2）其他损害赔偿请求权：第一，不论是否知道或者因重大过失而不知道，自请求权产生时起，消灭时效经过10年而完成；第二，不论请求权何时产生，不论债权人是否知道或者因重大过失而不知道，自实施行为时、违反义务时或者其他引起损害的事件发生时起，消灭时效经过30年而完成。以在先届满的期间为准。[⑤] 在德国，环境污染损害赔偿诉讼时效届满后，根据《德国民法典》第412条的规定，债务人享有时效抗辩权，消灭时效届满后，按照梅迪库斯的观点，请求权会因消灭时效完成而消灭。[⑥] 卡尔·拉伦茨也指出："《德国民法典》在第194条第1款中规定，'请求权'是一种请求他人作为或不

---

① ［德］克雷斯蒂安·冯·巴尔：《欧洲比较侵权行为法》，焦美华译，张新宝审校，法律出版社2004年版，第658页。
② 罗结珍译：《法国民法典》，中国法制出版社1999年版，第520页。
③ 《德国民法典》第199条第一款。
④ 《德国民法典》第199条第二款。
⑤ 《德国民法典》第199条第三款。
⑥ ［德］迪特尔·梅迪库斯：《德国民法总论》，邵建东译，法律出版社2001年版，第101~103页。

作为的权利。法律还规定，请求权因时效而消灭。"[1]

在日本，环境污染损害赔偿的诉讼时效适用《日本民法典》第724条的规定，根据该条规定，一个环境污染损害赔偿案件同时适用3年的诉讼时效期间和20年的最长诉讼时效期间，3年的诉讼时效期间从受害人或者其法定代理人知道损害及加害人时起算；20年的最长诉讼时效期间自环境污染行为或者事件发生时起算。[2] 从《日本民法典》第724条的规定可推知，环境污染损害赔偿请求权，自受害人或其法定代理人知悉损害及加害人时起，3年间不行使时，因时效而消灭。

《荷兰民法典》第310条规定，自权利人知道损害及加害人之日起5年，最长时效为自引起损害的事件发生之日起20年，环境损害和危险物质责任的最长时效为30年。[3]

《奥地利民法典》第1489条规定，自知道损害及加害人之日起的3年，最长时效为自侵权行为及犯罪行为实施之日起的30年。[4]

以上国外环境损害赔偿诉讼时效的规定，并不能当然认为就是生态环境公益诉讼的诉讼时效，所以可以说，国外对生态环境公益诉讼的诉讼时效的规定和研究还是一片空白。

三、我国环境损害赔偿诉讼时效的规定与生态环境公益诉讼诉讼时效的新要求

我国现行三大诉讼法均有关于诉讼时效的规定，要求出现纠纷必须在一定的期限内提起诉讼，否则将丧失胜诉的权利。按照我国现行的法律规定，适用于同一个环境污染损害赔偿案件的诉讼时效期间有两个，一个是3年的诉讼时效，另一个是20年的最长诉讼时效。这种采用两种诉讼时效期间的做法是值得肯定的，如果仅适用3年的诉讼时效，有可能出现30年、40年后才开始起算3年诉讼时效期间的情形，这种情况的出现会使得法律关系久悬不决、立法价值难以实现。但是，20年的最长诉讼时效期间对于环境污染损害赔偿来说显得太短，由于环境污染损害原因具有多元性、间接性、复杂性、缓释性等特点，常常是受害人的权利受到侵害而受害人不知道，或者受害人虽知道其权利受到侵害，但是不知道侵权人是谁，因而无法行使请求权，而待可以行使请求权时20年时效已届满。

---

[1] Karl Larenz：*Allgemeiner Teil des Deutschen Buergerlichen Rechts*，141，Rn. 243.
[2] 王书江译：《日本民法典》，中国法制出版社2000年版，第128页。
[3][4] ［德］克雷斯蒂安·冯·巴尔：《欧洲比较侵权行为法》，焦美华译，张新宝审校，法律出版社2004年版，第659页。

从诉讼时效设定的目的功能来看，它督促权利人行使权利，在权利人能够行使而不行使时才开始计算诉讼时效。现实中，确实有时会出现侵害行为发生后经历很久权利人都不知其权利受侵害的情况，针对这种情况，有学者建议，我国在修改环境污染损害赔偿立法时，应借鉴国外的经验，将环境污染损害赔偿的最长诉讼时效期间定为 30 年。① 有学者建议，在最长诉讼时效的规定上，应当规定一个较长的时间，如"自环境侵害行为发生之日起超过 50 年的，人民法院不予保护"。②

2014 年修订的《环境保护法》第六十六条规定，因环境污染损害赔偿诉讼时效为 3 年，从当事人知道或应当知道污染损害之日起计算。这里的"损害赔偿"实际上是指借助环境媒介而对人身和财产的损害赔偿，其实不能类推适用到对生态环境本身的损害赔偿。显然没能将环境损害同一般性民事损害区分开来，不利于环境公益的保护和对环境公益加害人法律责任的追究。

其实，诉讼时效与诉讼请求有很大关系，如果是物权性质的请求，一般没有诉讼时效的限制；如果是债权性质的请求，一般就有诉讼时效的限制。例如，《最高人民法院关于审理环境侵权责任纠纷案件适用法律若干问题的解释》规定，被侵权人提起诉讼，请求污染者停止侵害、排除妨碍、消除危险的，不受《环境保护法》第六十六条规定的时效期间的限制。有关司法解释中规定，"未授权给公民、法人经营管理的国家财产受到侵害的，不受诉讼时效期间的限制"，这一规定是出于保护国家利益所需，而公益诉讼同样是保护国家利益和社会公共利益的救济渠道，也应当不受诉讼时效的限制，使侵犯国家利益和社会公共利益的违法行为在任何时候均能受到法律追究。③ 也有学者认为，环境权益本质上是一种公共利益，而且是一种最大和最根本的公共利益，这种公共利益因为其不可再生和不可恢复的特性而具有极度稀缺性，关系到人类自身的生存发展，为了有效保护这种公共利益，不能对为保护生态环境公益的诉讼时效进行限制，只要存在环境违法行为、损害生态环境公益或者有生态环境公益损害之虞，任何时候都应该允许提出生态环境公益诉讼，行使生态环境公益诉权。④ 我们认为，这些观点言之有理。

关于生态环境公益民事诉讼时效期间的起算点，是从污染受害者知道或应当知道权利被侵害时起计算。但是，如何判断受害者"知道或应当知道"权利被侵害，法律没有明确规定。有的学者提出可以从两个方面加以判断：一看当事人有

---

① 庄敬华：《环境污染损害赔偿立法研究》，中国方正出版社 2012 年版，第 154～155 页。
② 吕忠梅等：《环境损害赔偿法的理论与实践》，中国政法大学出版社 2013 年版，第 170～171 页。
③ 马平：《环境公益诉讼制度探析》，载《前沿》2009 年第 8 期。
④ 谢伟：《环境公益诉权研究》，中国政法大学出版社 2016 年版，第 332～333 页。

无明确的意思表示；二是根据事实推定。如果当事人曾明确提出自己受到污染损害，那么就可以认为当事人"知道其权利受到侵害"。如果当事人未曾明确提出其受到污染损害，那么应该根据有关事实或迹象推定其"应当知道"其权利受到侵害的时间。侵犯国家利益和社会公共利益的违法行为在任何时候均能受到法律追究。除此以外，当生态环境公益受到侵害时最长时效应为 20 年，当然，特殊情况下，可以延长。①

由于环境污染和破坏生态具有极大的潜藏性和长期间接危害性，损害行为与损害事实之间的因果关系模糊、证据获取困难，在现有诉讼规则下，利用诉讼时效中止、中断的规定可从实际上延续生态环境公益诉讼的诉讼时效期间，也符合我国环保法的立法理念。生态环境公益诉讼诉讼时效中断的法定事由应当包括：提起诉讼、一方当事人同意履行义务、一方当事人提出要求、向有关单位提出保护请求等。在环保社团提起的生态环境公益诉讼中，只要环保社团向环境行政部门提出申诉，或向环境侵害行为实施者发出书面通知，从对方接到通知或申诉之日起诉讼时效中断，已经过的诉讼期间灭失，诉讼时效可重新计算。

第三节 生态环境公益诉讼的管辖制度

管辖是"诉讼的入口"或"诉讼的前奏"，法院管辖权的明确不仅有利于保障当事人诉讼权利，也有利于法院审判权的落实，这一问题也是案件公正审理、确保司法权威的基本前提和必要条件。管辖是启动诉讼的基础，任何一个当事人要启动诉讼程序必须向有管辖权的法院起诉，而管辖制度决定了某一特定法院是否有权启动案件的司法程序。合理的管辖制度可以明确各级法院以及同级法院受理第一审案件的分工和权限，避免因管辖不明出现推诿或者争抢案件的情况；同时可以使当事人明确案件的受理法院，方便当事人通过诉讼解决纠纷，维护其合法权益。确定生态环境公益诉讼管辖法院要考虑以下几个因素：一是方便法律规定的机关和社会组织提起诉讼；二是方便法院审理案件；三是有利于执行中对环境的治理和修复；四是有利于提高审理专业化水平、提高审判质量。由于生态环境公益诉讼是一项新的诉讼制度，案件量不会太多，在目前专业审判人员相对缺乏的情况下，宜相对集中审理。《最高人民法院关于审理环境民事公益诉讼案件适

---

① 雷海平：《建立环境公益民事诉讼制度中若干问题的探讨》，昆明理工大学硕士研究生论文，2006 年。

用法律若干问题的解释》第六条规定："第一审环境民事公益诉讼案件由污染环境、破坏生态行为发生地、损害结果地或者被告住所地的中级以上人民法院管辖。中级人民法院认为确有必要的，可以在报请高级人民法院批准后，裁定将本院管辖的第一审环境民事公益诉讼案件交由基层人民法院审理。同一原告或者不同原告对同一污染环境、破坏生态行为分别向两个以上有管辖权的人民法院提起环境民事公益诉讼的，由最先立案的人民法院管辖，必要时由共同上级人民法院指定管辖。"

一、关于级别管辖

生态环境公益诉讼，往往涉及多人利益且起诉人受到的阻力和难度也比较大，尤其是起诉环境主管部门的不作为时，诉讼人及法院在强大的行政权干预下显得力不从心。为避免以权压法现象的发生，有学者建议，有必要提高受理法院的级别，即案件由与被告同级的法院的上级法院进行一审，只有这样，才能保证生态环境公益诉讼的顺利进行。[①] 国外对环境司法的审级是很高的，如南非大多数环境问题都是由高等法院、最高上诉法院和宪法法院判决的。[②] 根据我国《民事诉讼法》第十八条和《行政诉讼法》第十四条之规定，具有较大影响的、较为复杂的案件应当由中级以上法院或专门法院管辖。就生态环境公益诉讼的特点来看，一是涉及的利益范围较广、波及的区域也较大，在本辖区、本省市乃至全国都有可能产生较大影响；二是此类诉讼涉及到的专业性或者技术性问题太强，因此由中级以上法院管辖或者中级以上法院指定的某个基层或专门法院管辖才是比较合理的。[③] 因为，初审法院所在地往往靠近案件发生地，法官与当事人之间基于多种原因，可以存在各种不同类型的联系，由这些关系所承载的人情、感情因素很多。如果把初审法院定的级别较低，难以抵御地方保护主义的影响，将在一定程度上影响司法裁判的公正性。[④]

有学者建议，考虑到生态环境公益诉讼案件影响范围大、涉及人数多、社会关注度高，协调复杂利益冲突的难度和压力也很大，规定由省会城市的中级法院或者最高法院指定的中级法院集中行使公益诉讼案件管辖权，但跨省市的河流污染以及海洋环境污染案件，由海事法院管辖。[⑤] 环境问题的易跨区域性和影响范

---

① 包万平、郝小娟：《环境公益诉讼问题浅析》，载《兰州学刊》2005年第1期。
② 徐隽：《金砖五国最高法院大法官对话环境司法保护》，载《人民日报》2015年4月1日第18版。
③ 最高人民法院环境资源审判庭编著：《最高人民法院关于环境民事公益诉讼司法解释理解与运用》，人民法院出版社2015年版，第102页。
④ 最高人民法院环境资源审判庭编著：《最高人民法院关于环境民事公益诉讼司法解释理解与运用》，人民法院出版社2015年版，第99页。
⑤ 肖建国、黄忠顺：《环境公益诉讼基本问题研究》，载《法律适用》2014年第4期。

围的广泛性决定了此类案件由基层法院审理并不是最佳的制度选择。一般来说，能够引发公益诉讼的环境事件必定是在当地具有较大社会影响力的"重大、复杂"案件。此类案件按照我国《行政诉讼法》的规定，可以由中级人民法院管辖。根据我国《行政诉讼法》规定，对于全国范围内重大、复杂的第一审行政案件，由最高人民法院行使管辖权。具体到生态环境行政公益诉讼领域，除了普通的地区性环境污染，以下三类案件适合由最高人民法院管辖：（1）由于环境污染给公民身体健康乃至生命安全造成严重危害，而行政机关对污染的发生负有责任的；（2）由跨越不同省区的环境污染引发的环境公益诉讼，此时最高法院作为各涉事省区高级法院的共同上级而行使管辖权；（3）对跨越国（边）境而造成国际影响的环境污染案件行使管辖权。

第一审生态环境公益诉讼案件原则上由中级以上法院管辖。鉴于公益诉讼案件覆盖面广、影响力大，涉及社会公共安全和社会稳定，生态环境公益诉讼尚处于初步施行阶段，为保证案件审理效果，原则上应由中级法院受理，最高法院这一考虑不无道理。原则上将生态环境公益诉讼案件一审的审级定位于中级以上法院，可在一定程度上有利于长期以来全国各地司法机关在探索审理生态环境公益诉讼组织形式杂乱无章问题的解决，同时也符合生态环境公益诉讼的案件特点，即生态环境公益诉讼维护的是"社会公共利益"，案件涉及面广、案件审理及执行影响范围及程度都远超于一般民事案件。相对于基层法院而言，中级法院审理案件的数量较少，审判工作压力也小，重要的是，中级法院人员素质和审判水平要更高一些，更能符合生态环境公益诉讼的审理要求。

二、关于是否可以将生态环境公益诉讼案件的管辖权交给基层法院管辖的问题

这个问题是对级别管辖问题的细化。部分学者持肯定态度，也有部分学者担心此种做法会造成地方保护。肯定的理由主要有：（1）很多地方确实有基层法院设立了环保法庭；（2）西藏、青海一个县管辖的地域范围很大，基层法院就可以处理，没必要到中级法院去处理。所以，生态环境公益诉讼案件原则上应由中级法院审理，同时考虑到一些基层法院设立了环保法庭，积累了一定经验，也可以交由其处理。从现实出发，如果否定基层法院对生态环境公益诉讼的管辖权，会使已经设立的基层环保法庭处于尴尬的境地。否定的理由主要有：鉴于当前基层法院审判任务日趋加重的实际情况，加之被告多是地方政府招商引资建立起来的企业，许多还是当地财政的主要税源，一般涉及众多人的利益且当地政府关注度较高，基层法院审理当地环境污染案件压力和困难较大，多有不便。一旦允许中

级法院将此类案件指定基层法院审理,将会带来很多现实困难,不利于司法公正和舆论支持,此类案件由中级法院管辖为宜。① 我们不能因为很多基层法院设立了环保法庭,也不能因为个别基层法院效果非常好就由基层法院审理生态环境公益诉讼,关键要看全国的基层法院是否有能力处理好生态环境公益诉讼案件,是否能确保生态环境公益诉讼案件审理的独立性和公正性。

三、关于地域管辖

生态环境民事公益诉讼本质上属于侵权纠纷,按照民事诉讼法关于侵权案件管辖的规定,应由侵权行为地或者被告住所地法院管辖,侵权行为地包括污染环境、破坏生态行为发生地和损害结果地。有学者建议将采取预防污染措施地增加为管辖连接点,具体可以表述为,生态环境公益诉讼由污染发生地或者损害结果地、采取预防污染措施地法院管辖,污染发生地、损害结果地、采取预防污染措施地在多个法院辖区的,有关法院均有管辖权。② 有学者建议对生态环境公益诉讼采取专属管辖制度与指定管辖制度相结合,以侵害行为发生地作为管辖法院较为便利。以侵害行为发生地作为管辖法院有以下独特优势:(1)有利于起诉主体寻求法律救济。(2)有利于更全面彻底地保护生态环境公益。因为环境一旦遭受破坏就难以恢复原状,所以生态环境公益诉讼的提起及最终裁决并不一定要有损害事实发生,只要根据有关情况合理判断出可能使社会公益受到侵害,即可提起诉讼,由违法行为人承担法律责任,将违法行为消灭在萌芽状态。如果以侵害结果地作为管辖法院,由于不少生态环境损害并不明显,一旦显示往往已造成无法挽回的损害,这样对于萌芽状态的生态环境侵害就无法阻止。(3)有利于提高诉讼效率。侵害行为的存在不仅会加剧损害结果,还会造成新的侵害,因此,排除侵害是法院经常采取的一种救济方法,这种救济方法可以通过先予执行的裁定来实施,也可以通过最终判决来实现。相比较而言,侵害行为实施地法院最有利于实现事实的及时认定,也有利于证据的及时收集和保全以及法院裁定、判决的及时执行。③ 由于生态环境民事公益诉讼由侵权行为引起,不应当强调以"被告住所地的人民法院"为第一管辖法院,而应当按照专属管辖、特殊地域管辖、一般地域管辖的顺序优先适用管辖规则,一般地域管辖只作为其他两种管辖规则的补

---

① 最高人民法院环境资源审判庭编著:《最高人民法院关于环境民事公益诉讼司法解释理解与运用》,人民法院出版社2015年版,第107页。
② 肖建国、黄忠顺:《环境公益诉讼基本问题研究》,载《法律适用》2014年第4期。
③ 李树森、张猛:《大气污染公益诉讼第一案的"四大难"——以"中环联诉德州振华案"为视角》,载《中华环境》2015年第5期。

充适用。

美国公民诉讼条款一般规定,有权受理公民诉讼的法院是被控违法行为发生地或其他被控事项发生地所在区域的联邦地区法院。如《清洁空气法》和《清洁水法》均规定:因排放源违反排放标准和限制或有关上述标准或限制的命令而依据该法所提起的任何诉讼,只能在该排放源所在地的联邦地区法院提起。不过,某些联邦环境法律也有一些特别的规定,如《超级基金法》规定,针对美国总统或联邦其他官员[包括环保局局长和有毒物质与疾病登记局(ATSDR)局长]提起的、指控其不能履行该法所规定的(包括该法第9620条规定的有关联邦设施的)不属于他们自由裁量领域的行为或义务的公民诉讼,应在美国首都华盛顿所在行政区——哥伦比亚特区的联邦地区法院提起。《资源保护和再生法》则规定,对于环保局局长不能履行该法所规定的不属于环保局局长自由裁量领域的行为或义务而提起的公民诉讼,应该在被控违法行为发生地所在地的联邦地区法院或哥伦比亚特区联邦地区法院提起。相比我国的地域管辖而言,美国关于环境案件管辖的相关规定具有更大的合理性。

四、关于跨行政区划集中管辖

跨行政区划集中管辖是结合生态环境公益诉讼案件的特殊性对地域管辖所做的细化和变通,融合了专属管辖和指定管辖的优点。由于环境资源固有的整体性,往往和行政区划人为分割存在着天然的冲突,一旦发生区域性、流域性的污染事件,提起生态环境公益诉讼,首先面临的将是管辖权冲突的问题。根据生态环境公益诉讼案件跨区域、跨流域的特点,规定生态环境公益诉讼案件跨行政区划集中管辖,即高级法院经最高法院批准,可以在本辖区内指定部分中级法院集中管辖生态环境公益诉讼案件,并确定各中级法院的辖区。集中管辖的特点有:一是排除了其他地区的普通基层法院对某类案件的管辖权,将这些案件的一审管辖权交由少数中级法院集中行使,中级法院一般不再行使此类案件的终审权;二是限制了协议管辖,某类案件只能在集中管辖的法院起诉;三是地域管辖相对集中,授权高级法院重新划分地域管辖范围,从而打破了原来的地域管辖范围。①2013年1月4日下发的《最高人民法院关于开展行政案件相对集中管辖试点工作的通知》,虽是对行政案件相对集中管辖的规定,但对生态环境公益诉讼开展集中管辖提供了有益的参考。最高法院决定在部分中级法院辖区内开展行政案件

---

① 最高人民法院环境资源审判庭编著:《最高人民法院关于环境民事公益诉讼司法解释理解与运用》,人民法院出版社2015年版,第114页。

相对集中管辖试点工作。由于有的地方司法环境欠佳，案件的受理和审理往往受到不当干预；有的地区行政案件不均衡，导致部分法院受案不多甚至无案可办；有的法院因怕惹麻烦而不愿意受理行政案件。法院不能依法受理行政案件，并独立公正地行使审判权，不仅损害司法的权威，最终也将损害法律和国家的权威。

现实中，环境因素具有极强的流动性，而我国目前对于环境监管和资源利用则是以行政区划为政府相关行为实施的边界，这种对环境监管的行政权力配置模式，往往割裂了环境生态系统的整体性，不仅不利于环境资源的有效利用，也使得许多跨行政区域的环境污染和生态破坏行为得不到有效的遏制，相关的环境资源纠纷也难以得到有效的解决，广大人民群众的环境权益得不到有效的保护。现实生活中，许多环境资源类的案件具有跨行政区域的特点，一个具体的环境污染行为和事件，往往就可能导致大面积的跨区域环境污染和生态损害。如果按照传统民事诉讼案件管辖的规则对这类案件进行管辖选择，往往不利于纠纷的解决和环境资源的保护。因此，对于这一类案件，有必要探索一套新的管辖制度。党的十八届三中全会提出，要"探索建立与行政区划适当分离的司法管辖制度"，十八届四中全会决定进一步提出，要"探索设立跨行政区划的人民法院"。在"探索建立与行政区划适当分离的司法管辖制度"和"探索设立跨行政区划的人民法院"等重要改革问题上，我国地方的司法实践已经取得一定的效果。探索建立与行政区划适当分离的环境资源案件管辖制度，逐步改变目前以行政区划分割自然形成的流域等生态系统的管辖模式，着眼于从水、空气等环境因素的自然属性出发，结合各地的环境资源案件量，探索设立以流域等生态系统或以生态功能区为单位的跨行政区划环境资源专门审判机构，实行对环境资源案件的集中管辖，有效审理跨行政区划污染等案件。

从制度设计的系统性和我国司法的基本要求来看，跨区域环境审判机制的设置主要体现为环保审判庭的跨区域性。具体而言，跨行政区划环保审判庭的设置体现为以下几点：（1）最高法院、高级法院设立环保审判庭，负责指导本辖区内的环境审判，以保证环境司法的统一，同时也承担少量重大的跨行政区划一审环境案件。（2）中级法院、基层法院有针对性地设立环保审判庭。不是每个中级法院、基层法院均需设立环保审判庭，而是根据环境案件的发展情况和环境保护的目标，由高级法院在其辖区内确定一个或几个中级法院设立环保审判庭，负责指定区域内的一审和二审环境案件；或者确定一个或几个基层法院设立环保审判庭，负责指定区域内的一审环境案件。（3）设立流域环保审判庭。对于跨省的流域，可以由最高法院根据流域环境保护情况指定流域所在地的一个或几个中级法院设立流域环保审判庭，管辖指定区域内的环境案件，其上诉法院为所属的高级法院。对于省级行政区域内的流域，可由流域所在地的高级法院指定流域范围内的某个中级法院设立流域环保审判庭,管辖整个流域的环境案件。对于设有海事法院的流域,则在该海事法院设立环保审判庭,负责该流域的一审环境案件,不再在其他中级法院设立环保审判庭。

新西兰、澳大利亚新南威尔士州、瑞典和印度在设置本国(本地区)的环境审判机构时都采用了区域性集中管辖的审判模式。"集中"的审判模式是指专门环境审判机构享有比基层法庭更广阔的地域管辖权,也就是在一般行政区划的更高尺度上设置环境审判机构,使得环境审判机构可以获得足够数量的案源、免于地方干预、能够从生态系统尺度上看待案件。

五、关于管辖权冲突问题

如果同一原告或者不同原告对同一污染环境、破坏生态行为分别向两个以上有管辖权的法院提起生态环境公益诉讼,由最先立案的法院管辖,必要时由共同上级法院指定管辖。为减少或避免出现管辖权冲突现象,提高诉讼效率,法院在受理生态环境公益诉讼后,应公告案件受理情况。这一方面是保障公众的知情权,另一方面,也便于符合法定条件的其他主体作为共同原告参加诉讼。上述主体应在公告之日起 30 日内申请参加诉讼,逾期提出的,原则上丧失另行起诉的权利。

第四节 生态环境公益诉讼的立案机制

立案是生态环境公益诉讼的第一道程序。如果法院不能立案,就不会有生态环境公益诉讼。在生态环境事件频发的当下中国,生态环境保护领域的各种社会冲突十分难以通过司法途径去解决。因此,法院首先要考虑的是其自身是否有能力有效协调和化解因生态环境公益受损而引起的社会矛盾,而不是贸然亮起法律的利剑奋不顾身地遏制环境污染和生态破坏行为。西方国家早期的经验已经昭示我们,生态环境公益诉讼无处不铭刻着公害受害人为获取胜利而蒙受种种艰辛的历史印迹,"环境公益诉讼实践面临着复杂的社会利益纠葛"。[①]

有数据显示,从 2000 年到 2013 年,全国生态环境公益诉讼案件总计不足 60

---

① 龚学德:《环境公益诉讼的角色解读与反思》,载《河南师范大学学报(哲学社会科学版)》2013 年第 2 期。

起，起诉主体绝大多数是行政机关和地方检察院等公权力机关，环保组织起诉的案件很少，个人诉讼更是难上加难。一些地方法院认为涉环保纠纷应由政府部门解决，而由法院审理非常困难，因此不愿受理立案。[①]

在《民事诉讼法》确立并实施公益诉讼以来，生态环境民事公益诉讼并未如人们预期的那样在实践中顺利开展，相反有关社会组织提起的绝大多数生态环境公益诉讼案件都因主体资格问题而未被受理，或者受理后因主体不适格而被驳回起诉。中华环保联合会在2013年提起的8起生态环境公益诉讼案件全部因主体资格问题而未被受理或被驳回起诉。其中向海南省海口市中级人民法院起诉海南罗牛山种猪育种有限公司以及海南天工生物工程公司长期排放未处理的污水，对当地生态环境以及下游的国家级红树林保护区造成严重破坏，要求两被告赔偿上千万元的生态环境修复费用一案，法院对该案受理后又以主体不适格为由驳回了中华环保联合会的起诉，主要理由便是《民事诉讼法》第五十五条规定的能够提起公益诉讼的是法律规定的机关和有关组织，而尚未有法律明确赋予中华环保联合会提起生态环境公益诉讼的主体资格。[②] 可见，生态环境公益诉讼受理难的问题之所以没有因《民事诉讼法》的修改而有所改观，主要还是因为该法第五十五条对公益诉讼原告主体资格的规定过于笼统和模糊，一定程度上阻碍了生态环境公益诉讼的发展。即使是2015年在新环保法实施的元年，中国生物多样性保护与绿色发展基金会（以下简称"绿发会"）提起的几件生态环境公益诉讼同样遭到闭门羹。

《环境保护法》并没有普遍赋予每一个人对环境污染和生态破坏行为提起生态环境公益诉讼的权利，而只是将起诉权赋予十分有限的社会组织。对于那些重大、特别重大的环境污染事故，即各级政府根据《突发事件应对法》所制定的应急预案中所列举的那些环境污染事故，我国通过《突发事件应对法》将其优先纳入政府应急管理的范畴，加以全力应对。《突发事件应对法》的实施比《环境保护法》的实施要刚性得多。目前，我国法院实行"立审分立"制度，将立案工作的基本功能定位为诉讼引导、立案审查、立案调解、救助服务、查询咨询、材料收转、判后答疑、信访接待八个方面。这一立案管理机制，显然不可能为频发的生态环境事件和日益严重的环境污染及生态破坏行为所引发的公益诉讼案件提供立案保障。从以往的生态环境公益诉讼的司法实践来判断，《环境保护法》第五十八条能否顺利实施，能否开创生态环境公益诉讼的新局面，前景不容乐观。[③]

[①] 王丽：《"诉讼渠道解决的环境纠纷不足1%"——会内会外谈如何让环境司法"硬起来"》，载《新华每日电讯》2015年3月15日第3版。
[②] 《环保联合会8起公益诉讼全驳回》，载《京华时报》2014年3月1日。
[③] 诸江、周训芳：《生态环境保护民事公益诉讼立案机制改革探索》，载《求索》2014年第11期。

许多法院在执行《行政诉讼法》和《民事诉讼法》规定的立案审查制度时，还对有关"涉及面广、敏感性强、社会关注"或者"新类型、敏感、疑难案件"作出暂不受理的内部规定，也导致部分即使符合起诉条件的公众也无法提起生态环境公益诉讼。

立案审查制的问题日益暴露，所以必须进行改革。《关于人民法院推行立案登记制改革的意见》（以下简称《意见》）、《最高人民法院关于人民法院登记立案若干问题的规定》将现行的立案审查制改革为立案登记制。立案审查制下法院要对诉讼要件进行实质审查后再决定是否受理，其审查内容主要包括主体资格、法律关系、诉讼请求以及管辖权等。立案登记制下法院对当事人的起诉不进行实质审查，仅仅对形式要件进行审核后即可立案。除了《意见》明确规定不予登记立案的情形外，当事人提交的诉状一律接收，并出具书面凭证。起诉状和相关证据材料符合民事诉讼法规定条件的，当场登记立案。禁止不收材料、不予答复、不出具法律文书。对有案不立、拖延立案、人为控制立案、"年底不立案"、干扰依法立案等违法行为，依法依纪严肃追究有关责任人员和主管领导的责任。立案登记制改革对环境公益诉讼将产生积极的影响。因为过去很多的环境公益诉讼案件，在有关的社会组织向法院提起诉讼时，由于当地党政机关或领导的干预，无法立案。因此，立案登记制的推行，对解决生态环境公益诉讼立案难的问题，具有积极的意义。① 为避免因地方保护而干预法院立案行为的发生，建议落实生态环境公益诉讼立案登记制度。凡是申请生态环境公益诉讼的案件，符合法定起诉条件的均需立案登记，遏制法院"不收材料、不予答复、不出具法律文书"现象的发生。对于不符合法律规定条件的，法院要依法裁决并载明理由。当事人不服的，可以提起上诉或者申请复议。如此，不论案件是否成功立案，当事人都可以得到书面答复，并可凭书面答复向上级法院申诉，而且配套以"有案不立追责制度"，将进一步解决因地方保护而干预法院立案行为的发生，解决生态环境公益诉讼案件立案无门的困境。

第五节 生态环境公益诉讼中的调解、和解与撤诉

有学者结合 2015 年中国生态环境民事公益诉讼案件的实证分析后发现，2015 年结案的 13 起案件中有 11 起以调解结案，显示出较高的调解率。调解可

---

① 孙佑海、代杰：《立案登记制改革对环境诉讼的影响研究》，载《环境保护》2015 年第 9 期。

以减缓诉讼各方的对立情绪，促进执行过程中的合作，有利于更加灵活、务实地解决实际问题，符合生态环境公益案件的特点。就前10年情况来看，以往的生态环境公益案件的多数胜诉判决都未能充分满足原告的诉讼请求，尤其是在损害赔偿方面，要么拒绝，要么大幅减少。如在2014年的"中华环保联合会诉谭某、方某环境污染责任案"中，法院只支持恢复原状，拒绝损害赔偿。同年的"重庆绿色志愿者联合会诉恩施自治州建始磺厂坪矿业有限责任公司水污染责任纠纷案"，原告要求赔偿1900万元，法院最终只认可了99.1万元。而在2015年判决的两起案件中，法院几乎满足了原告所有的诉讼请求，包括较大的损害赔偿额。在几起调解案件中，原告的诉求也得到了较大满足。① 对于公益诉讼中是否也能适用调解方式，成为了一个值得研究的课题。有观点认为生态环境公益诉讼制度可以适用调解方式，不仅体现了效率和秩序价值，而且"顺应了法律纠纷解决多元化的时代要求"②。所以，我们也不必过于迷信判决的效果，而排斥调解和和解的适用，关键要看如何规范调解和和解以及撤诉行为。

美国公民诉讼起诉人与违法者之间的和解一般包括四项内容：第一，违法者向国库支付一定数额的罚款；第二，违法者承担使其污染物排放达到法定标准的义务，这种义务具体包括安装新的污染控制设施、在未来如有违反时应支付的罚款，以及定期向作为原告的环境保护团体提供排污情况报告的规定；第三，向原告团体支付费用；第四，所谓的"缓和"或"信任"计划，由污染者在前述第一项支付的罚款之外或代替罚款的支付向原告团体支付一笔金钱。这种和解协议往往最终带来向原告团体的转移支付。根据这种"缓和"或"信任"计划，污染者支付了大量金钱。这些金钱的接受者都是环境团体，用于其研究、教育及购买土地。根据统计，1983～1985年5月，根据《清洁水法》提起的29项案件中，超过65%的案件以和解告终，污染者共向环境团体支付了大约100万美元。1983～1986年在康涅狄格州提起的30件案件中，和解所涉数额超过150万美元，其中近50万支付给了康涅狄格环境基金和自然资源保卫委员会，另有近90万美元支付给了开放空间协会。没有任何罚款被缴付国库。③ 环保团体与污染者之间大量和解行为的存在，使许多人对这类环境团体的公益性目的产生怀疑，认为这会损害公民诉讼的公益性。甚至有学者认为，要想保证公民诉讼的公益性，就应当立法禁止公民原告诉请民事处罚。④

但是，最近有研究表明，在美国，由于在大多数情况下，未能遵守法定期限

---

① 巩固：《2015年中国环境民事公益诉讼的实证分析》，载《法学》2016年第9期。
② 孙洪坤、张姣：《论环境民事公益诉讼中的调解制度》，载《广西社会科学》2013年第9期。
③④ Michael S. Greve. *The Private Enforcement of Environmental Law*, 65 Tul. L, Rev. 339, (1990).

或履行法定职责的环保署和其他联邦行政机构是环境公民诉讼案件中明显的败诉方,长时间的诉讼将产生较高的律师费用。更重要的是,长时间的诉讼会将不可避免的机构行动和所有的环境及其他福利推迟很多年。在一定程度上,必须提出温和的改革建议。2012 年,71 起"起诉与和解"案件中对 49 起案件的律师费作出了判决,由此得出的结论是:"倡导团体会在联邦资金激励下提起'起诉与和解'环境行政公益诉讼,直接对机构的日常工作产生影响"。2013 年春季,行业团体和各州开始齐心协力举行游说,反对公民参与执行联邦环境法。美国商会和各州的游说者创制了一句流行语叫做"起诉与和解",认为公民提起环境行政公益诉讼,而注定败诉的联邦政府机关以和解方式终结诉讼是妖魔化的做法。① 旷日持久的诉讼拖延了机构最终采取之前未采取的行动的时间,该行动的及早实施可能会给环境、人类健康或两者都带来好处。因此,通过和解,机构保持其对新设置的最后期限的控制,降低诉讼成本,免于承担律师费,以更快地保护环境和人类健康。公众意识和参与对政府至关重要,并促进理性、慎重的决策。几十年来,评论家们担心,如果非当事人没有参与和解进程的机会,公众或不参与政府诉讼的人可能受到这些和解诉讼的不利影响。因此,要求政府机构在其网站和联邦公报上张贴通知似乎有其合理性,不属于诉讼当事人但可能因诉讼和解而受到影响的人,如果认为干预是必要的,可以选择干预,要求联邦政府每当根据该法案提议签订"任何形式"的同意法令或和解协议时均需在联邦公报上发布通知,并在政府将同意法令或协议提交法院之前 30 天内允许公民针对同意法令或协议提交评论。司法部环境和自然资源司,代表环保署、内政部以及大多数在诉的联邦机构,在其网站以及联邦公报上刊出了拟议的同意法令。商会研究的案例中,其中 3/4 的案例,环境保护署根据现有法定义务,提供了通知和就协议与法令发表评议的机会。当环保署或任何其他机构与起诉者达成实质协议,并发布拟议提案通知准备实施协议时,任何对此有兴趣的人都可以参与规则制定过程,无论其是否真正参与了产生拟议提案的诉讼。当机构被起诉时,尤其是在环境案件中,和解是解决问题的主要方式。许多和解是通过同意法令实施的,因为它们比和解协议具有明显的优势。同意法令简化了和解协议的执行,因为它们受到一个法院的持续监督和解释。他们的强制执行不需另行提起诉讼来确定和解合同的有效性,他们援引"灵活的强制执行措施"。②

纵观美国环境公益诉讼历史,可以发现并未排除环境诉讼中的调解或和解的运用。以 1974 年史诺夸密河整治案为例,双方当事人在采用调解作为解决

---

①② Stephen M. Johnson. *Sue and Settle*: *Demonizing the Environmental Citizen Suit*, 37 SEATTLE U. L. REV. 891 (2014).

纠纷的方式之前,经历了十多年的诉讼过程,付出了高昂的诉讼成本,但仍未妥善解决问题,在采用调解方式之后,即在一年左右的时间内签署了调解协议。①

在我国,也有学者认为,检察机关或社会组织是代表生态环境公益来起诉,鉴于生态环境公益是不可处分的,原则上应禁止调解、和解与撤诉,防止可能存在利益勾兑现象;另外,在实践中为了达成调解或和解结果,当事人往往要相互协商、彼此妥协、达成合意,有时要放弃一部分实体权利,这样会导致其无权代表公众擅自放弃、处分权利,既然该调解或和解缺乏合意的条件和基础,就谈不上原被告双方相互协商、彼此妥协、达成和解的问题,调解也因此而失去存在的价值;同时,对于公益诉讼案件加害事实的有无,不应成为处分的对象,必须由法院加以认定。因此,在公益诉讼中,调解或和解不应得到支持。② 除非环境公共利益已经实现,原则上应禁止原告撤诉。不如此则可能导致原告和被告之间进行交易从而损害环境公共利益的实现。③ 有学者认为,生态环境公益诉讼的目的不是私人的利益,而是代表国家和社会公众的利益,预防和保护环境公共利益而进行的诉讼,其诉权不是自生的,而是国家和社会公众赋予的。因此,原告无权代表国家和社会公众擅自放弃、处分权利,不适用处分原则。④ 尤其是检察机关担任原告时,更不能随便撤诉,不能和解,也不能适用调解制度。⑤ 甚至有人认为,对纯粹的生态环境公益诉讼而言,环境的公共性、整体性决定了没有任何人可以从中分出属于自己的部分而拿去交易。如果可以适用调解,将阻断其他利益受损者提起同样的生态环境公益诉讼以实现自己的诉讼请求。并且,适用调解将导致原、被告绕过强制性的环境标准而践行较为宽松的环境标准,其结果是阻碍环境法治。⑥ 更有学者认为,以处分环境权益为内容的调解制度不应被确立为指导生态环境公益诉讼的理念,而依法进行严格判决应当成为生态环境公益诉讼的基本理念。⑦ 这些观点的核心内容在于公益不容处分。如果允许原告在生态环境公益诉讼中适用调解,就等于认同原告有权处分环境公益,有可能造成对环境公

---

① Michelle Ryan. Alternative Dispute Resolution in Environmental Cases: Friend or Foe, *Tulane Environmental Law Journal*, 1997 (10): 40.
② 张卫平:《民事公益诉讼原则的制度化及实施研究》,载《清华法学》2013年第4期。
③ 最高人民法院环境资源审判庭编著:《最高人民法院关于环境民事公益诉讼司法解释理解与运用》,人民法院出版社2015年版,第376页。
④ 肖建国:《民事公益诉讼立法的模式选择与程序建构》,载《法制日报》2011年7月6日第12版。
⑤ 李扬勇:《论我国环境公益诉讼制度的构建——兼评〈环境影响评价公共参与暂行办法〉》,载《河北法学》2007年第4期。
⑥ 陈阳:《检察机关环境公益诉讼原告资格及其限制》,山东人民出版社2009年版,第177~178页。
⑦ 郭武、范兴嘉:《〈环境保护法〉修订案之环境司法功能抽绎》,载《南京工业大学学报(社会科学版)》2014年第4期。

益的损害，所以在生态环境公益诉讼中不得适用调解。当然，立法并没有完全采纳这种观点，而是附条件的同意一定的处分行为。

不少国家法律都对原告的处分权进行了一定限制。如美国民事反托拉斯诉讼程序规定，原被告双方的和解协议必须经法院批准，在法院批准之前30天必须公开，以征求各方面的意见；协议判决和书面评论以及政府对此的任何反应必须在地区法院归档备案；所备案和公布的材料应在受理案件的地区和哥伦比亚特区所发行的报纸上公布。我国也应对公益诉讼原告的处分权进行适当限制，以防止原告滥用处罚权，"慷国家之慨"，拿公共利益换取私人利益。行使这些处分权（包括实体处分权和撤诉、和解等程序上的处分权）都必须经过法院许可，通过报纸向社会公示。①

我们认为，在生态环境公益诉讼案件中，应该坚持有限调解，调解的过程中应当受到法院的监督，确保调解协议不损害公共利益。首先，公益诉讼案件加害事实的有无不应成为调解的对象，必须由法院加以认定。其次，生态环境公益诉讼案件具有恢复性这一显著特点，其追求的审判目标是要恢复生态环境的状态和功能，这就决定了恢复原状在司法解释规定的六种责任承担方式中处于核心地位。② 因此，涉及生态环境公益的相关诉求，比如停止损害、承担生态环境恢复责任等，一般不存在谈判的余地。只有在作为被告的行为人无条件承担其对生态环境公益损害之基本责任的条件下，才有可能根据个案的具体情况以调解的方式了结案件。③ 最后，当事人享有处分权达成和解协议或调解协议的事项仅限于环境恢复责任的费用数额、履行时间和履行方式。④ 生态环境公益诉讼的调解与私益诉讼案件的调解不同，基本上不存在原告所主张之公共利益的放弃，一般也不能允许通过调解使被告的责任有所减轻，至多只是在结案方式上以调解的形式给被告留下些所谓的"面子"。⑤

在生态环境公益诉讼中，原告的实体性意义上的权利和程序性意义上的权利是分开的，即只具有程序性意义上的权利，不具有实体性意义上的权利，但是原告可以通过处分程序性意义上的权利来间接处分实体性意义上的权利。因此，为维护生态环境公益，对生态环境公益诉讼原告的处分权进行一定的限制是有必要的。在生态环境公益诉讼中，环保组织扮演的角色应当是生态环境公益的维护

---

① 王昌奎，王勋视：《中国环境公益诉讼启动模式研究》，载《重庆大学学报（社会科学版）》2015年第6期。

② 罗书臻：《规范环境公益案件审理切实维护环境公共利益——最高人民法院环境资源审判庭负责人就〈关于审理环境公益案件适用法律若干问题的解释〉答记者问》，载《人民法院报》2015年1月7日第4版。

③⑤ 王旭光：《论当前环境资源审判工作的若干基本关系》，载《法律适用》2014年第11期。

④ 杜万华：《最高人民法院民事诉讼法司法解释实务指南》，中国法制出版社2015年版，第482页。

者，其行使诉讼权利、履行诉讼义务的行为充分体现为处分权的行使，而处分权的行使同时会间接的处分生态环境公益，如果环保组织的诉讼行为不恰当，在某种程度上则有可能成为侵害生态环境公益的"帮凶"。

生态环境公益诉讼事关社会公共利益，原告的处分权必须在不损害社会公共利益的前提下行使，协议内容应当接受社会监督。因此，双方达成的协议应当进行公告，目的是使公众知晓协议内容，以便及时对损害社会公共利益的行为行使监督权，或使与本案有利害关系的人获得知情权，及时参与到诉讼中来。如果相关主体认为协议损害国家利益、社会公共利益和他人合法权益的，可以向法院提出异议。这种做法，一方面保障了公众充分的知情权和监督权；另一方面，也是法院在审判生态环境民事公益诉讼中的风险管理行为。因为，仅由法院负责审查调解协议及和解协议是否违反国家利益、社会利益及他人利益，毕竟精力有限、资源有限，只有让社会公众加入到这个监督、审查的过程中，才能让协议真正起到维护公共利益的效果，让公众相信法院最终作出的调解书于情于理是正当合理的，也才能加深公众对司法的信任感。当事人达成协议后，法院对协议的内容需进行适当的初步审查，如果明显存在不当的内容和表述，应提醒当事人做相应的修正，在内容基本合乎情、理、法的情况下，就应及时公告。当公告期结束之后，法院结合公告情况，正式对协议内容进行审查，如果有关主体对协议内容提出了异议或意见，法院应当把这些异议或意见进行甄别，并结合这些意见内容判断协议是否合理、合法；对于不损害国家利益、社会公共利益或者他人合法权益的协议，法院出具调解书予以确认。① 生态环境公益诉讼案件的调解书应当写明诉讼请求、案件的基本事实，尤其是案件的加害事实应予以写明。生态环境民事公益诉讼案件的调解书除写明诉讼请求和案件的基本事实外，还应写明协议的其他内容，具体包括被告不自动履行调解书应当承担的民事责任和被告为履行侵权责任而提供担保或案外人提供担保的内容。②

最高人民法院《关于适用〈中华人民共和国民事诉讼法〉的解释》第二百八十九条、《关于审理环境民事公益诉讼案件适用法律若干问题的解释》第二十五条、《关于全面加强环境资源审判工作为推进生态文明建设提供有力司法保障的意见》第十三条及最高人民法院、民政部、环境保护部《关于贯彻实施环境民事公益诉讼制度的通知》第五条对生态环境民事公益诉讼和解与法院调解作出了规定。对公益诉讼案件，当事人可以和解，法院可以调解。当事人达成和解或者调解协议后，法院应当将和解或者调解协议进行公告，公告期间

---

① 最高人民法院环境资源审判庭编著：《最高人民法院关于环境民事公益诉讼司法解释理解与运用》，人民法院出版社2015年版，第351~353页。
② 陈小平等：《环境民事公益诉讼的理论与实践探索》，法律出版社2016年版，第123~125页。

不得少于 30 日。法院还应将协议内容告知负有监督管理职责的环境保护主管部门。相关部门对协议约定的修复费用、修复方式等内容有意见和建议的，应及时向法院提出。在公告期满后，法院经审查，和解或者调解协议不违反社会公共利益的，应当出具调解书；和解或者调解协议违反社会公共利益的，不予出具调解书，继续对案件进行审理并依法作出裁判。调解书应当写明诉讼请求、案件的基本事实和协议内容，并应当公开。生态环境民事公益诉讼案件和解在阶段上属于诉讼和解。生态环境公益诉讼案件在本质上是当事人提起的、法院所审理的诉讼活动，原告方所诉请保护的对象为环境公共利益。鉴于生态环境公益诉讼涉及环境公共利益，而生态环境公益不属于当事人自由处分事项，个体不能把公共利益作为可资交易的筹码。① 从生态环境公益的确定和维护来说，环境公益诉讼的性质决定了原告所代表的不是其自身的意志，而是代表社会公众的意志，其权利和义务都是特定的。② 生态环境公益诉讼适格原告对侵犯公共环境利益的保护只能以向法院提起诉讼的方式进行，不能在诉前跟侵害方予以和解私了。

撤诉权是指在判决宣告前，原告积极行使的向法院撤回诉讼请求的权利。我国《民事诉讼法》对原告撤诉权已进行了一定的限制。根据《民事诉讼法》第一百四十五条的规定，宣判前原告申请撤诉的，是否准许由法院裁定。之所以对原告的撤诉权进行限制，原因在于：第一，在一审程序中，撤诉等于没有起诉。基于此，原告可以在诉讼进行过程中，申请撤诉，在法院准许撤诉后，原告在法定诉讼时效内又可以再诉，对于原告反复的次数，法律没有作限制。这就存在法律漏洞，即原告发起恶意诉讼和出现高诉讼率。第二，防止撤诉损害公共利益。法院限制原告处分权之根本目的是为了促进原告撤诉正当化。正当化撤诉中原告的撤诉权的限制应当区分公益和私益两个领域。在公益领域内，原告的撤诉权完全受到限制，不得自由行使，改由法院依职权审查以裁定是否允许撤诉。③ 在环境公益诉讼中，如果原告申请撤诉，经法院审查后认为不具有损害公共利益的，可以裁定准予撤诉，反之裁定不予准许。裁定准予撤诉的，也必须公告，并接受社会的异议。《公益诉讼司法解释》第二十五条规定："当事人以达成和解协议为由申请撤诉的，不予准许。"因生态环境公益诉讼涉及生态环境公益，而生态环境公益不属于当事人自由处分事项，为防止当事人把公共利益作为可资交易的筹码，因此，即使当事人已经达成和解协议，仍不可申请撤诉。在生态环境公益诉讼中，法院不是单纯的纠纷解决者和中立裁判者，还扮演着保护生态环境的政

---

① 王旭光：《论当前环境资源审判工作的若干基本关系》，载《法律适用》2014 年第 11 期。
② 彭君、胡建伟：《论环境公益诉讼中的法律困境与出路》，载《河北法学》2015 年第 8 期。
③ 王福华：《正当化撤诉》，载《法律科学》2006 年第 2 期。

策实施者角色。① 因此，对当事人达成和解协议，法院仍负有监督的权力，当事人申请撤诉的，应不予准许。但只要能够解决现实存在的社会环境问题，在环境问题得到解决的情况下，可以准许原告撤诉。允许原告撤诉的情形只有两种：一是证据不足，二是被告承认自己有侵害生态环境公益的行为并且已经主动实施了补救。这样主要是为了防止被告利用自己的经济优势或权利地位诱惑或者强迫原告撤诉。

第六节　生态环境公益诉讼的执行程序

一、生态环境公益诉讼执行程序的意义和特殊性

为了研究法律的执行，首先有必要区分两种类型的法律："反公害法"和"反私害法"。违反"反公害法"的行为没有特定的受害者，或者该违法行为的受害者是一个很大的群体，而且相对于起诉的成本来说，群体中每个人受到的伤害都非常小。也就是说，违反"反公害法"的行为主要对公众整体或公众群体产生损害。对法律进行以上两种区分是因为侵害的性质影响到有效执法的方式。立法机关可以组建、授权并要求政府机关来执行"反公害法"（即建立公共执法机制），或者建立一个执法权的私人市场（即建立私人执法机制）。对"反公害法"而言，即使受害者是国家或者受害者组织起来，受害者执行反公害法的理由（相对反私害法由受害者执行来说）仍然要弱一些，原因之一是国家或受害者组织通常不能够像私人那样有效。②

生态环境公益诉讼执行是指法院执行机构，以生效的生态环境公益诉讼法律文书为根据，采取强制执行措施，迫使拒绝履行裁判执行义务的当事人履行裁判执行义务的法律行为。生态环境公益诉讼的执行是生态环境公益诉讼制度中重要的组成部分。"获得胜诉只是走完了实现合法权益之路的第一步"，③ 如果赢得了诉讼裁判最终得不到有效的执行，不仅没有实现对生态环境公益的保护，也损害

---

① 秦鹏、陈幸欢：《环境公益诉讼中的法院角色、逆向选择与社会结构——以泰州1.6亿赔偿案为样本的法社会学分析》，载《西南民族大学学报（人文社会科学版）》2015年第5期。
② 李波：《公共执法与私人执法的比较经济研究》，北京大学出版社2008年版，第2~3页。
③ Konstantions Magliveraa. Greece，*Method of Execution of Orders and Judgments in Europe*，edited by Peter Kaye，John Wiley & Sons（1996）. P. 145.

了司法的权威性。生态环境公益诉讼判决只有执行到位才能起到修复破坏的生态环境、维护社会公共利益的作用,否则只是镜花水月。从以往生态环境公益诉讼的实践看,执行难是生态环境公益诉讼"三难"之一。一些企业以亏损为由拒绝履行生态环境公益诉讼判决义务,执行旷日持久、障碍重重,严重影响了生态环境公益诉讼的执行力和公信力。除了生态环境损害败诉方以借口而拒不履行或拖延履行外,也存在制度不完善的原因。例如,生态环境公益诉讼败诉方拒不履行或拖延履行时,是由法院依职权移送执行,还是需要胜诉方申请执行?由谁来申请执行?有哪些符合生态环境公益诉讼的强制执行措施?这些都缺乏具体法律规定。2015年最高人民法院发布的《公益诉讼司法解释》第三十二条规定:"发生法律效力的环境民事公益诉讼案件的裁判,需要采取强制执行措施的,应当移送执行。"生态环境公益诉讼生效裁判的执行关系到生态环境公益能否得到及时维护,因此无需原告申请,更无须缴纳执行费用,应由法院依职权移送执行,即由审判人员直接移送执行人员。

为了保障生态环境公益诉讼的有效执行,印度在执行方面采取了相应措施,主要有两种方法保障判决的执行:"一是由提起公益诉讼的个人或者团体持续关注并为法院命令的执行不断向执行机构施加压力。一旦发现命令没有被执行,立刻通知法院,法院会要求有关机关给予相应的解释。如果故意不执行,法院就会判处责任人员蔑视法庭罪。二是法院设立执行监督机构。通常是任命法院行政人员或者社会积极分子,定期检查法院命令的执行情况,并向法院做出报告。"[①]印度能够对没有及时有效执行的机构进行定罪,可见印度的执行保障制度尤为先进,这一点可以解决执行难的问题,特别值得我国借鉴。

在德国的土壤污染修复实践中,对于土壤修复需要高额费用,德国实行"谁污染,谁付费"原则,对于无主的土地,先由政府垫钱修复,然后调查污染到底是由谁造成的,最终确定由谁来进行治理或者支付费用。如果一家企业拒绝清除自己对土壤造成的污染,监管部门将会根据法律给企业开出罚单,然后由法院执行。一般情况下,监管部门会给企业两种选择:要么自己清理,要么由当局指定一家公司代为清理。[②]德国"谁污染,谁付费"的原则与中国大陆"谁污染,谁治理"有相通之处,但德国的监管及法院的执行制度显然使得德国的该原则能够得到更好地贯彻和执行。

《最高人民法院关于全面加强环境资源审判工作为推进生态文明建设提供有力司法保障的意见》要求加大环境资源案件的执行力度,指出:"执行过程中确

---

① 王轩:《印度公益诉讼制度评鉴》,中国政法大学硕士学位论文,2007年。
② 陈廷榔:《德国如何防治土壤污染?》,载《中国环境报》2012年8月14日。

保被执行人应承担的行政责任及民事责任落实到位。适当采取限期履行、代为履行等方式实现恢复生态环境的目的。创新执行方式,探索建立环境资源保护案件执行回访制度,密切监督判决后责任人对污染的治理、整改措施以及生态恢复是否落实到位。"

二、先予执行

由于环境污染和生态破坏具有不可逆性,而诉讼过程经过举证、立案、开庭、判决到执行需要数月甚至更长的时间,在这段期间内,生态环境公益被侵害的状态一直在持续,如果不进行干预和及时制止,环境污染和生态破坏将会进一步地加剧。因此,如果在生态环境公益诉讼中,为了维护生态环境公益,有"紧急情况需要立即停止侵害、排除妨碍的"和"需用立即制止某项行为的",诉讼原告当事人可以申请先予执行。对生态环境公益诉讼案件中的"紧急情况"究竟应当如何认定,应当考虑如下因素:(1)是否有毒污染;(2)是否大范围污染;(3)是否涉及公共利益;(4)是否超过常规。原则上,只要是涉及大范围的、公共利益的环境污染,环境污染造成的后果已经明显呈现,如河水的污染、噪声干扰、气味异常等,不需要经过专门的检测就可以很直观观察感受到。在这种情况下,可以认为是"紧急情况",而裁定先予执行,责令排污企业停止排污,消除对环境的影响,及时制止污染行为。为避免生态环境公益遭受进一步的损害,对正在实施或者即将实施的危害生态环境公益的行为,有关国家机关、社会组织在提起生态环境公益诉讼前及诉讼中,均可以申请法院发出先予执行令,禁止行为人作出一定行为或者责令行为人作出一定行为。提起诉讼后原告没有提出申请的,法院在必要时也可以直接向行为人发出先予执行令。情况紧急的,法院应当在 48 小时内发出先予执行令。这种先予执行令是法院为避免生态环境公益遭受进一步的损害而发出的,所以无须担保。

三、生态修复

生态修复是生态环境公益诉讼中最重要的执行方式。生态修复可追溯到 19 世纪 30 年代,但将它进行系统研究的是 1980 年凯恩斯(Cairns)在《受害生态系统的恢复过程》一书中开端性地从不同角度探讨了受害生态系统恢复过程中的重要生态学理论和应用问题。其中,涉及生态修复的相关概念有生态恢复(ecological restoration)、生态修复(ecological rehabilitation)、生态重建(ecological reconstruction)、生态改建(ecological renewal)、生态改良(ecological reclaim)。不管哪一种概念，其共同点说明，生态修复的完毕及履行目标达成的判断与传统的法院执行非常不同，传统法院监管下的执行是一种短暂的履行行为，而生态修复从时间、空间的延续性到修复履行完成的判断都具有技术科学上的模糊性。[①]"生态环境修复"作为"恢复原状"的一种具体变通形式，包括直接修复、替代性修复、承担修复费用等不同方式。生态修复费既体现了对受损环境的救济，又把行为责任转化为货币责任，方便执行。

《最高人民法院、民政部、环境保护部关于贯彻实施环境民事公益诉讼制度的通知》第六条规定："人民法院可以判决被告自行组织修复生态环境，可以委托第三方修复生态环境，必要时也可以商请负有监督管理职责的环境保护主管部门共同组织修复生态环境。对生态环境损害修复结果，人民法院可以委托具有环境损害评估等相关资质的鉴定机构进行鉴定，必要时可以商负有监督管理职责的环境保护主管部门协助审查。"根据通知要求，为了保障生态环境修复的质量和实效，法院要加强对修复工作的监督。对于修复方案的确定、修复方案的实施，涉及有关技术问题的，法院应当请负有监督管理职责的环境保护主管部门共同协商确定并组织实施。对于生态环境修复结果，法院可以委托具有环境损害评估等相关资质的鉴定机构进行鉴定，必要时可以商请负有监督管理职责的环境保护主管部门协助审查。依据该通知第八条规定，法院应将判决执行情况及时告知提起生态环境公益诉讼的社会组织，这实际上是保障提起生态环境公益诉讼社会组织的知情权，同时也有利于加强社会组织对生态环境修复结果和生态环境修复费用使用情况的有效监督。法院判决的生态环境修复费用以及服务功能损失款项必须用活用好，不能成为僵尸资金，更不能在专款使用过程中出现违规违法情形。

大量的生态修复资金无法用于生态环境公益的实际修复与预防，其具体表现为：（1）资金的管理难，资金由谁管、管理的范围是什么都缺乏相应制度；（2）资金使用难，资金的使用由谁审批、审批条件及审批程序为何、使用争议如何解决缺乏制度安排。究其根本原因，在于对诉讼中产生的生态修复资金的性质缺乏清晰的认识和定位。生态环境修复资金的性质为何，关系到该类资金由谁负责管理和分配以及管理和分配的程序设计，进而决定着生态环境修复资金能否起到救济环境公共利益的实效。生态环境修复资金应定性为救济环境公益的司法执行所得财产为宜，其理由如下：（1）从产生和形成过程来看，其是已经遭受损害或危险的环境公共利益的"损害填补"，其每笔赔偿款金额的确定或是具体环境损害的货币化量化的结果，或是某具体生态环境体排除妨害、消除危险、恢复原状所需成本的货币化结果。（2）从司法实务的创设目的来看，各司法机关均明确

[①] 李楯主编：《环境公益诉讼观察报告（2015年卷）》，法律出版社2016年版，第315~323页。

指出该资金将用于生态环境公共利益的保护与改善。(3)从产生程序看，其产生于司法程序，既非行政收费，也非罚没收入，所以可以确定其绝非国有资产，也非国库收入，而是通过司法执行（自愿执行和强制执行）当事人履行义务所交存于法院的履行款项，类似于传统诉讼程序中义务人将裁判文书确定的应缴款项交存于法院。

就已有的生态环境公益诉讼案件来看，除了几起要求绿化、补植的资源类案件外，多数案件中的恢复原状请求事实上是无法实现的，尤其是那些范围指向宽广的案件。比如，"绿发会诉康菲石油中国有限公司及中海油生态破坏案"中，原告要求被告修复渤海生态环境，使之"恢复到溢油事故发生以前的状态"。考虑到渤海的开放性及其污染源的多样化，① 以及国家多年来不惜巨额财政投入和政策支持但仍收效甚微的治理实践，② 这一请求事实上根本无法实现。而"绿发会诉大众汽车（中国）销售公司大气污染案"要求被告修复"被污染损害的环境"更是无从做起。而且，对于受损环境来说，一定要在短时期内恢复其原状也未必是最佳选择，有些现有技术无法做到，有些代价过于高昂，有些则必须要花费较长时间。不顾规律，盲目"恢复"还存在二次伤害的风险，造成"恢复资源的浪费"，③ 这在2014年"泰州环境公益诉讼案"中体现得尤为明显。在该案中，被告向河流倾倒废酸造成了一定污染，但在诉讼之前河流水质已恢复，在诉讼时已不存在需要修复的环境，但法院仍判处了1.6亿元的"天价"修复费。该案被告或因其违法而应受到严惩，但显然不宜通过以"恢复原状"为指向的生态修复费来实现。由于生态的开放性和整体性，任何有效的生态修复都是一个系统性工程，需要较大尺度的空间和较长时间，局部的、零散的"修复"往往徒耗资源，劳而无功。要求生态环境修复费用"应当用于修复被损害的生态环境"，若是要求专用于该案中特定受害环境的修复的话，恐难有良好效果。就赔偿费用过高而言，损害容易恢复难是基本生态规律之一，生态修复耗资巨大，如真的以"修复到损害发生之前的状态和功能"为目标确定赔偿额，多数被告即使倾家荡产也难实现。

鉴于生态环境的不可逆性，污染清理和环境修复方案的实施一般需要很长的时间，这对生态环境民事公益诉讼裁判的执行提出了一系列的挑战。在生态环境修复方案实施中，确定生态环境修复技术方案的实施主体应当根据不同情况进行具体分析，生态环境修复方案的实施主体在实施生态环境修复方案过程中可以依

---

① 李淑文：《环渤海污染问题的原因和对策》，载《经济研究导刊》2007年第3期。
② 宫靖：《"渤海碧海行动计划"实行5年终告吹》，载《财新周刊》2011年第35期。
③ 高吉喜、杨兆平：《生态功能恢复：中国生态恢复的目标与方向》，载《生态与农村环境学报》2015年第1期。

据实施情况对方案进行修改,同时,有必要对生态环境修复方案的实施进行验收检查。生态环境利益损害救济费用相当高昂,保证污染者承担实施生态环境修复方案的费用十分重要。生态环境修复项目的执行权可以分解为执行指导权、执行操作权和执行监督权。生态环境民事公益诉讼执行听证会制度、财产披露制度、执行回访制度是生态环境民事公益诉讼裁判执行的重要配套措施。生态环境修复方案的实施直接关系到生态环境修复工作的成败,因此,选定适格的方案实施主体尤其重要。从生态环境民事公益诉讼判决执行来看,生态环境侵害者应当作为判决的义务履行者,生态环境修复方案应当由生态环境侵害者来承担。但是,由于生态环境案件较传统案件,其专业性很强,尤其是生态环境修复工作对专业要求很高,故生态环境侵害者一般很难胜任生态环境修复技术方案的实施工作。确定生态环境修复技术方案的实施主体应当根据不同情况进行具体分析。对于一般主体都能为的技术方案,可以由生态环境侵害者亲自实施。当然,生态环境侵害者可以选择是否亲自实施技术方案,如果生态环境侵害者有能力实施技术方案而不愿实施的,可以委托他人实施。对于那些环境专业性高、一般主体不能胜任实施的技术方案,则应当交由具有一定资质的专业机构来实施,生态环境侵害者应向技术方案实际实施者支付代履行报酬和方案的实施费用。①

在实施检查验收时,不应当只在整个生态环境修复方案实施完毕后才验收检查修复方案是否真正完全落实,而应在生态环境修复方案实施过程中进行阶段性定期验收检查。对修复方案规定期限内的生态环境救济工作实行定期检查,不仅可以有效地督促修复方案按时按量完成,还能总结之前环境修复工作中存在的问题,以便及时纠正。生态环境修复方案实施完毕的验收检查制度具体内容包括以下三个方面:(1)需要确定的是验收检查主体。生态环境修复方案实施实质上是生态环境民事公益诉讼判决的执行过程,因此对判决是否执行完毕的考察权应该归于法院,只有法院才有资格对执行的情况作出最终的结论。(2)需要确定的是验收检查的内容。生态环境修复方案的实施是为了实现修复方案中既定的生态环境救济目标,因此验收检查的内容应当是检查生态环境救济是否达到了生态环境救济方案的预期目标。(3)需要明确的是验收检查的程序。由于验收检查对专业性要求极高,法官很难胜任,故验收检查工作只能依靠专业的机构进行,但是,专业的验收检查机构必须要在法院的主持下进行验收工作。验收检查机构应当依据方案中规定的修复标准进行验收并制作验收报告,验收报告提交法院。法院只对验收报告进行形式审查,若验收报告认为生态环境修复结果已达到方案既定的

---

① 张辉:《论环境民事公益诉讼裁判的执行——"天价"环境公益诉讼案件的后续关注》,载《法学论坛》2016 年第 5 期。

要求，法院可以裁定生态环境修复方案实施完毕，签发执行完毕证明；若验收报告认为生态环境修复结果尚未完成方案既定的目标，法院应当裁定生态环境修复方案尚未实施完毕，并强令生态环境修复方案实施主体限期进行补正，直至验收合格。因方案实施主体的原因致使生态环境修复方案无法按时完成，也就是说生态环境利益未能如期得以修复和补救，生态环境恢复原有功能的日期也将会延迟，这对生态环境来说是一种损失，方案实施主体应当对这部分损失承担赔偿责任。①

对于自然人污染者来说，由于其经济能力一般比较低，要求其承担巨额的生态环境修复方案的实施费用显得强人所难，因此，当污染者为自然人时，实施修复方案的费用应当合理分配。法院在确定自然人污染者的责任时，应当尽可能多地判决替代执行方式。对于生态环境修复判决的执行，应当在确保自然人家庭正常必要的生活费用情况下，强制执行污染者的财产用作生态环境修复方案实施费用。

关于生态环境公益诉讼执行听证会制度。被执行人对生态环境公益诉讼的执行有异议的，可以申请环保法庭举行生态环境公益诉讼执行听证会。异议事项主要看执行方案是否需要必要的改动、执行是否达标有争议。之所以规定生态环境公益诉讼执行听证会，是为了保护被执行人的合法权益。环境侵害者对环境造成的巨大侵害往往会引起极大的社会公愤，这种极大的社会公愤通常会影响环保法庭裁判结果趋向于过于严厉，同时，生态环境公益诉讼判决在实践执行过程会面临着很多不可预期的问题。因自然环境的复杂性和人类思维的有限性，环保法庭主导下制定的修复方案极有可能存在很大缺陷，而这些缺陷不仅会影响生态环境修复目标能否实现，而且还可能导致修复义务分配的不公，被执行人本可以以最小的代价完成修复任务，却因履行既定的具有一定瑕疵的修复方案而承担过多的修复义务。因此，为了保障生态环境公益诉讼判决的按质按量如期执行和被执行人的合理利益，应当建立生态环境公益诉讼执行听证会制度。同时，若生态环境民事公益诉讼判决方案的执行侵害或将要侵害案外人的合法权益，案外人可以提出异议，执行法院通过听证听取各方意见，接受各方举证，并根据听证情况作出裁决，对确属错误的生态环境公益诉讼执行行为予以纠正。②

关于生态环境修复资金的使用，有学者建议设立如下程序：（1）申请。法律规定的机关和组织可以申请使用生态修复基金，一般可以比照公益诉讼的原告资格确定使用申请人范围。申请书必须列明以下事项：申请人，申请金额，项目用途，修复方案，申请理由和优势，合法合理使用资金的承诺书或必要的担保。

---

①② 张辉：《论环境民事公益诉讼裁判的执行——"天价"环境公益诉讼案件的后续关注》，载《法学论坛》2016年第5期。

（2）审查。审查人为法院，涉及复杂的修复科学和技术的，应当或可以咨询专家的意见。审查标准为：申请人的品行和违法犯罪表现；使用目的和目标；资金使用人承担修复或管理修复的能力；受益项目的公益性及紧迫性；修复方案的可行性及风险；申请资金大小与修复资金分项余额的对比。审查期一般为 30 天左右。对于资金使用大，或影响大的项目，还应举行公开听证。（3）公示。拟批准的，应予以公示申请情况和初审意见，并在辖区主要媒体公示不少于 10 日，明确意见反馈的渠道。（4）批准。使用申请须经法院审查后由法院作出是否准用的决定。批准的，法院应陈明申请情况、审查情况、公众意见、专家意见和批准理由。对于反对意见多或反对意见明显成立的，应不予批准。（5）监督和惩罚。获准的申请人应当在项目实施中定期并于项目完成时向法院报告项目进展情况和资金使用情况，法院便可主动依职权或聘请第三方监督人对项目情况进行检查、审计和验收，并根据相关情况对申请人或其法人代表及相关责任人及时作出收回资金、罚款、拘留等决定。因骗取、套取资金等而构成犯罪的，及时移交有关机关处理。[①] 这样可以从制度上确保生态环境修复资金的有效使用。

关于生态环境公益诉讼执行财产披露制度。为了避免被执行人转移财产，影响判决执行，建议完善我国生态环境公益诉讼执行"财产披露"制度。财产披露制度首先需要解决的是财产报告程序问题。有学者认为，财产报告应当作为一种程序权利赋予执行申请人，由其根据自身掌握的被执行人信息来启动财产报告程序。[②] 即执行申请人在法院执行裁定下达后，发现被执行人有危害判决执行的可能行为时，可以以保证判决执行为由申请法院裁定被执行人报告财产。另外，财产披露制度还应当落实被执行人未按照规定进行财产披露制度的法律责任，督促被执行人进行财产披露。被执行人拒绝报告或者虚假报告的，法院可以根据情节轻重对被执行人或者其法定代表人、有关单位的主要负责人或者直接责任人员予以罚款、拘留。[③]

关于生态环境公益诉讼执行回访制度。环境修复具有公益性、技术复杂、履行过程长、介入主体多等特点，生态环境修复判决做出后，其执行具有独特性。司法机构有必要探索一条符合生态环境保护规律的司法执行路径。在贵阳"两湖一库"案中，法院确立了执行回访制度。判决生效后，环保法庭的法官高度关注判决的履行情况，经常与被告沟通并到污染整治现场督促被告履行判决确定的法律义务，主动了解案件执行的进度、效果和困难，及时与各方沟通，帮助解决执行中的困难，通过司法的说服教育和强制威慑作用，为环境保护工作保驾护航。

[①] 吕忠梅等：《环境司法专门化现状——调查与制度重构》，法律出版社 2017 年版，第 244 页。
[②] 张虎：《中美民事执行程序中的"财产披露"制度比较研究》，载《政治与法律》2013 年第 11 期。
[③] 石先钰、李方方：《克服"执行难"的制度安排新论》，载《法学杂志》2009 年第 10 期。

然而，司法机关毕竟不是环境保护的监督管理机构，没有环境监测、监督能力，缺乏环境专业人员和环保技术机构支撑。即使中国已经出现了数百家环保法庭，有了一批相对熟悉环境保护的法官，这种状况也不会有明显改变。所以，在生态环境修复案件中，应该有代表生态环境公益、行使环保职能机构的介入及监督。生态环境修复案件的履行期比普通案件长，通常持续多年，有的甚至十几年，司法机构没有相应的执法人员可以长期追踪这些案件，对环境保护工作负有首要监管职能的是环境保护与资源管理行政部门，法院判决不作为的主管部门或者通过司法和行政联动机制建议主管部门对环境修复进行监管既是对行政权的尊重也是对行政权的监督。[①]

四、生态环境代执行制度

生态环境代执行制度从其法律性质上说属于行政法上的行政代执行制度，属于行政强制执行制度，行政强制执行的方式主要有三种，即代履行、执行罚和直接强制执行。[②] 环境法上的代执行制度主要是指在环境法定义务人不履行整治恢复的环境义务，经各级人民政府或者授权的相关职能部门责令限期改正，逾期仍拒不整治恢复的；或者法定义务人虽然进行了整治恢复，但整治恢复不符合国家的有关规定，即处置不当或者延迟处置的，其履行义务的实际方式或实际效果不能满足法律的要求，实际上依然未能有效控制环境污染或者生态破坏的，结果等同于不履行义务的行为时，环保部门有权对法定义务人产生的破坏环境的行为按照国家有关规定代为实施整治恢复。代执行制度是限期治理制度的后一道防线，当限期治理制度失效时，代执行制度的随后补救性的实施，能有效制止环境污染和生态破坏。但是，环境立法和执法实践却因非常重视限期治理制度的适用而忽略了代执行制度，导致紧密联系、互为补充的两种制度形成了重大的断裂。[③] 所以，有必要对生态环境代执行制度进行专题调查研究和制度设计，确保生态环境限期治理制度与生态环境代执行制度的有效衔接。

---

① 李挚萍：《环境修复的司法裁量》，载《中国地质大学学报（社会科学版）》2014 年第 4 期。
② 叶必丰等：《强制执行的方式及强制执行权的分配——行政强制法草案修改意见》，载《浙江社会科学》2003 年第 5 期。
③ 刘超：《环境法的人性化与人性化的环境法》，武汉大学出版社 2010 年版，第 283~290 页。

第十一章

保 障 机 制

传统诉讼因其直接利害关系规则而具有天然的激励作用，而生态环境公益诉讼在这一方面则需要特殊的规则设计予以支持。生态环境公益诉讼制度落实不理想的深层原因在于缺乏与其配套和衔接的激励机制。因此，必须以激励理论为指导，充分运用多种方式与手段，完善生态环境公益诉讼启动的利益引导机制，加强生态环境公益诉讼的资金保障机制，提升生态环境公益诉讼中多元主体的参与能力。只有这样，才能改变我国环保组织和其他相关主体没有足够动力参与到生态环境公益诉讼中来的局面。由于利己与利他的冲突和半途而废与谋取私利的风险存在，生态环境公益诉讼程序应突出法院对诉讼的控制，控制的方式应根据诉讼中可能出现的不同情况包括激励和约束两个方面。在原告积极性不足的程序节点上应给予激励，在原告可能滥用诉讼地位为己谋求非法利益的地方应有一定的规范进行约束。

第一节 生态环境公益诉讼的支持机制

一、确立支持机制的理由

传统社会学理论认为，原始社会中的小型原始集团和现代社会中的大型集团是为了增加本集体的利益而本能性地产生和发展的，这些集体中的人们会为了他们的集体利益而集体行动。美国经济学家、公共选择理论奠基者曼瑟尔·奥尔森颠覆了这一传统理论，其在《集体行动的逻辑》一书中提出了集体行动的逻辑困境。他认为，传统社会学中关于利益集团或利益集体形成理论误导了政策与制度的制定者们，因而，他由质疑传统的集团理论出发，以"理性人"假设为逻辑起点，立足于个体收益最大化这一最简单的经济学命题，推导出"理性的经济人在实现集体目标时往往具有'搭便车'的倾向"[1]，全面演绎了实践中存在的各类无组织的集团行动的困难性，即"集体行动的困境"。这类似于我们俗话说的"三个和尚没水喝"。一个或者两个和尚的组成天然地会优化和驱动吃水的利益，但是当三个乃至多个和尚成为一个集体时，集体中的个人都只关心其自身福利，他们不会自愿做出牺牲来帮助其集体或集团实现其公共目标或集体目标。经济人的自利在于理性认识到集体利益的公共属性及共享性、均分性后，对参与集体行动的成本和收益进行算计与权衡。理性经济人任何行为的做出，都源于其行为成本与行为收益的比较，只有在收益大于成本的情况下，理性经济人才会采取行动。集体行动的收益由全体成员均等、免费共享，导致为集体利益而实施集体行为的成员要想收回其行为成本显得极其困难，其他成员并不会主动对为扩大集体利益而采取行动的成员的行为成本进行补偿。正因为如此，集团成员一般不会轻易采取集体行动而"利公"，而是选择搭便车以"自利"。奥尔森的"集体行动逻辑"说明，利己是一切行动与选择的出发点，个人的"理性"选择并不能自发地提升社会效用，"个人理性有时能导致集体的非理性——多数人基于自利的'理性行为'并不能保证集体公共利益的保护和增加"[2]。这就使生态环境公益诉讼遭遇了起诉难的问题。

在决定是否提起生态环境公益诉讼时，不可能不考虑诉讼成本和诉讼效益问题。只有受到诉讼效益大于诉讼成本的激励时，才会决定提起生态环境公益诉讼。生态环境公益的诉讼成本主要有诉讼费用、差旅费、调查取证费、评估鉴定费、律师代理费以及时间成本；生态环境公益诉讼的效益主要有生态环境恢复、生态环境损害赔偿和其他社会效益等。对于不同的原告主体而言，这些成本和效益的具体形态有所不同。如案件受理费、评估鉴定费、差旅费、调查取证费，检察机关和环保行政部门可以纳入办案经费或者工作经费，而环保组织和公民个人，则必须由自身承担。而律师费用，由于检察机关是专门的司法机关，无须聘用专职律师，所以不存在这笔费用支出，环保行政部门则可将这

---

[1] ［美］曼瑟尔·奥尔森：《集体行动的逻辑》，陈郁等译，上海人民出版社1995年版，第1页。
[2] 蔡守秋：《论公众共用物的法律保护》，载《河北法学》2012年第4期。

笔费用纳入工作经费，而环保组织和公民个人通常需要聘请专职律师并支付相应费用，否则就可能因缺乏法律专业知识而在诉讼中处于不利地位。至于时间成本，亦是如此。对于检察机关和环保行政部门来说，参加环境公益诉讼活动是其工作内容之一，因而时间成本通常可以忽略不计。而对环保组织和公民个人来说，则是一项实实在在的成本支出。当然，时间成本的具体损失，可能难以精确估算，但因参加生态环境公益诉讼而造成的其他机会损失却是确定无疑的。当然，如果检察机关、环保部门意识到办案经费或者工作经费也是有限的，则亦会将上述费用计算到诉讼成本之中。检察机关、环保行政部门、环保组织、公民个人通常经过复杂的成本收益核算，最后才作出是否提起生态环境公益诉讼的策略决定。目前的制度设计，对于私人执法者，特别是公民个人，缺乏可以量化的支持机制。这正好解释了为什么检察机关、环保部门提起生态环境公益诉讼的积极性高，而环保组织、公民个人提起生态环境公益诉讼的积极性低。

"在讨论审判应有的作用时不能无视成本问题。因为，无论审判能够怎样完美地实现正义，如果付出的代价过于昂贵，则人们往往只能放弃通过审判来实现正义的希望。"① 按照科斯定理解释，若交易成本为零，无论权利如何界定，都可以通过市场交易达到帕累托最优配置，而与法律规定无关；在交易成本大于零的现实世界中，产权的初始界定必然会对经济效率产生影响，能使交易成本最小化的法律是最适当的法律。生态环境公益诉讼制度作为一种制度安排出现在法律市场中，其在效率方面的作用就是可以节约交易成本。"有资格提起环境公益诉讼的主体"和"正在损害生态环境公益的个人或组织"可以通过上访、舆论压力、街头游行等私人方式达成协议，但是这种方式存在巨大的交易成本，很可能酿成群体性事件。通过生态环境公益诉讼，将这种冲突通过法庭这一平台公正而又低成本的予以解决，最大限度地降低交易成本，无疑是一个较优的选择。通过规训与惩罚渎职者，支持与保护利他者可以有效降低生态环境公益诉讼的成本或者增加生态环境公益诉讼的收益，实现利他主义的激励。目前的生态环境公益诉讼以公共惩罚为主导，缺少与私人惩罚之间的良性互动，造成了界权成本的居高不下。生态环境公益诉讼亟待通过市场机制，促成公共惩罚和私人惩罚的有效组合，共同致力于社会控制总成本的最小化。

有学者认为，因为生态环境公益诉讼的诉讼目的排除原告的利益。② 显而易

---

① ［日］棚濑孝雄：《纠纷的解决与审判制度》，王亚新译，中国政法大学出版社1994年版，第266页。
② 徐祥民、凌欣、陈阳：《环境公益诉讼的理论基础探究》，载《中国人口·资源与环境》2010年第1期。

见，公益诉讼对原告利益的严格排除实际上动摇了人们对其本身权利基础的认识。这一观点认为，赋予公民公益诉讼起诉权的理论依据，如私人检察总长理论、私人实施法律理论都是预设了社会中存在"不为名利，不因义务的要求，自觉自愿地为公益，为那属于国家的、集体的甚至人类的利益而当无私无畏的英雄"①。这种"高尚人"假设与现实中人们增进个人利益的普遍行为倾向不甚符合，因此这一基础并不牢固，继而以上述理论推导公民公益诉讼起诉权存在牵强之处。将原告利益完全从生态环境公益诉讼中排除的理论认识削弱了生态环境公益诉讼的适用基础，导致了一种难以自圆其说的理论误区。在某种意义上可以看出，生态环境公益诉讼或许并非与原告利益完全隔绝，对于生态环境公益诉讼中原告利益的清晰界定和深入探讨，有助于我们从一个曾经被忽视的角度解答关于生态环境公益诉讼的一些疑惑。② 实际上，生态环境公益诉讼之中涉及的利益，包括原告利益、被告利益和环境公共利益三类。即使对于生态环境公益诉讼的原告，针对一个法律争执，潜在的原告在考虑是否就此提起诉讼时，具有自己的某种利益标准，这种利益标准在传统私益诉讼中通常与私人合法权益密切相关，而在公益诉讼中，表现为除合法环境权益以外的私人利益。在生态环境公益诉讼之中，这些利益之间呈现着彼此竞争或一致的状态。在一般情况下，原告环保民间组织提起诉讼的目的是为了治理环境污染、修复受损生态功能，原告利益与被告利益是相对的，体现着竞争的一面，而与生态环境公益是同向一致的。在原告环保民间组织通过诉讼损害生态环境公益的情形下，原告利益与生态环境公益发生竞争，尤其在原告与被告产生利益往来妨害诉讼的情形下，原告利益与被告利益在某些方面是一致的，这两种情形下的原告利益是一种不正当利益，应予禁止，如我国《环境保护法》第五十八条第三款的禁止性规定。③ 所以，承认原告利益的客观存在，是确立生态环境公益诉讼保障机制的前提条件。

"就算世界上有一种最完美的法律制度，如果公众无法利用这一制度，那么该制度再好也是没有多大用处的。"④ 生态环境公益诉讼要得到良性运行或者很好的利用，构建合理的支持性制度就很有必要。从各国的实践来看，都或多或少地进行了支持性制度建设。

---

① 徐祥民、凌欣、陈阳：《环境公益诉讼的理论基础探究》，载《中国人口·资源与环境》2010年第1期。
②③ 李天相：《环境公益诉讼原告利益的维度——以环保民间组织为视角》，载《法学杂志》2016年第8期。
④ [英]阿蒂亚：《法律与现代社会》，范悦等译，辽宁教育出版社、牛津大学出版社1998年版，第67页。

二、诉讼费用合理转移支付

我国 2007 年开始实施的《诉讼费用交纳办法》是适应为了自己利益提起的私利诉讼而建立的规则，贯彻了以下立法理念和指导思想：民事、行政诉讼的目的是保护当事人的私权，裁判费用应当由当事人自己承担，而不应由国家财政开支；让当事人承担裁判费用可以防止当事人滥诉、减少无理缠讼现象。现行的民事、行政诉讼费用规则作为适应私益诉讼的制度设计，如果适用于生态环境公益诉讼，高额的诉讼费用、巨大的败诉风险、胜诉后的零利益补偿将极大地抑制社会公众和社会组织作为原告提起生态环境公益诉讼的积极性。[1]

生态环境公益诉讼的公益特性要求诉讼费用实行国家负担和社会分担规则，即诉讼费用主要由国家公共财政负担；同时，设立生态环境公益诉讼救助基金和推行生态环境公益诉讼社会保险，由社会共同分担当事人费用，免除原告的诉讼负担，分散诉讼风险。因为，"公共财政是国家满足社会公共需要而进行的社会集中性分配，以增进绝大多数社会成员的公共利益为宗旨，以提供公共产品、公共服务，满足社会公共需要为目标"[2]。同时，生态环境公益诉讼的公益性不仅体现在诉讼目的的公益性，而且体现在受益主体的公共性，即作为个体的原告通过生态环境公益诉讼保护自然环境和生态安全，社会公众普遍受益，社会公众以及作为公共利益代表的国家分担诉讼费用符合"受益者付费"这一环境资源法的基本原则。实行胜诉原告的诉讼费用和当事人费用由被告承担，败诉原告的诉讼费用和当事人费用实行国家和社会分担规则。一般情况下，生态环境公益诉讼都是基于被告不履行或不适当履行义务而引起的，如果将原告进行诉讼所支出的必要费用转移给被告方承担，既可以更好地保护生态环境公益，还可以起到惩罚被告、警示预防违法行为的效果。因此，我国建立独立的生态环境公益诉讼费用规则，应当朝着减轻原告负担、增加违法成本的方向进行设计。对于原告为提起和进行生态环境公益诉讼所支付的费用，在原告胜诉、被告败诉的情况下，应适用我国现行的由败诉方负担的规则。"因为被告对环境的加害行为不仅造成了对于环境的损害结果，而且亦导致了相应的环境公益诉讼及相应诉讼费用的发生，即环境公益诉讼的进行及其相应的费用是被告对环境的加害行为延伸和衍生的结果，由被告自己承担其加害行为所延伸和衍生出的诉讼费用理所当然。"[3] 在原告败诉、被告胜诉的情况下，应由社会分担，具体由生态环境公益

---

[1] 张颖：《环境公益诉讼费用规则的思考》，载《法学》2013 年第 7 期。

[2] 邹传教、谭安华：《论公共时政的理念》，载《南昌大学学报（人文社会科学版）》2006 年第 4 期。

[3] 蔡彦敏：《中国环境民事公益诉讼的检察担当》，载《中外法学》2011 年第 1 期。

诉讼援助基金承担。

为了解决生态环境诉讼门槛高、耗时长、成本高等问题，许多国家在实践中探索出许多有针对性的措施，力图促使环境诉讼的高效、公正、便捷及经济上可承受。如澳大利亚新南威尔士州土地与环境法院采取了如下做法：(1) 诉讼费用的制定区分了申请人的性质及支付能力差异。个人的经济实力明显不如公司，因此个人的诉讼费用是公司的一半左右。(2) 诉讼费因诉讼性质而异。例如，与林木纠纷诉讼有关的诉讼费，按照2006年的林木法（邻里纠纷）规定执行，该法令设定了较低的和当地法院相当的诉讼费，反映出这些诉讼主要是邻里纠纷的特点。(3) 有关土地开发项目的上诉案件，诉讼费随着项目的价值（很可能是企业家的利润）而同步增加。与此类似，赔偿案件的诉讼费也是随着赔偿请求额的增加而增加。(4) 诉讼费的增加是为了与其他法院同类案件诉讼费的对等。(5) 案件注册登记员在当事人经济困难的案件或者为了司法利益，有权做出免收或者改变诉讼费的决定。① 当然，对于当事人而言，诉讼费只是诉讼成本的一部分，律师费和专家费是更主要的成本。为了帮助当事人减轻负担，许多国家规定了诉讼成本转移的规则，即由败诉一方支持胜诉一方的诉讼费用，包括诉讼费、律师费、专家费、调研费等。这对于保护污染受害者有帮助，但是这一规则却会大大阻却公民个人、社区组织和环保组织等提出环境公益诉讼。旨在挑战公共政策和政府决策的公益诉讼败诉的风险很大，有的环保组织因为在环境诉讼中败诉，被法院判决承担诉讼费而申报破产。如位于悉尼的"环境护卫者办公室"曾经报告，一个非政府组织在一起合法的、经过深思熟虑的生态环境公益诉讼中败诉，被法院判决承担几十万美元的诉讼费用，该组织不得不宣告破产。② 因此，公民和非政府组织常常因为担心承担败诉的诉讼费用而不敢提起公益诉讼。为此，一些国家调整了诉讼费用转移的规定，明确什么情况下诉讼费用可以转移，什么情况下不能转移，甚至规定为保护环境和公共利益提起诉讼的原告不承担败诉方的诉讼费用。如南非1998年颁布的《环境管理法》第32条第2款规定："个人或者公民组织就违反或者可能违反本法或者其他有关保护环境和利用自然资源法律规定的行为提起诉讼，但是败诉了，只要法院认为这些个人或者公民组织关注公共利益或者环境利益的行为是合理的，并且已经通过合理的努力去寻求过其他合理可得的救济途径，法院可以决定不将诉讼成本附加于他们身上。"

为了鼓励有利公益的诉讼，美国国会在《清洁水法》《有毒物质控制法》《濒危物种法》《深海硬矿资源法》等16项环境保护法律中都授权法院"在其认

---

① B. J. Preston. *The Land and Environment Court of New South Wales*：*Moving towards a multi-door courthouse – Part II*（2008）19 Australasian Dispute Resolution Journal P. 144.

② George（Rock）Pring & Catherine（Kitty）Pring, P. 51.

为合适时"向当事人负担诉讼费用（包括律师和专家证人的合理费用）。① 例如，《清洁水法》规定："法院对根据公民诉讼条款提起的任何诉讼中作出任何最后判决时，可以裁定由任何占优势或主要占优势的当事人承担诉讼费用（包括律师和专家证人的合理费用），只要法院认为该决定是合适的。"占优势一方当事人承担诉讼费用可使被告方即使在胜诉的情况下，也必须承担环境公益诉讼案件的诉讼费用，免除原告方担心败诉而自行负担诉讼费用（包括律师费用）的后顾之忧，从而更好地激发原告方提起环境公益诉讼的积极性和自觉性。国会以"法院认为合适"作为负担诉讼费用的标准，赋予了法院极大的自由裁量权，国会这样做的目的，既是鼓励能够促进法律目的实现的公民诉讼，同时也为了阻止那些不重要的诉讼。这种"认为合适时"的标准对以私人污染者为对象和以政府部门为对象的诉讼都适用。国会明文放弃以胜诉与否作为是否负担律师费的标准，是因为这种标准不能公平配置费用以利于法规目标的实现。② 我国应当在诉讼法、环境保护法等相关法律中规定原告胜诉激励机制及诉讼费用应由占优势的一方当事人负担原则，使原告方无论胜诉与否都不必支付诉讼费用（当然原告恶意诉讼的除外），公民或其他社会团体便可据此放心地提起生态环境公益诉讼，为我国生态环境的改善和可持续发展作出贡献。

针对生态环境公益诉讼成本高昂、已成为制约生态环境民事公益诉讼发展主要障碍的现状，贵州、海南、云南等地的地方法院进行了积极的探索。早在2010年，贵阳市中级人民法院和清镇市法院出台了《大力推进环境公益诉讼、促进生态文明建设的实施意见》（以下简称《实施意见》），规定对生态环境公益诉讼的原告可免交或缓交案件受理费，如果原告方败诉，则可以免缴案件受理费。原告申请保全或先予执行的，法院可免收保全费用。此外，对于生态环境公益诉讼案件，确需采取取证、检测、鉴定等方法而存在资金困难的，原告可向法院提出申请，由法院协调必要的资金帮助。2015年7月3日，贵州省高级法院印发《关于推进环境民事公益诉讼审判工作的若干意见》，就生态环境民事公益相关费用的承担问题在前述2010年《实施意见》基础上有所发展，规定了三项措施：（1）生态环境民事公益诉讼原告方一律缓交案件受理费，如果最终原告方败诉，一般应免收案件受理费；（2）须支付鉴定费的可申请从生态环境公益诉讼资金账户先行垫付；（3）原告可以请求被告赔偿原告方因保护公共利益遭受的损失，包括必要的应急处置费用，调查、勘验、检验、鉴定等取证费用，误工损失、交通费、材料费，合理的律师费及其他合理费用。海南省高级法院与省财政厅于2011

---

①② Dean R. Nicyper. *Note*: *Attorney's Fees and Ruckelshaus v. Sierra Club*: *Discouraging Citizens From Challenging Administrative Agency Decisions*, 33 Am U. L. Rev. 775 (1984).

年联合印发了《海南省省级环境公益诉讼资金管理暂行办法》，该暂行办法规定，由省级财政拨款设立省级生态环境公益诉讼资金，实行国库集中支付、单独核算、专款专用。该资金专用于国家机关、其他法人组织及公民提起生态环境公益诉讼涉及的诉讼费用补助，包括案件受理费、申请费、调查取证费、鉴定费、勘验费、评估费以及其他诉讼产生的费用。2010年10月25日，昆明市人民政府出台《昆明市环境公益诉讼救济专项资金管理暂行办法》，设立"昆明市环境公益诉讼救济专项资金"。提起生态环境公益诉讼的原告方可申请由该专项资金支付相关的调查取证、评估鉴定等诉讼费用，但每个案件的限额不超过20万元，通过实施专项救济，较好地帮助诉讼者解决诉讼过程中资金短缺等困难。随着国家层面相关司法解释的出台，上述规定实际上都已经弃而不用了。

2014年6月23日，最高人民法院发布的《关于全面加强环境资源审判工作为推进生态文明建设提供有力司法保障的意见》第十五条规定："在原告胜诉时，原告支出的合理的律师费、调查取证费、鉴定评估费等费用可以判令由被告承担。鼓励从环境公益诉讼基金中支付原告环境公益诉讼费用的做法，充分发挥环境公益诉讼主体维护环境公共利益的积极作用。"这些做法对于减少环保组织提起生态环境公益诉讼的支出将会起到很大作用，将会从一定程度上减少环保组织提起公益诉讼的资金障碍。但环境诉讼具有鉴定难、取证难、胜诉难的特点，如只规定胜诉时环保组织诉讼费用的承担，环保组织面临败诉时资金无法收回的风险，将会导致其在选择案件时考虑的重点不是违法的严重程度、造成的严重后果，提起诉讼带来的社会和环境效益对公共利益的维护程度，而是成本回收的概率和实施的费用，环保组织会更倾向于选择实施费用较低的案件，避免长时间的复杂的纠纷。所以，现实中出现大量的选择性司法的现象就不足为奇了。

《公益诉讼司法解释》提出要探索构建合理的诉讼成本负担机制：（1）准许原告方缓交、减交或者免交案件受理费、保全申请费；（2）规定在原告胜诉时，原告支出的合理的律师费、调查取证费、鉴定评估费等费用可以判令由被告承担；（3）鼓励从生态环境公益诉讼基金中支付原告生态环境公益诉讼费用的做法，充分发挥生态环境公益诉讼主体维护生态环境公益的积极作用。这种做法可以说将在一定程度上缓解生态环境民事公益诉讼成本高昂的问题，但仍存在一些问题，仅在原告方胜诉的前提下，原告方支出的鉴定费、律师代理费、调查取证费才由败诉方承担，且这些费用必须是合理费用。这就意味着原告方仍须预先支付承担该笔费用，这对环境公益组织而言仍然是沉重的负担。且原告方仍然有败诉的风险，一旦败诉，这些费用仍由原告方自行承担。可以说，该司法解释并没有完全解决生态环境民事公益诉讼相关费用承担制度存在的问题。

我们认为，生态环境公益诉讼不是或者不只是为了维护原告的个人利益，而是为了维护不特定的多数人的共同利益，由原告独自承担诉讼费用就显得很不公平，高昂的诉讼费用也会打击公众提起生态环境公益诉讼的积极性，所以关于诉讼费用的承担应该适当改进。生态环境公益诉讼中诉讼费用的承担应该做出有利于原告的规定，关于案件的受理费可以适当地减少或者免除，也可以取消原告预付诉讼费的规定，最后还是由败诉方承担。律师费、专家证人的费用等可以借鉴美国的做法。美国的《清洁空气法》《清洁水法》《固体废物处理法》等均规定，法院如认为合适，可将诉讼费用（包括合理数额的律师费和专家作证费）判给诉讼的任何一方。[①] 为了保障原告行使生态环境诉权，在诉讼费用的支付方式上，对于没有请求金钱赔偿的生态环境诉讼案件，一律不要求原告预交诉讼费用。对于原告提出金钱损害赔偿的生态环境诉讼案件，法院根据案件实际情况，如果认为请求赔偿的金额适中、合理，也不要求原告预交诉讼费用；如果认为原告提出的赔偿金额不现实，法院应进行"释明"，说服原告变更诉讼请求，提出合适的赔偿请求金额；如果原告坚持提出自己认为合适的较高赔偿金额的，法院应要求原告预交诉讼费用，以防止原告滥用生态环境诉权。

　　生态环境行政公益诉讼的目的并非在于损害赔偿，而是督促执法，具有很强的公益性质，所以费用负担的设计相当重要。考虑到生态环境行政公益诉讼是一项公益性的事业，公众提起生态环境行政公益诉讼是为了维护社会公共利益，胜诉后，受益人不仅仅限于本人，而是不特定的多数人甚至可能是整个社会。因此，根据公平原则，诉讼费用以及由此而带来的风险也不应由原告全部承担，而必须由不特定的多数人甚至整个社会共同分担。因此，国家对生态环境行政公益诉讼的原告应进行适当的补偿，以减轻其参与公益诉讼的经济负担，从而鼓励公众运用生态环境行政公益诉讼来维护公众的环境利益，真正享有一个适宜、良好的生存环境。在具体制度的设计上，可以通过立法，授权法院对于生态环境公益诉讼性质的案件，即使原告完全败诉，也可以判令被告承担原告的律师费、交通费、检测鉴定费或其他为发动公益诉讼而支付的部分诉讼费用，以保证其不至于因交纳诉讼费用有困难而放弃权利的保护。当然，为了防止滥诉的出现，可规定由原告交纳一部分的诉讼费用，经审查属合理合法且有意义的起诉时，无论胜诉还是败诉，这部分诉讼费用都应如数返还原告，但若经审查属于报复、无理取闹等不合理起诉时，诉讼费用可不返还原告以此达到警戒滥诉的目的。

　　虽然很多环保组织内部有一些精通法律人士，但不排除需要外部聘请专业律师，而根据我国司法实践，律师费通常由当事人自行承担。由于生态环境公益诉讼的专业性、复杂性，律师费也成为环保组织的沉重负担，如果政府适当

---

① 王曦：《美国环境法概论》，武汉大学出版社1992年版，第199页。

分担律师费可以很大程度地扫除环保组织诉讼的障碍。为此，我国应尽快在法律援助制度的基础上，发展环境保护领域的公益律师，由政府分担部分律师费并组织公益律师培训，增强律师的公益服务理念、社会责任感以及公益诉讼参与意识，从而更好地发挥公益律师的社会作用，促进和完善我国的生态环境公益诉讼事业。

当前，我国律师费制度不能为激励与保证生态环境公益诉讼顺利进行的目标而服务。《诉讼费交纳办法》和《律师法》中规定诉讼当事人要各自承担律师费。而对公益诉讼律师费如何收取问题，在这两部法内并没有作出详细且具体的规定，这也就会造成律师乱收费的情况增多。尽管目前我国法律界对"律师费转付"的呼声日益高涨，若生态环境公益诉讼律师费依旧"自付"，普通民众与环保团体将在高额的律师费面前望而却步，严重阻碍民众参与热情。依《法律援助条例》，申请法律援助的范畴及对象普遍狭窄，无法涵盖生态环境公益诉讼领域。实践发现，因人员不足、经费短缺的问题，接受法律援助的案件比较少。[①] 所以，要确立公益诉讼律师费转移规则，这种转移规则具有以下优势：（1）可以提高公益诉讼原告的积极性，就是在原告认为公共利益受到损害后，可以无压力地提出诉求。同时，也促使原告考虑是否有足够证据和理由提起诉讼，因为其应当承担由败诉所产生的诉讼费和律师费成本。（2）能够提高律师办案的积极性，使律师真正地感受到其职业道德和充分发挥律师的法律技能。由法院判决的胜诉原告，获赔律师费名正言顺。[②] 原告获取某种程度的胜利，此胜利可以为"司法内"胜利，也可以为"司法外"胜利。司法外胜利的原告，亦为公益诉讼为权益斗争的难得成果，需予以认可与鼓励。

三、公益诉讼专项基金支持

"私人不应当承担推动国家政策实行的诉讼成本，特别是当诉讼并不能导致金钱判决时。"[③] 为了鼓励有关组织参与生态环境公益诉讼，原则上即使原告败诉，也不应当由其承担鉴定费用，可以考虑从公益诉讼专项资金账户中来支付鉴定费用。以往的司法实践中，有的地方设立了专门的生态环境公益基金，将法院判决被告承担的修复环境费用划入专项基金账户，生态环境公益诉讼的原告需缴

---

① 朱珍华：《环境公益诉讼中的律师费用制度研究》，载《广西社会科学》2014年第7期。
② Hannah M. Tien. *Private Attorney Generals Need Attorneys' Fees to Protect Our Environment*: Ohio River Valley Environmental Coalition, Inc. v. Green Valley Coal Co. Missouri Environmental Law and Policy Review, vol. 16 (2009).
③ David A. Root: *Attorney Fee - Shifting in American*: Comparing, Comtrasting, and Combining the "American Rule" and the "English Rule", 151nd, Intl & Comp. L. Rev. 583, 588 (2005).

纳的诉讼费、调查取证费、鉴定费等可酌情从专项基金账户支付。①

1987年，美国成立了环境保护捐赠者协会，筹措资金约800亿美元用于环境保护事业，大量的支出包括了为提起生态环境公益诉讼所进行的环境污染调查。不仅有公益基金会的捐助可以帮助环境公益诉讼，美国全国律师协会和地方律师协会也对生态环境公益诉讼提供资金帮助，如哥伦比亚特区律师协会实行10美元会费制度，为公益事业包括生态环境公益诉讼提供资金。②

在我国，在关于生态环境公益诉讼专项基金的设立方面，各省进行了尝试。例如，昆明市颁布的《昆明市环境公益诉讼救济专项资金管理暂行办法》中规定，资金来源为：（1）财政拨款；（2）法院判决无特定受益人的生态环境损害赔偿金；（3）侵害生态环境案件中的刑事被告人自愿捐赠的资金；（4）存款利息。其资金来源呈现多样化，更利于保障资金的充足，与生态环境公益诉讼巨额的诉讼费用相适应。我们可以建立各省市的生态环境公益诉讼专项资金相互扶持和援助制度，对于较为落后的地区，可以由相对发达的地区给予其相应的扶持和援助，这样可以保证各个地区环境保护工作同步开展，缩小彼此差距，使生态环境民事公益诉讼在全国更加均衡平稳开展。

目前我国还没有专门的生态环境公益诉讼资金保障方面的高效力层级的专门立法，相关规定只是散见于各地的相关地方性规范。贵州、云南、重庆、海南等地在生态环境公益诉讼资金制度的建设领域率先做出了探索，起到了积极的作用。然而，综观上述实践，相关制度的建设仍具有一定的局限性：它们都是在特定省份各自所做的低层级规范，这使得相关制度的建设缺乏统一性和权威性；制度设计中的资金来源筹集形式也较为单一，难以为生态环境公益诉讼提供充足的资金保障；生态环境公益诉讼专项基金的适用范围没有统一明确；生态环境公益诉讼专项基金的管理缺乏系统性规范；生态环境公益诉讼专项基金的申请及支付缺乏明确的程序性规范；生态环境公益诉讼专项基金的监督制度也未有效建立。由于生态环境问题具有复杂性和广泛性，故应以建立全国性的生态环境公益诉讼资金保障机制为宜。

生态环境公益诉讼专项基金的资金来源问题是构建生态环境公益诉讼资金保障机制的首要问题，基金的资金来源结构必须合理，并具有长期性、持续性和稳定性。为了保障基金的有效运作，应考虑建立多元化的资金筹集方式：（1）政府财政拨款。政府的资金投入是生态环境公益诉讼基金设立的有力支持和保障。该筹措方法在国际上以美国的超级基金制度的经验为代表：美国在1980年设立

---

① 最高人民法院环境资源审判庭编著：《最高人民法院关于环境民事公益诉讼司法解释理解与运用》，人民法院出版社2015年版，第190~193页。

② 胡中华：《论美国环境公益诉讼制度之基础》，载《宁波职业技术学院学报》2006年第4期。

"危险物质基金"时,其基金的资金来源有两个:一个是来自对生产石油和某些无机化学制品行业征收的专门税;另一个就是来自美国联邦政府的财政拨付。在我国,可以将环境税列入财政环境保护专项资金,同时,政府财政拨款建立和完善生态环境公益诉讼资金保障的举措,在云南、海南、贵州等地的实践中已经实施并且取得了良好的效果,故时机成熟时可以考虑将其进一步规范化和制度化。(2)法院判决无特定受益人的生态环境损害赔偿金。在生态环境公益诉讼当中,由于环境问题的特殊性,往往导致部分生态环境公益诉讼没有特定的受益人,故法院判决的这一部分生态环境公益诉讼的损害赔偿金归属往往有待确认,对于这一部分资金可以考虑划出一部分纳入生态环境公益诉讼专项基金,专门用于生态环境公益诉讼的资金保障。(3)社会公益捐款。我国现有的环境保护基金组织的资金主要来自发起人社会募集和捐赠,如广东省环境保护基金组织的原始基金数额为人民币400万元,来自社会募集和捐赠[①];中华环保基金会的原始基金数额为人民币800万元,来自基金会发起人和社会有关组织及个人的捐赠[②]。因此可以借鉴这些有益经验,建立开放式基金,广泛吸收个人、社会组织和社会团体的募捐,为生态环境公益诉讼专项基金拓宽资金来源。(4)环保彩票筹资等。从我国彩票博彩业的发展来看,福利彩票、体育彩票等彩票品种发展潜力巨大,吸纳资金能力极强。发行环保彩票筹集环保资金可以发挥彩票业取之于民用之于民的作用,缓解我国环保资金短缺的难题,环保彩票的发行同样也可以用于有效减轻被告败诉后的经济压力。[③](5)除了拓展基础资金还应该考虑充分盘活存量资金,遵循稳健原则,创新投资渠道,获取增量利益。因此,亦可借鉴民间环境保护基金的投资方式,有限制地允许基金管理组织将一定比例的资金用于投资从而获得收益,从基金的内部挖潜解决基金自身的运作和存续问题,从而缓解资金来源的压力。[④]

生态环境公益诉讼专项基金应主要用于补助生态环境公益诉讼费用,以及诉讼过程中因鉴定、公告、勘验、评估、拍卖等发生的依法应当由当事人负担的费用。对生态环境公益诉讼专项基金的适用应分情况区别对待。第一,若生态环境公益诉讼的被告败诉,则应由其负担诉讼费用以及鉴定费、勘验费等实际发生的费用。这也符合世界上多数国家确定诉讼费用负担所遵循的一般原则。鉴于生态环境公益诉讼案件的特殊性,原告的律师费、调查费、差旅费等为诉讼所付出的合理费用亦由败诉方即被告承担。若此相关费用已由生态环境公益诉讼专项基金

---

① 《广东省环境保护基金会章程》第3条,2010年12月1日。
② 《中华环保基金会章程》第4条,2006年2月20日。
③ 张怡、徐石江:《我国环境公益诉讼的发展困境与对策分析》,载《河北法学》2010年第12期。
④ 王小飞:《长株潭实验区环境损害赔偿基金制度探析》,载《云梦学刊》2011年第4期。

支付，则被告应将此费用补入基金。若被告未自动履行，法院应直接执行到账。若被告因破产、解散等其他原因实在无力支付此费用，则此相关费用由基金支付。第二，若生态环境公益诉讼的原告败诉，则需区分两种情况：原告为法律明确授权行使环境保护职能并可以为维护公共利益提起诉讼的机关的，诉讼费用由国家负担，鉴定费、勘验费等其他费用据实支付，因其行为为履行国家职权，行政机关的资金与法院诉讼费用同属国家财政。对于原告为依法登记的或免于登记的非营利性环保社会团体、民办非企业单位等有关组织的，败诉时诉讼费用应考虑由基金支付。

关于生态环境公益诉讼专项基金的申请。生态环境公益诉讼基金的申请条件主要有：(1) 基金的申请主体是除法律规定的机关以外的、可以依法提起生态环境公益诉讼的主体，主要包括依法登记的或免于登记的非营利性环保社会团体、民办非企业单位、基金会等有关组织。如果是法律规定的机关起诉，则有关的诉讼费用由国家财政负担或直接予以减免。(2) 基金的申请必须是基于生态环境公益诉讼。生态环境公益诉讼专项基金的设立目的就在于保障生态环境公益诉讼的顺利进行，推动生态环境公益诉讼的发展，保护生态环境。故此基金的申请必须是基于生态环境公益诉讼，不适用于其他诉讼，具有特定的目的。(3) 基金申请的内容主要包括案件受理费、申请费、调查取证费、鉴定费、勘验费、评估费以及其他因诉讼产生的费用，申请基金必须在此范围内且需提供相关证明。原告对于生态环境公益诉讼相关费用的申请应遵守特定程序。对于基金的申请程序，其基本内容涉及申请人的范围、申请的时限，申请人应提交的申请材料、申请材料的审核与补充，审核结果的告知，申请没有准予时申请人的复议权利以及费用的支付等。对于申请人提交的书面材料，基金管理中心应及时、全面审查，必要时进行调查核实，或组织听证或专家咨询并做出评估。

关于生态环境公益诉讼专项基金的支付。基金支付是基金发挥作用的主要环节之一，也是基金是否科学合理运用的关键。在制定支付标准时，必须考虑社会总体成本和效益，兼顾各种利益集团的要求，考虑社会经济整体发展的需要。生态环境公益诉讼专项基金以生态环境公益诉讼原告因诉讼导致的各项资金花费为支付对象。基金应该订立最高支付限额，以合理分配资金，保障原告平等地获得资金支持的可能。生态环境公益诉讼专项基金支付的种类包括：案件受理费、申请费、调查取证费、鉴定费、勘验费、评估费，证人、鉴定人、翻译人员、理算人员在法院指定日期出庭发生的交通费、住宿费、生活费和误工补贴以及因诉讼产生的其他合理费用。生态环境公益诉讼原告提出诉讼费用及相关费用的申请后，基金管理中心应对原告的诉讼文书及相关费用票据进行审查，对符合条件的原告进行支付，不符合条件的则不予支付。此外，对于基金的支付，还要根据诉讼的进展程度分阶段予以支付，使基金支付能最大限度地保障生态环境公益诉讼原告合法有效地参与诉讼。

关于生态环境公益诉讼专项基金的监督。生态环境公益诉讼专项基金制度要有效运作，必须建立比较完备的监督体系。国外关于环保基金的监督方式主要有三种：（1）以美国为代表的由环境保护局统一领导监督；（2）以荷兰为代表的由环境行政部门最高领导人负责监督；（3）以日本为代表的由专门协会负责监督。我国在建立污染治理专项基金的过程中，采取的是由环境保护主管机关对污染治理专项基金的日常运作进行监管。其实，鉴于国内外的实践经验，我们在建立生态环境公益诉讼专项基金制度时，应该考虑以下几个方面：（1）基金应接受财政部门和环保行政部门的监督。基金的资金来源之一为国家财政拨款，故基金的运行状况必须接受财政部门的监督。基金的运行同样离不开环保行政部门的参与，环保行政部门对基金也应该予以监督。（2）应该规范基金管理中心内部的管理制度，制定基金管理专用的财务及审计规则，实行财务公开，审计透明化。（3）要充分发挥社会公众的监督作用。社会公众的监督有利于管理透明化的真正实现，规定公众有权查阅基金管理中心的账目及档案，有权对基金的使用进行评议，可以提出审查监督意见。基金的来源、投资与支付都应该透明公开，确保公众享有知情权，使公众能够参与到基金的监督管理中来。①

四、环保部门和检察机关通过专业与信息支持起诉

我国支持起诉原则确立于 1982 年的《中华人民共和国民事诉讼法（试行）》，已有 30 余年历史。《民事诉讼法》1991 年正式施行后，虽历经 2007 年、2012 年两次修订，支持起诉原则始终是民事诉讼奉行的基本原则之一。《民事诉讼法》第十五条规定："机关、社会团体、企业事业单位对损害国家、集体或者个人民事权益的行为，可以支持受损害的单位或者个人向人民法院起诉。"2015 年 1 月 7 日起施行的最高人民法院《关于审理环境民事公益诉讼案件适用若干法律问题的解释》对支持起诉做出了更加明确的规定，第十一条规定："检察机关、负有环境保护监督管理职责的部门及其他机关、社会组织、企业事业单位依据民事诉讼法第十五条的规定，可以通过提供法律咨询、提交书面意见、协助调查取证等方式支持社会组织依法提起环境民事公益诉讼。"

环保职能部门是当地行政区域的环境保护工作统一部署、监督管理的行政管理部门，和其他行使环境监管权的行政机关一起，肩负保护国家和人民环境权益

---

① 孟春阳、弓永健：《构建我国污染损害赔偿基金制度的若干思考》，载《河南司法警官职业学院学报》2009 年第 2 期。

不受侵害的法定职责。环保职能政府部门拥有相应的行政职权，懂技术、懂法律，在环境损害调查、事实认定和证据收集方面具有极大优势。一旦发生污染事故，环保执法人员可以通过现场勘查、监测、取样化验、调查研究等途径收集证据查清案件真相，既克服了当事人举证能力不足的缺陷，还可以借助专家的力量准确认定环境污染的事实和原因，确定责任、计算损害大小，为审判提供坚实的事实基础。[①] 此外，环保执法人员熟悉当地的环境状况和企业排污情况，全面掌握着有关环境方面的信息资料，譬如致害企业的基本情况、排污情况、违法记录、受损前后环境的质量状况等。这些信息对于原告获取胜诉，具有相当重要的意义。环保职能政府部门支持起诉制度的推行必将极大促进群众参与环境保护的积极性，维护群众的环境权益不受侵犯。然而，值得注意的是，环保组织在向环保职能政府部门申请协助调查收集证据或者提供某污染者的环境污染信息时，环保职能政府部门可能不愿意提供协助或披露信息，尤其是环保职能政府部门本身就是涉案环境污染或破坏的共同实施者或者存在行政不作为的情况时。因此，环保组织一方面要善于同环保职能政府部门沟通，争取他们的支持；另一方面，也要敢于利用行政诉讼等手段要求环保职能政府部门提供协助或者披露信息。环保部门可以提供以下诉讼支持：（1）协助搜集证据。这不仅可以克服当事人举证能力不足的缺陷，还可以借助专家的力量准确认定环境污染的事实和原因，确定责任，计算损害大小，为审判提供坚实的事实基础。（2）提供法律咨询。环保部门在环境保护的政策和法律知识方面拥有更为有利的优势，可以及时为生态环境公益诉讼提供相关的法律咨询指导。（3）提供其他信息。环保部门作为职能部门掌握着环境诉讼所需的大量信息，如调查收集的致害企业的基本情况、排污情况、违法记录、环境本底、受损前后环境的质量状况等。当然，当环保部门作为生态环境行政公益诉讼的被告时，他们处于本能会拒绝提供，但是，从法定义务上环保部门必须提供。

　　检察机关可以通过提供法律咨询、提交书面意见、协助调查取证等支持起诉。检察机关支持起诉的对象是社会组织，起诉范围限于生态环境民事公益诉讼。从实践来看，支持民事公益诉讼的案件应受到严格限制，限定为严重侵害国家和社会公益的环境污染案件、破坏自然资源或者有环境污染隐患等重特大案件。对检察机关支持起诉的方式在实践中存在不同的做法。大致分为出庭与不出庭两种基本类型。部分检察院支持起诉流于形式，选择通过向法院提交支持起诉意见书来表达检察机关的书面意见，检察院在庭审环节不出庭，不对支持起诉意见书进行辩论。有部分检察机关倾向于对支持起诉的形式不宜"一刀切"，而应

---

① 关丽：《环境民事公益诉讼研究》，中国政法大学博士学位论文，2011年。

视情况而定,特别是根据原告诉讼请求和诉讼行为能力的不同而采取不同的支持起诉方式。对原告为取证能力较差或社会地位较低的弱势个体,在其环境权益受到严重侵害而又难以获得外力帮助的情况下,检察机关可采取全程支持被害人将诉讼进行到底,或主导和解。但是,对被支持的原告方放弃诉讼请求而私下与被告方达成民事和解而损害生态环境公益的,检察机关则放弃支持,同时向当事人提出意见或建议以及时纠正当事人滥用诉权的行为。

2014 年修订的《环境保护法》实施元年,支持起诉制度迎来"春天"。在 2015 年 33 件生态环境公益诉讼案例中,支持起诉案件为 10 件,所占比例为 30.3%,其判决结果均为胜诉,由此可以看出支持起诉制度对生态环境公益诉讼具有如下作用:(1) 支持起诉制度对公益诉讼案件起到了诉前审查的作用。支持起诉单位在作为支持起诉人前,必然会对案件进行透彻的分析和了解,最终确定是否作为该案件的支持起诉人,这种举动在无形中提高了案件进入司法诉讼程序的门槛,为生态环境公益诉讼原告资格的合法性提供了保障,同时也变相增加了进入诉讼程序中的公益诉讼案件的胜诉概率。(2) 支持起诉单位对案件证据的收集和采集能起到至关重要的作用。检察机关、负有环境保护监督管理职责的部门及其他机关拥有国家权力,拥有作为起诉方的社会组织所不具备的强制力,对证据的采集和收集更具"先天"优势,对具备支持起诉单位案件的审理结果能够起到积极的作用。(3) 支持起诉人能够起到增加案件透明度的作用。具备支持起诉单位的公益诉讼案件,无疑是各大媒体争相报道的热点,使案件得到公众的监督与关注,增强了审判的公开透明度,限制了"地方保护主义"对公益诉讼案件的阻挠,确保了案件能够以合法的程序执行,一定程度上对具备支持起诉人的生态环境公益诉讼案件的胜诉提供了保障。①

五、公益诉讼的法律援助制度

生态环境公益诉讼的被告是实力强大的企业、公司或行政机关,拥有雄厚的经济实力和强大的诉讼能力,而以保护生态环境为宗旨的民间环保组织等私人原告相对于被告来说缺乏诉讼经验和维权能力,双方的力量对比悬殊。此外,生态环境公益诉讼的专业性强,比如,环境污染案件中,如何理解专业术语的含义、专业领域内的防污技术要求等,只有环境领域内的专业人士才比较清楚。生态环境公益诉讼涉及领域广、案情复杂,普通人很难做出正确和专业的判断。因此,无论是环境专业术语还是法律专业术语,都会让一般的社会大众无所适从。遇到

---

① 李楯主编:《环境公益诉讼观察报告(2015 年卷)》,法律出版社 2016 年版,第 297~298 页。

实力强大的被告，原告一方很难凭一己之力与被告形成抗衡，法律专业知识的缺乏以及诉讼经验的不足，往往使原告处于不利位置，最终只会导致司法资源的浪费。因此，公益诉讼的良性发展就需要强大的公益律师群体来支撑。律师等法律工作者能弥补当事人之间的实力差距，以便双方能够在平等的基础上进行论争，他们无论是在法律知识还是诉讼方面的经验都强于一般的社会大众，在诉讼中可以发挥举足轻重的作用。根据《律师法》和《法律援助条例》的相关规定，律师具有法律援助的义务，然而，目前我国的法律援助制度主要是针对贫困的当事人。生态环境公益诉讼的当事人本身不一定是贫困的，如果按照目前法律援助的前提条件，也就无法获得法律援助。因此，有必要建立公益诉讼法律援助制度，将公益诉讼的原告纳入法律援助的范围中。只要当事人的申请是正当的，就可以获得相应的法律援助。针对生态环境问题的综合性、高技术性、强专业性和跨学科性，这里的法律援助应该做广义的解释，不仅是法律专业知识的援助，而且包括对司法活动的参与者附带提供环境知识和技术检测等专业技能方面的援助。当然法律援助机构不一定只由律师构成，还可以吸纳环境领域的专家、学者等，让其在环境污染案件中帮助起诉主体确定污染事实、致害原因和损害程度等，为生态环境公益诉讼的进行提供免费的专家咨询意见。设立和完善生态环境公益诉讼的法律援助制度需要做到：（1）将生态环境公益诉讼加入到现行的法律援助申请条件，开启生态环境公益救济法律援助的"绿色通道"；（2）建立生态环境公益诉讼法律援助基金会，由政府和民间共同筹集资金解决生态环境公益诉讼的费用短缺问题；（3）扩大法律援助阶段和完善援助方式，从调查取证到诉讼结案全程援助，最大限度地发挥法律援助在生态环境公益诉讼中的作用。

六、私起诉主体公益诉讼保险制度

建立双向的生态环境公益诉讼保险制度进行风险责任的转移，为公益诉讼的真正落实提供资金保障。对于生态环境的享用者来说，可以通过参与生态环境公益诉讼保险以共担风险的形式分散高额的诉讼成本压力。公起诉主体的资金主要来自国家财政，因此，只有私起诉主体推动诉讼时才有必要引入公益诉讼保险制度。对于生态环境的主要破坏者——企业来说，可以让其通过参与生态环境污染责任险来分担其赔偿责任，使得公益诉讼的执行更加便利，让公益诉讼的效能得到更充分的发挥。公益诉讼保险本质上是一种以公益诉讼为保险标的的诉讼保险制度。生态环境公益诉讼保险是指投保人通过购买生态环境公益诉讼这种确定的险种，在被保险人与他人发生生态环境保护公益诉讼时，由保险公司通过理赔方式向投保人支付诉讼费用的保险制度。① 生态环境公益诉讼成本之高昂要求公益诉讼的原告通过各种途径对诉讼成本进行转移。公益诉讼保险制度建立后，当损害生态环境公益的事情发生时，公益诉讼的私起诉主体就可以从保险赔付中获得相应的资金支持，从而减轻诉讼的负担。

七、私起诉主体安全保护机制

生态环境问题的出现是由企业污染和政府监管不足导致的，为了保护地方企业的发展，政府和企业往往会联合起来阻碍诉讼活动的正常进行。被告为了防止诉讼活动的正常进行，往往会对起诉主体进行百般阻挠，甚至会对私起诉主体的人身安全造成危害。生态环境公益诉讼的私起诉主体相对于被告来说处于弱势地位，即便是诉讼结束后，被告也往往会利用其自身的优势地位对私起诉主体进行打击报复。根据美国著名的心理学家马斯洛的"需求层次论"，安全上的需要是处于生理上的需要的第二层次的需要，如果人们无法得到安全上的需要时，那么实现更高层次的需要就会存在障碍。我们相信任何人没有理由要置自己于危险境地。如果起诉主体的安全得不到保障，那么保护公共利益这种扩散性利益的积极性将会大大降低。为了让私起诉主体能无后顾之忧地参与到公益诉讼中，不仅要对私起诉主体自身的安全进行保护，对其近亲属及其他密切关系人也应该进行保护。那么到底应该如何保护私起诉主体的人身安全呢？笔者认为，应该在全国成立一个隶属司法部的专门的机构负责协调保护公益诉讼私起诉主体的安全，策划保护计划，并在该专门的机构下设置相应的执行机构。通过分析被告的危险性来决定对公益诉讼私起诉主体实施具体的安全保护计划，分阶段进行保护，采取行之有效的保护措施。同时，受到威胁的私起诉主体，有权将其所面临的危险通知保护机关，要求其采取适当的预防和保护措施。此外，一旦生态环境保护的案件进入到诉讼程序，法院就可以发布对私起诉主体的人身保护令，只要是被告毫无理由接近起诉主体或其近亲属及其他利害关系人，或者对其进行报复的，就可以对被告进行处罚。最后，设置侵害追究机制，私起诉主体有理由相信被告在向其打击报复的，可以申请法律救济，追究被告的法律责任。该法律救济活动的全部经费应由公益诉讼基金进行支付，避免私起诉主体为了维护公共利益而需要支付额外的维权成本。这样诉前、诉中、诉后全方位安全保护机制，可以让私起诉主体更有安全感，从而提高其提起生态环境公益诉讼的积极性。②

---

① 罗筱琦：《诉讼保险制度再探》，载《现代法学》2006 年第 4 期。
② 颜运秋、罗婷：《生态环境保护公益诉讼的激励约束机制研究》，载《中南大学学报（社会科学版）》2013 年第 3 期。

第二节 生态环境公益诉讼的激励机制

一、激励的理由

"激励,就是人们朝向某一特定目标行动的倾向,也即激发人们的主观能动性,使他们产生内在动力,使其朝向所期望的目标前进。激励基本上是一个心理活动的过程,也是行为科学的核心内容。"[①] 如果没有有效激励,环境法被规避或消极实施的命运几乎是注定的,无论其理念多么先进、价值目标多么正确。实际上,当前环境法实施的种种困境,都可从激励角度得到合理解释,而各种被视为先进、良好的制度,一旦置于激励视野下,往往千疮百孔,问题多多。以2014年修订的《环境保护法》第五十八条所确立的环境公益诉讼制度为例,这一在立法阶段一波三折、千呼万唤始出来的规定虽然明确了环保组织的公益诉权,但却未对其提供有效激励,反而强调"提起诉讼的社会组织不得通过诉讼牟取经济利益"。以"登记"和"年限"为审查标准的原告资格更无法保证原告对案件的充分关切。其结果是,2015年在符合条件的700多家环保组织中只有9家提起了总共40余起案件,且多数由绿发会、中华环保联合会等官方环保组织提起,其中不乏针对环境违法停止、行为人已受一定处罚的"旧案",而实践中大量正在发生着的生态环境公害案件却很少进入环保组织的选择视野。所以,以激励为基础的环境法学应当把研究的重心从立法转向法律实施、从价值目标宣示转向实际利益考量,少谈些主义、多解决些问题。[②]

公共物品一旦提供,每个集体成员都可以毫无例外地进行消费,即使成员不行动,他也不能被排除在对公共物品的消费之外。这使得理性的集体成员在为公共物品行动时总是会持观望的态度,并希望或者等待别人行动而自己坐享其成,这就是典型的"搭便车"现象。[③] 这种"搭便车"现象不仅使得社会公众难以自觉地通过自身行动去增进生态环境公益,而且还会导致在生态环境公益遭受非法侵害时,呈现无人问津的结果。也正是这种原因,为了鼓励公众维护生态环境公

[①] 谷顺:《人事管理中的激励:假设、理论与实践》,载《行政论坛》2002年第2期。

[②] 巩固:《激励理论与环境法研究的实践转向》,载《郑州大学学报(哲学社会科学版)》2016年第4期。

[③] [美]曼瑟尔·奥尔森:《集体行动的逻辑》,陈郁等译,上海三联书店1995年版,第192页。

益，环境法律上往往都设置激励机制，对于公众维护生态环境公益的行为进行表彰和奖励。比如，我国《环境保护法》第十一条规定："对保护和改善环境有显著成绩的单位和个人，由人民政府给予奖励。"另外，在我国《水污染防治法》《大气污染防治法》《环境噪声污染防治法》以及《固体废物污染环境防治法》等单行环境法律中，也都有类似的条款规定。这种典型的激励机制，延伸使用到生态环境公益诉讼制度中来仅是一步之遥。

在作为"集体行动"的生态环境公益诉讼中，原告从事诉讼所获得的收益远远不能抵消其所耗费的成本。"公益诉讼行为的问题在于，任何个体的收益相对较小，甚至在许多情况下根本没有经济收益。"[1] 这种成本与收益的巨额反差，是生态环境公益诉讼不同于传统私益诉讼的典型特征。生态环境公益诉讼中的"零受案率"现象，正是源于潜在原告对生态环境公益诉讼进行成本—效益分析之后的理性选择，是公共选择理论中的"理性冷漠"现象在生态环境公益诉讼中的具体体现。"理性冷漠"是公共选择理论中的一个重要概念。公共选择理论认为，从个人自利的前提中逻辑地推演出人们会自动采取行动以增进其所属集团的共同利益，这种观念事实上是不正确的。"除非一个集团中人数很少，或者除非存在强制或者其他某些特殊手段以使个人按照他们的共同利益行事，有理性的、寻求自我利益的个人不会采取行动以实现他们共同的或集团的利益。"[2] 这就是公共选择理论中著名的"理性冷漠"现象。"理性冷漠"现象首先源于集体行动所欲增进的集体物品或公共物品的基本特性。也就是说，公共物品的非排他性特征意味着任何集团成员为集体利益做贡献所获得的收益必然被全部集团成员共同且均等地分享，而不论他们是否为之付出成本，"搭便车"现象由此产生。"搭便车"者在理性自利的驱使下，都试图不去提供公共物品，从而导致公共物品供应不足，公共物品供给中的"理性冷漠"现象由此产生。解决"理性冷漠"问题的基本手段在于激励。要建立有效的私人执法体制，应该赋予私人执法者（受害者和其他相关个人、企业或公民团体）广泛的私人起诉权和起诉激励。事实上，在美国，广泛的私人起诉权可以说是法律行之有效的最重要原因之一，而且这种起诉权还常常包括有效的诉讼激励机制。[3]

对于"理性冷漠"，有两种解决之道：一是选择性激励，即给予采取集体行动的成员不同于共同或集团利益的独立的激励；二是强制，即强迫某些集团成员

---

[1] Maryland. *Access to Justice Commission*, *Fee-shifting to Promote the Public Interest in Maryland*, 42 U. Balt. L. F. 38, 47 (2011).
[2] [美] 曼瑟尔·奥尔森：《集体行动的逻辑》，陈郁等译，上海人民出版社1995年版，第1页。
[3] 李波：《公共执法与私人执法的比较经济研究》，北京大学出版社2008年版，第25页。

采取行动以增进他们的共同目标或集团目标。① 在生态环境公益诉讼的场合，强迫任何社会成员为增进公共利益而牺牲该成员自己的个人利益是不可取的，因为"从个人的独立性出发，人们有权不为整体利益而牺牲他们自己的特定利益"②。选择性激励就成了解决"理性冷漠"问题的最佳选择。体现在制度设计上，便是诉讼成本"败诉方负担"规则的采纳和"赏金猎人"制度的引入。"败诉方负担"规则在前文已经论及。在此重点谈谈"赏金猎人"制度。公益诉讼具有不同于私益诉讼的激励结构。私益诉讼原告之所以愿意提起诉讼，是因为他们遭受了可以通过诉讼进行救济的损害，并且预计其诉讼收益会超过诉讼成本。③ 因此，法律即使不对私益诉讼原告进行额外激励，他们也有提起诉讼的积极性。与私益诉讼不同的是，公益诉讼原告并不能从诉讼中直接获得经济利益或其他收益。"败诉方负担"规则虽然弥补了生态环境公益诉讼原告为进行诉讼而支出的律师费、调查取证费、鉴定评估费以及诉讼费等有形成本，却无法弥补原告为进行诉讼而耗费的时间与精力。这种时间与精力等非以金钱方式直接体现的无形成本，是不在败诉方负担规则的补偿范围之内的。这类成本的补偿，国外一般都是通过引入"赏金猎人"制度来实现的。"赏金猎人"本意是指为获取奖金而抓捕逃犯的人。它最早兴起于中世纪的英国，并为19世纪下半期"西部时代"的美国所继承。当时，美国的犯罪率较高，而执法部门人手短缺。为弥补公共执法资源的不足，美国不得不求助于公权力机关以外的私人来抓捕逃犯，并对成功抓获逃犯的私人进行奖赏。"赏金猎人"制度利用了经济人追求自身利益最大化这一人性基础，在保障"赏金猎人"追求自身经济利益的同时，有效地促进了社会公共利益的增进。④ "赏金猎人"制度的成功之道在于其人为设计的激励机制。作为"私人检察总长"的个人正是因为逐利动机的驱使才提起那些原本不可能提起的诉讼。⑤ 与"赏金猎人"制度最相似的"罚金诉讼"规定，胜诉原告可以获得诉讼收益的一部分，这正是原告显而易见的动机。⑥ 在美国，胜诉原告一般可以获得损害赔偿金的10%～30%，以弥补胜诉原告的成本支出。为提高原告提起生态环境公益诉讼的积极性，我国也应借鉴"赏金猎人"制度，明确规定胜诉原告可

---

① [美]曼瑟尔·奥尔森：《集体行动的逻辑》，陈郁等译，上海人民出版社1995年版，第2～3页。
② 唐贤兴：《"公共利益"勿成暴力拆迁遮羞布》，载《南方日报》2009年12月1日。
③ Jill. E. Fisch. *Chiss Action RefoRn , Qui Tam , and the Role of the Plaintiff*, 60 Law & Contemp. Prob. 167, 170 (1997).
④ Martin H. Redish. *Class Action and the Democratic Difficulty: Rethinking the Inieisection of Private Litigation and Public Goals*, 2003 U. Chi. Legal F. 71, 80.
⑤ John C. Coffee, JR.. *Rescuing the Private Attorney General: Why the Model of the Lawyer as Bounty Hunters Is Not Working*, 42 Md. L. Rev. 215, 220 (1983).
⑥ Martin H. Redish. *Class Action and the Democratic Difficulty: Rethinking the Inieisection of Private Litigation and Public Goals*, 2003 U. Chi. Legal F. 71.

以主张将败诉被告支付的损害赔偿金的一部分作为奖励。我国可以规定一个相对较低的比例，但至少应保证胜诉原告的合理成本支出，特别是使时间与精力成本得到补偿，否则无法发挥这一制度应有的激励功能。①

人们习惯认为政府执法机构的存在理所当然。然而，环境法的执行并不一定非得是公共（政府）部门的工作，或者并不一定必须采用公共执法方式。假设一个国家有很多追求执法报酬（奖金）的个人或私人机构，他们并不是违法行为的受害者，但是他们对违法者进行调查和起诉，力图找到证据，赢得诉讼。如果私人执法公司赢得诉讼，那么对违法者的罚款就成为他们的合法收入。在公共执法体系中，为了减少或消除腐败现象，政府需要向公共执法者支付效率工资（即高于市价的工资）。由于高水平的效率工资与违法者交纳给政府的罚金之间并无联系，在理想状态下，效率工资的水平将大大超过政府收取的罚金。贝克尔与斯蒂格勒指出，在公共执法体系中，政府面临三个选择：要么政府使用一些公共资源来监督公共执法人员，要么让社会承担一定成本来提高公共执法人员的工资，要么允许一些腐败行为的存在。这三个选择对社会而言都有成本（即造成社会福利净损失）。政府的最优选择常常是这三种选择的混合（监督公共执法人员、向他们支付高水平的效率工资，以及允许一定程度的腐败行为存在）。这种混合是平衡各种选择的边际收益和边际成本之后得出的结果。相比之下，在私人执法体系中，私人执法者的奖励获利（利润额等于罚款收入减去执法成本）百分之百地来源于违法者缴纳的罚金；由于没有任何收受贿赂和腐败的空间，社会无需支付上述几种选择的成本。② 也就是说，在公共执法体系中，对执法者的激励是通过惩治腐败和其他执法力度不足的现象（惩治的方法是解雇执法者从而使其丧失效率工资）来实现的；而在私人执法体系中，对执法者的激励是通过奖励执法者的成功执法来实现的。与公共执法模式相比，私人执法模式的优势表现在：(1) 私人执法体系可以降低对执法者的监督成本；(2) 私人执法体系无需向执法者支付高额的效率工资；(3) 私人执法体系可以大大减少腐败的机会。比如，相对于公共执法人员而言，某些雇员在监督违法雇主时成本更低，因为这些雇员比公共执法人员掌握更多的信息；对公共执法者来讲，这些信息只有通过成本不菲的调查或审计工作才能够获得，甚至无法获得。③

印度、巴基斯坦、孟加拉国等国注意到了生态环境公益诉讼的巨额成本以及诉讼成本对原告起诉意愿的决定性影响，并通过诉讼成本"败诉方负担"规则、

---

① 陈亮：《环境公益诉讼"零受案率"之反思》，载《法学》2013 年第 7 期。
② Backer, Gary S., and George J. Stigler. *Law Enforcement, Malfeasance, and the Compensation of Enforcers.* Journal of Legal Studies 3 (1974), pp. 1–18.
③ 李波：《公共执法与私人执法的比较经济研究》，北京大学出版社 2008 年版，第 37~38 页。

法律援助以及环境保险等制度设计来消除原告对巨额诉讼成本的担忧。① 也就是说，尽管生态环境公益诉讼收益与成本之间存在巨额反差，影响了原告提起生态环境公益诉讼的积极性，但是相关制度的合理设计可以缩小这一反差，为原告提起生态环境公益诉讼提供有效的激励。

"就司法效益本身而言，无论是何种情况，它都不能给社会带来积极的经济效益；相反，司法的结果，其经济效益都是负效益。这也许是司法活动最基本的特点之一。"② 只是要求制度设计时，对诉讼活动本身而言，制度经济原则要求应该始终掌握好私人诉讼成本和诉讼收益两者之间的比值关系并努力使之达到最优。因为，对诉讼活动的提起者来说，他们不仅需要人财物的投入，而且还要承受可能败诉并因此承担相关法律责任的压力和风险。公益诉讼制度中的原告与被诉事项并无直接利害关系，只是出于对国家和社会事务的一种责任感而干这类有可能吃力不讨好的"苦差事"。也许有那么一些人对这种事情能够始终甘之若饴，但大部分人的利己性在大多数情况下还是要超过利他性而导致他们不会投身其中，即便尝试也会知难而退，因为"如果私人成本超过了私人收益，个人通常不会愿意去从事活动，虽然对社会来说可能有利"。③ 这种诉讼活动的不经济性势必影响其实际运行的广度，公益诉讼作为一项法律制度，如果一开始便丧失其普遍性，其生命力和实际意义也就大打折扣，有可能沦为"绣花枕头"。因此，诉讼经济原则就要求公益诉讼制度在设计时要特别注意如何既能有效实现其建制目的，又能不打击公益维护者的积极性从而以获得制度的长远发展，即必须考虑在生态环境公益实现效果最大化的前提下尽力使私人成本与私人收益相符或有略微超过。

事实上，如果我们反观环境公益诉讼的法律条款，其仅仅规定了模糊的主体资格，对于具体的程序、责任、经费、激励等问题都没有较为明确的规定。这样的规定并没有将国家机关和有关组织的公益诉讼行为演化为职责（权）主义，依旧是利他主义的倡导，而且缺少必要的激励机制。根据公益诉讼提起人的动机和现实的激励机制，我们需要进一步提高生态环境公益诉讼的收益或者降低生态环境公益诉讼的成本。在此逻辑之下，尝试提出以下对策：（1）规定环境行政机关事前（日常）的评估和监管义务，否则视为渎职，并可以提起行政诉讼。（2）宽泛地界定社会组织，只要具有合法身份的社会组织都可以提起诉讼，通过市场协

---

① Jena Razzaque. Public Interest Environmental Litigation in India, Pakistan and Bangladesh, Kluwer Law International, pp. 244 – 264.
② 孙林：《法律经济学》，中国政法大学出版社1993年版，第212页。
③ ［美］道格拉斯·诺斯、罗伯特·托马斯：《西方世界的兴起》，厉以平、蔡磊译，华夏出版社1999年版，第7页。

调社会组织，而无需法律做硬性规定；允许公民个人提起生态环境公益诉讼，并对其诉讼行为提供法律保护。（3）允许生态环境公益诉讼人分享诉讼成功后的收益，或者由政府给予一定的奖励。因为公益诉讼的原告主要是出于对正义的追求，要求司法机关惩恶扬善维护社会正常秩序或保护国家利益不受侵犯，这种精神和社会责任感理应受到国家的鼓励和支持，这正是设立国家公益诉讼奖励基金的原因所在。

在生态环境公益诉讼激励机制构建中，环保组织不但是一个行使生态环境公益监督职责的"道德人"，同时也是一个具有自身利益诉求的"经济人"。因而，在制度创设过程中就不能将环保组织仅定位为没有任何利益诉求的抽象执行者，只有正视环保组织具有"自利"的属性这一客观事实，才能更好地激励其积极履行环境保护职责。具体来说，就是要在激励理论框架下，综合运用"成本—效益"与"需要—动机"的分析工具，通过建立和完善相关的利益诱导机制，充分调动环保组织参与公益诉讼的主观能动性，最大限度地发挥环保组织的作用。

我国有必要借鉴美国公益诉讼制度中的奎太法则，以激励私人主体参与生态环境公益诉讼。奎太法则是美国政府采购领域《虚假申报法》中的一个条款，授权公民个人可以代表国家，对欺骗政府的主体发起民事的虚假申报诉讼。其程序规则是，告发者秘密提起一项民事诉讼，并向司法部提供相关的证据材料。司法部审查后，如果决定介入案件并提起公诉，则告发者的奖金为诉讼结束后政府受偿数额的 15%~25%（具体资金数额依据告发者的贡献而定），加上数目合理的律师费、成本和开销等。如果司法部决定不介入案件，告发者可以继续诉讼，并可获政府受偿数额的 25%~30%，加上合理的律师费、成本和开销等。[①] 如果在环境污染领域要鼓励私人执法，则应当有一个经济激励机制，即当环保组织和公民个人提起生态环境公益诉讼并胜诉后，可提取一定比例的污染损害赔偿金以作为付出成本的补偿。

二、对私人原告的胜诉奖励——最有效的激励措施

私人原告胜诉奖励机制主要通过精神激励与物质激励并行的激励手段，以实现生态环境公益最大化的追求目标，是一种对特定原告类型，在特定条件下，由特定资金来源经过特定程序给以胜诉原告奖励的制度。[②] 美国1970年《清洁空气法》中的环境公民诉讼条款和相关的告发人诉讼制度，都是国家鼓励民事主体

[①] 李波：《公共执法与私人执法的比较研究》，北京大学出版社2008年版，第12~13页。
[②] 李义松、陈昱晗：《论环境民事公益诉讼之原告胜诉奖励机制》，载《西部法学评论》2015年第1期。

参与环境法执行的有效途径。通过建立这种利益驱动机制,提高原告的积极性,最为典型的就是"公私共分罚款之诉"。美国《反欺骗政府法》中的"公私共分罚款之诉",要求败诉的被告将承担一定数额的罚金,原告有权从此罚金中提取15%~30%作为奖励。加利福尼亚州有关致癌化学物质的管制法规定,公民提起诉讼,经证实指控真实的,有权获取其中25%的民事惩罚金。

到目前为止,我国并没有关于生态环境公益诉讼原告奖励的明确法律规定。不过,在我国现行的法律法规中,有对违法行为揭发、检举有功的单位和个人给予奖励的规定。既然当前我国已有部分法律法规规定了揭发、检举违法行为可以得到奖励,那么当环保组织对生态环境违法行为提起生态环境公益诉讼并胜诉时,让其得到一定的奖励就不仅必要而且必须。提起生态环境公益诉讼可能会花费大量的时间、精力和金钱,对于提起生态环境公益诉讼这样一种正义感颇高的行为,虽属于国家主人翁应有的民主权利、民主意识和责任感的高度体现,但也应该给予必要的奖励(包括物质奖励),以便能在全社会范围内形成良好的社会风尚。这样做,既可以促进守法环境的形成,又可以激励更多的社会公众或组织监督污染环境和破坏生态的行为,维护生态环境公益。我们完全可以借鉴已有法律法规的合理之处,制定环保组织提起生态环境公益诉讼的奖励制度,规定揭发、检举污染环境和破坏生态的违法行为一旦查实可以获得奖励,而提起生态环境公益诉讼的原告在胜诉后可得到一定的奖励,以补偿其提起诉讼所花费的时间和精力。①

即使法律鼓励公益诉讼,也不会因此造成诉累,即出现公益诉讼案件大量出现的现象。正如虽然政府提倡和鼓励"学雷锋、做好事",但不会出现"人人都争当雷锋,人人都做好事"的局面一样。所以无论是在国外,还是在我国开展生态环境公益诉讼的贵阳、昆明、无锡等地,基本上很少或没有人愿意提起公益诉讼。要想公众自觉、积极地提起生态环境公益诉讼,有关法院以及环保等政府环境保护主管部门必须制定和实行鼓励、奖励提起公益诉讼的措施和制度。② 生态环境公益诉讼的激励机制是通过降低起诉主体的诉讼成本,减少其诉讼障碍,保障切实维护生态环境权益的诉讼目的得以实现的一系列有效方法,具体包括公益诉讼基金与保险制度、费用减免制度、法律援助制度、私人原告的胜诉奖励制度等。③ 这是对激励机制的广义理解,从狭义来看,只有对私人原告的胜诉奖励才

---

① 傅贤国:《环境民事公益诉讼制度研究——以贵州省贵阳市"生态保护两庭"司法实践为中心的分析》,法律出版社2016年版,第162~164页。
② 蔡守秋:《论修改〈环境保护法〉的几个问题》,载《政法论丛》2013年第4期。
③ 颜运秋、罗婷:《生态环境保护公益诉讼的激励约束机制研究》,载《中南大学学报(社会科学版)》2013年第3期。

可以成为激励机制，其他的是支持机制。

在生态环境公益诉讼中引入原告奖励机制，可以改变环保组织参与公益诉讼意识淡薄、热情不高的状况。当然，在奖励机制的设立上要考虑环保组织主体参与公益诉讼的实际情况，其主要功能在于"激励"，即不但要对提起诉讼的环保组织有所奖励，还要对胜诉的环保组织予以额外奖励，以实现奖励制度的激励功能。同时，环保组织奖励机制的实施也要遵循以奖励主体特定化、资金来源多元化和奖励程序规范化为原则导向。另外，可以建立环保组织提起与参与生态环境公益诉讼的评价机制。评价结果不仅可以作为评价该环保组织工作的主要依据，还可以与该组织下一年度所能获得的政府拨款或者社会捐赠数额挂钩。这种评价机制所带来的压力，也会迫使环保组织积极履行生态环境公益监督职责。

我国《环境保护法》第五十八条规定："提起诉讼的社会组织不得通过诉讼牟取经济利益。"那么，原告胜诉奖励机制是否属于"通过诉讼牟取经济利益"呢？答案显然是否定的。"牟取"在《现代汉语词典》里，意为以不正当的或非法的手段取得金钱，多指非法所得，含贬义。例如，非法牟取暴利。也就是说，通过合法手段获取的不属于牟取暴利的范畴。再者，"牟取经济利益"主要指手段的非法性和不正当性，而什么是"非法性"和"不正当性"？我国《刑法》"法无明文规定不为罪"与《民法》"法无明文禁止即自由"，对此给出不同的定义，这里的"非法性"应侧重于指代《刑法》上所禁止的行为。原告胜诉奖励机制的设立目的在于鼓励和支持社会组织参与到生态环境公益诉讼中来，给予适当的物质奖励是为了平衡原告参与诉讼活动的成本投入，实现公平正义，以解决民间环保组织资金难的问题。如果说环保组织在投入了巨大的人力、物力后，只是获取了一元钱作为奖励也算是"牟取经济利益"的话，未免对环保组织太过严苛。所以该物质奖励的数额应以成本为限。因此，根据语义和法理，该条应当解释为社会组织不得通过诉讼从被告或者其他诉讼当事人那里获得赔偿或者其他非法经济利益，而不应当包括胜诉后间接获得的经济利益。[①]

在原告提起诉讼后，法院判决前，被告若自愿停止违法行为，从而客观完成了公益诉讼的目的和请求，因诉由消失，此时法院可能会撤销或者驳回当事人的诉讼请求，这种司法外的胜利能否成为获得奖励的缘由呢？实际上，在1970年，美国联邦巡回上诉法院在审理"帕汉姆诉西南贝尔电话公司案"中，就提出了"催化剂"理论，认为正是因为原告起诉的行为类似于化学理论中的"催化剂"，

---

① 李义松、陈昱晗：《论环境民事公益诉讼之原告胜诉奖励机制》，载《西部法学评论》2015年第1期。

使得违反法律的被告改变了违法行为，从某种意义上讲原告的起诉行为完成了有价值的公共服务。《清洁水法》也对"胜诉"作了广义解释，承认实质胜诉和部分胜诉均属于胜诉，而不论胜诉是否通过司法判决完成。尽管该理论起源于民权领域，而后才适用于环境法，但它确实对维护生态环境公益起了有效的激励作用。[①]

三、律师胜诉酬金

律师胜诉酬金是指在律师与当事人关于律师报酬的协议中，约定当事人败诉时律师不收取任何报酬，当事人胜诉时按诉讼所得金额的一定比例收取报酬。胜诉酬金对于公益诉讼的激励作用是不言而喻的，其优点明显：（1）胜诉酬金将当事人利益和律师利益捆绑在一起，促使律师充分发挥能动性、积极性，当事人无需承担诉讼费用和风险。（2）公益诉讼存在巨大的风险，并实际上需要付出极高的成本，如果由当事人自行承担，则公益诉讼的利用率必然极低，从而对其社会功能的期待就可能落空。如果由律师承担公益诉讼的风险，即采用胜诉酬金方式，公益诉讼就具有启动的激励机制和保障，然而由此就产生了一个两难困境：如果不给律师充分丰厚的回报，他们就不可能成为公益诉讼的积极代理者，甚至可能成为阻碍其应用的力量；但如果公益诉讼获得的赔偿或补偿的大部分落入律师的腰包，则公益诉讼本身的正当性就值得怀疑了。这也是公益诉讼面临的最大困境之一。目前，律师获取胜诉酬金在美国受到了公众的强烈质疑，在律师职业公信力较低的情况下，当事人和社会公众对此的怀疑和道德批判会更加强烈。一方面，律师积极参与诉讼或鼓励当事人提起诉讼与传统的律师职业道德规范及社会公序良俗相违背，如果任其发展，就会鼓励律师和一部分人将诉讼作为生财之道，从而彻底颠覆法律程序的公平和社会正义的准则。另一方面，"和解型"公益诉讼更受到社会极大的非议，因为公益律师往往从自己的利益出发尽早和解，以便毫无风险地按比例获得酬金。

第三节 生态环境公益诉讼的约束机制

权利的拥有者也容易转变为权利的滥用者，因此，需要通过滥诉防范机制对

[①] 李义松、陈昱晗：《论环境民事公益诉讼之原告胜诉奖励机制》，载《西部法学评论》2015年第1期。

公益诉权进行约束。激励机制和约束机制具有对立统一的关系，激励和约束这两个维度可以促使生态环境权益真正得到维护。"当利益与规则发生冲突，同时欠缺必要的救济或制约时，行动者就可能做出有悖于规则的选择。"① 私主体作为国家和公共利益的代表具有先天性缺陷，为了一己私利，容易与被告在私下恶意串通，达成交易协议等。因此，为了防止出现滥诉的现象，应该设置一定的制度进行预防。

诉前通告制度就是一项很好的诉权约束机制。许多国家和地区的法律规定公益诉讼的原告正式提起公益诉讼之前，必须提前告知企业等环境破坏者采取一定的措施停止危害行为并采取补救措施，或者告之行政机关为或不为一定的行为。司法资源是一种最权威的资源，但同时也是一种稀缺资源，只有通过行政程序无法解决维护生态环境公益的问题时，有关主体才有权提起公益诉讼。公益诉讼是对行政执法功能的弥补，而不能完全替代其功能。诉前通告制度可以督促行政主体积极履行自己的职能，也能促使违法主体及早地意识到自己的行为并采取相应的补救措施，将损耗降低到最低的程度。

预审听证制度也是一项很好的诉权约束机制。生态环境公益诉讼关系到不同利益群体纷繁的利益纠葛，往往涉及多领域的专业知识，法院仅仅凭借自身的法律专业知识和掌握的案件事实来评判是否存在恶意诉讼存在困难，听证程序的设置可以大大降低法庭评判的难度。对于重大的、疑难的生态环境保护案件，可以在审前设置公益诉讼听证会程序，对起诉事由进行全方位了解，对案件事实进行初步调查，随机抽取一定纠纷地域内的公众参与听证，并邀请相关领域的专家探讨相关案件是否应该进入公益诉讼程序。一旦发现有恶意诉讼的事实存在，将不予立案，听证会上形成的咨询意见可以为以后法官审理案件提供参考。

诉讼成本问题自然地成为了约束生态环境公益诉讼的有效机制，具有滥诉预防功能。以原告资格制度来实现"滥诉风险"的预防无疑是一种因噎废食的不理性思维方式。众所周知，当事人启动审判程序并非毫无代价，除必要的财力，还必须考量审判成本中无形化的人力成本。因此，任何一个理性的当事人在将其纠纷诉诸法院之前，往往都要进行一番成本—收益分析，并根据诉讼收益与诉讼成本之间的差额来决定是否提起诉讼：诉讼收益越小，当事人提起诉讼的可能性越小，反之，则提起诉讼的可能性越大。换言之，诉讼成本制度完全可以将那些不值得耗费司法资源的诉讼排除在法庭之外，从而起到预防滥诉的作用。更为重要的是，运用诉讼成本制度来实现预防滥诉的功能，不仅可以免除法院在判断某一纠纷是否值得耗费司法资源的负担的同时，还可以保障当事人在程序方面的自治

---

① 周登谅、黄卓昊：《当代证人保护的法社会学研究》，载《政治与法律》2011 年第 3 期。

权。由此可见，诉讼成本制度已经具有了滥诉预防功能，如果再因此强加原告资格制度，必然导致制度设计上的不经济。①

有人认为，在私人力量选择自己直接起诉到法院而不是向检察机关告发时，要预先交纳一点费用，当然这只是诉讼费中的一小部分。如果原告胜诉，则由败诉方承担诉讼费用，将原告先行支付的费用退回，并应该从败诉方的赔偿金中拿出一些作为原告的奖励；如果原告败诉，只要查明原告不是恶意诉讼且诉讼具有一定的正面影响则依然要把原告先行支付的费用退还，此时的诉讼费用应该由专门的基金来承担或者由国家承担；只有原告的诉讼毫无意义，缺乏基本的根据时，预付费用不予退还，而作为审查、诉讼等费用。当然是恶意诉讼的还要承担相应的法律责任。这样预付少部分费用的方式在某种程度上就起到了防止滥诉的作用。但如果私人力量选择向检察机关告发时，由检察机关审查后做出是否起诉的决定，这时原告就不必预先支付费用了。②

《环境保护法》第五十八条第三款规定："提起诉讼的社会组织不得通过诉讼牟取经济利益。"这一条款是对环保组织在诉讼中获取不正当经济利益的禁止性规则。环保组织在诉讼中从被告处获得的经济利益，这是原告利益与环境公共利益相竞争的主要类型，是典型的不正当的经济利益，是《环境保护法》上述条款所禁止的典型利益形态。生态环境公益诉讼中原告与被告进行利益往来，相互勾结、串通、妨碍诉讼、怠于诉讼，将严重损害环境正义的维护和生态功能的修复。在实践中，环保组织从被告处获得经济利益的手段和途径具有多样性，确实可能出现某些社会组织以提起生态环境民事公益诉讼为借口对企业进行敲诈勒索，或者某些企业为实现打击竞争对手的目的，寻找一些环境保护社会组织提起生态环境民事公益诉讼，事前或事后给环境保护社会组织一定数额的金钱，这些行为都是法律所禁止的。

生态环境公益诉讼不仅需要激励，而且需要对当事人的权利甚至是法院的权力进行约束。这些约束主要体现在起诉时、诉讼和解及判决执行过程中。

起诉时的约束。对公益诉讼的原告资格审查应从宽理解，从而起到鼓励公民参与社会公益管理的目的。但资格审查放宽后，可能会出现很多组织在开始时激于义愤起诉，随着诉讼的进行、精力和时间的投入，会因丧失诉讼的动力而放弃诉讼的情况。因此，法院在受理诉讼时，原告的资格可以从宽，但当评估原告力量较为薄弱，可能无法单独进行诉讼时，可以通知或建议环保机关、检察机关或者环保协会之类的公益组织充当诉讼辅助人，或者作为共同原告，从而对原告诉

---

① 陈亮：《美国环境公益诉讼原告适格规则研究》，中国检察出版社 2010 年版，第 220 页。
② 刘昱彤：《论环境公益诉讼的原告》，载《前沿》2006 年第 10 期。

讼能力进行补强，避免公益诉讼无疾而终。

和解权利与调解的约束。生态环境公益诉讼的原告起诉所维护的利益与其本身的利益没有直接的关系，如果享有无差别的处分权，就可能存在诱发原告谋取私利的道德风险，公共利益也会因此受到损害，因此，生态环境公益诉讼应对原告的处分权进行约束。在生态环境公益诉讼中强调对当事人处分权的约束，实际上也是对法院履行公益诉讼中应有职责的强调。在诉讼进行中，一般不应允许原告撤诉，必要时应通知公益组织或相关机关作为原告参与诉讼。对原告放弃、变更从而减少诉讼请求的，一般不应立即准许，而应记录在案并公告，在结合全案实际情况后，决定是否准许，作出决定时不能损害公共利益。对当事人的和解方案应在庭审结束后结合公共利益受损的情况以及被告按时履行义务的情况进行评估与衡量，然后公告，再决定是否予以准许。当和解方案对公共利益的维护或补偿不是显而易见时，应咨询和听取相关专家意见，根据专家意见决定是否予以准许，并将专家意见记录在案并公告。在环境公益诉讼中，法院不能与普通的案件一样追求调解率，应慎用调解；即使需要调解，也要由当事人双方提出方案，调解方案中应包括对已污染的环境的恢复方案，调解方案应经相关专家评定和给出意见。

法院应积极主动监督判决的执行。当发现在判决规定的履行期限内，被告不履行判决规定的义务而原告怠于申请时，法院可不等原告申请，直接通知被告履行判决义务，并通知原告对被告履行情况进行监督。法院应在判决书中强调法院对判决履行的监督权力，监督权应体现在法院对恢复原状方案执行的监督、督促和建议上，也体现在对专用基金账户赔偿金使用情况的监督上。

滥诉责任承担机制也可以有效约束滥诉。在利益的诱导下可能出现滥用公益诉权的现象。为了防止滥诉，可以将影响比较大的恶意的滥诉行为规定为独立的民事侵权行为，起诉方恶意炒作、捏造事实、虚假告发，对被诉方造成很大的不利影响时，被诉方不仅有权要求起诉方承担由该诉讼产生的全部费用，还可以提起侵权之诉，向起诉方要求民事赔偿。

在司法实践中，可能会出现背离公益目的——确保社会公共利益最大限度地实现的异化现象。比如，ENGO 滥用诉权，毫无根据、别有用心地针对同一企业提起骚扰性诉讼；ENGO 利用公益诉讼的幌子，敲诈勒索被告企业；ENGO 与被告为了私利，达成幕后交易后申请调解结案或者撤诉等。如何有效地规制这些诉讼异化的现象呢？（1）对于拟调解结案或者撤诉结案的公益诉讼案件，应当建立公告异议、司法审查和检察监督三重监督制度。对于 ENGO 的调解协议和撤诉申请，应当接受法院的审查；同时报送同级检察机关接受监督，检察机关 30 日内不提出异议的就视为同意，提出异议的应当出庭参与公益诉讼；同时由法院在媒体上发出公告（不少于 60 日），接受社会公众和其他 NGO 的监督，其他 NGO 提出异议并确有理由者，将取代本案原告的诉讼地位，继续进行诉讼。(2) 完善恶意诉讼惩戒机制。我国 2012 年修订的《民事诉讼法》第一百一十二条规定，"当事人之间恶意串通，企图通过诉讼、调解等方式侵害他人合法权益的"，可以予以罚款、拘留直至追究刑事责任。该规定适用于公益诉讼案件的恶意诉讼情形。(3) 建立对 ENGO 的业绩考评制度。对于 ENGO 提起的公益诉讼，如果经法院审理认定属于毫无事实根据的骚扰性、轻率诉讼的，应当通知 NGO 登记机关载入诚信档案，作为政府对其提供资金资助的考评依据；对于连续 3 次提起此类诉讼者，法院可建立黑名单制度，剥夺其此后参与公益诉讼的资格。[①] 关键是如何明确滥诉的认定标准，不要将败诉的结果简单认定为 ENGO 的滥诉。

---

① 王德新、安秀伟：《公益诉讼的原告资格与程序设计——以 ENGO 为中心》，载《云南大学学报（法学版）》2014 年第 4 期。

第十二章

发展趋势

  通过对 2014 年修订的《环境保护法》实施前后全国各地法院受理的生态环境公益诉讼案件的统计与比较分析发现，我国生态环境公益诉讼发展迅速。立案数量不断增加、受案范围不断扩大、被告范围从私主体扩大到公主体、诉讼请求多样化；然而在案件受理、原告资格、结案率、结案方式等方面还存在诸多问题。面对这些问题，需要进一步完善环境司法理念，健全生态环境公益诉讼相关制度，确保生态环境公益诉讼立法步步推进，越来越趋于明确具体，可操作性不断增强；健全环境行政监督管理，使生态环境民事公益诉讼与生态环境行政公益诉讼并驾齐驱，形成合力的良性互动机制；在诉讼领域，要从当前过于强调生态环境民事公益诉讼功效的舍本求末的做法转变到凸显生态环境行政公益诉讼与生态环境民事公益诉讼相结合的标本兼治的法治战略上来，以更好地保护生态环境公益。2015 年以来，生态环境公益诉讼案件虽占法院受理案件非常之少，但相对以前飞速增加。我们有必要从案件数量、地区分布、原告类型、被告类型、诉讼请求、案件类型、结案率以及结案方式等方面，运用统计分析方法，系统研究近年来我国生态环境公益诉讼所取得的成绩与存在的问题及产生原因，并预测和展望我国生态环境公益诉讼未来的发展趋势。

第一节 2015年以前我国生态环境公益诉讼案件基本情况回顾

据国家环境统计公报显示,从2002年到2011年,全国各级法院受理民事、行政、刑事环境一审案件共计118 779件,结案116 687件。一审环境案件的受案数占同期一审所有案件总数的0.2%。① 其中的生态环境公益诉讼案件很少。

据不完全统计,从1995年到2012年,我国各级法院共受理了生态环境公益诉讼案件53件。从原告分布看,检察机关提起17起生态环境公益诉讼,行政机关提起了22起生态环境公益诉讼,环保组织提起了6起生态环境公益诉讼,公民个人提起了6起生态环境公益诉讼,行政机关与环保组织共同提起了1起生态环境公益诉讼,环保组织与个人共同提起了1起生态环境公益诉讼。从被告看,起诉行政机关生态环境公益诉讼有7起,起诉环境污染者或生态破坏者的生态环境公益诉讼有46起。资料显示,检察机关和行政机关作为原告提起的生态环境公益诉讼,基本全部胜诉;环保组织作为原告提起的生态环境公益诉讼,3起胜诉,2起撤诉,3起调解结案;公民个人作为原告提起的环境公益诉讼1起胜诉,其余均败诉,其中3起裁定不予受理、2起裁定驳回起诉或判决驳回诉讼请求。②

由于当时的《行政诉讼法》还没有确立行政公益诉讼制度,因此实践中以行政机关为被告的生态环境公益诉讼,除1起环境信息公开的行政诉讼胜诉外,其余均败诉,且败诉理由主要是原告不适格。与之形成鲜明对比的是,以环境污染者为被告的46起生态环境公益诉讼几乎全部胜诉。值得注意的是,自2013年1月1日《民事诉讼法》修正案生效以来,原本预计的短期内生态环境公益诉讼"井喷"现象并未出现,取而代之的是几乎没有新的生态环境公益诉讼案件。③

也有学者统计,2000~2011年,生态环境公益诉讼(民事、行政)案件,

---

① 中国政法大学民商经济法学院环境资源法研究所2014年修订的《环境保护法》实施效果评估课题组:《新〈环境保护法〉实施效果评估报告》,2017年4月20日发布,http://mp.weixin.qq.com/s?biz=MzA4OTk2ODk5Mw%3D%3D&idx=2&mid=2650866882&sn=bb5cdc2585e310096096eebe97d573f2。

② 中华环保联合会和国际自然资源委员会(NRDC)联合课题"环保NGO在环境公益诉讼中的地位和作用"课题组:《环保组织:环境公益诉讼中的尴尬角色》,载《中华环境》2014年第3期。王社坤:《民间环保组织在环境公益诉讼中的角色及其作用》,载《中国环境法治》2013年卷(下),法律出版社2014年版,第157~162页。

③ 王社坤:《民间环保组织在环境公益诉讼中的角色及其作用》,引自《中国环境法治2013年卷(下)》,法律出版社2014年版,第157~162页。

年均不足 2 件（最低为 0 件，最高为 8 件），2012 年为 14 件，2012 年《民事诉讼法》修订对公益诉讼做出新规定后，2013 年公益诉讼的法院立案数为 0，而在当年，仅环保部属下环保联合会提起的生态环境公益诉讼即有 8 起，无一立案，2014 年，生态环境公益诉讼立案 10 起。1995 年到 2014 年 20 年来，全国各级法院共受理生态环境公益诉讼案件计 72 件（见图 12 – 1）。[①]

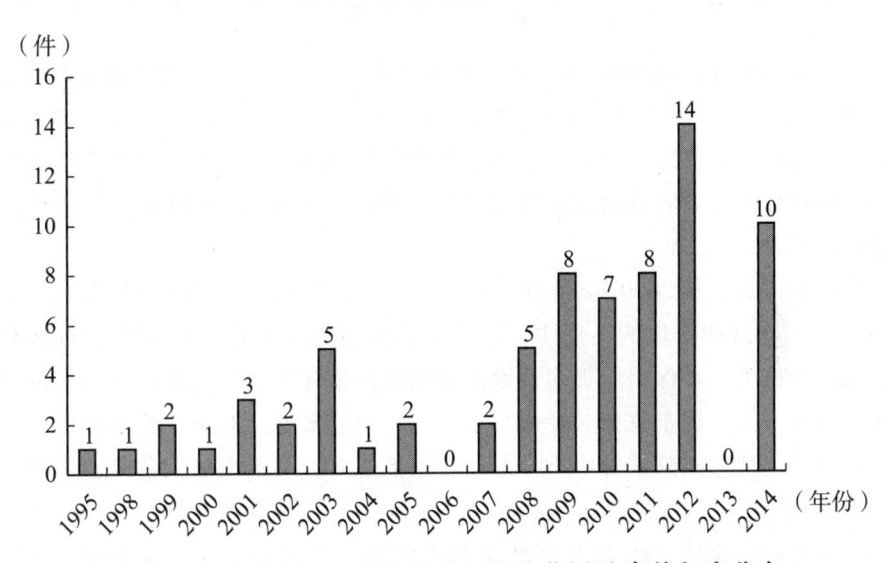

图 12 – 1　1995~2014 年生态环境公益诉讼案件年度分布

资料来源：李楯主编：《环境公益诉讼观察报告（2015 年卷）》，法律出版社 2016 年版。

还有学者针对 2007~2012 年公开的 30 起生态环境公益诉讼进行的数据统计发现，在我国生态环境公益诉讼的司法实践中，是以国家机关为"主角"，而环保公益组织或公民则是"配角"扮相（见表 12 – 1）。国家机关参与生态环境公益诉讼是典型的"国家干预理论"在司法领域的扩张。[②]

表 12 – 1　2007~2012 年公开的 30 起生态环境公益诉讼案件原告类型分布

原告类型	案件数量（件）	比例（%）
公民个人	1	3.3
环保行政部门	3	10
资源管理部门	3	10

[①] 李楯主编：《环境公益诉讼观察报告（2015 年卷）》，法律出版社 2016 年版，第 277 页。
[②] 阮丽娟：《环境公益诉讼原告资格的司法实践分析》，载《江西社会科学》2013 年第 12 期。

续表

原告类型	案件数量（件）	比例（%）
地方政府	3	10
检察机关	12	40
环保公益组织	8	26.7

还有学者统计，从 2000 年左右开始到 2013 年，生态环境民事公益诉讼大约只有 50 件，而原告绝大部分是行政机关和检察机关，环境保护社会组织提起的公益诉讼比较少，实际上只有中华环保联合会、自然之友、贵阳公众环境教育中心和重庆绿色志愿者联合会四家组织提起过诉讼，占全国 7 000 多家环境保护社会组织的万分之五。①

还有报道称，从 2000 年到 2013 年，全国生态环境公益诉讼案件总量上不足 60 起。即时在这些受理的案件中，起诉主体也多集中在地方检察院和行政机关等公共权力机关，环保组织提起诉讼而被受理的案件很少。生态环境诉讼的受害人通常不止一人，属于复杂、疑难、敏感的高风险案件。对于一些引起群体受害的污染事件，地方法院常常由于担心原告人数过多，会造成过大的社会影响，因而不愿受理。②

有官方数据统计，从 2007 年底贵州省清镇市人民法院受理全国第一起环境公益诉讼案件至 2014 年 12 月，我国法院系统共受理环境公益诉讼案件 65 件。③

总之，从学者和官方的统计说明：（1）从案件数量看，2014 年修订的《环境保护法》实施之前的 20 年来，我国生态环境公益诉讼案件很少，总数不足几十件。（2）从起诉主体看，起诉主体多元化，存在公民个人起诉的情况，2012 年修订的《民事诉讼法》和 2014 年修订的《环境保护法》出台后，公民个人起诉的生态环境公益诉讼案件几乎没有了。（3）从案件性质看，以生态环境民事公益诉讼案件为主，以生态环境行政公益诉讼案件为辅，而且后一类案件很难受理和胜诉，民告官和官告官都很难。（4）从诉讼结果看，公权力主体起诉和支持起诉的生态环境公益诉讼案件多数胜诉，私主体起诉的生态环境公益诉讼案件多数败诉，属于典型的公权力主导型诉讼。

---

① 刘毅：《环境民事公益诉讼迎来春天？》，载《人民法院报》2015 年 1 月 17 日。
② 彭君、胡建伟：《论环境公益诉讼中的法律困境与出路》，载《河北法学》2015 年第 9 期。
③ 魏晓雯：《最高法环资庭副庭长王旭光就环境公益诉讼案件审理情况答记者问》，中国审判网，http://www.chinatrial.net.cn/news/7316.html，访问时间：2017 年 12 月 1 日。

第二节 2015年以后我国生态环境公益诉讼案件的量比分析

自2014年修订的《环境保护法》实施以来，生态环境诉讼案件总数呈现"井喷式"增长。2015年1月到2016年12月，全国各地法院受理的各类环境案件数量总计达269 960件，其中环境民事案件191 810件，环境行政案件56 934件，环境刑事案件21 216件，生态环境公益诉讼案件209件[1]，其中2015年生态环境公益诉讼案44件，2016年生态环境公益诉讼案165件。环境民事案件191 810件中，生态环境民事公益诉讼案件2015年41件，2016年72件，合计113件。环境行政案件56 934件中，生态环境行政公益诉讼案件2015年3件，2016年93件，合计96件。到2017年5月，试点地区检察院总共办理公益诉讼案件7 886件，其中诉前程序案件6 952件、提起诉讼案件934件。[2] 其中以生态环境公益诉讼案件为主，而且，相对2015年而言，生态环境行政公益诉讼案件明显增多，并将成为发展趋势，这说明我国的生态环境公益诉讼制度，已经逐渐回归到其本源状态。2019年2月14日，张雪樵副检察长在国新办新闻发布会上介绍，2018年1月到12月全国检察机关共立案办理自然资源和生态环境类案件59 312件，办理诉前程序案件53 521件，诉前程序行政机关整改率达到97%，提起相关民事公益诉讼和刑事附带民事公益诉讼1 732件。2019年3月12日，张军检察长在全国人大会议上做最高人民检察院工作报告时公布，2018年全国检察机关共立案办理民事公益诉讼4 393件，行政公益诉讼108 767件，其中涉及生态环境和资源保护59 312件。未来三五年公益诉讼类案件会多发和稳升。[3] 由于我们暂时无法获得最近公益诉讼案件的完整素材，所以在此主要还是以2015~2016年我国的生态环境公益诉讼案件为分析对象。但是笔者在2017年就已经发表文章对这种发展趋势做出了有效的判断。[4]

---

[1] 截至2017年4月，该数据根据《环境公益诉讼观察报告》、中国裁判文书网、北大法宝法律数据库——司法案例、无讼网以及环境公益诉讼简报统计，2015年全国共有44起环境公益诉讼案件，2016年共有165起，共计209起。

[2] 曹建明：《建立检察机关提起公益诉讼制度时机已经成熟》，载《检察日报》2017年6月23日。由于笔者暂时无法获得完整全部案件材料，所以本书的数据没有完全涵盖。

[3] 张璐：《未来三五年公益诉讼类案件会多发、稳升》，载《新京报》2019年1月19日。

[4] 颜运秋：《我国环境公益诉讼的发展趋势——对新〈环境保护法〉实施以来209件案件的统计分析》，载《求索》2017年第10期。

表 12 - 2　　　2015 ~ 2016 年我国环境民事案件与生态环境
民事公益诉讼案件的比例关系

环境民事案件	生态环境民事公益诉讼案件	比例
191 810 件	113 件	0.00059%

表 12 - 3　　　2015 ~ 2016 年我国环境行政案件与生态环境
行政公益诉讼案件的比例关系

环境行政案件	生态环境行政公益诉讼案件	比例
56 934 件	96 件	0.00168%

从表 12 - 2、表 12 - 3 中的数据及其比例关系，我们可以分析出：

第一，相对于传统环境案件而言，生态环境公益诉讼案件的数量还是很少。近两年来，环境案件数量不断增多，但是，很多法院还是出现了"无环境公益诉讼案件可审"的状况。主要原因有三个：一是对生态环境公益诉讼保护的法益认识不太清晰。长期以来，我国公民对生物多样性、基因多样性以及环境的美学、历史价值等都还缺乏强烈的保护意识。这种只关注环境污染而忽视生态破坏的片面观念，使得我国生态环境公益诉讼失去了应有的案件类型。生态环境公益诉讼的目的在于维护生态环境公益特别是生态利益，预防与救济"对环境自身的损害"，而不是预防与救济借助环境媒介而受到的人身或财产损害。生态环境公益是一种与人身利益和财产利益相并列的利益。[①] 实践中，我们往往关注多数人因环境污染而遭受的人身和财产损害的环境侵权诉讼案件，其实际上维护的是"私人利益"而非"公共利益"，这些案件其实根本就不是生态环境公益诉讼案件。二是生态环境公益诉讼制度自身的缺陷。2012 年以前，我国国家层面并无明文规定公益诉讼制度，生态环境公益诉讼实践尚处于探索阶段，生态环境公益诉讼案件却不断涌现。尽管这样的诉讼案件存在被法院不予立案或者裁定驳回起诉的情况，但还是存在一些胜诉的案例。2013 年 1 月 1 日新《民事诉讼法》实施，生态环境公益诉讼案件立案率极低，几乎出现了"零受案率"的现象，并未出现有些人担心公益诉讼滥诉而引起的"井喷"现象，一方面是环保组织对这类案件存有畏惧心理，另一方面是法院系统整体上对这类案件持有保守态度，顾虑重重，不愿意受理这类案件。2015 年新《环境保护法》实施，对环境公益诉讼的原告资格做了明确规定，但是由于立法过于严格，生态环境公益诉讼的原告资格

[①] 王小刚：《论环境公益诉讼的利益和权利基础》，载《浙江大学学报（人文社会科学版）》2011 年第 3 期。

仍然受到限制，导致生态环境公益诉讼并未呈现出最初所期待的遍地开花的状态。三是环保组织自身的局限。首先，我国的环保组织一般都存在资金严重紧张问题。我国四分之一以上的环保组织没有稳定的资金渠道。一般只有靠政府发起成立的所谓的环保民间组织，才有比较稳定的资金来源。"草根"环保组织在资金严重短缺的情况下，很难有效开展包括公益诉讼在内的环境保护活动，极大影响了我国环保组织的发展。其次，我国环保组织人员配备很难到位。我国的环保组织规模一般不大，有近75%民间自发成立的环保组织无全职人员而只有兼职人员。[①] 因此，如何充分发挥生态环境公益诉讼制度的作用，将其变成环境保护的有效武器，从制度设计和实践操作上还有很大空间。

第二，生态环境公益诉讼立案难。由于地方保护主义与部门保护主义经常干预司法独立，造成生态环境诉讼案件立案难，生态环境公益诉讼在立案方面特别受到诸多阻碍。生态环境公益诉讼的被告一般是当地政府官员招商引资的重点企业，每年可以为地方提供大量的税收收入，所以，这些号称为"纳税大户"的污染企业通常也是地方政府领导重点保护的企业。如果这些企业成为生态环境公益诉讼的被告，一方面，地方政府的形象受到影响；另一方面，一旦企业败诉，赔偿数额巨大，会直接影响企业的生存和社会的稳定。因此，这些地方政府官员往往可能通过多种途径给原告及其律师施压，甚至扛出"维稳"的大旗来干扰受案法院法官独立断案。由于各级地方政府负责当地法院的人事、财政等重要事项，出于对自身利益的顾虑，受案法院通常很难独立行使裁判权，甚至将生态环境公益诉讼案件拒之门外。

从上述分析可知，被称为"史上最严"的新环保法施行以来，虽说生态环境公益诉讼的个案数量比以往有了大幅上升，却并未迎来生态环境公益诉讼的春天。我国生态环境公益诉讼"破茧"的路还很遥远。

第三节 2015年以后我国生态环境公益诉讼案件的地区分布

从统计情况来看，2015年44起生态环境公益诉讼案件分布于18个省、自治区和直辖市，具体而言，贵州10起，江苏9起，山东和福建各4起，内蒙古3起，辽宁2起，安徽、湖南、海南、甘肃、河南、河北、广东、宁夏、天

---

① 李天相等：《我国社会组织作为环境公益诉讼原告主体的本土特性》，载《中国环境管理干部学院学报》2016年第4期。

津、北京、四川、浙江各1起。2016年165起生态环境公益诉讼案件分布于23个省、自治区和直辖市，其中贵州和安徽各22起，广东17起，湖北15起，吉林19起，江苏14起，山东和北京各8起，福建、内蒙古、河南、陕西以及云南各4起，辽宁和广西各3起，浙江和山西各2起，甘肃5起，湖南、河北、天津、重庆、新疆各1起，其余省份未受理任何生态环境公益诉讼案件（见图12-2）。①

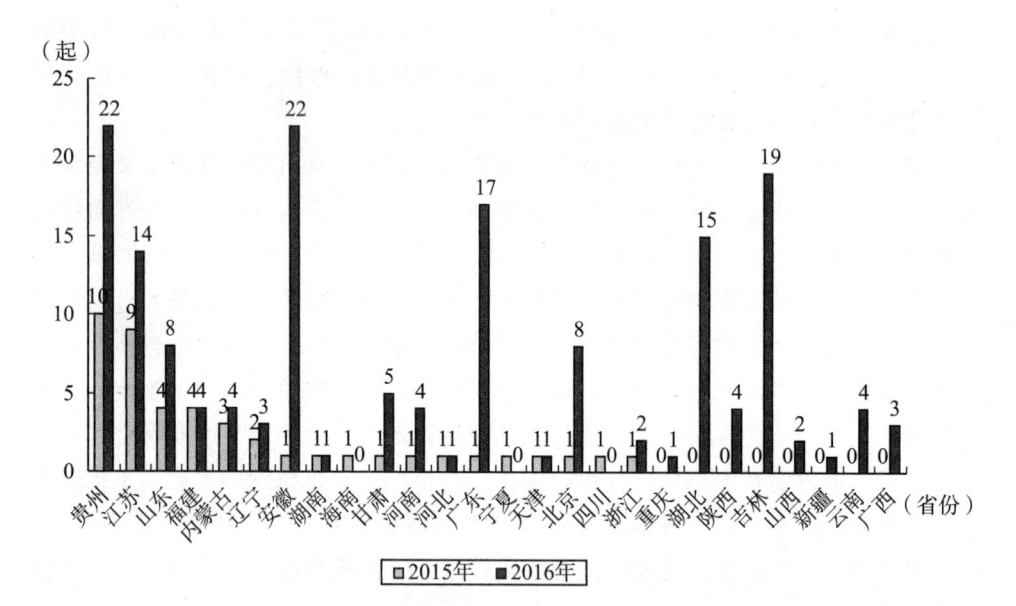

图12-2　2015~2016年我国生态环境公益诉讼案件地区分布

可见，从地域分布图来看，目前并没有出现生态环境公益诉讼案件在全国各地"遍地花开"的现象，生态环境公益诉讼案件主要集中在贵州、安徽、江苏、广东、北京、湖北和吉林等省份。环境案件的多少在不同地区受到不同的制约，导致其在区域分布上不均衡。近两年来，生态环境公益诉讼案件多数集中在东部和西部地区，东北三省和中部地区这类案件相对较少。究其原因，主要有以下三个方面：

第一，作为第一批改革开放的东部沿海地区，在发展经济和保护环境方面基本上做到了两条腿齐步走，当地人民、政府和司法机关的环保理念相对较强和文化程度相对较高，不断接受了国外对于环境保护的先进理念和做法，对于生态环

---

① 截至2017年4月，该数据根据《环境公益诉讼观察报告》、中国裁判文书网、北大法宝法律数据库-司法案例、无讼网以及环境公益诉讼简报统计，2015年全国共有44起环境公益诉讼案件，2016年共有165起，共计209起。

境公益诉讼在学理和实践中的社会契合程度高，环保理念相对于中部地区更易于被公众所接受，所以，这些东部沿海经济发达省份的生态环境公益诉讼案件相对较多。

第二，西部地区的生态环境公益诉讼案件相对于中部地区较多，但是分布也不均匀，主要集中在贵州省，该省占有西部地区全部案件的一半以上，而西部其他五省生态环境公益诉讼案件却很少，这与贵州省重视生态环境公益诉讼司法经验有关。在贵州省的生态环境公益诉讼案件中，大部分是由清镇市法院审理，在贵州省的其他地方法院这类案件也不多。2007年11月，贵阳清镇市法院生态保护法庭成立，这是我国第一家环境保护法庭，结合我国生态环境民事公益诉讼立法及其他省区的公益诉讼司法实践，该法庭探索出了生态环境公益诉讼"贵州模式"，并被最高人民法院列为全国"环境资源审判实践基地"。同时，在清镇市检察院建立生态保护检察处，在清镇市公安局建立生态保护分局，制定和出台多项有关生态环境公益诉讼的政策性文件。另外，截至2016年11月11日，贵州省环保组织共有55个。其中发展最为成熟、调查最为活跃的环保组织是贵阳市公众环境教育中心，该中心发起人曾从事新闻行业，熟悉新闻传播规律，与省内媒体保持良好关系，并借助社会各界热心人士对当下改善环境质量的支持和关心，在环保组织中配备环境调查及新闻撰写专家团队，积极壮大环保组织。[1] 所以，作为有经验的贵州省清镇市法院生态环境公益诉讼案件数量较多应当是理所当然的。生态环境公益诉讼的"贵州模式"，是否可以大力推广，值得研究。

第三，中部地区环境事件很多却环境案件相对很少，有些地区甚至出现"零受案率"。归结其原因主要有以下几个方面：一是中部很多地区的法院仍旧保守，对生态环境公益诉讼持消极态度[2]，排斥生态环境公益诉讼案件。二是中部地区公民环保观念淡薄。在中部一些地区，特别是农村地区，农民外出打工，当地基本抛荒，好多乡村多数只有孤寡病残幼小，他们对生态环境公益诉讼的接受能力较低。三是中部地区环保NGO自身的能力不足。因人才、资金、环保知识及文化差异等因素的影响，NGO的发展态势极其不平衡。在云南、四川、陕西等西部地区，人们长期养成爱山爱水的传统习惯，保护环境的民间力量相对强大；中部地区环保NGO数量偏少，开展的活动质量一般不高，民间组织的注册很难且管理很严，政府对环保NGO有些不支持和不信任，在环保NGO培育与发展方

---

[1] 《贵州省NGO组织调研报告》。参见 http：//www.gzhjbh.gov.cn/ztzl/jszg/787002.shtml，访问时间：2017年6月20日。

[2] 冯嘉：《论新环境保护法中重点环境管理制度实施的力度和效果》，载《中国高校社会科学》2016年第5期。

面,重视程度和扶持力度很小,整体上与深圳和北京相比,还有较大差距。所以,中部地区有能力提起生态环境公益诉讼的环保组织很少。

第四节 2015年以后我国生态环境公益诉讼案件类型化分析

在案件类型上,水污染、大气污染依然是生态环境公益诉讼案件的主要类型,而且有增加的趋势。而土壤污染、人文遗址破坏、海洋污染数量依然偏低。生态破坏作为新型案件,也未能引起高度重视。具体案件类型及数据见表12-4。

表12-4 2015~2016年我国生态环境公益诉讼案件类型及数据

案件类型(件)	2015年	2016年
水污染	15	31
大气污染	5	19
危险废物非法处置	2	7
生态破坏	9	8
土壤污染	3	2
水污染+土壤污染	2	3
破坏人文遗迹	1	
大气污染+水污染	4	1
海洋污染	1	0

之所以出现这种现象,有多种原因:

第一,水污染、大气污染与人们日常生活紧密相连,引起高度重视。以水污染为例,水是生命之源,现在,鉴定水体污染的环境科学技术已经相对成熟,所以,水污染被提起公益诉讼的数量最多。虽然大气污染倍受社会各界的高度关注,但是,大气污染公益诉讼案件的复杂性、易变性和科学性非常明显,所以案件相对较少。当然,随着雾霾的严重危害和社会支持的程度提高,大气污染公益诉讼案件在持续增加。而其他类型的环境案件,由于距离人们的生活较远,因此,提起的案件数量较少。而此前不受重视的"危险废物非法处置"案件数量也在逐渐增加,这与此类案件的实际危害较大而引起社会的高度关注密不可分。

第二，土壤污染及其他类型污染案件较少，主要和其鉴定难、取证难有关。以土壤污染为例，相比大气污染、生态破坏、水污染案件和"危险废物非法处置"等案件来说，土壤污染造成的环境损害鉴定、举证及因果关系的认定更为复杂。有些土壤污染还是长期的历史性遗留问题。土壤污染、食品安全和人类健康三者之间的相关性、多源性与复杂性的解构，如果没有非常专业的鉴定机构的科学分析，法官是无法单独作出判决的。就源头来说，土壤污染既可能是废气的沉降，也可能是农药化肥的大量使用，还可能是污染废水的灌溉以及动物粪便的排泄，更可能是重金属污染，或者它们的复加。

第三，海洋污染案件、破坏人文遗迹案件虽然有历史性突破，但由于案件复杂且受人们观念的影响，其案件数量极少。例如，就海洋污染案件来说，即使当前我国非常重视海洋环境保护，但不少海洋行政主管部门对海洋生态服务功能和容量损失的认识不深刻或者没有认识，仅拘泥于海水水质的变差、海上油污的表面、海洋渔业资源的财产性损失等。所以，海洋行政主管部门提起的海上油污和海洋渔业资源的财产性损失的案件，实际上不是海洋生态环境公益诉讼案件。再说破坏人文遗迹案件，由于人们对其历史价值认识不够，很多人文遗迹遭到公然破坏和拆迁，特别是在旧城改造过程中，受到政府和开发商利益的驱使，破坏人文遗迹的事件实在不少，但是起诉到法院的并不多，有的即便起诉了，实际上也是房屋纠纷案件，这已经远超了生态环境公益诉讼的案件范围。

第四，一些新型的典型的生态环境公益诉讼案件，如核辐射案件，在我国目前还没有被提起，但是，我国现在已经开始建设了许多核电站，有关核电站规划、环评、建设、投产使用、泄漏等活动过程中，当然会涉及到严重的生态破坏和环境污染问题，所以，这方面的案件将会有所突破，这是必然的现实选择。

第五，2015年以来并没有提起关于所谓的噪声污染这类生态环境公益诉讼案件。有学者认为，噪声污染这类案件并没有对生态环境自身造成损害，仅仅只是危害和影响到了特定多数人的安宁利益，动用以维护生态环境公共利益为目的的公益诉讼这个"公器"来维护特定多数人的"私益"，无论在法理上还是在实践上都是不成立的。[①] 所以这类案件属于传统环境侵权案件，不属于生态环境公益诉讼案件的形态，不在我们的统计之列，也是理所当然的。

---

① 张宝：《关于噪声污染是否满足公益诉讼提起条件的探讨——以中华环保联合会诉宁沪高速公司噪声污染案为例》，载《环境保护》2015年第5期。

第五节 2015 年以后我国生态环境公益诉讼原告类型分析

在 2015 年 44 个生态环境公益诉讼案件中，检察机关作为原告提起诉讼的有 2 件，环保组织作为原告提起诉讼的有 42 件。[①] 在 2016 年 165 个生态环境公益诉讼案件中，检察机关作为原告起诉的有 120 件，环保组织作为原告提起诉讼的有 45 件。[②]

其实，2015 年之前，提起生态环境公益诉讼案件的主体是多元的，包括公民、环保机关、检察机关、民间组织等，但主要还是官方主导的环保组织和检察机关提起的案件比较多，民间组织的参与程度不高，即使有，也多是作秀而已。而在 2015 年，民间环保组织提起了绝大多数生态环境公益诉讼案件，而检察机关提起的案件相对偏低。2015 年 7 月《试点方案》实施以来，特别是试点结束以后，全国检察检察机关提起的生态环境公益诉讼数量呈"井喷"之式。2017 年上半年，检察机关作为原告提起的生态环境公益诉讼案件明显呈爆发式增加趋势。据报道，到 2017 年 3 月为止，试点地区的检察院一共办理公益诉讼案件达到 5 800 余件，包括生态环境资源领域的案件 4 100 余件、国有资产保护领域的案件 930 余件、国有土地使用权出让领域的案件 730 件、食品药品安全领域的案件 40 件。[③] 其实，这些案件有些不是公益诉讼案件，有些虚夸的嫌疑。如前文所提到的，到 2017 年 5 月，试点地区检察院总共提起诉讼案件 934 件，其中以生态环境公益诉讼案件为主。近两年来，原告类型集中在民间组织和检察机关，公民和与环保相关的行政机关基本上退出原告的舞台，原因主要在于：

第一，排除公民个人的公益起诉权。从我国现行法律与司法解释来看，我国完全排除了公民的公益起诉权。为什么公民为公益而诉的善举会被法院拒之门外？这是对我国公民公益维权的不信任和排斥。实际上，公民的公益诉权才是原生性的本源的权利，是社会组织和有关机关享有公益诉权的前提和基础，后者的公益诉权只是基于前者的信托而产生的派生性或者代理性的诉权。排斥公民的公

[①] 在 2015 年作为原告提起诉讼的环保组织主要有 8 个，分别是中华环保联合会、自然之友、清镇生态保护联合会、福建省绿家园环境友好中心、大连市环保志愿者协会、中国生物多样性与绿色发展基金会、贵阳公众环境教育中心和湘潭环保协会。

[②] 2016 年作为原告提起诉讼的环保组织有 10 个，分别是中华环保联合会、自然之友、中国生物多样性与绿色发展基金会、长沙绿色潇湘、安徽省环保联合会、河南省环保联合会、绍兴市生态文明促进会、重庆绿色志愿者联合会、广东省环保基金会以及河南省企业社会责任促进中心。

[③] 曹建明：《试点积累丰富案件样本，制度设计得到充分检验》，载《检察日报》2017 年 6 月 21 日。

益诉权，而仅仅赋予社会组织和有关行政机关公益诉权，就是一种舍本逐末的做法。① 当然，目前公民素质整体不高而且参差不齐，社会民众多有"信访不信法"的惧诉心理，对诉讼热情不太高，公民社会法治观念有待加强。因此，法律不赋予公民起诉权具有暂时的现实合理性。但这只是暂时的权宜之计。美国近50年来在环保领域普遍开放了"公民诉讼"制度，在环保领域发挥了积极作用，几乎没有出现我们许多人担忧的滥诉现象，所以，我猜想这背后的真正原因可能不是害怕公民滥诉，而是某些既得利益集团对生态环境公益诉讼制度本身的敌意和排斥。

第二，排除行政机关的起诉权。2014年修订的《环境保护法》只明确了符合条件的社会组织才可以提起生态环境公益诉讼，并没有将环境行政机关纳入原告主体范围。因为无论从行政机关自身的视角还是从法院抑或被告的视角来分析，赋予行政机关提起生态环境公益诉讼的原告资格存在诸多弊端。如果允许行政机关通过诉讼的方式实现其行政职能，从理论上说，是行政机关的扩权，从实践角度看，必然造成行政机关懒政，这与现代行政法的理念完全背道而驰。如果确立行政机关有提起生态环境公益诉讼的诉权，那么，必然会产生以下不正常现象：一是推卸行政管理职责，增加法院负担，增加环保成本；二是"官告民"现象的泛化；三是在环境执法领域依法设置的行政处罚权和行政强制权将被部分虚设和闲置；四是行政机关规避了当被告的可能。② 另外，我国环保行政机关的职责定位为环境公共事务的管理部门，其主要负责对生态环境保护与改善、有序开发与合理利用自然资源等行为进行监管。环保行政机关对造成环境污染和生态破坏的行为直接给予行政处罚和行政强制，相较被动事后而相对漫长的生态环境民事公益诉讼来说，无论从行为成本还是从提高效率的角度，环保行政监管应该是首选的和主要的环保措施。所以，不赋予环保行政机关生态环境民事公益诉讼起诉权，也可以对破坏生态与污染环境的行为进行有效监管。反之，只会让环保行政机关与司法机关特别是法院踢皮球，只会让环保行政机关越来越慵懒和消极不作为。

第三，环保组织能力有待提高。据民政部官方统计，我国有资格提起生态环境公益诉讼案件的社会组织大概有700余家。然而，近两年来提起生态环境公益诉讼的实际上不到10家，而且集中在全国一些知名的实力比较雄厚的官方或者半官方环保组织身上。根据权威环保组织调查表明，只有30%的环保组织把提起生态环境公益诉讼作为其业务活动的主要领域；57%的环保组织对提起生态环

---

① 颜运秋、余彦：《我国环境民事公益诉讼制度的亮点、不足及完善——以2014年12月最高人民法院通过的"两解释"为分析重点》，载《湘潭大学学报（哲学社会科学版）》2015年第3期。

② 龚学德：《论行政机关提起环境公益诉讼的弊端》，载《山西财经大学学报》2012年第5期。

境公益诉讼的做法比较慎重。所以，环保组织提起生态环境公益诉讼的主观愿望并不高且客观能力并不强。①环保社会组织成员中多为志愿者或者兼职人员，专职工作人员很少有的甚至没有，法律专业人员一般更少而且也多是志愿者或者兼职人员，他们难以投入足够的时间和精力到生态环境公益诉讼案件中来。另外，我国将近一半的环保组织年度经费预算不足50万元。而很多生态环境公益诉讼的经济耗费高达数十万元，对大多数环保组织来说这是一个天文数字。因此环保组织在诉与不诉之间犹豫徘徊，造成其有心无力，想诉而无法诉的尴尬局面。

第四，尽管有学者和实务工作者（包括检察官）对检察机关是否可以提起公益诉讼案件的做法，颇有微词，但是主流观点持肯定态度。2015年7月1日，全国人大常委会授权最高检察院为期两年在13个省、自治区、直辖市开展公益诉讼试点工作以来，试点工作进展总体效果比较好。虽然《试点方案》多是探索性、原则性规定，部分条款仍然非常粗糙，对检察机关在生态环境公益诉讼中的角色与定位为"公益诉讼人"的观点还值得商榷，对如何协调检察院的公益诉权与行政机关的行政权之间的关系，对如何协调检察院的公益诉权与环保组织的公益诉权之间的关系等尚未具体明确，但是，试点地区检察院严格按照全国人大常委会的要求，牢牢扣住保护公共利益这个根本着力点和核心，突出对生态环境领域公益的维护，针对个案的具体情况，试点地区检察院能动探索并运用具有中国特色的诉前建议、支持起诉、督促起诉与提起诉讼等多种方式，正确处理生态环境公益诉讼案件。2017年5月23日，审议通过的《关于检察机关提起公益诉讼试点情况和下一步工作建议的报告》指出，试点检察机关在生态环境和资源保护等领域，已经办理了一大批颇具影响的公益诉讼案件，为全国正式建立和推广检察机关提起公益诉讼制度，积累了丰富而宝贵的案件样本，为下一步建立和完善相关指导性案例制度打下了良好的基础。

第六节　2015年以后我国生态环境公益诉讼被告类型分析

2015年，在44个生态环境公益诉讼案件中，个人作为被告的有10件，企业作为被告的有31件，政府作为被告的有3件。2016年，在165个生态环境公益诉讼案件中，个人作为被告的有14件，企业作为被告的有55件，政府作为被告的有96件。

---

① 中华环保联合会、国际自然资源保护协会：《民间环保组织在环境公益诉讼中的角色及作用》，载《中国发展简报》2014年第1期。

2015年生态环境公益诉讼案件的被告主要是中小污染企业和个人，起诉政府的案件很少，生态环境公益诉讼案件中经常存在"专捏软柿子""不敢啃硬骨头"和"不敢打大老虎"的现象。最让人啼笑皆非的是，媒体报道的各地所谓的生态环境公益诉讼"第一案"或者"首案"，多数被告就是小养殖专业户，却不敢告污染企业特别是国有大中型污染企业。比如，海南生态环境公益诉讼首案的被告是养鸭户[①]，福建生态环境公益诉讼首案的被告是养猪户[②]，昆明生态环境公益诉讼首案的被告也是养猪企业，被媒体和社会戏称为"扛起大棒打蚊子"[③]。

相比而言，在2016年，被告的身份类型主要是以政府和企业为主，其中企业很多是"利税大户"（如深圳市东阳光实业、山东金岭化工以及中石油、大众汽车等巨型企业）。2015年《试点方案》实施以来，检察机关提起公益诉讼大多以行政机关为被告。以广东省为例，试点以来，全省检察院总共办理行政诉前程序案件312件，提起行政公益诉讼45件，占全部公益诉讼案件的近九成。[④] 由此，生态环境公益诉讼的原告由最初的"打蚊子"到现在的打"大老虎"。检察机关如果发现行政机关有怠于履行职责或者不纠正违法的情况，应当通过提出检察建议、提起公益诉讼等方式，督促行政机关依法履行法定职责。

同时，近两年生态环境公益诉讼案件出现一种"民行交叉、民刑交叉、刑行交叉"的现象，必须予以高度重视，不能顾此失彼。那就是同一事件中，既有污染者为被告，也有监管者为被告的情形，应当并案审查与处理"民行交叉、民刑交叉、刑行交叉"案件，才能充分发挥司法效果，否则被人为地分离而采用不同诉讼程序裁决，必然出现厚此薄彼显失公平的裁判结果。在生态环境公益诉讼司法实践中，"民行交叉、民刑交叉、刑行交叉"已成为趋势，需要多管齐下形成合力，法网恢恢共同筑牢我国环境保护的司法追责网格体系。

第七节 2015年以后我国生态环境公益诉讼的诉讼请求分析

在生态环境公益诉讼案件中，诉讼请求一般通过停止侵害、消除危险、恢复原状、赔偿损失、赔礼道歉、承担相关诉讼费用、确认违法和履行职责等形式展开。根据具体案情，有些原告只提出一两个诉讼请求，有些原告可能会提出多个

---

① 吴晓峰、邢东伟：《海南首例环境公益诉讼调解》，载《法制日报》2012年8月20日第5版。
② 吴亚东、吴志文：《福建审结首例环境污染公益诉讼》，载《法制日报》2013年5月17日第8版。
③ 孟登科：《扛起大棒打蚊子》，载《南方周末》2010年10月4日第5版。
④ 占文平：《公益诉讼九成被告为行政机关》，载《南方日报》2017年1月13日。

诉讼请求。具体如表 12-5 所示。

表 12-5　2015~2016 年我国生态环境公益诉讼请求的类型及数据

诉讼请求类型（件）	2015 年	2016 年
停止侵害	32	29
消除危险	25	18
赔偿损失	25	28
生态恢复	31	31
公开道歉	17	23
承担相关诉讼费用	43	26
确认违法	1	22
履行职责	2	21

第一，"停止侵害"几乎是每起生态环境公益诉讼案件都会提出的诉讼请求。这体现了环境法预防为主的原则。"停止侵害"是环境侵害者以"不作为"形式所承担的民事责任方式，一般适用于侵害行为处于持续进行的状态，目的在于制止侵害继续进行，防止损害进一步扩大。如果侵害行为已经结束，则不再适用"停止侵害"的方式。消除危险是环境侵害行为尚未造成严重侵害后果，但是必将会给生态环境公益形成严重威胁，法定组织诉前和诉讼中提出请求侵害者采取切实有效措施予以排除危害结果出现的民事责任方式，与"停止侵害"不同的方面主要在于环境侵害者是以"作为"形式承担该种民事责任。停止侵害、消除危险都可以发挥"防患于未然"的作用，将刚刚出现的环境污染和生态破坏等行为直接早早扼杀在萌芽状态，从而变被动为主动，节约生态破坏和环境污染后治理环境所必须花费的代价，也节约了更多的社会资源和司法资源。

第二，赔偿损失。生态环境公益诉讼中需要赔偿的损失不同于传统侵权给人身和财产造成的损失，也不同于通过环境媒介给受害人的人身和财产造成的损失，而是生态环境恢复之前生态系统服务功能所必须花费的必要费用。因为广大社会公众可以直接或者间接从生态环境中获得各种利益，不只是经济利益，还包括纯生态环境方面的利益，如果生态环境受到破坏，公众就必然会失去生态环境破坏之前无偿无差别从生态系统中获得各种非物质利益的权利，所以为了维护这部分非物质公共利益，有起诉权的主体可以请求被告赔偿这部分损失。在生态环境公益诉讼案件中，赔偿的不是传统的私益性质的人身和财产损害，而是生态环境自身的损害，这种损害赔偿与传统环境侵权诉讼中的损失赔偿存在着本质区别。根据最高法院《关于审理环境公益诉讼案件若干问题的司法解释》，赔偿损失费用包括生态功能损失费、生态修复费以及负担原告的合理支出。

第三，生态修复也是生态环境公益诉讼中的一种重要的诉讼请求。其目的是通过被告自己的修复行为或者由政府相关部门或者具有修复主体资格的第三方代为修复，确保被侵害的生态环境恢复到原来的功能状态，补救而不是惩罚被告给生态环境公共利益已经造成的损害，以达到恢复生态环境原有的功能。关于生态环境民事公益诉讼生态修复的司法实践，我国已有丰富经验而且具有创新性，产生了良好的效果。最高法院《关于全面加强环境资源审判工作为推进生态文明建设提供有力司法保障的意见》明确规定了恢复原状这一责任承担方式，法院可以判决要求被告自己直接治理和恢复被其污染和破坏的生态环境或者承担治理和恢复全部相关费用，由第三方使用该费用代为治理和恢复。其实，这里的"恢复"指的就是修复，因为生态环境被破坏了之后，是不可能恢复原状的，能修复到之前的功能状态就非常好了。在办理具体生态环境公益诉讼案件中，许多地方人民法院积极创新探索出了异地种树、判决恢复植被等生态修复或者替代性修复的新型执行类型。① 因此，在生态环境公益诉讼案件中，多数情况原告可能会提出生态修复之诉。当然，有些情形，如噪声污染和大气污染一般无法采用生态修复的方式来解决，因为噪声污染具有间断性和即逝性，大气污染具有极大的流动性，变幻莫测，所以，即使花费大量的人力和物力也无法达到修复的效果，只能通过停止侵害和消除影响的方式来处理。

第四，赔礼道歉是否可以在生态环境民事公益案件中被提出，颇有争议。虽然赔礼道歉作为一种非财产性的民事责任方式，这种责任方式的存在可以进一步完善和丰富民事责任体系。但是，一般认为，生态环境民事公益诉讼案件的直接受害人不是公民和组织自身，而是生态环境本身，生态环境是无意志的，不会感知赔礼道歉，所以没有可能适用赔礼道歉这一责任方式。当然，也有观点认为，赔礼道歉制度的目的在于责令生态环境侵害者就自己侵害生态环境的违法犯罪行为，向社会公开认错，这不仅带有轻微的惩罚性效果，而且能够发挥对以后潜在的生态环境违法者的警告作用。② 在以前的生态环境公益诉讼案件中，这种责任方式很少被提及和满足，近两年的生态环境公益诉讼实践取得了根本性突破，在近三分之一以上的生态环境公益诉讼案件中，原告提出了要求被告赔礼道歉的诉讼请求，这在国外的生态环境公益诉讼中是没有的，所以，可以说，这是我国司法实践很好的创新型尝试，以后的相关公益诉讼立法可以进一步明确规定将赔礼

---

① 张辉：《论环境民事公益诉讼的责任承担方式》，载《法学论坛》2014年第6期。
② 秦鹏：《关于环境公益诉讼制度实施的若干思考——基于国内首例跨省界环境公益诉讼案的分析》，载《环境保护》2015年第13期。

道歉作为一种非财产性的民事责任方式。

第五，对于原告请求被告承担相关诉讼费用，基本上每起案件都会提及。根据最高法院《关于全面加强环境资源审判工作为推进生态文明建设提供有力司法保障的意见》的规定：如果原告胜诉的话，原告支付的必要合理的律师费用、调查取证费用、鉴定评估费用等费用最终可以判决转移由被告负担。为充分发挥生态环境公益诉讼原告维护生态环境公共利益的积极性，国家提倡从生态环境公益诉讼基金中垫付原告生态环境公益诉讼费用的做法。如果原告败诉，原告可以通过生态环境诉讼专项基金救助等途径得到解决。目前，生态环境公益诉讼专项基金已在我国得到普遍实践。2015年1月4日，自然之友基金会联合阿里巴巴公益基金会共同设立了生态环境公益诉讼支持基金，主要用来资助比较成熟的民间环保组织提起生态环境公益诉讼案件，以解决民间环保组织提起公益诉讼而面临资金困难的问题。[①]

第六，现行的基本做法是，在生态环境行政公益诉讼案件中，检察机关作为原告，要求法院确认作为行政机关的被告的行政行为违法，诉请法院依法判决被告继续履行法定职责。正如上文所论证的，我国的公民社会不发达，就是环保组织也一般没有能力与行政机关对峙于法庭，以前有些环保组织起诉过行政机关，但是大多要么不予受理要么败诉。所以，赋予检察机关生态环境行政公益诉讼起诉权，目的在于克服生态环境行政公益诉讼起诉主体严重缺位的现象，督促环境行政机关及时严格依法加强环境监管，监督环境行政机关切实履行环保职责，形成严密的公共利益有效保护体系。只要相关行政机关怠于履行法定职责或者明知而放任甚至助长生态环境违法行为发展下去，检察机关就可以通过诉前程序、检察建议、督促起诉、支持起诉和提起公益诉讼等途径，督促行政机关依法履行保护生态环境公益职责，确保生态环境公益不受侵害。

第八节 2015年以后我国生态环境公益诉讼的结案率与结案方式分析

一、环境公益诉讼的结案率

截至目前，2015年提起的44个生态环境公益诉讼案件中，28个已经结案。

---

① 胡永观：《环境公益诉讼基金法律制度研究》，载《2015年全国环境资源法学研讨会（年会）论文集》。

2016年提起的165个生态环境公益诉讼案件当中，只有43起已经结案，其他案件还暂时无法了结。这说明生态环境公益诉讼案件的审理期限一般都比较长，也说明了案件处理的复杂性。

从近两年生态环境公益诉讼的结案率来看，结案的数量在立案中占的比重还很少。任何一起生态环境公益诉讼案件从起诉到法院，再到法院立案受理、开庭前的准备、当事人举证、技术鉴定、法庭审理、一审判决、执行等环节，有些案件还要先由行政机关处理、诉前和解和调解、诉中调解等，有些案件的当事人如果对一审判决不服，还可能上诉，经过二审，然后才能作出生效的终审判决，如果被执行人拒不执行生效的判决，还得申请法院强制执行，执行程序更为复杂。经过如此复杂的程序之后，很多案件进入诉讼程序通常短则数月，长则一两年，甚至更长时间，才能够结案。如果受到外界干扰司法独立，很可能案件不了了之，在如此漫长的马拉松式的"拖磨"当中，很多原告不得不选择中途放弃诉讼，以免因为案件始终难以结案、久拖不决而带来巨大的经济损失和时间压力。

生态环境公益诉讼在我国正处于起步探索阶段，是一个新生事物，其相关配套制度还不完善，因此法院在审理过程中遇到很大阻力。一是生态环境公益诉讼案件举证和鉴定很难。生态环境公益诉讼案件中的事实问题非常复杂，具有长期性、潜伏性、扩散性等特征，离不开大量的取证调查和相关专业的科技论证。而很多生态环境公益诉讼案件中的原告一般因为缺乏生态环境领域专业知识和无法熟练理解相关法律条款及其背后的法理依据，举证能力和法律知识都处于不利地位。在举证责任方面，虽然我国生态环境保护的相关法律法规和有关司法解释已经做了许多对原告有利的规定，但污染和破坏行为是否存在、生态环境损害是否发生和生态环境损害后果有多严重等，这些证据还是需要原告提供，否则，原告很可能面对败诉的压力。但是在许多情况下，这些事实的调查和取证，以及专业鉴定和论证还是很困难的。[①] 另外，被告通常是污染企业或者是不履行环境监管职责的政府部门，相比原告，被告明显处于强势地位，环保组织很难了解到污染企业的内部信息。所以，在信息严重不对称的情况下，污染企业的相关证据很难获取。二是兼具环保科技和法律知识的人才的缺乏，使生态环境公益诉讼案件的裁判难度很大。在许多环保法庭或者环保合议庭中，法官很多是来自之前的民事庭、刑事庭、行政审判庭，对这些法官来说，审理生态环境公益诉讼案件的相关专业知识积累很不够，这类案件的审理操作难度很大。三是生态环境公益诉讼的具体规则没有细化，可操作性不太强。由于生态环境公益诉讼从一定层面突破了

[①] 吕忠梅：《环境司法理性不能止于"天价"赔偿——泰州环境公益诉讼案评析》，载《中国法学》2016年第3期。

私益诉讼的基本原理，与私益诉讼的具体规则不具有兼容性。所以，不能完全套用传统私益诉讼的有关理念和规则来审理公益诉讼案件。然而，无论是立法机关授权，还是司法机关对生态环境公益诉讼所做出的司法解释，都不具体和缺乏可操作性。其实，生态环境公益诉讼案件的审理无论在起诉资格的认定和起诉主体顺位的安排，还是司法管辖权和诉讼请求的确定，以及举证责任的分配和证明规则的设定，还有禁止令的适用和诉讼费用的合理负担，当事人和解、法院调解、撤诉、赔偿金的归属、判决文书效力的范围等很多方面无不需要设计具体可操作的规则。① 这些原因导致法官在审理生态环境公益诉讼案件时寸步难行，影响了案件的审判。

二、生态环境公益诉讼的结案方式

在近年已经结案的公益诉讼案件中，判决结案53件，调解结案11件，和解结案7件。具体数据如表12-6所示。

表12-6　　2015~2016年我国生态环境公益诉讼结案方式及数据

结案类型（件）	2015年	2016年
一审判决	10	37
二审判决	4	2
调解	8	3
和解	6	1

在生态环境公益诉讼案件中，结案方式多样化，法院判决结案是主要方式，而且有快速不断上扬的趋势，其他结案方式有快速下降的趋势，这说明，在处理公益诉讼案件的过程中，当事人的自由处分权越来越受到严格限制，司法经验在不断地积累，诉讼活动在不断地规范。但在2015年调解结案的案件还是比较多，这大大超过了以前的合理预期，这既是裁判生态环境公益诉讼案件的初期各方对许多法律和技术问题拿不准，一直在不断探索，也是各方利益博弈和妥协的结果。判决以外的其他结案方式，虽然可以弥补生态环境民事公益诉讼程序的刚性，但是不符合司法民主和公益的不得随意处分的基本底线。所以，这种现象到了2016年大有改观，调解的案件数不到判决的十分之一。以判决结案的案件，诉讼程序的设计都以严格的形式理性为最高标准，其运作过程较为规范与公正。

---

① 王灿发、程多威：《新〈环境保护法〉下环境公益诉讼面临的困境及其破解》，载《法律适用》2014年第8期。

法官在审理中比较慎重，严格依法判决。有学者认为，生态环境公益诉讼案件的当事人众多而且被告多数实力强大、侵害范围较广、因果关系极为复杂、技术要求程度高、调查取证不易，原告在取证、起诉和执行等方面都面临着不少的成本和道德风险，所以调解制度能使当事人逾越烦琐司法程序的困扰，直接围绕案件的争执点进行辩论，忽略在案件事实问题上不必要的折腾，进而降低司法成本，压缩办案期限，"其达到的效果是同等甚至优于判决的"[①]。其实，这是对调解制度作用的过分夸大和对调解原则的重大误解，调解不是无原则的，如果缺乏对案件事实的基本把握，就是一场无原则的"和稀泥"，对公益诉讼案件的处理绝对不能以不顾案件事实而无原则的"和稀泥"式调解和解结案。调解、和解以及撤诉这些非判决的结案方式在实践中的适用受到很大限制。例如在停止侵害这种诉讼请求中不允许调解、和解和撤诉。另外，虽然法律规定，法院应当将生态环境民事公益诉讼当事人达成的调解协议或者自行达成的和解协议予以公告，公告期间不少于 30 日，但是，规定过于简单，对于法院应当采取什么样的公告方式，以及如何指导公众审查调解与和解协议及撤诉的内容、审查哪些内容、如何处理公众对调解与和解协议及撤诉的异议，以及如何向公众反馈审查结果，都没有规定。调解与和解协议及撤诉公告很容易流于形式，还可能造成程序的反复。[②] 因为调解与和解协议及撤诉公告只不过是协议形成或者法院决定之后的一种监督方式而已，无法切实有效监督法官违法调解、当事人违法和解与撤诉，而损害生态环境公益。

第九节　我国生态环境公益诉讼未来的发展趋势

对近年来我国生态环境公益诉讼案件的梳理和分析，其目的是为了把脉我国生态环境公益诉讼的未来发展走势，总结经验，找出问题，为进一步完善我国生态环境公益诉讼制度提供合理化建议。总的而言，随着立法和司法实践的不断推进，我国生态环境公益诉讼制度日趋成熟和健全，规则的可操作性在不断增强；确立和健全环境行政监管、生态环境民事公益诉讼与生态环境行政公益诉讼并驾齐驱形成合力的良性互动机制，是我国生态环境保护的最优法治措施；在诉讼领域，应当改变当前过于强调生态环境民事公益诉讼功效的舍本求末的制度追求和

[①] 孙洪坤、张姣：《论环境民事公益诉讼中的调解制度》，载《广西社会科学》2013 年第 9 期。
[②] 曲异霞：《论环境民事公益诉讼调解之适用》，载《政法论丛》2016 年第 3 期。

实践做法，转变到凸显生态环境行政公益诉讼与生态环境民事公益诉讼结合的标本兼治的法治战略上来。

第一，立法步步推进，越来越趋于明确具体，可操作性不断增强。

立法是依法裁判的前提和依据。我国生态环境公益诉讼立法出现"地方立法踊跃、全国性立法谨慎"的特征。先是2005年以来，全国政策性文件大力倡导，到地方先行先试，再到全国性立法步步推进，内容越来越趋于明确具体，可操作性不断增强。我国最早明确提出生态环境公益诉讼的政策性文件是2005年12月国务院发布的《关于落实科学发展观加强环境保护的决定》，该决定在第二十七条"健全社会监督机制"中明确规定，鼓励公民和社会组织检举与揭发各种生态环境违法行为，充分发挥社会团体的作用，大力推动生态环境公益诉讼制度建设和司法实践。自2012年修改的《民事诉讼法》第五十五条第一次在国家立法层面上明确了公益诉讼制度以来，两年之后修改的《环境保护法》虽然对"法律规定的机关"的诉讼主体资格只字未提，但是第五十八条进一步明确规定了社会组织可以提起生态环境公益诉讼的条件。已有规定还是比较原则，依然保留对社会组织不胜任和限制的痕迹，所以造成生态环境民事公益诉讼司法实践长期处于停滞状态，而且已经出现生态环境公害事件很多但是生态环境民事公益诉讼案件越来越少的局面。为了改变生态环境民事公益诉讼的这种局面，进一步统一和细化法律规范的适用标准，经过反复调研论证和广泛征求意见之后，2014年底最高法院先后通过了《关于审理环境民事公益诉讼案件适用法律若干问题的解释》和《关于适用〈中华人民共和国民事诉讼法〉的解释》。但是，对哪些机关是"法律规定的机关"，依然没有明确解释。2015年7月，依据全国人大常委会授权，最高检察院发布了《检察机关提起公益诉讼改革试点方案》。两年来，相对以前而言，试点地区检察机关办理的公益诉讼案件大幅增加，积累和丰富了大量的公益诉讼案件标本，充分检验证明检察机关提起公益诉讼的制度设计是成功的，正式建立和推广检察机关提起公益诉讼制度的条件已经基本具备。实践经验表明，试点期满之后，必然要修改和完善与公益诉讼相关的法律。[①]

2017年6月27日，全国人民代表大会常务委员会通过了对《民事诉讼法》的修改，实际上就是在第五十五条之后补充了一款，列为第二款，其内容与《试点方案》几乎原文照搬，没有实质性变化，只是在后面增加了"法律规定的机关或者社会组织提起诉讼的，检察机关可以支持起诉"的补充性规定，进一步明确解决了检察机关和其他主体在生态环境民事公益诉讼中的序位问题，也表达了检

---

① 2017年6月27日，第十二届全国人民代表大会常务委员会第二十八次会议通过关于修改《中华人民共和国民事诉讼法》和《中华人民共和国行政诉讼法》的决定，就是专门针对完善公益诉讼所做的修改。

察机关在生态环境民事公益诉讼中的适度谦抑性。这一方面说明《试点方案》的规定是成功的，另一方面，我们不能不说，这种立法还是过于简单化，甚至可以说这是立法过于慵懒的表现，检察机关提起生态环境民事公益诉讼，还有许多问题有待解决，比如，最核心的问题之一，即如何处理检察机关的生态环境民事公益诉讼起诉权和环境行政机关的行政执法权的关系，依然是没有解决而是采取回避的办法，而这个问题不解决，环保问题可能会出现非常混乱的局面。当然，总体而言，随着公益诉讼理论研究的纵深发展和司法实践的持续探索，我国公益保护司法体系必将不断完善。

2017年6月27日，全国人民代表大会常务委员会通过了对《行政诉讼法》的修改，实际上在第二十五条之后补充了一款，作为第四款，其内容与《试点方案》也几乎原文照搬，没有实质性变化，只是在后面增加了"应当向行政机关提出检察建议，督促其依法履行职责。行政机关不依法履行职责的，检察院依法向法院提起诉讼"的补充性规定，这一方面说明《试点方案》的规定是成功的，另一方面，初步理清了检察机关的生态环境行政公益诉讼起诉权和环境行政机关的行政执法权的关系，即确立了诉前程序制度，也就是说，检察院在起诉前，应当向行政机关提出检察建议，督促其依法履行职责，只有行政机关不依法履行职责的，检察院才可以依法向法院提起诉讼。

第二，健全环境行政监管，生态环境民事公益诉讼和生态环境行政公益诉讼并驾齐驱，形成合力的良性互动机制。

环境保护最重要和最关键的环节是环境行政监管，各级政府及其相关部门在环境监管体系中应当居于主导地位。[1] 理论上说，行政监管具有专业、高效、主动、快捷、及时等优点，加强环境行政监管是生态文明建设、确保环境质量的迫切需求。当然，行政监管也有失灵的现象，加上生态环境利益是一种典型的公共利益，最容易出现"公地悲剧"现象。关于解决"公地悲剧"的方法，经济学理论给出了两套方案：一是"公地私化"，也就是把公共物品转变为私人物品，私人作为理性经济人，会最有效利用与保护自己的物品；二是确立"公地代表"制度，即选择公共物品的代表人，由代表人民主决定公共物品高效利用与保护。基于人类共同的生态环境的不可分性，显然不能采取"公地私化"的方式去利用与保护，只能发挥"公地代表"的制度优势，建立和完善有效的生态环境公益代表制度，从而有效保护环境公益。有效的环境公益代表制度，其实就是采用"环境公益双代表制"，即由政府和环保组织分别作为生态环境公益的代表，分工协

---

[1] 赵美珍等：《论公众参与环境监管的补正功效与保障机制》，载《常州大学学报（社会科学版）》2015年第1期。

作，共同制止和打击损害生态环境公益的行为。所以，必须要建立政府与环保组织互相配合且监督制约的双轨平衡机制，任何单一的保护机制，都不足以减少生态环境"公地悲剧"事件的发生，相反，必然会出现权力异化与寻租现象，从而加剧了生态环境"公地悲剧"的发生和重演。

对于生态环境民事公益诉讼案件来说，应当要强调社会自治优先，强调"私对私"的合理平衡，只有在私主体缺位或者无能力的情况下，检察院才可以替补行使生态环境民事公益诉讼起诉权。一般情况下，检察院应当积极加强与相关社会组织的沟通和交流，建议、指导和支持符合原告身份的社会公益组织提起生态环境民事公益诉讼，并在法律咨询服务、收集调查证据等方面，提供有力的支持与协助，以使行政机关与社会公益组织有序高效利用司法资源，从而形成共同保护生态环境公益的合力。

对于提起行政公益诉讼的主体，理论上存在"一元化"与"多元化"的不同标准。有观点认为，只有检察机关才能提起行政公益诉讼；[1] 也有观点认为，可以将行政公益诉讼的适格原告定位于公民个人与检察机关或者定位于公民个人、社会组织以及检察机关。[2] 我国公益诉讼立法向来还是坚持"一元化"的标准，仅仅确立了检察机关可以提起行政公益诉讼。我们认为，对于"一元化"的理论阐述和立法认可值得商榷，任何缺乏制约的"一言堂"做法，都将会异化为失职，我们不能迷信检察机关作为通过司法制约行政机关的唯一主体的做法，生态环境行政公益诉讼能走多远，也不能因这两年来检察机关提起的生态环境行政公益诉讼在不断增多而盲目乐观，司法之外的应景与司法自身的规律之间的反差经常很大。

在生态环境公益诉讼中，无论生态环境民事公益诉讼还是生态环境行政公益诉讼，诉前程序都应当是必经程序，这是出于对环境行政管理权的应有尊重。为了增强环境行政机关依法行政的主动性与积极性，检察院通过提出检察建议，公民和社会组织通过行使检举控告的民主权利，可以在一定程度上督促行政机关依法履行监管职责，也确保了制度的有效衔接。最高人民检察院在推行公益诉讼试点工作的过程中，一直要求各级检察机关必须严格履行诉前程序，依法督促行政机关纠正违法行政行为和履行法定职责，各级检察机关多数也是这么做的，并且起到了良好的效果。在司法实践过程中，经过诉前程序，很多公益问题能够得到有效解决，从而节约了司法资源。这也是诉前程序和公益诉讼的警示作用所在。

---

[1] 姜涛：《检察机关提起行政公益诉讼制度：一个中国问题的思考》，载《政法论坛》2015年第6期。
[2] 黄学贤：《建立行政公益诉讼制度应当解决的几个问题》，载《苏州大学学报哲学社会科学版》2008年第3期。

同样，环保非政府组织也应当在起诉前的一定期限[①]将被起诉的违法行为以及诉讼请求和理由及事实依据书面通知行政机关，在该通知发出之日起一定期限内，诉讼时效将被中断，所有的社会组织和检察机关不得提起生态环境公益诉讼。如果环境行政机关勤勉地履行了监督职责，对公益违法行为予以了纠正或者督促违法行为人履责，那么就不必再提起生态环境公益诉讼。因为生态环境公益诉讼制度的目的只是在于弥补行政机关履行职责的不足之处，而不是由社会组织和检察机关取代行政机关之位去实施环境法。生态环境公益诉讼的提起，虽也在于满足公益目的，但如果过于宽松，必然会不当地影响主管机关执法上的资源调配，也必然会大大增加法院不必要的负担。[②] 一方面，诉前程序客观上避免司法程序过于频繁运用，以免浪费司法资源；另一方面，也规避司法权过分干涉行政权，形成有效的权力制衡机制。

第三，在诉讼领域，从当前过于强调生态环境民事公益诉讼功效而舍本求末的应景做法转变为凸显生态环境行政公益诉讼与生态环境民事公益诉讼结合的标本兼治的法治战略。

前面已经论述了环境行政监管与公益诉讼如何形成合力达到保护生态环境公益的良性互动机制问题，接着我们有必要再细化到分析生态环境行政公益诉讼与生态环境民事公益诉讼的基本关系问题上来。2015年修改后的《环境保护法》实施以来，起初我国生态环境民事公益诉讼快速发展，一些环保社会组织在全国各地提起了不少生态环境民事公益诉讼，但是，生态环境行政公益诉讼一直很冷清，一年之后，只有检察机关提起了一些生态环境行政公益诉讼。根据现行法律规定，环保社会组织无法提起生态环境行政公益诉讼。但是，环保社会组织起诉污染破坏生态环境的企业或者个人的时候，背后的事由其实就是一些当地政府及其相关部门应当管且可以管好但没有去管或者没有管到底。所以，指望环保社会组织通过提起生态环境民事公益诉讼参与进来，却又让当地政府和环保相关部门作壁上观，这显然是不合理的。[③] 许多生态环境民事公益诉讼案件透露地方政府和相关部门希望依靠环保社会组织取代法院去监督环保，这样的环护法治必然不可行。期望生态环境民事公益诉讼成为一种从根本上有效改善我国环境状况的手

[①] 这个期限到底多长为好，可以根据行政机关正常合理的办案期限来确定，比如，美国规定是60日，美国当时的交通信息没有我们今天发达和快速，所以我们的期限不能超过60日，规定为30日比较合理，特殊情况也不得超过60日，不得特批，这样可以加强督政。

[②] 叶俊荣：《环境政策与法律》，中国政法大学出版社2003年版，第230页。

[③] 王曦教授2017年6月10日在浙江大学光华法学院举办的"环境民事公益诉讼理论与实践高端论坛"上的发言——《论当前环境民事公益诉讼的几个问题》，http://mp.weixin.qq.com/s?__biz=MzA4NzUyMzY2NA%3D%3D&idx=3&mid=2649931558&sn=223be43e2508142a3d0d4934d409fdfb，访问时间：2017年7月7日。

段，显然是不切实际的梦想。根本的手段应该还是行政管理和生态环境行政公益诉讼，而且，后者只是前者的补充措施。因为环保组织和法院疲于应付也多半无济于事。正常情况应当是，政府勤勉履行环保职能，抑制环境违法行为，但是目前，我国的环保是双重成本并存：一是纳税人为委托地方政府搞好环保而缴纳的税款，二是环保组织、法院和被告为生态环境民事公益诉讼而耗费的成本。双重成本显然使社会资源不合理配置。我们必须从当前过于强调生态环境民事公益诉讼功效而舍本求末的做法转变到凸显生态环境行政公益诉讼与生态环境民事公益诉讼结合的标本兼治的法治战略上来，让民众和环保组织把热情与力量用到真正可以发挥作用的地方上去，那就是，监督地方政府及其相关部门的环保履职，让地方政府及其相关部门在民众和环保组织的监督下积极履行环保职能。所以，说到底，根本的解决办法是摆正生态环境民事公益诉讼的定位，确立和完善生态环境行政公益诉讼制度，理顺环保领域中民众、社会组织、行政机关、检察机关、人民法院、生态环境污染破坏者这六者之间的关系，使环境保护沿着良性互动的轨迹发展。

参考文献

[1] [美] A. H. 马斯洛：《动机与人格》，许金声等译，华夏出版社 1987 年版。

[2] [英] A. J. 汤因比、[日] 池田大作：《展望二十一世纪——汤因比与池田大作对话录》，荀春生等译，国际文化出版社 1985 年版。

[3] [美] A. 列奥鲍德：《听到野生之歌》，[日] 新岛义昭译，森林书店 1986 年版。

[4] [美] J. A. 麦克尼利等：《保护世界的生物多样性》，薛元达等译，中国环境科学出版社 1991 年版。

[5] [英] 阿蒂亚：《法律与现代社会》，范悦等译，辽宁教育出版社、牛津大学出版社 1998 年版。

[6] [美] 爱蒂丝·布朗·魏伊丝：《公平地对待未来人类：国际法、共同遗产与世代间衡平》，汪劲等译，法律出版社 2000 年版。

[7] 澳门政府法律翻译办公室：《澳门民事诉讼法典》，中国政法大学出版社 1999 年版。

[8] 白绿铉：《美国民事诉讼法》，经济日报出版社 1998 年版。

[9] 白平则：《论公民环境权与公司、企业环境资源使用权》，载《山西师范大学学报（社会科学版）》2005 年第 4 期。

[10] 白平则：《人与自然和谐关系的构建——环境法基本问题研究》，中国法制出版社 2006 年版。

[11] 包万平、郝小娟：《环境公益诉讼问题浅析》，载《兰州学刊》2005 年第 1 期。

[12] [美] 保罗·A. 萨缪尔森、威廉·D. 诺德豪斯：《经济学》，高鸿业等译，中国发展出版社 1992 年版。

[13] [美] 保罗·A. 萨缪尔森、威廉·D. 诺德豪斯：《经济学》，胡代光等译，北京经济学院出版社 1996 年版。

[14][美]保罗·萨缪尔森、威廉·诺德豪斯：《经济学》，萧琛主译，人民邮电出版社 2008 年版。

[15]日本律师协会主编：《日本环境诉讼典型案例与评析》，中国政法大学出版社 2011 年版。

[16][美]彼得.德鲁克：《非营利组织的管理》，吴振阳等译，机械工业出版社 2007 年版。

[17][意]彼德罗·彭梵得：《罗马法教科书》，黄风译，中国政法大学出版社 2005 年版。

[18]别涛：《环境公益呼唤环境公诉》，载《环境经济》2004 年第 9 期。

[19]别涛：《中国环境公益诉讼的立法建议》，载《中国地质大学学报（社会科学版）》2006 年第 11 期。

[20]别涛主编：《环境公益诉讼》，法律出版社 2007 年版。

[21][美]伯纳德·施瓦茨：《行政法》，徐炳译，群众出版社 1986 年版。

[22][美]罗伯特·考特、托马斯·尤伦：《法和经济学》，史晋川、董雪兵等译，格致出版社、上海人民出版社 2012 年版。

[23]蔡守秋：《从环境权到国家环境保护义务和环境公益诉讼》，载《现代法学》2013 年第 6 期。

[24]蔡守秋：《当代环境法的"民主化"》，载《环境》1998 年第 5 期。

[25]蔡守秋：《调整论——对主流法理学的反思与补充》，高等教育出版社 2003 年版。

[26]蔡守秋：《关于建立环境法院（庭）的构想》，载《东方法学》2009 年第 5 期。

[27]蔡守秋：《环境行政执法和环境行政诉讼》，武汉大学出版社 1992 年版。

[28]蔡守秋、文黎照：《印度〈2010 年国家绿色法庭法〉评介》，载《法学杂志》2013 年第 11 期。

[29]蔡守秋、张文松：《检察机关在突破环境民事公益诉讼难局中的法律困境与规则建构——基于公益诉讼改革试点方案的思考》，载《中国地质大学学报（社会科学版）》2016 年第 3 期。

[30]蔡守秋主编：《环境资源法教程》，高等教育出版社 2004 年版。

[31]蔡维力：《环境诉权初探》，中国政法大学出版社 2010 年版。

[32]蔡彦敏：《中国环境民事公益诉讼的检察担当》，载《中外法学》2011 年第 1 期。

[33]苍鹃：《生态事件频发，为何环保法庭遭冷落》，载《羊城晚报》2013 年 8 月 17 日第 B5 版。

[34] 曹和平、尚永昕:《西方环境行政公益诉讼制度研究》,载《人民论坛》2010年第29期。

[35] 曹建明:《建立检察机关提起公益诉讼制度时机已经成熟》,载《检察日报》2017年6月23日。

[36] 曹建明:《试点积累丰富案件样本,制度设计得到充分检验》,载《检察日报》2017年6月21日。

[37] 曹明德:《法律生态化趋势初探》,载《现代法学》2002年第4期。

[38] 曹明德:《中美环境公益诉讼比较研究》,载《比较法研究》2015年第4期。

[39] [古罗马]查士丁尼:《法学阶梯》,徐国栋译,中国政法大学出版社1999年版。

[40] 常纪文:《环境公益诉讼需解决八个问题》,载《经济参考报》2014年9月3日第6版。

[41] 常纪文:《解读〈环境保护法〉修订的亮点、难点和遗憾》,载《中国环境报》2014年4月29日。

[42] 常怡主编:《比较民事诉讼法》,中国政法大学出版社2002年版。

[43] 陈慈阳:《环境法总论》,中国政法大学出版社2003年版。

[44] 陈冬:《公民可否成为我国环境公益诉讼的原告》,载《清华法治论衡》2012年第2期。

[45] 陈冬:《美国环境公民诉讼研究》,中国人民大学出版社2014年版。

[46] 陈发桂:《重塑信用:论司法公信力的生成——以网络环境下公众参与为视角》,载《学术论坛》2011年第8期。

[47] 陈菲:《环境民事公益诉讼既判力范围研究》,西南政法大学硕士学位论文,2014年。

[48] 陈桂明:《诉讼公正与程序保障》,中国法制出版社1996年版。

[49] 陈海嵩:《国家环境保护义务的溯源与展开》,载《法学研究》2014年第3期。

[50] 陈红梅:《生态损害的私法救济》,载《中州学刊》2013年第1期。

[51] 陈晶晶:《吕忠梅代表建议赋予个人提起环境公益诉讼权利》,载《法制日报》2007年3月9日。

[52] 陈君、王雪静:《全国首个省级生态环境审判庭在福建设立》,载《福建日报》2014年4月28日第4版。

[53] 陈丽华:《论村民自治组织在保护农村生态环境中的法律地位》,载《求索》2007年第12期。

[54] 陈亮，吴晓明：《对抗还是合作？——环境公益诉讼背景下环境司法与环境执法相互关系研究》，环境司法研究中心网站，http://www.hjsfyj.com/information/InformationDisplay.asp?Newsm=37。

[55] 陈亮：《美国环境公益诉讼原告适格规则研究》，中国检察出版社2010年版。

[56] 陈亮：《环境公益诉讼"零受案率"之反思》，载《法学》2013年第7期。

[57] 陈柳钦：《营利性环保联合会如何垄断环保公益权?》，载《中国能源报》2013年7月8日第4版。

[58] 陈茂云：《论公民环境权》，载《政法论坛》1990年第6期。

[59] 陈泉生：《环境权之辨析》，载《中国法学》1999年第2期。

[60] 陈泉生：《可持续发展与法律变革》，法律出版社2000年版。

[61] 陈泉生等：《环境法哲学》，中国法制出版社2012年版。

[62] 陈廷榔：《德国如何防治土壤污染?》，载《中国环境报》2012年8月14日。

[63] 陈小平等：《环境民事公益诉讼的理论与实践探索》，法律出版社2016年版。

[64] 陈学敏、黄俞海：《构建环境法官机制的思考》，载《中国环境法治》2013年第2期。

[65] 陈阳：《检察机关环境公益诉讼原告资格及其限制》，山东人民出版社2009年版。

[66] 陈志荣：《生态法律关系研究》，福州大学博士学位论文，2016年。

[67] 程正康：《环境法概要》，光明日报出版社1986年版。

[68] 崔建远：《关于恢复原状、返还财产的辨析》，载《当代法学》2005年第1期。

[69] [日] 大须贺明：《生存权论》，林浩译，法律出版社2001年版。

[70] [美] 戴斯·贾丁斯：《环境伦理学》，林冠明，杨爱民译，北京大学出版社2002年版。

[71] [美] 戴维·波普诺：《社会学》（第11版），李强等译，中国人民大学出版社2007年版。

[72] 戴彦艳、孙日华：《环境公益诉讼中的利他主义》，载《西部法学评论》2014年第2期。

[73] [美] 道格拉斯·诺斯、罗伯特·托马斯：《西方世界的兴起》，厉以平、蔡磊译，华夏出版社1999年版。

[74] 邓一峰：《环境诉讼制度研究》，中国法制出版社 2008 年版。

[75] [德] 迪特尔·梅迪库斯：《德国民法总论》，邵建东译，法律出版社 2001 年版。

[76] 丁山：《今天起我们开始透支地球》，《北京晚报》2006 年 10 月 10 日。

[77] 丁岩林：《超前抑或滞后：环保法庭的现实困境及应对》，引自张仁善：《南京大学法律评论（2012 年秋季卷）》，法律出版社 2012 年版。

[78] 董雪烈、龚扬帆：《环境民事公益诉讼的三个潜在问题及其解决方法》，载《绿色科技》2014 年第 10 期。

[79] 董燕：《从澳大利亚土地与环境法院制度看我国环境司法机制的创新》，载《华东政法学院学报》2007 年第 1 期。

[80] 杜辉：《挫折与修正：风险预防之下环境规制改革的进路选择》，载《现代法学》2015 年第 1 期。

[81] 杜辉：《环境司法的公共治理面向——基于"环境司法中国模式"的建构》，载《法学评论》2015 年第 4 期。

[82] 杜健勋：《环境利益分配法理研究》，中国环境出版社 2013 年版。

[83] 杜群、梁春艳：《我国环境公益诉讼单一模式及比较视域下的反思》，载《法律适用》2016 年第 1 期。

[84] 杜万华：《当前环境资源审判的重点和难点问题》，载《法律适用》2016 年第 2 期。

[85] 杜万华：《最高人民法院民事诉讼法司法解释实务指南》，中国法制出版社 2015 年版。

[86] 杜颖：《英美法律的禁令制度》，载《广东行政学院学报》2003 年第 3 期。

[87] 范愉：《集团诉讼问题研究》，北京大学出版社 2005 年版。

[88] [美] 菲利普·塞尔兹尼克：《社群主义的说服力》，马洪、李清伟译，上海世纪出版集团、上海人民出版社 2009 年版。

[89] 冯嘉：《环境法原则论》，中国政法大学出版社 2012 年版。

[90] 冯嘉：《论新环境保护法中重点环境管理制度实施的力度和效果》，载《中国高校社会科学》2016 年第 5 期。

[91] 冯汝：《确立村民委员会环境公益诉讼原告资格的社会与法律基础》，载《中南大学学报（社会科学版）》2013 年第 3 期。

[92] 傅贤国：《环境民事公益诉讼制度研究——以贵州省贵阳市"生态保护两庭"司法实践为中心的分析》，法律出版社 2016 年版。

[93] 甘培忠、汪劲：《鲟鳇鱼、松花江和太阳岛：你们是否有权控诉人类

行为对你们的侵害?》，北大法律信息网，http://www.chinalawinfo.com。

[94] 高波：《扩大还是缩小：民事公益诉讼起诉主体分析——以文义解释为视角》，载《武汉理工大学学报（社会科学版）》2013 年第 6 期。

[95] 高桂林、于钧泓、罗晨煜编著：《大气污染防治法理论与实务》，中国政法大学出版社 2014 年版。

[96] 高吉喜、杨兆平：《生态功能恢复：中国生态恢复的目标与方向》，载《生态与农村环境学报》2015 年第 1 期。

[97] 高利红：《动物的法律地位研究》，中国政法大学出版社 2005 年版。

[98] 高雁、高桂林：《环境公益诉讼原告资格的扩展与限制》，载《河北法学》2011 年第 3 期。

[99] 葛枫：《环保公益组织提出修改建议》，载《节能与环保》2014 年第 12 期。

[100] 公丕祥：《当代中国能动司法的理论与实践》，法律出版社 2012 年版。

[101] 龚海南：《环境保护禁止令制度的构建》，载《人民司法》2015 年第 1 期。

[102] 龚学德：《环境公益诉讼的角色解读与反思》，载《河南师范大学学报（哲学社会科学版）》2013 年第 2 期。

[103] 龚学德：《论行政机关提起环境公益诉讼的弊端》，载《山西财经大学学报》2012 年第 5 期。

[104] 巩固：《2015 年中国环境民事公益诉讼的实证分析》，载《法学》2016 年第 9 期。

[105] 巩固：《公众环境利益——环境保护法的核心范畴与完善重点》，http://www.civillaw.com.cn/Article/default.asp?id=52444。

[106] 巩固：《环境伦理学的法学批判——对中国环境法学研究路径的思考》，法律出版社 2015 年版。

[107] 巩固：《激励理论与环境法研究的实践转向》，载《郑州大学学报（哲社版）》2016 年第 4 期。

[108] 谷德近：《美国自然物诉讼的实践功能——以因环境侵害而受损的自然物的法律地位为中心》，载《政治与法律》2009 年第 12 期。

[109] [日] 谷口安平：《程序的正义与诉讼（增补本）》，王亚新、刘荣军译，中国政法大学出版社 2002 年版。

[110] 顾培东：《社会冲突与诉讼机制》（修订版），法律出版社 2004 年版。

[111] 关丽：《环境民事公益诉讼研究》，中国政法大学博士学位论文，2011 年。

[112] 郭英华、李庆华：《试论环境公益诉讼适格原告》，载《河北法学》

2005 年第 4 期。

[113] 郭锦勇、苏喆：《检察机关在环境公益诉讼中的职能研究——以公益诉讼专门制度的构建与实施为视角》，载《河北法学》2015 年第 11 期。

[114] 郭武、范兴嘉：《〈环境保护法〉修订案之环境司法功能抽绎》，载《南京工业大学学报（社会科学版）》2014 年第 4 期。

[115] 韩立新：《美国的环境伦理对中日两国的影响及其转型》，载《中国哲学史》2006 年第 1 期。

[116] 韩立新：《环境价值论》，云南人民出版社 2005 年版。

[117] 韩卫平、黄锡生：《论"环境"的法律内涵为环境利益》，载《重庆理工大学学报（社会科学版）》2012 年第 12 期。

[118] [美] 汉密尔顿等：《联邦党人文集》，程逢如等译，商务印书馆 1980 年版。

[119] 郝道猛：《生态科学概论》，徐氏基金会出版 1977 年版。

[120] 贺震：《环境公益诉讼需另辟蹊径？》，载《中国环境报》2014 年 12 月 19 日。

[121] 洪浩：《检察权论》，武汉大学出版社 2001 年版。

[122] 侯佳儒：《环境法学与民法学的对话》，中国法制出版社 2009 年版。

[123] 侯宇：《美国公共信托理论的形成与发展》，载《中外法学》2009 年第 4 期。

[124] 胡静、姜真：《环保组织提起公益诉讼的条件研究》，载《环境经济》2014 年第 5 期。

[125] 胡璐曼：《"问症"环保法庭》，载《民主与法制时报》2013 年 10 月 28 日第 6 版。

[126] 胡玉鸿：《论个人主义方法论在法学研究中的应用》，载《法律方法》2001 年第 1 期。

[127] 胡中华、陈妍：《论环境公益损害民事救济的请求权基础》，载《中国地质大学学报（社会科学版）》2016 年第 2 期。

[128] 黄豹、廖明会：《社会治安综合治理中的零容忍理论研究》，载《中南民族大学学报（人文社会科学版）》2007 年第 3 期。

[129] 黄风：《罗马私法导论》，中国政法大学出版社 2003 年版。

[130] 黄浩明：《中国民间组织的发展趋势和面临的挑战》，http：//www.cango.org/cnindex/lunwen/06.htm。

[131] 黄锡生、林玉成：《构建环境公益行政诉讼制度的设想》，载《行政学研究》2005 年第 3 期。

[132] 黄学贤：《建立行政公益诉讼制度应当解决的几个问题》，载《苏州大学学报（哲学社会科学版）》2008年第3期。

[133] 黄学贤、王太高：《行政公益诉讼研究》，中国政法大学出版社2008年版。

[134] 黄亚宇：《生态环境公益诉讼起诉主体的多元性及序位安排——兼与李挚萍教授商榷》，载《广西社会科学》2013年第7期。

[135] 黄忠顺：《环境公益诉讼制度扩张解释论》，载《中国人民大学学报》2016年第2期。

[136] [美]霍尔姆斯·罗尔斯顿：《环境伦理学》，杨通进译，中国科学社会出版社2000年版。

[137] 季卫东：《法治秩序的建构》，中国政法大学出版社1999年版。

[138] [日]兼子一，竹下守夫：《日本民事诉讼法》，白绿铉译，法律出版社1995年版。

[139] 剑兰：《难忘一塘清水》，载《江苏法制报》2008年5月6日。

[140] 江必新：《生态法治元论》，载《现代法学》2013年第3期。

[141] 江必新主编：《新民事诉讼法——理解适用与实务指南》，法律出版社2012年版。

[142] 江山：《法的自然精神导论》，法律出版社1998年版。

[143] 江山：《互助与自足——法与经济的历史逻辑通论》，中国政法大学出版社1994年版。

[144] 江山：《法律革命：从传统到超现代——兼谈环境资源法的法理问题》，载《比较法研究》2000年第1期。

[145] 江伟、邵明、陈刚：《民事诉权研究》，法律出版社2005年版。

[146] 姜素红、邓海林：《公民提起环境公益诉讼原告资格之探析》，载《中南林业科技大学学报（社会科学版）》2013年第2期。

[147] 姜涛：《检察机关提起行政公益诉讼制度：一个中国问题的思考》，载《政法论坛》2015年第6期。

[148] 蒋亚娟：《中美生态损害赔偿制度之比较》，载《暨南学报（哲学社会科学版）》2015年第3期。

[149] [日]交告尚史、臼杵知史、前田阳一、黑川哲志：《日本环境法概论》，田林、丁倩雯译，中国法制出版社2014年版。

[150] 马英杰：《民事公益诉讼鼓与呼》，http://www.law-lib.com/lw/lw_view.asp?no=3155。

[151] 罗结珍译：《法国民法典》，中国法制出版社1999年版。

[152] 金福海：《论环境利益"双轨"保护制度》，载《法制与社会发展》2002 年第 4 期。

[153] 金煌：《中国公益诉讼屡诉屡驳，环境法庭多透遇零案件尴尬》，载《新京报》2011 年 10 月 26 日。

[154] 金晶：《环境公益诉讼的贵阳模式》，载《人民法院报》2011 年 4 月 10 日第 3 版。

[155] 金瑞林主编：《环境法学》，北京大学出版社 1990 年版。

[156] 金煜：《新环保法满月显示公益诉讼破局环保组织有心无力》，载《新京报》2015 年 2 月 2 日。

[157] 柯坚：《环境法的生态实践理性原理》，中国社会科学出版社 2012 年版。

[158] 柯泽东：《环境法论》，台湾三民书局 1988 年版。

[159] [德] 克雷斯蒂安·冯·巴尔：《欧洲比较侵权行为法》，焦美华译，张新宝审校，法律出版社 2004 年版。

[160] [美] 克里斯托弗·沃尔夫：《司法能动主义——自由的保障还是安全的威胁？》，黄金荣译，中国政法大学出版社 2004 年版。

[161] 雷海平：《建立环境公益民事诉讼制度中若干问题的探讨》，昆明理工大学硕士学位论文，2006 年。

[162] [英] 蕾切尔·卡森：《寂静的春天》，吕瑞兰、李长生译，上海译文出版社 2016 年重印版。

[163] 冷罗生：《日本公害诉讼理论与案例评析》，商务印书馆 2005 年版。

[164] 李本森：《破窗理论与美国的犯罪控制》，载《中国社会科学》2010 年第 5 期。

[165] 李波：《公共执法与私人执法的比较经济研究》，北京大学出版社 2008 年版。

[166] 李承亮：《侵权责任法视野中的生态损害》，载《现代法学》2010 年第 1 期。

[167] 李春明：《"36 条"描绘环境公益诉讼新蓝图——解读贵阳中院〈关于进一步推进环境民事公益诉讼审判工作的意见〉》，载《贵阳日报》2014 年 10 月 8 日第 7 版。

[168] 李放：《试论我国环境公益诉讼制度的确立》，载《中国社会科学研究生院学报》2004 年第 3 期。

[169] 李桂林：《司法能动主义及其实行条件——基于美国司法能动主义的考察》，载《华东政法大学学报》2010 年第 1 期。

[170] 李慧青:《生态伦理的文化底蕴》,东北师范大学硕士学位论文,2003年。

[171] 李劲:《国外环境公益诉讼主体资格的确定及其借鉴》,载《法学杂志》2011年第10期。

[172] 李培超:《自然的伦理尊严》,江西人民出版社2001年版。

[173] 李启家:《环境法的利益分析之提纲》,http://www.riel.whu.edu.cn/show,asp?ID=1276。

[174] 李德仁、汪滔:《公益诉讼制度的立法构想——以对环境行政违法行为的规制为视角》,载《乐山师范学院学报》2006年第7期。

[175] 李楯主编:《环境公益诉讼观察报告(2015年卷)》,法律出版社2016年版。

[176] 李天相:《环境公益诉讼原告利益的维度——以环保民间组织为视角》,载《法学杂志》2016年第8期。

[177] 李天相等:《我国社会组织作为环境公益诉讼原告主体的本土特性》,载《中国环境管理干部学院学报》2016年第4期。

[178] 李霞、波斯纳:《法律的经济分析》,黑龙江大学出版社2009年版。

[179] 李想:《最高法:五大难点束缚环境资源审判手脚》,载《法制日报》2015年7月13日。

[180] 李新亮:《环保法庭设立应遵循什么原则?》,载《中国环境报》2014年10月8日。

[181] 李艳芳:《美国的公民诉讼制度及其启示——关于建立我国公益诉讼制度的借鉴性思考》,载《中国人民大学学报》2003年第2期。

[182] 李扬勇:《论我国环境公益诉讼制度的构建——兼评〈环境影响评价公共参与暂行办法〉》,载《河北法学》2007年第4期。

[183] 李义凤:《论环境公益诉讼中的"诉前禁令"》,载《河南社会科学》2013年第6期。

[184] 李义松、陈昱晗:《论环境民事公益诉讼之原告胜诉奖励机制》,载《西部法学评论》2015年第1期。

[185] 李义松、苏胜利:《环境公益诉讼的制度生成研究》,载《中国软科学》2011年第4期。

[186] 李挚萍:《美国佛蒙特州环境法院的发展及对中国的启示》,载《中国政法大学学报》2010年第1期。

[187] 李挚萍:《环境法的新发展——管制与民主之互动》,人民法院出版社2006年版。

[188] 李挚萍:《环境基本法比较研究》,中国政法大学出版社 2013 年版。

[189] 李挚萍:《环境法基本法中"环境"定义的考究》,载《政法论丛》2014 年第 3 期。

[190] 李挚萍:《环境修复的司法裁量》,载《中国地质大学学报(社会科学版)》2014 年第 4 期。

[191] 李挚萍:《欧洲环保团体公益诉讼及其对中国的启示》,载《中州学刊》2007 年第 4 期。

[192] 李挚萍:《试论法对人与自然关系的调整》,载《中山大学学报(社会科学版)》2001 年第 2 期。

[193] 李挚萍:《外国环境司法专门化的经验及挑战》,载《法学杂志》2012 年第 11 期。

[194] 李挚萍:《中国环境公益诉讼原告主体的优劣分析和顺序选择》,载《河北法学》2010 年第 1 期。

[195] 李挚萍、陈春生:《农村环境管制与农村环境权保护》,北京大学出版社 2009 年版。

[196] [美] 罗德里克·纳什:《大自然的权利》,杨通进译,青岛出版社 1999 年版。

[197] [美] 理查德·拉撒路斯、奥利弗·哈克主编:《环境法故事》,曹明德等译,中国人民大学出版社 2013 年版。

[198] 联合国千年生态系统评估项目组:《生态系统与人类福祉:评估框架》,张永民译,中国环境科学出版社 2007 年版。

[199] 梁春艳:《我国环境公益诉讼的模式选择》,载《郑州大学学报(哲学社会科学版)》2015 年第 6 期。

[200] 廖华:《环境法益学说初论》,载《广东行政学院学报》2006 年第 4 期。

[201] 廖华、孙林:《论环境法法益:对环境法基础的再认识》,载《中南民族大学学报》(人文社会科学版) 2009 年第 6 期。

[202] 廖中洪:《对我国〈民诉法〉确立公益诉讼制度的质疑》,载《法学评论》2012 年第 1 期。

[203] 林腾鹞:《行政诉讼法》,台湾三民书局 2005 年版。

[204] 林钰雄:《检察官论》,台湾学林文化事业有限公司 1999 年版。

[205] 林文学:《环境民事公益诉讼争议问题探讨》,载《法律适用》2014 年第 10 期。

[206] 林燕梅:《环境司法区域化审判模式的比较研究》,载《中国政法大

学学报》2015 年第 1 期。

[207] 林子杉：《亮出新姿态，适应环保新常态》，载《人民法院报》2015 年 1 月 17 日。

[208] 刘爱军：《生态文明与环境立法》，山东人民出版社 2007 年版。

[209] 刘长明：《生态是生产力之父——兼论生态优先规律》，载《文哲史》2000 年第 3 期。

[210] 刘超：《环保法庭在突破环境侵权诉讼困局中的挣扎与困境》，载《武汉大学学报（哲学社会科学版）》2012 年第 4 期。

[211] 刘超：《环境法的人性化与人性化的环境法》，武汉大学出版社 2010 年版。

[212] 刘超：《问题与逻辑——环境侵权救济机制的实证研究》，法律出版社 2012 年版。

[213] 刘瀚聪：《环境公益诉权研究》，昆明理工大学硕士学位论文，2001 年。

[214] 刘华义、董莹莹：《英国的环境纠纷解决机制》，载《中国海洋大学学报（社会科学版）》2007 年第 4 期。

[215] 刘澜平、向亮：《环境民事公益诉讼被告反诉问题探讨》，载《法律适用》2013 年第 11 期。

[216] 刘明皓：《从人本法治观到生态法治观——一种法治观念模式的衍更》，载《黑龙江省政法管理干部学院学报》2007 年第 3 期。

[217] 刘凝、范净玉：《我国公益法律的概念和发展》，载《法学杂志》2009 年第 4 期。

[218] 刘乔发：《构建海事审判专家陪审员制度研究》，载《人民司法》2011 年第 7 期。

[219] 刘清生：《整体主义方法论下环境权论》，福州大学博士学位论文，2016 年。

[220] 刘天齐主编：《环境保护通论》，中国环境科学出版社 1997 年版。

[221] 刘英团：《提起环境公益诉讼门槛还是高了》，载《人民法院报》2013 年 11 月 4 日第 2 版。

[222] 刘卫先：《论公众参与环境保护的动力与主要途径——基于政府环保主导作用的"失灵"》，载《清华法治论衡》2013 年第 3 期。

[223] 刘卫先：《也论生态整体主义环境法律观》，载《政法论坛》2013 年第 2 期。

[224] 刘莘：《公法视野下的环境公益诉讼》，载《南京工业大学学报（社会科学版）》2014 年第 1 期。

[225] 刘学在:《民事公益诉讼原告资格解析》,载《国家检察官学院学报》2013年第2期。

[226] 刘毅:《环境民事公益诉讼迎来春天?》,载《人民法院报》2015年1月17日。

[227] [法]卢梭:《社会契约论》,赵建兵译,中国社会出版社1999年版。

[228] 吕忠梅:《沟通与协调之途——论公民环境权的民法保护》,中国人民大学出版社2005年版。

[229] 吕忠梅:《环境公益诉讼:想说爱你不容易》,载《中国审判》2012年第10期。

[230] 吕忠梅:《环境公益诉讼辨析》,载《法商研究》2008年第6期。

[231] 吕忠梅:《环境司法理性不能止于"天价"赔偿——泰州环境公益诉讼案评析》,载《中国法学》2016年第3期。

[232] 吕忠梅等:《环境司法专门化现状——调查与制度重构》,法律出版社2017年版。

[233] 吕忠梅等:《环境损害赔偿法的理论与实践》,中国政法大学出版社2013年版。

[234] 吕忠梅等:《侵害与救济——环境友好型社会中的法治基础》,法律出版社2012年版。

[235] 吕忠梅、徐祥民主编:《环境资源法论丛》(第4卷),法律出版社2004年版。

[236] 吕忠梅、张忠民、熊晓青:《中国环境司法现状调查:以千份环境裁判文书为样本》,载《法学》2011年第4期。

[237] 栾志红:《印度的环境公益诉讼》,载《环境保护》2007年第18期。

[238] [美]曼瑟尔·奥尔森:《集体行动的逻辑》,陈郁等译,上海人民出版社1995年版。

[239] 毛玮:《论诉和诉权》,载《中央政法管理干部学院学报》1998年第1期。

[240] 孟登科:《扛起大棒打蚊子》,载《南方周末》2010年10月4日第5版。

[241] 孟庆垒:《环境责任论——兼谈环境法的核心问题》,法律出版社2014年版。

[242] 莫纪宏、张毓华:《诉权是现代法治社会第一制度性人权》,载《法学杂志》2002年第4期。

[243] [意]莫诺·卡佩莱蒂编:《福利国家与接近正义》,刘俊祥等译,法律出版社2000年版。

［244］［英］尼尔·麦考密克：《法律推理与法律理论》，姜峰译，法律出版社 2005 年版。

［245］潘佳：《论公民个人和环保部门不宜作为环境公益诉讼的直接原告》，载《齐齐哈尔大学学报（哲学社会科学版）》2012 年第 5 期。

［246］潘申明：《比较法视野下的民事公益诉讼》，法律出版社 2011 年版。

［247］彭君、胡建伟：《论环境公益诉讼中的法律困境与出路》，载《河北法学》2015 年第 8 期。

［248］彭跃进、郭全和：《域外环境行政公益诉讼扫描》，载《人民法院报》2016 年 3 月 4 日第 8 版。

［249］［法］皮埃尔．特鲁仕主编：《法国司法制度》，丁伟译，北京大学出版社 2012 年版。

［250］齐树洁：《环境诉讼与当事人适格》，载《黑龙江省政法管理干部学院学报》2006 年第 3 期。

［251］齐树洁、李叶丹：《台湾环境公民诉讼制度述评》，载《台湾研究集刊》2010 年第 1 期。

［252］齐树洁、林建文主编：《环境纠纷解决机制研究》，厦门大学出版社 2005 年版。

［253］钱水苗：《论环境自卫权》，载《中国法学》2001 年第 3 期。

［254］钱正英、沈国舫、刘昌明：《建议逐步改正"生态环境建设"一词的提法》，载《科技术语研究》2005 年第 2 期。

［255］［美］乔治·弗雷德里克森：《公共行政的精神》，张成福等译，中国人民大学出版社 2003 年版。

［256］秦鹏：《关于环境公益诉讼制度实施的若干思考——基于国内首例跨省界环境公益诉讼案的分析》，载《环境保护》2015 年第 13 期。

［257］秦鹏、陈幸欢：《环境公益诉讼中的法院角色、逆向选择与社会结构——以泰州 1.6 亿赔偿案为样本的法社会学分析》，载《西南民族大学学报（人文社会科学版）》2015 年第 5 期。

［258］邱联恭：《司法之现代化与程序法》，台湾三民书局 1992 年版。

［259］裘立华：《浙江首例环保公益诉讼案件开庭审理 索赔 50 余万》，新华网，http：//news.xinhuanet.com/legal/2011-12/01/c_122363169.htm。

［260］曲冬梅：《环境检察专门化的思考》，载《人民检察》2015 年第 12 期。

［261］曲格平：《公众参与环境保护》，《人民日报海外版》2005 年 7 月 29 日第 1 版。

［262］曲异霞：《论环境民事公益诉讼调解之适用》，载《政法论丛》2016

年第 3 期。

[263] 全国人大常委会法制工作委员会民法室编：《民事诉讼法立法背景与观点全集》，法律出版社 2012 年版。

[264] 任瑞兴：《环境公益诉讼制度应回归生态理性》，载《中国社会科学报》2013 年 7 月 29 日。

[265] 阮丽娟：《环境公益诉讼的性质识别、原告寻找与审理机关专门化》，载《北方法学》2013 年第 6 期。

[266] 阮丽娟：《环境公益诉讼原告资格的司法实践分析》，载《江西社会科学》2013 年第 12 期。

[267] ［美］萨克斯：《环境保护——为公民之法的战略》（日文版），山川洋一郎等译，岩波书店 1970 年版。

[268] 上官丕亮：《城镇化大背景下城市污染向农村转移难题的法律应对》，载《唯实》2014 年第 2 期。

[269] 邵明：《民事诉讼当事人适格理论的发展》，载中法网，http：//www.1488.com/china/intolaws/lawpoint/Default.asp？ProgramID＝22&pkNo＝1553。

[270] 邵明：《民事诉讼法理研究》，中国人民大学出版社 2004 年版。

[271] 邵明：《析法院职权探知主义》，载《政法论坛》2009 年第 6 期。

[272] 邵劭：《论专家证人制度的构建——以专家证人制度与鉴定制度的交叉共存为视角》，载《法商研究》2011 年第 4 期。

[273] 沈栖：《环境公益诉讼亟待"破茧"》，载《上海法治报》2013 年 12 月 23 日。

[274] 沈寿文：《环境公益诉讼行政机关原告资格之反思——基于宪法原理的分析》，载《当代法学》2013 年第 1 期。

[275] 沈跃东：《可持续发展裁决机制的一体化——以新西兰环境法院为考察对象》，载《西北农林科技大学学报（社会科学版）》2008 年第 3 期。

[276] 石佳友：《论侵权责任法的预防职能》，载《中州学刊》2009 年第 3 期。

[277] 石先钰、李方方：《克服"执行难"的制度安排新论》，载《法学杂志》2009 年第 10 期。

[278] ［美］史蒂文·苏本：《美国民事诉讼的真谛》，蔡彦敏等译，法律出版社 2002 年版。

[279] 史玉成：《环境利益、环境权利与环境权力的分层建构——基于法益分析方法的思考》，载《法商研究》2013 年第 5 期。

[280] 罗书臻：《规范环境公益案件审理切实维护环境公共利益——最高人

民法院环境资源审判庭负责人就〈关于审理环境公益案件适用法律若干问题的解释〉答记者问》，载《人民法院报》2015年1月7日第4版。

[281] 苏力：《关于能动司法与大调解》，载《中国法学》2010年第1期。

[282] 苏苗罕：《美国联邦政府监管中的行政罚款制度研究》，载《环球法律评论》2012年第3期。

[283] 孙宝民、常纪文：《检察机关提起环境公益诉讼理论及实践探索》，载《中国环境管理》2015年第4期。

[284] 孙洪坤、张姣：《论环境民事公益诉讼中的调解制度》，载《广西社会科学》2013年第9期。

[285] 孙洪坤、张姣：《论我国环境公益诉讼启动主体的认定——关于"潍坊案"中华环保联合会遭遇起诉尴尬的分析》，载《环境保护》2014年第21期。

[286] 孙谦：《论检察》，中国检察出版社2013年版。

[287] 孙佑海、代杰：《立案登记制改革对环境诉讼的影响研究》，载《环境保护》2015年第9期。

[288] 孙振钧、王冲：《基础生态学》，化学工业出版社2007年版。

[289] 唐双娥、吴胜亮：《协调发展原则：一个新颖性的界定与阐述——环境利益优先的协调发展原则》，载《社会科学家》2007年第6期。

[290] 唐贤兴：《"公共利益"勿成暴力拆迁遮羞布》，载《南方日报》2009年12月1日。

[291] 陶建国：《德国〈环境损害预防及恢复法〉评介及启示》，载《法律适用》2015年第2期。

[292] 陶建国：《德国环境行政公益诉讼制度及其对我国的启示》，载《德国研究》2013年第2期。

[293] 陶锡良：《环境伦理与环境法》，载《政治与法律》1996年第2期。

[294] 田成友：《联动与能动：环境保护的必由之路》，载《中国环境法治》2011年第1期。

[295] 田刚：《试论环境公益诉讼运行困境之破解》，载《实事求是》2015年第6期。

[296] [法] 托克维尔：《论美国的民主（上卷）》，董果良译，商务印书馆1996年版。

[297] 汪劲：《环境法律的理念与价值追求》，法律出版社2000年版。

[298] 汪劲：《伦理观念的嬗变对现代法律及其实践的影响——以人类中心到生态中心的环境法律观为中心》，载《现代法学》2002年第2期。

[299] 汪劲：《中国环境法总论》，北京大学出版社2000年版。

[300] 汪劲编译:《环境正义: 丧钟为谁而鸣——美国联邦法院环境诉讼经典判例选》, 北京大学出版社 2006 年版。

[301] 汪劲主编:《环保法治三十年: 我们成功了吗》, 北京大学出版社 2011 年版。

[302] 王彬辉:《加拿大环境公民诉讼制度及对我国的启示》, 载《湖南师范大学社会科学学报》2014 年第 3 期。

[303] 王灿发:《中国环境公益诉讼的主体及其争议》, 载《国家检察官学院学报》2010 年第 3 期。

[304] 王灿发、程多威:《新(环境保护法)下环境公益诉讼面临的困境及其破解》, 载《法律适用》2014 年第 8 期。

[305] 王灿发、冯嘉:《我国环境诉讼的困境与出路》, 载《环境保护》2016 年第 15 期。

[306] 王灿发主编:《环境纠纷处理的理论与实践》, 中国政法大学出版社 2002 年版。

[307] 王昌奎、王勐视:《中国环境公益诉讼启动模式研究》, 载《重庆大学学报(社会科学版)》2015 年第 6 期。

[308] 王成:《侵权损害赔偿的经济分析》, 中国人民大学出版社 2002 年版。

[309] 王福华:《正当化撤诉》, 载《法律科学》2006 年第 2 期。

[310] 王红岩:《环境公害群体诉讼的障碍与对策——从环境公害诉讼看我国代表人诉讼制度的完善》, 载《中国法学》1999 年第 5 期。

[311] 王建平:《最严法典调整最复杂关系的困难性——以〈2013 年中国环境状况公报〉为视角》, 载《光华法学》第 9 辑。

[312] 王江、黄锡生:《我国生态环境恢复立法析要》, 载《法律科学》2011 年第 3 期。

[313] 王莉:《反思与重构: 生态利益损害的侵权法救济机制》, 载《重庆大学学报(社会科学版)》2009 年第 6 期。

[314] 王力、颜运秋:《论环境公益权——兼论环境公益诉讼建立之实体权利基础》, 载《桂海论丛》2006 年第 3 期。

[315] 王立:《环保法庭案例选编》, 法律出版社 2012 年版。

[316] 王立峰:《民事赔礼道歉的哲学分析》, 载《判解研究》2005 年第 2 辑。

[317] 王丽:《"诉讼渠道解决的环境纠纷不足1%"——会内会外谈如何让环境司法"硬起来"》, 载《新华每日电讯》2015 年 3 月 15 日第 3 版。

[318] 王琳:《官办组织难以承受公益诉讼之重》, 载《检察日报》2013 年 7 月 3 日第 7 版。

[319] 王名扬：《美国行政法》，中国法制出版社 1995 年版。

[320] 王明远：《环境侵权救济法律制度》，中国法制出版社 2001 年版。

[321] 王明远：《论我国环境公益诉讼的发展方向：基于行政权与司法权关系理论的分析》，载《中国法学》2016 年第 1 期。

[322] 王蓉：《环境法总论——社会发展与公法共治》，法律出版社 2010 年版。

[323] 王社坤：《环境权理论之反思与力法论重构》，载《山东科技大学学报》2012 年第 1 期。

[324] 王社坤：《民间环保组织在环境公益诉讼中的角色及作用》，载《中国环境法治》2013 年第 2 期。

[325] 王书江译：《日本民法典》，中国法制出版社 2000 年版。

[326] 王树义：《论生态文明建设与环境司法改革》，载《中国法学》2014 年第 3 期。

[327] 王树义、颜士鹏：《论俄罗斯联邦检察院在俄罗斯生态法实施中的监督功能》，载《河北法学》2006 年第 2 期。

[328] 王树义主编：《环境法系列专题研究》，科学出版社 2005 年版。

[329] 王曦：《美国环境法概论》，武汉大学出版社 1992 年版。

[330] 王曦：《国际环境法（第 2 版）》，法律出版社 2005 年版。

[331] 王曦：《国际环境法与比较环境法评论》，法律出版社 2005 年版。

[332] 王曦教授 2017 年 6 月 10 日在浙江大学光华法学院举办的"环境民事公益诉讼理论与实践高端论坛"上的发言——《论当前环境民事公益诉讼的几个问题》，http：//mp. weixin. qq. com/s? __biz = MzA4NzUyMzY2NA% 3D% 3D&idx = 3&mid = 2649931558&sn = 223be43e2508142a3d0d4934d409fdfb。

[333] 王曦、柯坚：《跨世纪的法学视野——中国与澳大利亚可持续发展法研讨会述评》，载《法学评论》1998 年第 4 期。

[334] 王曦、唐瑭：《对"环境权研究热"的"冷"思考》，载《上海交通大学学报（哲学社会科学版）》2013 年第 2 期。

[335] 王小飞：《长株潭实验区环境损害赔偿基金制度探析》，载《云梦学刊》2011 年第 4 期。

[336] 王小刚：《论环境公益诉讼的利益和权利基础》，载《浙江大学学报（人文社会科学版）》2011 年第 3 期。

[337] 王小刚：《以环境公共利益为保护目标的环境权利理论——从"环境损害"到"对环境本身的损害"》，载《法制与社会发展》2011 年第 2 期。

[338] 王小刚：《义务本位论、权利本位论和环境公共利益——以乌托邦现

实主义为视角》，载《法商研究》2010年第2期。

[339] 王晓鸽：《论我国环境公益诉权之构建》，昆明理工大学硕士学位论文，2013年。

[340] 王德新：《环境公益诉权机器程序保障——以检察机关提起环境公益诉讼为视角》，载《甘肃理论学刊》2011年第3期。

[341] 王德新、安秀伟：《公益诉讼的原告资格与程序设计——以环境NGO为中心》，载《云南大学学报（法学版）》2014年第4期。

[342] 王德新、安秀伟：《环境NGO提起公益诉讼的若干思考》，载《绿叶》2013年第10期。

[343] 王旭光：《论当前环境资源审判工作的若干基本关系》，载《法律适用》2014年第11期。

[344] 王轩：《印度公益诉讼制度评鉴》，中国政法大学硕士学位论文，2007年。

[345] 王彦昕、周云主编：《生态文明下的环境资源法治建设》，中国人民公安大学出版社2010年版。

[346] 王雨辰：《环境伦理学价值立场的转换：从西方化到中国化》，载《中南财经政法大学学报》2006年第1期。

[347] 王展飞：《环境公益诉讼和私益诉讼的衔接》，载《人民法院报》2014年12月17日第8版。

[348] ［英］威廉·韦德：《行政法》，徐炳译，中国大百科全书出版社1997年版。

[349]《韦氏词典》（第11版），世界图书出版公司2001年版。

[350] 魏晓雯：《最高法环资庭副庭长王旭光就环境公益诉讼案件审理情况答记者问》，中国审判网，http：//www.chinatrial.net.cn/news/7316.Html。

[351] ［美］魏伊丝：《公平地对待未来人类：国际法、共同遗产与世代间衡平》，汪劲等译，法律出版社2000年版。

[352] 翁岳生编：《行政法》，中国法制出版2002年版。

[353] 吴彩斌、雷恒毅、宁平：《环境学概论》，中国环境科学出版社2005年版。

[354] 吴晓峰、邢东伟：《海南首例环境公益诉讼调解》，载《法制日报》2012年8月20日第5版。

[355] 吴学安：《环保法庭"无案可审"倒逼诉讼主体多元化》，载《中国贸易报》2013年8月22日第1版。

[356] 吴亚东、吴志文：《福建审结首例环境污染公益诉讼》，载《法制日

报》2013 年 5 月 17 日第 8 版。

[357] 吴勇：《环境公诉探析》，载《求索》2006 年第 11 期。

[358] 吴勇：《环境民事公诉适格原告的实践考察与立法选择》，载《法治研究》2013 年第 3 期。

[359] 吴勇：《我国环境审判机构专门化的路径选择》，引自《南京大学法律评论（2015 年春季卷）》，法律出版社 2015 年版。

[360] [日] 武山富道：《美国环境保护法》，日本北海道大学图书行会 1992 年印制。

[361] 奚晓明：《环境资源审判专业化之实现路径》，载《人民法院报》2014 年 7 月 9 日第 5 版。

[362] 奚晓明主编：《〈中华人民共和国民事诉讼法〉修改条文理解与适用》，人民法院出版社 2012 年版。

[363] 夏梓耀：《论环境公益诉讼原告的范围与顺位》，载《甘肃政法学院学报》2014 年第 1 期。

[364] 马骧聪：《俄罗斯联邦环境保护法和土地法典》，中国法制出版社 2003 年版。

[365] 马骧聪：《环境保护法》，四川人民出版社 1988 年版。

[366] 罗筱琦：《诉讼保险制度再探》，载《现代法学》2006 年第 4 期。

[367] 肖建国：《环保审判的"贵阳模式"》，载《人民法院报》2011 年 7 月 7 日。

[368] 肖建国：《利益交错中的环境公益诉讼原理》，载《中国人民大学学报》2016 年第 2 期。

[369] 肖建国：《民事公益诉讼的类型化分析》，载《西南政法大学学报》2007 年第 1 期。

[370] 肖建国：《民事公益诉讼立法的模式选择与程序建构》，载《法制日报》2011 年 7 月 6 日第 12 版。

[371] 肖建国、黄忠顺：《环境公益诉讼基本问题研究》，载《法律适用》2014 年第 4 期。

[372] 肖建华：《巴西赋予检察机关提起公益诉讼职能》，载《检察日报》2015 年 4 月 21 日第 3 版。

[373] 肖建华、杨恩乾：《巴西检察机关在公益诉讼中的角色简评》，载《人民检察》2010 年第 11 期。

[374] 肖祥：《反公地悲剧与广西北部湾区域生态资源开发利用》，载《广西大学学报（哲学社会科学版）》2012 年第 6 期。

[375] 肖雪慧：《公民社会的诞生》，上海三联书店2004年版。

[376] 谢晖：《论法律调整》，载《山东大学学报（哲学社会科学版）》2003年第5期。

[377] 谢玲：《再辩"怠于行政职责论"——就环境公益诉讼原告资格与曹树青先生商榷》，载《河北法学》2015年第5期。

[378] 谢伟：《环境公益诉权研究》，中国政法大学出版社2016年版。

[379] 辛帅：《不可能的任务——环境损害民事救济的局限性》，中国政法大学出版社2015年版。

[380] 信春鹰主编：《中华人民共和国环境保护法释义》，法律出版社2014年版。

[381] 邢世伟、金煜：《最高法：700余家社会组织可提起环境公益诉讼》，载《新京报》2015年1月7日。

[382] 幸红：《关于我国环境保护公益诉讼的思考》，载《华南师范大学学报（社会科学版）》2004年第2期。

[383] 徐国栋：《认真透析〈绿色民法典草案〉中的"绿"》，载《法商研究》2003年第6期。

[384] 徐隽：《金砖五国最高法院大法官对话环境司法保护》，载《人民日报》2015年4月1日第18版。

[385] 徐全兵：《检察机关提起公益诉讼的有关问题》，载《国家检察官学院学报》2016年第3期。

[386] 徐全兵：《深入探讨法理基础科学谋划程序设计——探索建立检察机关提起公益诉讼制度研讨会观点综述》，载《人民检察》2016年第11期。

[387] 徐文新：《专家、利益集团与公共参与》，载《法律科学》2012年第3期。

[388] 徐显明主编：《人权研究（第2卷）》，山东人民出版社2002年版。

[389] 徐祥民，张明君：《建立我国环境公益诉讼制度的便捷路径》，载《河北法学》2014年第6期。

[390] 徐祥民：《告别传统，厚筑环境义务之堤》，载《郑州大学学报（社会科学版）》2002年第2期。

[391] 徐祥民：《环境权论——人权发展历史分期的视角》，载《中国社会科学》2004年第4期。

[392] 徐祥民、邓一峰：《环境侵权与环境侵害——兼论环境法的使命》，载《法学论坛》2006年第2期。

[393] 徐祥民、纪晓昕：《现行司法制度下法院受理环境公益诉讼的权能》，

载《中国海洋大学学报（社会科学版）》2009年第5期。

［394］徐祥民、凌欣、陈阳：《环境公益诉讼的理论基础探究》，载《中国人口·资源与环境》2010年第1期。

［395］徐祥民、宋福敏：《建立中国环境公益诉讼制度的理论准备》，载《中国人口·资源与环境》2016年第7期。

［396］徐祥民、张红杰：《生态文明时代的法理》，引自张仁善：《南京大学法律评论（2010年春季卷）》，法律出版社2012年版。

［397］徐祥民、朱雯：《环境利益的本质特征》，载《法学论坛》2014年第6期。

［398］徐昕：《关注环境保护法修订：限制诉权即鼓励侵权》，载《南方都市报》2013年6月27日。

［399］徐昕：《论动物法律主体资格的确立》，载《北京科技大学学报（社会科学版）》2002年第1期。

［400］薛刚凌：《行政诉权研究》，华文出版社1999年版。

［401］薛军：《"物"的概念的反思与中国民法典的编纂——一个评论性的脚注》，"法律思想网"/民商法，http：//law－thinker.com/show.asp？id＝1044。

［402］［法］雅克·博里康、朱琳：《法国当代刑事政策研究及借鉴》，中国人民公安大学出版社2011年版。

［403］［法］亚历山大·基斯：《国际环境法》，张若思编译，法律出版社2000年版。

［404］鄢斌：《美国公民诉讼主体资格认定规则及其启示》，载《科技与法律》2014年第2期。

［405］严厚福：《环境公益诉讼原告资格之确立——扩大"合法权益"的范围还是确立自然物的原告资格》，载《北大法律评论》2007年第8卷第1辑。

［406］［日］岩佐茂：《环境的思想》，韩立新等译，中央编译出版社1997年版。

［407］阎志江、万静：《公民个人提起环境公益诉讼首案，索赔损失过百万》，载《法制日报》2012年9月27日。

［408］颜诚毅、颜运秋：《生态环境司法中的利益平衡机理》，载《常州大学学报（社会科学版）》2018年第1期。

［409］颜运秋，余彦：《我国环境民事公益诉讼制度的亮点、不足及完善——以2014年12月最高人民法院通过的"两解释"为分析重点》，载《湘潭大学学报（哲学社会科学版）》2015年第3期。

［410］颜运秋：《公益诉讼理念研究》，中国检察出版社2002年版。

[411] 颜运秋：《公益诉讼理念与实践研究》，法律出版社 2019 年版。

[412] 颜运秋：《论环境与资源诉讼中的公益理念》，载《甘肃政法学院学报》2003 年第 3 期。

[413] 颜运秋、罗婷：《生态环境保护公益诉讼的激励约束机制研究》，载《中南大学学报（社会科学版）》2013 年第 3 期。

[414] 颜运秋、马晓锐、周晓明：《公益诉讼法门渐开理论实务仍须努力——"公益诉讼实施"研讨会纪要》，载《法治研究》2012 年第 11 期。

[415] 颜运秋、颜运夏：《质疑"直接利害关系人"制度》，载《行政与法》2003 年第 6 期。

[416] 颜运秋、余彦：《公益诉讼司法解释的建议及理由——对我国〈民事诉讼法〉第 55 条的理解》，载《法学杂志》2013 年第 7 期。

[417] 晏景、贾清林：《法国环境司法对我国的借鉴》，载《法律适用》2016 年第 9 期。

[418] 杨朝霞：《论环保机关提起环境民事公益诉讼的正当性——以环境权理论为基础的证立》，载《法学评论》2011 年第 2 期。

[419] 杨朝霞：《论环境公益诉讼的权利基础和起诉顺位——兼谈自然资源物权和环境权的理论要点》，载《法学论坛》2013 年第 3 期。

[420] 杨从明：《生态立省：可持续发展的战略选择》，载《当代贵州》2004 年第 22 期。

[421] 杨清凤、韩思明：《论侵害环境权》，载《江苏环境科技》2006 年增刊。

[422] 杨瑞、张慧：《论诉的利益及其价值衡量标准》，载找法网，http://china.findlaw.cn/info/susong/msss/59260_8.html。

[423] 杨通进：《动物权利论与生物中心论》，载《自然辩证法研究》1993 年第 8 期。

[424] 杨武松：《尝试抑或突破：我国环境公害诉讼司法实践实证分析》，载《河北法学》2013 年第 4 期。

[425] 杨武松：《论阿尔胡斯公约对环境公害诉讼的构建》，载《凯里学院学报》2011 年第 4 期。

[426] 杨严炎等：《外国环境公益诉讼和集团诉讼案例评析》，法律出版社 2014 年版。

[427] 杨永波、张悦：《一事不再理原则在我国民事诉讼中的适用》，载《法律适用》2005 年第 9 期。

[428] 杨宗科：《法律机制论——法哲学与法社会学研究》，西北大学出版

社 2000 年版。

[429] [日] 野村好弘：《公害法的基础知识》，帝国地方行政学会 1983 年版。

[430] 叶必丰等：《强制执行的方式及强制执行权的分配——行政强制法草案修改意见》，载《浙江社会科学》2003 年第 5 期。

[431] 叶俊荣：《环境政策与法律》，中国政法大学出版社 2003 年版。

[432] 叶勇飞：《环境民事公益诉讼之概念辨析》，载《河南大学学报（社会科学版）》2004 年第 6 期。

[433] 叶勇飞：《论环境民事公益诉讼》，载《中国法学》2004 年第 5 期。

[434] 余贵忠、杨武松、余计灵：《环境公害诉讼研究》，西南交通大学出版社 2013 年版。

[435] 余彦：《生态环境保护公益诉讼的理论创新与制度优势》，载《江西社会科学》2013 年第 12 期。

[436] 俞可平：《权利政治与公益政治》，社会科学文献出版社 2005 年版。

[437] 虞崇胜、张继兰：《环境理性主义抑或环境民主主义——对中国环境治理价值取向的反思》，载《政治学研究》2014 年第 5 期。

[438] 禹爱民、李明耀：《维护环境正义法院需破"三重门"》，载《人民法院报》2014 年 5 月 24 日。

[439] 喻文光：《环境行政公益诉讼及检察机关提起诉讼资格问题》，载《人民检察》2014 年第 11 期。

[440] 袁学宏：《环境公益诉讼实证研究——以昆明市中级人民法院的实践为视角》，载《中国环境法治》2011 年第 1 期。

[441] [日] 原田尚彦：《环境法》，于敏译，法律出版社 1999 年版。

[442] [美] 约瑟夫·L. 萨克斯：《保卫环境——公民诉讼战略》，王小刚译，中国政法大学出版社 2011 年版。

[443] 占文平：《公益诉讼九成被告为行政机关》，载《南方日报》2017 年 1 月 13 日。

[444] 张宝：《关于噪声污染是否满足公益诉讼提起条件的探讨——以中华环保联合会诉宁沪高速公司噪声污染案为例》，载《环境保护》2015 年第 5 期。

[445] 张宝：《环保局的原告资格之辨——云南首例环境公益诉讼案件评析》，载《环境》2011 年第 5 期。

[446] 张宝：《环境司法专门化的建构路径》，载《郑州大学学报（哲学社会科学版）》2014 年第 6 期。

[447] 张宝：《我国环境保护审判组织概览》，http：//ahlawyers.fyfz.cn/b/172083。

[448] 张彬彬，张斗胜：《我国环保法庭建设的困境及其化解的制度性思考》，载《天津法学》2014年第4期。

[449] 张炳淳：《论生态整体主义对"人类中心主义"和"生物中心主义"的证伪效应》，载《科技进步与对策》2005年第11期。

[450] 张锋：《和谐社会的生态化解读》，山东人民出版社2010年版。

[451] 张锋：《权利的延伸与伦理的演进》，载《法学论坛》2005年第2期。

[452] 张锋：《我国公民个人提起环境公益诉讼的法律制度构建》，载《法学论坛》2015年第6期。

[453] 张锋、姚昌：《自然权利的批判与辩护》，载《中国人口·环境与资源》2006年第3期。

[454] 张合平、刘云国：《环境生态学》，中国林业出版社2002年版。

[455] 张虎：《中美民事执行程序中的"财产披露"制度比较研究》，载《政治与法律》2013年第11期。

[456] 张辉：《美国环境法研究》，中国民主法制出版社2015年版。

[457] 张辉：《论环境民事公益诉讼裁判的执行——"天价"环境公益诉讼案件的后续关注》，载《法学论坛》2016年第5期。

[458] 张建伟：《完善政府环境责任——〈环境保护法〉修改的重点》，载《贵州社会科学》2008年第5期。

[459] 张建伟：《政府环境责任论》，中国环境科学出版社2008年版。

[460] 张丽萍：《自然资源学基本原理》，科学出版社2009年版。

[461] 张明华：《环境公益诉讼制度刍议》，载《法学论坛》2002年第6期。

[462] 张千帆：《公共利益是什么？——社会功利主义的定义及其宪法上的局限性》，载《法学论坛》2005年第1期。

[463] 张尚鷟：《走出低谷的中国行政法学》，中国政法大学出版社1991年版。

[464] 张式军：《德国环保NGO通过环境诉讼参与环境保护的法律制度介评——以环境公益诉讼中的"原告资格"为中心》，载《黑龙江省政法管理干部学院学报》2007年第4期。

[465] 张式军：《环境公益诉讼原告资格研究》，武汉大学博士学位论文，2005年。

[466] 张式军：《环境公益诉讼制度浅析》，载《甘肃政法学院学报》2004年第4期。

[467] 张式军、谢伟：《检察机关提起环境公益诉讼问题初探》，载《社会科学家》2007年第5期。

[468] 张守增：《公益诉讼提起主体的范围与诉权限制》，载《人民检察》2008 年第 10 期。

[469] 张卫平：《程序公正审理中的冲突与平衡》，成都出版社 1993 年版。

[470] 张卫平：《民事公益诉讼原则的制度化及实施研究》，载《清华法学》2013 年第 4 期。

[471] 张卫平、陈刚：《法国民事诉讼法导论》，中国政法大学出版社 1997 年版。

[472] 张新宝：《侵权责任法》，中国人民大学出版社 2006 年版。

[473] 张艳蕊：《民事公益诉讼制度研究》，北京大学出版社 2007 年版。

[474] 张怡、徐石江：《我国环境公益诉讼的发展困境与对策分析》，载《河北法学》2010 年第 12 期。

[475] 张颖：《环境公益诉讼费用规则的思考》，载《法学》2013 年第 7 期。

[476] 张震：《作为基本权利的环境权研究》，法律出版社 2010 年版。

[477] 张忠潮：《再论环境权主体》，载《西北农业科技大学学报（社会科学版）》2004 年第 3 期。

[478] 张忠民：《国外环保法庭建设的几点启示》，载《人民法院报》2015 年 5 月 8 日第 8 版。

[479] 张忠民：《环境公益诉讼被告的局限及其克服》，载《环球法律评论》2016 年第 5 期。

[480] 章志远：《行政诉讼类型构造研究》，法律出版 2007 年版。

[481] 赵红梅：《经济法的私人实施与社会实施》，载《中国法学》2014 年第 1 期。

[482] 赵绘宇：《生态系统管理法律研究》，上海交通大学出版社 2006 年版。

[483] 赵美珍等：《论公众参与环境监管的补正功效与保障机制》，载《常州大学学报（社会科学版）》2015 年第 1 期。

[484] 峥嵘：《环境司法专门化的困境与出路》，载《甘肃政法学院学报》2014 年第 4 期。

[485] 郑友德，段凡：《一种理念的诊释：动物法律主体地位之思考》，载《华中科技大学学报（社会科学版）》2004 年第 6 期。

[486] [日] 中村英朗：《新民事诉讼法讲义》，陈刚等译，法律出版社 2001 年版。

[487] 《中国环境保护行政二十年》编委会编：《中国环境保护行政二十年》，中国环境科学出版社 1994 年版。

[488] 中国政法大学民商经济法学院环境资源法研究所新《环境保护法》

实施效果评估课题组:《新〈环境保护法〉实施效果评估报告》,2017 年 4 月 20 日发布。http://mp.weixin.qq.com/s?__biz=MzA4OTk2ODk5Mw%3D%3D&idx=2&mid=2650866882&sn=bb5cdc2585e310096096eebe97d573f2。

[489] 中华环保联合会:《中国环保民间组织发展状况报告》,载《环境保护》2006 年第 10 期。

[490] 中华环保联合会:《中国环保民间组织发展状况报告》,http://www.cenews.com.cn/historynews/06_07/200712/t20071229_24172.html。

[491] 中华环保联合会、国际自然资源保护协会:《民间环保组织在环境公益诉讼中的角色及作用》,http://www.chinadevelopmentbrief.org.cn/news-16773.html。

[492] 中华环保联合会主办:《中国环境法治 2013 年卷(上)》,法律出版社 2013 年版。

[493] 周登谅、黄卓昊:《当代证人保护的法社会学研究》,载《政治与法律》2011 年第 3 期。

[494] 周珂:《生态环境法论》,法律出版社 2001 年版。

[495] 周珂等主编:《环境法》(第 4 版),中国人民大学出版社 2013 年版。

[496] 周枏、吴文翰、谢邦宇编著:《罗马法原理》,商务印书馆 1996 年版。

[497] 周蕊、马天云:《环保公益诉讼之路离畅通还有多远?》,http://news.xinhuanet.com/2014-02/26/c_126195908.htm。

[498] 周小明:《信托制度比较法研究》,法律出版社 1996 年版。

[499] 周训芳:《〈环境保护法〉第五十八条实施的制度障碍及克服途径》,载《绿叶》2014 年第 7 期。

[500] 周训芳:《环境权论》,法律出版社 2003 年版。

[501] 周训芳:《欧洲发达国家公民环境权的发展趋势》,载《比较法研究》2005 年第 5 期。

[502] [英] 朱迪·丽丝:《自然资源:分配、经济学与政策》,蔡运龙等译,商务印书馆 2002 年版。

[503] 朱加嘉、范莉:《环境民事公益诉讼裁判结果的扩张性》,载《人民司法》2015 年第 3 期。

[504] [美] 朱莉·费希尔:《NGO 与第三世界的政治发展》,邓国胜等译,社会科学文献出版社 2002 年版。

[505] 朱谦:《对公民环境权私权化的思考》,载《中国环境管理》2001 年第 4 期。

[506] 朱谦：《公众环境公益诉权属性研究》，载《法治论丛——上海政法学院学报》2009年第2期。

[507] 朱谦：《环境公共利益的法律属性》，载《学习与探索》2016年第2期。

[508] 朱谦：《论环境保护中权力与权利的配置——从环境行政权与公众环境权的角度审视》，载《江海学刊》2002年第3期。

[509] 朱谦：《论环境权的法律属性》，载《中国法学》2001年第3期。

[510] 朱苏力：《制度是如何形成的？——关于马歇尔诉麦迪逊案的故事》，载《比较法研究》1998年第1期。

[511] 朱珍华：《环境公益诉讼中的律师费用制度研究》，载《广西社会科学》2014年第7期。

[512] 诸江、周训芳：《生态环境保护民事公益诉讼立案机制改革探索》，载《求索》2014年第11期。

[513] 竺效：《论我国"生态损害"的立法定义模式》，载《浙江学刊》2007年第3期。

[514] 竺效：《生态损害的社会化填补法理研究》，中国政法大学出版社2007年版。

[515] 竺效：《生态损害公益索赔主体机制的构建》，载《法学》2016年第3期。

[516] 竺效：《生态损害综合预防和救济法律机制研究》，法律出版社2016年版。

[517] 竺效：《真正拉开环境民事公益诉讼的序幕》，载《中国法律评论》2015年第3期。

[518] 庄敬华：《环境污染损害赔偿立法研究》，中国方正出版社2012年版。

[519] 宗边：《建议设立环境审判庭》，载《中国环境报》2008年3月10日第1版。

[520] 宗建文：《刑法机制研究》，中国方正出版社2000年版。

[521] 邹传教、谭安华：《论公共时政的理念》，载《南昌大学学报（人文社会科学版）》2006年第4期。

[522] 邹雄：《环境侵权救济研究》，中国环境科学出版社2004年版。

[523] 最高人民法院环境资源审判庭编著：《最高人民法院关于环境民事公益诉讼司法解释理解与运用》，人民法院出版社2015年版。

[524] 最高人民法院《中国环境资源审判（2016 - 2017）》，http://mp.weixin.qq.com/s?__biz=MjM5MTY2MjgyMQ%3D%3D&chksm=bd42858e8a350c

981aff7db4e363414dbf7a8a9dd0b815a02eb1c691987eba9bdfd98e63b8da&idx = 1&mid = 2651075076&scene = 21&sn = e1337cccbbc92768723d2a2d4634708b。

［525］Adam Babich. *Citizen Suits*：*The Teeth in Public Participation*. http：//www. elr. info/news-analysis/25/10141/citizen-suits-teeth-public-participation.

［526］Albert Marseille and Jan Jans. *The Role of NGO's in Environmental Litigation against Public Authorities*：*Some Observations on Judicial* Review and Access to Court in the Netherlands，http：//ssrn. com/arbtract = 16677819。

［527］Backer，Gary S. ，and George J. Stigler. Law Enforcement，Malfeasance，and the Compensation of Enforcers. *Journal of Legal Studies*，1974：3.

［528］Barton H. Thompson，Jr. *Innovation in Environmental Policy*：*the Continuing Innovation of Citizen Enforcement*，University Illinois Law Review，2000.

［529］Brian J. Preston. Operating an Environment Court：The Experience of the Land and Environment Court of New South Wales and 12 Benefits of Judicial Specialization in Environmental Law. 2008. Environmental and Planning Law Journal 385：25.

［530］B. J. Preston. The Land and Environment Court of New South Wales：Moving towards a multi-door courthouse – Part II. Australasian Dispute Resolution Journal，2008：19.

［531］Cf Tolsma，K. J. de Graaf & J. H. Jans. The Rise and Fall of Access to Justice in the Netherlands. *Journal of Environmexital Law*，2009，Vol. 21.

［532］Charles F. Wilkinson. *The Headwaters of the Public Trust*；*Some of the Traditional Doctrine*. 19 Envtl. I. 425 – 426（Mar Session1989）.

［533］Christian v. Bar etc. ：*Principles and European Law on Non – Contractual Liability Arising out of Damage Caused to Another*. Sellier European Law Publishers 2009.

［534］David A. Root：*Attorney Fee – Shifting in American*：*Comparing*，*Comtrasting*，*and Combining the "American Rule" and the "English Rule"*，151nd，Intl & Comp. L. Rev. 583，588，2005.

［535］David Nicholson. *Environmental Litigation in Indonesia*，6A. P. J. E. L. ，47，50，2001.

［536］Dean R. Nicyper. Note：*Attorney's Fees and Ruckelshaus v. Sierra Club*：*Discouraging Citizens from Challenging Administrative Agency Decisions*，33 Am. U. L. Rev. 775，1984.

［537］Gail J. Robinson. Interpreting the Citizen Suit Provision of the Clean Water Act，37*Case Western Reserve Law Review*，1987.

［538］Hannah M. Tien. Private Attorney Generals Need Attorneys'Fees to Protect

Our Environment: Ohio River Valley Environmental Coalition. Inc. v. Green Valley Coal Co. *Missouri Environmental Law and Policy Review*, 2009, vol. 16.

[539] Harold Feld. *Saving the Citizen Suit: the Effort of Jujan v. Defenders of Wildlife and the Role of Citizen Suits in Environmental Enforcement*, 19 Colum. J. Envtl. L. 141, 1994.

[540] Holly Doremus. *Environmental Policy Law*, Foundation Press, 2008.

[541] H. Rolston. *Environmental Ethics – Duties to and Values in Nature*WorW, Temple University Press, 1988.

[542] Jeannette L. Austin. Comment: *The Rise of Citizen – Suit Enforcement in Environmental Reconciling Private and Public Attorneys General*, 81 Nw. U. L. Rev. 220, 1987.

[543] Jeffrey G. Miller. Citizen Suit: *Private Enforcement of Federal Pollution Control Laws*. Wiley Law Publications John Wiley & Sons. 4, 1987.

[544] Jena Razzaque. *Public Interest Environmental Litigation in India*, *Pakistan*and Bangladesh, Kluwer Law International.

[545] Jill. E. Fisch. *Chiss Action RefoRn*, *Qui Tam*, *and the Role of the Plaintiff'*, 60 Law & Contemp. Prob. 167, 170, 1997.

[546] John C. Coffee, JR. . *Rescuing the Private Attorney General: Why the Model of the Lawyer as Bounty Hunters Is Not Working*, 42Md. L. Rev. 215, 220, 1983.

[547] Jona Razzaque. *Public Interest Environment Litigation in India*, Pakistan and Bangladesh, Kluwer Law International 2004.

[548] Joseph L. Sax. *The Public Trust Doctrine in Natural Resources Law: Effective Judicial Intervention*, 68 Mich. L. Rev. 471, 1969.

[549] Jurgen Luthge. *Die Verbandsklage Im Bremischen Naturschutzgesetz*, NJW 1980.

[550] Kellis E. Parker. *Modern Judicial Remedies*, Little Brown Company, 1975.

[551] Konstantions Magliveraa, Greece. *Method of Execution of Orders and Judgments in Europe*, edited by Peter Kaye, John Wiley & Sons, 1996.

[552] Mancur Olson. *Power and Prosperity: Outgrowing Communist and Capitalist Dictatorships*, Basic Books, 2000.

[553] Martin H. Redish. *Class Action and the Democratic Difficulty: Rethinking the Inieisection of Private Litigation and Public Goals*, 2003 U. Chi. Legal F.

[554] Maryland. *Access to Justice Commission*, *Fee-shifting to promote the Public Interest in Maryland*, 42 U. Balt. L. F. 38, 47, 2011.

[555] Max Cluckman. *Custom and Conflict in Africa*, Oxford, Blackwell, 1995.

[556] Michael Greve. The Private Enforcement of Environment Law. *Tulane Law Review*, Vol. 65, 1990.

[557] Michelle Ryan. Alternative Dispute Resolution in Environmental Cases: Friend or Foe? *Tulane Environmental Law Journal*, 10, 1997.

[558] N. de Sadeller, G. Rooler and M. Dross. *Access to Justice in Environmental Matters and the Role of NGOs*; Empirical Findings and Legal Appraisal, The Avosetta Series (6), Europa Law Publishing, Groningen, 2005.

[559] Peter S. Wenz. *Environmental, Justice*. State University of New York Press, 1988.

[560] P. W Talor. *Respect for Nature*: A Theory of Environmental Ethics, Princeton University Press, 1986.

[561] Raghav Sharma. Green Courts in India: Strengthening Environmental Governance? *Law, Environment and Development Journal*, 2008.

[562] Roger W. Findley and Daniel A. Farber. *Cases and Materials on Environmental Law*, West Publishing Co., 1995.

[563] Samuelson, P. A.. The pure theory of public expenditures. *The Review of Economics and Statistics*1954.

[564] Scott. *Two Models of the Civil Process*, 27 Stanford Law Review 937, 1995.

[565] Shirley-Anne Levy-Diener. *The Environmental Rights Approach under the Ontario Environmental Bill of Rights*: Survey, Critique and Proposals for Reform, UMI Company, 1997.

[566] Stephen M. Johnson. *Sue and Settle*: Demonizing the Environmental Citizen Suit, 37 SEATTLE U. L. REV. 891, 2014.

[567] Stone. *Should Trees Have Standing? Toward Legal Rights for Natural Objects*, 45 S. Cal. L. Rev. 450, 1972.

[568] S. Amstrong and R. Botzlereds. *Environmental Ethics*: Divergence and Convergence, N. Y. Mc Graw Hill. 1993.

[569] William. M. Landes and Richard A. Posner. Altruism in Law and Economic, *The American Economic Review*, Vol. 68, No. 2, 1978.

后 记

本书是 2012~2015 年度教育部哲学社会科学研究重大课题攻关项目——"生态环境保护的公益诉讼机制研究"的最终结题材料。为落实中央生态文明理论思想，为生态环境保护提供司法保障贡献智慧，指导我国生态环境司法的理论、立法与司法，选题内容跨越法学、环境科学、经济学、管理学、伦理学、政治学等多学科，是理论研究者、立法者、法官、检察官、环境管理部门工作人员、环保组织、律师等难得的参考文献。

《生态环境公益诉讼机制研究》是一项应对改革开放后经济持续高速发展中日益凸现的生态环境恶化、气候异常、自然灾害频发等生态破坏和环境污染问题的具有重大理论价值和现实意义的课题。诚如专家在项目鉴定意见中所说，"该项目完成了约定的研究任务，形成了具有较高理论价值与学术价值的研究成果，并且向立法机关、行政机关、司法机关提交了立法建议和咨询意见。该课题组的研究结果具有比较好的创新意义及学术价值，理论价值较高，具有较好的社会影响。生态环境公益诉讼制度是我国目前立法和司法所面对的重大课题，建立完善的生态环境公益诉讼制度不仅有利于我国加强我国生态环境保护，更有利于充分调动社会各主体对于生态环境的保护热情，为普通公众行使生态环境权利提供顺畅的渠道和有力的支持。从该课题组研究期间所发表的论文及相关成果中不难看出，其研究比较好地囊括了生态环境公益诉讼制度建立的方方面面，其对于生态环境公益诉讼的基本内涵、理论基础、功能、利益衡量、诉权与诉讼请求、司法模式与司法组织、原告资格、证据制度、程序规则、保障机制、立法比较与发展趋势等方面均进行了细致的研究，尤其在生态环境公益诉讼制度理论基础的研究上具有较强的创新意义，学术价值较高，能够比较好地借鉴域外制度。此外，在具体制度的构建与设想上也比较好地在原有诉讼制度的基础上进行了创新性的研究，将理论和实践有力地结合起来，并运用实证研究的方法和策略，在立案机制、激励机制、审判机制等方面对生态环境公益诉讼制度的构建进行了比较好的探索，为生态环境公益诉讼制度的构建提供了比较好的理论基础和制度设想"。

结合《教育部社科司关于反馈重大攻关项目专家鉴定意见（第二十三批）并进一步做好后续工作的通知》，首席专家颜运秋带领课题组部分成员集中精力、抓紧时间，精益求精，确保形成精品力作。首席专家认真吸收经济科学出版社根据《出版管理条例》等国家有关出版管理规定对书稿内容提出的修改意见，进一步完善与规范了书稿结构，按照书稿体例要求对内容进行了编排，书稿字数控制在 40 万字以内。

本书不是对前期阶段性研究成果和课题组研究期间所发表的论文的简单汇集，而是结合《教育部哲学社会科学研究重大课题攻关项目投标评审书》和《教育部哲学社会科学研究重大课题攻关项目中期检查报告书》，对生态环境公益诉讼的理论基础、立法比较、利益衡量、基本内涵、价值功能、诉权与诉讼请求、司法模式与司法组织、原告资格、证据制度、程序规则、保障机制与发展趋势等方面进行的比较深入细致系统的研究。

颜运秋负责全书的构思、初稿、修改稿和定稿的写作。余彦参与了本书第一章、第二章第四节、第八章第四节部分内容初稿的写作，负责了摘要和目录的英文翻译。颜诚毅参与了本书第三章第四节、第五章、第八章第六节部分内容初稿的写作。

本研究成果离不开同行研究者的智慧结晶，并受到其研究成果的启发，在此，对他们表达由衷的感谢！同时，本研究成果也是特定时代的产物，多少印刻着作者的思维局限甚至偏见，在此，请各位看官多多批评指教！

颜运秋
二〇一七年十月二十九日
初稿于株洲茶陵白露
二〇一九年三月二十八日
定稿于长沙岳麓山下

教育部哲学社会科学研究重大课题攻关项目成果出版列表

序号	书　名	首席专家
1	《马克思主义基础理论若干重大问题研究》	陈先达
2	《马克思主义理论学科体系建构与建设研究》	张雷声
3	《马克思主义整体性研究》	逄锦聚
4	《改革开放以来马克思主义在中国的发展》	顾钰民
5	《新时期　新探索　新征程——当代资本主义国家共产党的理论与实践研究》	聂运麟
6	《坚持马克思主义在意识形态领域指导地位研究》	陈先达
7	《当代资本主义新变化的批判性解读》	唐正东
8	《当代中国人精神生活研究》	童世骏
9	《弘扬与培育民族精神研究》	杨叔子
10	《当代科学哲学的发展趋势》	郭贵春
11	《服务型政府建设规律研究》	朱光磊
12	《地方政府改革与深化行政管理体制改革研究》	沈荣华
13	《面向知识表示与推理的自然语言逻辑》	鞠实儿
14	《当代宗教冲突与对话研究》	张志刚
15	《马克思主义文艺理论中国化研究》	朱立元
16	《历史题材文学创作重大问题研究》	童庆炳
17	《现代中西高校公共艺术教育比较研究》	曾繁仁
18	《西方文论中国化与中国文论建设》	王一川
19	《中华民族音乐文化的国际传播与推广》	王耀华
20	《楚地出土戰國簡册〔十四種〕》	陈　伟
21	《近代中国的知识与制度转型》	桑　兵
22	《中国抗战在世界反法西斯战争中的历史地位》	胡德坤
23	《近代以来日本对华认识及其行动选择研究》	杨栋梁
24	《京津冀都市圈的崛起与中国经济发展》	周立群
25	《金融市场全球化下的中国监管体系研究》	曹凤岐
26	《中国市场经济发展研究》	刘　伟
27	《全球经济调整中的中国经济增长与宏观调控体系研究》	黄　达
28	《中国特大都市圈与世界制造业中心研究》	李廉水

序号	书名	首席专家
29	《中国产业竞争力研究》	赵彦云
30	《东北老工业基地资源型城市发展可持续产业问题研究》	宋冬林
31	《转型时期消费需求升级与产业发展研究》	臧旭恒
32	《中国金融国际化中的风险防范与金融安全研究》	刘锡良
33	《全球新型金融危机与中国的外汇储备战略》	陈雨露
34	《全球金融危机与新常态下的中国产业发展》	段文斌
35	《中国民营经济制度创新与发展》	李维安
36	《中国现代服务经济理论与发展战略研究》	陈 宪
37	《中国转型期的社会风险及公共危机管理研究》	丁烈云
38	《人文社会科学研究成果评价体系研究》	刘大椿
39	《中国工业化、城镇化进程中的农村土地问题研究》	曲福田
40	《中国农村社区建设研究》	项继权
41	《东北老工业基地改造与振兴研究》	程 伟
42	《全面建设小康社会进程中的我国就业发展战略研究》	曾湘泉
43	《自主创新战略与国际竞争力研究》	吴贵生
44	《转轨经济中的反行政性垄断与促进竞争政策研究》	于良春
45	《面向公共服务的电子政务管理体系研究》	孙宝文
46	《产权理论比较与中国产权制度变革》	黄少安
47	《中国企业集团成长与重组研究》	蓝海林
48	《我国资源、环境、人口与经济承载能力研究》	邱 东
49	《"病有所医"——目标、路径与战略选择》	高建民
50	《税收对国民收入分配调控作用研究》	郭庆旺
51	《多党合作与中国共产党执政能力建设研究》	周淑真
52	《规范收入分配秩序研究》	杨灿明
53	《中国社会转型中的政府治理模式研究》	娄成武
54	《中国加入区域经济一体化研究》	黄卫平
55	《金融体制改革和货币问题研究》	王广谦
56	《人民币均衡汇率问题研究》	姜波克
57	《我国土地制度与社会经济协调发展研究》	黄祖辉
58	《南水北调工程与中部地区经济社会可持续发展研究》	杨云彦
59	《产业集聚与区域经济协调发展研究》	王 珺

序号	书名	首席专家
60	《我国货币政策体系与传导机制研究》	刘　伟
61	《我国民法典体系问题研究》	王利明
62	《中国司法制度的基础理论问题研究》	陈光中
63	《多元化纠纷解决机制与和谐社会的构建》	范　愉
64	《中国和平发展的重大前沿国际法律问题研究》	曾令良
65	《中国法制现代化的理论与实践》	徐显明
66	《农村土地问题立法研究》	陈小君
67	《知识产权制度变革与发展研究》	吴汉东
68	《中国能源安全若干法律与政策问题研究》	黄　进
69	《城乡统筹视角下我国城乡双向商贸流通体系研究》	任保平
70	《产权强度、土地流转与农民权益保护》	罗必良
71	《我国建设用地总量控制与差别化管理政策研究》	欧名豪
72	《矿产资源有偿使用制度与生态补偿机制》	李国平
73	《巨灾风险管理制度创新研究》	卓　志
74	《国有资产法律保护机制研究》	李曙光
75	《中国与全球油气资源重点区域合作研究》	王　震
76	《可持续发展的中国新型农村社会养老保险制度研究》	邓大松
77	《农民工权益保护理论与实践研究》	刘林平
78	《大学生就业创业教育研究》	杨晓慧
79	《新能源与可再生能源法律与政策研究》	李艳芳
80	《中国海外投资的风险防范与管控体系研究》	陈菲琼
81	《生活质量的指标构建与现状评价》	周长城
82	《中国公民人文素质研究》	石亚军
83	《城市化进程中的重大社会问题及其对策研究》	李　强
84	《中国农村与农民问题前沿研究》	徐　勇
85	《西部开发中的人口流动与族际交往研究》	马　戎
86	《现代农业发展战略研究》	周应恒
87	《综合交通运输体系研究——认知与建构》	荣朝和
88	《中国独生子女问题研究》	风笑天
89	《我国粮食安全保障体系研究》	胡小平
90	《我国食品安全风险防控研究》	王　硕

序号	书名	首席专家
91	《城市新移民问题及其对策研究》	周大鸣
92	《新农村建设与城镇化推进中农村教育布局调整研究》	史宁中
93	《农村公共产品供给与农村和谐社会建设》	王国华
94	《中国大城市户籍制度改革研究》	彭希哲
95	《国家惠农政策的成效评价与完善研究》	邓大才
96	《以民主促进和谐——和谐社会构建中的基层民主政治建设研究》	徐 勇
97	《城市文化与国家治理——当代中国城市建设理论内涵与发展模式建构》	皇甫晓涛
98	《中国边疆治理研究》	周 平
99	《边疆多民族地区构建社会主义和谐社会研究》	张先亮
100	《新疆民族文化、民族心理与社会长治久安》	高静文
101	《中国大众媒介的传播效果与公信力研究》	喻国明
102	《媒介素养：理念、认知、参与》	陆 晔
103	《创新型国家的知识信息服务体系研究》	胡昌平
104	《数字信息资源规划、管理与利用研究》	马费成
105	《新闻传媒发展与建构和谐社会关系研究》	罗以澄
106	《数字传播技术与媒体产业发展研究》	黄升民
107	《互联网等新媒体对社会舆论影响与利用研究》	谢新洲
108	《网络舆论监测与安全研究》	黄永林
109	《中国文化产业发展战略论》	胡惠林
110	《20世纪中国古代文化经典在域外的传播与影响研究》	张西平
111	《国际传播的理论、现状和发展趋势研究》	吴 飞
112	《教育投入、资源配置与人力资本收益》	闵维方
113	《创新人才与教育创新研究》	林崇德
114	《中国农村教育发展指标体系研究》	袁桂林
115	《高校思想政治理论课程建设研究》	顾海良
116	《网络思想政治教育研究》	张再兴
117	《高校招生考试制度改革研究》	刘海峰
118	《基础教育改革与中国教育学理论重建研究》	叶 澜
119	《我国研究生教育结构调整问题研究》	袁本涛 王传毅
120	《公共财政框架下公共教育财政制度研究》	王善迈

序号	书 名	首席专家
121	《农民工子女问题研究》	袁振国
122	《当代大学生诚信制度建设及加强大学生思想政治工作研究》	黄蓉生
123	《从失衡走向平衡：素质教育课程评价体系研究》	钟启泉 崔允漷
124	《构建城乡一体化的教育体制机制研究》	李 玲
125	《高校思想政治理论课教育教学质量监测体系研究》	张耀灿
126	《处境不利儿童的心理发展现状与教育对策研究》	申继亮
127	《学习过程与机制研究》	莫 雷
128	《青少年心理健康素质调查研究》	沈德立
129	《灾后中小学生心理疏导研究》	林崇德
130	《民族地区教育优先发展研究》	张诗亚
131	《WTO主要成员贸易政策体系与对策研究》	张汉林
132	《中国和平发展的国际环境分析》	叶自成
133	《冷战时期美国重大外交政策案例研究》	沈志华
134	《新时期中非合作关系研究》	刘鸿武
135	《我国的地缘政治及其战略研究》	倪世雄
136	《中国海洋发展战略研究》	徐祥民
137	《深化医药卫生体制改革研究》	孟庆跃
138	《华侨华人在中国软实力建设中的作用研究》	黄 平
139	《我国地方法制建设理论与实践研究》	葛洪义
140	《城市化理论重构与城市化战略研究》	张鸿雁
141	《境外宗教渗透论》	段德智
142	《中部崛起过程中的新型工业化研究》	陈晓红
143	《农村社会保障制度研究》	赵 曼
144	《中国艺术学学科体系建设研究》	黄会林
145	《人工耳蜗术后儿童康复教育的原理与方法》	黄昭鸣
146	《我国少数民族音乐资源的保护与开发研究》	樊祖荫
147	《中国道德文化的传统理念与现代践行研究》	李建华
148	《低碳经济转型下的中国排放权交易体系》	齐绍洲
149	《中国东北亚战略与政策研究》	刘清才
150	《促进经济发展方式转变的地方财税体制改革研究》	钟晓敏
151	《中国—东盟区域经济一体化》	范祚军

序号	书名	首席专家
152	《非传统安全合作与中俄关系》	冯绍雷
153	《外资并购与我国产业安全研究》	李善民
154	《近代汉字术语的生成演变与中西日文化互动研究》	冯天瑜
155	《新时期加强社会组织建设研究》	李友梅
156	《民办学校分类管理政策研究》	周海涛
157	《我国城市住房制度改革研究》	高 波
158	《新媒体环境下的危机传播及舆论引导研究》	喻国明
159	《法治国家建设中的司法判例制度研究》	何家弘
160	《中国女性高层次人才发展规律及发展对策研究》	佟 新
161	《国际金融中心法制环境研究》	周仲飞
162	《居民收入占国民收入比重统计指标体系研究》	刘 扬
163	《中国历代边疆治理研究》	程妮娜
164	《性别视角下的中国文学与文化》	乔以钢
165	《我国公共财政风险评估及其防范对策研究》	吴俊培
166	《中国历代民歌史论》	陈书录
167	《大学生村官成长成才机制研究》	马抗美
168	《完善学校突发事件应急管理机制研究》	马怀德
169	《秦简牍整理与研究》	陈 伟
170	《出土简帛与古史再建》	李学勤
171	《民间借贷与非法集资风险防范的法律机制研究》	岳彩申
172	《新时期社会治安防控体系建设研究》	宫志刚
173	《加快发展我国生产服务业研究》	李江帆
174	《基本公共服务均等化研究》	张贤明
175	《职业教育质量评价体系研究》	周志刚
176	《中国大学校长管理专业化研究》	宣 勇
177	《"两型社会"建设标准及指标体系研究》	陈晓红
178	《中国与中亚地区国家关系研究》	潘志平
179	《保障我国海上通道安全研究》	吕 靖
180	《世界主要国家安全体制机制研究》	刘胜湘
181	《中国流动人口的城市逐梦》	杨菊华
182	《建设人口均衡型社会研究》	刘渝琳
183	《农产品流通体系建设的机制创新与政策体系研究》	夏春玉

序号	书名	首席专家
184	《区域经济一体化中府际合作的法律问题研究》	石佑启
185	《城乡劳动力平等就业研究》	姚先国
186	《20世纪朱子学研究精华集成——从学术思想史的视角》	乐爱国
187	《拔尖创新人才成长规律与培养模式研究》	林崇德
188	《生态文明制度建设研究》	陈晓红
189	《我国城镇住房保障体系及运行机制研究》	虞晓芬
190	《中国战略性新兴产业国际化战略研究》	汪　涛
191	《证据科学论纲》	张保生
192	《要素成本上升背景下我国外贸中长期发展趋势研究》	黄建忠
193	《中国历代长城研究》	段清波
194	《当代技术哲学的发展趋势研究》	吴国林
195	《20世纪中国社会思潮研究》	高瑞泉
196	《中国社会保障制度整合与体系完善重大问题研究》	丁建定
197	《民族地区特殊类型贫困与反贫困研究》	李俊杰
198	《扩大消费需求的长效机制研究》	臧旭恒
199	《我国土地出让制度改革及收益共享机制研究》	石晓平
200	《高等学校分类体系及其设置标准研究》	史秋衡
201	《全面加强学校德育体系建设研究》	杜时忠
202	《生态环境公益诉讼机制研究》	颜运秋
	……	